MÉLANGES

DE CRITIQUE ET D'HISTOIRE

VERSAILLES
CERF ET FILS, IMPRIMEURS
RUE DUPLESSIS, 59

MÉLANGES

DE CRITIQUE ET D'HISTOIRE

RELATIFS AUX PEUPLES SÉMITIQUES

PAR

J. HALÉVY

PARIS

MAISONNEUVE ET Cie, LIBRAIRES-ÉDITEURS

25, QUAI VOLTAIRE, 25

1883

PRÉFACE

Le présent ouvrage se compose d'une vingtaine de mémoires relatifs à l'histoire et à l'archéologie des peuples sémitiques. Quelques-uns de ces mémoires ont été lus à l'Académie des Inscriptions et Belles-Lettres ou publiés dans diverses revues périodiques dans le courant des dix dernières années. Les autres sont inédits et paraissent ici pour la première fois. L'idée de réunir en un volume des travaux si disséminés est entièrement due à la bienveillante initiative de MM. Maisonneuve et Cie, mes éditeurs, dont le zèle pour l'avancement des études orientales date de loin et ne recule devant aucun sacrifice.

Les questions traitées dans ce volume se rapportent presque toutes aux derniers résultats obtenus par les découvertes faites récemment dans le domaine de l'épigraphie phénicienne et assyrienne. Ces découvertes nous ont révélé le vieux monde sémitique tel qu'il était avec son histoire cinquante fois séculaire, avec sa mythologie, ses arts et ses sciences qui ont si puissamment contribué à l'éducation du peuple grec et par suite au développement de la civilisation moderne. Les notions superficielles, confuses et incomplètes que l'antiquité classique nous a léguées sur les peuples de race sémitique s'évanouissent au fur et à mesure que l'intelligence des textes originaux nous devient accessible. Les études aryennes elles-mêmes ne sont pas sans faire de gros bénéfices de cette merveilleuse épigraphie assyrienne. Quoi de plus inattendu que l'énumération des rois grecs de l'île de Chypre dans les annales d'Assurahiddin et d'Assurbanipal ? Et cette histoire de Cyrus jadis si peu connue n'a-t-elle pas été renouvelée par les briques de Babylone et de Sippar ? Les mémoires que nous publions ont pour objet de faire connaitre ce que nous savons sur ces questions intéressantes.

Mais dans ces recherches de toute sorte, nous tenons particulièrement à signaler à l'attention des savants celles que nous avons consacrées à la prétendue langue non sémitique de la Babylonie primitive. C'est une question à la solution de laquelle se rattachent les origines de la civilisation des races les plus douées de notre espèce et personne ne saurait s'y montrer indifférent. Il serait indigne de notre siècle qu'une question de cette importance fût laissée de côté sous le prétexte puéril que les cunéiformes sont difficiles à apprendre ! Mais c'est surtout le devoir des assyriologues de tirer au net et de clore une discussion qui dure depuis dix ans et qui a jeté tant d'incertitude dans les esprits. Ils doivent se convaincre enfin qu'il y a des moments où le silence et le dédain seuls ne prouvent pas que la thèse qu'on défend est bonne.

Paris, ce 18 avril 1883.

J. H.

A M. LE BARON EDMOND DE ROTHSCHILD

L'auteur reconnaissant.

I

CYRUS

ET LE RETOUR DE LA CAPTIVITÉ

Étude sur deux inscriptions cunéiformes relatives au règne de Nabonide et à la prise de Babylone par Cyrus [1].

La fin de l'ancienne dynastie babylonienne avec Nabonide et le commencement du règne des Achéménides à Babylone avec Cyrus, constituent une des époques les plus intéressantes de l'histoire ancienne. Jusqu'à présent on n'avait sur ces événements décisifs d'autres données que la légende de Balthasar [2] et le récit presque aussi légendaire d'Hérodote. Le premier monument de Cyrus découvert il y a quelques années était un cachet babylonien offrant ces mots : *Cyrus, fils de Cambyse, roi des pays, restaurateur de Bit-Kitli* [3]. Des fouilles récentes exécutées sur les ruines de Babylone ont mis au jour deux monuments fragmentaires d'une importance exceptionnelle. Le premier est une tablette qui enregistre, sous forme d'annales, les événements les plus remarquables des dix-sept années du règne de Nabonide et de la première année du règne de Cyrus à Babylone. Le second est un cylindre en brique crue appartenant au conquérant lui-même et relatif à son entrée dans la ville et aux mesures qu'il prit pour rétablir le culte des dieux babyloniens. M. Pinches a donné un résumé succinct de la tablette [4] et M. Rawlinson a publié dans le

---

[1] Lue à l'Académie des Inscriptions et Belles-Lettres dans la séance du 25 juin 1880. Voyez le *Journal officiel* du 20 juillet 1880.

[2] Daniel V. On sait que le livre de Daniel figure dans le canon biblique, non parmi les prophètes, mais dans les hagiographes, qui sont d'une moindre autorité.

[3] Nom d'un temple babylonien.

[4] *Proceedings of the Society of biblical Archaeology*, p. 34, 39-42. L'article entier a paru tout récemment dans les *Transactions of the Society of biblical Archaeology*, vol. VII, part. 1, p. 139-176.

journal asiatique anglais une transcription du cylindre, accompagnée de notes philologiques. La nouveauté du sujet, ainsi que l'importance des faits qui en résultent pour l'histoire, m'encourage à en faire l'objet de la présente étude. J'ai, du reste, quelques modifications à proposer dans l'interprétation du cylindre de Cyrus, modifications qui font ressortir plusieurs points nouveaux qui ont échappé au premier traducteur.

Les faits reconnaissables dans le premier document sont les suivants :

1re année. Guerre contre un roi dont le nom se termine par *ouissi*. Nabonide en apporte les dépouilles à Babylone. Vers la fin de l'année, il combat un chef nommé *Houmé*.

2e année. Au mois de Tebet il y a une révolte à Hamath.

Dans sa 3e année, Nabonide fait couper du bois dans *Ammananu* [1]. Mention y est faite de la mer de Phénicie et d'une nombreuse armée. Puis vient une fracture qui a enlevé le récit de deux années.

Dans la seconde moitié de la sixième année, Cyrus qui est appelé roi de Susiane, guerroie contre *Istuvegu* (Astyage), roi de *Agamtanu* (Ecbatane). L'armée d'Astyage se révolte le lendemain de la bataille, s'empare de son chef et le livre à Cyrus. Celui-ci entre dans Ecbatane et la pille.

Dans sa huitième année, Nabonide réside à Tema pendant que son armée est à Accad [2]. Il néglige les cérémonies religieuses de Nébo et de Bel.

Il sacrifie néanmoins dans les temples Saggal et Kittu et établit quelques officiers.

La 8e année manque.

Dans la 9e année, même état de choses. La mère du roi meurt le 5 Nissan, le peuple la pleure.

Cyrus ayant réuni son armée, passe le Tigre au-dessous d'Arbèle et défait un roi chaldéen (?).

Dans la 10e année, rien de changé en Babylonie. Quelqu'un, probablement Cyrus, marche de la Susiane contre Accad.

Dans la 11e année, les affaires sont toujours les mêmes à Ba-

---

[1] Probablement le mont Amanus que les Assyriens nommaient d'ordinaire *hamanou*. Le Talmud et les Targoummim le mentionnent sous le nom de אמנון ou אורמנוס.

[2] Accad ou plus complètement « Soumer et Accad », désigne la Babylonie en général. Ces noms sont ceux de deux villes très anciennes, réunies de bonne heure en une seule et ayant formé le point de départ de la division administrative du pays. La ville d'Accad est mentionnée dans *Gen.*, X, 10, parmi les cités babyloniennes conquises par Nemrod. En style hiératique, Accad est figuré *bur-bur-ki* « terre d'argile ».

bylone. Istarit de Arkou [1] semble avoir abandonné la ville. Le reste manque jusqu'à la 17ᵉ année.

Dans la 17ᵉ année, Nabonide fait rentrer dans Babylone les divinités de beaucoup de villes mésopotamiennes et de pays étrangers [2]. Le peuple de la mer inférieure se révolte.

Au mois de Tammouz, Cyrus livre bataille à *Routou*, ville chaldéenne située au sud de la Babylonie, et marche vers Accad. Le peuple d'Accad se révolte contre Nabonide. Sipar ouvre ses portes à Cyrus le 14 de ce mois ; Nabonide s'enfuit à Babylone et est pris le 16 par Gobryas qui entre sans résistance. Le chef de l'armée victorieuse fait fermer les temples afin qu'ils ne puissent servir de lieux de ralliement aux partisans du roi [3]. Cyrus entre dans Babylone le 3 Arah samnu [4] (septembre-octobre), proclame la paix et nomme Gobryas gouverneur de la ville. Le 11, Gobryas fait une expédition et Nabonide meurt. Le peuple d'Accad le pleure pendant six jours, et prête ensuite serment de fidélité à Cyrus. Cyrus témoigne du respect pour les divinités nationales. Depuis le mois de Kislèv jusqu'au mois d'Adar, les dieux d'Accad que Nabonide avait déportés sont réinstallés dans leurs lieux d'origine, et, le 4 Nissan, Cambyse, fils de Cyrus, prend part aux cérémonies religieuses qui ont lieu en l'honneur de plusieurs dieux de Babylone.

Voici maintenant les passages lisibles du cylindre :

..... (3) ... il établit pour... son pays (4) ..... il leur imposa (5) semblable à ...... à Samri [5] et aux autres cités (6) un

---

[1] *Arkou*, en hiératique *unu-ki* « demeure » porte dans la Genèse (l. c.) le nom de *Erek* אֶרֶךְ ; sa déesse principale était Istarit (en hébreu עֲשְׁתֹּרֶת) fille d'Anou.

[2] Aux yeux de l'annaliste, grand partisan de la politique pacifique et tolérante de Cyrus, la collocation des dieux étrangers à Babylone était certainement le comble de l'impiété. D'après l'idée commune aux nations de l'antiquité, les dieux étaient inséparables du territoire qu'habitait le peuple qui les adorait : transporter leurs statues dans un endroit qui n'est pas le leur, c'était d'une part les soumettre violemment à la domination de dieux étrangers, de l'autre, priver le peuple de la protection de ses divinités nationales.

[3] Cela me paraît être le sens essentiel du passage afférent (verso, col. 1, l. 16-18). Le mot *tukkume* est le sujet du verbe *upahhiru* « ont fermé » et signifie « guerriers, soldats ». Il en résulte que Gobryas n'avait aucune rébellion à étouffer après la prise de la ville.

[4] Ce nom équivaut à une forme hébraïque יֶרַח שְׁמִינִי « huitième mois ». La première radicale primitive de *arhu-* יֶרַח est un ר, preuve, la forme arabe-éthiopienne *warkh*. Il paraît que la forme pleine *warah-samnu* était encore usitée dans le langage populaire de la Babylonie, mais comme les Babyloniens confondaient dans la prononciation les labiales *m* et *w*, il en est résulté que les Juifs de la captivité, ayant cru entendre *marah samnu* au lieu de *warah samnu*, ont hébraïsé ce nom de mois en *Marhesvân* מַרְחֶשְׁוָן. La forme exacte serait יֶרַח שְׁמָנֶה. J'ai à peine besoin d'ajouter que l'origine babylonienne des noms des mois postérieurs à la captivité était connue des talmudistes : שמות החדשים העלו עמהם מבבל.

[5] C'est la ville jumelle de Accad, dont dérive la désignation géographique de Sou-

rite indigne d'eux... journellement il donna... (7) les prescriptions il fit abolir... dans les villes, la crainte de Mardouk¹ roi des dieux... (8) le mal de sa ville... il fit journellement... en œuvres impies, les murs extérieurs furent renversés entièrement (9) à cause de leurs ruines... le seigneur des dieux fortement se fâcha... leur place, les dieux qui y habitaient abandonnèrent leur sanctuaire (10) en colère... dans Su-anna², Mardouk... se tourna vers les contrées dont le siége a été déplacé (11). Et les hommes de Soumir et d'Accad qui vivaient en paix (?)... il eut pitié (?) d'eux et décida de rétablir tous leurs pays en même temps ³ (12). Il éleva un roi juste au milieu d'elle (de la terre) que son bras soutient ; Cyrus, roi de Susiane, il proclama sa mention, à la souveraineté de l'univers, il prononça son nom (13). Le pays de Kouti et toutes les populations qu'il a soumis à ses pieds, les habitants de la terre qu'il a remis dans sa main (14) en droiture et en justice il les établit. Mardouk, seigneur grand, restaurateur de son peuple, vit avec joie les actions de son représentant (?) pur ⁴ de cœur et de main (15) ; il lui ordonna d'aller dans sa ville de Babylone et lui fit prendre le chemin de Tin-tir ; comme un ami et un compagnon, il marcha à son côté (16). Sa vaste armée, innombrable comme l'eau du fleuve... ses armes... à son côté (17). Sans combat et bataille il le fit entrer dans Su-Anna, sa ville de Babylone que Nabonide, roi impie, avait désertée (?) avec regret (?), il la remit dans sa main (18). Tous les hommes de Babylone, et la totalité du pays de Soumir et d'Accad, les grands et les officiers qu'il a soumis baisèrent ses pieds, se réjouirent de son avénement et leurs faces resplendirent (19) ; le seigneur, mon aide, qui vivifie les morts, ils le remercièrent avec empressement et effusion, tous le prièrent en toute sincérité et exaltèrent son nom (20). Je suis Cyrus, roi des légions, roi grand, roi puissant, roi de Babylone, roi de Soumir et d'Accad, roi des quatre régions (21), fils de Kambuziya, roi grand, roi de Susiane,

---

mer que nous avons mentionnée à la page 2, note 2. La lecture *uri* pour ce nom de ville, quoique admise par tous les assyriologues, qui y voient l'Our des Chaldéens, patrie d'Abraham, est insoutenable. J'en ai donné les preuves dans mes *Documents religieux de l'Assyrie et de la Babylonie*, p. 70 et 97-99. En hiératique, elle est figurée *sis-unu ki* « demeure gardée ».

¹ Mardouk ou Maroudouk (en hébreu מְרֹדָךְ) est le fils d'Ia, dieu de la mer.

² Les expressions *Tin-tir* « force, multitude », *E-ki* « lieu du parler (?) », *Su-Anna* « place (?) du dieu », *Ka-dingir-ra-ki* « porte du dieu », sont des désignations hiératiques de la ville de Babylone ; la dernière se base sur une étymologie fictive du nom vulgaire *Babilu*, décomposé en *bâb* « porte » et *ilu* « dieu ». On sait que les Arabes interprètent ce nom par *bâb-Bil* « porte de Bel ». La Genèse, XI, 9, rattache ce vocable à la racine בלל « mêler, confondre » et cela paraît fort vraisemblable.

³ *Ihit ibriesu*, mot à mot : il alla et le fit paraître.

⁴ Texte : *gâta u libbasu isara*, mot à mot « (ses) mains et son cœur justes ».

petit-fils de Cyrus, roi grand, roi de Susiane, arrière-petit-fils de Sispis, roi grand, roi de Susiane (22), descendant ancien de la royauté dont Bel et Nébo aiment le gouvernement, et selon la bonté de leur cœur chérissent la souveraineté (?); alors il entra au milieu de Tin-tir en paix (23), en joie et réjouissance dans le palais des rois. J'agrandis le siège royal de Mardouk seigneur grand dans son espace (?) que les fils de Tin-tir et... chaque jour... (24). Mes vastes armées se répandirent au milieu de Tin-tir en paix, la totalité du pays de Soumir et d'Accad... je ne l'ai pas endommagé (25), ni Babylone avec toute sa banlieue. J'ai rétabli en paix les fils de Babylone... qui malgré... et d'une façon (?) inconvenante... (26) leurs ruines j'ai relevées et j'ai ouvert leurs prisons (?), pour les œuvres de... Mardouk, seigneur grand, j'ai pris des mesures (?) (27). De moi Cyrus, roi, son serviteur et de Cambyse fils issu de mes entrailles... la totalité de mes guerriers gracieusement il s'est approché et en paix devant lui (28) convenablement nous avons..... La totalité des rois qui demeurent dans des palais (29) de toutes les contrées depuis la mer supérieure jusqu'à la mer inférieure habitant..... tous les rois de la Phénicie et du... (30) ont apporté leur riche tribut dans *Su-anna* (quartier de Babylone) et ont embrassé mes pieds. Depuis... jusqu'à la ville d'Assour et d'Istarit..... Agane, Isnunnak (Marat), Zamban, Me-Tournou, Dour-il, jusque vers la contrée de Kouti au delà du Tigre dont les demeures avaient été depuis longtemps déplacées (32), les dieux qui demeuraient au milieu d'eux, je les ai réinstallés à leurs places et je leur ai élevé une demeure vaste et permanente. J'ai aussi réuni tous leurs peuples et je les ai fait retourner dans leurs contrées (33). Et les dieux du pays de Soumir et d'Accad que Nabonide en dépit [1] du seigneur des dieux avait fait entrer dans Su-anna, d'après la parole de Mardouk, seigneur grand, en paix je les ai restitués à leurs places (en leur procurant) une demeure agréable. Que tous les dieux que j'ai restaurés (35) interviennent journellement devant Bel et Nabou afin d'obtenir pour moi une longue vie, qu'ils favorisent mes bons projets et qu'ils disent à mon seigneur Mardouk : Cyrus, roi, ton serviteur et Cambyse son fils (36), sois-leur propice pour qu'ils vivent... (10 lignes mutilées).

Tâchons maintenant de résumer brièvement les faits nouveaux qui ressortent de ces documents indépendants et d'une authenticité d'autant plus absolue qu'ils se confirment mutuellement.

---

[1] *Ana uggatim* (r. אגב « brûler ») mot à mot « à la colère, au déplaisir », non « at the sacred feasts » (Rawlinson).

1. Nabonide a bien régné dix-sept ans, conformément à la donnée d'Hérodote ; mais contrairement à cet auteur qui le fait exiler en Carmanie, il meurt prisonnier à Babylone, huit jours après la prise de la capitale par Cyrus et est pleuré par son peuple. Il est le dernier roi de Babylone et le règne de Balthasar aboutissant aux mots fatidiques : *Mené, Técel, Pharès*, doit être définitivement rayé de l'histoire, à moins d'admettre que Balthasar et Nabonide ne font qu'un. Le fils de Nabonide, connu dans les inscriptions de ce roi sous le nom de *Belsarouçour* qui ressemble singulièrement à la forme hébraïque *Belsaçar* (*Balthasar*), n'a pas régné. La supposition de M. Rawlinson que Balthasar aurait été tué à la tête des rebelles Koutiens qui avaient organisé la résistance dans le temple Bit-Kitti, disparaît devant une meilleure intelligence du texte. Il est maintenant certain que Cyrus a trouvé la ville toute pacifiée, que par conséquent il n'avait nullement besoin de l'assiéger, ne fût-ce qu'en partie, encore moins de détourner le fleuve en creusant d'immenses tranchées, comme le raconte l'auteur grec. Après la défaite de Nabonide et à l'exemple de Sipar, Babylone ouvrit ses portes au conquérant, qui eut l'adresse de se poser comme restaurateur du culte indigène, désorganisé par l'insouciance de son prédécesseur. D'autre part, le nom de Gobryas, général de Cyrus, rapporté par Hérodote, revient dans la tablette, mais le second général Gatatas ne s'y trouve pas. En revanche, le récit de cet auteur, suivant lequel Babylone aurait été surprise par les Perses au milieu d'une fête orgiaque, appartient au domaine de la fable.

2. Sur l'origine de Cyrus et sur le siège de son gouvernement, les inscriptions qui précèdent nous fournissent des données extrêmement précieuses et en partie inattendues. Le conquérant de Babylone descend en ligne droite de Téispès dans l'ordre suivant : 1, Téispès ; 2, Cyrus ; 3, Cambyse ; 4, Cyrus. C'est tout à fait conforme au rapport d'Hérodote ; un autre Cambyse, que sur l'autorité de Diodore de Sicile, on a intercalé entre Cyrus Iᵉʳ et Téispès, n'existe point. Achéménès n'est pas mentionné. Dans l'inscription de Bisoutoun, Darius dit être le neuvième Achéménide ayant exercé la royauté et lui-même se rattache à Téispès par une autre lignée, savoir : Hystaspe, Arsamès et Ariaramnès. La première donnée est tout à fait contraire à la vérité, car ainsi qu'il résulte des témoignages d'Hérodote et de l'inscription de Darius elle-même, Hystaspe était un simple particulier, et les deux autres ancêtres, Arsamès et Ariaramnès, ne semblent pas non plus avoir jamais régné. Le fait le plus ignoré qui nous est révélé par les inscriptions, c'est que Cyrus et ses aïeux jusqu'à Théispès inclu-

sivement étaient non des rois Perses, comme on l'a cru jusqu'ici, mais des rois Susiens. Aucun doute n'est possible là-dessus : le pays écrit en cunéiforme *an-za-an* est le royaume qui avait Suse pour capitale et qui portait le nom d'Elam chez les Sémites. Dans leurs propres protocoles, les rois susiens désignent leur royaume par l'expression *anzân-susunqa*, appellation parallèle à la désignation hiératique assyrienne *an-du-an* ou *an-za-an u su-zin-ki* qu'on rencontre dans les textes astrologiques. Ceci explique d'une façon naturelle la persistance des Achéménides à résider à Suse de préférence à toute autre ville de leur vaste empire, même à Persépolis où devaient cependant les retenir des relations de famille et des alliances d'amitié de toute sorte. Nos inscriptions nous apprennent que pendant quatre générations, pour le moins, les ancêtres de Cyrus n'avaient d'autre patrimoine que la Susiane ni d'autre capitale que Suse. Il est naturel que cette longue résidence des ancêtres les plus célèbres de leur race, ait pu déterminer les derniers Achéménides à ne pas changer de résidence, même après que leur empire se fut énormément agrandi du côté de l'Occident.

Un autre fait demeuré jusqu'à présent très obscur reçoit un éclaircissement des plus satisfaisants. Cette élévation subite du petit peuple perse, à peine connu de nom jusqu'alors, au gouvernement du plus vaste empire que le monde ait connu, n'était-elle pas une énigme insoluble, une espèce de prodige inexplicable, proposé à l'historien et au philosophe ? Comment comprendre que la fondation d'un empire asiatique, où le génie grec personnifié par Alexandre a misérablement échoué, eût si bien réussi deux cents ans auparavant à un roi d'une nation peu nombreuse, à demi nomade, dépourvue de fanatisme religieux et ayant en face d'elle de vieux états militaires fortement organisés comme la Susiane, la Babylonie, la Médie et l'Égypte ? Grâce aux nouvelles informations, l'énigme se résout d'une façon toute naturelle et le prodige fait place à un ordre de faits des plus rationnels. Le fondateur du grand empire asiatique, loin d'être un parvenu, appartient à une famille qui depuis plusieurs générations gouvernait un des pays des plus illustres et des plus puissants de l'Asie antérieure, la Susiane. En effet, la Susiane rivalise d'antiquité avec les plus vieux empires du monde. Déjà vers 2300 ans avant notre ère, les rois susiens étaient assez puissants pour conquérir la Babylonie et pour y fonder une dynastie qui dura plus de deux cents ans [1]. Au temps de la migration

---

[1] C'est la dynastie mède de Bérose. La qualification « mède » est due à l'absorption du royaume susien dans l'empire médo-perse depuis Cyrus.

térahide, le roi susien Codorlagomor (כְּדָרְלָעֹמֶר) avait encore l'hégémonie de la Babylonie et de l'Assyrie et poussait ses incursions jusqu'aux portes de l'Égypte[1]. Même pendant le développement le plus brillant des états du Tigre et de l'Euphrate, le royaume de Suse sut conserver une position indépendante et invulnérable. La Susiane n'a été sérieusement entamée que par les plus puissants des rois assyriens, Sennachérib et Assurbanipal ; mais même alors, elle ne cessa d'inspirer à ses vainqueurs une véritable terreur, de telle sorte qu'ils n'ont jamais osé lui enlever son indépendance ou seulement la soumettre à un tribut annuel. On comprend maintenant qu'un état militaire de cette puissance, dirigé par un roi aussi belliqueux et aussi habile que Cyrus, ait pu, en profitant de l'affaissement momentané des états voisins, les vaincre séparément, et, après s'être attaché les populations par une sage politique de restauration, réunir leurs domaines en un empire unique s'étendant depuis l'Hellespont jusqu'à l'Inde.

En présence de ces révélations, on conçoit sans peine que l'origine purement perse et aryenne des Achéménides est fortement ébranlée. Cette origine s'appuie, d'une part, sur le témoignage des historiens hébreux et grecs qui appellent Cyrus, roi de Perse, de l'autre, sur le témoignage de Darius qui, dans l'inscription de Nakchi Roustem, se dit Perse, fils de Perse, Aryen, fils d'Aryen. Mais il faut remarquer que les écrivains que je viens de mentionner sont postérieurs à Darius et peuvent n'avoir d'autre autorité que le dire de ce monarque. Quant à celui-ci, nous l'avons surpris plus haut en flagrant délit de mensonge au sujet du règne de ses prédécesseurs, n'est-il pas permis de penser que son insistance par trop criarde à accentuer son origine aryenne d'une part, son silence persistant au sujet de sa proche parenté avec Cyrus et Cambyse de l'autre, prouve non seulement que son droit au titre d'Achéménide lui était contesté par ses contemporains, mais que ce titre, voire même son origine perse, n'était qu'une prétention aussi gratuite que celle des autres prétendants qui se disaient toujours issus des anciennes dynasties légitimes du pays ? N'oublions pas que ces sortes de « mensonges » n'étaient pas rares à cette époque où les peuples n'avaient pas encore perdu toute espérance de recouvrer leur indépendance à l'aide de quelque descendant caché des dynasties spoliées par Cyrus. Dans ces circonstances, les prétendants ne se faisaient pas scrupule de se substituer aux descendants légitimes ou de se fabriquer des généa-

---

[1] *Gen.*, XIV. La forme indigène de כדרלעמר est *Kudur La-gamari*, nom assyrien adopté par les Susiens et signifiant « borne du dieu Lagamar » : ce nom divin signifie « infini » (araméen לא גמר).

logies fictives dans le but de se rattacher à un personnage illustre.
Ce qui vient encore renforcer ce soupçon, c'est que Darius, au lieu
d'arrêter sa généalogie à Téispès, comme c'est le cas dans l'inscription de Cyrus, remonte à Achéménès, comme pour dire que sa
famille surpasse en pureté de race celle de la lignée de Cyrus, qui
avait du sang susien dans les veines [1]. Qu'on n'objecte pas que les
conjurés perses n'auraient pas choisi Darius pour leur chef s'il
n'eût pas été de race royale perse. Cette objection a fort peu de
poids quand on voit que parmi les compétiteurs de Darius qui, sous
le titre de descendants de l'ancienne dynastie, réussirent à s'emparer du gouvernement pendant un certain temps, plusieurs
étaient d'extraction plébéienne ou entièrement étrangers au pays.
Ainsi, par exemple, des deux usurpateurs babyloniens qui prétendaient descendre de Nabuchodonosor, Nadintabel et Araha, le
premier était de basse naissance, l'autre de nationalité armé-
nienne. En Perse même, Véisdatès, malgré son origine vulgaire,
entraîne la majorité du peuple perse dans sa tentative de supplanter Darius. Je crois cependant que, tout en reconnaissant les
soupçons qui planent sur l'origine achéménide de ce roi, on peut
admettre provisoirement que Achéménès a été dépossédé par
Phraortès, le roi mède qui soumit les Perses, et que son fils
Téispès s'étant réfugié en Susiane y fonda une nouvelle dynastie,
se continuant sans interruption jusqu'à Cambyse, tandis qu'un
autre fils de Téispès, nommé Ariaramnès, fut l'ancêtre de Darius. De cette façon, l'origine perse de ce dernier peut être vraie;
mais il est évident que les deux dynasties achéménides étaient
fortement mêlées de sang susien, et que Cyrus surtout peut être
revendiqué pour la Susiane avec autant de raison que Charlemagne, par exemple, l'a été pour la nationalité française.

3. Relativement à la religion de Cyrus, nos renseignements sont
d'une très haute importance. Le conquérant ne dit pas un mot
d'Ahuramazdâ, le dieu supérieur des Perses, mais rend un hommage complet et sans restriction aux grandes divinités de Babylone. Pour lui, comme pour les Babyloniens de naissance, Bel et
Nébo sont les distributeurs suprêmes de la royauté. Son protecteur particulier est le dieu Mardouk, dieu qu'il qualifie de seigneur grand, vivificateur des morts, mais il ne néglige cependant
pas de demander l'intervention des autres dieux en sa faveur. Ceci
rappelle la conduite toute respectueuse des Achéménides à l'égard

---

[1] Il est probable que les rumeurs relatives à la prétendue basse naissance de Cyrus, accueillies par les historiens grecs, sont dues au zèle exagéré des courtisans de Darius, qui voulurent rehausser l'éclat de leur maître au-dessus de son célèbre prédécesseur.

des divinités égyptiennes comme à l'égard de Jéhovah, dans les pièces officielles adressées aux juifs. C'est là le trait le plus caractéristique du paganisme. Dans ce système, les dieux de chaque pays coexistent les uns à côté des autres et, s'ils tendent parfois à s'assimiler tant bien que mal les uns aux autres, ils ne s'excluent jamais. Après un court séjour en Samarie, les colons étrangers qui y furent établis par Essarhaddon adoptèrent le culte de Jéhovah en échange de leur culte antérieur. De même, les Achéménides établis en Susiane n'éprouvèrent certainement aucun scrupule pour se rallier à la religion susienne, et, lorsque la fortune leur eut mis entre les mains les autres pays de l'Asie occidentale, ils se hâtèrent d'admettre les autres cultes qui y régnaient, et cela non seulement par un esprit de tolérance, mais par une sanction formelle de leur principe; aussi les inscriptions nous les montrent toujours empressés à participer aux cérémonies religieuses les plus sacrées de ces peuples et à invoquer leurs divinités dans les occasions solennelles. Ces faits indubitables ruinent de fond en comble l'opinion de ceux qui veulent que l'avénement de Cyrus ait pu susciter le monothéisme juif. Non seulement Cyrus est polythéiste dans le sens le plus absolu du mot, mais l'on peut affirmer que jamais le principe du polythéisme ne s'est manifesté avec plus de puissance qu'à l'époque achéménide, où toutes les divinités du vaste empire reçurent également droit de cité et furent englobées dans la religion officielle. Un état religieux pareil était on ne peut plus défavorable au développement d'une religion aussi exclusive que le monothéisme juif. Et si, malgré cela, les juifs rapatriés par Cyrus reviennent en Palestine entièrement exempts d'idées païennes, c'est évidemment parce que leur monothéisme datait de plus loin et que les croyances exotiques qu'ils avaient autrefois empruntées aux peuples voisins, n'ayant plus de raison d'être, s'étaient perdues pendant l'exil. Ce résultat suffirait à lui seul pour donner à l'inscription de Cyrus une valeur exceptionnelle. Quant à la religion médo-perse proprement dite, les documents achéménides nous apprennent que jusqu'à la chute de ces princes, elle n'est jamais sortie de son pays d'origine, de même que la langue perse n'a joué à cette époque aucun rôle dans les affaires de l'Asie antérieure. Ce rôle fut dévolu alors à la langue araméenne, dans laquelle étaient rédigés tous les actes de la chancellerie des grands rois. Il y a plus, malgré la longue résidence d'une dynastie perse à Suse, le nom d'Ahuramazdâ répugnait tellement aux Susiens, que le rédacteur susien de l'inscription de Bisoutoun y ajoute le qualificatif « Dieu des Aryens ». Aussi, les formes bizarres sous lesquelles les traducteurs assyriens représentent le nom de ce dieu : *Uramizda*, *Ahurmizdi*, *Urimizdah*, etc., indiquent clairement qu'il n'a jamais acquis une notoriété quelconque en Babylonie. Cela enlève du même coup toute vraisemblance aux prétendus emprunts que les auteurs bibliques, surtout ceux de la *Genèse*, auraient faits aux croyances iraniennes ; il est certain aujourd'hui que les rapports de cette nature entre les Aryens et les Sémites n'eurent lieu que postérieurement à Alexandre, et que, pour les croyances communes à ces deux races, la priorité appartient aux Sémites. Voici un exemple entre autres : la croyance à la résurrection des morts a été constatée chez les Perses dès le temps de Cambyse, on en a donc conclu que ce dogme était passé des Perses chez les juifs. Eh bien ! c'est une erreur, cette croyance fait partie de la religion babylonienne, et les Perses n'ont fait que l'accepter d'eux. On savait depuis longtemps que les Babyloniens croyaient à la résurrection, mais c'est néanmoins un fait important que le titre de Mardouk « vivificateur des morts » se trouve précisément dans l'inscription du véritable fondateur de l'empire achéménide. Du reste, l'origine proprement babylonienne du dogme en question est prouvée par cette circonstance que cette épithète se cache dans le nom même de Mardouk qui signifie : « Maître ou vainqueur des Oudouk ou des génies de la mort », tandis que dans la religion zoroastrienne, ce rôle est confié à un descendant du législateur, et non pas au dieu supérieur lui-même, Ormuzd, vainqueur d'Ahriman, auteur de la mort. Ajoutons que le titre de ce personnage, Çaoshanç (sauveur), rappelle à coup sûr l'épithète ordinaire de Mardouk *tadru* « restaurateur ».

4. Politique de Cyrus. La politique inaugurée par Cyrus est strictement d'accord avec ses vues religieuses. Les anciens rois assyriens et babyloniens avaient coutume de s'assurer de la fidélité des peuples vaincus en les transportant en Mésopotamie, et en repeuplant leur pays par de nouveaux colons Cyrus rompit définitivement avec ce moyen violent qui rendit ses prédécesseurs si odieux, non seulement aux étrangers, mais à leurs propres sujets. En ordonnant la restitution des divinités étrangères à leurs sanctuaires primitifs, il permit en même temps aux individus de ces peuples d'accompagner leurs pénates et de se rétablir dans leur pays natal. L'inscription l'atteste formellement par ces mots : « J'assemblai ces peuples et je les fis retourner dans leurs contrées. » Cet ordre se rapportait tout d'abord aux habitants de l'Assyrie et des districts éloignés de la Babylonie, mais le mouvement de rapatriement étant commencé, beaucoup d'autres peuples, originaires des provinces éloignées de l'empire, ont certainement sollicité et obtenu leur retour. Les Juifs, encouragés par

les prophètes, profitèrent d'autant plus facilement de cette occasion pour retourner en Palestine, que Cyrus avait besoin des nations syriennes pour l'exécution de ses projets sur l'Égypte. On le voit, le retour des exilés juifs que les écrivains bibliques fixent à la première année de Cyrus et qu'ils attribuent à une permission spéciale de ce monarque rentre parfaitement dans le nouvel ordre de la politique générale que nous signale l'inscription. Cette année marque, en effet, un changement radical dans la politique des conquêtes ; désormais les pays conquis formeront des provinces d'un empire compact, dont les rois indigènes seront directement surveillés par un Satrape responsable devant la cour de Suse. Grâce à ce système de surveillance directe, les insurrections seront étouffées dès le début et les coupables punis sur place. Cette mesure si sage acquit à Cyrus la reconnaissance de toutes les nations et fit de lui le héros le plus sympathique de l'antiquité.

5. Les prophéties concernant Cyrus. Le Recueil biblique renferme plusieurs prophéties sur la chute de Babylone et l'avènement de Cyrus, mais comme elles ne portent ni une marque certaine d'auteur[1], ni une date quelconque, la plupart des critiques modernes ne sont pas loin de les considérer comme des fabrications postérieures à Esdras, lequel est, d'après eux, le véritable fondateur du monothéisme rigoureux et le principal auteur du *Pentateuque*. Nos inscriptions nous fournissent les moyens de déterminer avec certitude la limite inférieure de leur rédaction, grâce à une foule d'expressions et d'allusions qui ont été jusqu'à présent ou inaperçues ou torturées de façon à les transformer en une polémique contre le dualisme perse[2]. Cette tentative a été surtout entreprise dans le but de démontrer la haute antiquité de la religion zoroastrienne et de l'Avesta. Aujourd'hui, que pour des raisons d'un ordre tout différent l'origine relativement récente du zoroastrisme[3] est prouvée, on serait tenté d'abaisser dans les mêmes proportions la date des prophéties hébraïques où l'on croit trouver des allusions aux doctrines avestéennes. Tout cela disparaît maintenant, grâce aux inscriptions babyloniennes que nous discutons. Les prophéties en question, même en leur refusant tout caractère surnaturel, et en ne les considérant que comme une description de faits

---

[1] On sait que les suscriptions de certaines prophéties et des Psaumes ne sont pas toujours suffisantes pour établir l'auteur du poëme.
[2] Fr. Windischmann, *Zoroastrische Studien*, p. 131-135. Voir encore divers articles de Cohut dans la *Zeitschrift der deutschen morgenländischen Gesellschaft*.
[3] Voir surtout l'excellente introduction de M. J. Darmesteter à sa traduction anglaise do Vendidad : *The sacred books of the East*, vol. IV, p. xxxii et suiv.

accomplis, ne peuvent pas descendre au-delà de la prise de Babylone par Cyrus. Il faut ranger dans cette catégorie de documents : Isaïe XIII et XIV, que nous appellerons tout court Isaïe III, Isaïe XLIV, XLV, XLVI, XLVII, XLVIII ou Isaïe II, les prophéties qui circulaient sous le nom de Jérémie (Jérém. L et LI) que nous nommerons Jérémie II, et enfin les psaumes XLII-XLIII-XLIV et CXXXII qui, s'ils ne sont pas œuvres de prophètes, dépendent entièrement de leur inspiration. Je vais considérer ces écrits prophétiques dans l'ordre qu'ils conservent dans la Bible avec les psaumes qui en forment les pendants, en réservant pour une note l'ordre chronologique de ces compositions.

1. Isaïe III. Ce document se compose de deux oracles (Isaïe XIII et XIV). Dans le premier, les ennemis de Babylone se rassemblent en nombre incalculable dans les montagnes et sont conduits par Jéhovah qui se sert d'eux comme d'instruments de destruction. Ces ennemis sont des Mèdes, guerriers farouches qui ne ménagent ni femmes ni enfants, et pour lesquels l'or et l'argent n'ont aucun attrait. Ils exterminent les habitants de Babylone, et la ville superbe, la gloire des Chaldéens, détruite de fond en comble, devient le repaire des animaux du désert. Il est aisé de reconnaître que cette description convient au moment où Cyrus, devenu maître d'Ecbatane et ayant enrôlé les troupes mèdes et perses sous son drapeau, achève ses préparatifs pour envahir la Babylonie, c'est-à-dire à la dixième année de Nabonide. A cette époque on pouvait encore voir dans Cyrus un simple destructeur de villes, et le meilleur conseil que le prophète donne à ses coreligionnaires, c'est de fuir la ville coupable et de retourner chez eux sans demander permission à personne. Dans le second oracle, au contraire, le prophète décrit joyeusement la descente dans l'enfer du dernier roi de Babylone et il accentue l'extinction de la race royale. Quant au retour de l'exil, il l'attribue à la bienveillance que Dieu inspirera aux nations (Isaïe XIV, 2) envers son peuple. Cette description fait clairement allusion aux événements qui ont affligé Nabonide dans la dix-septième année de son règne, où, après avoir successivement perdu sa mère et son fils, il meurt[1] lui-même prisonnier de Cyrus, tandis que celui-ci s'empare du gouvernement et permet aux peuples exilés de retourner dans leur patrie.

2. Isaïe II. Le prophète est un partisan enthousiaste de Cyrus, il le nomme « celui que Jéhovah aime » (*Yahve ahêbô*), son oint, son pasteur, celui qu'il conduit à la victoire. Dieu l'a appelé pour

---

[1] Probablement de mort violente : Nabonide paraît avoir été poignardé en prison. (Isaïe XIV, 19.)

délivrer Israël du joug babylonien et pour exercer une vengeance sur ses persécuteurs. Le prophète ajoute cependant que Cyrus n'a pas la moindre connaissance de Jéhovah. « Je te nomme de ton nom pour l'amour de mon serviteur Jacob et d'Israël mon élu ; je te proclame, mais tu ne me connais pas. Je suis Jéhovah et il n'y en a pas d'autre ; en dehors de moi, il n'y a point de Dieu ; je te ceins, mais tu ne me connais pas. (Je fais cela) pour que l'on sache depuis l'Orient jusqu'à l'Occident qu'il n'existe pas (de Dieu) excepté moi ; je suis Jéhovah, il n'y en a point d'autre. Je façonne la lumière et je crée les ténèbres ; je fais la paix et je crée le mal ; c'est moi, Jéhovah, qui fais toutes ces choses. » Quant aux Babyloniens, ils sont déconcertés par les progrès rapides de l'ennemi. Dans leur fuite précipitée, ils chargent leurs dieux Bel et Nébo sur des bêtes de somme afin de les soustraire à la destruction, mais ils ont beau faire, l'armée victorieuse les rejoint et les emmène en captivité. On conviendra qu'une pareille description serait absolument hors de propos après l'entrée pacifique de Cyrus dans Babylone, où ce conquérant traite avec le plus grand respect les dieux Bel et Nébo, dont le prophète prédit la ruine subite. L'oracle a donc été rendu au commencement du mois de Tammouz, où Cyrus combattait encore dans le sud de la Babylonie et où l'on pouvait croire Babylone déterminée à résister à l'envahisseur. La révolte des Babyloniens contre Nabonide et la prise de ce roi par Gobryas ont profondément changé ces prévisions. Non seulement, Babylone échappe à la destruction dont elle a été menacée, mais la religion babylonienne devient un objet de vénération pour le conquérant lui-même. Une seule de ces prédictions s'est accomplie à la lettre, le retour de la captivité, et cela suffit d'une part pour faire patienter les ardents au sujet de leurs déceptions, de l'autre, pour assurer à la dynastie perse la reconnaissance inaltérable des juifs.

3. Psaume CXXXVII. C'est à ce moment d'attente fiévreuse où la destruction de Babylone semblait imminente qu'a été composé le 137e psaume qui respire une haine profonde contre les deux peuples qui ont coopéré à la ruine de Jérusalem : les Babyloniens et les Iduméens, leurs auxiliaires. Le vieux poète, ancien musicien du temple, retrace de main de maître la scène déchirante dont lui et ses confrères furent témoins, à peine arrivés à Babylone, où ils préféraient se séparer de leurs chers instruments plutôt que de profaner le chant sacré : « Nous étions assis là, près des canaux de Babel et nous y pleurions en pensant à Sion. Nous accrochions nos harpes aux saules qui s'y trouvaient, car ceux qui nous conduisaient en captivité nous avaient demandé

des chansons, et nos bourreaux¹ avaient exigé des chants d'allégresse : « Faites-nous entendre un chant de Sion ! » Comment aurions-nous pu entonner le chant de Jéhovah sur une terre profane ! » Puis, animé d'un amour exalté pour la ville sainte, il lui jure une fidélité éternelle : « Que ma main droite me refuse son concours (m. à m. m'oublie²), si jamais je t'oublie, ô Jérusalem ; que ma langue se colle à mon palais, si je cesse de te mentionner, de faire de toi l'unique objet de mes vœux. » Après avoir exhalé ses sentiments patriotiques, le poète se donne tout entier à la haine pour les ennemis de sa nation. Pour les Iduméens, misérables nomades lointains, toujours enrôlés au service du plus fort, il se contente de les recommander à la vengeance de Dieu : « Demande compte, ô Jéhovah, aux Iduméens du jour de (la prise de) Jérusalem, où ils disaient : démolissez, démolissez jusqu'à ses fondements ! » Mais toute sa colère se tourne contre la cause première de tous ses malheurs, la fière et impitoyable Babylone qu'il croit sur le point de périr, mais dont l'agonie lui paraît trop lente : « Babylone, fille moribonde³, heureux celui qui te rendra le mal que tu nous as fait, heureux celui qui, ayant saisi tes enfants, les brisera contre les rochers ! » Le poète aurait probablement reculé s'il avait été chargé d'exécuter lui-même ses terribles menaces, mais il me paraît évident que le poème révèle une époque où la destruction de Babylone semblait prochaine. Cette époque convient exactement au commencement du mois de Tammouz de la 17ᵉ année de Nabonide, et il y a lieu de croire que l'adversaire de Babylone si chaudement félicité par le poète n'est autre que Cyrus.

4. Psaumes XLII-XLIII et XLIV. Pour expliquer cet état extraordinaire d'exaspération qui remplit l'âme des juifs contre Babylone dans les dernières années de Nabonide, il est indispensable de se rendre un compte exact de la situation du peuple juif dans la captivité. A cet effet, il sera nécessaire de combiner les indications éparses qui se trouvent dans les compositions des prophètes de l'exil et tout particulièrement d'Isaïe II, avec les données non moins authentiques que nous fournissent les inscriptions babyloniennes contemporaines, y compris celles que nous étudions, relativement à la politique générale de la dynastie de Nabuchodonosor. Parlons d'abord de ces dernières.

---

[1] תּוֹלָלֵינוּ doit probablement se lire הוֹלָלֵינוּ.

[2] La leçon reçue תִּשְׁכַּח ne donne pas de sens satisfaisant. Il faut probablement lire תִּשְׁכַּח ou תִּשְׁפְּחֵנִי.

[3] C'est le sens figuré de l'adjectif שָׁדוּד (Juges, V, 27. Jérémie, IV, 30).

En lisant avec attention les inscriptions de Nabuchodonosor et de ses successeurs, on ne tarde pas d'être frappé de l'exaltation religieuse qui y domine au point de laisser entièrement dans l'ombre toute vue politique et nationale. Tandis que les rois assyriens s'étendent volontiers sur leurs exploits guerriers, en énumérant avec ostentation et dans les moindres détails le nombre des ennemis vaincus, des villes prises, du butin enlevé, etc., ces rois babyloniens ne parlent dans leurs inscriptions que de constructions de temples et de dons faits aux divinités et dédaignent de mentionner leurs conquêtes. Nabuchodonosor tient dans ses documents un langage tellement dévot que, sans les témoignages extérieurs, on verrait en lui plutôt un moine déchaussé que le vainqueur de Tyr, de l'Égypte et le destructeur de Jérusalem. Les princes qui règnent après lui, et qui ont laissé des inscriptions : Nergalsarouçour (Nériglossor) et Nabou-Naïd (Nabonide), écrivent sur le même ton, en l'exagérant encore dans le sens du piétisme, sans jamais dire un mot des victoires qu'ils ont certainement remportées sur plusieurs peuples de leur vaste empire, comme par exemple celles que mentionne notre écrivain annaliste. Maintenant quel était le résultat de cette dévotion exagérée, pour l'état des nations étrangères au culte babylonien ? Il est facile de deviner qu'en de telles circonstances les cultes étrangers, même sans être proscrits, devaient souvent essuyer bien des avanies et des humiliations de la part des fonctionnaires et de la populace babylonienne. Il y a plus, nos deux inscriptions s'accordent à relater que Nabonide avait fait transférer à Babylone les dieux des autres villes mésopotamiennes aussi bien qu'étrangères. La séquestration des divinités des peuples soumis n'avait et ne pouvait avoir qu'un but, celui de subordonner la religion des étrangers à celle de Babylone, sauf à nécessiter dans celle-ci certains remaniements pour faire place aux nouveaux venus. Cette mesure radicale qui n'a son parallèle que dans les tentatives de centralisation religieuse d'Antiochus Epiphane et des empereurs romains et qui ne tendait pas à moins qu'à l'effacement graduel des religions particularistes, ou, ce qui revient au même, des nationalités particularistes de l'empire, souleva l'indignation générale. Les prêtres babyloniens eux-mêmes, quoique flattés du surcroit d'autorité que cette mesure leur promettait, virent avec horreur la perturbation que l'intrusion de divinités étrangères apportait dans leurs rites sacrés et plusieurs fois millénaires. On connait le reste : les provinces et Babylone elle-même se donnèrent d'un commun accord à Cyrus, qu'elles acclamaient comme leur libérateur et le restaurateur de leurs cultes.

Ce régime oppresseur et fanatique étant donné, on comprend

facilement ce que pouvait être le sort des juifs de la captivité. Ils souffraient doublement. Au point de vue matériel, ils étaient écrasés d'impôts et soumis aux corvées onéreuses nécessitées par les innombrables constructions dont Nabuchodonosor et ses successeurs ont parsemé toute l'étendue de la Babylonie. En Babylonie comme en Égypte, les travaux publics s'exécutaient par les prisonniers de guerre, réduits à la condition d'esclaves. Les Israélites captifs, jeunes et vieux, sous peine d'être fustigés et jetés en prison, étaient forcés, à tour de rôle, de pétrir des briques et de traîner de grosses pierres, tout comme l'avaient fait leurs ancêtres dans la terre pharaonique. Le prophète décrit en deux lignes le triste état d'oppression sous lequel gémissaient ses compatriotes : « Le peuple d'Israël est victime d'insupportables exactions, ses jeunes gens succombent à la peine, ou languissent dans les prisons ; on les considère comme une proie que personne ne cherche à sauver, comme un objet vil dont on peut s'emparer sans que personne le réclame » (Isaïe, XLII, 22) et : « Envers mon peuple, mon héritage, qu'en un moment de colère j'ai livré, profané, dans tes mains, ô Babylone, tu t'es montrée impitoyable ; ton joug a lourdement pesé sur le vieillard » (*Ibid.,* XLVII, 6[1]). Mais ces souffrances matérielles n'étaient rien en comparaison des souffrances morales que les Juifs, surtout la partie patriotique et religieuse de la nation, avaient à endurer de la part des vainqueurs. A la douleur de voir la patrie en ruines, le sanctuaire brûlé, les familles décimées et réduites à une affreuse misère, vint s'ajouter celle d'assister à la profanation des vases sacrés de Jéhovah dans le temple de Bel (Dan., I, 2), d'être obligés de coopérer à la construction des temples des faux dieux et par-dessus tout, celle d'entendre continuellement pousser d'horribles blasphèmes contre leur dieu national (Isaïe, LI, 7, LIII, 5). Déjà au début de la captivité, l'impatience des exilés était telle que Jérémie se vit obligé de leur envoyer une lettre pour les exhorter à des sentiments plus doux (Jérémie, XXIX, 4-7). Plus tard ce ne fut plus l'impatience, ce fut le désespoir qui gagna la majeure partie des captifs, le désespoir qui prélude à la désagrégation d'une nation comme la rigidité à la décomposition d'un corps privé de vie. Les suites désastreuses ne tardèrent pas à se faire sentir. Plusieurs individus, peut-être des familles entières, à l'effet d'échapper à cette insupportable situation, se détachaient successivement du judaïsme et adoptaient la religion babylonienne (Isaïe, LXV, 1-15). Ceux qui restaient encore fidèles doutaient hautement de la justice divine (*Ibid.*, XL, 27). Les prophètes

---

[1] Comparez encore Isaïe XIV, 3.

avaient beau rejeter la cause de ces maux sur les péchés du peuple (*Ibid.*, XLII, 24, LVIII, 1-11, LVIII-LIX), ils étaient obligés de reconnaître que l'expiation dépassait beaucoup la proportion des fautes commises (*Ibid.*, XL, 2). Ce sombre abattement, ainsi que le relâchement intérieur, aurait infailliblement amené la dissolution totale des exilés de Juda, comme jadis celle des dix tribus. Heureusement un coup formidable comme celui de la foudre, vint secouer la torpeur de la nation et dégager, en les multipliant à l'infini, les dernières parcelles d'énergie qui lui restaient. L'ordre de Nabonide relatif au transfert à Babylone de toutes les divinités, qui équivalait à l'abolition pure et simple des cultes exotiques, fit comprendre aux Juifs qu'on en voulait à leur existence et les mit à l'unisson de l'indignation générale. Le groupe d'hommes pieux qui se serrait autour de la religion paternelle grossissait tous les jours. Les prescriptions légales étaient dès lors plus rigoureusement accomplies et des martyrs scellaient de leur sang leur foi dans l'unité de Dieu.

La légende des trois jeunes gens, Ananias, Misaël et Azarias, que Nabuchodonosor fit jeter dans une fournaise ardente, pour avoir refusé d'adorer les idoles [1], se fonde certainement sur une tradition un peu obscurcie, il est vrai, relative à des persécutions religieuses ayant eu lieu sous la dynastie de Nabuchodonosor. Du reste, l'excessive dureté des persécutions résulte d'une façon évidente de la description du serviteur de Dieu, c'est-à-dire du peuple juif, que le prophète contemporain met dans la bouche des nations repentantes : « Le serviteur de Dieu est tellement réduit par les souffrances qu'il n'a plus de figure humaine, il est méprisé et chassé de la société des hommes, on le considère comme quelqu'un qui est affecté d'une infirmité dégoûtante dont on détourne la face; opprimé et torturé, il n'ouvre pas la bouche pour maudire ses tyrans ; il garde le silence comme l'agneau que l'on mène à l'abattoir ; l'oppression et les peines abrègent ses jours [2] et des souffrances inénarrables l'enlèvent prématurément à la terre des vivants. La mort elle-même ne désarme pas ses persécuteurs ; malgré son innocence et sa conduite exemplaire, on l'enterre où l'on enterre les criminels ; lui qui était prêt à donner sa vie pour

---

[1] Daniel, III.

[2] Dans le verset 8, les mots מֵעֹצֶר וּמִמִּשְׁפָּט ont un sens analogue à מֵעֹצֶר רָעָה וְיָגוֹן (Psaumes CVII, 39), le verbe לָקַח, parallèle à נִגְזַר, désigne une mort prématurée (II Juges, II, 10) et le mot דּוֹרוֹ « sa durée, sa vie » (cf. Isaïe, XXXVIII, 12) a un sens pregnant : « les souffrances qu'il a endurées pendant sa vie ». La plupart des exégètes anciens et modernes ont méconnu le sens de ce passage.

les autres, lui qui priait pour le bien des méchants [1], est confondu avec les malfaiteurs ! (Isaïe, LII, 13, LIII.)

Après ces préliminaires, je crois être en droit de ranger parmi les produits littéraires de cette époque et comme le pendant naturel des discours prophétiques, les deux psaumes corahites XLII-XLIII et XLIV. Ce ne sont pas les seuls psaumes de la captivité, mais je les choisis de préférence, parce que les critiques modernes, frappés par les plaintes de persécutions religieuses qu'ils renferment, leur ont assigné une origine macchabéenne, en admettant qu'ils étaient l'écho des malheurs qui fondirent sur le peuple par suite des édits d'Antiochus Epiphane. C'était un pis-aller justifié par l'ignorance où l'on était au sujet du vrai caractère de l'époque babylonienne. En effet, les psaumes précités, non seulement se distinguent des psaumes macchabéens par un style vif et concis, mais ils font clairement allusion à la captivité (Psaumes XLII, 7[2], XLIV, 12). Aujourd'hui que la période babylonienne se révèle à nous avec toutes ses tendances oppressives et intolérantes, nous n'en sommes plus réduits aux expédients et la place de ces psaumes est toute trouvée. Accompagnons-les de quelques remarques.

L'auteur du psaume XLII-XLIII est encore un ancien musicien (XLIII, 4). Il soupire après son bonheur d'autrefois, quand il conduisait en procession à travers les rues de Jérusalem la joyeuse multitude des pèlerins qui se rendaient au temple[3] et il désire ardemment revoir la montagne sacrée et l'autel de Dieu. Il se plaint de l'oppression de son peuple et surtout des railleries auxquelles sa foi religieuse est en butte. « C'est la mort dans l'âme que j'entends les injures de mes persécuteurs qui ne cessent de me dire : Où est donc ton Dieu ! » (XLII, 11). Le psaume XLIV est beaucoup plus explicite sur la nature des souffrances qui accablent la nation, car les maux qu'il peint sont compliqués d'une persécution religieuse. Le poète divise l'histoire du peuple hébreu en deux parties. Dans le passé, quand eurent lieu la prise de possession de la Palestine et les guerres heureuses des premiers rois, Jéhovah et son peuple exécutaient fidèlement le pacte conclu entre eux : Dieu donnait la victoire au peuple et le peuple

---

[1] Allusion à l'injonction de Jérémie de prier pour la prospérité de Babylone (Jérémie, XXIX, 7).

[2] La désignation de la Palestine par אֶרֶץ יַרְדֵּן וְחֶרְמוֹנִים est analogue à celle de אֶרֶץ גִּלְעָד וּלְבָנוֹן (Zacharie, X, 10); la « petite montagne », הַר מִצְעָר, est probablement le mont Sion.

[3] Le mot סָךְ n'est pas le talmudique סַךְ « somme », mais la forme pausale de סֹךְ (cf. עָד de עַד) = סֻכָּה « tente, demeure » épithète de Jérusalem (Psaumes LXXVI, 3).

en remerciait Dieu. Dans les derniers temps, au contraire, l'amour de Jéhovah pour son peuple s'est singulièrement refroidi, bien que celui-ci ne lui ait donné aucun sujet de mécontentement : « Cependant tu nous as abandonnés à notre impuissance et tu ne t'es plus mis à la tête de nos armées ; tu as permis que nous fussions repoussés par l'ennemi et que l'adversaire nous écrasât ; tu nous as livrés comme des moutons destinés à être mangés et tu nous as dispersés parmi les nations ; tu as vendu ton peuple sans en demander un prix quelconque [1] ; nos voisins nous méprisent, nos alliés d'autrefois nous accablent de railleries, nous sommes devenus un sujet d'opprobre général, tout le monde remue la tête en nous voyant ; la honte me couvre à tout instant, je sens la rougeur monter à mon visage en entendant les odieuses injures de l'ennemi. Tous ces maux ont fondu sur nous et nous ne t'avons pas oublié, nous n'avons pas violé ton pacte ; quoique tu nous aies placés au milieu de monstres et que tu nous aies couverts de ténèbres, notre cœur et nos pas n'ont pas dévié de la route que tu nous as tracée. O Dieu, toi qui sondes les profondeurs de l'âme, tu sais bien que nous n'avons pas oublié ton nom, que nos mains ne se sont point levées pour adorer un dieu étranger, mais que, pour te rester fidèles, nous subissons journellement la mort, que nous nous laissons massacrer pour toi comme des moutons destinés à l'abattoir. »

5. Jérémie II. Cette prophétie se compose de deux oracles, successivement délivrés par un même voyant, qui forment actuellement les chapitres L et LI, mais grâce à certains indices que nous signalerons tout à l'heure, on établit avec certitude que le dernier est le plus ancien.

Dans le premier oracle (Jérémie LI), les futurs destructeurs de Babylone sont les Mèdes (Mâdâi), les Arméniens (Arârat, Minni) et les Gomériens (Askenaz). Ces derniers, s'il est vrai que ce sont les Cimmériens d'Hérodote [2], étaient depuis longtemps disparus de l'Asie antérieure, mais en Babylonie on pouvait ignorer ce fait. Il semble donc que le prophète croyait que la ruine de Babylone serait accomplie par la même coalition des peuples du nord qui avait détruit Ninive 100 ans auparavant. Et, en effet, une allusion à la chute de la capitale assyrienne se trouve dans le second oracle : « J'aurai ma revanche du roi de Babel comme je l'ai eue du roi d'Assour. » L'ennemi viendra du nord, il s'emparera des ponts et des tranchées tandis que l'armée babylonienne terrifiée se réfugiera dans les for-

---

[1] Cf. Isaïe, LII, 3.
[2] Cette opinion me paraît fort contestable ; j'en parlerai à une autre occasion.

teresses qui seront bientôt prises d'assaut et démolies. Ce sort atteindra aussi Babylone, dont les murailles brisées et renversées deviendront la proie des flammes. Bel détrôné cessera de recevoir l'hommage des peuples, son pays se changera en un désert inhabitable. Le prophète exhorte ses compatriotes à profiter du trouble pour quitter la ville et pour retourner en Palestine. Il ajoute qu'ils n'ont pas à craindre que les rumeurs de guerre, mêlées de chutes successives de rois, n'atteignent pas la Babylonie, la perte de ce pays, décidée par Jéhovah, n'étant plus qu'une question de jours. Toutes les vraisemblances se joignent pour fixer la date de cette prophétie à la neuvième année de Nabonide, où Cyrus, après avoir pacifié la Médie et la Perse, passa le Tigre au dessous d'Arbèle et étant descendu dans la Chaldée, vainquit un roi du pays. La chute des rois mède et chaldéen à si peu d'intervalle a certainement fait beaucoup de bruit, et le prophète en augurait la chute prochaine du roi de Babylone. Cette prédiction est la seule qui s'accomplit entièrement, tandis que ses prévisions relatives à la destruction de Babylone n'ont reçu un commencement d'exécution que beaucoup plus tard, sous Darius et Xerxès. C'est donc la plus ancienne prophétie qui nous soit restée sur ces graves événements.

Le second oracle (Jérémie, L) reprend le même sujet. La situation a fort peu changé. La destruction totale de la ville, l'abaissement des dieux Bel et Mérodach, la désolation du pays et la délivrance des captifs, voilà les thèmes favoris de sa description. Tout cela est trop vague pour que l'on puisse assigner à cet oracle une date différente de celle du précédent. Heureusement une allusion incomprise jusqu'à présent nous offre un moyen sûr à cet effet. Au verset 21, le prophète, s'adressant à l'ennemi de Babylone, s'écrie : « Envahis sans crainte le pays de *Marataïm* et quant aux habitants de *Pekod*, extermine-les, dit Jéhovah, conformément à ce que je t'ai ordonné. » Dans le nom de *Marataïm* on reconnaît sans la moindre hésitation le pays de *Marat* (c'est-à-dire maritime) qui figure dans nos inscriptions sous la forme hiératique *Ab (es)-nun-ki* « maison du poisson », c'est-à-dire d'Ia, dieu de la mer. L'équivalence de ces deux expressions est formellement donnée dans R. II, 47, 16, 17 d. Il paraît très vraisemblable que ce pays avait déjà été envahi une première fois par Cyrus dans la neuvième année de Nabonide, je crois cependant qu'il s'agit de la seconde invasion, beaucoup plus destructive que la première et contemporaine de celle dont avait à souffrir le pays de Pekod. Or la ville de *Routou*, près de laquelle fut livrée la bataille décisive qui a déterminé la révolte de l'armée babylonienne contre Nabonide, est située dans le district de *Pikoudou*. Cela résulte indubitablement d'un contrat babylonien de la série dite Egibi, publié par M. Sayce (*Records of the Past*, XI, p. 92). Notre oracle date par conséquent de quelques jours pour le moins avant cette révolution qui, contrairement aux prévisions du prophète a rendu la situation favorable à Babylone, c'est-à-dire entre le premier et le 13 Tammouz de la 17º et dernière année de Nabonide[1].

Comme on vient de le voir, des documents hébreux qui précèdent, aucun n'est postérieur à la prise de Babylone par Cyrus ou à l'an 540 avant notre ère. Or, comme ces compositions renferment les notions les plus parfaites du monothéisme, il s'ensuit nécessairement que l'origine de ce dogme remonte très haut dans le passé. Cela coupe court à l'hypothèse de ceux qui voient dans l'avènement de Cyrus, non le point d'arrivée, mais le point de départ du monothéisme juif. Il y a plus, une observation universelle nous montre que les grandes religions de l'humanité se sont développées sous les auspices de livres sacrés qui font autorité. Il ne viendra à l'idée de personne d'expliquer la religion brahmanique ou parsie en faisant abstraction du Véda ou de l'Avesta. Il serait de même insensé d'imaginer le christianisme se développant indépendamment des Évangiles ou l'islamisme sans le Coran. Partout et en tout temps, les religions ne deviennent vraiment vivaces que lorsqu'elles s'appuient sur un code inspiré dont elles cherchent à réaliser l'idéal. Comment donc imaginer que la plus originale et la plus profonde évolution de l'idée religieuse, le monothéisme des prophètes, se fût développée sans un livre de fond qui en sanctionnait le principe? Cela me paraît impossible. Il y a des soi-disant critiques qui attribuent à Esdras la rédaction du *Pentateuque*, ce serait peut-être possible si l'avènement des Achéménides avait donné la première impulsion au monothéisme. La haute antiquité de ce dogme entraîne naturellement une antiquité encore plus haute pour le code, du moins pour les parties essentielles. Et cela avec d'autant plus de probabilité que l'idée religieuse est loin d'y avoir l'épanouissement et la largeur qu'elle a chez les prophètes. Si Esdras a jamais écrit quelque chose sur la religion, cela ne pouvait être qu'un rituel d'observances minutieuses du genre des ordonnances de la grande Synagogue ou de l'ancienne Mischna. En effet, Esdras marque l'extinction du prophétisme et la nais-

---

[1] L'ordre chronologique vraisemblable des prophéties précitées est le suivant :
Jérémie LI, neuvième année de Nabonide.
Isaïe XIII, dixième année.
Jérémie L, dix-septième année, au commencement du mois de Tammouz.
Isaïe 11, même année, au commencement du mois de Marhesvân.

sance de la casuistique pharisienne déterminée par le rôle prépondérant de l'interprète de la loi, du Sôphêr. Ni parmi les colons, venus de Babylone avec Esdras [1], ni dans la grande assemblée convoquée par ce prêtre au sujet des femmes étrangères [2], il n'est question des prophètes, tellement ceux-ci avaient déjà perdu tout prestige aux yeux du peuple. Deux causes principales ont contribué au discrédit dans lequel sont tombés les prophètes de cette époque. Premièrement, depuis le départ de la première colonie sous Zorobabel, les juifs restés en Babylonie avaient été pendant plusieurs générations soustraits à l'influence des prophètes, de sorte que ceux parmi eux, qui émigrèrent sous la conduite d'Esdras et de Néhémie, ne furent nullement portés à se soumettre de nouveau à leur joug. Deuxièmement, les prophètes du temps de la seconde immigration étaient tous dévoués au parti adversaire de ces zélés Babyloniens et faisaient tout leur possible pour entraver leurs entreprises [3]. Pour peu qu'on réfléchisse, on voit que l'axiome rabbinique : חכם עדיף מנביא « un sage vaut mieux qu'un prophète » était aussi celui d'Esdras, tandis que le *Pentateuque* accorde au prophète une autorité égale à celle de Moïse [4]. Ces raisons suffisent pour démontrer que, dans la question du *Pentateuque*, la tradition a pour elle des bases autrement solides que ne le sont les assertions toujours hypothétiques et souvent de parti pris de l'école prétendue critique.

[1] *Esdras*, VIII.
[2] *Ibidem*, X, 9.
[3] *Ibidem*, VI, 8-14.
[4] *Deutéronome*, XVIII, 15-20. Cf. *Nombres*, XI, 25-29.

II

MANASSÉ, ROI DE JUDA

ET SES CONTEMPORAINS

Commentaire sur deux listes cunéiformes de rois syriens et chypriotes tributaires de l'Assyrie[1].

Les derniers conquérants assyriens, Assurahiddin [2] (Assarhaddon, אֲסַרְחַדֹּן) et Assurbanipal [3] (Sardanapale) ont donné chacun une liste complète des rois syro-phéniciens et chypriotes qu'ils avaient sous leurs ordres pendant les préparatifs entrepris par eux pour l'invasion de l'Égypte. Ces documents, d'une haute valeur historique, nous offrent, pour la Syrie comme pour Chypre, des noms de princes contemporains parmi lesquels figure aussi le nom de Manassé roi de Juda. Ils intéressent au plus haut point aussi bien l'histoire du peuple juif que l'ethnographie et la géographie du monde antique. A titre de renseignements sur la prononciation du phénicien et de l'hébreu, ils offrent des mots vocalisés qui n'ont point passé par la main des Massorètes. Ces listes sont depuis longtemps publiées dans le recueil de M. Rawlinson, mais d'une façon très défectueuse et défigurées par de nombreuses lacunes. Dans mon récent voyage à Londres, ayant eu sous les yeux les anciens originaux et de plus une nouvelle tablette d'Assurbanipal qui a conservé intacte la liste en question, j'ai été mis à même d'entreprendre une étude minutieuse de ces documents [4]. Les ob-

---

[1] Lue à l'Académie des Inscriptions et Belles-Lettres dans la séance du 8 octobre 1880. Voyez le *Journal officiel* du 27 octobre 1880.

[2] Le nom signifie : le dieu Assour a donné (*iddin* de נדן = h. נתן « donner ») des frères (*ahi* = h. אָחִים).

[3] Signification : Assour produit (*bani* = h. בּוֹנֶה (le fils) *pal*, prononciation vulgaire de *ablu*, r. יבל « produire »).

[4] Je saisis cette occasion pour exprimer ma vive reconnaissance à M. le docteur Birch, directeur de la section des antiquités du British Museum, ainsi qu'à M. Theo Pinches, pour l'empressement qu'ils ont mis à me faciliter l'examen des textes originaux.

servations qui suivent formeront donc une sorte de commentaire ayant pour but d'examiner les divers problèmes qu'ils soulèvent et d'en éclaircir ceux qui se prêtent à une solution raisonnable.

Voici la traduction de ces documents :

1. La liste du cylindre d'Assurahiddin[1].

12 .... J'ai assemblé les rois du pays de Hatti et d'outre-mer :
13 *h* Balu, roi de *v* Tyr, *h* Menasê, roi de *v* Yaudi,
14 *h* Qausgabri, roi de *v* Udume, *h* Muçur-i, roi de *v* Mába,
15 *h* Çil-Bel, roi de *v* Haziti, *h* Metînti, roi de *v* Isqaluna,
16 *h* Ikasamsu, roi de *v* Amgarruna, *h* Milkiasapa, roi de *v* Gûbli,
17 *h* Matanbáal, roi de *v* Arwadi, *h* Abibaal, roi de *v* Samsimuruna,
18 *h* Pudu-Il, roi de *v* Bit Ammana, *h* Ahmilki, roi de *v* Asdudi,
19 Douze rois du bord de la mer. — *h* Ekistura, roi de *v* Ediál,
20 *h* Pelâgura, roi de *v* Kîtrusi, *h* Kî(su), roi de *v* Sillûa,
21 *h* Itûandâr, roi de *v* Pâppa, *k* Eriesu, roi de *v* Sillû,
22 *h* Damasu, roi de *v* Kurî, *h* Girmesu, roi de *v* Tamesu,
23 *h* Damúsi, roi de Qartihadâsti,
24 *h* Unasagusu, roi de Lidîr, *h* Buçusu, roi de *v* Nurie,
25 Dix rois du pays de Yâtnana, au milieu de la mer ;
26 Ensemble, 22 rois du pays de Hatti, du bord de la mer (et) du
27 milieu de la mer, et à tous j'ai donné des ordres, etc.

2. La liste du cylindre d'Assurbanipal.

1 *h* Balu, roi du pays de Tyr,
2 *h* Mînsie, roi du pays de Yaudi,
3 *h* Qausgabri, roi du pays de Udume,
4 *h* Muçur-i, roi du pays de Maâb,
5 *h* Çil-Bel, roi du pays de Haziti,
6 *h* Mitînti, roi du pays de Isqaluna,
7 *h* Ikasamsu, roi du pays de Amgar-una,
8 *h* Milkiasapa, roi du pays de Gûbli,
9 *h* Yakinlû, roi du pays de Arwada,
10 *h* Abibáal, roi du pays de Sâmsimuruna,
11 *h* Amminadbi, roi du pays de Bit Ammana,
12 *h* Ahmilki, roi du pays de Asdudi,
13 *h* Ekîstura, roi du pays de Edi'li,
14 *h* Pelâgurâ, roi du pays de Kîtrusi,
15 *h* Kîsu, roi du pays de Silûa,
16 *h* Itûandâr, roi du pays de Pâppa,
17 *h* Erisu, roi du pays de Sillu,
18 *h* Damasu, roi du pays de Kurî,
19 *h* Girmesu, roi du pays de Tamesu,

---

[1] Le déterminatif aphone *h* signifie « homme », *v* signifie « ville ».

20 *h* Damûsu, roi du pays des Qartihadâsti,
21 *h* Unasagusu, roi du pays de Lidîr,
22 *h* Buçusu, roi du pays de Nurie;
23 Ensemble, 22 rois du bord de la mer,
24 (et) du milieu de la mer, etc.

Les deux listes qu'on vient de lire ont cela de commun que les pays tributaires y sont énumérés dans un ordre identique. Cette particularité porterait à croire de prime abord que le scribe d'Assurbanipal s'était borné à copier la liste plus ancienne. A l'appui de ce sentiment, on pourrait apporter cet autre fait que les noms des rois chypriotes sont les mêmes dans les deux listes, bien qu'il soit peu probable, à priori, que, depuis l'expédition d'Assurahiddin, il ne soit survenu aucun changement dans le personnel régnant de l'île de Chypre.

Après réflexion, on est cependant obligé d'admettre l'indépendance réciproque de ces listes, attendu que la seconde offre, outre deux noms nouveaux dans la série des rois syro-phéniciens, un grand nombre de variantes orthographiques dans les autres noms propres, sans distinction de pays. Ces circonstances étant données, il ne reste qu'à admettre que l'ordre suivi dans l'énumération des rois soumis correspond à l'importance des tributs payés par les diverses contrées dont la situation n'a pas changé pendant les règnes des deux rois assyriens précités. La persistance des mêmes rois sur le trône de Chypre peut aussi être due en partie à l'influence assyrienne qui empêchait les séditions locales [1].

L'examen du détail est loin de s'opposer à cette manière de voir. En tête de la liste est placée, comme de droit, la ville de Tyr qui était alors à l'apogée de sa prospérité; viennent ensuite dans l'ordre descendant : Juda, Edom, Moab, Gaza, Askalon, Ekron; puis, par un brusque retour vers le nord, la liste englobe Byblos, Arvad et Samsimurun, pour revenir à Ammon et finalement à la ville philistéenne d'Asdod.

L'énumération des capitales chypriotes présente l'ordre suivant : Idalion, Chytros, Salamis, Paphos, Soloe, Curion, Témésé, Kartihadast, Lidir, Nure. Ici non plus, ce n'est visiblement pas la position géographique qui a déterminé le choix, mais très vraisemblablement le rang relatif que chacune de ces villes occupait au moment de l'invasion assyrienne.

[1] Assurbanipal visita la Syrie dans la première année de son règne. En admettant que son père Assurahiddin qui a régné treize ans (681-669 a. n. è.) vint également en Syrie aussitôt après son élévation au trône, les faits mentionnés dans les listes seront séparés par un intervalle de quatorze ans. Mais il est probable qu'il faut en rabattre un ou deux ans.

Avant de procéder à l'explication des noms qui se trouvent sur ces deux listes, il sera bon de se rendre compte de ceux qui sembleraient devoir s'y trouver. Il y a lieu de s'étonner de l'absence de plusieurs noms de grandes villes dans ces documents, alors qu'il est avéré que la contrée entière était soumise aux Assyriens. Or, la Syrie n'est représentée ici que par douze princes ou rois, gouvernant des territoires peu étendus et situés pour la plupart dans le littoral du sud jusqu'aux portes de l'Égypte. Cette circonstance s'explique pourtant, quand on se rappelle les dévastations accomplies par Sinahirba (Sennachérib), et par ses prédécesseurs Sarkînu (Sargon), Tuklatpalesar (Teglathphalasar) et Salmanesar (Salmanasar). Toutes les anciennes capitales de la haute Syrie et de la Syrie moyenne étaient tombées en ruines ou devenues le siège de gouverneurs assyriens qui administraient le pays au nom du souverain de Ninive. Karchemis, Hamath, Damas, Samarie, pour ne parler que des villes les plus connues, privées de chefs nationaux, étaient effacées du nombre des royaumes ou des principautés. Le même sort avait atteint la grande cité de Sidon, détruite par Assurahiddin, puis reconstruite sous un autre nom et repeuplée par des étrangers. Son roi, Abdimilkout, qui s'était réfugié dans l'île de Yatnan (Chypre) fut pris et mis à mort.

« J'ai pris, dit Assurahiddin, la ville de Sidunni (Sidon) qui est près de la mer. J'ai dévasté tout son territoire. J'ai démoli sa citadelle et ses maisons et j'en ai jeté les débris dans la mer. J'ai effacé toutes les traces de ses habitations. Son roi Abdimilkuttu qui s'était enfui au milieu de la mer devant mes armées, je l'ai pris comme un poisson du milieu de la mer et je lui ai tranché la tête. Ses meubles, ses biens, de l'or, de l'argent, des pierres précieuses, des peaux de bœufs sauvages [1], des dents de bœufs sauvages [2], du

---

[1] SV (= *mashku*, aram. משכא) AM–SI. Sur l'idéogramme AM-SI, voyez la note suivante.

[2] C'est-à-dire « ivoire », héb. שׁן « dent ». Cette matière précieuse est désignée par les idéogrammes KA AM SI et, comme le signe KA signifie « dent », la plupart des assyriologues en concluent que AM SI désigne l'éléphant. Comme d'autre part les rois Tuklatpalesar 1ᵉʳ (environ 1100 a. n. è.) et Assurnacirpal (env. 1000 a. n. è.) racontent avoir chassé aux AM SI aux bords de l'Euphrate et dans les ravins du Liban, ils en concluent en outre que l'éléphant vivait encore en Syrie et en Mésopotamie au xᵉ siècle avant l'ère vulgaire. Quelques-uns pensent même au *mammouth*. Tout cela manque entièrement de base : AM SI, équivalent de *rîm qarni* « bœuf (de montagne) cornu » ne saurait désigner au propre qu'un bœuf sauvage ou un bison à cornes puissantes. Ce n'est qu'improprement que cette expression est appliquée à l'éléphant, fait qui s'observe aussi dans le mot latin *bos (luca)*. Le transport à l'éléphant du nom de la plus forte espèce de bœuf sauvage n'a rien qui doive étonner. Les rois assyriens n'avaient donc trouvé en Syrie que des bœufs sauvages à chasser et tiraient l'ivoire de l'Inde et de l'Afrique équatoriale, probablement par l'intermédiaire de commerçants arabes et phéniciens, comme le faisait Salomon un siècle plus tard.

bois *dan*, du bois *ku*, des vêtements pourprés et jaunes de toutes sortes, les trésors de son palais en grand nombre, je m'en suis emparé. Ses innombrables sujets, des bœufs, des moutons, des ânes, je les ai transportés en Assyrie. J'ai assemblé tous les rois de Hatti et du bord de la mer et je leur ai fait construire une autre ville (à la place de Sidon) que j'ai nommée Dur-Assurahiddin. J'y ai placé des hommes que mon arc avait vaincus, originaires des montagnes et de la mer du soleil levant et j'ai placé au dessus d'eux mes inspecteurs [1] et mes gouverneurs [2]. »

Le pays maritime où Abdimilkout s'était enfui ne peut être l'île de Tyr dont le roi rival et alors vassal d'Assurahiddin n'aurait pas voulu le protéger même s'il l'avait pu, mais l'île de Chypre. Déjà le prédécesseur de Abdimilkout, Luli (l'*Elulaios* des Grecs) s'était soustrait à la fureur de Sinahirba au moyen d'une fuite rapide dans cette île; mais, moins heureux que lui, Abdimilkout n'échappa point à la mort. Après la prise de Sidon, Assurahiddin, ayant à sa disposition la flotte tyrienne, se rendit en Chypre et parvint à s'emparer du roi fugitif. Comme les Phéniciens étaient un peu partout sur cette île, on ne saurait deviner à priori dans quelle ville le prince infortuné fut accueilli pendant son court exil. Deux raisons me font cependant croire que c'était dans la ville de Kition. Premièrement, parce que cette ville, presque entièrement peuplée de Phéniciens, dépendait toujours, quoique plutôt de gré que de force, de la Phénicie. Deuxièmement, parce que le royaume de Kition ne figure pas dans nos listes parmi les contrées tributaires des Assyriens. Le silence gardé par ces documents officiels au sujet de cette grande ville qui a été pendant longtemps la plus importante de l'île, ne peut s'expliquer

---

Quant au fameux massacre de 120 éléphants par Thoutmès III (17ᵉ siècle av. n. è.) sur le territoire de Ninive que les égyptologues ont signalé dans l'inscription funéraire d'Amenemheb (Z. D. M. G. XXX, p. 391 suir.), il n'y a qu'une chose à remarquer, c'est que le texte hiéroglyphique porte *Ni* et non pas *Ninive*. Rien n'empêche donc de placer ce territoire dans la Nubie méridionale, sur les rives de l'Astaboras, où les éléphants ont toujours abondé. Le nom vulgaire de l'éléphant (asiatique) chez les Assyriens semble avoir été *alap* (écrit *al-ap*) *nûr Sak̂ya* « taureau ou bœuf du fleuve *Sakêya* (fleuve des Saces ou Scythes = Indus?) », expression qui se trouve sur l'obélisque noir de Salmanassar. Je crois que les animaux amenés par les gens de Musri y sont énumérés suivant la grandeur de leur taille et non d'après l'ordre de la représentation figurée qui l'accompagne. J'ajoute, en passant, que le mot hébreu שֶׁנְהַבִּים dans lequel plusieurs voient des éléphants et. dont ils forment un singulier שֶׁנְהָב. est très probablement une corruption de שֵׁן וְהָבְנִים (Ezéchiel xxvii, 15), « de l'ivoire et de l'ébène ».

[1] Écrit en hiératique SV PAR SAK = dém. *rishi shipri* « chefs des travaux ». Ce sont ceux qui sont chargés de contrôler les agents du gouvernement, héb. הַמְלָאכָה (Esther, ix. 3).

[2] R. I, 45, 9-34.

qu'en admettant que le roi de Kition, quoique obligé d'extrader Abdimilkout, réussit néanmoins à se soustraire à la domination assyrienne. Les Phéniciens auraient bien consenti à aider leurs suzerains à subjuguer les états grecs de l'île, mais ils ne se seraient pas résignés à concourir à l'asservissement de leurs conationaux de Kition.

Un fait analogue s'est produit environ cent cinquante ans plus tard, lorsque les Phéniciens refusèrent à Cambyse leurs secours pour faire la conquête de Carthage. Assurahiddin et son successeur ne pouvaient donc penser à entreprendre un long siège pour réduire la ville rebelle, tout ce qu'ils pouvaient faire, c'était d'en détacher le territoire pour le donner à l'un des rois voisins qui avait su gagner leurs faveurs par une prompte soumission. Bien des indices me font supposer que c'est la ville d'Idalion qui a profité le plus de cet agrandissement temporaire. Cette ville, insignifiante au point de vue commercial et industriel, se vit ainsi tout à coup élevée au premier rang des états chypriotes et c'est pourquoi elle est placée à la tête des autres dans nos listes. La fortune politique d'Idalion cessa naturellement avec la disparition de la puissance assyrienne après la mort d'Assurbanipal, et, dans les complications qui suivirent l'avènement de Cyrus, Kition occupe de nouveau le premier rang, rang ancien et bien mérité que la puissante Salamis se prépare déjà à lui disputer plus tard, non sans quelque chance de réussite.

Arrivons maintenant aux observations relatives aux noms propres.

1. *Le nom de la Syrie.*

Nos listes désignent sous le nom de pays de Hatti la totalité du territoire cis-euphratique qui s'étend depuis le mont Amanus jusqu'aux frontières de l'Égypte, c'est-à-dire la Syrie, la Phénicie et la Palestine. Cette extension du nom de Hatti n'est pas un fait isolé. Dans les protocoles de Tuklatpalessar 1er (xie siècle avant notre ère), ce nom désigne déjà toute la Syrie comprise entre l'Euphrate et l'Oronte, tandis que la Phénicie reçoit le nom de *Aharru* « occident », nom qui lui est toujours resté.

La Damascène est ordinairement figurée par un idéogramme IB-SV dont la signification est obscure. Peut-être répond-il au nom d'Arâm (אֲרָם) que ce pays porte dans la Bible. Notons en passant que chez les Assyriens l'expression *Arami*, *Arimi* ou *Arume* embrassait quelquefois non seulement les populations de la Syrie tout entière, mais aussi celles du bas Euphrate et du bord du golfe Persique, c'est-à-dire de la Chaldée et de la Mésène.

Les monuments égyptiens du temps de la xviiie dynastie ne connaissent les Hatti ou Khêta que comme un peuple de la Syrie septentrionale et emploient le terme *Retennu* pour désigner la Syrie en général. On trouve la même restriction dans l'emploi du terme hébreu *Hittim* qui s'applique d'ordinaire à la Syrie septentrionale. Cependant au sujet du caractère ethnographique des populations syriennes, le dixième chapitre de la Genèse renferme une donnée qui élargit considérablement l'application de ce nom. *Hêt*, le père mythique de cette contrée, y est enregistré parmi les fils de *Chanaan*, ce qui revient à dire que les habitants de la Syrie du nord aussi bien que ceux de la Syrie du sud où il y avait aussi des Hittites se rattachaient à la branche phénicienne. Cette donnée implique naturellement non seulement une proche parenté, mais une identité parfaite entre les Hittites de la région euphratique et leurs homonymes de la Palestine méridionale qui, au temps d'Abraham, étaient établis sur le territoire de la ville de *Hébron*, laquelle portait alors le nom de *Qiryat Arbâ*.

L'affinité des Hittites palestiniens avec les Hittites du Nord résulte encore de deux autres faits consignés dans la Bible. On sait que dans le récit du pacte conclu par Jéhova avec Abraham (*Genèse* xv, 18. Cf. *Deut.* xi, 24), les limites de la terre promise sont comprises entre l'Arabie déserte (מִדְבָּר), la pente orientale de l'Antiliban [1], l'Euphrate et la mer Méditerranée; or, tout ce territoire est désigné dans Josué, I, 4, par le nom de *pays des Hittites*. Je n'ai pas ici à examiner si cette délimitation repose sur une tradition contemporaine d'Abraham, ou bien si elle est un écho de l'époque de David et de Salomon, pendant laquelle la Syrie tout entière était réunie à l'empire des Hébreux; il me suffit de constater que, sous la dénomination de *pays des Hittites*, les Hébreux entendaient parfois, non seulement la Syrie proprement dite, mais aussi la Palestine et les pays adjacents. Cette extension donnée par les Hébreux au terme חִתִּים coïncide donc, on ne peut mieux, avec l'usage du mot *Hatti* dans les annales des rois ninivites. Maintenant, comme on ne saurait

---

[1] Le nom de l'Antiliban figure dans une inscription d'Assurbanipal (Smith, *Asb.* p. 303, 78) sous la forme de *Sirara*, qui fait supposer une forme hébréo-phénicienne שָׂרֹד ou שָׂרָד. Cependant le nom de Liban (לְבָנוֹן) était souvent appliqué aux deux chaînes parallèles sans distinction. Dans la mythologie phénicienne, le Cassius, le Liban, l'Antiliban et le Brathu étaient considérés comme des dieux nés des divinités du feu (Orelli, *Sanchoniathon*, p. 16). La dernière montagne qu'on ne trouve nulle part chez les géographes est sans aucun doute le mont Hermon, nommé aussi *Sirion* et *Senir* (*Deutér.* iii, 8, 9). En effet, ce mont était surtout renommé pour les beaux cyprès qu'il produisait, (Ezéchiel xxviii, 4); or le mot hébreu pour cyprès בְּרוֹשׁ ou בְּרוֹת est transcrit par Théodotion : βραθύ.

admettre que les Hébreux aient emprunté aux Assyriens un terme géographique pour désigner leur propre pays, on est conduit à conclure qu'ils l'ont déjà trouvé en usage parmi les indigènes, au moment de l'invasion et comme équivalent du nom de Chananéen, qui a prévalu plus tard. On ne peut donc pas s'empêcher de penser que les *Hittîm* de la Palestine appartenaient à la même nationalité que les Hittites de la Haute-Syrie.

La seconde indication à laquelle je viens de faire allusion est le récit de la prise de la ville de Louz, le Bêt-El des époques postérieures (Juges, I, 22-26). On y lit que l'habitant qui avait facilité aux Joséphites la conquête de la ville, ayant obtenu un sauf-conduit pour lui et pour sa famille, s'en alla au pays des Hittites et y construisit une ville du même nom.

Quand on a présentes à l'esprit les incessantes contestations auxquelles les patriarches étaient en butte de la part des Philistins pour une parcelle de terrain ou pour un puits, la facilité accordée par les Hittites syriens au réfugié de Bêt-El pour construire une ville sur leur territoire serait bien extraordinaire, s'il n'y avait pas communauté d'origine entre eux et leur hôte de Palestine. Ceux-là ne l'ont donc pas considéré comme un intrus qu'on suspecte, mais comme un frère malheureux qu'on reçoit à bras ouverts.

Remarquons, en passant, qu'en face des populations phéniciennes, l'auteur biblique ne connaît dans la région cis-euphratique que des Araméens divisés en quatre branches, savoir : *Ouç, Houl, Geter, Masch,* peuplant l'extrême sud. En effet, *Ouç*, la patrie de Job, est certainement un canton méridional du pays d'Edom ; les essais de quelques modernes de l'identifier avec le Hauran, me paraissent inadmissibles, et *Houl*, peu différent de Hawila, située en face de l'Égypte, est aussi une province de l'Arabie-Pétrée (*Genèse* xxv, 18). Des deux autres noms, *Masch* a déjà été identifiée par Josèphe avec la Mésène, le מֵישָׁן du Talmud, ce qui me paraît indubitable, car la Mésène et le littoral nord du golfe Persique constituent le pays araméen par excellence. Cela est encore confirmé par l'usage constant chez les auteurs syriaques, qui donnent le nom de בִּירָת אֲרָמָיֵא à la région du Sawâd[1]. Seule, la position de *Geter* est incertaine, mais je ne pense pas qu'on puisse, avec quelque chance de probabilité, le placer en dehors de cette latitude.

Je mentionnerai encore un fait peu connu relativement à

---

[1] Dans l'usage postérieur, cette appellation est restreinte au Sawâd Koufa, la Babylonie propre surtout à la partie nord (Noeldeke, Z. D. M. G. xxv, p. 114).

l'ancienne capitale du pays des Hittîm. On sait que les Pharaons de la xviii⁰ et de la xix⁰ dynasties faisaient souvent la guerre aux Khêtas, guerre qui se déroulait presque toujours aux environs de la ville de Kadesh, dont la prise mettait fin à toute résistance. Cette ville qui disparaît des annales égyptiennes depuis le x⁰ siècle avant notre ère et qui ne se trouve pas non plus dans les annales des rois assyriens, cette antique capitale des Khêtas figure dans un passage biblique que notre texte massorétique a enveloppé de ténèbres. Dans le second livre de Samuel, chapitre xxiv, verset 6, il est dit que les officiers chargés par David de recenser le peuple commencèrent à exécuter leur mission dans le territoire transjordanique, voisin de Moab, qu'ensuite, en se dirigeant vers le Nord, ils se rendirent à travers le Galaad au pays de *Tahtîm hodshi*. Ces deux mots resteraient à tout jamais une énigme insoluble, si certains codices de la version des Septante n'avaient pas conservé une meilleure leçon. Les codices 18, 82, 93, 108 traduisent ce verset ainsi qu'il suit : Καὶ ἔρχονται εἰς γῆν Χεττιειμ Καδής, d'où il résulte que les mots hébreux doivent être rétablis en *ereç hahittîm Kâdêsha* « (ils arrivèrent) au pays des Hittîm (à la ville de) Kâdêsh[1]. » Voilà un fait bien remarquable en faveur de l'antiquité des annales de David : un écrivain postérieur n'aurait pu enregistrer parmi les possessions de ce monarque, une ville aussi éloignée et disparue depuis longtemps.

Pour terminer, profitons de l'occasion pour dire un mot sur un terme ethnique très usité chez les Égyptiens pour désigner les habitants de la Syrie et tout particulièrement les Phéniciens.

Dans l'inscription de Canope comme dans les inscriptions antérieures, la Phénicie est désignée par le nom de *Kewa, Kewi*. Personne ne doute plus aujourd'hui que c'est de ce nom que les géographes grecs, Hérodote en tête, ont formé leurs Κηφῆνες, peuple ancien, parent des Éthiopiens et à site indéterminé. Mais quelle est l'origine de ce mot ? Je suis porté à y voir le terme hébreu *goï*[2], peuple[3], dont le sens primitif est « *habitant de la basse terre* ou *de la vallée*. » La forme égyptienne a même conservé la vocalisation non contractée *gawi*, adjectif dérivé de *gau* ou *gêw*, « enfoncement, creux. » L'épithète, « habitant de la basse

---

[1] אֶרֶץ הַחִתִּים קָדֵשָׁה au lieu de אֶרֶץ תַּחְתִּים חָדְשִׁי, (Voir Wellhausen, *Die Sammlung der Schriften des A. T.*, p. 597.

[2] גוֹי. — Les Égyptiens n'ayant pas dans leur langue le son *g*, le représentent d'ordinaire par la lettre *k*; ainsi le sémitique גָּמָל « chameau » est rendu par *kml*.

[3] Il est intéressant d'en rapprocher le nom ordinaire des Sémites chez les Égyptiens, *Am(ou)*, qui n'est pas autre chose que le sémitique עַם signifiant également « peuple ».

terre, » rappelle aussitôt le nom ordinaire des Phéniciens, *Kanaani* (Chananéen), qui a le même sens ; elle justifie, de plus, l'origine éthiopienne des Céphènes [1]. A l'aide de cette identification nous sommes en mesure d'expliquer un singulier emploi du mot *goïm* resté des plus obscurs jusqu'à présent. La Genèse, au chap. xiv, mentionne parmi les vassaux de Kodorlagomor, roi d'Elam, que celui-ci conduisit pour attaquer la Pentapole de la vallée de la Mer morte, un roi des *Goïm*, nommé Tadaal (Targal selon les Septante). Bien des hypothèses ont été émises sur ce nom ethnique, mais aucune d'entre elles n'offre une solution tant soit peu satisfaisante. Tout me fait croire qu'il y a là simplement une désignation de la Syro-Phénicie ou, pour parler comme les Égyptiens et les Grecs, du pays des *Kêwi* ou des Céphènes. En effet, avant d'arriver à la Pentapole palestinienne, l'envahisseur a dû avoir passage libre à travers la Syrie, ce qui n'était possible qu'à la condition d'avoir sous ses ordres le principal roi de ce pays. Nous en apprenons en même temps deux faits historiques très importants. Premièrement, que déjà à l'époque d'Abraham, les Elamo-Babyloniens étaient maîtres de la Syrie et poussaient leurs incursions jusqu'au voisinage de l'Égypte. Ceci est d'ailleurs confirmé par des données formelles des textes babyloniens. Sargon Ier, environ 2000 ans avant notre ère, mentionne souvent sa conquête de la Syrie, et son fils Naram-Sin s'intitule même « roi d'Égypte ». Deuxièmement, qu'à l'époque dont il s'agit, la Syrie septentrionale formait un royaume uni, reconnaissant un chef supérieur, fait qui se répète au temps des Juges, où Chusan Rishataïm, souverain de la Syrie, située entre l'Euphrate et l'Oronte (en hébreu, *Arâm Naharaïm* [2]), réussit pendant huit ans à se rendre maître de la Palestine.

2. *Les noms hébreux et phéniciens.*

La plupart de ces noms d'hommes sont composés de noms divins. Le nom du Dieu supérieur *Baal* forme à lui seul un nom d'homme, ce qui met à l'abri de toute contestation l'opinion que j'ai souvent défendue, savoir : que les Phéniciens portaient les noms de leurs dieux, même des plus grands. *Baal* entre encore dans les noms *Matan-baàl*. « Don de Baal » et *Abibaal* (אבבעל),

---

[1] Dans l'expression מֶלֶךְ גּוֹיִם לְגִלְגָּל (Josué xii, 23), le mot *goïm* n'est pas nécessairement l'équivalent de כנענים ou חתים, ce membre de phrase devient intelligible, quand on admet que le nom complet de *Gilgal* était גלגל גוים, de même que celui de *Dôr* était נפת דֹּר (*ibid.*).

[2] Cette expression, contrairement à l'opinion admise jusqu'ici, ne désigne jamais la Mésopotamie dans la Bible. J'en ai donné les preuves dans mes *Mélanges d'épigraphie et d'archéologie sémitiques*, p. 72, *suiv.*

« père de Baal ». La forme assyro-araméenne *Bel* figure dans *Çil-Bel* « ombre de Bel », indice certain que le roi de Gaza était alors un gouverneur assyrien. Le prédécesseur de celui-ci était également un général assyrien du nom de *Sarloudari* « que le roi se perpétue ». *Milk* ou Hercule, le Moloch ou Malêch des transcriptions grecque et massorétique fait partie de *Milkiasapa* (מלכאסף) « Milk a réuni » et de *Ahmilki*, le moderne *Ahimelek* « frère de Milk ». Le caractère de nom propre semble aussi devoir être conservé dans le nom divin *Melkart*, qui signifie « Milk de la ville », c'est-à-dire « Hercule tyrien », non « roi de la ville ». Le Cronos sémitique, El, se présente dans *Poudouêl*. Une forme remarquable est *Yakinlôu* « dieu affirme, » composée du verbe *yakin* et de *alô* pour *alôn* « dieu ». Cette forme contractée forme à elle seule le nom hébreu *Elâ* (אלה). Dans la série des noms qui se terminent par *Aleph* comme *Abdo, Anno, Milko*, etc., il y a toujours la chute d'un *n*, car les formes pleines : *Abdon, Hannon, Milkon* sont encore usitées dans la Bible. Le dieu soleil se trouve dans *Ikasamsu* pour *Ikas-Samsu* (יכס-שמש) « Soleil couvre ou protège ». Enfin le dieu iduméen *Kozé* apparaît dans *Kaousgabri*, où la sifflante *çadé* serait peut-être plus correcte.

Pour la prononciation des mots hébreux et phéniciens nous allons noter les points suivants : 1° *i* pour *a*, *e* et *Schewa*: *Mitinti*, héb. *Mattenet ; Milk*, héb. *Malk, Melek ; Minasé*, héb. מְנַשֶּׁה ; 2° *a* pour *o* : *Maba, Ammana* pour *Moab, Ammôn*; 3° existence de la voyelle *e*: *Minassé*; 4° omission du *Daguesh* : *Matanbaal, Mitinti, Minasé* ; 5° *u* au lieu de schewa, devant *u* : *Udume* pour *Edom*; 6° accentuation de la dernière syllabe lorsqu'elle se termine par une voyelle, entraînant parfois l'élision de la voyelle précédente : *Yakinloú, Minsé* pour *Yakin-Alou, Minasé* ; 7° forme substantive au lieu de forme verbale : *Amminadbi* (= *Amminedeb*) pour le massorétique *Amminadab* ; de même, *Kaousgabri* répond à *Kosgeber* : Cf. les noms *Eliezer* et *Elazar* ; 8° forme passive au lieu de forme active, d'ailleurs inexacte : *Poudou-El* « racheté par Dieu » au lieu de *Pedahêl*[1] « Dieu a racheté ». Ces données suffisent pour démontrer que ni la Massore ni la transcription des Septante ne rendent exactement l'ancienne prononciation, mais elles mettent surtout en évidence l'inanité des tentatives de quelques auteurs modernes qui rapprochent autant que possible l'ancienne prosodie hébraïque de celle du syriaque. De toutes les langues sémitiques, le syriaque est le plus pauvre en voyelles, l'hébréo-phénicien en était au contraire

---

[1] Ponctué inexactement פְּדָהאֵל au lieu de פְּדָה אֵל.

richement doté. Si cette certitude ne nous apprend pas grand'-
chose, elle nous met du moins sur notre garde contre des changements de parti pris qu'on fait subir aux textes de la Bible sous
le prétexte d'en restituer la métrique.

3. *Les villes syro-phéniciennes.*

Ces noms de villes ont, en général, la forme massorétique sauf
les modifications que nous venons d'indiquer dans le précédent
paragraphe. Le nom de Byblos est épelé *Gubli*, coïncidant ainsi
avec la forme grecque à l'exception du changement de *g* en *b*.
Jusqu'à présent on voyait dans *Usimuruna*, la ville de Samarie ;
maintenant, grâce à la variante *Samsimuruna*, cette identification
est impossible. Le nom est visiblement composé de שמש *sams*
« soleil » et de *muruna* מרן *marina* « Notre Seigneur », épithète
qui, d'une part, trouve son analogie sur une tessère palmyré-
nienne, le n° 135 de M. de Vogüé, et qui d'autre part jette un
jour inattendu sur le nom de ville *Shimron Merôn* mentionné
dans Josué, XII, 19. Il signifie « *Shimron* notre seigneur », et il en
résulte l'existence d'un dieu chananéen, du nom de *Shimron*,
qui n'est peut-être pas étranger à *Shomeron*, *Samarie*, la capitale des dix tribus. Cette explication n'est pas incompatible avec
le récit de I Rois, XVI, 24. Au temps de Sennachérib, le roi de
Samsimuruna portait le nom de Menahem, comme le roi d'Israël bien connu. L'uniformité des noms propres dans la Syrie
affaiblit considérablement l'identité que quelques assyriologues ont
établie entre *Ahabou*, roi de *Su'ali*, et *Ahab*, roi d'Israël. La séparation de ces deux homonymes fait disparaître bien des difficultés
chronologiques.

4. *Le nom de l'île de Chypre.*

Les textes assyriens mentionnent l'île de Chypre sous deu
noms différents : pays de *Yamna* ou *Amna*, et pays de *Yatnana*.
Le premier, prononcé *Yawna* ou *Awna*, répond au *Yâwân* des
Hébreux et signifie « Ionien », du grec Ἰάφων contracté en Ἴων.
C'est un terme général qui s'applique aussi à la mer Méditerranée. Dans la tradition hébraïque, Kittim, l'ancêtre mythique de
Kition et représentant l'île de Chypre, est considéré comme fils de
Yâwân, ce qui est conforme à l'histoire, car il est de fait que
la grande majorité des Chypriotes procèdent de colonies ioniennes.
Il y a lieu de penser que l'expression « fils des Ioniens » qui se
trouve dans Joël IV, 6, a en vue, non les Grecs européens ou ceux
d'Asie-Mineure, qui seraient appelés *Yewânim* (Ioniens) tout court,
mais les Kittîm ou Chypriotes. La mention de ce nom ne peut

donc être invoquée ni pour ni contre l'opinion qui attribue à la prophétie de Joël une origine postérieure à la captivité. Le second nom, *Yatnana*, est particulier aux Assyriens et on le rencontre pour la première fois dans l'inscription de Sargon, trouvée sur les ruines de Kition. Cette circonstance fait penser qu'il s'agit d'un mot grec et j'incline à y voir le terme Ἀθηναίων « des Athéniens », et en effet, suivant une tradition constante, les colonies qui ont peuplé l'île de Chypre sont venus directement de l'Attique. Un district chypriote, nommé *Ia*, est mentionné par Sargon ; on y reconnaît aisément le grec Ἰάς « Ionie », où le mot γῆ « terre, pays » est sous-entendu. Ce district est probablement le Ἀχαιῶν ἀκτή « littoral des Achéens », de Strabon, où se trouvait la ville de Salamis, principale fondation de Teucros.

5. *Les villes de Chypre.*

Parmi les dix villes de Chypre, que mentionnent les textes assyriens, une seule, *Noure*, ne répond pas à un nom connu. La forme *Siloua* pour Salamis rappellent singulièrement le mot sémitique שַׁלְוָה, *Salwâ*, synonyme de שלם, *Salam* « paix », ce qui ferait supposer l'origine phénicienne du nom de *Salamis*. *Lidir* est l'ancienne ville de *Ledron*, près de Nicosie. L'existence, en Chypre, d'une *Kartihadast* (Carthage) « ville neuve » fixe la provenance chypriote des célèbres fragments de bronze qui mentionnent un roi de Sidon, du nom de *Hiram*. Quand on considère que l'île de Chypre possédait bien deux villes portant l'épithète « vieille » : *Palaea-Paphos* et *Palaea*, mais une seule « ville neuve », *Néa-Paphos*, on est porté à croire que celle-ci et *Kartihadast* sont identiques. Enfin l'existence du nom de *Soli*, au septième siècle avant notre ère, ruine le récit de Plutarque, accepté jusqu'ici comme un fait historique, suivant lequel cette ville avait porté anciennement le nom de Αἴπεια, et que son nom nouveau était dû à l'Athénien Solon qui a été à deux reprises l'hôte d'un roi que les uns appellent Cypranor, les autres Philocypros. Les anciens rapportent une poésie composée par Solon en l'honneur de ce roi ; si le fait du changement de nom s'y trouve, la non-authenticité du poëme serait démontrée. Voilà un cas où les textes assyriens peuvent être utiles à la critique de l'histoire et de la littérature grecques.

6. *Le roi Manassé.*

Nous complèterons cette étude par quelques observations sur celui qui est pour nous le personnage principal et le plus connu parmi les rois syro-phéniciens, sur le roi de Juda, Manassé. Le livre des Rois ne mentionne de ce prince d'autre fait que celui d'avoir établi avec beaucoup de violence et de cruauté le culte des idoles que son père avait aboli (II, R. XXI, 1-17). Le livre des Chroniques, au contraire, dit en termes formels qu'il était revenu au culte de Jéhovah après son retour de Babylone, où il avait été emmené captif et enchaîné par les généraux du roi d'Assyrie (Chron., XXX, 11-19). Eu égard à la date tardive de ce livre, ainsi qu'à sa tendance avérée à présenter sous un jour favorable les actes des rois davidiens, la réalité de cet épisode peut paraître assez problématique. Je pense pourtant que dans ce cas particulier au moins le doute serait déplacé, et voici pourquoi : une légende postérieure aurait certainement désigné Ninive comme l'endroit où fut amené Manassé pour être jugé par le roi assyrien, son suzerain. Le remplacement de Ninive par Babylone prouve que l'auteur du récit savait qu'Assurbanipal était maître de Babylone et qu'il y séjournait en personne pendant un certain temps. Or, ces données sont en tout point conformes à ce que nous apprennent les inscriptions de ce monarque. La Babylonie était déjà soumise aux Assyriens depuis le règne d'Assurahiddin. Assurbanipal mit son frère Samulmukin, le Sammughes de Polyhistor, sur le trône de Babylone, mais celui-ci ayant conclu alliance avec la presque totalité des peuples soumis et s'étant assuré du secours des rois de la Susiane et de l'Arabie, chercha à se rendre indépendant. « Mais lui, mon frère infidèle, qui n'observa point le pacte conclu avec moi, excita à la défection mes serviteurs fidèles : les gens d'Accad, d'Arumu (var. d'Aramu), de la mer, depuis la ville d'Aqaba jusqu'à Bab-Salimiti, ainsi que Ummanibi... roi de Susiane... et les rois de Guti, de Syrie, d'Ethiopie que je tenais conformément à la promesse d'Assur et de Belit, eux tous, il les excita à se révolter contre moi[1]. » Assurbanipal ayant défait les alliés, prit Babylone, où Samulmukin s'était suicidé, et y régna sans contestation durant vingt et un ans. Je pense avec M. Schrader que Manassé avait pris part au complot de Sammughes et qu'il fut tranporté à Babylone pour expier sa félonie. Le monarque assyrien se préparait alors à envahir la Susiane et était en veine d'indulgence. Manassé obtint la permission de retourner dans son royaume; mais, dans l'intervalle si pénible pour lui, il eut le temps d'attribuer son malheur à son infidélité envers la religion de son père et de faire vœu de fidélité à Jéhova. Le changement de conduite de ce roi prend ainsi une apparence naturelle dont rien n'autorise à révoquer en doute la réalité historique.

---

[1] Smith *Asb.* p. 154, 155, v., 27-37.

III

Die sumerischen Familiengesetze in Keilschrift, Transcription und Uebersetzung, nebst **ausführlichem Commentar** und zahlreichen Excursen. **Eine assyriologische Studie** von Dr Paul HAUPT. Leipzig. J. C. Hinrich'sche Buchhandlung. 1879, 75 pages in-4°. — Prix : 12 mark (15 fr.).

L'objet de ce mémoire nécessite quelques explications préliminaires. Un certain nombre de textes cunéiformes trouvés en Assyrie et en Babylonie offrent un ensemble de sons qui diffèrent considérablement de la langue assyrienne. Ces étranges compositions sont tantôt isolées, tantôt accompagnées, vers par vers, d'une rédaction équivalente en assyrien vulgaire. Les assyriologues y voient le fait d'une traduction d'une langue dans une autre et ils en concluent qu'avant l'arrivée des Sémites, la Babylonie avait été habitée par une population non-sémitique, dite sumérienne ou accadienne, qui s'est laissé absorber par les nouveaux venus, après leur avoir légué sa civilisation et sa littérature. Cette hypothèse est contestée par l'auteur de ces lignes, qui voit dans le sumérien ou accadien un idéographisme artificiel inventé par les Assyriens eux-mêmes et non l'expression d'un idiome. D'après son opinion, la littérature cunéiforme tout entière, quelle qu'en soit la rédaction, est purement d'origine sémitique.

Les études accadiennes ou sumériennes, si orageusement discutées en France et en Angleterre, ont fort peu occupé jusqu'ici les savants allemands. M. le docteur Paul Haupt, élève de M. Frédéric Delitzsch, nous donne la première étude de ce genre faite en Allemagne. C'est une œuvre remarquable, aux vues larges et fécondes, entreprise par un esprit sagace et méthodique, où l'on ne regrette que certaines assertions hâtées et surtout le ton incisif qu'il emploie à l'égard de ses devanciers.

M. H. a repris l'analyse de la tablette relative à l'organisation de la famille (II. R. 10) qui a été tant de fois traduite. Sa traduction ne diffère en rien de celle que M. François Lenormant a donnée dans le récent volume de ses *Études accadiennes*. Sa transcription est faite avec beaucoup de soin, mais il a tort de croire que, grâce à ces quelques corrections, le caractère linguistique du sumérien sera assez manifeste pour pouvoir se passer d'autres preuves.

La vraie originalité de l'ouvrage que nous annonçons réside dans les notes qui contiennent une phonologie presque complète de l'assyrien, langue que l'auteur appelle, à tort suivant nous, le *sanscrit* des langues sémitiques. A la fin sont joints quatre appendices (*Excurse*) qui traitent de diverses questions phonétiques d'un haut intérêt, ce qui fait que, malgré le décousu de l'ensemble, le livre se lit avec plaisir jusqu'à la dernière ligne.

Après cet aperçu sommaire, nous passons à l'examen successif des parties sumérienne et assyrienne dont ce mémoire est composé.

Nous avons dit plus haut que l'auteur ne se soucie pas toujours de prouver ses assertions. On ne le voit que trop dans le titre même de son livre : *Die Sumerischen Familiengesetze*. Pourquoi appelle-t-il ces lois sumériennes ? L'existence du sumérien admise, suffit-il qu'il y ait une rédaction en cet idiome pour que l'on puisse dire : voilà une œuvre du peuple pré-sémitique ? Aucun esprit sage n'osera l'affirmer. Autant vaudrait prétendre que les ouvrages rédigés par les savants modernes en latin sont le produit des anciens Romains. Cette assertion et d'autres plus graves encore, comme, par exemple, celle d'après laquelle les récits babyloniens de la création et du déluge, aussi bien que leurs analogues bibliques, sont également dus au peuple sumérien, l'auteur pouvait facilement se les épargner ou en donner du moins un commencement de preuve. Il pouvait aussi s'épargner la peine d'établir par de nouveaux exemples la signification de mots et de signes connus depuis longtemps, comme si l'assyriologie commençait avec lui. Enfin, il aurait pu faire un meilleur emploi des pages nombreuses où il s'avise de donner une leçon de sagesse à des hommes comme MM. Oppert et Lenormant, qui sont après tout les maîtres de son maître.

L'auteur ne nous dit pas par quel moyen on peut distinguer en sumérien la longueur des voyelles. Sa transcription du ḫ par *gh* est certainement fautive. En rejetant de la phonétique sumérienne les consonnes t, ç, q, il est évidemment dominé par le désir d'ôter à l'écriture cunéiforme son cachet sémitique. On demande une preuve quelconque à l'appui d'un expédient si commode. Pour les mots qui sont communs au sumérien et à l'assyrien, l'auteur accorde systématiquement la priorité à l'idiome non-sémitique. Ainsi, par exemple, les mots assyriens *harubu* et *kisimmu* « sauterelle », *nagú* « district », *ugaru, agaru* « champ », *apsu* « abîme, océan », *passuru* « disque, vase », *siparru* « cuivre », *uru, eru* « ville », *ablu* « fils », *kussu* « trône », *malahu* « batelier », *ginú* « jardin », *qanu* « roseau », *gamallu* « chameau », seraient empruntés au sumérien *gharub, kisim, nanga, agar, abzu, bansur, zabar, uru, ibila, guza, malagh, gan, gin, gammal,* malgré les racines ou termes hrb (ar. *khrb), gezem, nagwâ* (ar. *negáwat), ikkar, ephes, petôrâ* (ar. *fáthoúr), sfr, ʿir, yebul, kissé* (ar. *kursí), mallah, gán, qané* (ar. *qanà), gàmàl* (ar. *gaml),* qui sont usités dans presque toutes les langues sémitiques et qui donnent naissance à une foule de dérivés. Ce système conduit nécessairement plus loin que l'auteur ne voudrait aller, car, par la même raison, il faudrait attribuer aux Sumers les mots sémitiques de première nécessité : *idu* (sém. *yad, ed*) « main », *inu* (sém. *ʿaïn*) « œil », *abu* (sém. *ab*) « père », *ummu* (sém. *em, umm*) « mère », *libbu* (sém. léb. *libb*) « cœur », *içu* (sém. *éç, ʿaçá*) « arbre, bois », etc., qui répondent au sumérien *id, ine, ab, um, lib, iç.* Si l'auteur répond par l'affirmative, nous le prierons de nous signaler les mots dont les Sémites s'étaient servis pour exprimer ces idées avant leur contact avec le peuple de Sumer, car il est difficile d'imaginer que jusque là les Sémites aient ignoré qu'ils avaient des mains, des yeux, des pères, des mères, un cœur pour sentir et des arbres pour se mettre à l'ombre.

Sur le manque de diphthongues en sumérien comme aussi sur le sens des terminaisons adverbiales *es* et *bi,* l'auteur répète ce que nous avons dit depuis cinq ans *J. As.*, 1874) sans citer sa source d'information. Il reconnaît l'identité de *es* avec l'assyrien *is,* ce qui l'oblige à déclarer d'origine assyrienne tous les documents qui contiennent cette terminaison, mais il oublie que l'autre terminaison : *bi,* qui est proprement le pronom de la troisième personne, coïncide *virtuellement* avec la particule assyrienne, laquelle n'est non plus autre chose que le pronom de la troisième personne *su.* Cela suffit à lui seul pour établir l'origine assyrienne de tous les textes sumériens connus jusqu'à ce jour.

Nous admettons volontiers son explication du verbe être sumérien, *mé,* qu'il rapproche de *mu* « nom, appellation », mais il paraît étrange qu'on cite Isaïe pour prouver que les Sumers employaient l'expression « nom » dans le sens d'existence. La répulsion inavouée pour tout ce qui, de près ou de loin, peut être rapporté aux Sémites, forme le trait caractéristique de toute cette étude.

On lit avec un vif intérêt les pages qui traitent de la perte des consonnes finales en sumérien ; c'est la confirmation la plus éclatante du principe d'acrologisme démontré par nous, malgré la

violente contestation des accadistes. Ses observations du changement de *u* en *e* sont d'une grande importance. Parmi les nouvelles
valeurs sumériennes, nous admettons *sa*, *mal* et *lam*[1] ; celles de
dim et de *sar*, *sur* étaient déjà connues. La lecture *gi* pour l'idéogramme lu jusqu'à présent *ga* est exacte, mais elle n'exclut pas la
première lecture. La valeur *sa* pour la copule *u*, écrite *si-lu*, est
seule inadmissible ; le sumérien *kusu* (non *kus-sa!*) vient de l'assyrien *kusu* « repos ». Dans I R 57, 33-34, on lit *ku-su-u libbûa*
« repos de mon cœur » ; cette orthographe rend la lecture *u* indubitable.

Dans le domaine assyrien nous sommes plus souvent d'accord
avec l'auteur. Ses nombreuses restitutions de verbes jettent un
jour tout nouveau sur la phonologie assyrienne. Comme nous, il
rejette l'*aphel* et la transcription *yu* pour *u*. Sur la contraction
des diphthongues, nous nous sommes prononcé depuis longtemps.
Il distingue avec raison les thèmes à première radicale *yod* et *wâw*
d'avec ceux dont la première radicale est un *aleph* et il explique
certaines irrégularités dans la formation par l'influence de l'analogie. Très intéressant est le chapitre dans lequel il prouve que le
sémitique *â* devient en assyrien *e* : c'est un fait qu'on observe
aussi dans certains dialectes arabes. Nous ne faisons nos réserves
que sur l'explication de la forme *iltiqi-illaqi* (r. *lqh* « prendre »)
par une forme intermédiaire *iltâiqi*. En général, la quantité des
voyelles assyriennes me semble très délicate à fixer à l'état actuel
de nos connaissances.

M. H. accepte de confiance l'habitude des assyriologues d'assimiler le h assyrien au *kh* pointé arabe. C'est là un procédé qui,
selon moi, entraîne une foule d'erreurs. On oublie que l'assyrien
fait partie du groupe septentrional des langues sémitiques, auquel
appartiennent notoirement l'araméen, l'hébreu et le phénicien.
Or, le son *kh* est totalement inconnu à ces idiomes et on ne saurait
l'introduire en assyrien sans troubler profondément l'économie
phonétique du groupe tout entier. La seule raison qu'on allègue
en faveur de cette hypothèse, c'est que le h doux des Arabes est
remplacé par une voyelle en assyrien, par exemple : *ittu* « blé »,
ar. *hintat* ; *edu* « seul », ar. *wahd* ; *patû* « ouvrir », ar. *fataha* ;
mais ce fait existe aussi dans plusieurs dialectes araméens, et cependant il ne viendra à l'idée de personne de soutenir que chaque
fois que le h est conservé, il répond à l'arabe *kh*. En assyrien, de

---

[1] Pour la lecture *su* de la postposition sumérienne *ku*, je ferai remarquer que
celle-ci est quelquefois figurée *ne* ; or *ne* se prononce bien *ku* (syllabaires), mais il
n'est nullement démontré qu'elle ait aussi la valeur *su*.

même, la perte du h est si peu constante qu'à côté de *edu* on a *ahadat*, à côté de *patu, pathati*. D'autre part, il est évident que l'assyrien *palahu* « servir, craindre, adorer », *rahaçu* « laver », *gihinu* « ricin », *mahazu* « endroit, cité », correspond à l'arabe *falaha* « labourer », *rahada* « laver », *gahnat* « ricin », *mahuz* « espace, intervalle », plutôt qu'à *falakha* « couper en deux », *rakhaça* « être à bon marché »; pour les deux derniers mots, il y a plus : une forme homophone *gakhnat, makhuz* n'existe pas du tout. Ajoutons que le *kh* arabe se perd aussi quelquefois en assyrien, témoin l'adjectif *sâmu* « noir » qui répond à l'arabe *sakhâm*. Bref, quelle que soit l'origine du *kh* arabe au point de vue de la langue primitive des Sémites, on ne saurait le supposer en assyrien avant d'avoir prouvé que les autres idiomes du nord l'ont également possédé à l'époque historique.

Des difficultés typographiques nous empêchent de suivre M. H. dans sa notation des sons assyriens au point de vue de la grammaire comparée. Il distingue cinq sortes de aleph, suivant qu'il répond dans les langues sœurs aux lettres *aleph, he, het, ʿain, ghain,* deux sortes de *z*, trois sortes de *ç* et autant de *s*. L'ordre des langues comparées est assyrien, éthiopien, arabe, hébreu, syriaque. Ce n'est ni complet ni conforme à la constitution organique de ces idiomes. Une fois qu'on entre dans cette voie, on doit admettre deux autres aleph répondant à *wâw* et *yod* primitifs, introduire le phénicien et le sabéen, ce qui augmentera la notation des sifflantes et enfin placer l'hébreu immédiatement après l'assyrien. Une autre question est de savoir si un pareil essai de classification, malgré son intérêt incontestable, n'est pas prématuré. Nous le croyons presque. En effet, ce qui prime tout d'abord, dans la phonétique assyrienne, c'est de déterminer, à l'aide d'une vérification minutieuse, les limites de la permutation des lettres d'un même organe qu'on remarque non seulement dans les dialectes de l'Assyrie et de Babylonie comparés l'un à l'autre, mais dans chacun d'eux. Pour ne parler que des sifflantes, on trouve, par exemple, *zaqiqu* et *saqiqu, çuçu* et *çuzu, salamu* et *salamu,* etc., etc. Distinguer, dans ces occurrences, la part qui peut être attribuée à la négligence des scribes de celle qui a sa racine dans la constitution intime de l'idiome assyro-babylonien, voilà ce dont nous avons besoin à l'heure qu'il est. Toute tentative de comparaison générale de l'assyrien avec les autres langues sémitiques faite avant la fixation de cette loi de transition restreinte, demeurera forcément provisoire et sans utilité pratique, si toutefois elle ne devient pas la source de quelque induction hâtive.

L'auteur n'a pas eu la main heureuse en choisissant l'arabe pour la transcription de l'assyrien. De toutes les écritures sémitiques, l'arabe est la plus impropre à rendre un autre idiome, fût-il étroitement apparenté. Le moindre inconvénient est de ne jamais pouvoir se passer d'une transcription en caractères européens, car à combien de méprises un lecteur non assyriologue ne sera-t-il sujet en concluant d'après la transcription arabe seule ! Ne sera-t-il pas tenté de croire que l'assyrien possède les sons *kh, dj, f, gh, y*, le *ha* pointé, le hamza et les diphthongues ? Pour les voyelles, il lui sera tout à fait impossible d'en reconnaître l'agencement s'il ne s'aide pas de la transcription européenne. En un mot, la transcription arabe est de beaucoup inférieure à celle usitée jusqu'ici qui se sert de caractères hébreux vocalisés. Ajoutons qu'une transcription sémitique ne peut être considérée comme sérieuse, qu'à la condition de rendre avec une rigueur absolue, non seulement les sons exprimés par les signes cunéiformes, mais aussi le mécanisme complet d'homophonie et de polyphonie inhérent à ces signes. Alors seulement on pourra se passer à la fois de l'original et de la transcription latine, toujours incapable de rendre la physionomie sémitique.

Examinons maintenant quelques points de moindre importance. P. 5, note 3. *Çiru* « haut » et *çêru* « désert » sont rapprochés, l'un de l'arabe *thahr* « dos », l'autre de l'arabe *çahrâ* « la blanche, sol couvert de sables grisâtres, désert ». Tous les deux viennent d'une racine *çir* signifiant « hauteur ». Cf. héb. *midbâr* « désert » et éth. *dabr* « montagne ». — P. 6, note 1. La dérivation de *nêsu* « lion » d'une racine *nhs* est fort improbable ; on pense plutôt à l'hébreu *laïs* (ar. *laïth*). Pour le changement de *l* et *n*, comparez ar. *kannat* « bru », héb. *kallâ*. — P. 9, note 5. Le fait que la forme syncopée n'est pas employée après les prépositions *(ana qaqqadisu, et non ana qaqqadsu)* a été aussi relevé par moi, mais j'ai signalé en même temps un phénomène analogue en sumérien *(e-a-ni ku et non e-ni ku)* et j'en ai conclu à l'identité du *génie linguistique* dans les deux rédactions. Chose curieuse, l'auteur qui signale également ce point important de la phonétique sumérienne, ne s'est pas aperçu de sa coïncidence avec la loi assyrienne. — P. 10, note 1. M. H. rejette avec raison la racine *nbt* « fuir » ; le verbe *innabit* « il s'enfuit » a pour racine *abt*, héb. *abd*. — P. 16, note 2. *Taritum* « femme enceinte » n'a rien de commun avec l'hébreu *hara*, c'est un dérivé de *turu* « enfant ». — P. 19. L'interprétation du sumérien *a ma* (k) *tu* « orage, averse » par « ce que eau *(a)* dans le vaisseau *(ma)* fait entrer *(tu)* » est aussi étrange que celle qui explique le mot commun sémitique *malahu* « marinier » par *ma* « vaisseau », *lagh* « faisant mouvoir » (note 4).

— P. 23. Il n'y a pas de confusion possible entre l'assyrien *ablu* « fils » r. *abalu* (sém. *yabal*) « porter, produire » et le nom propre d'Abel, héb. *hebel* « vapeur, vanité » qui a un *h* pour première radicale. — P. 31. La lecture *nin-sumsu* a été donnée par moi dans *J. As.*, mars-avril 1876, page 205, note 2, avant Delitzsch et Lenormant. — *Ibid.*, note 3 *Enu(ma)* est l'arabe *ân* « moment, temps », non *hîn.* — P. 37. Malgré tout ce qui est dit relativement à l'idéogramme de *galabu*, je ne suis pas encore convaincu que ce verbe signifie « raser, couper les cheveux [1] ». — *Ibid.*, note 4. Un talmudique *haçiça* « hache » n'existe pas. — Page 35. *Damkarum* « travailleur, laboureur » est une forme monstrueuse. Ce mot fait partie d'une liste de termes dérivés de la racine *mgr*, *mkr* « travailler, servir, adorer », ce qui garantit à la fois la lecture *tamkarum* et le caractère de rébus du sumérien *dam-gar* « homme de labourage ». — P. 41. On ne me fera jamais croire qu'un peuple doué de sens commun puisse nommer l'or : « le métal qui brille comme le jaune roseau », et l'argent : « le métal qui brille comme le lever du soleil », une semblable formation sent trop le pédantisme de savants désœuvrés. Du reste, l'origine des idéogrammes *ku-gi* et *ku-par* est bien différente. — P. 43, note 1. *Ippalissu* ne veut pas dire « il eut pitié de lui », mais « il le regarda, le vit ». — *Ibid.*, note 2. Le *d* de *nadanu* « donner » est formatif et nullement combinatoire, comme celui qui remplace parfois *t* après *m*. L'hébreu qui possède la forme *ntn*, forme encore de la racine *ndn* le mot *nedan* « don ». — P. 45, note 1. Nous serions curieux d'apprendre comment les Mèdes qui, certes, ne parlaient pas le sumérien, ont pu nommer leur pays d'un mot de cette langue. Ou bien, les Mèdes ne sont-ils que des Sumers déguisés ? Alors il faudrait le dire nettement et surtout l'appuyer de quelques preuves [2]. — P. 32. *Usumgallu, usegallu* signifie « lion », non « autocrate », cette épithète, résultant d'un rébus, fait allusion au roi des animaux. — P. 55, note 5. Nous laissons à l'auteur la responsabilité de son assertion que tous les mots assyriens à la dernière consonne redoublée sont empruntés aux Sumers ; remarquons seulement que *hudurru* n'est pas « couronne », mais « borne ». — P. 62, note 4. On aurait pu ajouter que presque tous ces exemples d'indifférence

---

[1] L'expression *ugallâbsu* me semble signifier « il le marquera ». Les mots *muttassu ugallû* du second article se traduisent selon moi « on le marquera au front ». L'usage de marquer les esclaves au fer rouge se trouve chez beaucoup de peuples. Je ramène *muttu* (pl. *muttatu*) à la racine *nta* « pencher » et j'y vois une contraction de *muntlu*. En aucun cas l'idéogramme équivalent *dup say*, littéralement « tablette de la tête », ne saurait désigner la chevelure ou les cheveux.

[2] Sur cette confusion ethnographique, voyez *Revue critique*, 1880, n° 8, p. 150-151.

vocalique dans certains signes cunéiformes ont été relevés la première fois dans le *J. Asiatique*, mars-avril 1876, p. 222, comme preuve de l'origine sémitique de ce système d'écriture. On nous aurait ainsi fourni l'occasion de connaître d'utiles objections.

Les additions jointes à la fin du mémoire contiennent également quelques observations d'une grande valeur dues en partie à M. Delitzsch. Ce savant publie un fragment d'analyse d'un verset de la troisième tablette de la création pour prouver que ces documents dont nous n'avons aujourd'hui que le texte démotique étaient primitivement accompagnés d'une rédaction hiératique [1]. Cela m'a paru probable même *a priori*, car ces légendes ont certainement une origine sacerdotale. Quant à la prétention de leur attribuer une source non sémitique, elle est tellement gratuite qu'on peut aisément passer outre. A noter la lecture *kirbis* « dans son intérieur » au lieu de *kirkir* « serpent » et la valeur *mu* pour le signe écrit *ka-li*. La persistance d'attribuer aux Sumers des mots assyriens tels que *surmenu* (aram. *surbân, surbînâ*) « cyprès » et *gamallu* (sém. *gamal*) « chameau » nous semble peu scientifique. Et savez-vous pourquoi *gamal* n'est pas sémitique? C'est, nous dit M. Delitzsch, que le chameau n'est pas *beau*, d'après l'arabe *gamola* « être beau ». Par un argument de même force on peut soutenir que la *belle-dame (bella donna)* est d'origine étrangère aux peuples latins, attendu que cette plante n'est ni belle ni une dame. M. D. doit pourtant savoir que *gamola* n'exprime pas seulement la beauté physique, mais les belles qualités, et cela suffit parfaitement pour désigner un animal soumis et, en général, doux et serviable.

J'ai peine à croire que le signe *ib* soit *eb* ; cela conduirait à des formes singulières telles que *eppalis, ubbêb, eptalhu*, etc. La valeur *ma* pour le signe écrit *pi-a* est une bonne acquisition. Par contre, je n'hésite pas à rejeter la lecture *etillu* pour le mot écrit *ebelu* (Delitzsch) ; cette dernière lecture est garantie par le féminin *ebiltu* orthographié *e-en-tu* dans II R. 36, 64, *a*.

Notre tâche de rapporteur est accomplie. L'auteur peut voir avec quelle attention soutenue nous avons lu son livre. Si la partie sumérienne nous a peu satisfait, c'est qu'au lieu d'user librement de ses remarquables aptitudes critiques, il s'est laissé guider par ce principe atrophiant, ennemi de tout progrès, qui a nom *magister*

---

[1] Voyez *Revue critique*, 1880, n° 3, p. 48-49. Depuis, M. Stanislas Guyard s'est complètement rallié à l'idée de l'hiératisme et nie aussi fermement que moi le caractère linguistique du prétendu accadien ou sumérien.

dixit. Mais quelle richesse, quelle variété féconde d'observations dans la partie assyrienne ! Nos quelques réserves ne font qu'en rehausser la valeur. L'assyriologie a désormais un travailleur de première force sur lequel elle peut compter avec confiance, et qui, nous l'espérons fermement, saura se débarrasser du ton agressif et souvent injuste qui nous choque tant dans le livre que nous venons d'examiner.

IV

Les origines de l'histoire d'après la Bible et les traditions des peuples orientaux, par François LENORMANT. — **De la création de l'homme au déluge**, Paris, Maisonneuve, 1880.
Il mito di Adone-Tammuz nei documenti cuneiformi, per Francesco LENORMANT. Firenze, 1877.

Une ancienne école talmudique, éclairée sans doute par un rayon rétroactif de Darwin, affirmait hardiment que de sept ans en sept ans les animaux morts subissaient des transformations successives et des plus bizarres. L'hyène mâle, par exemple, se changeait en hyène femelle, l'hyène femelle en chauve-souris, la chauve-souris en mimosa, la mimosa en ortie et l'ortie en démon [1]. Ce singulier transformisme à courte échéance, fort peu admissible en histoire naturelle, exprime toutefois une vérité réelle et palpable aussitôt qu'on l'applique à la mythologie comparée des assyriologues. En effet, aucune branche de la science moderne n'a été autant de fois refaite, dans le court intervalle des sept dernières années, que la mythologie sémitico-accadienne édifiée sur la base des inscriptions cunéiformes. Il faut en chercher la cause dans la précipitation regrettable de quelques assyriologues de nouvelle date à profiter des maigres données que leurs aînés avaient arrachées, ou plutôt qu'ils croyaient avoir arrachées à des textes obscurs, souvent mutilés, pour construire un système d'ethnologie complet qui embrasse non-seulement les trois rameaux civilisés de la race blanche, les Egyptiens, les Sémites et les Aryens, mais aussi la race allophyle, septentrionale ou ouralo-altaïque. M. François Lenormant marche en tête de cette phalange de pionniers hardis qui tendent incessamment vers ce but désirable, mais parsemé de pièges et de faux-semblants. Son *Commentaire des fragments cosmogoniques de Bérose*, publié en 1872, constitue un vaste répertoire pour ces sortes de recherches. Il fut bientôt suivi des *Lettres assyriologiques*, de

---

[1] Traité Bâbâ qammâ, folio 16 a.

la *Magie chez les Chaldéens*, des *Premières civilisations* des *Etudes accadiennes*, du mémoire sur *le Mythe de Tammouz* et d'autres ouvrages de même nature, ensemble imposant qui forme à lui seul une littérature. Présentées d'une façon claire et avec une chaleur communicative, les théories de M. L. n'ont pas manqué d'être accueillies comme des vérités démontrées. Aussi, quand l'auteur de ces lignes eut pour la première fois osé contester quelques-uns de ces dogmes et tout spécialement l'intervention allophyle ou touranienne dans la civilisation sémitique, l'école assyriologique tout entière poussa un cri d'indignation. M. L. se hâta d'écraser la rébellion par son volume sur *La langue primitive de la Chaldée*, où, sur un domaine absolument nouveau pour lui, il a déployé toutes les ressources que sa prodigieuse facilité a pu lui offrir. Comme par enchantement, les grammaires de vingt langues de la haute Asie furent résumées, comparées et, au besoin, corrigées afin de démontrer que les Accads des inscriptions cunéiformes étaient les ancêtres des Finnois et que, par conséquent, la mythologie du Kalévala était foncièrement apparentée à la religion de la Chaldée présémitique. Cependant, le doute une fois éveillé, M. L. vit bientôt qu'il y avait quelque chose à modifier dans celles de ses premières opinions qui prêtaient trop le flanc à la critique. Avec une bonne foi qui l'honore, il se mit à refaire ses ouvrages les uns après les autres avec la même ardeur qu'il avait mise à les composer quelques années auparavant. En fort peu de temps, la *Magie chez les Chaldéens* devint *Die Magie und Wahrsagekunst der Chaldaeer*, les *Etudes accadiennes*, tome Ier, furent renouvelées dans les *Etudes accadiennes*, tome III, le mémoire sur *Le mythe de Tammouz* se transforma en *Il mito di adone-Tammuz*. Aujourd'hui c'est le tour de *l'Essai de commentaire des fragments cosmogoniques de Bérose*. En 1872, les légendes chaldéennes ont été comparées aux légendes analogues chez les autres peuples et dans la Bible; en 1880, les récits de la Bible sont comparés aux légendes chaldéennes et à celles des autres peuples; ce sont deux termes d'une équation qui changent de place et de coefficients sans changer beaucoup de résultat. Malgré leur titre différent, les *Origines de l'histoire* ne sont qu'une refonte du Commentaire de Bérose, avec un cadre incomparablement plus large, refonte évidemment destinée à résumer tout ce qui a été écrit dans les derniers temps sur la mythologie des peuples sémitiques.

Il me semble cependant qu'on aurait mieux fait de conserver l'ancienne économie de l'ouvrage. Une seconde édition corrigée et augmentée a l'avantage, inappréciable à mes yeux, de faire connaître l'état exact de la science, et les lecteurs sont avertis que tels points de la première édition ont été entièrement abandonnés, et que tels autres ne sont plus aussi sûrs que l'auteur le croyait autrefois. Dans un nouveau livre, au contraire, les points passés sous silence sont censés conserver leur ancienne valeur. Non seulement les lecteurs ne sont pas éclairés, mais l'auteur risque de se voir attribuer des opinions auxquelles il a peut-être depuis longtemps renoncé. Ainsi, pour ne mentionner qu'une des questions du premier ordre, on est en droit de se demander pourquoi, après avoir écrit plus de mille pages pour prouver que la civilisation assyrienne était due en grande partie à un peuple de race touranienne, après avoir énoncé que la triade finnoise *Ukko Wœinœmœinen* et *Ilmarinnen* correspondait d'une manière singulièrement précise aux trois dieux supérieurs d'Accad, *Anna*, *Ea* et *Moul-ge;* que le nom accadien du soleil, *Biseba*, était le même que le *Beiwe* des Finnois et des Lapons; que la vieille dame finnoise de Pohja, dont la fille enfante les maladies, rappelait la *Nin-ki-gal* des Accads, dame de l'abîme ténébreux et de la demeure des morts, on est en droit de se demander pourquoi M. L. ne dit pas un mot de tout cela dans son présent volume, où il accueille pourtant les mythes des tribus les plus insignifiantes des deux hémisphères. L'omission totale de la mythologie finnoise sera regrettée par tous ceux qui ont suivi avec un intérêt toujours croissant les œuvres antérieures de M. L., et cela d'autant plus, que les nouveaux documents cunéiformes qu'il met à leur disposition contiennent sans doute bien des révélations sur l'antique civilisation de la race de Touran. A côté de cette lacune, on en remarque une autre non moins regrettable, c'est l'écartement systématique des traditions juives. Quand on étudie un livre religieux de l'antiquité, il est nécessaire d'interroger la tradition du peuple qui l'a produit. Personne n'écrit aujourd'hui sur le Véda ou l'Avesta sans consulter en première ligne les vieux interprètes nationaux, ne fût-ce qu'à titre de renseignement. Au fait, dès que l'on prend le texte biblique pour base de comparaison, cinquante analogies tirées de l'Edda ou du Boundehesch et même du Codex Vaticanus ou du Codex Chimalpopoca ne valent pas l'élucidation d'un seul mot au moyen de la tradition. M. L. a certainement le droit d'afficher hautement son aversion pour la tradition juive, aversion qui se traduit bien des fois par des méprises dans ses citations d'ouvrages rabbiniques [1] et par un dédain incroyable de

---

[1] M. L. puise toute sa science talmudique dans le Lexique de Buxtorf et, ce qui

la grammaire hébraïque¹ ; mais, dans ce cas, il eût été logique de la repousser partout avec la même rigueur et de ne point la réhabiliter toutes les fois qu'elle se retrouve chez les Pères de l'Église.

Dans la préface, occupée presque entièrement par une profession de foi qui ne nous intéresse guère, l'auteur déclare se rallier complètement à la théorie de l'école critique de l'Allemagne, qui distingue dans la Genèse deux documents originaux et indépendants, savoir le document élohiste qui donne à Dieu le nom d'Elôhim et le document jéhoviste, dans lequel Dieu porte le nom de Jéhovah ou Yahvé. M. L. ne se prononce pas sur la date de la dernière rédaction, mais il fait entrevoir qu'on peut, sans forfaire à la foi, la rabaisser jusqu'à Esdras. Une chose lui paraît sûre, c'est que le jéhoviste, quelle qu'en soit la date précise, est notablement antérieur à l'élohiste. On voit par là que M. L. n'a aucune répugnance à admettre la possibilité que les deux documents du Pentateuque soient postérieurs à l'exil, il lui suffit qu'ils soient inspirés pour qu'ils puissent servir de base au christianisme, car « il est de foi que l'inspiration divine s'est maintenue dans la Synagogue jusqu'à la venue du Christ ». Quant au récit de la Genèse, « c'est une tradition dont l'origine se perd dans la nuit des âges les plus reculés et que tous les grands peuples de l'Asie antérieure possédaient en commun avec quelques variantes. La famille d'Abraham a emporté cette tradition avec elle dans la migration qui l'a conduite d'Our des Chaldéens dans la Palestine ; et elle a même dû l'emporter avec une rédaction déjà arrêtée sous forme écrite ou sous forme orale, car sous les expressions du texte hébraïque on voit transparaître, en plus d'un endroit, des choses qui ne peuvent s'expliquer que par des expressions propres à la langue assyrienne. par exemple le jeu de mots de la Genèse, XI, 4, lequel a purement sa source dans l'analogie des mots *zikru* « souvenir, nom », et *zikurat* « tour, pyramide à étages » dans ce dernier idiome ». Nous nous sommes borné à citer les paroles mêmes de l'auteur, tâchons maintenant d'en examiner les points principaux.

A vrai dire, la question relative à la composition de la Genèse a toute l'apparence d'un hors-d'œuvre fait tout au plus pour satis-

---

pis est, dans les œuvres plus que suspectes d'Eisenmenger, auxquelles il emprunte également ses citations. Le *Moré Nebuchim* (= Neboukhim) de Maïmonide, qui signifie « Guide des égarés », se francise sous la plume de M. L. en *Moré Nebouschim*, qui ne signifie rien du tout. *Ab uno disce omnes.*

¹ Mots mal ponctués : *seîr* (p. 321, l. 18), *benim* (p. 348, l. 21). Mots ponctués mal lus : *hasschârîm* et *châl* (p. 333, note 5), *yscheb* (p. 347, l. 19).

faire une certaine classe de savants, et n'ayant aucun lien intime avec le but essentiel de l'ouvrage. Il y a même à craindre que le remplacement abrupt de la théorie orthodoxe de l'*unité* de la Ge nèse par la théorie *documentaire* ne paraisse, à bien des lecteurs, être un simple échange d'un dogme contre un autre. Quelques pages bien faites n'auraient pas été de trop pour expliquer cette nouvelle évolution. En effet, qu'importe aux lecteurs l'assurance que la nouvelle théorie n'a rien à voir avec la foi en l'inspiration du livre sacré ; ce qui leur importe, c'est d'acquérir la certitude que le récit biblique de la création vient de trois auteurs différents ; or, pour plusieurs personnes, cette démonstration est loin d'être faite, du moins par les auteurs qui leur sont connus, et là-dessus les éclaircissements de M. L. auraient été reçus avec reconnaissance [1]. Faute de ces explications préliminaires, les modifications et déplacements qu'il fait subir au texte biblique paraissent quelque peu arbitraires ou bien dus à une complaisance excessive pour ses autorités. Notons, en passant, que la traduction des douze premiers chapitres de la Genèse dont M. L. fait précéder son livre est, en général, exacte et fidèle, bien qu'il nous soit impossible d'admettre quelques-unes de ses interprétations [2].

[1] Dans l'espoir que M. L. reprendra la discussion de ce grave sujet dans la seconde partie de son ouvrage, je vais lui soumettre quelques réflexions qui semblent peu favorables à la théorie documentaire :

La formule : Ceci est « Les généalogies » (*Elle tôledôt*), ou ceci « est le livre des généalogies » (*Ze sêpher tôledôt*), figure trois fois comme suscription de nouveaux récits (v, 1. VI, 9. X, 1), comment se fait-il donc que la même formule de Genèse II, 4. est prise pour une suscription du récit précédent ?

L'unité du verset II, 4. est prouvée : 1° par le manque de *vayehi* devant *beyôm* au jour (cf. Exode XI, 28) ; cette expression introductive est d'autant plus inéluctable que le verbe de la phrase est un infinitif mis à l'état construit : *âsôt* « faire de » ; 2° par l'expression « terre et cieux » (*ereç weschâmâim*). Si ce verset faisait partie d'un nouveau document, on serait obligé d'admettre que le jéhoviste fait créer la terre avant le ciel, ce qui est non-seulement absurde, mais contraire à tout ce que nous savons de la Bible. Il est évident que l'auteur unique des deux épisodes de la création, après avoir raconté la création du ciel et de la terre dans l'ordre naturel, et ayant à s'occuper désormais des affaires de la terre seule, mentionne celle-ci en premier lieu dans sa suscription comme pour indiquer le rang suprême qu'elle occupera dans ses narrations (Cf. un cas tout analogue dans l'Exode, VI, 26, 27.)

[2] Le membre de phrase, Genèse, I, 14, *wehâyû leôtôt ulemo°adîm uleyâmîm weschânîm* ne signifie pas « et qu'ils (les luminaires) soient les signes pour le temps des fêtes, les jours et les années », mais qu'ils donnent lieu à des signes (célestes), à des époques, à des jours et à des années. » Par l'expression « signes », l'auteur entend les phénomènes célestes comme les conjonctions des planètes, les comètes et les éclipses, phénomènes qui inspiraient la terreur aux anciens et donnaient lieu à une foule de superstitions. Cf. Jérémie, X, 2. — Qanîti (Genèse, IX, 1) est « j'ai acquis », non « J'ai créé » ; *qaîn* ne signifie point en sabéen « créature, rejeton », mais « artisan, forgeron, esclave », comme en arabe. Le rapprochement du nom hébreu d'Habel et l'assyrien *ablu* « fils » repose sur une ancienne erreur que nous avons si-

Le but principal de l'ouvrage est, ainsi qu'on vient de le voir, de démontrer les trois thèses suivantes : 1° que les récits bibliques de la création sont d'anciens mythes babyloniens modifiés dans le sens du monothéisme ; 2° qu'ils se retrouvent avec des variantes plus ou moins considérables chez les peuples civilisés de l'antiquité ; 3° qu'ils remontent bien haut dans le passé primitif de l'humanité, avant la séparation ethnique des ancêtres des Egyptiens, des Sémites et des Aryens, des trois grandes races représentées par les trois fils de Noé (Noah). Les deux premières thèses sont depuis longtemps admises dans la science et M. L. n'a eu d'autre peine que celle de résumer et de mettre en ordre ce qui a été écrit sur la mythologie comparée soit par les aryanistes, soit par les assyriologues, tout spécialement par George Smith, dont la *Genèse Chaldéenne* a été presque entièrement absorbée. Ce qui appartient en propre à M. L., ce qui fait la substance et le pivot de son livre, c'est la troisième thèse qui constitue la conclusion des deux premières faisant fonction de prémisses, et d'après laquelle la Genèse hébraïque ne serait ni plus ni moins que le catéchisme primordial de l'humanité antérieure à la séparation des races. J'avoue que la seule pensée de cette prodigieuse antiquité me donne le vertige. Cela dépasse tout ce que l'imagination la plus enthousiaste a jamais rêvé dans la mythologie comparée indo-européene. Celle-ci s'arrête à l'époque aryaque, où les divers rameaux de la famille aryenne formaient un seul corps de nation parlant une langue mère. Que cela est petit en comparaison de l'époque qu'atteint M. Lenormant ! Alors non-seulement les langues des trois races précitées n'existaient pas encore, mais leurs langues-mères elles-mêmes n'étaient encore qu'à l'état latent. Une prétention pareille n'a pas besoin d'être réfutée. La logique la plus élémentaire nous montre que les traditions communes à plusieurs peuples à la fois, si la communauté est réelle et non pas seulement apparente, doivent être attribuées à des emprunts mutuels, effectués aux époques historiques, et relativement récents. Vouloir dépasser cette limite rationnelle, c'est poursuivre des chimères.

Mais M. L. nous a réservé un étonnement encore plus fort. Son

gnalée dans la *Revue critique*, n° 12, p. 230. — *Kî* (IV, 25) équivaut à *ascher* en qualité de régime direct : « que Qaïn a tué » non : « comme Qaïn l'a tué ». — La traduction de *veyischkôn beoholê schem* (IX, 27) par « et qu'il (Japhet) habite des tentes glorieuses » au lieu de la traduction ordinaire « et qu'il habite les tentes de Schêm », n'est pas soutenable, attendu que le terme *schêm*, pl. *schêmôt* « nom, gloire », ne s'emploie, comme second terme d'une composition d'état construit, qu'avec des personnes réelles ou figurées, jamais avec des choses.

énumération de races à traditions communes est loin d'être complète. Il faut y ajouter la plupart des races américaines et malaisiennes chez lesquelles se retrouvent les légendes des âges du monde et du déluge. Le récit du déluge surtout « est une tradition universelle dans tous les rameaux de l'humanité, à l'exception de la race noire » (p. 489). Ce n'est pas tout. M. L. a précisément oublié d'enregistrer les auteurs de ces mêmes tablettes mythologiques dont les données forment la base de toute son étude. De tous les peuples de l'antiquité, aucun n'a autant de droit de figurer en tête de la civilisation que le peuple d'Accad, et ce peuple prodigieux, initiateur de Babylone et de Ninive, est précisément celui qu'on passe sous silence, n'est-ce pas décapiter l'humanité ? Je crois d'autant plus difficilement à un oubli involontaire que, dans le corps de l'ouvrage, les Accads sont constamment distingués des Sémites et que, dans la préface même, ce peuple non sémitique est mentionné sous la dénomination, malheureusement erronée, de Chaldéens (p. xix). L'omission des Accads est donc voulue, et, si je ne me trompe, parallèle à l'omission, encore plus radicale, de la race touranienne que j'ai signalée plus haut. L'auteur regrette-t-il de s'être engagé trop loin dans la question touranoaccadienne et cherche-t-il maintenant à s'en débarrasser ? On le dirait presque ; mais des réflexions telles qu'on trouve, par exemple, à la page 381, attestent du moins qu'il ne se dédit pas entièrement. Ce malaise, produit d'une hésitation peut-être inconsciente, se communique inévitablement au lecteur, qui se trouve en face de l'objection insurmontable que voici : Etant donné que les textes mythologiques cunéiformes appartiennent à un peuple non sémitique, il s'ensuit nécessairement que les légendes y contenues ne figurent chez les Sémites que comme des emprunts faits par eux à leurs prédécesseurs et non comme des traditions nationales transmises de l'époque préhistorique. Les Sémites de la Babylonie et de l'Assyrie fournissent donc un exemple authentique du passage de presque toute une mythologie d'un peuple chez un autre. A plus forte raison peut et doit-on admettre chez les peuples méditerranéens un échange réciproque d'un petit nombre de légendes pendant de longs siècles de fréquentes relations commerciales et politiques. De là à l'époque brumeuse de la « séparation ethnique », il y a un immense inconnu que toutes les audaces ne sauront nous engager à franchir. Le même jugement s'applique naturellement aussi aux légendes hébraïques : s'il est vrai, comme l'affirme M. L., que les récits de la Genèse portent l'empreinte de la rédaction babylonienne, le simple bon sens oblige à conclure qu'ils ont été importés en Palestine, non avec la migration d'Abraham, mais mille cinq cents ans plus tard, au retour de l'exil.

Ce qui précède suffit pour démontrer l'extrême fragilité de la thèse de la « tradition primordiale », même en admettant toutes les prémisses de l'auteur. Voyons maintenant si les légendes comparées par M. L. sont réellement si intimement apparentées qu'elles supposent une origine commune. Le spécimen de rédaction babylonienne qu'il signale dans la Genèse, XI, 4, qui aurait sa source dans l'analogie des mots babyloniens *zikru* « souvenir, nom » et *zikurat* « tour, pyramide à étages », ce spécimen, dis-je, n'est certainement pas de nature à forcer la conviction, attendu que le correspondant hébreu de ces mots, *zéker*, ne figure point dans le passage, lequel joue plutôt sur les mots analogues *Schêm*- « nom, renommée » et *Schâmaïm* « ciel, hauteurs ». Mais passons et examinons consciencieusement les autres preuves que l'auteur expose en toute largeur dans les divers chapitres du présent volume.

Chapitre 1er. *La création.* — Sur la création de l'homme, la seule qu'étudie l'auteur, les légendes variaient considérablement, non-seulement chez les divers peuples, mais chez le même peuple. Les Egyptiens, par exemple, faisaient sortir l'homme tantôt du limon échauffé du Nil, tantôt de l'œil du dieu Râ. Chez les Grecs, la matière dont le corps des hommes fut formé était, suivant les légendes, l'argile, la terre échauffée, les chênes, les pierres. Selon Bérose, les dieux firent l'homme avec de la terre pétrie du sang du dieu Bel. Les Perses admettaient que l'homme actuel vient d'une plante qui germa de la semence de l'homme type et plus parfait, tué par Ahriman. Ici aucune trace d'une tradition commune, car la prédominance de la terre ou de l'argile dans ces légendes a sa cause aussi bien dans sa fécondité naturelle que dans la facilité extraordinaire de la façonner. Aussi M. L. cherche-t-il ailleurs le fil conducteur, il le cherche dans l'idée de l'androgynisme primitif, exposée par Platon, qu'il introduit dans le texte de la Genèse, II, 21, 22. Depuis la version des Septante jusqu'à nos jours, nous avons l'habitude d'admettre que, selon la Bible, la femme fut formée de la *côte* (*çélâ*) arrachée au flanc d'Adam. Erreur, nous dit M. L., le mot signifie dans les autres passages de la Bible *côté*, non point *côte* ; donc, pour former Eve, Dieu prit un des *côtés* d'Adâm, c'est-à-dire scia en deux le corps de celui-ci ; donc Adâm était primitivement un androgyne comme le *Mashya* du Boundehesch, dont fut séparée *Mashyané*. Voilà pour le jéhoviste ; quant à l'élohiste, est-ce que l'expression « mâle et femelle il *les* créa » n'implique pas la notion d'un couple de deux personnes distinctes? Non, répond M. L., la conception d'un être double réside dans la phrase : il les nomma de leur nom Adâm, où le texte dit *Adâm* et non pas *hââdâm* avec l'article, ce qui prouve, selon lui, que le mot est pris comme nom appellatif, individuel, comme dans le verset suivant, et non comme désignation générale de l'espèce. Je regrette vivement d'avoir à signaler de semblables argumentations de la part d'un savant de mérite, argumentations qui impliquent à la fois oubli de la grammaire et insouciance du texte. Est-il besoin de rappeler qu'en hébreu le nom régi par le verbe *qârâ* « nommer, appeler » ne peut jamais affecter l'article? Est-il besoin de dire que dans la Genèse, V, 3, le mot Adâm n'est pas un appellatif, mais le nom propre du premier homme? Enfin, pour revenir au mot *çêlâ*, est-il nécessaire de remarquer qu'il figure plusieurs fois dans la Bible au sens de « poutre, segment de bois », auquel se rattache étroitement le sens de « côte » et dont celui de « côté » forme le dernier développement? Le curieux de l'affaire, c'est que M. L. s'appuie sur la tradition juive qui, « aussi bien dans les Targoumim et le Talmud que chez les philosophes savants comme Moïse Maïmonide, admet *universellement* qu'Adâm fut créé à la fois homme et femme ayant deux visages tournés des deux côtés opposés, et que c'est pendant son assoupissement que le créateur sépara de lui Hâvâ, sa moitié féminine, pour en faire une personne distincte ». Ce qui est vrai dans cette allégation, c'est que cette opinion n'est soutenue que par un *seul* docteur qui, comme l'attestent les expressions grecques *du parçuphîn* (= δύο πρόσωπα) et *androgynos* » qu'il emploie, la doit précisément à Platon, et que Moïse Maïmonide la cite comme une opinion bizarre qui a un sens caché, mais qui ne rend pas le sens exact du passage biblique. Quand on ajoute que dans Bérose les hommes à deux têtes et à deux sexes sont rangés dans les créatures du Chaos et nullement dans les ancêtres de l'humanité actuelle créés par les dieux, et que ni en Egypte, ni en Phénicie, on ne trouve aucune trace de la croyance à l'androgynisme primitif de l'homme, on peut affirmer, jusqu'à preuve contraire, que ce n'est pas une conception sémitique. Est-elle du moins indo-européenne? Les données fournies par M. L. ne le démontrent point et nous sommes obligé, jusqu'à plus ample informé, d'en faire la propriété exclusive de Platon. Mais entre ce philosophe et la Bible il y a une opposition inconciliable. Le sage grec, conformément aux idées de sa nation qui considérait l'amour des individus du même sexe comme supérieur à l'amour entre les individus d'un sexe différent, admet trois couples primitifs : homme et homme, femme et femme, homme et femme, couples que les dieux séparent plus tard en punition de leur orgueil. L'auteur biblique, au contraire, pour qui l'idéal de l'amour consiste dans l'union des individus de sexe différent, fait de la femme une partie intégrante de l'homme, comme pour indiquer que ces deux êtres forment l'un sans l'autre une individualité imparfaite.

Chapitre II. *Le premier péché.* — Ce chapitre renferme un grand nombre de faits bien groupés et d'une vérité saisissante. L'absence dans la Bible des divers âges du monde et de la dégénérescence fatale de l'humanité que l'on rencontre chez beaucoup de peuples aryens, et y est exposée avec talent. Mais sur quoi M. L. se fonde-t-il pour attribuer au narrateur biblique le dogme de la déchéance du genre humain, de sa prédisposition au péché par suite du péché originel? Dans l'esprit de la Genèse, la désobéissance d'Adâm n'eut pour sa descendance qu'une seule conséquence : l'aggravation du travail à cause de la stérilité du sol, car la peine de mort dont Adâm est menacé, s'il mange de l'arbre défendu, est une formule juridique et n'implique nullement la notion de l'immortalité de l'homme avant le péché. Les avis diffèrent là-dessus dans la Synagogue, et il n'y a que les agadistes qui l'admettent sans répugnance. En tout cas, le récit biblique du premier péché, donné sous forme d'apologue, se tient rigoureusement dans le domaine du monde matériel. En lisant avec attention les passages qui se rapportent aux arbres merveilleux qui occupaient le milieu du jardin, on se convainc bientôt que, pour l'auteur du récit, l'arbre de la connaissance possédait la faculté d'exciter les désirs. Il faut insister sur ce point, attendu que l'expression hébraïque *tôb vârá* « le bon et le mauvais » désigne exclusivement ce qui plaît ou déplaît aux sens et n'a jamais une portée morale. Le premier couple séduit par le serpent, au lieu d'acquérir l'immortalité par l'arbre de la vie dont la jouissance lui fut facilitée, acquit une connaissance précoce et exagérée des plaisirs corporels et perdit son innocence. Le péché commis, chacun des délinquants s'entend condamner à des peines proportionnées à son délit : Adâm est condamné à un travail dur et pénible sur un sol ingrat et maudit, Ève à enfanter avec douleur et à être soumise à son mari, le serpent à prendre une allure rampante et à se nourrir de terre. Que cet apologue soit une transformation d'une légende antérieure et polythéiste, on ne saurait en douter. La notion formelle de la Genèse, IV, que les Elôhîm connaissent les plaisirs sensuels, notion qui produisit le récit de la Genèse, VI, 1-6, concernant les amours des fils des Elôhîm avec les filles de l'homme, cette notion, dis-je, suffit à elle seule pour démontrer le caractère franchement païen de l'original. Quant à son origine babylonienne, elle résulte du topique même du récit, lequel a pour théâtre le pays arrosé par le Tigre et l'Euphrate. On peut donc supposer avec beaucoup de vraisemblance que les autres peuples sémitiques, surtout les Babyloniens, avaient une légende semblable. Chez les peuples non sémitiques, on trouve bien la croyance à l'existence de plantes aphrodisiaques, et de plantes qui donnent l'immortalité, au caractère rusé et perfide du serpent, mais tous ces éléments de croyance naïve et universelle ne forment nulle part un ensemble légendaire que l'on puisse mettre en parallèle avec le récit du paradis biblique. Or, en mythologie, comme en architecture, la matière employée dans la construction est presque indifférente comparativement à la forme d'ensemble qui seule imprime un cachet particulier à l'édifice. A l'opposé de M. L., nous sommes d'avis que dans ces sortes de compositions la forme est tout. Par conséquent, les analogies isolées des arbres paradisiaques et du serpent que M. L. signale dans les mythologies des autres races, comme le Soma-haoma des Aryens, le Ajis-dahaka et le Apep des Iraniens et des Égyptiens, si ce sont des conceptions indigènes, sont des créations spontanées et purement humaines, nullement le fruit d'une tradition. Quant aux légendes tirées de l'Edda ou du Boundehesch, leur antiquité doit être prouvée avant qu'elles puissent entrer en ligne de comparaison. Au lieu de calculer avec ces entités sans valeur, l'auteur eût mieux fait d'étudier ou plutôt de reprendre l'étude des fleuves du Paradis, à laquelle il a consacré un long chapitre dans son commentaire de Bérose. Si ces fleuves sont, en réalité, identiques à ceux des mythes aryens, comme il l'affirmait autrefois, sa thèse gagnerait considérablement en vraisemblance ; nous nous permettons de lui signaler cette lacune.

Chapitre III. *Les Keroubîm.* — Dans ce chapitre, M. L. étudie les Keroubîm (chérubins) au glaive flamboyant qui gardent le chemin de l'arbre de la vie (Gen., III, 24). M. L. s'élève avec raison contre ceux qui revendiquent en faveur des Aryens la priorité des légendes qui leur sont communes avec les Sémites. Le déchiffrement des textes cunéiformes a ruiné de fond en comble la théorie aryaniste. Il est certain aujourd'hui, d'une part, que le récit de la Bible est dans un rapport très étroit avec la tradition babylonienne, de l'autre, que tout ce qui est commun entre cette tradition et celle des Aryo-Indiens ou des Iraniens, la priorité appartient de beaucoup à Babylone et à la Chaldée. En faisant abstraction de l'erreur fondamentale relativement à l'identification des Chaldéens avec une race non sémitique, tout le monde souscrira à ces sages paroles dont l'auteur ne tire pas malheureusement toutes les conséquences, puisqu'elles renversent complètement sa théorie de traditions primordiales. Après Delitzsch, M. L. voit dans les γρῦπες des Grecs une altération du sémitique *Keroub*, *Kiroubou,* équivalent de *schêd*, *schedou*, « génie gardien, » ayant la forme d'un bœuf ailé à tête humaine que les Assyriens plaçaient aux portes des palais et des temples. Cela ne veut pas dire que la forme plastique des Keroubim hébreux ait été absolument la même que celle des Kirubi assyriens. Les premiers étaient munis de bras, avaient plusieurs paires d'ailes et quelquefois plusieurs faces, ce qui n'est jamais le cas des derniers. A ce propos, il faut tenir compte de l'influence que l'art araméen et phénicien a pu exercer sur celui des Hébreux. Je pense donc que la difficulté d'appliquer la forme des Kirubi assyriens aux Keroubim de l'arche (Exode, XXV, 18-20) ne force pas de comparer un autre mot assyrien *Kurubu*, synonyme de *Karakku*, *Kurukku* (ar. *Kurkiy*) « grue » (non « aigle » ou « vautour »! et qui vient probablement d'une racine *krp*, *krf* « flairer ». Il m'est encore plus impossible d'admettre avec M. L. que le *lahat ha'hereb hammithappeket* de la Genèse soit le *tschakra* des Indiens, disque aux bords tranchants, au centre évidé, que l'on projette horizontalement et de manière à lui imprimer une rotation rapide sur lui-même. D'abord, le mot *lahat*, au propre « flamme », est du genre masculin et signifie bien « lame étincelante », témoin le synonyme *lahab* qui signifie aussi « flamme » et « lame ». Puis le participe féminin *hammithappeket* se rapporte à *'hereb* « épée », qui est du genre féminin. La traduction « prodige », qui s'appuie sur l'expression *lehâtim* d'Exode, VII, 11, doit être définitivement rejetée, attendu que dans ce mot le *h* remplace un *aleph* radical, d'où l'orthographe plus fréquente *lâtim* (Exode, VII, 22; VIII, 3, 14), pl. de *lât* « secret, cachette ». Enfin, le verbe *hithappêk* signifie « se renverser, changer de face » et aucunement « tournoyer ». Toutes ces considérations excluent absolument le tschakra : il s'agit bien d'une épée à lame étincelante, se mouvant de droite à gauche et de gauche à droite, le tranchant en avant. Entre cette arme de feu ou de métal et les roues de pierre précieuse de la vision d'Ezéchiel, il n'y a certainement rien de commun. Ajoutons que les roues du prophète consistent chacune en deux roues croisées de manière qu'elles puissent se mouvoir dans toutes les directions sans se retourner. Je ne m'explique pas bien comment M. L. a pu changer ces roues en tambours circulaires, tournant sur leur axe vertical avec rapidité. Le désir de trouver quelque chose de semblable au tschakra lui a fait perdre de vue que les mots *galgal* et *Ophân*, expliqués l'un par l'autre, ne peuvent désigner autre chose que des roues de voiture. Le même désir entraîne naturellement M. L. à découvrir le tschakra dans un poëme accadien accompagné d'une traduction assyrienne. Parmi les armes du dieu figure une « *littu* de la bataille qui dévaste et désole le pays rebelle ». Or l'assyrien *littu* correspond à l'hébreu *lahat*, donc les dieux accadiens portaient le tschakra comme les héros indiens antérieurement au développement de la mythologie assyro-sémitique dont les divinités en sont dépourvues, donc le récit biblique vient de l'âge de la migration des Terahites, où l'influence assyrienne avait peu de prestige. La logique de cette conclusion n'est pas bien évidente, car le mot *littu* s'étant conservé chez les Assyriens de basse époque, il pouvait parfaitement leur être emprunté par les Hébreux mille cinq cents ans plus tard et en même temps que la légende du paradis. Malheureusement, tout cet échafaudage ingénieux repose sur des bases tellement fragiles qu'il s'écroule au moindre examen. En effet, *littu* (non *lîttu!*) pour *li'tu* est le féminin de *li'u* (r. *lih* « être jeune et gras ») », jeune animal, taureau, veau, bélier, spécialement ceux qu'on exerçait au combat, au figuré : « attaque », la *littu tahazi* parallèle à *litat gurdiya* (Norris, 705), loin d'être un « glaive flamboyant » est une « génisse de la bataille », prosaïquement : une arme d'attaque dont on se sert dans la bataille. Cette interprétation s'impose également par le correspondant soi-disant accadien. L'idéogramme se compose du complexe nun-lagar (m. à m. grand, puissant) se lisant *tur* (de *turu*, jeune) et signifiant *tarbaçu* « écurie, animal » et du signe *sal* ou *rak*, indice du genre féminin, inséré dans le second signe ; le tout est donc : « jeune animal femelle ». La lecture hiératique *lim-lâm* (non *si-lam!*) conduit au même résultat, car ce phonème appartient à la racine *lamlam* qui donne, en assyrien, le mot *lulimu* « bélier, roi » *lulûntu* (pour *lumlumtu*) « bélier de guerre », *lûlmu* (contracté de *lumulmu*) « boucle d'oreille ». Quant aux autres expressions du poëme AN-HI, *abubu*, *schamschu*, dans lesquelles M. L. veut absolument voir un *tschakra*, on peut affirmer sans hésitation : 1° que AN-HI, l'idéogramme du dieu Aschour n'est certainement pas un disque ; 2° que l'idée de trombe qui irait si bien aux tambours tournoyants d'Ezéchiel, ne réside pas dans *abubu*, lequel signifie « averse ». Reste *schamschu* « le soleil », mais, pour changer un soleil en tschakra, il faut l'aplatir d'abord, ensuite l'évider au centre pour passer le sommet des doigts, or une imagination ordinaire ne conçoit pas facilement une opération aussi cyclopéenne.

Chapitre IV. *Le fratricide.* — D'après la Genèse, Qaïn, jaloux de la préférence que Dieu avait témoignée pour le sacrifice de son frère Abel (Hebel), tue celui-ci dans un guet-apens. Interrogé par

Jéhovah, le meurtrier nie effrontément son crime, mais obligé de le reconnaître, il s'entend condamner à vivre errant et fugitif dans un pays désert. Pour lui ôter la crainte d'être tué par le premier venu comme criminel et vagabond, Dieu lui imprime un signe talismanique et préservatif. Après avoir erré pendant longtemps, Qaïn devient père et construit la première ville à laquelle il donne le nom de son premier-né, Hanôk. Voilà un récit des plus terre-à-terre dont M. L. entreprend de découvrir le fond mythologique. Il croit y parvenir en soulevant une question à laquelle ni l'auteur biblique ni la tradition juive n'ont jamais pensé. A quelle époque de l'année eurent lieu ces deux événements : le fratricide et la construction de la première ville ? Tout le monde l'ignore, mais, grâce à une combinaison très ingénieuse, M. L. sait pertinemment que ce fut au troisième mois de l'année babylonienne, le mois de Sivan (mai-juin). Voici son raisonnement. Dans la nomenclature dite accadienne, le mois de Sivan est nommé « le mois de la brique ». En Chaldée et en Babylonie, on bâtissait la masse des édifices en briques simplement séchées au soleil ; donc le mythe qui s'y rapportait avait trait à une fondation de ville, sans doute de la première ville. De plus, le signe du troisième mois dans le zodiaque était pour les Chaldéens, comme pour nous encore, le signe des Gémeaux et en même temps nous voyons quelquefois le nom de « mois des jumeaux » se substituer à celui de « mois de la construction en briques » comme désignation de Sivan. Il résulte de tout cela que le fratricide de Qaïn aussi bien que la construction de la première ville eurent lieu dans ce mois. M. L. invoque à l'appui de sa conclusion la tradition, selon lui « tout à fait primitive, antérieure à la dispersion des grandes races civilisées qui rattache une fondation de ville à un fraticide ». L'auteur a malheureusement négligé de nous donner les noms des constructeurs fratricides des grandes villes sémitiques ou égyptiennes : Babylone, Ninive, Damas, Sidon, Tyr, Jérusalem, Memphis, Thèbes, etc. ; il préfère nous conduire brusquement en Grèce et en Italie, et là encore il ne parle ni d'Athènes, ni de Thèbes, ni des autres anciennes villes grecques, osques, ombriennes ou étrusques, dont les constructeurs paraissent avoir été d'honnêtes gens ; il se borne à nous signaler quelques fondateurs mythiques de certains temples et la légende du meurtre de Rémus par Romulus à l'occasion de la fondation de Rome, légende qui peut avoir un fond historique. De toutes les histoires de ce genre que M. L. a laborieusement réunies, il se dégage une seule notion : celle que le sang versé porte bonheur aux fondations et leur assure une longue durée ou, en termes généraux malheur au début inaugure une bonne fin, mais pour cet effet, il est absolument indifférent que le patient soit la victime d'un parricide, d'un meurtre simple ou d'une mort accidentelle. Je ne suivrai pas M. L. dans les légendes des Cabires et d'autres divinités secondaires du panthéon hellénique, qui sont en partie exotiques, en partie trop récentes et altérées pour faire figure dans la mythologie primitive. Je me contenterai de remarquer d'une part, que chez les Phéniciens, les Cabires sont huit divinités vivant en paix ensemble, et non deux frères rivaux comme Caïn et Abel, de l'autre que Technitès et Autochthon, qui perfectionnent la fabrication de la brique et inventent les toits, ne sont pas fondateurs de villes : la première ville de Phénicie, Byblos, ayant été construite par Cronos longtemps auparavant. Chez les Babyloniens non plus, il n'y a aucune trace de construction de ville accompagnée d'un fratricide, pas même d'un fraticide sans construction de villes, car l'effémination de Adar-Parsondas par son frère Schin-Nannaros, qu'on allègue sans appuyer par aucun texte cunéiforme, semble être le fruit de quelque méprise. Voilà pour le fratricide ; quant à la théorie qui met en rapport la fondation de villes avec le mois de Sivan, elle est ruinée par le texte même que M. L. cite en sa faveur. En effet, le roi Sargon nous y fait savoir que si la fabrication des briques avait lieu au mois de Sivan, la mise des fondements et la construction commençaient au plus tôt [1] au mois de Abu, consacré au dieu Feu, lequel prend à cause de cela le titre de *mukin temen ali u biti* « fondateur des villes et des maisons ». Quand on ajoute encore que l'expression du même titre : *arah kàsi sarri* que M. L. traduit : « le mois du jumeau royal » signifie probablement « le mois de la coupe royale », on obtient les résultats suivants, qui sont diamétralement opposés à ceux de l'auteur :

1° Absence chez les autres peuples d'une tradition parallèle au fratricide de la Genèse ;

2° Rien n'indique que le meurtre d'Abel eut lieu au mois de Sivan ;

3° Il n'y a aucun lien entre le signe zodiacal du mois et le dieu protecteur qu'on lui prépose.

Sur les considérations qui terminent ce chapitre, je ne ferai que deux observations. La première porte sur l'opinion qui voit dans l'histoire de Qaïn et Hebel l'empreinte de l'esprit d'un peuple nomade et pasteur, « le frère mauvais et mal vu de Dieu y étant agriculteur, le frère pieux et chéri d'en haut berger ». Pour être très répandue, cette opinion est on ne peut plus contraire à l'esprit

---

[1] Le mois destiné tout particulièrement aux fondations était le mois de Arah-samnu, comme l'indique son nom hiératique **IT-PIN** « mois des fondations ».

biblique. Avant comme après le péché, l'agriculture est la seule occupation que Dieu assigne à l'homme, Qaïn ne pouvait donc pas lui déplaire pour avoir exécuté son ordre. De plus, il n'est dit nulle part que Qaïn eût été, dès le début, mauvais ou seulement moins pieux que son frère ; le contraire est bien plus vrai, puisque c'est lui qui apporte le premier sacrifice. Si Dieu préfère le sacrifice d'Abel, ce n'est pas par sympathie pour sa personne ni dans le but mystique de proclamer la nécessité de racheter le péché par un sacrifice sanglant, ç'aurait été tout à fait mal à propos, attendu que le sacrifice des fils d'Adâm n'était pas un sacrifice de péché (*hattât*), mais une offrande gracieuse (*minhâ*). La circonstance qui a terminé, suivant moi, le rejet de l'offrande de Qaïn, c'est sa nature de produit de la terre : celle-ci, depuis le péché d'Adam, était restée en état de malédiction. Cette malédiction fut levée à l'occasion du pacte conclu avec Noé (Gen., VIII, 21) et dès lors le titre d'agriculteur recouvra sa gloire primitive et fut porté par le patriarche (Gen., IX, 20). La seconde observation se rapporte au mot *rôbêç*, de Gen., IV, 7, lequel, étant identique au nom de démon babylonien, *rabiçu*, indiquerait que le récit a été apporté de la Chaldée « ayant déjà une forme arrêtée, une rédaction traditionnelle ». La conclusion semble peu exacte, car en babylonien (comme en arabe), *rabiçu*, veut dire « attendant » et s'emploie aussi en parlant des dieux. Le passage ci-dessus se traduit donc « le péché attend à la porte ». J'ajouterai pour terminer que la seule traduction rationnelle de Gen., IV, 12, comparé au verset suivant, est : « mon châtiment est trop grand. » Qaïn demande d'avoir la vie sauve, ce qui lui est aussi accordé. S'il était saisi de remords, il aurait été plutôt dégoûté de la vie. Les parallèles que l'auteur cite des hymnes assyriens n'appartiennent donc pas à cet ordre d'idées et ne prouvent qu'une chose, c'est que la ressemblance de forme et même d'expressions dans la littérature de peuples d'une même race n'implique pas un emprunt mutuel. Je ne crois pas que M. L. pense sérieusement à rapporter la rédaction des Psaumes à l'émigration des Térahides.

Chapitre v. *Les généalogies des Qaïnites et des Schétites* (Gen., IV, v). — Les noms d'Hânôk et Lemek sont communs aux deux listes, mais ils ne s'y trouvent pas dans le même ordre. Il y a encore quelques autres assonances, comme celles de *Adâm* et *Enôsch*, mots synonymes signifiant « homme » de *Qaïn*, et *Qênân*. Le reste est entièrement divergent, car le parallélisme entre *Yered* et *'Irâd* (avec aïn initial) n'est qu'apparent. La communauté partielle des noms montre que l'auteur n'a pas attribué aux Qaïnites en général une tendance particulière au crime. Pour la significa-

tion, si *'Irâd* « fugitif » semble moins favorable que *Yered* « descente », deux Qaïnites : *Méhouyaêl* (ou *Méhiyâêl*) « Dieu fait
vivre » ou « Dieu annonce » (selon que la racine en est *'haya*
ou *'hava*) et *Métuschâêl* « homme de Dieu » ne sont visiblement
pas inférieurs à leurs parèdres schêtites *Mahalalêl* « louange de
Dieu » et *Métuschaléh* « homme d'armes ». L'infériorité morale
des Qaïnites ne réside non plus dans l'élève du bétail, laquelle
était déjà exercée par Abel, ni dans l'invention de la musique, art
si estimé dans le culte mosaïque, ni enfin dans le travail des métaux, dont l'artiste est considéré dans la Bible comme rempli de
l'esprit de Jéhovah (Exode, XXV, 30-35. J'ai à peine besoin
d'ajouter que la Genèse ne laisse nulle part supposer que les Qaïnites aient inventé les armes de guerre. La seule infériorité de
ceux-ci, c'est qu'ils ignorent la religion monothéiste de Jéhovah
qui, depuis Enosch, avait été annoncée aux Schêtites. Les conséquences de cette différence se font sentir dans les deux familles.
Les Schêtites comptent des hommes pieux comme 'Hânôk et Nôa'h,
les Qaïnites possèdent des hommes habiles dans les arts matériels,
mais plongés dans la polygamie et le meurtre, comme Lemek. Il
est facile de voir qu'en mettant l'une à côté de l'autre les lignées
de Qaïn et de Schêt, la Genèse a voulu anticiper l'opposition entre
le monde païen et l'Israël idéal, tel que l'ont conçu les prophètes.
On sait que cette tendance se réfléchit également dans le récit des
patriarches, où l'on découvre plusieurs traits de l'histoire postérieure du peuple élu. Ce côté du récit biblique ne me paraît pas
avoir été signalé et j'ai cru nécessaire de le mettre en lumière en
cette occasion. Je passe rapidement sur l'interprétation mythique
des deux femmes de Lemek, *'Adâ* et *Çillâ*, comme représentant le
jour et la nuit, interprétation qui traduit à tort *'Adâ* par « beauté ».
L'essai d'identifier *'Adâ*, la femme de Lemek, avec les 'Adites des
légendes arabes est vraiment inconcevable. Il est triste qu'on en
soit encore à combattre de pareils fantaisies. Au lieu d'être relé-
gués dans le mythe, les 'Adites des auteurs arabes, malgré les
fables qui les entourent, sont bel et bien les *Oadites* de Ptolémée,
c'est-à-dire une tribu de l'Arabie septentrionale, qui, comme les
Thamudeni (Thamoud), n'est disparue que peu de temps avant
l'Islamisme. Quoique moins hasardés, les rapprochements entre
les Qaïnites et quelques-uns des couples auxquels la légende phénicienne attribue l'invention des arts n'ont, d'après moi, qu'une
valeur de curiosité. Nous désirerions avoir plus de détails sur la
très problématique déesse phénicienne Na'ama, qu'on nous dit être
la Nemanoun des Grecs, et qu'on rapproche du nom de la fille de
Lemek. Des rapprochements tels que celui de l'ange de la mort

talmudique *sammael* et un dieu assyrien *Schumelâ* abusent de l'assonance. Une erreur ancienne est celle qui voit des incubes et des succubes dans les Lil et les Lillit des Assyriens, ce sont simplement des démons habitant le désert comme la Lilit d'Isaïe et la Ghoul des Arabes. Lilit n'est devenue succube que postérieurement à la composition du Talmud. L'opinion des rabbins que Lemek tua par inadvertance son grand aïeul Qaïn et son propre fils Toubal-Qaïn rend au moins compte de l'expression « car si Qaïn est vengé sept fois, certes, Lemek le sera soixante-dix-sept fois », tandis que M. L., en voyant dans Lemek un froid assassin « qui se vante de pouvoir se défendre contre quiconque oserait l'attaquer » commente comme il suit le passage sus-indiqué : celui qui aurait mis la main sur Qaïn n'était exposé qu'à une septuple vengeance ; Lemek, grâce aux instruments de mort dont il dispose, saura se venger soixante-dix-sept fois, car sa puissance est maintenant plus que décuplée. Il y a là une erreur fondamentale : c'est que le verbe *yuqqam*, ici comme au verset 15, désigne la vengeance divine, non la défense contre les assaillants. Quant à la velléité de voir dans les enfants de 'Adâ et de Çillâ, la lumineuse et la ténébreuse, les représentants des races touraniennes du nord et du midi, les Accads, les Élamites et les Proto-Mèdes, nous devons attendre les preuves que l'auteur nous promet de fournir au chapitre xii. Espérons qu'il nous donnera autre chose que de simples assertions.

Chapitre vi. *Les patriarches antédiluviens.* — Les dix patriarches antérieurs au déluge correspondent aux dix rois antédiluviens de la tradition de Bérose. Le nombre dix fonctionne comme un nombre rond et revient dans d'autres généalogies de la Bible. Cette raison m'empêche de voir la moindre connexion entre les patriarches chaldéo-hébraïques et les dix héros des Iraniens, les dix Brāhmadikas des Indiens, les dix ancêtres des Scandinaves et les dix rois mythiques de Ad. Le nombre dix étant un nombre rond par excellence, il eût été étonnant qu'il ne fût pas choisi de préférence par les anciens peuples pour indiquer une période déterminée. Et la preuve, c'est que ce nombre marque aussi l'époque préhistorique chez les peuples qui ignorent la tradition du déluge comme les Chinois et les Égyptiens. Il ne peut donc pas être question d'une tradition commune à l'humanité civilisée et remontant à une source préhistorique ; l'origine en est dans les dix doigts des deux mains, non dans une antique tradition. On a depuis longtemps reconnu que les cent vingt sares ou quatre cent trente-deux mille ans de règne attribués aux rois antédiluviens de Babylone formaient une grande période astronomique, mais l'idée de rattacher les douze tablettes du récit de *Is-tu-bar* aux douze mois de l'année et aux douze signes du zodiaque me semble assez étrange. Pour M. L., ce héros est à la fois une personnification solaire et le dieu Feu, ce qui ne va nullement ensemble. Pour faire concorder les aventures de Is-tu-bar avec le signe de chaque mois, il n'hésite même pas à renverser arbitrairement l'ordre des tablettes. Ainsi la rencontre du héros avec deux hommes-scorpions qui figure sur la neuvième tablette est transportée à la huitième, afin d'obtenir une allusion au signe du scorpion ; la navigation sur les eaux de la mort est transférée de la dixième tablette à la neuvième afin d'obtenir le mois de Nergal, dieu de la mort. Que l'épithète « de la caverne » du dixième mois soit une allusion à la retraite de Hasisadra, qui n'est pas une caverne, cela me paraît bien incroyable. Le nom 'Hamanou (Aménon) du quatrième roi antédiluvien nous étant inconnu, nous ne saurions juger s'il signifie « brûlant, igné » en conformité avec le signe du lion qui personnifierait le principe igné ; mais la comparaison de Metouschela'h, l'homme de l'arme et le sagittaire, est bien spécieuse, car le mot *schela'h* désigne une arme blanche comme p. ex. l'épée, non une arme de trait. Inutile de discuter les autres comparaisons de ce genre que l'auteur établit au moyen d'interprétations mythiques; elles échappent à tout contrôle. Je ne crois pas que, avant l'exil, l'année hébraïque ait été lunaire et de trois cent cinquante-quatre jours ; l'expression *'hôdesch yâmîm* « un mois de jours » montre que les mois ne variaient pas. Aussi voit-on que cent cinquante jours faisaient exactement cinq mois de trente jours chacun (Gen., VII, 11; VIII, 3). Dans l'Exode, XXIII, 16, il s'agit de l'année agricole, nullement de l'année civile. Tout nous fait croire que les Hébreux, ainsi que les Babyloniens, faisaient usage d'une année de trois cent soixante jours et qu'ils employaient des mois intercalaires. Il en résulte, et là-dessus nous sommes de l'avis de M. L., que les trois cent soixante-cinq ans de la vie de 'Hanôk n'ont rien à voir aux jours de l'année. Ajoutons que les périodes astronomiques attachées au règne des rois antédiluviens sont particulières aux Babyloniens. Chez les autres peuples, il y a quelques données sporadiques sur la longévité des premiers hommes, mais rien n'autorise à en faire une tradition primordiale.

Chapitre VII. *Les fils de Dieu et les filles de l'homme.* — M. L. se rallie avec raison à ceux qui voient dans les *benê hâelôhîm* « les fils de Dieu » de la Gen., VI, 1-4, des anges, séduits par la beauté des filles de l'homme (*benôt hââdâm*) et produisant des géants. C'est aussi l'avis de la tradition juive. Il a aussi raison de soutenir contre Rawlinson et G. Smith, que les Babyloniens ne font aucune distinction entre la race blanche et la race noire. J'ajouterai seulement que dans l'expression *çalmat qaqqadi* « à la tête noire » on sous-entend la terre, *irçitu*, qui est du genre féminin. Ceci explique la forme du féminin singulier *çalmat* : si ce mot était l'épithète des « hommes », il y aurait la forme du masculin pluriel *çalmi*. C'est encore conforme à l'esprit de la Bible de considérer le titre *gibbôrîm* « puissants » et *anschê schêm* « hommes de renom, célèbres », comme n'impliquant aucune notion de blâme, mais le sujet de *hêmmá* est certainement le mot *hannephîlîm*. Le verset 4 doit donc se traduire comme il suit : « les Nephîlim (géants) apparurent (m. à m. furent; cf. Gen., VII, 6) dans ces jours (et aussi longtemps après) où les fils de Dieu venaient vers les filles de Adâm et que celles-ci leur donnaient des enfants, ce sont les héros de l'antiquité, les hommes de renom ». Les Nephîlim, désormais confondus avec la race humaine, en augmentent la corruption et en subissent le sort pendant le déluge, à l'exception de quelques-uns qui échappent pour faire souche dans certaines contrées de la Palestine préisraélite. Entre ces Nephîlim et les Titans grecs, Japétos et ses fils que Zeus foudroie et précipite dans le Tartare, je ne vois aucun trait d'union possible. Et cela d'autant moins que le Yáphet de la légende biblique, que l'on compare à Japétos, loin d'appartenir aux Nephîlim, est un homme pieux, fils du patriarche sauvé du déluge. L'assertion que la Bible a accepté le titan Japétos de la légende grecque n'a pour elle que la similitude extérieure et fortuite du son. Le même manque de base caractérise cette autre assertion que les légendes gréco-hébraïques sur les géants remontent à l'époque de l'unité de ces races ; si identité il y a, rien n'empêche d'admettre un emprunt relativement récent. M. L. aurait dû savoir que l'opinion qui voit dans les *nephîlîm* des anges déchus et cette autre d'après laquelle les géants ont été ainsi nommés parce que les hommes « tombaient de frayeur » en les voyant, il aurait dû savoir que ces opinions qu'il attribue à Raschi et à Qam'hi (non *Qim'hi* !) appartiennent aux anciens Tannâim. On sait que la tradition juive fait dériver les 'Anâqim des *Nombres* des géants antédiluviens échappés du déluge. L'objection de M. L. contre la première étymologie devient ainsi sans objet. En tous cas, les épithètes, par trop criantes, de « absurde » et de « ridicule » dont il la gratifie pourraient, avec quelque adoucissement, être transportées sur l'étymologie qu'il emprunte à deux auteurs modernes et qui rattache *nephîl* à la racine *pâlâ* « séparer, distinguer », racine qui prend au niphal l'acception de « être merveilleux, insigne, immense ». Il ne faut pas être profondément versé en hébreu pour savoir que le niphal de *pâlâ* est *niphlâ* et non *nephîl*. Le curieux de l'affaire, c'est que l'assyrien *naplu*, synonyme de *usegallu* ou *usumgallu*, malgré le long exposé de l'auteur, est un « dérivé certain » non de *pâlâ*, mais de *napalu* « tomber, attaquer, surprendre ». Dans les titres royaux *naplu surruhu*, *naplu hâmtu*, le simple bon sens indique qu'il ne s'agit ni d'un *ogre rapide*, ni même d'un *géant rapide*, mais de quelque noble carnassier, par exemple le lion. Ce sens réside aussi dans *usumgallu ikdu* qu'il faut traduire : « lion puissant ». Je regrette d'avoir à signaler deux autres erreurs qui déparent la fin de ce chapitre. En dépit des auteurs invoqués, il est impossible d'entendre la phrase *wehâiû yâmâw mêâ we'esrîm schânâ* « que ses jours soient de cent vingt ans », comme une dernière limite de la vie humaine en général. Non-seulement on crée inutilement une flagrante contradiction avec les innombrables exemples d'une plus grande longévité signalés par la Bible, mais on se heurte à une difficulté insurmontable. Comme le jéhoviste ne donne nulle part l'âge des premiers patriarches, il n'avait pas à s'occuper de l'âge des derniers. Puis, une vie de cent vingt ans, loin d'être un châtiment, est un âge si considérable que fort peu d'hommes pieux des récits jéhovistes de la Bible y atteignirent et l'auteur du psaume XC estime la vie ordinaire des hommes à soixante-dix ou quatre-vingts ans. En admettant même avec M. L., qui suit à son insu la tradition rabbinique, que la descente des anges et la naissance des géants eurent lieu du temps de 'Hanôk, tout porterait encore à croire que, dans l'esprit du narrateur biblique, la corruption du genre humain n'atteignit son maximum que cent vingt ans avant le déluge. Les délais fixés pour la pénitence sont d'ordinaire assez brefs : le royaume d'Ephraïm obtient un délai de soixante-cinq ans (Isaïe, VII, 8), Moab trois ans (*Ibid.*, XVI, 14) et la rebelle Ninive quarante jours seulement (Jonas, III, 4). Comme l'ultimatum divin était resté *in petto* et n'avait pas été communiqué aux hommes, le narrateur jéhoviste n'avait nullement besoin d'introduire le récit du déluge par la phrase : *vaïehî miqqéç mêâ ve'esrîm schânâ* « et il fut après cent vingt ans », comme M. L. l'exige. Il est vrai, M. L. tient beaucoup que le chiffre cent vingt se rattache à la vie humaine, parce que ce chiffre forme exactement deux sosses et que la numération par sosse « remonte au plus antique passé du peuple de Schoumer et d'Akkad, probablement même antérieurement à son établissement sur les rives de l'Euphrate et du Tigre, puisqu'on retrouve ces mêmes cycles chez les peuples de la Haute-Asie : Ouigours, Mongols, Mandjous et Chinois, comme dans l'Inde ». J'ai montré ailleurs les nombreuses erreurs qu'implique cette affirmation en ce qui concerne les peuples altaïques et les Accadiens. M. Alfred de Gutschmid a depuis fait justice de la proposition relative à la Chine et à l'Inde ; il est donc inutile de reprendre le débat d'une chose jugée. Par surcroît de malheur, le Chaldéen Bérose évalue le maximum de la vie humaine, non à cent vingt ans, mais à cent seize ou à cent dix-sept ans, chiffre irréductible en sosses. Pour atténuer ce fait, M. L. nous assure que Bérose a suivi en cela un raccourcissement postérieur, dû à je ne sais quelle subtilité astrologique d'époque tardive. C'est possible, mais, jusqu'à la découverte d'un document original, nous persisterons à croire que la somme de cent vingt, si toutefois elle se rapporte à la vie humaine, n'a pas été empruntée aux Babyloniens. Ajoutons que s'il fallait absolument trouver un babylonisme, il aurait été plus logique de voir dans les cent vingt ans de délai que Jéhovah accorde à l'humanité antédiluvienne une réminiscence des cent vingt sares qui forment la durée totale de la vie des dix rois antédiluviens de la tradition chaldéenne. Cela eût été du moins conforme à Bérose, mais il paraît que les solutions simples ne sont pas goûtées dans une certaine école.

Chapitre VIII. *Le déluge.* — L'auteur commence par affirmer que le déluge est la tradition universelle par excellence, qu'elle se retrouve chez toutes les grandes races de l'humanité, sauf une, la race noire (p. 382). Il en conclut que cette tradition est « une de celles qui datent d'avant la dispersion des peuples, qu'elle remonte à l'aurore même du monde » (p. 383). La raison d'une telle conclusion ne semble pas bien évidente ; de semblables traditions peuvent se produire simultanément dans diverses races à la fois, ou bien passer de l'une à l'autre à des dates relativement récentes. Mais ce qui pis est, c'est que dans l'exposé des détails, l'ampleur de l'énoncé est singulièrement restreinte par l'auteur lui-même. Parmi les traditions qui ont un caractère d'événements locaux, il enregistre celle des Chinois et de la race jaune en général, ainsi que celle des races américaines où elle est peut-être importée (p. 490) et des Polynésiens (*ibid.*). Si l'on joint à tout cela les Égyptiens, comme représentants de la race chamitique chez lesquels il n'y a pas trace d'une tradition diluvienne, et les races dravidienne, étrusque, ibérienne, etc., qui sont dans le même cas, on arrive à la conviction que les trois quarts de la race humaine ignorent l'événement préhistorique du déluge. Si cela s'appelle une tradition universelle par excellence, alors il faudra vraiment désespérer de la logique. Veut-on maintenant savoir quelque chose de certain à ce sujet en ce qui concerne le quart du genre humain restant et qui comprend les Aryens et les Sémites, l'aperçu suivant qui ressort de l'exposition même de M. L. suffit pour nous en donner une juste idée.

Pour les Indiens, il est de fait que la tradition du déluge, inconnue aux Védas, se trouve sous une forme exotique et de plus en plus compliquée dans trois écrits de date très différente. Le récit le plus ancien et le plus simple est celui du *Çatapatha Brahmana*. Manou Vaivasvata, l'ancêtre de l'humanité, trouve un petit poisson dans l'eau qu'on lui apporte pour se laver. Le poisson prie le patriarche de le protéger contre les autres poissons pendant sa croissance en le mettant d'abord dans un vase, puis, quand il grossira, de lui creuser un bassin, enfin de le porter à l'océan quand le bassin deviendra trop étroit pour lui. En récompense du service, le poisson annonce à Manou que, dans l'année même où il aura atteint sa pleine croissance, un déluge surviendra, et l'engage à construire un vaisseau ; ce qui fut fait. Quand le déluge fut arrivé, Manou entra dans le vaisseau. Alors le poisson vint à lui en nageant et, le patriarche attacha le câble du vaisseau à la corne du poisson et par ce moyen, celui-ci le fit passer par dessus la montagne du Nord. A la baisse des eaux, Manou descendit de la montagne. Le déluge avait emporté toutes les créatures, et Manou resta seul. Les versions plus récentes, celle du *Mahâbhârata* et celle des *Pouranas*, sont surchargées de traits fantastiques et parasites, qui, joints à ce fait capital que l'idée d'un Manou sauvé du déluge est incompatible avec le système essentiellement indien des destructions périodiques du monde, ont déterminé notre illustre Eugène Burnouf à y voir une importation sémitique, probablement babylonienne. Burnouf reconnut que ce récit pouvait aussi bien provenir de la Genèse, mais il lui parut difficile d'admettre l'action du livre hébreu dans l'Inde à une époque aussi reculée. Aujourd'hui, cette difficulté n'existe plus, attendu que la date récente de l'épopée brahmanique, ainsi que celle des Pourânas, est reconnue par des savants d'une grande compétence. Comme type du récit indien, on peut seulement hésiter entre l'épopée babylonienne, Bérose et la Bible, et c'est là le seul doute qui reste à éclaircir. La chose ne paraît pas extrêmement difficile. La circonstance mentionnée dans le Brahmana, que le vaisseau de Manou s'arrêta sur la montagne du Nord, concorde parfaitement avec la Genèse et Bérose qui font rester l'arche sur une montagne de l'Arménie, tandis que le poëme cunéiforme indique comme théâtre de cet événement la montagne de Niçir, située à l'est de la Babylonie ; ce document n'entre donc pas en ligne de compte. Quant aux deux autres documents, on s'aperçoit bientôt que les récits indiens renferment des éléments empruntés tantôt à l'un, tantôt à l'autre. Ainsi, d'une part, le recouvrement du Véda par Manou rappelle le déterrement des livres sacrés par Xisuthrus du récit de Bérose, de l'autre, la donnée du *Bhagavata-Pourâna* qui fixe entre la construction du vaisseau et le commencement du déluge un intervalle de sept jours, ne peut avoir d'autre source que la Bible, car ce trait ne se trouve dans aucune des versions babyloniennes. La transformation en poisson que les versions indiennes attribuent d'un commun accord au Dieu sauveur, a été déterminée, comme dans les autres *avatars*, par la nature de l'élément destructeur, non par la notion de la nature ichthyomorphe inhérente au dieu babylonien comme le pense M. Lenormant. L'intervention du monstre marin dans les Pourânas provient également de cette relation naturelle. Au fond, ce qui importe à remarquer, c'est que le récit indien du déluge est, dans tous les cas, une importation étrangère d'époque historique, et non pas une tradition originale.

Chez les Iraniens, on ne rencontre nulle part une tradition diluvienne. M. L. a raison de repousser la comparaison du récit de la destruction par la pluie de Tistrya, le génie de l'étoile Sirius, des êtres malfaisants, créés par Ahriman (Khrafçtras). C'est un mythe cosmogonique, et non une légende historique. Ce caractère manque aussi au récit du *vara* de Yima qu'on lit dans le second chapitre du Vendidâd (v. 46 et suiv.). Yima, averti par Ahouramazda de ce que l'Airyana-Vaedjô allait être dévastée par un dur hiver, se construit un enclos de forme carrée où il fait entrer les germes des meilleures espèces d'hommes, d'animaux et de plantes pour y être conservés jusqu'à la fin des siècles où ils serviront à repeupler la terre, après qu'elle aura été dévastée, dit la tradition, par Markûsan, le démon de l'hiver. Le vara comprend plusieurs sections, celle qui est destinée aux hommes a la forme d'une ville composée de trois quartiers d'inégale dimension et comprenant ensemble dix-huit rues. Les habitants, exempts d'infirmités, de maladies et de vices, sont éclairés par des lumières créées et incréées, de telle sorte que le jour y a la longueur d'une année. L'annonce de la loi leur a été apportée par l'oiseau Karshipta et ils ont pour chefs Zoroastre et son fils Ourvatad-nava. Voilà une description nette du séjour des bienheureux, qui rappelle d'une façon très précise le paradis juif et la Jérusalem céleste de l'Apocalypse (chap. xxi), et l'on ne s'explique point comment M. L. a pu la transformer en un récit diluvien.

En Phrygie et en Arménie, la tradition diluvienne n'apparaît que fort tard et comme une importation juive et même chrétienne. Chez les peuples celtiques, scandinaves et lithuaniens, on trouve des imitations populaires des récits bibliques mêlées à des traits empruntés à la mythologie grecque. Ce serait renoncer au simple bon sens que d'enregistrer ces élucubrations médiévales parmi les traditions primitives de ces nations. De tous les peuples aryens, les Grecs seuls avaient de bonne heure une tradition diluvienne ou plutôt plusieurs traditions à la fois, très différentes les unes des autres et ayant pour théâtre diverses régions du continent et des îles. La diversité de ces légendes, ainsi que l'absence du vaisseau dans la plupart d'entre elles, prouve qu'il y a, tout au plus, le souvenir exagéré de catastrophes locales, d'inondations produites par des débordements extraordinaires des lacs et des rivières ou par des invasions de la mer. Deux légendes seules mentionnent le sauvetage de quelques hommes au moyen d'un vaisseau, celle qui se rattache à Ogygès, roi fabuleux de la Béotie ou de l'Attique, et celle de Deucalion. La première, dont il n'est question qu'à l'époque alexandrine, doit, en bonne critique, être retirée du débat. La seconde remonte à deux siècles plus haut, mais fait défaut au cycle des mythes hésiodiques ; qui nous garantit donc qu'il n'y ait pas là une importation étrangère et spécialement syro-phénicienne ? M. L. signale lui-même l'analogie de la cérémonie qu'on célébrait à Athènes en mémoire du déluge avec celle qui était en usage à Hiérapolis de Syrie et il n'y a aucune raison de croire que le mythe n'ait pas été importé en même temps que la cérémonie. Je crois donc que, jusqu'à preuve du contraire, il ne peut pas être question d'une tradition diluvienne dans les conceptions originales du peuple grec et encore moins dans celles de la race aryenne en général.

La seule race chez laquelle la tradition du déluge fait corps avec ses idées religieuses est la race sémitique, du moins dans les rameaux septentrionaux, Assyro-babyloniens, Syriens et Hébreux. Nous ne trouvons pas trace de cette tradition dans ce qu'il nous reste sur la religion phénicienne ; l'existence en peut néanmoins être établie, soit par la presque identité linguistique et psychologique des Phéniciens et des Hébreux, soit par cette considération que l'importation de ladite légende en Grèce a eu très probablement lieu par l'intermédiaire des Phéniciens. La source première en est naturellement le récit babylonien, tel que nous le voyons dans les documents cunéiformes découverts par Georges Smith. Arrivé à ce point, le sémitisme de la tradition diluvienne dépendra désormais de la réponse à la question principale, savoir, si la littérature religieuse des Babyloniens est, oui ou non, une simple traduction de textes plus anciens et non sémitiques. Or, comme M. L. soutient avec conviction la réponse affirmative à cet égard, il nie par cela même l'origine sémitique de notre légende. Donc quand M. L. nous dit que la tradition diluvienne appartient en propre aux trois races civilisées, aryenne, sémitique et chamitique, non seulement il affirme des faits qui ne sont nullement démontrés, mais il tombe en flagrante contradiction avec son système de Schoumer et d'Accad. Pour satisfaire à la logique la plus élémentaire, M. L. aurait dû, pour le moins, laisser les Sémites de côté et mettre les Accads au premier plan.

La partie la plus utile peut-être du livre de M. Lenormant se compose de cinq appendices, renfermant toutes les indications qui restent sur la cosmogonie sémitique, soit dans les ouvrages grecs, soit dans les inscriptions babyloniennes. L'auteur a développé ici une grande érudition jointe à une remarquable faculté de mise en cadre, et la limpidité de l'exposition permet de voir presque clair dans les sources, pour la plupart troubles et saturées de résidus de toute époque et de toutes provenances. On ne peut demander, à l'heure qu'il est, une séparation rigoureuse d'éléments si disparates, mais cette impossibilité même aurait dû arrêter plus souvent l'auteur dans son essai de systématisation. En bonne critique, les données des auteurs grecs, au sujet des religions sémitiques, ne méritent confiance que lorsqu'elles sont exemptes de conceptions métaphysiques. Damascius, par exemple, a exactement transmis quelques noms propres du panthéon babylonien ; mais on se tromperait singulièremet si l'on accordait une foi quelconque à cet auteur quand il attribue aux Chaldéens le système des triades divines. Les témoignages des autres écrivains néo-platoniciens ou ecclésiastiques sur certains points de la philosophie chaldéenne, tels que l'ennéade, les principes masculin et féminin, l'opposition mythique du chaud et du froid, l'androgynisme, etc., tous ces témoignages sont dus à des spéculations personnelles et n'ont pas des traditions pour base. Le second et le troisième appendices, entièrement consacrés à la Phénicie, offrent en traduction française, l'un les fragments de la théogonie de Mochos, d'Hiéronyme, d'Hellanicos et de Sanchoniathon conservés dans les écrits de Damascius et de Philon de Byblos, l'autre la cosmogonie de Phérécyde de Syros. On ne peut recommander assez de circonspection dans l'usage de ces textes éclectiques et fourmillant d'additions et d'innombrables interpolations. Je dirai même que, sans un triage préalable, l'usage en est très dangereux. Les moins altérés de ces fragments, ceux de Sanchoniathon, sont remplis d'idées grecques ou égyptiennes ; je me contenterai de citer comme exemples évidents la notion des principes cosmogoniques de *Pothos* et d'*Eros* et le rôle accordé à *Thot* dans les généalogies divines. Phérécyde avec son Zés et Ophioneus, rappelant d'une part le récit de la Genèse relatif à la tentation du premier couple par le serpent, de l'autre le combat d'Osiris contre Typhon, est très probablement l'œuvre d'un Juif helléniste d'Alexandrie, précurseur des auteurs sibyllins, et n'a rien de phénicien. Plusieurs identifications ou restitutions de noms propres sont aussi très sujettes à caution. L'appendice IV donne, en six tableaux, un aperçu très utile des calendriers sémitiques. On y remarque l'absence de la nomenclature des mois sabéens et éthiopiens. L'appendice V donne enfin la transcription du récit babylonien du déluge accompagnée d'une traduction interlinéaire. L'auteur a beaucoup profité des derniers travaux assyriologiques, surtout des notes de M. Guyard; cependant bien des mots et des phrases demandent encore de notables corrections. Le prétendu nom propre *Mou-schêri-ina-namari* est vraiment monstrueux. C'est une phrase qui signifie tout simplement : « à l'apparition de la rosée (m. à m. de l'eau de l'aube) ».

J'ai peu de choses à dire du *Il mito di Adone-Tammuz* qui est une reprise amplifiée de l'article français sur le *mythe de Tammouz*. L'auteur soutient l'origine babylonienne du mythe d'Adonis, en quoi il a raison; mais il dérive le nom de Tammouz de l'accadien Dumuzi, en quoi il a tort. M. Renan dit quelque part : « Je ne sais si les ruines dont on menace l'accadien atteindront ce Dumuzi »; ce pressentiment s'est parfaitement réalisé à l'heure qu'il est.

V

LES
ANCIENNES POPULATIONS DE L'ARABIE[1]

La recherche sur les anciennes populations de l'Arabie ne disposait jusqu'à présent que de deux sources dignes de foi, datant d'époques très différentes : ce sont les données ethnographiques contenues dans le deuxième chapitre de la *Genèse* et les renseignements beaucoup plus étendus des géographes grecs et romains, principalement Pline et Ptolémée. Ces deux sources d'information portent comparativement le cachet de l'esprit qui distingue l'Ecriture hébraïque de la littérature classique. L'auteur hébreu énumère les diverses populations de la péninsule arabe à l'effet d'en démontrer l'unité primitive : sa tâche ressemble quelque peu à celle de l'ethnographie moderne, qui vise au classement des peuples en familles et en races. Les géographes grecs et romains se plaisent au contraire dans la variété ; ils citent une foule de noms de peuples arabes sans jamais indiquer le degré de leur parenté. Les données bibliques et classiques se complètent donc les unes les autres et corrigent ainsi concurremment la tradition des auteurs musulmans dont le fond fabuleux se révèle à la moindre investigation.

La confiance accordée aux deux sources sus-mentionnées est pleinement justifiée par les documents que j'ai récemment apportés du pays Sabéen, et qui constituent une troisième source authentique, appelée à répandre un nouveau jour sur l'ancienne géographie de l'Arabie méridionale. Nulle part ne règne un accord aussi complet qu'entre les données hébraïques et classiques d'une part, et les documents indigènes de l'autre. Les textes

---

[1] Cet article, formant le chapitre ethnographique de mes *Études Sabéennes* a été remis en 1872 à la Rédaction de la *Revue Orientale et américaine* et y a été publié en trois parties. Il est par conséquent antérieur aux ouvrages de MM. H. Sprenger et H. D. Müller sur le même sujet.

sabéens font voir que les anciens auteurs, quoiqu'étrangers au pays, étaient infiniment mieux informés que les Arabes, qui en étaient les voisins immédiats et qui ont fini par en devenir les possesseurs.

Nous allons traiter séparément, et d'après leur âge, les deux traditions sémitiques que nous possédons sur les anciennes populations de l'Arabie, en ayant soin de les comparer aux faits résultants de l'étude des textes épigraphiques ou aux renseignements acquis pendant notre voyage dans le Yémen.

I

TRADITION HÉBRAÏQUE.

Les chapitres X et XXV de la *Genèse* sont la première tentative de classer les populations aborigènes de la péninsule arabe, qu'il désigne sous le nom de pays de *Kousch* (ארץ כוש). D'après l'ethnographe hébreu, l'Arabie aurait été primitivement peuplée par les Kouschites, peuple principal de la race brune ou hamitique, qui forme une des divisions des Noachides, lesquels comprennent encore deux autres races : les Sémites et les Japhétites. A côté des Kouschites se seraient établis des Yoqtanides, une branche ancienne de Sémites, auxquels se seraient joints, dans un temps plus historique, de nombreuses tribus issues d'Hagar et de Qatoura, femmes d'Abraham, le patriarche hébreu. En voici le tableau exact d'après la *Genèse* :

1. KOUSCHITES : *Saba* (סבא), *Hawila* (חוילה), *Sabata* (סבתה), *Sabataka* (סבתכה), *Ra'ma* ou *Reg'ma* (רעמה) et ses deux subdivisions : *Schaba* (שבא) et *Dadân* (דדן).

2. YOQTANIDES : *Elmodad* (אלמודד), *Schalef* (שלף), *Haçarmawet* (חצרמות), *Yàrah* (ירח), *Hadorâm* (הדורם), *Ouzâl* (אוזל), *Diqla* (דקלה), *'Obâl* (עובל), *Abimâel* (אבימאל), *Schaba* (שבא), *Ophir* (אופיר), *Hawila* (חוילה), *Yobâb* (יובב).

3. QATOURÉENS : parmi lesquels on trouve de nouveau les noms de *Schaba* (שבא) et *Dadân* (דדן).

4. ISMAÉLITES.

On a ainsi trois tribus ayant pour nom *Schaba*, une pour chacun des trois premiers peuples ; deux tribus nommées *Dadân*, l'une kouschite, l'autre qatouréenne ; et enfin deux *Hawila*, l'une kouschite, l'autre yoqtanide. Cette répétition de noms identiques n'a rien de surprenant dans un pays aussi vaste que l'Arabie ; mais elle montre néanmoins que tous ces peuples parlaient des idiomes de la même famille. Il n'entre pas dans mon plan de déterminer la position de toutes les tribus et de tous les territoires qui figurent dans le récit de l'auteur biblique, mais je crois nécessaire de dire quelques mots sur ceux d'entre les noms qui se retrouvent encore aujourd'hui dans le Yémen ou qui se rencontrent dans divers textes épigraphiques, soit comme noms propres de tribus, de villes ou de territoires, soit enfin comme appartenant à un mode de formation qui caractérise l'idiome des inscriptions.

1. *Schaba* et *Saba* (סבא ושבא) personnifient, dans les écrits hébraïques, la population du Yémen en général, si célèbre dans l'antiquité par sa richesse en métaux précieux et en drogues odoriférantes (I, *Rois* 10,10 ; *Psaumes* 72,10 ; *Jérémie* 6,20). On a reconnu depuis longtemps l'identité de Saba avec le סבא des inscriptions, qui y est donné également comme un nom de la nation entière, ainsi qu'il résulte de la locution אשעב סבא וגו (*Ber*. 62,7) « les peuples de Saba et du (reste du) monde ». L'autre nom, Schaba, resté obscur jusqu'à ce jour, s'est encore conservé dans le nom Wadi Schabwa (وادى شبوة), qui est appliqué à la vallée avoisinante, Mareb, et au torrent qui la traverse. Ce fait confirme la notice du *Marasid*, II, p. 92, où on lit : وقيل شبوة لحمير واحد جبلى الملح بها والاخر مآ لمارب le Wadi Schabwa touche effectivement la plaine déserte où les Arabes exploitent une riche mine de sel gemme, à deux petites journées de marche à l'est de Mareb. Remarquons encore qu'une tribu qui porte le nom de Beni-Saba (بنى سبا) existe encore aujourd'hui sur le territoire voisin de Mareb.

2. *Hawila* (חוילה) représente le territoire situé entre San'à et Mareb, nommé *Khaoulân* (خولان) ; l'identité en est prouvée par l'inscription de *Beraqisch*, n° 122, ligne 2, qui montre סבא וחיהלן joints ensemble exactement comme dans le סבא וחוילה du document hébreu. On ne doit pas confondre ce Khaoulân avec son homonyme, qui est appliqué à un district du Nord, près de Loheya, et qui peut bien représenter la Hawila des Yoqtanides.

3. *Sabta* (סבתה), la Sabota des auteurs classiques, a été identifiée par Osiander avec la شبوة des Arabes, désignant une ville située sur la route qui conduit du Hadramaout dans le Hidjaz

(*Marasid*, id. : وقيل بلد باليمن على الجادة من حضرموت الى مكة)؛
les textes épigraphiques montrent l'orthographe שבות. Cette ville ancienne, célèbre pour les soixante temples qu'elle renfermait, se trouve, d'après mes informations, à quatre journées de marche au sud-est de Mareb ; de là au Hadramaout, il n'y a que deux journées de marche. Les habitants en sont très fanatiques et ne permettent à aucun israélite de pénétrer chez eux. Les Arabes des alentours s'y rendent en foule pour visiter une mosquée construite sur le tombeau d'un saint scheikh, auquel on attribue des pouvoirs surnaturels.

4. *Reg'ma* (c'est ainsi que les Septante transcrivent le רעמה du texte hébreu) n'est, à ce que je sache, citée nulle part chez les géographes, mais son existence est maintenant confirmée par l'inscription citée plus haut, ligne 2, où Reg'ma, écrite *rghmtm* = רעמתם, est mentionnée en compagnie de *Me'in* (מעין), la capitale des Minaei. On peut en conclure que Reg'ma n'était pas très éloignée de cette dernière ville et qu'elle doit être cherchée dans une des ruines qui se trouvent dans la direction du prolongement oriental du *Djebel-Laoud*.

5. *Dedân* (דדן) est presque toujours mentionné à la suite de *Schaba* (שבא). A l'aide d'un léger changement qui consiste à écrire un ר au lieu du premier ד, on obtient רדן, qui peut bien représenter le *Raïdan* des géographes et le רידן des documents indigènes. Cette leçon est d'autant plus admissible que la *Massore* indique elle-même un changement analogue dans le nom *Dodânim* (דודנים, *Genèse*, 10,4), qui s'écrit aussi *Rodanim* (רודנים) (I, *Chron.* 1,6). Je n'insiste pas, toutefois, sur cette conjecture, parce qu'un mot דדן semble exister comme nom propre dans deux textes épigraphiques (*M.*, 46, 10-11, et *Ber.*, 153,3).

6. *Ophir* (אופיר), le pays riche en or de l'antiquité hébraïque, doit être voisin du canton de Hawila-Khaoulân, avec lequel il est confondu dans le récit du paradis (*Gen.*, 2,11,12). On doit, en conséquence, regarder comme arbitraire et dénuée de fondement, toute opinion qui tend à placer Hawila et Ophir partout ailleurs que dans le Yémen. En ce qui concerne l'origine du mot אופיר, qui affecte une forme peu usitée en hébreu, j'incline à penser qu'il est calqué sur une forme sabéenne אעפר, qui se trouve dans un texte malheureusement mutilé (*Sil.*, 1,5). Le ע sans voyelle motrice, étant incompatible avec le א qui le précède, a été remplacé par ו, car l'élision du ע n'est pas rare en hébreu. Le terme sabéen אעפר est visiblement un adjectif dérivé de עפר (arabe, عفر,

pl. اعفار « poussière, sable menu ») et est presque synonyme de חוילה, qui dérive de חול, sable. C'est ce mot איפר que l'auteur du *Périple* transcrit Aphar, nom qu'il donne à la métropole (*Périple mar. eryt.*, p. 16), mais qui, en réalité, appartenait à la province qui avait *Saphar* ou *Taphar* pour capitale. La même chose est arrivée relativement à Nagara, qui s'appliquait à la vallée entière, bien que les anciens géographes l'eussent cru être un nom de ville. A côté de la forme איפר il en existait une autre plus usitée, également un pluriel brisé מיפר (comp. مشايخ de شيخ), et c'est cette forme qui se trouve chez les géographes arabes, où معافر désigne le canton voisin de Khaoulân du côté ouest (voy. Barbier de Meynard, *Ibn-Khordadbeh*, p. 110, راجع الى صنعا خلاف). المعافر anciennement, cette province connue des auteurs classiques sous le nom de *Maphoritus* ou *Mapharitus* allait jusqu'à Océlis ou Okila, port principal du Bâb-el-Mandeb (*Péripl., mar. eryth.*, p. 14). C'est probablement vers ce même port *Mophoritus, Aphar, Ophir* qu'à l'époque de Salomon, une flotte marchande composée de marins juifs et phéniciens partait d'Ecyon-Gaber à l'effet d'échanger les produits de la Palestine : des céréales, des huiles, du baume et des fruits secs, contre de l'or, des pierres précieuses et des aromates, tous produits propres au Yémen. L'ivoire, en hébreu שן ou שנהבים (?), que les marchands judaïques y achetaient, provenait, à ce qu'il paraît, des côtes d'Afrique, où la chasse aux éléphants forme la ressource de plusieurs peuplades qui ne sont pas arrivées à dompter l'éléphant et à en faire un animal de monture comme dans l'Inde. Les seuls articles de provenance indienne sont le bois de sandal et le paon, objets que les exégètes trouvent dans les mots אלמגים ou אלגמים et תכיים. Il faut cependant avouer que cette interprétation est bien douteuse.

Je sais qu'en prenant Hawila et Ophir pour des provinces sabéennes, je me mets en opposition avec l'idée généralement adoptée par les indianistes, qui entendent sous ces noms des territoires indiens. Je me permets cependant de penser que cette école s'est un peu trop laissée entraîner par la vaste érudition de M. Lassen, et que, séduite par le charme bizarre de la littérature sanscrite qui fit sur l'Europe l'effet d'une révélation aryenne, elle s'est mise à applaudir, comme des faits certains, des théories qui n'étaient que de brillantes hypothèses. Maintenant, il est temps de discuter la question d'Ophir avec plus de calme et de sens géographique. En effet, tout le système de Lassen repose sur trois considérations, lesquelles, si elles étaient même bien solides, ne suffiraient pas encore à prouver l'identité d'Ophir et de Hawila des

Hébreux avec la région de l'Indus ; elles prouveraient, tout au plus, qu'il y avait dans l'antiquité, en Arabie, de grands dépôts de produits indiens et que les auteurs hébreux se sont trompés sur la provenance de plusieurs articles de commerce que l'on importait en Palestine de l'Arabie-Heureuse. Les considérations auxquelles je fais allusion sont : 1° le manque dans le Yémen de certains produits mentionnés dans la relation du commerce d'Ophir ; 2° la ressemblance de mots sanscrits avec quelques expressions hébraïques qui désignent des aromates propres à l'Inde ; et enfin, 3° la durée du trajet, qui aurait exigé trois ans pour l'aller et le retour, temps évidemment trop long pour un voyage dans l'Arabie méridionale. J'ai déjà fait remarquer que, en admettant même la justesse de ces préliminaires, on peut, tout au plus, en conclure que les auteurs hébreux ont exagéré ou mal présenté les faits, mais il n'en résulte nullement que, dans la pensée de l'auteur de la généalogie des Yoqtanides, les noms de Hawila et Ophir s'appliquaient à des pays indiens. Pour être conséquent, il faudrait aussi transporter les autres territoires : Saba, Hadramaout avec tout leur cortège sur la côte de Malabar, leur y assigner une place et leur trouver une étymologie sanscrite, opération peu embarrassante d'ailleurs, vu l'extension de la péninsule gangétique et l'extrême richesse de l'idiome sacré des Brahmanes. Au lieu de faire cette tentative nécessaire, l'école de Lassen se contente de séparer Ophir et Hawila des autres Yoqtanides et de supposer çà et là des colonies indiennes dans le milieu de l'Arabie [1].

Mais passons aux considérations du savant indianiste pour en démontrer la faiblesse. Nous commençons par la troisième raison, tirée de la longueur du voyage d'Ophir. En consultant le texte original : אחת לשלש שנים באה אני תרשיש נשאת, etc. (I, *Rois*, x, 22) : « Une fois dans trois ans arrivait une flotte marchande char-« gée de..., etc. », on apprend seulement que les marchands israélites, en relation avec Ophir, avaient l'habitude de faire venir tous les trois ans, dans le port d'Eçyon-Gaber, un chargement complet des produits de l'Orient, mais nullement que le voyage d'aller et retour ait duré trois ans. Il est naturel de penser que ces mar-

---

[1] Selon M. Lassen, *Diba Sukhatara* ou l'*insula Dioscoridis* (l'île de Socotora) apparaît dans la haute antiquité comme « tout indienne » (*Indische Alterthumskunde*, t. II, p. 580-581. Cf. Renan, *Histoire des langues sémitiques*, p. 319). On s'est même demandé si le nom de l'*insula Diodori* (Perim), ne renferme pas aussi le mot indien *diba*, île. A cela, il n'y a qu'une difficulté : c'est que la dénomination indienne est une altération de seconde main du nom gréco-latin *Dioscoride*, car nous savons, par Arrien, que les îles de la mer Erythrée portent les noms des généraux d'Alexandre.

chands avaient besoin de vendre une prodigieuse quantité des produits de la Palestine, lesquels produits arrivaient lentement et à différentes saisons, avant d'obtenir en échange un chargement d'or et d'autres articles précieux ; ces transactions ont certainement exigé beaucoup de temps, et en y joignant le temps nécessaire pour aller et venir, les trois ans ne sont pas de trop.

Les deux autres considérations de Lassen qui accentuent la non-existence dans le Yémen de certains articles qui figurent dans le commerce d'Ophir, et l'origine indienne de quelques noms d'aromates, sont déjà écartées par les remarques que nous avons faites plus haut. En effet, à moins de rejeter le témoignage unanime des écrivains occidentaux et orientaux (*Strabon*, p. 778, 779 ; *Diodore*, II, 50 ; *Pline*, VI, 150, 161 ; *Hamasa*, p. 506 et commentaire), il faut reconnaître que les métaux précieux abondaient dans l'Arabie méridionale aux époques anciennes. Les auteurs musulmans, notamment *Hamdâni*, parlent fréquemment des mines d'or et d'autres métaux du Yémen qui étaient exploitées encore longtemps après l'occupation arabe. Même de nos jours, pour ne parler que des contrées que j'ai visitées, les chercheurs d'or en trouvent encore certaines quantités dans le Beled Khaoulân, identique au *Hawila* des Hébreux, surtout dans les environs de Çirwâh. Le souvenir de l'ancienne richesse du pays en or est resté dans l'adage populaire du *Wadi Saba* qui porte : *Turab-el-Djaouf dhahab* « la poussière du pays sabéen (le *Djaouf*) est de l'or ». En confirmation de ces données se placent, avec une autorité irrécusable, les textes épigraphiques qui font souvent mention des présents faits aux divinités en or, en argent et en d'autres métaux (*Am.*, 1, 8 ; *Schib.*, 2, 3 ; *Ab.*, 1, 9, 10 ; *Mar.*, 12, 6, etc.). Ici se présente même un fait très curieux, qui a certainement une haute valeur pour trancher la question, c'est que le mot hébreu כתם, inconnu aux autres langues sémitiques, et qui désigne spécialement l'or d'Ophir (כתם אופיר *Job*, XXVIII, 16), se trouve, en effet, dans la langue sabéenne, d'où il paraît avoir passé en hébreu, ainsi כתם ורקן (*M.*, 12, 6 ; *Ab.*, 1, 9, 10) « de l'or en poudre et de l'or en paillettes ». Parmi les pierres précieuses, le *'Aqiq yémâni*, une espèce de carnéol, est connu et exporté du Yémen dans tout l'Orient et répond très probablement au אבן השהם de la Bible. Pour les autres substances, je n'ai pas besoin d'insister : tous les objets cités dans les écrits hébraïques comme produits sabéens, par exemple, לבונה l'encens, בדלח le bdellium, existaient effectivement en Arabie (pour le bdellium, cf. *Pline*, XII, 9). D'autres articles, enfin, dont la provenance n'est pas indiquée par les auteurs bibliques, peuvent bien être arrivés dans le Yémen avec leurs noms indiens, sans que la flotte judaïque ait jamais débarqué aux bouches de l'Indus ou à la côte de Malabar.

Nous ne voulons pas nous arrêter aux explications proposées par M. Lassen, dont la plupart ont été mises en doute par d'autres indianistes ; mais nous voudrions savoir pour quel motif il a vu dans le mot קופים « singes » un emprunt du sanscrit, puisque cet animal existait en foule dans le midi de l'Arabie, où il a été signalé par de la Grélandière (Jean de la Roque, *Voyage de l'Arabie heureuse*, Paris, 1716, in-8°, p. 222-294), et, avant lui, par L. di Barthema, qui a vu, sur la route méridionale de Taèzz à Aden, un grand nombre de singes (più di dieci mile di simie et di gatti maimoni). L. di Barthema, *Itinerario*, Libro II, ch. i-xv, fol. 152-155, dans Ramusio, *Raccolta delle navigazioni*, etc., Venetia, 1563, in-fol., tome I) et que, d'autre part, cet animal a donné son nom à une lettre de l'alphabet plusieurs siècles avant le commerce d'Ophir. La ressemblance avec les mots indiens est donc fortuite, si l'on ne veut pas supposer que le sanscrit les ait empruntés aux langues sémitiques. Cette supposition peut s'appuyer sur le fait constaté par M. Lassen lui-même, que dans la littérature indienne l'attribut *yavana* est appliqué à certains articles de commerce, comme *yavana*, « encens » ; *yavanapriya*, « espèce de poivre » ; *yavaneschta*, « étain ». Or, *Yavana*, désigne, chez les Indiens, les peuples de l'occident, en général, surtout les Persans et les Arabes[1] ; il est donc très possible que certains mots étrangers se soient glissés dans les langues de l'Inde, à côté ou même à la place de l'expression indigène.

Quant à la tentative de Lassen d'identifier Ophir avec le mot sanscrit *abhira*, qui désigne les bouches de l'Indus et pourrait, par extension, marquer l'Inde entière, elle me paraît insoutenable par plusieurs raisons, dont voici les plus saillantes : 1° le terme *abhira* « berger de vaches » est primitivement appliqué à une caste impure et très méprisée, produite d'un mélange illégitime d'un Brahmane et d'une Ambaschta, femme née d'un Brahmane et d'une Vaisyâ (*Lois de Manou*, liv. x, st. 15). Est-il seulement imaginable que cette dénomination méprisante ait été donnée à la péninsule indienne qui porte, chez les habitants les noms pompeux de « île sacrée, demeure des Dieux, des braves », etc. ? 2° Le nom de l'Inde chez les Sémites est *Hoddou* הדו, *Hind*, هند, mot qui provient du nom du fleuve *Sind*,

---

[1] On peut ajouter que *yavana* est sans aucun doute le nom même des Grecs (Ἰαωνες), et par conséquent postérieur aux conquêtes d'Alexandre (Note de 1881).

prononcé à la manière des Iraniens. Si Ophir était la désignation primitive de ce pays, il serait, à coup sûr, resté dans *Esther*, ɪ, 1, où l'Inde est mise en opposition avec l'Éthiopie, et l'auteur aurait certainement dit מאופיר ועד כוש au lieu de מהדו ועד כוש, car les noms géographiques sont restés immuables dans le cours de l'époque biblique, comme עילם « la Susiane », מדי, « la Médie », ארם « la Syrie », מצרים « l'Égypte », להבים, לבים « les Libyens », etc. 3° L'école de Lassen paraît avoir perdu de vue une condition essentielle pour le commerce avec l'Inde, condition que les habitants de la Palestine n'étaient pas en état de remplir. Pour faire l'achat d'or et d'aromates dans l'Inde, il faut y importer une énorme quantité d'articles chers et recherchés; or, l'Inde, étant infiniment plus fertile et plus industrieuse que la Palestine, n'avait pas le moins du monde besoin de ces produits. Quels sont donc les articles d'importation que les Israélites, et même les Phéniciens, pouvaient offrir aux Indiens en échange des précieux produits de leur sol? On peut difficilement donner une réponse tant soit peu satisfaisante à cette question si simple qui renverse, à elle seule, l'échafaudage artificiel de ce système. En identifiant Ophir avec la province maritime du Yémen, on obtient, au contraire, une explication naturelle, car le *Tehama*, pays stérile et improductif, ne peut subsister que par les comestibles importés du dehors, principalement dans les années où la récolte réussit mal dans l'intérieur du pays. C'est alors que l'importation des grains étrangers devient urgente et produit de grands bénéfices; c'est cette circonstance qui a sans doute engagé le roi Salomon à y envoyer le surplus des produits de son pays, pour les échanger contre des articles de luxe.

Le rapprochement de *Hawila* et *Caboul* est encore plus arbitraire et provient seulement du désir d'accorder les mythes indiens avec le récit du paradis. Pour arriver à ce but, l'école de Lassen se permet, d'une part, de remplacer le Tigre חדקל et l'Euphrate פרת qui figurent dans la description, par l'Helmend et l'Iaxarte, procédé peu conforme à la bonne méthode; d'autre part, elle attribue à la tradition hébraïque un souvenir de la région de l'Imaüs qu'elle n'a évidemment pas pu conserver. Le simple bon sens se refuse d'adopter une hypothèse aussi hardie, et j'aime mieux souscrire à cette remarque de M. Renan, que les communications entre les Sémites et les Aryens ne sont devenues fréquentes que depuis une époque relativement moderne. Pendant les innombrables siècles d'isolement, les souvenirs pré-historiques devaient déjà être complètement effacés. Une autre opinion non moins bizarre, propre à cette école, est l'identification du jardin d'Éden

avec la région du haut Indus et le placement des Sémites sur le
même terrain qui aurait été également, nous dit-on, le berceau de
la famille aryenne. Le problème du site primitif de notre espèce a
une certaine importance au point de vue du dogme de l'unité du
genre humain en général ; mais du moment que l'on se place sur
un terrain purement scientifique, on ne voit pas la nécessité de
chercher un berceau commun pour les Sémites et les Aryens. Et
si la communauté d'origine de ces deux races était prouvée, quelle
nécessité y aurait-il de les faire sortir du Hindou-Kousch ? Pourquoi le plateau de Pamir posséderait-il plus de vertu générative
que les versants du Taurus ou du Liban ? Pourquoi les rives de
l'Euphrate seraient-elles moins aptes à produire des êtres humains
que les rives de l'Indus ? Qu'on laisse donc les Sémites sortir tranquillement du fond de leur désert, ce qui expliquera, à souhait, le
caractère sec et stérile qu'on aime à leur attribuer, mais qu'on ne
les fasse pas promener, dans leur plus tendre enfance, depuis les
gorges impénétrables et lointaines du Belourtag jusque dans la
plaine de la Babylonie.

On est donc autorisé à affirmer que le récit du paradis ne contient pas la moindre allusion à un état antérieur à l'établissement
des Sémites dans leur séjour actuel. Pour le conteur hébreu, le
berceau des races noahides, — les autres races sont laissées en
dehors de sa sphère traditionnelle, — n'est nulle part ailleurs que
dans le territoire sémitique, limité à l'est et au nord par les cours
du Tigre et de l'Euphrate. Des deux autres côtés, le pays habité en
commun par les Sémites et les Kouschites est arrosé par le cours
d'eau dit *Gihon*, גיחון c'est-à-dire par la mer Erythrée, qui entoure
toute la terre de *Kousch* (הסובב את־כל־ארץ כוש), la péninsule
arabe ; et, comme les côtes de la Méditerranée étaient, à cette
époque, en possession des peuplades phéniciennes que les Hébreux
classaient dans la famille hamitique, notre auteur n'a pas eu de
raisons pour donner la mer Méditerranée comme limite des possessions sémitiques. Du côté du pays sabéen, le géographe hébreu
connaissait l'existence d'une rivière traversant un sol qui produit
de l'or, du bdellium et des pierres précieuses, fait également
connu de Strabon (p. 777) : il le rapporte sous le nom de Phison
פישון, en ajoutant cette donnée topographique que ladite rivière
entoure tout le territoire de Hawila (הוא הסובב את כל ארץ החוילה).
Cette description paraît très bien convenir au Wadi Houdayfa
qui coule effectivement autour du Khaoulân actuel, où l'on trouve
de la poudre d'or encore de nos jours. Ce wadi est la seule rivière
du Yémen occidental qui ne tarit pas en été et il est très connu
par l'impétuosité de son courant, à laquelle les arcades massives

qui barrent son chemin près de la place de *Baou'ân* peuvent à peine résister. Le Phison, placé dans le sud-ouest de la péninsule arabe, est pourtant mis en connexion avec les fleuves du nord-est : cela fait voir que l'auteur hébreu savait que cette rivière se jette dans la mer Rouge, donnée parfaitement certaine. Je connais de vue une considérable portion de ce wadi dans son cours supérieur à travers les cantons d'Arhab et de Nehm au nord-est de Sana, où il est renforcé par plusieurs torrents de montagnes, parmi lesquels il faut signaler le Wadi Schibwân ou le torrent de Mareb.

A mon retour du Djaouf j'ai retrouvé le Wadi-Houdayfa à quelques heures seulement au sud-ouest de Sana, sur le territoire des Beni-Matar et je l'ai suivi dans la direction de *Kohlân* (كلان) et de Baou'ân (بوعان), de là il se dirige vers le sud-sud-ouest, pour se jeter à la mer près de Zébid. Il ne sera pas même impossible de supposer que l'auteur hébreu croyait que le Phison était en communication directe et par voie souterraine avec l'Euphrate, lequel aurait ainsi formé la ligne de démarcation entre les Sémites et les Kouschites de l'ouest. En cela, notre auteur n'aurait fait que transcrire une tradition acceptée dans le pays sabéen, laquelle tradition est aussi arrivée à la connaissance de Pline : car ce géographe dit en toutes lettres : *Murranimal juxta flumen, per quod Euphratum emergere putant* (VI, 28, p. 115, l. 34). Il y a plus, le nom du premier fleuve paradisiaque, פישׁן, qui n'est usité chez aucun peuple sémitique et qu'ignorent les écrivains postérieurs de la Bible, se trouve dans mes textes (Har. 11, 19), employé précisément comme un nom de rivière, car les mots ורפד פישן | ממד | והנבט | חזב ne peuvent signifier autre chose que « et le Phison ayant débordé, la famine prit fin ». Constatons encore que cette rivière a servi de division territoriale dans les temps anciens : Dans Ber 112, 1 se trouve l'expression עבר נהרן tout à fait semblable au עבר הנהר des Hébreux qui désigne le pays situé en deçà de l'Euphrate.

Encouragé par le puissant appui des textes épigraphiques nous pouvons nous hasarder à poursuivre le récit de l'auteur biblique, qui persiste dans son rôle de géographe consciencieux malgré la difficulté du problème qu'il s'est proposé de résoudre. Son but est de déterminer géographiquement l'endroit où la tradition des Hébreux plaçait le berceau des races noahides, endroit qui se trouvait d'après lui dans l'intérieur du pays sémitique par excellence : il prend donc pour point de départ de sa description, non les sources de l'Euphrate et du Tigre, pas même leurs cours supérieurs qui traversent des pays non sémitiques, mais le Chattel-Arab, formé par la jonction de ces grands fleuves. De telle sorte, sa description indique seulement les limites naturelles du pays sémitique et n'a aucun égard au courant des eaux, car l'antiquité hébraïque a considéré les sources des rivières en général comme provenant de la mer par une communication souterraine, de là, le nom de *téhomot*, abîmes. Le Schatt est le נהר qui sort des deux extrémités de la province syrienne de Eden (Ezéchiel, 27, 23), pour se bifurquer ensuite en quatre branches (ארבעה ראשים), deux de chaque côté. Le paradis lui-même était situé vers les confins de la province d'Eden, du côté de l'Arabie (בעדן מקדם). Après la désobéissance des premiers hommes, Caïn le fratricide devient nomade (נע ונד) ; l'espace qu'il parcourut est nommé ארץ נוד, pays du vagabondage, qualification caractéristique de l'Arabie moyenne. Cependant Caïn, ayant trouvé un terrain apte à la culture, embrasse la vie sédentaire et construit une ville qu'il appelle, d'après le nom de son fils : Hanok חנוך « étrennes » (radical חנך). Cette ville ancienne qu'on est allé chercher jusqu'à Kanódj (altération du sansc. Kañakubca) et Khotan, se trouve mentionnée dans un texte sabéen sous la forme de חנך ; on lit, Ad. 4, 1, 2. אחית חנכיתן בנת תובן (اخيت حنكية بنت توبان) « *Oukhayl fille de Taoubân de Hank* ». Les Hankites sont cités par Ptolémée comme voisins immédiats des Sabéens : *Sabœi et Anchitœ supra Climacem montem.*

Ainsi donc le drame de la première humanité se passe dans l'Arabie, devenue une espèce d'Aryavarta sémitique qui, entre autres dénominations, porte le nom de ארץ קדם (Genèse, 27, 6), pays d'antériorité, non-seulement oriental, mais surtout antérieur d'origine comme berceau du genre humain. Rappelons encore que l'épithète קדים dénote généralement un vent qui provient de l'Arabie et d'après la position du pays peut être aussi bien un vent de l'ouest (Jona, 4, 18), qu'un vent de l'est (Exode, 10, 13).

Enfin, pour terminer, quelques observations sur les autres noms propres sabéens conservés par la Genèse.

Haçarmawet חצרמות est le vaste pays au sud-est de Saba, connu sous le nom de Hadramaout حضرموت. Le nom signifie « parc de mort » parce que les anciens croyaient l'air des plantes aromatiques empesté et mortel pour ceux qui s'en approchaient, de sorte que la récolte des aromates se faisait par les esclaves du roi et par des criminels condamnés à mort (Per., *Mer. Erythr.*, 16 ; Ritter, *Arabie*, II, p. 333). Cette croyance ressort aussi du fait que le mot סם, qui signifie « drogue, épicerie » en hébreu, a l'acception de poison en arabe (سم). חצרמות désigne ainsi d'une manière très caractéristique le pays dont la richesse en drogues et parfums était de notoriété publique depuis la plus haute antiquité. Dans les textes épigraphiques publiés avant mon voyage, ce nom est écrit sans *waw* : חצרמת, et cette circonstance a suffi à Osiander pour suspecter l'orthographe hébraïque, qu'il croyait basée sur une étymologie fictive. Le savant orientaliste ne s'est pas sans doute rappelé que les géographes grecs et romains écrivent toujours *Chatrámotites*, où le ו de מות est rendu par la voyelle *o* ; mais une preuve directe de l'exactitude de l'orthographe biblique nous est fournie par Har., 8, 11, où nous rencontrons la *scriptio plena* חצרמות.

'*Obál* עובל, auquel répond la forme arabe '*Abil* عابل, est encore usité dans le Yémen comme le nom d'un canton et de diverses localités, dont l'une est près du Beled Nehm.

Schaleph שלף, qui correspond à la forme arabe سلف *silf*, est le nom d'un canton entre le *Yâfa'* يافع et le *Hadramaouth*. Ibn-Khardadbeh cite ce canton parmi les plus orientaux du Yémen. ...والارم ومخلاف السكاسك وفي مخلاف السلف (Barbier de Meynard, *Livres des routes*, p. 109).

Le nom אבמאל est visiblement composé de אב *abu*, père et de אל, *El*, le *Cronos* des Sémites ; mais comment l'insertion d'un מ après l'état construit peut-elle être tolérée ? C'est assurément un fait sans analogie dans les compositions sémitiques connues jusqu'à présent. Ici encore, les textes sabéens offrent une pleine confirmation de la tradition hébraïque. Har., 5, 4, fait mention d'une tribu du nom de אבמעתתר *Abou-m-'Athtar*, qui serait en hébreu אבימעשתרת *abimaschtóreth*, formation toute semblable à l'*Abimaël* de la Genèse. J'incline même à penser que ces deux noms sont identiques, puisque le mot אל peut s'appliquer indistinctement à toutes les divinités. En tout cas, la possibilité d'une composition אבימאל en sabéen n'est nullement douteuse.

De même, on peut considérer comme très probable l'existence des noms אלמודד et ירח. Le premier se compose certainement du nom divin אל que nous avons déjà trouvé dans *Abimaël* et du participe מודד, mot qui apparaît très souvent dans les inscriptions. L'opinion des exégètes, fondée sur la leçon massorétique *almodad* que la syllabe אל représente l'article arabe ال doit être définitivement abandonnée par cette raison que la langue sabéenne n'a pas d'article préfixe. Le second, ירח, dont la forme sabéenne est ורח lune, rappelle les *Béni-Hélâl* (بني هلال) « fils de la nouvelle lune » des Arabes, auxquels on attribue, ainsi qu'à '*Ad* et

Thamoud, les constructions anciennes du *Djaouf.* Quatre noms seulement, *Sabathaka, Hadoram* הדרם, *Ouzal* אוזל et *Diqla* דקלה n'ont pas encore été constatés dans les inscriptions dont nous disposons. Espérons toutefois que de nouveaux textes épigraphiques combleront un jour cette lacune.

II

TRADITION ARABE.

Au moment où le peuple arabe se réveilla de son assoupissement séculaire, pour devenir un facteur de la culture humaine, il se trouvait tellement dépourvu de tout souvenir historique qu'il recourut avec avidité aux traditions que les étrangers, établis et acclimatés sur son territoire, lui racontaient sur sa propre origine. Les Arabes ismaélites, peuple essentiellement nomade et pillard (Genèse, xvi, 12), divisé en d'innombrables tribus indépendantes, sans aucune forme de gouvernement fixe, ne reconnaissant aucune noblesse héréditaire et obéissant seulement à un conseil de vieillards (شيخ, pl. شيوخ, مشايخ), les Arabes, dis-je, avaient plus d'intérêt à conserver la généalogie de leurs chevaux, leurs compagnons d'aventures, que celle de leurs chefs improvisés et éphémères. Ils vivaient au jour le jour, absorbés par leurs besoins matériels ou par leurs querelles intérieures, et se souciaient fort peu du passé. Quand l'heure du réveil sonna pour ces nomades, un irrésistible désir de savoir s'empara d'eux : ils se mirent à s'enquérir, à s'informer à droite et à gauche, sur tout ce qui les intéressait ; et ces connaissances, puisées pour la plupart à des sources troubles et presque taries, furent retravaillées, et assimilées par un labeur lent mais ininterrompu d'un intervalle de temps qui échappe à l'histoire, mais qui fut le précurseur de l'Islamisme. Plus que les autres étrangers établis sur le sol de l'Arabie, les Juifs, possédant un livre religieux accessible à toutes les intelligences, devinrent les vrais initiateurs de la race ismaélite, non seulement relativement aux idées religieuses, mais aussi en fait de géographie et d'histoire. Les fils illettrés du désert se sentaient flattés d'être les descendants de pieux patriarches, d'entendre dire que leur sol a été le théâtre de tant de miracles ; ils acceptaient donc ces traditions comme leur meilleur titre de noblesse, et ils y rattachaient leur histoire moderne. A mesure que les légendes juives sont devenues une propriété nationale, elles se sont altérées, défigurées et ont fini par revêtir une physionomie arabe ; telles elles étaient déjà, au moment où l'idée monothéiste, agissant par l'organe de Mahomet, produisit le premier livre de l'arabe classique, et voilà pourquoi il n'est pas toujours facile de ramener à leur forme primitive les noms des personnages bibliques qui y sont mentionnés. La difficulté augmente encore lorsqu'il s'agit de rechercher l'origine des noms ethnographiques qui ne se trouvent pas dans la Bible et que la tradition a néanmoins entourés d'un certain nombre de légendes qui jouissent d'un crédit général. Comme malgré leur mutilation ces noms propres constituent les premiers rudiments de la géographie arabe, il importe de connaître leur valeur, leur extension et leur provenance. C'est à ce triple point de vue que je me propose de les examiner, et si je ne réussis pas à y apporter toute la lumière désirable, au moins, aurai-je peut-être la satisfaction de rendre vraisemblable l'existence d'un élément nouveau, dans l'éducation du peuple arabe, aux époques antéislamiques ; cet élément de civilisation inobservé jusqu'à présent, et auquel il sera désormais difficile de refuser une place d'honneur à côté de l'élément biblique, n'est autre que l'influence hellénique ou plus exactement syro-grecque.

Les traditionistes arabes divisent les anciens habitants de leur péninsule en trois catégories différentes, n'ayant aucune communité d'origine entre elles.

I. — ARABES PRIMITIFS (*Arab-el-'ariba* العاربة عرب), peuplades disparues auxquelles on attribue en partie une origine noahide et en partie une existence antédiluvienne. Ces tribus sont : '*Ad*, عاد ; *Thamoud*, ثمود ; *Oumayim*, اميم ; '*Abil*, عابل ; *Tasm*, طسم ; *Djadis* (*Gadis*), جديس ; '*Imliq*, عمليق ou '*Imláq*, عملاق ; *Djourhoum* ou *Gurham* جرهم ; *Wabár* وبار ; *Gásim* جاسم.

II. — ARABES SECONDAIRES ('*Arab-el-mute'ariba* المتعربة عرب). descendants de *Qathán* (قحطان), que les auteurs musulmans identifient, à l'unanimité, avec le *Yoqtán* יקטן de la Bible, ancêtre d'un grand nombre de tribus du Yémen.

III. — ARABES TERTIAIRES ('*Arab-el-muste'ariba* المستعربة عرب), les Maadites, issus d'Ismaël.

On voit que la triple division des Arabes est calquée sur le récit biblique ; mais l'ordre original n'a été conservé que pour les Yoqtanides qui gardent leur deuxième rang d'antiquité, tandis que les Kouschites ont été remplacés par des peuplades d'origine abrahamide et autre. Ainsi *Oumayim* امیم et *Tasm* طسم, sont à coup sûr défigurés des mots *Letousim* לטושים et *Leoumim* לאמים, qui désignent certains descendants du patriarche Abraham (Genèse, xxv, 3) ; '*Abil* répond au ערבל de la liste Yoqtanides. '*Imlaq* عملق, le עמלק des Hébreux, descend d'Esaü עשו. Les autres noms ne se rencontrent pas dans la Bible, mais ils sont mentionnés par les auteurs classiques, notamment par Ptolémée. Quatre de ces noms '*Ad, Thamud, Wabâr, Qahtân*, sont les équivalents des Oaditæ, Thamuditæ, Banubari et Catanitæ du géographe d'Alexandrie ; enfin, les trois noms suivants : *Gadis, Gasim Gurham*, sont à coup sûr les représentants défigurés des Γολυσιται (mal lu Γοδυσιται), Μαισαμανες et Γερραιοι du même auteur. L'état mutilé de ces derniers noms fait penser que leur connaissance est arrivée aux Arabes par l'intermédiaire d'hommes lisant le grec, probablement des chrétiens de la Syrie. Les emprunts faits par les Arabes à des sources syro-grecques sont d'ailleurs assez fréquents. Voici quelques exemples : le mont *Goudi (Djoudi)*, sur lequel s'arrêta l'arche de Noë (واستوت على الجودى), n'est autre que les monts Gordyéens[1] ou Carduchiens טורי קרדו identifiés aux הרי אררט du récit du déluge. Le nom *Zaynab* زينب, que les historiens arabes donnent à la fameuse reine de Palmyre est calqué sur la prononciation grecque Zenobia, transformée du terme indigène בת-זבי (De Vogüé, *Inscrip. palm.*, p. 29). De même le nom بلقيس, appliqué par les Arabes à la reine de Saba, représente l'altération du nom *Nicaulis*, que Joseph donne à l'admiratrice de Salomon. Ajoutons que les Ethiopiens ont, eux aussi, emprunté ce nom au même auteur, mais ils ont lu ΜΚΑΥΔΙΣ pour ΝΙΚΑΥΔΙΣ, de là leur *Mâqedâ* ou *Maqâda*.

L'origine de ces peuples, que les auteurs arabes distinguent des descendants d'Ismaël, est très obscure. Les Gerrhéens, une des nations les plus riches de l'Arabie, sont représentés par Et. de Byzance, comme des Chaldéens chassés de Babylone. Le nom de leur capitale Γερρ'α = גרה « immigration », paraît confirmer cette tradition ; l'autre ville Gerrhéenne, βιλθανα = בלבנא « Bel a construit », accuse encore mieux une forme araméo-babylonienne. Il se peut même que les différentes villes arabes qui portent le nom de Γερρ'α ou Γερρ'η, et même Γερρ'ον ou Gerrhéum, aient été fondées

---

[1] La forme avec *g* initial est propre à Ptolémée et la forme arabe *Goûdi* fondée sur la confusion des lettres analogues *r* et *w* est simplement empruntée à cet auteur. L'opinion récente que le nom *Goûdi* désigne une montagne de l'Arabie me paraît inadmissible étant donné le caractère judéo-syrien du récit du déluge chez les Arabes. L'existence d'une montagne de ce nom en Arabie explique parfaitement l'altération de *Gourdi* en *Goûdi*, mais n'a rien à voir à la topographie du récit (Note de 1881).

par ce peuple entreprenant. La ville de Gerrheum, située entre Pelusium et le mont Casium, avait dans ses environs les Arabes Autei (Pline, VI, 19), tribu commerçante qui s'était aussi établie aux environs de Bérénice, où elle entretenait des transactions avec Coptos, dépôt du commerce arabe-égyptien. Cette tribu paraît être originaire du Yémen et identique avec le אהל אתם peuple d'*Aout* des inscriptions (Soud. 13, 3). Pline cite aussi les Autei parmi les tribus de l'Arabie méridionale (H. N., VI, 18, p. 115, 30).

Il y a lieu de croire que les Autei de Gerrhon formaient le poste avancé des colonies sabéennes vers l'Egypte, et que d'autres colonies avaient existé tout le long de la route qui conduit du Nord au Hadramaout. Les tribus *Aous* et *Khazredj,* qui habitaient Médine, étaient d'origine sabéenne, et c'est probablement d'eux que provient l'ancien nom de cette ville, Ιαθριππα chez Ptolémée, le *Yathreb* يثرب des Arabes. יתרב se rencontre effectivement comme un nom propre dans les textes sabéens (M. 48, 3). Quant aux Adites et Thamudites que les historiens musulmans font également venir du Yémen, l'éclaircissement de leur origine ne sera obtenu que lorsqu'on aura fait une exploration archéologique dans le district de *Hadjr,* où il paraît exister des inscriptions. Les graffiti vus par Wrede à Wadi-l-mayé sont trop mal copiés pour que l'on puisse se former une idée juste de leur caractère. Un moment nous avons cru tenir la preuve en main de l'établissement d'une colonie sabéenne tout près de Damas. M. de Vogüé, dont l'ouvrage sur les inscriptions palmyréennes fait époque dans la paléographie de la Syrie, avait annoncé la prochaine publication des inscriptions du Safa, désert rocheux au sud de Damas, inscriptions qu'il croyait rédigées dans un caractère himyarite ; mais un court examen des inscriptions que ce savant a bien voulu mettre sous mes yeux pendant mon récent voyage à Constantinople m'a bientôt convaincu que les textes de Safa sont écrits dans un caractère qui n'est pas absolument identique avec le sabéen du Yémen. Reste encore à savoir si le royaume de Ghassan, qui joue un certain rôle dans l'Arabie septentrionale à l'époque byzantine, était réellement fondé par des tribus yéménites, comme les historiens arabes le prétendent [1]. L'obscurité qui enveloppe l'origine des Ghassanides est d'autant plus épaisse que nous ignorons même la position précise de ce petit royaume. Relativement à l'origine sabéenne du royaume de Hira, aux confins de la Babylonie, nous avons plus d'indices. Les

---

[1] Cette question est maintenant résolue dans le sens négatif, grâce au déchiffrement des inscriptions du Safa (Note 1881).

inscriptions sabéennes trouvées dans diverses localités de la Chaldée semblent attester l'existence de colonies yéménites dans ces contrées ; le texte funéraire de Warka tranche la question d'une manière décisive, par cette raison qu'une formule analogue se trouve effectivement dans un texte provenant de l'intérieur du pays sabéen (Elf., i, 1). D'un autre côté il faut remarquer que les villes de *Haran* et d'*Eden*, situées dans le district de *Telassar* et exposées aux incursions des Assyriens, antérieurement à Sennachérib (2, *Rois*, 19, 12 ; *Isaïe*, 37, 12), sont mentionnées par le prophète Ezéchiel, avec l'Assyrie, et qualifiées de רוכלי שבא, commerçants sabéens (*Ézéchiel*, 27, 23); or la donnée du prophète est pleinement confirmée par un curieux passage des fastes de Sargon, où est cité le tribut que ce roi avait imposé à *Samsié*, reine d'Arabie et à *Ita'amar* de Saba *Ita'amar mat Sabaa*, Fastes, 1. 27); le roi sabéen a probablement consenti à faire un présent au puissant monarque assyrien, afin de garantir ses possessions éloignées des ravages périodiques qui ruinaient les habitants. Une coïncidence intéressante, c'est que le nom *Ita'amar,* transcrit très-exactement le יתאאמר de nos textes, nom qui appartient à l'un des rois qui ont construit la fameuse digue de Mareb (*D. M.*, i. 1, 2, i. 18), et qui se trouve aussi ailleurs (*Mar.*, 2, 1. 12, 13. *Edd.*, 3, 1. *Sc.*, 4, 3, 10. *Sir.*, 4. 11. *Elb.*, 2, 1, etc.).

Les indications que nous venons de réunir relativement aux colonies sabéennes, seraient incomplètes, sans les renseignements qui nous sont fournis par l'auteur de la généalogie des Joqtanides (Genèse, X, 26, 30). Cet auteur qui s'est montré si bien informé sur l'extrême sud de l'Arabie, et qui devait encore mieux connaître les peuples plus septentrionaux, dit expressément que les sites des Joqtanides commençaient à partir de משא et s'échelonnaient tout le long de la route qui conduit à Saphar, du mont Qedem (ויהי מושבם ממשא באכה ספרה הר הקדם). Notons d'abord que la ville de משא[1] est citée par l'auteur hébreu comme parfaitement connue de ses lecteurs et comme n'exigeant aucune autre détermination. Cette circonstance suffit à prouver, qu'elle n'était pas très-éloignée de la Palestine. En conséquence il n'est plus permis de la placer dans l'Arabie méridionale, comme on le fait généralement. משא doit avoir

[1] Prononcez *Massâ*. Le nom de ce territoire renfermant le désert de l'Arabie du nord était aussi connu des Assyriens. La prononciation massorétique *Mêsâ* repose probablement sur un rapprochement du nom de *Maïsan* ou la *Mésène*. Le nom de *Masch* (Genèse, X, 23) me semble maintenant être identique à *Massâ* (Note de 1881).

existé dans le nord de l'Arabie et nulle part ailleurs. Mais avons-nous le moyen de connaître a peu près sa position géographique ? Je réponds affirmativement, et en voici la raison : le géographe hébreu ne connaît au sud de la Palestine, que des peuplades abrahamides divisées en trois branches principales : *Edomites, Qatouréens* et *Ismaélites;* le territoire d'Edom occupe notoirement la portion nord qui est tout-à-fait contiguë à la Terre Sainte ; la partie méridionale est laissée aux autres deux peuplades, dont le territoire devait forcément toucher celui des Joqtanides. Aussi, quand l'auteur nous dit que les possessions Joqtanides commençaient à משא, il est évident que cette ville formait le point le plus méridional du territoire des Abrahamides, en dehors des Edomites. Et en effet, une ville du nom de משא est citée parmi les possessions des Ismaélites, à côté de Douma דומה, la *Daoumat Eldjendel* (دومة الجندل) d'aujourd'hui. si célèbre par les exploits généreux de son noble chef et poète, le juif *Samuel ibn 'Adıa,* qui vivait dans le siècle qui précède l'Hégire. Dans cette ville, ainsi que dans d'autres localités limitrophes, il a dû s'effectuer un grand mélange des deux peuples et il a dû y régner une grande conformité d'idées, de mœurs et d'usages; cela nous explique l'existence des noms *Saba* et *Dadan* parmi les Abrahamides. La littérature hébraïque nous a même conservé sous forme de sentences un échantillon fort remarquable de la sagesse abrahamide-yoqtanide, qui a été reçu dans le canon et dont l'auteur est censé être un roi de Massa nommé *Lemouel* (למואל). Le roi-poète rapporte d'abord les avertissements qui lui ont été donnés par sa mère, à un moment où il était sur le point d'oublier sa dignité et ses devoirs royaux, auprès des femmes et du vin, et termine par le beau chant sur la femme brave, qu'il aurait composé, d'après la fiction, en l'honneur de sa mère (*Prov.,* 31). Un autre document encore plus étendu est également attribué à un poète de Massa, du nom de *Agour, fils de Yaqch*[1] אגור בן יקה המשא (*Prov.,* 30), et ce n'est pas sans surprise que nous apercevons que ces deux noms inusités chez les Hébreux se rencontrent très souvent dans les textes sabéens, écrits אגרם (*Hav*, 26) ou אגר (*Mein,* 9, 6) et [יקה]אל (*Ber.,* 81, 3, etc.). Même le nom royal si obscur אלקום qui n'est employé que par ce poète légendaire ismaélite-yoqtanide (V. 31), se trouve dans les textes sabéens comme nom propre (*Ess.,* 37, 3, 6).

Par l'ensemble des faits et indications que nous venons d'exposer, on se peut faire une idée passablement claire de la distribu-

---

[1] A prononcer *hammassaï* « le Massaïte ».

tion ethnographique du sol de l'Arabie. Les habitants les plus anciens sont les Couschites; ils sont refoulés par les Joqtanides, qui s'établissent parmi eux, se les assimilent peu à peu et finissent par les absorber. A l'arrivée des tribus abrahamides, les Yoqtanides sont à leur tour refoulés vers le sud. Ils se maintiennent quelque temps dans le Hedjaz ; mais déjà au commencement de l'Hégire, ce pays était complètement arabisé. Encore quelques siècles et l'arabisation aura emporté le Yémen lui-même, au point que, sans les indications positives des anciens et des textes épigraphiques, on aurait de la peine à croire que la péninsule ait jamais eu d'autres habitants que des Arabes maadites ou ismaéliens.

VI

ESDRAS

ET LE CODE SACERDOTAL

I

Je ne connais aucun personnage de l'Ancien Testament qui ait été aussi gratuitement surfait que le prêtre et scribe babylonien Ezra ou Esdras. La légende talmudique voit en lui un second Moïse ; l'école critique moderne le considère comme le promulgateur, parfois même comme le compilateur du Pentateuque ; tous font de lui un homme extraordinaire, dont l'action aurait fait époque, voire point tournant dans le développement du judaïsme. Et cependant si l'on consulte l'histoire, on ne découvre rien qui puisse justifier une appréciation aussi enthousiaste. On comprend sans effort la raison qui a grossi démesurément l'autorité d'Esdras dans le camp des pharisiens. Ceux-ci adversaires irréconciliables de l'école des saducéens qui rejetait la tradition, et zélés partisans de l'idée qu'une loi orale a toujours existé à côté de la loi écrite, transmise par Moïse, avaient besoin d'un personnage biblique du retour de la captivité, auquel ils pussent faire remonter la transmission des coutumes traditionnelles qu'ils estimaient souvent égales et même supérieures à celles qui ont l'Écriture pour origine. La personne d'Esdras, décrite par l'auteur des *Chroniques*[1] comme un scribe habile et un ardent puritain, obtint de préférence l'honneur d'être considéré comme le fondateur de la secte et le propagateur de la loi orale. Par conséquent, Esdras et les signataires du pacte relatif à la stricte observation des prescriptions mosaïques (Néhémie X),

---

[1] On sait que les livres d'Esdras et de Néhémie font partie du livre des Paralipomènes ou des Chroniques.

furent appelés « hommes de la Grande Synagogue » (אנשי כנסת הגדולה) et « père de la tradition » (אבות הקבלה). Tout cela, dis-je, se comprend et s'explique, mais en vain se creuse-t-on le cerveau, pour découvrir la raison qui ait pu conduire certains auteurs modernes à attribuer à Esdras la publication et même la rédaction finale du Pentateuque. Quand saint Jérôme écrivit ces mots mémorables : *Sive Mosen dicere volueris auctorem Pentateuchi, sive Esdram instauratorem operis, non recuso,* il fut guidé par deux considérations dogmatiques d'une importance capitale, dont l'une, de source pharisienne, attribuait à Esdras une autorité égale à celle de Moïse; l'autre, purement chrétienne, prolongeait l'époque prophétique jusqu'à la venue de Jésus. Dans ces conditions, la concession du célèbre Père de l'Eglise n'est qu'apparente, car elle ne change en rien le caractère inspiré et surnaturel des Livres Saints. Pour l'école critique moderne, le point de vue change du tout au tout; le terrain sur lequel elle se place est le caractère purement humain de l'Écriture; sa tâche principale consiste à relever la différence des sources, les contradictions des diverses traditions mises côte à côte par les multiples rédactions, et par dessus tout, le caractère factice et récent de tout le bagage traditionnel. Ici, les personnages les plus vénérés, dépouillés de l'auréole dont la tradition les a entourés, sont réduits à des proportions très humbles, ou disparaissent tout à fait. Comment se fait-il donc, que la personne d'Esdras seule soit restée intacte au milieu de cette chute générale et précipitée des personnages bibliques ? Chose étonnante, ce scribe babylonien a même été gratifié par les critiques de deux titres dont les prophètes eux-mêmes se seraient montrés jaloux : celui de dernier rédacteur du Pentateuque, et celui de révélateur des quatre premiers livres de ce recueil. Voilà des affirmations bien précises qu'on nous présente avec une assurance absolue qui semble défier la contradiction. Pénétré de l'amour de la vérité et professant la plus haute estime pour la jeune école critique qui compte parmi ses membres des savants aussi distingués que MM. Graf, Wellhausen, Reuss, d'Eichthal, etc., j'ai mis la meilleure volonté du monde à accepter la nouvelle manière d'envisager le rôle d'Esdras. Malheureusement, après une étude persévérante du sujet, je n'ai rien trouvé ni dans les mémoires de ce scribe, si ceux qu'on donne en son nom lui appartiennent en réalité, ni dans le récit, pourtant assez enjolivé du chroniqueur, le moindre indice favorable à cette hypothèse; je dirai plus, c'est un sentiment contraire qui se dégage de ce récit, sentiment peu en accord avec le rôle actif et décidé qu'on a bien voulu accorder au célèbre scribe. Aussi, après de longues hésitations et n'ayant d'autre but que la recherche impartiale de l'histoire, je me décide maintenant à exposer mes doutes à cet égard, avec l'espoir que des forces plus jeunes et plus autorisées que les miennes se mettront bientôt à examiner sérieusement les autres résultats obtenus jusqu'à ce jour par cette nouvelle école critique.

II

Le prêtre et scribe, Esdras, fils de Séraya, partit de Babylone le premier mois de la septième année d'Artaxerxès Longuemain (avril, 458 av. J.-C.) à la tête d'une caravane de 1534 pèlerins mâles, pour se rendre en Palestine. Il était muni, dit-on, d'un firman du Grand Roi, rédigé en langue araméenne et de la teneur suivante :

« Artaxerxès, roi des rois, à Esdras le prêtre, scribe de la loi du
» Dieu du ciel, salut. Je permets à tous les Israélites de mon
» empire d'aller avec toi à Jérusalem, s'ils le désirent, car tu es
» envoyé par le roi, et ses sept conseillers, afin de t'enquérir sur
» l'état de la Judée et de Jérusalem d'après la loi de Dieu que tu
» possèdes, et afin d'y porter l'or et l'argent que le roi et ses
» sept conseillers ont voué au Dieu d'Israël qui demeure à Jérusa-
» lem. Avec cet argent vous achèterez des sacrifices et des liba-
» tions pour l'autel de Jérusalem, où vous remettrez également les
» objets du culte que nous vous confions. Vous êtes libres d'em-
» ployer, comme vous l'entendrez, les autres sommes qui pro-
» viennent des dons faits par votre peuple. Si les dépenses de
» votre culte dépassent les sommes dont vous disposez, vous vous
» adresserez aux collecteurs d'impôts (גזבריא) de la province ci-
» seuphratique (עבר נהרא), lesquels sont invités à livrer sans
» retard, à la demande d'Esdras, prêtre, exégète[1] de la loi du Dieu
» du ciel, jusqu'à cent talents d'argent, cent kors de blés, cent
» baths de vin, cent baths d'huile et du sel en quantité illimitée. Si
» cela vous est requis au nom du Dieu du ciel (אלה שמיא), vous êtes
» tenu de le livrer au profit du temple du Dieu du ciel, afin que
» Dieu ne se fâche pas contre le gouvernement du Roi et de ses
» fils. Il vous est en outre défendu de soumettre à un impôt quel-

---

[1] Ou herméneute. C'est le sens exact du mot *sôphêr* qu'on traduit ordinairement par « scribe » ou « lettré ».

» conque les prêtres, les lévites, les chantres, les portiers, les
» portefaix et les autres serviteurs du temple. Quant à toi, Esdras,
» suivant la science de Dieu que tu possèdes (mot à mot : que tu as
» en ta main), nomme des juges civils (שפטין) et des juges reli-
» gieux (דינין) qui exerceront leur autorité sur ceux de ta nation
» qui habitent la province ciseuphratique et qui connaissent la loi
» de ton Dieu, et enseigneront ceux qui ne la connaissent pas. Ce-
» lui qui n'accomplira pas la loi de ton Dieu et la loi du Roi sera
» infailliblement passible de peines proportionnelles, et suivant
» son crime il sera condamné soit à la mort, soit à l'exil, soit à
» l'amende ou à la prison[1]. »

Arrivés à Jérusalem le premier jour du cinquième mois (août 458 av. J.-C.), les pèlerins réintégrèrent l'or et l'argent dans le trésor du temple, et apportèrent un riche holocauste à Dieu pour le remercier de la protection qu'il leur avait accordée pendant le voyage. Ensuite, ils remirent les ordres royaux aux satrapes de la Ciseuphratique, lesquels se montrèrent pleins de prévenances envers le peuple et le temple. Depuis le jour de son arrivée jusqu'au 16 du neuvième mois, Esdras s'éclipsa et on n'entendit pas parler de lui. Le 17 de ce mois, ce prêtre ayant appris des chefs que plusieurs parmi le peuple avaient épousé des femmes païennes, déchira ses habits, s'arracha les cheveux, s'abstint de toute nourriture, et revêtu d'un cilice, il fit à haute voix une profession de péché au milieu de quelques hommes pieux qui s'étaient attachés à lui. Ces lamentations attirèrent une grande multitude composée d'hommes, de femmes et d'enfants, lesquels se mirent aussi à gémir et à fondre en larmes. Un des chefs du peuple nommé Sekania, fils de Yehiel, de la grande famille de Benè-Elam, encouragea Esdras à former une association dont les membres promettaient par serment de renvoyer les femmes étrangères et de faire une propagande dans ce but. Esdras communiqua aussitôt au peuple le projet qu'on lui a suggéré et fit force prières pour qu'on le mît à exécution. Le projet fut adopté à l'unanimité ; on prescrivit une assemblée générale pour le 20 du même mois, sous peine d'excommunication et de confiscation pour les absents. La réunion eut lieu le jour indiqué où Esdras enjoignit au peuple de se séparer de leurs femmes étrangères, ce que le peuple promit à peu d'exceptions près. La séance n'ayant pu se prolonger à cause du mauvais temps, il fut décidé qu'un comité choisi parmi les notables et les juges de chaque ville inviterait ceux qui ont fait des mariages exotiques à divorcer avec leurs femmes. Ce comité entra en fonc-

[1] Esdras, VII.

tion le premier du dixième mois et dans deux mois cette réforme fut un fait accompli [1].

Pendant les treize années subséquentes, l'histoire est de nouveau muette sur le compte d'Esdras. Cette année, la vingtième d'Artaxerxès, arriva à Jérusalem Néhémie, fils de Hakalia, revêtu de la dignité de Satrape de la Judée. Celui-ci trouva la capitale en ruines et la communauté dans une extrême décadence. Son premier soin fut d'entourer Jérusalem de fortes murailles, afin de la protéger contre les incursions des peuplades voisines; puis il fit remettre aux pauvres parmi le peuple les dettes qu'ils avaient contractées envers les riches, et leur fit restituer leurs terres et leurs enfants que ceux-ci détenaient à titre d'hypothèque. Le premier jour du septième mois de la même année, on réunit une assemblée générale et l'on invita Esdras à apporter le livre de la loi de Moïse, afin d'en faire la lecture devant le peuple. Quand, monté sur la tribune et assisté par treize prêtres, Esdras eût ouvert le rouleau sacré et prononcé la bénédiction d'entrée, tout le peuple debout répondit *Amen* et, en levant les mains vers le ciel, se jeta sur sa face en signe d'adoration. Esdras lut ensuite plusieurs péricopes de la loi depuis le matin jusqu'à midi, et ses paroles furent expliquées au fur et à mesure par les principaux lévites.

L'effet de la lecture fut tel que le peuple se sachant coupable d'avoir souvent transgressé les commandements de Dieu, se mit à verser d'abondantes larmes ; Néhémie, Esdras et les lévites cherchèrent à l'apaiser par les paroles suivantes : « Cessez de pleurer et de vous affliger dans ce jour saint, mais allez plutôt manger ce qui est gras et boire ce qui est doux [2], et distribuez de la nourriture à ceux qui n'en ont pas préparé, car ce jour est consacré au Seigneur ; chassez donc toute idée sombre de votre esprit, attendu que la joie en Dieu est votre force. » Là-dessus les invités se dispersèrent et passèrent la journée « en grande réjouissance » (בשמחה גדולה). Le lendemain les chefs accompagnés de prêtres et de lévites s'étant rendu auprès d'Esdras afin de s'instruire dans la loi, furent fort attentifs au passage qui ordonne de célébrer, le 15 de ce mois, la fête des tabernacles. Le même passage ordonnait aussi de faire annoncer dans toutes les villes la proclamation suivante :

---

[1] Esdras, VIII, IX, X.
[2] Le parallélisme de *maschmannîm* (choses grasses) et *mamtaqqîm* (choses douces) comparé à celui de *debasch* « miel » et *schemen* « graisse, huile » dans le Deutéronome, XXXII, 13, rend presque certain que l'épithète usuelle de la terre sainte *zâbat 'hâlâb udebâsch* « abondante en *lait* et en miel », doit être lue *zâbat 'heleb udebasch* « abondante en *graisse* et en miel ».

« Allez chercher dans les montagnes des feuilles d'olivier, de bois à graisse [1] (עץ שמן), de myrte (?הדס), de palmier, de bois noué (עץ עבות), afin de construire les cabanes. » La proclamation fut accueillie avec enthousiasme et la fête fut célébrée conformément au rite pendant huit jours avec des lectures journalières de la loi. Une pareille fête, ajoute le chroniqueur, n'a pas été célébrée depuis le temps de Josué, fils de Noun. Le 24, on prescrivit un jour de jeûne avec cilice et cendres, et l'on passa l'avant-midi à lire la loi et à se confesser. L'assistance était composée de personnes exemptes de mariages mixtes. Après de ferventes prières et une action de grâce prononcée à haute voix par les lévites, on procéda à la souscription d'un acte dans lequel les notables de toutes les classes de la population s'obligèrent à accomplir fidèlement la loi donnée par Moïse le serviteur de Dieu. Les signataires, au nombre de 85, dont le quatrième était Esdras, firent jurer au reste du peuple de se conformer à ces décisions. On insista surtout sur les commandements relatifs aux alliances avec les païens, à la sanctification du samedi et de l'année de chômage, de plus à l'envoi au temple des prémices et des dîmes. On s'obligea en outre à donner annuellement un tiers de sicle pour l'entretien du culte ainsi qu'à apporter chacun désigné par le sort, une quantité de bois à brûler pour l'autel [2].

Depuis ces événements, le nom d'Esdras ne figure que dans le récit de l'inauguration de la muraille de Jérusalem, où ce prêtre conduisit la grande procession ordonnée par Néhémie. Il disparaît ensuite de l'histoire. Quand, la trente-troisième année d'Artaxerxès, Néhémie fut rentré à Jérusalem après une courte absence, il trouva Tobie l'ammonite commodément installé dans la cellule du temple, à côté du prêtre Eliaschib son parent. Les autres mesures prises par Esdras n'étaient pas non plus observées. Néhémie dut chasser l'Ammonite et rétablir de nouveau l'ordre aussi bien dans les affaires du culte que dans celles des mariages mixtes. Cette dernière réforme ne lui réussit que par des procédés violents. Les plus obstinés furent cruellement battus et tourmentés jusqu'à ce qu'ils eussent promis de se séparer de leurs femmes [3]. Esdras n'était plus là ; peut-être est-il retourné à Babylone comme le veut la tradition.

---

[1] Probablement une variété d'olivier.
[2] Néhémie, I-X.
[3] Ibid., XII-XIII.

III

Même en supposant la parfaite historicité de tous les faits rapportés par l'auteur des *Chroniques*, il sera, je crois, impossible de méconnaître combien peu la personne d'Esdras avait les qualités nécessaires à un promulgateur d'une nouvelle législation, que dis-je, à un simple réformateur d'abus. D'après la donnée formelle du narrateur, Esdras n'eut, dès le début, que la seule ambition d'étudier et d'accomplir à son aise les observances de la loi et d'en propager la pratique parmi la masse ignorante du peuple. (Esdras, VII, 10.) Pendant la captivité, la plupart des commandements relatifs à la pureté légale, aux fêtes, aux sacrifices et aux prérogatives des prêtres sont devenus impraticables et ont été entièrement négligés. Cet état de choses pesait comme un lourd fardeau sur la conscience des hommes pieux de cette époque. Y a-t-il, en effet, pour une âme religieuse des tourments plus atroces que la certitude de se trouver en état de péché sans disposer d'aucun moyen pour en obtenir le pardon? On sait que sur la terre étrangère le seul moyen efficace du pardon aux yeux de l'antiquité, le sacrifice, était défendu par une stipulation formelle du Deutéronome. Que ce sentiment était très commun chez les fidèles de la captivité, on ne le voit que trop, par le psaume LI dont la rédaction est indubitablement antérieure au retour de l'exil, psaume qu'il faut citer en entier de peur de perdre ou d'effacer les importantes données qu'il renferme au sujet de la présente recherche.

« Aie pitié de moi, ô Dieu, suivant ta grâce (habituelle); conformément à la multitude de tes miséricordes, efface mes péchés. Lave-moi bien de mes délits et nettoie-moi de mes fautes, car j'ai conscience de mes crimes et mes forfaits sont constamment présents à mon esprit. En faisant le mal, j'ai tellement eu l'intention de t'insulter, que tu as le droit de me dire les paroles (les plus dures), que tu es justifié de m'infliger les peines (les plus douloureuses). O Dieu, s'il est vrai que j'ai été enfanté en état de péché et que ma mère m'a conçu à l'état de culpabilité [1], il n'en est pas moins vrai [2] que tu aimes la vérité religieuse qui emplit mon intérieur, et que c'est toi-même qui m'enseigne la sagesse dans les

---

[1] C'est-à-dire que je commets des péchés dès le début de mon existence.
[2] C'est la nuance délicate de l'opposition adverbiale *hên-hên* aux versets 7 et 8.

plis les plus cachés de mon être. Purifie-moi donc avec l'hysope, pour que je redevienne pur ; lave-moi et je redeviendrai plus blanc que neige. Annonce-moi des paroles qui me réjouissent et me mettent en état d'exaltation ; que mes membres courbés par ta colère reviennent à l'aisance. Cache ta face devant mes délits et efface tous mes péchés. Crée-moi un corps pur et renouvelle dans mon intérieur un esprit toujours prêt à te servir. Ne me repousse pas devant ta face, ne m'enlève pas ton esprit saint. Rends-moi la joie que donne la certitude de ton secours et gratifie-moi d'un esprit généreux. Je veux enseigner aux criminels la voie que tu as tracée, et les pécheurs retourneront à toi. Sauve-moi du péché mortel, ô Dieu de mon salut, afin que ma langue chante ta justice. Seigneur, ouvre mes lèvres et ma bouche annoncera tes louanges. Car tu ne veux pas que j'apporte (ici) des victimes (pour faire expier mes péchés) ; si je t'apportais un holocauste, tu ne l'agréerais pas. Le sacrifice que je t'apporte (en ce moment) est l'esprit abattu (qui m'anime) ; ô Dieu, ne dédaigne pas le cœur brisé et contrit (que je t'offre). Daigne rétablir les ruines de Sion, reconstruire les murailles de Jérusalem, alors tu agréeras bien les sacrifices qu'on t'apportera avec sincérité : les holocaustes et les kalils [1] ; alors on consumera des bœufs sur ton autel. »

La prière qui précède ne laisse aucun doute sur ce que son auteur, un prophète de la captivité, se proposait de faire en arrivant en Terre-Sainte. Son but était tout d'abord d'accomplir, en toute leur plénitude, les prescriptions de la loi, spécialement celles qui concernent les sacrifices, afin de se décharger du poids de ses péchés vrais ou fictifs, puis ensuite de propager la connaissance et les pratiques de la loi parmi ceux qui les ignoraient ou qui refusaient de les exécuter. Eh bien, ce sont absolument les mêmes intentions que le chroniqueur attribue à Esdras. « Esdras, dit-il, s'était proposé (הכין לבבו, mot à mot « apprêta son cœur ») d'étudier la loi de Dieu et de la pratiquer ainsi que d'enseigner en Israël les statuts et les décisions légales (ללמד בישראל חק ומשפט). On dirait presque que le narrateur a composé cette phrase en mettant bout à bout et en prose les expressions du psaume qu'on vient de lire, car la première moitié, הכין לבבו, répond à רוח נכון du v. 12 ; de même la seconde partie : ללמד בישראל חק ומשפט, est parfaitement parallèle au membre de phrase אלמדה פשעים דרכך du verset 15. Mais quoi qu'il en soit, ce passage du chroniqueur ne fait tant soit peu supposer qu'Esdras ait cherché à introduire

---

[1] Offrandes des prêtres.

parmi ses compatriotes de la Judée un nouveau code émergé on ne sait comment, à Babylone, pendant la captivité dont il aurait été porteur. J'ai à peine besoin de faire remarquer que l'expression חק ומשפט est loin d'impliquer l'idée d'une législation nouvelle inconnue jusqu'alors. Si l'on ajoute à cela cette autre réflexion, savoir, que le titre *sôphêr mâhîr betôrat Môsché* « lettré versé dans la loi de Moïse » éveille plutôt l'idée contraire à celle d'un législateur original, on ne manquera point de désirer d'avoir une meilleure connaissance du procédé microscopique au moyen duquel les savants auxquels j'ai fait allusion, ont pu découvrir des choses si étonnantes dans un passage aussi simple qui ne donne guère prise à l'équivoque.

Ce qui est raconté d'Esdras après son arrivée en Terre-Sainte fait encore moins supposer en lui le caractère d'initiative, propre aux réformateurs. La seule action de quelque portée qu'on lui attribue, la tentative de faire cesser les mariages avec les païens, n'est due qu'à la suggestion des chefs rapatriés. Ces chefs, connaissant la vénération du peuple pour les prêtres et les lettrés ou sôpherim, recoururent naturellement à Esdras qui réunissait ces deux titres en sa personne, afin de rehausser le prestige de l'association projetée et de faire respecter ses décisions ultérieures. La part que prit Esdras dans la réforme sus-indiquée est d'ailleurs plutôt passive qu'active. Ses actes de contrition, ses cris et ses pleurs au milieu de la foule assemblée devant le temple, attestent, on ne peut mieux, un manque total de l'esprit de résolution. On sent à chaque pas que le temps des prophètes était déjà bien loin.. Un Jérémie, un Ézéchiel, pour ne citer que des prophètes qui touchent la captivité, ne se serait point résigné à un rôle aussi effacé : au lieu d'attendre l'invitation des chefs, il aurait attaqué de front et le peuple et les chefs coupables, sans ménager leur susceptibilité, voire même sans se soucier le moins du monde si ses paroles seraient écoutées ou non. On ne sent que trop que pendant que les prophètes accomplissent une œuvre de conscience, Esdras ne fait qu'exécuter une œuvre de commande. Malachias, le dernier et le moins énergique des prophètes, rapatrié lui-même et fort peu antérieur à Esdras, ayant à combattre le même abus des alliances matrimoniales, ne va pas par quatre chemins : son attaque vigoureuse est aussi directe qu'implacable :

« Juda a commis des actes d'infidélité ; des actes abominables sont accomplis en Israël et à Jérusalem, car Juda a profané la sainteté chérie de Jéhovah et conclu des alliances matrimoniales avec les filles des dieux étrangers ! Puisse Jéhovah retrancher à l'homme qui commet cette abomination toute postérité et descendance des tentes de Jacob, ainsi que tout porteur d'offrande à Jéhovah des armées [1] ! »

Cette force d'âme que donnent les grandes convictions, cet esprit d'initiative hardie qui défie tous les obstacles, cette parole mâle et vigoureuse qui sait ébranler les cœurs oublieux de leurs devoirs, font totalement défaut à Esdras, qui procède par voie d'édification et d'attendrissement. Ses airs contrits, ses traits défaits par le jeûne, ses objurgations renouvelées sans cesse, qui comptent autant sur la compassion de ses auditeurs que sur leurs convictions, voilà les moyens qu'Esdras met en œuvre pour ébranler la résistance du peuple. Un pharisien du temps de Jésus, que dis-je, un rabbin du moyen âge n'aurait pas agi autrement. Ajoutons que cette ingérence d'Esdras, si peu personnelle qu'elle fût, n'avait même pas pour but de faire exécuter un commandement du code sacerdotal dont il aurait été le seul détenteur : le verset (Esdras, IX, 1), qui énumère Ammon, Moab et les Égyptiens parmi les peuples dont les alliances sont défendues, est d'origine deutéronomique. Il faut même remarquer que la défense absolue d'épouser des égyptiennes renchérit déjà sur les termes du dernier code qui limite cette défense à trois générations seulement [2]. On voit donc que le zèle de ce prêtre ne visait qu'à consolider les pratiques d'une loi ancienne et connue du peuple, mais nullement à introduire des pratiques nouvelles capables de modifier profondément les rites du culte ; en d'autres mots, la tendance réformatrice n'est nulle part saisissable.

Parmi les contemporains d'Esdras, combien la conduite de Néhémie n'est-elle pas plus énergique et, disons le mot, plus noble et plus digne sous tous les rapports. Les nouvelles désolantes qu'il reçoit de Jérusalem lui arrachent aussi des larmes en abondance ; comme ses compatriotes il recourt au jeûne et à la prière, pour assurer la réussite de sa demande auprès du Grand Roi. Mais une fois arrivé à destination il déploie une activité extraordinaire, au milieu d'innombrables difficultés et en risquant mille fois sa vie et sa haute position, non seulement pour mettre Jérusalem en état de défense, mais aussi pour assurer au culte le moyens d'existence qui lui manquaient jusqu'alors. Quoique ne disposant pas comme Esdras du bras séculier pour se faire obéir dans les choses religieuses, il a su imposer aux riches l'abandon de leurs créances, aux pauvres la prestation régulière des dîmes et des

---

[1] Malachias, II, 11-12.
[2] Deutér., XXIII, 9.

prémices au profit des prêtres. Dans cette grande réforme qui assura l'existence du culte juif, Esdras ne joue aucun rôle indépendant. Autrefois soumis aux chefs, il est maintenant satellite inséparable de Néhémie et ne fait jamais rien sans être autorisé par lui. A l'occasion de la grande assemblée du 1er du septième mois, Esdras attend modestement qu'on l'y invite pour apporter le livre de la loi. Et qu'y lit-il ? Est-ce le nouveau code sacerdotal connu de lui seul ? L'histoire n'a point cru devoir l'indiquer, et ce silence est d'autant plus significatif qu'elle eut soin de noter les noms des principaux lévites qui expliquaient au peuple la teneur de la lecture, ce qui fait voir que les passages qui firent l'objet de cette lecture leur étaient familiers et qu'ils n'y avaient remarque rien d'insolite. Peut-on supposer que ces lévites, mis inopinément en présence d'un code nouveau, n'aient trouvé la plus petite difficulté pour l'expliquer au peuple ? Est-il imaginable que ces prêtres et ces lévites, habitués jusque-là à considérer le Deutéronome comme le livre unique de la loi, aient bénévolement consenti à accepter le nouveau code sans seulement demander d'où il venait, et comment il se trouvait entre les mains d'Esdras ? Evidemment c'est bien invraisemblable. On a rappelé à ce sujet l'histoire de la découverte du Deutéronome par le prêtre Helkias du temps de Josias (2 Rois, XXII, 8 *suiv.*); ce rapprochement montre, on ne peut mieux, l'extrême différence des deux cas. Dans le premier, le rouleau sacré trouvé par le grand-prêtre est d'abord soumis à l'examen du scribe Schafan qui l'annonce au roi comme une importante découverte. Celui-ci, en ayant entendu la lecture, déchire ses habits en signe de repentir et envoie une commission auprès de la prophétesse Hulda, pour lui demander d'intercéder pour eux auprès de Dieu, afin de conjurer les malheurs dont ce livre menace les récalcitrants. Dans la seconde, Esdras ne dit pas un mot qu'il apporte une loi inédite, pendant que Néhémie [1] et le reste du peuple ne s'aperçoivent même pas que le rouleau qu'on déploie devant eux a été grossi de trois quarts. Ce qui est plus étonnant encore, c'est ce fait que même après la lecture aucune mesure n'a été prise pour introduire dans la pratique les prescriptions propres au code sacerdotal, comme par exemple la célébration du jour de pardon que ce code regarde

---

[1] M. Wellhausen affirme, il est vrai, qu'Esdras a exécuté son pieux tour de passe-passe de connivence avec Néhémie (*Geschichte Israels*, I, p. 423); il a seulement oublié de donner les raisons qui déterminèrent celui-ci à se mettre de la partie. Du reste, le système de *suspicion permanente* que cet auteur met trop souvent en œuvre afin d'obtenir tout juste ce qu'il lui faut, s'harmonise fort peu avec l'impartialité absolue qui constitue le devoir suprême de l'historien.

comme le plus saint de l'année[3]. Peut-on admettre que des hommes aussi pieux qu'Esdras et que Néhémie n'aient promulgué la nouvelle loi que pour la violer aussitôt? Les vrais innovateurs agissent tout autrement. Je me bornerais à citer l'exemple des Pharisiens qui donnent régulièrement le pas aux rites traditionnels de leur secte sur les prescriptions de la loi écrite. Esdras de même n'aurait certainement rien épargné pour généraliser l'accomplissement rigoureux de la nouvelle loi, si son introduction avait été le but principal de ses efforts.

On m'objectera peut-être que l'influence du code sacerdotal se fait sentir dans la manière de célébrer la fête des Tabernacles due à l'inspiration d'Esdras (Néhémie, VIII, 15), laquelle célébration rappelle les prescriptions du Lévitique XXIII, 40. La connexité de ces deux passages saute en effet aux yeux et ne laisse subsister le moindre doute que le dernier ne soit la source du premier. Mais cela prouve-t-il que le livre qui renferme ce passage n'a pas été connu auparavant? Je le crois d'autant moins que, d'après notre auteur, la célébration de la même fête sous Zorobabel était accompagnée d'un nombre de sacrifices variables (עולת יום יום במספר) conformément à la prescription de la loi (כמשפט)[1], prescription qui ne figure, comme on sait, que dans les Nombres, chap. XXIX. Nous sommes donc en présence de deux alternatives : ou le chroniqueur a arrangé ces récits de façon à les conformer à la législation de son temps, alors il ne reste aucune preuve ni pour ni contre l'existence du code sacerdotal avant Esdras; ou bien ces récits sont puisés à bonnes sources historiques et alors la preuve sera plutôt donnée en faveur de cette existence antérieure. Dans un cas comme dans l'autre, le lien qui rattacherait Esdras à l'introduction du code sacerdotal devient tout à fait problématique.

Mais peut-être y a-t-il dans l'histoire d'Esdras une donnée formelle que ce scribe babylonien était porteur d'une portion inconnue du code attribué à Moïse? A cette question quelques savants ont répondu par l'affirmative, et voici quels passages ils citent pour le prouver. Ceux-ci sont tous empruntés à la lettre d'Artaxerxès dont j'ai donné plus haut la traduction intégrale :

Esdras, prêtre, exégète de la loi du Dieu du ciel (VII, 12, 21).
D'après la loi de ton Dieu qui est dans ta main (די בידך, VII, 14).
D'après la sagesse de ton Dieu qui est dans ta main (VII, 25).

---
[3] Lévitique, XXIII, 27-32.
[1] Esdras, III, 4.

La force probante du premier passage m'échappe entièrement, car, entre un *exégète* et un *rédacteur* la différence est trop palpable, et l'office du premier n'implique nullement celui du second. Dans les deux autres passages on invoque l'expression « dans ta main » qui indiquerait qu'Esdras était porteur d'une loi, appelée science par métaphore, loi qui lui aurait appartenu en propre, bien qu'elle prétendait s'imposer à la totalité des Israélites [1]. J'ai le regret de dire que cette argumentation, rappelant le plus mauvais côté de la subtilité rabbinique, est de nature à donner une idée peu favorable de la méthode actuelle des études bibliques. Prendre les mots « qui est dans ta main », dans le sens lourdement littéral de « que tu tiens dans ta main, » dans le seul but de prouver une thèse favorite, ce n'est vraiment pas faire preuve de beaucoup d'habileté [2]. Il n'est pas nécessaire d'être linguiste pour savoir que cette expression marque simplement l'idée générale et abstraite de possession, exprimée par le verbe avoir ou posséder. C'est un simple compliment que le Grand Roi entend faire au savant prêtre en lui disant : Fais les choses d'après la loi divine ou bien d'après la science divine que tu possèdes si bien. Du reste, n'est-il pas étrange qu'on aille chercher dans la lettre d'Artaxerxès la preuve qu'Esdras avait un manuscrit tout prêt à être imposé aux Israélites de la Palestine ? N'est-il pas plus étrange encore de vouloir y trouver que le roi païen ait recommandé d'en propager les doctrines avec le concours des autorités perses ? Comment expliquera-t-on le zèle d'Artaxerxès pour le code sacerdotal et sa haine pour le code deutéronomique ? Il est presque inutile d'ajouter que cette lettre portant un cachet postérieur à l'époque perse [3] est certainement apocryphe, et ne peut par conséquent servir de témoignage en ce qui concerne des faits antérieurs. Bref, l'argumentation dont il s'agit fait tache dans les livres de savants aussi sérieux et ne mérite pas qu'on s'y arrête plus longtemps.

Pour terminer, rappelons enfin que les considérations qui précèdent admettent provisoirement le caractère historique du récit du chroniqueur (Esdras, VII, X), d'après lequel Esdras serait arrivé en Palestine treize ans avant Néhémie et aurait, par consé-

---

[1] Ce sont les paroles mêmes de M. Wellhausen : « Am wichtigsten bleibt indessen der Ausdruck dass das Gesetz (die Weisheit) seines Gottes in seiner Hand gewesen sei : es war also sein Privatbesitz, wenn es auch Geltung für Ganz Israel beanspruchte. » (*Geschichte Israels*, p. 422.)

[2] C'est comme si on traduisait l'expression arabe *bayna yadayhi* par « entre ses mains ».

[3] Comme le prouve, par exemple, l'adverbe *adrazdâ* qui vient du néopersan *durust* « correct, exact ».

quent, fait les premières tentatives d'abolir les mariages mixtes. En réalité la solidité de ce récit est fortement ébranlée par cette raison péremptoire que le registre des rapatriés (Néhémie, VII, 7) mentionne Esdras (sous la forme d'Azaria) après Néhémie, ce qui fait penser que la tentative de réforme qui fait l'objet des chapitres IX et X du livre d'Esdras est identique à celle qui a été exécuté sous Néhémie. Dans ces conditions, le mérite tout entier de ladite réforme en reviendrait exclusivement à ce dernier. Quoi qu'il en soit du reste, une chose est certaine, c'est qu'il n'existe aucune raison sérieuse pour attribuer à Esdras la promulgation du code sacerdotal et encore moins la rédaction définitive du Pentateuque. Aussi est-il avéré que, jusqu'en pleine époque pharisienne, le nom d'Esdras a parfaitement disparu devant celui de Néhémie, lequel figure seul dans le panégyrique de Jésus, fils de Sirach (Ecclésiastique, XLIX, 13) et dans l'ancienne Agada (2 Macchabées, I, 18; II, 13). Donc, quand les savants modernes voient dans la prétendue initiative d'Esdras le point de départ du judaïsme pharisien, ils suivent, à leur insu peut-être, une tradition récente et intéressée d'une secte, tradition que l'histoire est loin de confirmer.

IV

La présente recherche serait fort incomplète, si nous passions entièrement sous silence deux questions du plus haut intérêt relatives, l'une à l'existence du code sacerdotal avant Esdras, l'autre à l'état de l'exégèse biblique à l'époque du chroniqueur sinon plus haut, époque qui précède d'au moins un demi-siècle la version grecque dite des Septante. La première demanderait des développements qui dépasseraient le cadre de cet article, je me bornerai donc à signaler un certain nombre de faits qui semblent attester pour ce code une publicité antérieure au retour de la captivité. Je trouve ces indices, en partie dans le psaume LI, cité plus haut, en partie dans certaines allusions figurant dans le chapitre XX d'Ézéchiel. Naturellement, je n'en relèverai que les plus transparents et ceux dont il est impossible de soutenir qu'ils ont servi de sources à l'auteur du Lévitique.

Voici les principales locutions du psaume en question qui me semblent supposer les quatre premiers livres du Pantateuque et tout spécialement le troisième :

1. L'expression כבסני מעוני ומחטאתי טהרני « lave-moi de mes délits et purifie-moi de mes péchés » (v. 4) est visiblement calquée sur la formule légale וכבס בגדיו וטהר « il (l'impur) lavera ses vêtements et sera pur » exclusivement propre au Lévitique : les deux verbes כבס et טהר sont même inusités dans le Deutéronome.

2. Le rite de purifier avec un faisceau d'hysope auquel font allusion les mots « purifie-moi avec l'hysope pour que je redevienne pur » (תחטאני באזב ואטהר) du verset 9 est également particulier au code sacerdotal; il n'y en a nulle trace dans le rituel deutéronomique.

Quant au XX⁰ chapitre d'Ézéchiel, voici les données qui me semblent être empruntées au Lévitique :

1. L'affirmation du prophète (7, 8) d'après laquelle les Israélites captifs en Égypte auraient adoré les dieux égyptiens avant l'exode, repose visiblement sur la défense du Lévitique, XVIII, 3, de suivre les coutumes égyptiennes, d'où le prophète infère que le contraire eut lieu pendant le séjour du peuple dans ce pays.

2. La profanation du Sabbat, pendant leur séjour dans le désert, dont parle le prophète au verset 13, ne peut que faire allusion à l'évènement raconté dans les Nombres XV, 32 ; rien de semblable ne se trouve dans le Deutéronome.

3. D'après le prophète, Dieu affirma par serment dans le désert de disperser le peuple dans les pays étrangers. Cette menace ne peut se rapporter qu'au Lévitique, XXVI, 14-46, qui provient du mont Sinaï, non pas au Deutéronome XXVIII, 15-68, qui est donné comme étant dicté dans le pays de Moab (v. 68).

Ces quelques observations suffisent pour le moment. Il est temps de tourner notre attention sur la question exégétique sur laquelle le rapprochement du passage de Néhémie, VIII, 15 et celui du Lévitique, XXIII, 40, jette une curieuse lumière. Voici la teneur exacte de ces passages, mis l'un à côté de l'autre :

LÉVITIQUE.	NÉHÉMIE.
Vous vous procurerez le premier jour du fruit de l'arbre beau (פרי עץ הדר) des branches de palmiers (כפות תמרים) des branches de bois noué (עץ עבות) et des saules de rivières (ערבי נחל) et vous vous réjouirez devant l'Eternel votre Dieu pendant sept jours.	La loi de Moïse ordonne d'annoncer et de proclamer dans toutes les villes et à Jérusalem en disant : « Sortez vers la montagne et apportez des feuilles d'olivier (זית), du bois à graisse (עץ שמן), de myrte (? הדס), de palmiers (תמרים), de bois noué (עץ עבות), afin de construire des cabanes conformément aux prescriptions. »

On remarque au premier aspect que, malgré leur ressemblance essentielle, il 'y a dans ces passages un certain nombre de différences qui doivent avoir leur raison d'être. Elles sont au nombre de trois :

1. Esdras trouve dans la loi l'ordre pour le peuple d'aller chercher les feuilles de certains arbres dans la montagne; le Lévitique semble ignorer cette stipulation.

2. D'après Esdras ces feuilles ou branches doivent servir à la construction des cabanes; suivant le Lévitique, elles sont destinées à être portées en procession devant le temple.

3. L'énumération des plantes dans les deux rédactions ne coïncide que sur deux espèces, savoir les palmiers (תמרים) et l'arbre noué (עץ עבות) ; pour le reste, le Lévitique ordonne de prendre le fruit de l'arbre *beau* ou הדר et des saules de rivière (ערבי נחל), tandis qu'Esdras recommande les feuilles d'olivier (עץ זית), de l'arbre à graisse (עץ שמן) et du myrte (הדס ?).

Ces divergences n'ont pas échappé aux talmudistes, lesquels se sont tirés de l'embarras en supposant que les espèces mentionnées dans le Lévitique étaient destinées à la procession du temple, tandis que celles qui sont énumérées dans le passage de Néhémie servaient de matériaux à la construction des cabanes. Cette interprétation a visiblement pour but de justifier la coutume traditionnelle de porter, pendant l'office de la fête des Tabernacles, le fruit du cédrat (אתרוג [1]) joint à des branches de palmier, de myrte et de saule liées en faisceau. L'identification du cédrat avec le fruit de l'arbre *beau* semble fondée sur une étymologie araméenne du nom de ce fruit et l'on paraît avoir dérivé le mot אתרוג de la racine רגג « être beau, désirable. » Cependant cette explication si fréquente chez les rabbins du moyen âge ne s'observe pas chez les docteurs du Talmud. Ceux-ci ont la plus grande peine du monde à justifier l'usage traditionnel par le sens intrinsèque des mots פרי עץ הדר et ענף עץ עבות, car les deux autres : כפות תמרים et ערבי נחל ne prêtaient à aucune équivoque ; c'était bien les feuilles des palmiers et des saules. Les uns trouvent dans le composé פרי עץ l'indice que ce doit être un arbre dont le bois a le même goût que le fruit (שטעם פריו ועצו שוה), qualité qui serait particulière au cédrat ou אתרוג. Les autres changent הדר en הדיר (l'étable) [2], faisant allusion à cette particularité du cédratier que ses fruits mûrs ne tombent pas à l'arrivée des nouvelles pousses. D'autres y voient le mot הדר [3] « qui reste, »

---

[1] *Etrog*, du persan *Turundj* « citron ».
[2] Où se trouvent réunis ensemble les bestiaux de tout âge.
[3] Prononcé *haddâr*, de la racine *dour* « demeurer, rester ».

parce que le cédrat persiste d'une année à l'autre. D'autres enfin croient y voir le mot grec ὕδωρ (eau), parce que ce fruit croît près des courants d'eau. Le même embarras se fait jour dans l'interprétation de עץ עבות entreprise dans le but de justifier l'emploi du myrte. La discussion qui s'engage parmi les docteurs à ce sujet est vraiment curieuse. D'après la majorité, les mots ענף עץ « branche de bois » désigneraient un arbre dont les feuilles allongées couvrent les branches de tous les côtés (שענפיו חופין), (את עצו particularité qui serait propre au myrte. Mais, demandera-t-on, l'olivier a la même particularité? C'est vrai, répond-on, mais son feuillage n'est pas noué (עבות). Alors ce serait le châtaignier? Non, les feuilles du châtaignier ne couvrent pas les branches auxquelles elles sont attachées. Alors ce serait le laurier-rose (הרדופני[1])? Non, les feuilles de cet arbre piquent la main quand on les touche et la loi ne peut pas désirer qu'on se fasse du mal (דרכיה דרכי נעם)[2]. Toutes ces argumentations bizarres et forcées ne s'expliquent que par la nécessité vivement ressentie alors de combattre une opinion antérieure de certains sectaires qui employaient pour cette cérémonie d'autres espèces que celles qui furent adoptées par les pharisiens. On sait que les Samaritains diffèrent dans l'explication de ces espèces, et l'on peut supposer que les Sadducéens étaient dans le même cas. Ainsi donc, les rabbins ont cherché à aplanir les difficultés en admettant que le passage de Néhémie se rapportait à la construction des cabanes. Selon eux, les branches d'olivier et de *bois à graisse* étaient employées pour fabriquer les parois des cabanes, tandis que les autres espèces servaient à les couvrir. Mais cette manière de voir ne tient pas devant cette considération que, d'après l'opinion générale, la couverture des cabanes n'a nullement besoin de se composer des espèces de plantes dont parle le Lévitique [3]. Outre cela, cette opinion ne rend pas compte de la présence dans le passage de Néhémie de עץ עבות à côté de הדס [4], espèce que la tradition identifie l'une avec l'autre. Enfin, et c'est plus grave encore, comment imaginer qu'Esdras ait négligé de faire exécuter le commandement formel du Lévitique concernant les plantes nécessaires au culte du temple, pour s'occuper des matériaux des cabanes sur lesquels la loi n'a rien stipulé. Cela

---

[1] Altéré du grec Ῥοδοδάφνη.
[2] Talmud de Babylone, traité Sukka, fol. 32 b.
[3] *Ibid.*, fol. 11 b.
[4] Je ne crois pas que l'on puisse admettre le subterfuge de R. Hisda, d'après lequel il s'agirait d'un myrte sauvage (*hadas sohôté*), impropre à la cérémonie du temple, mais pouvant servir à la couverture des cabanes (*Ibid.*, fol. 12 a).

est plus que suffisant pour démontrer que l'opinion des rabbins est insoutenable.

Cependant l'opinion que nous analysons était déjà celle des Septante. Seulement les traducteurs grecs ont cherché à écarter les contradictions en intercalant dans le passage de Néhémie des membres de phrases inconnus au texte hébreu. Ainsi, après le mot ישמיעו « qu'ils fassent entendre, » ils insérèrent ἐν σάλπιγξιν « par des trompettes » comme s'il s'agissait du commandement de sonner des trompettes pendant l'office des sacrifices (Nombres, X, 10). Ensuite, avant les mots « sortez vers la montagne » ils ajoutent καὶ εἶπεν Ἐσδράς « et Esdras dit. » Grâce à cette correction l'ordre de se rendre dans la montagne est donné comme émanant d'Esdras et non pas du Lévitique. Par suite aussi de ses remaniements, les espèces qui sont énumérées après se rapportent à la construction des cabanes conformément à l'opinion des pharisiens. Il va sans dire que ces changements violents du texte sont impuissants à écarter les difficultés intrinsèques que nous avons signalées à propos de l'exégèse talmudique. Mais nous devons noter un fait curieux qui montre clairement le tâtonnement des anciens traducteurs au sujet du sens exact de quelques-unes de ces espèces. Ainsi les mots ערבי נחל sont traduits tantôt ἰτέα « saules, » tantôt ἁγνός « gatilier » ou « *Agnus castus* » arbre de l'espèce salix [1]. Les mots עץ עבות sont traduits ξύλον δασύ « arbre touffu ». Ces différences sont probablement un reste de l'incertitude qui, dans les temps antérieurs, planait sur la signification exacte de ces plantes.

Ayant rendu vraisemblable que le passage de Néhémie est en rapport intime avec celui du Lévitique, il reste encore à expliquer à la fois d'où Esdras ou son historien a puisé le commandement d'envoyer le peuple chercher ces plantes *dans la montagne*, et pourquoi il s'est tu sur le פרי עץ הדר. Cette double énigme se résout naturellement en admettant que le texte d'Esdras ou du chroniqueur portait à la place de פרי עץ הדר « fruit de l'arbre הדר ou beau » עלי עץ ההר « branches des arbres de la montagne.» Cette variante s'explique parfaitement par la confusion de lettres analogues dans l'alphabet carré, et nous en dégageons ce fait intéressant que l'auteur de la Chronique, peut-être Esdras lui-même, faisait déjà usage d'un texte rédigé dans cette écriture. Ainsi reconstitué, le verset du Lévitique se traduit comme il suit :

« Vous vous procurerez le premier jour des branches des ar-

---

[1] Dans le texte actuel des Septante, ces deux traductions sont jointes ensemble.

bres de la montagne, des branches de palmier, des branches des arbres עבות (noués ou touffus) des ערבים (salicinés) de rivière et vous vous réjouirez devant votre Dieu (c'est-à-dire en proximité du temple) pendant sept jours.

Grâce à cette restitution la coïncidence de ce verset avec celui de Néhémie devient des plus complètes, seulement nous avons à rappeler que le « hadas » étant une plante qui croît d'ordinaire près de cours d'eau (Zacharie, I, 8), appartient probablement à l'espèce des salicinées.

LÉVITIQUE.	NÉHÉMIE.
Arbres de la montagne.	Olivier, arbre à *graisse.*
Palmier.	Palmier.
Arbre noué.	Arbre noué.
'*Arâbim* de rivière.	*Hadassim.*

Cette comparaison montre très bien que le passage de Néhémie forme une sorte de commentaire, et commentaire très ancien, des deux expressions vagues du passage parallèle du Lévitique, mais qu'il n'y a aucune différence sur le fond. Il reste encore à savoir s'il y a divergence de vue dans l'application de ces branches. Sur ce point, quand on compare les deux passages, le désaccord est indéniable, attendu que dans le Lévitique il s'agit visiblement d'un rite semblable à celui d'autres peuples qui avaient l'habitude de porter des rameaux de diverses plantes dans les cérémonies festivales, tandis que le passage de Néhémie entend clairement que ces matières doivent servir de bois de construction. En d'autres termes, il devient évident qu'à l'époque du chroniqueur, au moins, l'exégèse orthodoxe appliquait le verset du Lévitique à la construction des cabanes, contrairement au sens apparent du passage. N'est-ce pas l'indice d'une exégèse très avancée et avide de subtilités? S'il en est ainsi, on peut supposer avec une grande vraisemblance que l'étude du code sacerdotal occupait déjà fortement les écoles antérieures à Esdras, et que ce dernier aurait seulement partagé l'avis de ses devanciers sur un passage emprunté à un texte connu et discuté depuis longtemps.

CONCLUSION.

Si les considérations qui précèdent sont exactes, on sera autorisé à affirmer les résultats suivants :

1. Le prêtre et scribe Esdras n'est en aucun rapport avec la promulgation du code sacerdotal, et moins encore avec la rédaction finale du Pentateuque.

2. Le Lévitique et les livres qui le précèdent forment le point de départ de nombreuses allusions dans les psaumes antérieurs à Esdras et dans le XX° chapitre d'Ezéchiel, et sont par conséquent antérieurs à la captivité.

3. Au temps du chroniqueur et très probablement déjà à celui d'Esdras, le texte du Lévitique, XXIV, 40, présentait de sérieuses variantes sur lesquelles se fonde le récit de Néhémie, IX, 14, 15.

4. Ce dernier récit témoigne d'un état d'exégèse fort avancée et très subtile, lequel atteste à son tour une connaissance ancienne et très répandue du code sacerdotal.

VII

BABELON — CONJECTURES SUR L'HISTOIRE DE CYRUS

I

M. Ernest Babelon a repris dans les *Annales de philosophie chrétienne* de janvier dernier (N° 4, p. 349 et suiv.) les diverses questions que j'ai cherché à résoudre dans mon Mémoire sur les inscriptions cunéiformes relatives à la prise de Babylone par Cyrus. Tout en restant fidèle à sa tâche de vulgarisateur consciencieux, le jeune et sympathique écrivain a néanmoins essayé de contester quelques-unes de mes conclusions, qui ne lui semblaient pas être en accord avec les données des anciens auteurs, sacrés ou profanes. L'intérêt exceptionnel de ces questions me fait un devoir d'expliquer ici même pourquoi les objections de M. B. ne m'ont pas ébranlé, et surtout pourquoi les solutions qu'il a proposées ne me semblent pas admissibles. L'exécution de cette double tâche m'est, du reste, considérablement facilitée par la parfaite courtoisie avec laquelle M. B. a engagé le débat et dont je m'empresse de le remercier.

Les questions à éclaircir sont relatives aux trois principaux personnages de cette époque : Nabonid, Cyrus et Darius. Commençons par ce dernier.

Dans l'inscription de Bisoutoun, Darius s'exprime ainsi : « Il y eut huit de ma race qui furent rois (*charrutu ilebchu* « imperium egere ») avant moi, je suis le neuvième ». Quand on regarde de près, on s'aperçoit bientôt que cette affirmation est tout à fait inexacte. D'abord, le père de Darius, Hystaspe, n'était que gouverneur de Perse pendant le règne de Cambyse II, fils de Cyrus (Hérodote, III, LXX), et son fils Darius lui-même ne lui donne jamais le titre de roi. Puis son grand-père, Arsamès, contemporain de Cyrus II, le Grand, n'a certainement pas régné en Perse, par cette bonne raison que celui-ci ne l'aurait pas souffert. Enfin son aïeul Ariaramnès a encore moins pu être roi de Perse, attendu que, depuis Phraortès, les Perses étaient soumis aux Mèdes et fort méprisés d'eux (Hérodote, I, 102, 107). Si à ces considérations historiques on ajoute ce fait remarquable que Darius, loin de s'appuyer sur l'autorité de ses ancêtres immédiats, en appelle constamment à sa qualité d'Achéménide, on arrive à se convaincre que la seule branche achéménide qui ait effectivement régné, et encore pas en Perse, est celle qui figure dans l'inscription de Cyrus, savoir Téispès, Cyrus Ier, Cambyse Ier, Cyrus II, Cambyse II ; en un mot, un seul parmi les quatre ancêtres de Darius a été roi. La prétention contraire de ce monarque est donc une vanterie et un mensonge. Ceci établi, n'est-on pas justifié de tenir quelque peu en suspicion l'origine achéménide dont ce même monarque se glorifie à tout propos ? Et cette célèbre exclamation : « Je suis Perse, fils de Perse, Aryen, fils d'Aryen ! » ne fait-elle pas l'effet d'une jactance calculée pour faire taire la voix publique qui le considérait comme indigne de succéder à la lignée de Cyrus ? Parler de l'autorité de Darius en pareille matière, comme le fait M. B., me semble d'un trop bon naturel. Mais quand M. B. ajoute : « Je ne vois point quels motifs de vanité ont pu pousser Darius à se proclamer un étranger au milieu des populations sémitiques, alors qu'il affectait de vivre au milieu d'elles, de participer à leur religion et à leurs usages », j'ai le regret de lui dire qu'il commet une triple erreur. Premièrement, les proclamations de Darius n'ont pas été gravées au milieu des populations sémitiques, mais dans des contrées aryennes ou à moitié aryanisées, en Perse, en Médie et à Suse. Deuxièmement, Darius n'a jamais vécu au milieu des populations sémitiques ni affecté de vivre parmi elles ; au contraire, c'est lui qui démolit les murs de Babylone (Hérodote, III, 159). Troisièmement, au lieu de participer à la religion et aux usages des peuples sémitiques, Darius est le premier qui proclame le Dieu Aryen, Ahuramazdâ, comme le plus grand des dieux et comme son protecteur particulier. M. B. a évidemment confondu Darius avec Cyrus. Du reste, pour apprécier à sa juste valeur le degré de confiance que l'on peut accorder à la parole de ce prince, il suffira de citer sa théorie sur la vérité et le mensonge, qui nous a été heureusement conservée par Hérodote (III, 72) : « *Quand il est nécessaire de mentir,* dit-il, *il ne faut point s'en faire de scrupule.* Ceux qui mentent désirent la même chose que ceux qui disent la vérité : on ment dans l'espoir de retirer quelque profit ; on dit la vérité dans la vue de quelque avantage et pour s'attirer une plus grande confiance. *S'il n'y avait rien à gagner, il serait indifférent à celui qui dit la vérité de faire plutôt un mensonge, et à celui qui ment de dire la vérité.* » M. B. avouera, je l'espère, qu'avec une conscience aussi élastique, on peut aller très loin en fait de prétentions.

Arrivons à Cyrus et à ses prédécesseurs. M. B. s'est donné une peine infinie pour démontrer l'origine perse de la lignée de Cyrus. C'est là un effort bien superflu, car je n'ai jamais nié ce fait qui est évident et indéniable. Tout ce que j'ai dit, c'est que Cyrus, dont les ancêtres régnaient depuis au moins trois générations dans une contrée située en Susiane, avait du sang susien dans les veines et qu'il pouvait être revendiqué pour ce pays avec autant de droit que Charlemagne, par exemple, l'a été pour la nationalité française. Les premiers Achéménides, malgré les noms perses qu'ils portaient, s'étaient si bien nationalisés en Susiane que le plus puissant d'entre eux, Cyrus, prend dans son protocole officiel le titre de « roi de Susiane » au lieu de celui de « roi de Perse ». Ce dernier titre lui est exclusivement donné par des étrangers, soit dans le but d'indiquer sa conquête de la Perse, soit dans celui de préciser son origine. A ce fait absolument certain, M. B. cherche, il est vrai, à opposer l'argument suivant : « Si les Achéménides ne sont pas des Perses, mais des Susiens (je ne l'ai jamais dit!) comment se fait-il que leurs inscriptions officielles soient rédigées en perse, en médique et en assyrien, c'est-à-dire dans trois langues, dont aucune ne serait leur langue nationale? » Malheureusement, cette objection renferme à la fois un anachronisme et une pétition de principe que je récuse formellement. Un anachronisme, parce qu'aucun des premiers Achéménides jusqu'à Cambyse II inclusivement — et c'est d'eux seuls qu'il s'agit — n'a jamais rédigé des inscriptions en trois langues. Une pétition de principe, parce que j'ai toujours soutenu, contre M. Oppert, que la première langue des inscriptions trilingues était commune aux Perses et aux Mèdes et que la seconde langue de ces mêmes inscriptions était un dialecte de l'idiome susien. M. B. semble avoir perdu de vue que son argument peut aisément être retourné contre lui, car si la seconde langue des inscriptions trilingues n'est pas susienne, comment imaginer que les Achéménides qui résidaient constamment en Susiane eussent précisément négligé de se faire comprendre de leurs sujets immédiats. La réalité des faits est donc parfaitement d'accord avec ma manière de voir, aussi bien en ce qui concerne l'origine fortement mélangée des premiers Achéménides, qu'en ce qui regarde l'affinité de la langue achéménide en question avec l'ancien susien. Celui-ci s'est probablement éteint par suite de la destruction totale que la ville de Suse eut à subir pendant l'invasion d'Assurbanipal, où les habitants furent entièrement exterminés. La prise en possession de la Susiane par la dynastie perse a certainement hâté la corruption de la langue qui était restée pendant longtemps sans culture littéraire, et quand Darius eut résolu de rédiger ses inscriptions en susien, il n'eut plus à sa disposition qu'un patois populaire extrêmement corrompu et fort accessible aux mots étrangers.

Mais est-il bien vrai que les premiers Achéménides étaient des rois susiens. Je l'ai affirmé, en disant : « Le fait le plus ignoré qui nous est révélé par les inscriptions, c'est que Cyrus et ses aïeux, jusqu'à Téispès inclusivement, étaient, non des rois de Perse, mais des rois susiens. Aucun doute n'est possible là-dessus : le pays écrit en cunéiforme An-za-an est le royaume qui avait Suse pour capitale et qui portait le nom d'Elam chez les Sémites. » M. B. se récrie : « Cette opinion est grave parce qu'elle ne tend à rien moins qu'à renverser toutes les traditions orientales, profanes ou sacrées, qui font de Cyrus un roi venu de Perse. » Nous voudrions bien savoir quelle tradition sacrée est renversée par cette révélation. De ce que la Bible appelle Cyrus « roi de Perse » ou « le Perse » on peut seulement conclure que la Perse faisait partie de son empire et qu'il descendait d'une famille originaire de Perse, non qu'il est immédiatement venu de ce pays. Si l'on devait prendre ces sortes de titre au pied de la lettre, on arriverait à mettre l'Ecriture sainte en flagrante contradiction non seulement avec les faits, mais avec elle-même. Ainsi Darius, qui était de nationalité perse, est appelé tantôt « roi de Perse » ou simplement « le Perse », tantôt « roi d'Achour » (Esdr., VI, 22), tantôt encore « descendant d'une famille mède » (Daniel, IX, 1) ou « le Mède » tout court. Ces expressions n'avaient pas chez les écrivains bibliques la précision ethnographique des biographies de nos jours et on a tort d'aller y chercher ce qu'il n'y a pas. Quant aux traditions des auteurs grecs qui font de Cyrus soit le fils d'un simple particulier perse ayant épousé la fille du roi des Mèdes, Astyage (Hérodote), soit le fils d'un brigand et d'une pauvre bergère (Nicolas de Damas), elles s'évanouissent en effet devant les monuments authentiques qui font voir que Cyrus était fils de roi et que ses ancêtres ont régné, nous verrons tout à l'heure où. M. B. ne conteste pas ce résultat qui refait l'histoire réelle du fondateur de l'empire achéménide ; dès lors, le respect qu'il professe pour les traditions profanes ne peut pas être très sérieux.

Pour sauver l'origine purement perse de Cyrus, il y avait un moyen fort simple, c'est de traduire « roi de Perse » les mots *Charir-An-cha-an* que j'ai traduit « roi de Susiane ». M. B. s'est bien gardé d'en faire usage devant l'accord unanime des assyriologues qui voient dans *An-cha-an* une localité située en Susiane. Il se contente de remarquer qu'il s'agit d'une ville (*ir*) non d'un pays. Si M. B. était philologue, il aurait su que le signe *ir* détermine non seulement des villes mais de vastes territoires et des royaumes, absolument comme le signe *mat*; c'est là un fait depuis longtemps établi en assyriologie. Mais, sans être philologue, la moindre réflexion lui aurait montré que le destructeur de l'empire mède n'a pu être roi d'une petite ville oubliée dans quelque canton de la Susiane : un tel roitelet n'aurait pas eu assez de prestige pour fomenter une sédition dans les armées d'Astyages, ni assez de puissance pour mettre à pillage la capitale de la Médie. Il y a plus, si Cyrus avait même été tout d'abord roi d'une seule ville susienne, il n'aurait pu en sortir pour faire la conquête des pays étrangers que sous les deux alternatives que voici : ou de la partager avec le roi principal de la Susiane ayant sa résidence à Suse, ou de déposséder celui-ci et de s'emparer de sa capitale afin de ne point laisser d'ennemi sur ses derrières. La première alternative est tout à fait inadmissible, puisque les inscriptions ne connaissent en Susiane aucun roi autre que Cyrus. La seconde alternative, quoique pas tout à fait impossible, disparaît également devant cette considération que les Susiens récemment soumis se seraient certainement révoltés après le départ de Cyrus comme ils l'ont fait à plusieurs reprises plus tard sous Darius. La tranquillité ininterrompue dont jouit la Susiane pendant l'absence de Cyrus fait clairement voir que le pays était depuis longtemps habitué à la domination des Achéménides et qu'il avait appris de longue date à apprécier les avantages de leur gouvernement. Ces seules réflexions, purement historiques, suffiraient parfaitement pour établir que Cyrus, étant donnée l'équation *An-cha-an=* une ville susienne, n'était pas roi d'une ville insignifiante et d'un territoire exigu, mais de Suse, la capitale même de tout le royaume qui porte son nom. Fort heureusement, les réflexions historiques que nous venons de formuler ne constituent qu'un surcroît de preuves dont on peut aisément se passer, en présence du nom de la ville en question qui se lit avec une entière certitude.

Dans mon mémoire, j'avais transcrit ce nom par inadvertance An-za-an et ce *lapsus calami* m'a obligé à comparer la forme susienne *An-za-an* et l'hiératique assyrien *An-du-an* (prononciation populaire *Ach-cha-an*) qui désigne une partie de la Susiane.

Plus tard, je me suis aperçu de ma méprise car l'épellation correcte est An-cha-an (avec schin). Or cette épellation rétablie, la lecture du nom devient on ne peut plus claire. Le fait que la syllabe *cha* est écrite indifféremment avec l'un ou l'autre des deux signes homophones, ayant cette valeur syllabique, prouve, à ne plus en douter, que les deux dernières syllabes doivent se lire d'une manière phonétique, c'est-à-dire que le nom dont il s'agit se termine par *cha-an* ou *chan*. Or, comme de toutes les villes connues de la Susiane, une seule, à notre connaissance du moins, affecte cette terminaison, savoir la ville de Suse dont le nom assyrien et hébreu est Susan (= *Chouchan*), il devient vraisemblable qu'il ne faut pas le chercher ailleurs. L'on peut considérer le signe initial *An* soit comme l'idéogramme de la divinité éponyme, ainsi que cela arrive souvent pour les noms d'autres villes, et, dans ce cas, le nom serait écrit au moyen d'un idéogramme suivi d'un complément phonétique, soit comme un polyphone exprimant la valeur *chu* (la valeur *sa* pour ce signe est déjà indiquée dans les syllabaires), et alors le nom tout entier serait écrit d'une façon purement phonétique. Quelque voie que l'on choisisse pour expliquer l'orthographe, il me paraît certain que la résidence de Cyrus et de ses aïeux n'était nulle part ailleurs qu'à Suse, capitale où Darius et ses successeurs ont continué de résider jusqu'à l'extinction de leur dynastie. M. B. comprendra maintenant combien il a tort quand il me reproche d'avoir changé exprès *An-cha-an* en *An-za-an*, afin d'opérer plus commodément le rapprochement de ce mot avec l'expression An-za-an des inscriptions susiennes. Au contraire, la transcription inexacte m'a empêché de reconnaître d'emblée la lecture du nom et obligé à me contenter de la traduction approximative « roi de Susiane » au lieu de traduire avec précision « roi de Suse ». Je le répète, en admettant même que le rapprochement que je viens de tenter soit faux, il n'en sera pas moins certain que Suse était la capitale des premiers Achéménides. Il ne reste donc qu'un seul moyen pour sauver l'aryanisme pur sang de ces princes, c'est d'admettre que les Susiens étaient des Aryens. C'est un moyen souverain, mais je pense que M. B. le trouvera par trop héroïque.

Je passe enfin au troisième point que je me suis proposé de traiter, savoir le remplacement de Nabonid par Cyrus comme roi de Babylone. J'ai dit que, en présence des témoignages des inscriptions que Nabonid mourut captif à Babylone quelques jours après l'entrée pacifique de Cyrus dans cette ville, le récit d'Hérodote relatif à la prise de Babylone par ce prince et l'exil de Nabonid en Carmanie, ainsi que le règne de Balthasar, doit être rayé de l'histoire, à moins d'admettre que Balthasar et Nabonid ne font qu'un. M. B. s'anime et s'impatiente. D'abord il ne lui paraît pas possible que Nabonid et Balthasar soient un et même personnage, attendu que Nabonid avait un fils du nom de Belsarouçour, dans lequel on reconnaît immédiatement le Belsaçar du texte hébreu. La force de cet argument est bien légère, car Nabonid a pu parfaitement porter en dehors de son nom officiel un nom de famille semblable à celui de son fils, sous lequel il aurait été connu des Juifs. Dans cette hypothèse, le peuple juif, loin d'avoir « oublié le nom du roi oppresseur qui régnait à Babylone quand Cyrus vint le délivrer » l'aurait plutôt connu sous son nom intime et familier. M. B. semble ignorer que l'identité de Balthasar et de Nabonid a déjà été proposée par Josèphe, qui a cherché à recueillir le récit du livre de Daniel avec celui des historiens grecs. C'est le même Josèphe qui admet encore l'identité de Gobrias avec Darius le Mède que M. B. croit avoir découverte le premier. L'hypothèse de Josèphe, quoique peu vraisemblable suivant moi, a du moins cet avantage qu'elle s'accorde avec les textes authentiques en ce fait que la prise de Babylone par Cyrus coïncide à peu près avec la fin de la dynastie babylonienne. Le système de M. B. ne s'accorde avec rien et a tout contre lui. Le bref exposé qui suit suffira pour en faire justice.

M. B. admet que Balthasar fut roi après l'emprisonnement de son père. Voici comment il s'exprime : « On avait admis jusqu'à présent que ce prince avait été associé au trône par son père, et dans l'inscription du cylindre, il paraît bien, en effet, être considéré, sinon comme un roi, du moins comme un vice-roi. Il est à la tête des armées, entouré de tous les grands, dans les forteresses du pays d'Akkad, tandis que son père, durant plusieurs années, se retire volontairement du gouvernement. Balthasar est entouré de l'affection de tout le peuple, tandis que son père Nabonid indispose les dieux par son impiété persistante. Enfin une révolte éclate contre Nabonid, et on peut croire que Balthasar, à la tête de l'armée et des grands, dût prendre en main la royauté. Il devint au moins pendant quelques semaines roi de fait, après que, le 16 du mois de Tammuz, Nabonid eut été fait prisonnier par Gobrias ». Il sera permis de demander à M. B. s'il croit sérieusement que Balthasar, à peine échappé d'Akkad et assiégé dans Babylone par l'armée de Gobrias n'avait autre chose à faire qu'à détrôner son père et à organiser un festin par suite duquel la sagesse de Daniel fut récompensée avec la troisième dignité du royaume (Daniel, V, 29)? Mais à quoi bon adresser des questions quand le système de

M. B. pèche par la base ? En effet, la belle théorie suivant laquelle Balthasar aurait été entouré de l'affection de l'armée et du peuple est renversée par le témoignage formel de l'inscription de la tablette, d'après lequel c'étaient précisément les hommes d'Akkad (*nichi mat akkadi*), c'est-à-dire l'armée et le peuple parmi lesquels se trouvait le fils du roi, qui s'étaient révoltés les premiers et s'étaient prononcés pour Cyrus. On peut facilement présumer que le jeune prince périt dans la sédition, ce qui explique le silence subit que la tablette observe à son égard depuis cet évènement. Autrement le chroniqueur babylonien, qui note si scrupuleusement an par an la présence du prince à la tête de l'armée à Akkad n'aurait certainement pas manqué de relater sa fuite à Babylone et sa prise en possession du trône à la place de son père. Du reste le livre de Daniel, dont M. B. s'efforce de sauver le caractère historique, loin de regarder Balthasar comme un roi *de quelques semaines* rapporte une prophétie de la troisième année de son règne (Daniel, VIII, 1). On le voit, l'explication de M. B. n'a même pas la valeur d'une conjecture ; elle est formellement démentie aussi bien par les textes authentiques que par le livre de Daniel.

Cependant M. B. plein d'égards pour la tradition d'Hérodote me reproche d'autres erreurs. « L'inscription dit que le roi mourut à Babylone, huit jours après la prise de la capitale par Cyrus et qu'il fut pleuré dans le *pays d'Akkad*. M. Halévy pense que c'est Nabonid qui mourut, et il est amené à rejeter le témoignage d'Hérodote qui fait exiler ce prince en Carmanie, puis devenir plus tard un satrape de l'empire perse... Tout cela est renversé par M. Halévy. Pourtant, si l'on admet le règne de Balthasar, et si c'est ce prince qui meurt, comme le dit le livre de Daniel, tout subsiste, le texte d'Hérodote et la Bible, tout aussi bien que celui des inscriptions. Cette interprétation s'accorde, en effet, parfaitement avec le texte de la tablette : le prince décédé est pleuré surtout au pays d'Akkad ; or c'est là que pendant plusieurs années Balthasar a commandé les armées : il est tout naturel qu'il y soit pleuré tandis que Nabonid, au contraire, s'était fait détester dans ce pays ». J'ai à peine besoin de remarquer que cette violente substitution de personnes dans le membre de phrase *il mourut*, est par trop commode pour que l'on s'y arrête un seul instant. Avec un sans-gêne semblable on peut faire tout de tout. La seule excuse que M. B. peut invoquer, c'est qu'il n'est pas assyriologue et qu'il est par conséquent incapable de se rendre un compte exact de la construction du texte babylonien. Dans ce cas, au lieu de décréter une interprétation aussi gratuite, il eût dû se renseigner du moins sur le sens du terme géographique *Akkad*. M. B. croit à tort que ce mot exclut la ville de Babylone et *vice-versa ;* c'est comme si on prétendait que la France et Paris sont deux choses différentes. La conclusion qu'il tire de ce fait que le roi fut pleuré par le peuple d'Akkad, tombe donc à plat ; cela signifie tout simplement tous les habitants de la Babylonie. On a vu ci-dessus que l'armée babylonienne (d'accord avec la province) prit l'initiative de la révolte ; Sipar et Babylone suivirent le mouvement et n'opposèrent aucune résistance à l'envahisseur. Gobrias, qui fit Nabonid prisonnier à Babylone, n'eût pas manqué de s'emparer de Balthasar, si celui-ci, comme le pense M. B., s'y était réfugié et surtout s'il faisait mine de jouer le roi. La vérité est que ce jeune prince disparut tout à coup de la scène, ayant été très probablement massacré par ses soldats. Ce fait concorde avec le verset 21 d'Isaïe, XIV, qui porte : « Préparez le massacre pour ses fils, et faites leur expier le péché de leurs pères, de peur qu'ils ne se remettent à se partager le monde ! » Au contraire, l'agonie de Nabonid, jadis si puissant et si craint des peuples voisins, fut longue et terrible ; il mourut prisonnier huit jours après l'entrée de Cyrus à Babylone. La mort ignominieuse et probablement violente du tyran est décrite par le même prophète avec des couleurs si tranchées qu'il est impossible de penser à un roi éphémère et impuissant comme dut l'être le Balthasar de M. B. si son existence était possible. Entre le témoignage du prophète contemporain et le récit tardif et puisé à des sources étrangères d'Hérodote, mon choix est bien vite fait, n'en déplaise à M. Babelon.

La tâche que je me suis proposée dans cette note étant terminée, il ne me reste plus qu'à remercier de nouveau M. B. de l'empressement qu'il a mis à adopter les autres résultats de mon mémoire et de les faire connaître aux lecteurs des *Annales de philosophie chrétienne.*

II

Comme M. Babelon a ouvert une nouvelle discussion dans le n° 7 des *Annales,* je suis obligé de clore le débat par les observations suivantes :

Je remarque avec plaisir que M. B. n'est jamais en défaut de politesse ; c'est une qualité précieuse qu'ont bien peu de personnes, surtout des personnes aussi convaincues que mon jeune et vaillant contradicteur. Cela ne l'empêche pas cependant de lancer de temps en temps des traits furtifs qui porteraient si sa main était plus assurée et le point de mire mieux dessiné. Ainsi, par exemple, je ne comprends guère le chef d'accusation qu'il formule contre moi avant d'entrer en matière, en disant que « je me préoccupe fort peu de faire concorder mes déductions philologiques avec l'histoire ». J'avoue entendre pour la première fois proclamer la nécessité de mettre d'accord deux branches d'études aussi différentes l'une de l'autre. Depuis quand le résultat philologique que par exemple le mot français *eau* vient du latin *aqua* dépend-il de la date précise de l'expédition de César dans les Gaules? Ou bien, M. B. entend-il par l'expression *déduction philologique* l'interprétation matérielle des textes épigraphiques et exige-t-il qu'elle soit façonnée en sorte qu'elle ne contredise jamais les manuels d'histoire? Alors, je me garderai bien de suivre son conseil, et cela par deux bonnes raisons. Premièrement, l'épigraphiste *n'est pas de bonne foi* s'il modifie le sens naturel et logique d'un passage dans le but de le conformer à une idée préconçue, quelque respectable qu'elle soit. L'épigraphiste n'a qu'un devoir, celui de traduire scrupuleusement son texte et n'a pas à se préoccuper des conséquences. En second lieu, les textes épigraphiques, sauf quelques exagérations de langage ou des mensonges prémédités, relatent *des faits réels,* tandis que les historiens, même les plus véridiques, étant pour la plupart postérieurs aux évènements qu'ils racontent, donnent tout au plus *des faits probables.* Par conséquent, c'est l'histoire des historiens qui doit céder le pas à l'histoire des documents contemporains et non pas l'inverse.

Ce qui me fait croire que la dernière explication est la vraie, c'est que M. B. est en effet avant tout préoccupé de serrer les textes épigraphiques dans le moule de l'histoire reçue. Il me suffit de citer comme exemple le membre de phrase « il mourut » qui, grâce à l'ingénieuse substitution de sujet imaginée par M. B. mérite de passer à la postérité comme le fameux « qu'il mourût » de Corneille. Défendre l'Ecriture sainte est une tâche louable et ce n'est pas moi qui y trouverai à redire, seulement cette défense ne doit pas se faire aux dépens du sens évident des documents authentiques, une fois qu'on reconnaît leur véracité.

On doit ranger dans une catégorie toute différente les substitutions et modifications de toute sorte que M. B. se permet d'introduire dans les paroles de son adversaire afin de donner le change sur la vraie question. Comme exemple de ce procédé étrange, je me contenterai de rappeler que M. B. cite à plusieurs reprises une phrase de moi : « le règne de Balthasar doit être définitivement rayé de l'histoire » afin de faire accroire aux lecteurs des *Annales* que je nie absolument l'existence de ce personnage biblique, tandis qu'en réalité j'y ai ajouté la réserve suivante : « à moins d'admettre que Balthasar et Nabonid ne font qu'un ». J'ai donc indiqué le moyen, unique suivant moi, de maintenir l'historicité de ce prince. Libre à M. B. de rejeter ma solution et d'en proposer une meilleure, mais il ne lui est point permis de m'attribuer une opinion que je n'ai pas.

Mais passons aux points en litige et tâchons d'en préciser la portée exacte.

Première question. — *Arsamès et Ariaramnès ont-ils régné ?*

M. B. prétend tout d'abord que la généalogie des Achéménides est le premier des points contestés. Plus loin, prenant le grand ton que donne la satisfaction d'une victoire péniblement gagnée, il affirme « le caractère indiscutable du tableau généalogique qu'il a dressé », et ajoute qu'il faut de sérieux motifs pour déclarer vanterie et mensonge « une généalogie qui concorde avec toutes les sources antiques et qui ne heurte aucune des données générales de l'histoire ». Celui qui prendra la peine de relire le premier article de M. B. au n° 4 des *Annales,* ainsi que ma réponse au n° 6, verra que la généalogie des Achéménides n'a fait l'objet d'aucune contestation. J'ai seulement révoqué en doute le caractère de *rois* que Darius attribue à deux de ses ancêtres : Arsamès et Ariaramnès. L'opinion que ces personnages n'ont pas régné a été émise avant moi par M. Oppert, à l'autorité duquel M. B. aime à recourir en cas de besoin. M. Oppert ne saurait être suspecté de méfiance envers Darius, puisqu'il avait cherché à justifier l'affirmation de ce prince au moyen d'une solution extrême [1], tellement il avait confiance en ses paroles. M. B. n'est pas le seul à repousser une hypothèse imaginée uniquement dans le but de sauver la *véracité* d'un homme aussi peu scrupuleux que Darius (Hérodote, III, 72), mais néanmoins les raisons qui plaident contre les règnes d'Arsamès et d'Ariaramnès en Perse demeurent entières et inébranlables :

1° Les Perses, depuis leur soumission à Phraortès, étaient si méprisés par les Mèdes que les hommes les plus nobles parmi eux

---

[1] M. Oppert avait supposé que, en dehors des huit rois dont parle Darius, cinq autres rois antérieurs à Achéménès auraient régné sur la Perse.

étaient considérés comme bien inférieurs à des Mèdes de médiocre condition (Hérodote, I, 107). Ceci prouve clairement que la Perse avait perdu la dernière ombre d'indépendance et formait une simple annexe de la Médie.

2° Arsamès était contemporain de Cyrus II le Grand ; or, comme à cette époque l'histoire ne connaît aucun autre roi en Perse, il s'ensuit nécessairement que le premier n'a pas régné.

3° Tous les historiens de la Perse commencent leurs récits par l'avénement de Cyrus et ne mentionnent aucun roi antérieur ; ceci tend à prouver qu'Achéménès lui-même n'a pas régné ou du moins n'a pas régné en Perse.

Après ces raisons péremptoires pour la négative, il me semble inutile de demander dans quelle ville de Perse Arsamès et Ariaramnès auraient régné, bien que la prévision de cette demande cause un sérieux embarras à mon contradicteur. M. B. se console avec l'idée que « des découvertes ultérieures nous diront un jour dans quelle ville de la Perse régnait la branche cadette des Achéménides ». Nous acceptons faute de mieux le renvoi aux calendes grecques qui arrange tout. Nous accepterons moins facilement l'affirmation de M. B. qu'à l'époque de la domination des Mèdes « la Perse était morcelée en une foule de petites *souverainetés indépendantes* les unes des autres », parce qu'elle est formellement contredite par « l'autorité » de Darius, d'après lequel la royauté était l'apanage exclusif de la famille des Achéménides :

Ultu abulam TVR-KAK-MES anini (?), ultu abulam zir-uni charri chunu.

« Depuis le (temps des) ancêtres nous sommes princes, depuis le temps des ancêtres notre famille leur donne des (m. à m. « est leurs ») rois ».

Je cite de préférence ce passage parce que les deux catégories de haute noblesse qu'il mentionne sont parallèles aux *deux séries* d'ancêtres auxquelles Darius fait allusion dans le passage qui vient après et rend ainsi très vraisemblable d'avance, que l'une des deux n'a pas régné de fait. Si M. B. n'avait d'autre but que celui de défendre l'autorité de Darius, il aurait pu, en s'appuyant sur ce passage, déclarer que la royauté attribuée par celui-ci à Arsamès et à Ariaramnès était seulement de droit ; de telle sorte, au lieu d'une vanterie ou d'un mensonge prémédité, il n'y aurait qu'une exagération de langage. Mais non, M. B. tient à ce que la parole de son héros soit prise au pied de la lettre ; il lui faut par conséquent des rois perses contemporains de l'empire mède et ne les trouvant pas dans l'histoire authentique, il les crée de son chef. En de telles conditions, il est oiseux de discuter. Je remarquerai toutefois qu'en disant que l'inscription de l'obélisque de Nimroud énumère, *en Perse,* jusqu'à vingt-sept rois indépendants les uns des autres, l'ingénieux écrivain commet une erreur des plus étranges, car le *Barsua* ou *Parsua* des rois assyriens n'est nullement la Perse, mais une contrée située aux environs du lac d'Ourmia dans l'Iran septentrional. La connaissance de ce fait, aujourd'hui élémentaire, lui aurait évité d'autres méprises à propos de la question suivante.

Deuxième question. — *Cyrus et ses ancêtres où ont-ils régné ?*

Cyrus donne à ses ancêtres et à lui-même le titre de rois de la ville d'An-cha-an. Etant donné d'une part que la Perse n'avait pas de rois sous la domination mède, d'autre part que la résidence de Cyrus fut constamment à Suse et nulle part ailleurs, les assyriologues, guidés en outre par la ressemblance de *An-cha-an* avec l'expression *An-za-an* qui figure au protocole des rois indigènes de Suse, ont admis d'un commun accord que *An-cha-an* était une contrée susienne. Dans son premier article, M. B. ne songea point à combattre un résultat dû à l'unanimité de savants compétents ; il émit seulement l'avis contraire au mien, en disant que Cyrus ne régnait pas à Suse même mais dans une autre ville de la Susiane. A cela j'ai répondu que les conquêtes de Cyrus ne seraient pas possibles s'il n'était pas maître de la Susiane tout entière, la capitale comprise. J'ai ajouté que, conformément à la méthode ordinaire du déchiffrement des cunéiformes, le complexe *An-cha-an* dont les deux dernières syllabes sont écrites phonétiquement, se lit probablement *Chu-cha-an = Chouchan* et offre ainsi le nom sémitico-assyrien de Suse. Voilà où en était naguère la question. Depuis, elle a tout-à-fait changé de face, car, dans son second écrit, M. B., se rendant imparfaitement compte de la cause qui a déterminé l'unanimité des assyriologues sur le fond et préoccupé de faire des Achéménides des Aryens *pur sang,* s'arrête à la solution « par trop héroïque », que je lui avais indiquée en plaisantant, savoir que *An-cha-an* est une ville de la Perse. Lui demander laquelle serait peine perdue, l'ingénieux auteur nous renverra de nouveau aux « découvertes ultérieures » et aux « vingt-sept rois des Parsua ». M. B. doit nous savoir gré de lui avoir fourni un petit système tout fait qui sourit si bien à ces préoccupations et contredit tous les assyriologues sans exception.

Malheureusement, les historiens, gens difficiles, apprécieront à sa juste valeur une fiction aussi gratuite, d'après laquelle les deux branches des Achéménides auraient régné en Perse l'une à côté de l'autre sous la domination des Mèdes. Il est avéré, du reste, que ni Darius ni ses successeurs ne font la moindre mention d'édifices élevés en Perse par leurs prédécesseurs, ce qui rend hors de doute que ce pays n'a pas formé à cette époque le centre d'une royauté tant soit peu importante. Enfin, l'attachement des Achéménides pour Suse était telle qu'à partir de Cyrus ils ne buvaient d'autre eau que celle du fleuve qui passe à Suse, le Choaspès, eau qu'on renfermait dans des vases d'argent après l'avoir fait bouillir et qu'on transportait à leur suite sur des chariots (Hérodote, I, 188). A moins de fermer les yeux, il est impossible de ne point y voir l'expression d'un patriotisme ardent et datant de loin. Ces raisons ainsi que celles que j'ai exposées dans mes écrits antérieurs sur cette question ne sont nullement contredites par le titre « roi de Perse » que le chroniqueur babylonien donne une fois à Cyrus, cela prouve seulement que ce prince était alors maître de la Perse. Cyrus prend aussi le titre de « roi de Babylone »; s'en suit-il qu'il est d'origine babylonienne ou seulement qu'il résidait à Babylone? Quoi de plus naturel que celui qui gouverne tant de pays par le droit de la conquête soit nommé roi de ces pays? Ce qui importe, c'est le titre officiel que le conquérant donne lui-même à sa famille; or, ce titre, solennel entre tous, n'est autre que celui de « rois de Suse » ou bien, « roi de Susiane ».

Cependant M. B. (seconde manière) assure qu'il est historiquement impossible que les ancêtres de Cyrus aient été rois de Suse et de la Susiane. Voici comment il formule son objection : « Les ancêtres de Cyrus, rois, comme lui, de la ville d'Ansan, sont contemporains des rois de Babylone: Nabopolassar, Nabuchodonosor, Nabonid. Or, lors de la ruine de l'empire de Ninive..., quand Cyaxarès, roi des Mèdes, et Nabopolassar, roi de Babylone, s'en partagèrent les dépouilles, le roi de Babylone joignit à ses possessions la province d'Elam dont Suse était la capitale. Suse fit, depuis cette époque, partie de l'empire chaldéen qui ne fit que s'accroître sous Nabuchodonosor ; les frontières en restèrent intactes du côté de la Médie, et la paix que Nabuchodonosor avait conclue avec Astyage, roi des Mèdes, ne fut pas troublée un seul instant. Suse faisait encore partie de l'empire chaldéen peu avant la prise de Babylone par Cyrus... S'il en est ainsi, comment M. Halévy peut-il placer dans cette ville les ancêtres de Cyrus? » A cette histoire *sui generis* puisée dans je ne sais quel manuel, ma réponse sera très catégorique :

1° Il n'est pas vrai que Nabopolassar ait aidé Cyaxarès à détruire Ninive. Les tablettes d'Assurahiddin II, dernier roi d'Assyrie, ne mentionnent parmi les envahisseurs que les Maniens (Arméniens), les Gimirs (Scythes ?) et les Mèdes ; point de trace des Babyloniens.

2° N'ayant pas contribué à la défaite de l'Assyrie, Nabopolassar n'eut pas à en partager les dépouilles. Si Nabuchodonosor reprend les pays occidentaux qui faisaient jadis partie de l'empire assyrien, c'est que les Mèdes étaient engagés alors dans de longues guerres avec les peuples du nord, surtout avec la grande puissance lydienne.

3° Les rois de Babylone, loin d'avoir conclu un traité de paix avec les Mèdes, étaient constamment les alliés de leurs adversaires, les rois de Lydie (Hérodote, I, 77). C'est en faveur d'un de ces derniers que Labynète Ier (probablement Nabuchodonosor) assisté de Syennésis, roi de Cilicie, fut médiateur de la paix entre les deux puissances belligérantes (*ibidem*, I, 74). Il y a plus, Hérodote nous apprend que les fortifications de Babylone ainsi que les œuvres de défense qui furent construites dans le reste de la Babylonie sous les premiers rois indépendants (Nitocris) avaient été exécutées dans le but de prévenir l'attaque des Mèdes (*ibidem*, I, 185). On voit par là que si les Mèdes se sont abstenus d'attaquer les Babyloniens, ce n'était pas par amitié pour ceux-ci, mais parce qu'ils les avaient trouvés en parfait état de défense et assurés en outre du secours des Lydiens. Ceci est tellement vrai que Cyrus lui-même n'osa envahir la Babylonie avant d'avoir renversé la puissance de Crésus.

4° La Susiane, même après la terrible invasion d'Assurbanipal, a conservé son indépendance intacte et n'a pas été annexée à l'Assyrie. Depuis le départ de l'envahisseur, ce pays, ruiné mais indomptable n'a certainement pas tenté la cupidité de Nabopolassar qui avait avant tout à se prémunir contre la puissance menaçante des Mèdes, et lorsque Nabuchodonosor se sentit assuré de ce côté, il préféra se jeter sur des pays riches et depuis longtemps soumis à l'empire assyrien. Aucun intérêt n'eût pu l'engager dans une longue guerre contre des montagnards pauvres, qui dans l'intervalle s'étaient réunis, braves et compactes, sous le drapeau de rois capables venus de la Perse. Tout porte donc à croire que la Susiane n'eut rien à démêler avec le nouvel empire babylonien. Du côté de la Médie le danger était plus réel, surtout après que Phraortès eut asservi les Perses, mais là encore la bravoure et la pauvreté des habitants, d'une part, la proximité de la Babylonie de l'autre, voilà des considérations qui ont dû militer dans le conseil des rois mèdes en faveur de l'abstention. N'oublions pas que les Susiens étaient les fidèles alliés de Babylone contre la puissance assyrienne, leur ennemie commune. Les malheurs de la Susiane qui formaient le pendant de l'asservissement de la Babylonie durent cimenter encore plus solidement l'amitié entre les deux pays ; et l'on veut que la Babylonie ait cherché à asservir le seul peuple ami sur lequel elle pouvait compter en cas de nécessité? Evidemment ce n'est pas sérieux. J'ai à peine besoin de dire que la présence du prophète Daniel à Suse, la troisième année de Balthasar (Dan., VIII, 2) ne prouve pas le moins du monde que cette capitale appartenait au roi de Babylone, car Suse reçut une population juive aussitôt après l'exil des dix tribus (Isaïe, XI, 11) et les Juifs se déplaçaient facilement d'un pays à l'autre sans éveiller l'attention.

Les considérations qui précèdent suffisent pour démontrer que la Susiane, grâce à la rivalité des empires mède et babylonien, garda son indépendance sous le gouvernement des premiers Achéménides. Les Perses, impatients de secouer le joug avilissant des Mèdes, cherchaient un chef et Cyrus n'eut qu'à se montrer pour qu'il fût acclamé par ses compatriotes, lesquels trouvaient en lui un prince de leur sang et un général habile. Ainsi s'établit la réunion de la Perse et de la Susiane en un seul royaume, et les Susiens, contents de l'accroissement de puissance de leur dynastie, restèrent tranquilles jusqu'au moment où Darius, fils d'Hystaspe, qui leur était étranger, se fût emparé du trône perse.

Ayant établi le résultat historique, il faut que je m'arrête encore un instant sur le nom géographique *An-cha-an* qui cause tant d'embarras à mon contradicteur. M. B. insinue que j'ai dû abandonner l'assimilation de *An-cha-an* (avec *chin*) et de *An-za-an* (avec *zaïn*) qui figure dans les inscriptions officielles des rois de Suse. Rien n'est moins vrai : tout ce que j'ai dit c'est que l'équation *An-cha-an* = Suse est indépendante de ladite assimilation. Au contraire, je suis aujourd'hui plus convaincu que jamais de la presque identité de ces expressions qui, prises dans un sens général, désignent la Susiane. La preuve réside dans la formule même que M. B. extrait des textes susiens.

Chutruk-Nahunti châk Halludus An-in Chuchinak gîg sûnkik An-za-an Chuchunqa.

Remarquons d'abord que dans la vieille traduction que suit M. B. il y a autant d'erreurs que de mots ; le sens exact est « Chutruk-Nahunti, fils de Halludus, adorateur de Chouchinak (dieu suprême

des Suses), souverain du royaume de Anzan (et) de Chouchounka ».
Les deux derniers noms représentent visiblement les deux divisions
administratives de la Susiane, de même que les noms de Sumir et
d'Akkad présentaient l'ensemble de la Babylonie. De la ressemblance de *Chuchunqa* avec *Chuchun*, nom indigène de Suse, il
ressort avec certitude que le premier désigne la province même
où était située la capitale, c'est-à-dire la partie orientale de la Susiane, celle qui confine à la Perse. S'il en est ainsi, il s'ensuit que
An-za-an désigne la partie occidentale, celle qui avoisinait le bas
Tigre et la mer adjacente. Mais cette partie de la Susiane est
précisément le *Elam* des inscriptions assyriennes et non point
la Perse comme l'a imaginé tout gratuitement M. B., qui semble
même oublier que la Susiane atteint le golfe Persique. En effet,
les rois de ces inscriptions dont les noms portent un cachet susien
et qui résidaient à Suse n'auraient pas mentionné *An-za-an*
en premier lieu si c'était un pays étranger. Il y a d'ailleurs encore
d'autres preuves tirées des textes cunéiformes contre la nouvelle
hypothèse de M. B., d'après laquelle la Perse aurait anciennement fait partie du royaume susien ; c'est une fiction qui s'évanouit au moindre examen. Maintenant l'analogie de *An-za-an* et
An-cha-an étant frappante et indubitable, on en conclut aisément
que le dernier terme répond également au nom géographique
d'Elam qui, chez les Sémites, désignait par extension la Susiane
tout entière (Daniel, VIII, 2 et textes cunéiformes). Ceci dit, on
s'explique parfaitement pourquoi les scribes de Cyrus remplacent
la syllabe *za* par *cha ;* leur but est de mettre le lecteur assyrien en
mesure de déchiffrer du premier coup le nom populaire *Asschan*[1]
de la province d'*An-za-an*. Voilà le mot de l'énigme qui a entraîné
M. B. dans des conjectures à perte de vue. En d'autres termes :
l'application à la Susiane du complexe idéophonique *An-cha-an*
s'imposerait alors même que le rapprochement de *An-za-an* eût
été inconnu ou reconnu comme inexact, ce qui, on vient de le
voir, n'est nullement le cas. Je crois que c'est assez clair.

Troisième question. — *Qui est Balthasar ?*
Dans sa thèse numéro 1, ayant rejeté par un argument bien
futile l'identité de ce personnage avec Nabonid, M. B. a fait régner
Balthasar « pendant quelques semaines » dans Babylone assiégée
par l'armée de Cyrus. Selon lui, la révolution qui éclata dans la
province d'Akkad à l'apparition de Cyrus était dirigée non en fa-

---

[1] La lecture *Chouchan* est exclue par cette raison que la forme hiératique assyrienne de Suse est *Su-sin-ki*. Cette circonstance m'a échappé plus haut.

veur du conquérant mais en faveur de Balthasar, fils de Nabonid, qui était aussi chéri du peuple babylonien que son père en était détesté. Balthasar, accouru de la province et ayant détrôné son père dans la capitale assiégée, serait mort en *roi* et pleuré par les habitants ; car, d'après M. B., le sujet de *il mourut* se rapporte à Balthasar et non à Nabonid comme l'ont pensé les assyriologues dont il a emprunté la traduction. Il me paraît inutile de répéter ici les considérations que j'ai exposées dans ma réponse contre cette thèse aussi gratuite que dénuée de fondement. Par surcroît de malheur, le perspicace auteur s'est aperçu un peu trop tard que le livre de Daniel mentionne la troisième année du règne de Balthasar (VIII, 1). Au lieu de reconnaître sincèrement son erreur, M. B. aime mieux la passer sous silence et lui substituer sans broncher une nouvelle thèse qui ne conserve de la première que la « violente substitution de sujet » du célèbre *il mourut,* mais en diffère pour tout le reste. D'après cette thèse numéro 2, que M. B., sans le dire, a purement et simplement empruntée à la « Chronologie » de Larcher, Balthasar aurait été associé au trône de son père Nabonid et aurait pris seul les rênes du gouvernement à la retraite de celui-ci, retraite qui aurait eu lieu trois ans avant la prise de Babylone par Cyrus. On sait que Larcher a inventé cette retraite tout exprès afin de caser convenablement le récit de Daniel, et M. B. qui l'accepte poursuit le même but. Cela irait à merveille s'il n'y avait pas une petite difficulté imprévue : c'est que les meilleurs historiens de l'antiquité, Hérodote, Bérose et Ptolémée, sans compter les autres, disent formellement que Nabonid était le dernier roi de Babylone, celui même que Cyrus détrôna lorsqu'il se fut emparé de la ville. A ces autorités respectables dont M. B. se constitue parfois le défenseur, même sur des points très secondaires, viennent se joindre les témoignages oculaires du chroniqueur babylonien et du scribe de Cyrus, qui ne parlent que de Nabonid et de son détestable gouvernement auquel ils attribuent la chute de la dynastie nationale et son remplacement par une dynastie étrangère. Ceci exclut absolument la possibilité d'intercaler entre Nabonid et la prise de Babylone un règne de trois ans d'un caractère restaurateur et jouissant de l'affection de tout le peuple. Il y a plus, dans cette hypothèse, Nabonid n'aurait régné que quatorze ans au lieu de dix-sept que lui donnent d'un commun accord les auteurs et les inscriptions. M. B. ne s'est même pas demandé contre qui aurait été dirigée alors l'insurrection d'Akkad si Nabonid avait déjà abdiqué au trône depuis trois ans en faveur du populaire Balthasar. En un mot, la thèse numéro 2 de M. B. s'en va rejoindre sa thèse numéro 1 dans la région des brumes éternelles d'où elles n'auraient dû jamais sortir, et le seul moyen de sauver le règne de Balthasar est celui que j'ai indiqué dès le début, savoir : l'identification de ce prince avec le Nabonid des historiens et des documents indigènes. Les cas où le père et le fils portent le même nom sont tellement fréquents qu'il ne subsiste pas une ombre de difficulté à l'admettre dans cette circonstance particulière.

Après avoir élucidé les trois questions principales, je suis obligé de toucher la question concernant Darius le Mède et d'autres points secondaires auxquels M. B. donne quelques développements dans son second article et qu'il représente d'une manière peu exacte. A propos de Darius le Mède, M. B. a fait une nouvelle étude afin d'appuyer l'opinion de Josèphe qu'il fait sienne et d'après laquelle Darius le Mède serait le même que Gobryas ou Gubaru (non Ugbaru), général de Cyrus que mentionnent les inscriptions cunéiformes. Voici les ressemblances qu'il signale entre ces deux personnages : « 1° Gobryas comme Darius le Mède est d'origine mède, car Cyrus représente les Perses tandis que Gobryas est particulièrement le chef des Mèdes. Darius le Mède était probablement descendant des anciens rois de Médie, car Josèphe dit qu'il était parent de Cyrus ; 2° Gobryas comme Darius le Mède est établi gouverneur de Babylone, après la prise de la ville : le texte d'Hérodote le dit formellement..., les inscriptions disent que Ugbaru fut établi « gouverneur de la ville, pour gouverner sous les ordres de Cyrus » ; 3° Cyrus aurait dû prendre le titre de « roi de Babylone » dès la prise de la ville... ; or, les contrats datés de son règne ne lui donnent ce titre que trois ans après son entrée dans la capitale de la Chaldée : il existe donc là une lacune qui se trouve comblée par la vice-royauté de Gobryas ou Darius le Mède ». Fort des découvertes de sa nouvelle étude M. B. me demande pourquoi je conteste cette identification et m'invite un peu trop brusquement à « fournir des preuves ». Je vais donc essayer de contenter M. B., peut-être un peu plus qu'il ne le voudrait dans l'intérêt de sa thèse. car les preuves abondent pour démontrer le caractère chimérique de toutes ces assertions.

Premièrement, l'origine mède de Gobryas ne repose sur aucune donnée authentique. La haine des Perses contre les Mèdes, leurs oppresseurs, était encore trop forte au temps de Cyrus pour que celui-ci ait choisi son général en chef parmi cette nation. Gobryas était donc de nationalité perse et très probablement le même qui dix-sept ans plus tard aida Darius à tuer le mage (Hérodote, III, 78). Ce fait résulte également de sa parenté avec Cyrus, car, d'après le témoignage explicite des textes cunéiformes, ce conquérant descend directement d'Achéménès et n'a aucun lien de famille avec des personnages mèdes, comme le croyaient à tort les auteurs grecs. Il est étonnant que M. B. ne se soit aperçu que la donnée de Josèphe ruine son affirmation relative à l'origine mède de Gobryas.

Deuxièmement, Gobryas n'a jamais régné. La chronique babylonienne nous apprend qu'il était ancien gouverneur de *Guti*, province du Kurdistan. Il n'a jamais été nommé gouverneur de Babylone, comme on l'avait admis au début sur la foi du premier traducteur. Le texte dit seulement que Gobryas et les autres gouverneurs qui étaient à la tête de l'armée furent chargés d'exécuter les ordres de Cyrus relatifs à l'amnistie générale et à la réintégration dans leur lieu d'origine des divinités retenues dans le panthéon de Babylone :

Kurach chulum ana Babili gabbichu kibi, Gubaru pihatichu pihati (signe du pluriel) ina Babili iptekid, u ullu arhi Kisilimi adi arhi Adari ili cha mat Akkad cha Nabunaid ana Babili ucheriduma ana manuhichun uttiru.

« Cyrus proclama une amnistie générale aux Babyloniens (mot à mot : « annonça la paix à la totalité de Babylone ») et il en confia l'exécution à Gobryas son (ancien) gouverneur et à (ses autres) gouverneurs (qui étaient) à Babylone ; et, depuis le mois de Kislew jusqu'au mois d'Adar, il fit rétablir dans leurs sanctuaires (mot à mot : « leur lieu de repos ») les dieux du pays d'Akkad que Nabonid avait fait descendre à Babylone. »

De là à faire de Gobryas un « gouverneur pour gouverner sous Cyrus », il y a bien loin. Encore plus fantaisiste est la tentative d'en faire pendant deux ans un vice-roi de Babylone.

Troisièmement, la prétendue lacune de deux ans que M. B. comble par la vice-royauté de Gobryas repose à la fois sur une fausse argumentation et sur deux erreurs de fait. De ce que les contrats d'intérêt privé appellent Cyrus « roi des pays » pendant les deux premières années subséquentes à la conquête, on peut conclure tout au plus que les Babyloniens, revenus de leur premier mouvement favorable, hésitaient à admettre le conquérant comme leur roi légitime, non pas que le conquérant lui-même ne se servit pas du titre de « roi de Babylone ». L'absence de ce titre n'aurait de valeur que si elle se faisait remarquer sur une inscription émanée immédiatement de Cyrus, et une pareille inscription est encore à découvrir. Les erreurs de fait sont d'autant plus graves qu'elles dénotent une insouciance absolue de choses que l'auteur avait à sa portée. En effet, M. B. n'avait qu'à ouvrir les *Documents juridiques* de MM. Oppert et Ménant à la page 267 pour trouver un contrat daté de la seconde année de Cyrus où celui-ci porte le titre de « roi de Babylone, roi des pays ». Voilà donc la prétendue lacune restreinte à une année, même dans les actes d'intérêt privé. En ce qui concerne la première année, le simple bon sens indique que l'inscription de Cyrus n'a pas été gravée longtemps après les évènements qu'elle raconte, lesquels évènements consistent dans la prise de la ville, les restitutions des divinités et la permission donnée aux étrangers de retourner chez eux et d'y exercer librement leur culte. Tout cela a été exécuté dans la première année (Esdras, I, 1) ; or, dans cette inscription, Cyrus prend officiellement le titre de « roi de Babylone, roi de Sumir et d'Akkad ». Voilà la prétendue lacune tout-à-fait comblée au point de ne permettre la moindre intercalation. La seconde erreur, relative à Gobryas, est encore plus incroyable, car la chronique babylonienne dit formellement que Gobryas quitta Babylone huit jours après l'entrée de Cyrus, et comme il n'en est plus question dans les textes contemporains, on peut admettre avec une presque entière certitude que, la guerre terminée, Gobryas retourna dans sa province, et qu'il continua de la gouverner jusqu'à l'usurpation du faux Smerdis. Au reste, si Cyrus avait éprouvé le besoin d'établir une vice-royauté à Babylone, il aurait confié cette charge à son fils Cambyse qu'il associa en effet à son trône quelques années plus tard. On sait maintenant par de nombreux contrats que Cambyse prit le titre de « roi de Babylone » du vivant de son père, celui-ci aurait donc dans tous les cas préféré son fils à un étranger.

En un mot, l'identification de Darius le Mède avec Gobryas est renversée par des faits historiques d'une authenticité incontestable.

Je ne relèverai qu'en passant les dernières remarques de mon ingénieux contradicteur qui n'ont d'autre but que d'atténuer les erreurs que je lui ai signalées dans son premier écrit. La méthode des « substitutions » lui rend toujours de très bons services. A la demande : « ou Darius affecte-t-il de participer à la religion et aux usages des *Sémites* », il me renvoie aux textes *égyptiens* et il semble ignorer que ce prince ne permit de continuer la construction du temple de Jérusalem, que lorsque les Juifs eurent réussi à faire découvrir la minute de l'édit de Cyrus (Esdras, VI). M. B. est bien libre d'admettre l'opinion de M. Oppert sur les Mèdes, mais il ne peut pas s'en faire une arme pour combattre celui qui est d'un avis différent : la « pétition de principe » demeure donc entière. Enfin, quand on ne sait pas que l'expression « Sumir et Akkad », inclut Babylone, il faut simplement s'abstenir de traiter des sujets assyriologiques.

Pour terminer, je crois utile de résumer très succinctement les résultats des précédentes recherches :

1° Les ancêtres de Darius, Arsamès et Ariaramnès, n'ont pas régné.

2° Les Achéménides de la branche de Cyrus ont régné à Suse et non pas en Perse.

3° Balthasar est le même que Nabonid ou n'est pas.

4° Darius le Mède ne peut pas être le même personnage que Gobryas.

Ce résultat est l'antipode de la thèse numéro 2, de M. B. ; je m'arrête maintenant en laissant à de plus savants ou à de plus habiles que moi à décider si les thèses futures de M. B. sur l'histoire de Cyrus méritent un meilleur sort.

VIII

Corpus inscriptionum semiticarum ab academia inscriptionum et litterarum humanarum conditum atque digestum. — Pars prima, inscriptiones phænicias continens. — Tomus I. Fasciculus primus. *Parisiis e Reipublicae typographeo,* MDCCCLXXXI.

Le monde savant apprendra certainement avec la plus vive satisfaction que l'œuvre projetée, il y a quatorze ans, par l'Académie des Inscriptions et Belles-lettres et si impatiemment attendue par tous les orientalistes, vient enfin de recevoir un commencement d'exécution. J'ai sous les yeux le premier fascicule du *Corpus inscriptionum semiticarum* coquettement broché et imprimé avec cette netteté et cette élégance artistique que notre imprimerie nationale sait donner à tout ce qui sort de ses ateliers. Souhaiter la bienvenue à une œuvre de premier ordre qui sera une gloire impérissable non-seulement au corps scientifique qui l'a produite, mais aussi à la nation au milieu de laquelle elle a pu être créée, est pour moi un devoir et un honneur. Un devoir, parce que, ayant été personnellement attaché pendant quelques années aux travaux préparatoires de ce recueil, j'ai appris par expérience avec quelles difficultés il faut lutter quand il s'agit de déchiffrer des textes frustes et la plupart du temps fragmentaires, comme l'est la grande majorité des monuments qui nous sont parvenus de l'antiquité sémitique; c'est donc une affaire de conscience pour moi de faire comprendre à ceux qui s'étonnent de la lenteur relative avec laquelle l'œuvre académique a été menée jusqu'ici, combien de recherches patientes et d'efforts persévérants ont été exigés avant qu'on ait pu songer à en présenter les résultats au grand public. Un honneur, parce que, bien que j'aie été privé en 1877 de cette modeste collaboration, M. Renan, le signataire du fascicule, a bien voulu accueillir et consigner dans cet ouvrage magistral plusieurs de mes opinions exprimées oralement, de sorte que mon nom y figure souvent à côté d'auxiliaires plus autorisés tels que MM. Philippe Berger, Clermont-Ganneau et Hartwig Derenbourg. Voilà, ce me semble, des raisons suffisantes pour que je me charge de soumettre aux lecteurs de la *Revue critique* une analyse succincte, mais complète et impartiale, de l'œuvre de la commission. Si la recherche méticuleuse du détail découvre des points faibles soit dans l'exécution matérielle soit dans le choix de certaines interprétations, cela ne saurait nuire au mérite de l'ensemble. M. Renan a retracé à grands traits dans la préface l'origine et les péripéties de l'entreprise scientifique qui nous a valu ce précieux échantillon du *Corpus inscriptionum semiticarum*.

A la séance du 25 janvier 1867 de l'académie des Inscriptions et Belles-Lettres, M. Renan fit une proposition, en son nom et au nom de MM. de Saulcy, de Longpérier et Waddington, tendant à la publication sous les auspices de ladite académie, d'un *Corpus inscriptionum semiticarum* vivement réclamé par la science et ne pouvant être fait nulle part plus naturellement qu'en France. Le 1er février de la même année, la commission des travaux littéraires, à l'examen de laquelle le projet avait été renvoyé, émit un avis favorable et chargea M. le Président de proposer à l'académie, conformément à la demande des auteurs du projet, de nommer une commission spéciale de six membres, plus les membres du bureau, qui serait chargée de l'examiner à fond et d'en faire un rapport. Le 8 février, l'académie élut six de ses membres : MM. de Saulcy, Mohl, de Rougé, Renan, de Slane, Waddington, plus M. de Longpérier, président de l'académie, M. L. Renier, vice-président et M. Guigniaut, qui élaborèrent un rapport qui, après avoir adopté le projet, trace le plan de l'ouvrage dans les grandes lignes en laissant à l'expérience la faculté d'y introduire des modifications qui sembleraient nécessaires. En voici un résumé substantiel. Le recueil contiendra tous les textes anciens en langues sémitiques et en caractères sémitiques [1] qui ne sont pas postérieurs au moment où l'épigraphie et la numismatique arabes, par la fixation définitive de l'écriture coufique, arrivent à une forme en quelque sorte classique et arrêtée, c'est-à-dire aux premières années de l'Hégire. Exception est faite en faveur des monuments de l'écriture mendaïte, des plus anciens manuscrits syriaques, de beaucoup d'inscriptions hébraïques et des inscriptions éthiopiennes, bien qu'ils soient postérieurs à l'islamisme. Quant à la nature des textes qu'il conviendrait d'admettre dans le recueil, la commission a décidé qu'il faudrait y donner place : 1° aux ins-

---

[1] Par cette épithète, l'Académie entendait exclure les inscriptions sémitiques rédigées en écriture cunéiforme. Il eût été plus exact de dire *écriture alphabétique*, car le système syllabique cunéiforme est de droit plus sémitique que l'écriture phénicienne elle-même, qui a sa base dans l'écriture hiéroglyphique des Égyptiens.

criptions proprement dites ; 2º aux pierres gravées ; 3º aux monnaies ; 4º aux papyrus. Tous ces documents seront publiés intégralement. Pour les manuscrits, on se contenterait d'en donner des fac-similés choisis pouvant servir aux comparaisons paléographiques. Les divisions de l'ouvrage seraient celles de la paléographie sémitique elle-même; la géographie fournirait les subdivisions. On s'appliquerait, avant tout, à donner la représentation la plus exacte possible de chaque monument. Des fac-similés seraient, s'il est possible, insérés dans le texte de l'ouvrage, afin d'éviter de constituer un atlas de planches distincts du texte. Le format sera analogue à celui du *Corpus inscriptionum latinarum* de l'académie de Berlin. Après la reproduction du monument, on donnerait la transcription en caractères typographiques et une traduction où l'on distinguerait soigneusement ce qui est certain, probable, douteux. Sur les passages douteux on énumérerait les différentes opinions. Pour chaque monument, on donnerait l'histoire succincte de sa découverte, de son interprétation, une bibliographie aussi complète que possible de tous les écrits où il en a été traité. En tête de chaque livre il y aurait une introduction paléographique et historique [1]. En ce qui concerne la langue dans laquelle il conviendra de rédiger le recueil, la commission a pensé que le latin aurait l'avantage d'offrir un langage scientifique concis, exact, fixé dans ses moindres formules, excluant toute couleur personnelle dans le style prévenant la tentation des développements étrangers au plan strict de l'ouvrage ; les grands recueils du même genre qui se publient à l'étranger sont écrits en latin [2]. A la date du 17 avril, on élut un comité d'exécution composé de six membres : de Saulcy, Mohl, de Slane, Renan, de Longpérier, Waddington. Les trois premiers étant morts, on les remplaça par MM. de Vogüé et Derenbourg. Les travaux ont été distribués parmi ces membres de la manière suivante : la partie phénicienne a été confiée à M. Renan, la partie araméenne à M. Melchior de Vogüé, la partie arabe et himyaritique à M. Derenbourg et enfin la partie numismatique à MM. de Longpérier et Waddington. Les auxiliaires plus ou moins officiels de l'œuvre sont MM. Philippe Berger, Eugène Ledrain et Hartwig Derenbourg.

Voilà ce que nous avons tiré de la préface relativement à l'exé-

---

[1] Cette promesse n'a malheureusement pas été tenue dans ce fascicule.

[2] On doit regretter qu'on ait suivi sur ce point l'exemple des savants allemands, dont la langue maternelle est moins répandue que le français ; on eût ainsi évité les lourdes circonlocutions pour exprimer les idées de *impression, estampage, photographie*, et une foule d'autres termes et constructions qui ne rappellent que de fort loin l'allure majestueuse de la langue de Cicéron.

cution du *Corpus,* examinons maintenant en détail l'interprétation des textes dont se compose ce fascicule.

N° 1. Inscription de Byblos, p. 5. — Le nom *Yehavmelek* est rendu par « Ille cui Melek dat vitam » tandis que les noms analogues *Yehavalon, Baalyehay* et *Kemoschyehay* sont rendus simplement par « Elon (*sic*) dat vitam », « Baal dat vitam », « et Kemosch dat vitam » sans relation aux personnes qui le portent. — Le nom possible *Urimelek* est comparé au nom d'ange postbiblique *Uriel,* mieux vaudrait le nom d'homme biblique *Uriah.* — La légende fruste de la médaille de Byblos y figurée n'est certainement pas *ligebal Kaduschat,* mais *Gebal melek.* — Quand on respecte la grammaire, on ne peut pas traduire *ha'orat haruç* par *caelatura sculpta;* il faudrait pour cela *ha'orat haruçat.* — P. 6. Le mot trilitaire qui se termine par *t* et dont les deux premières lettres sont effacées ne peut pas être restitué, même conjecturalement, par *tahnan* qui se compose de quatre consonnes et ne se termine pas par *t.* — Le mot mutilé qui commence par *veha* montrant la trace de trois lettres seulement ne peut pas être restitué *râ'schim* qui en a quatre. — P. 7. Je ne comprends pas l'objection qui est faite contre mon explication des lignes 12-13. Yehavmelek n'impose pas aux constructeurs futurs de surmonter leurs constructions additionnelles de la formule *Ego N. feci,* mais de poser sur la partie ancienne son nom à lui, Yehavmelek, en cas que ce nom fût effacé par l'âge, afin qu'on sache qu'il en est le constructeur principal. C'est là une formule qui termine presque toutes les inscriptions architecturales des rois d'Assyrie et qui, de l'aveu même de l'auteur, trouve de fréquents parallèles dans les textes égyptiens. — Même en admettant la leçon *ittak* pour *anok,* mon interprétation n'en reste pas moins exacte : le membre de phrase signifie littéralement : « mais si tu ne mets pas mon nom avec toi », c'est-à-dire avec le tien (cf. l'expression assyrienne *ittika.*) La lecture admise : *sâm anok Yehavmelek [melek Gebal pânai be] pô'el meleket hu* est tout à fait inconcevable, car la locution *sûm pânim b.,* signifie tout au plus « être irrité contre quelqu'un » ; or, ce n'est pas la colère de Yehavmelek qui empêchera les contrevenants, ce sont ses malédictions seules qui peuvent les intimider ; il faut donc que ces malédictions se trouvent dans le passage. — Que la forme du vocatif *attâ hââdâm zé* n'est pas contraire à l'usage des langues sémitiques, c'est ce qu'on voit dans Jérémie, II, 31.

N° 2. Inscription d'Eschmounazar, pp. 8-20. — Une comparaison telle que le prétendu *banmôn* pour *bammôn* et l'araméen *mâmôna* « richesse, mammon » ne devait pas figurer au *Corpus.*

— J'ai depuis longtemps renoncé à la lecture *berinnám* et je traduis le membre de phrase *al tischma' bedênim* (= héb. *bedêhem*) par « ne les (m. à m. : « à eux ») écoute pas ». — P. 17. Pourquoi le mot *addîr* aurait-il un sens mythologique et tout spécialement infernal ? — L'identification du phénicien *hmt* avec l'hébreu *hémmâ* « eux, ceux-là » est insoutenable, puisque la forme hébraïque correspond à l'araméen *himmôn*. J'y insiste d'autant plus que les mots : *Halévy monet himjariiice hmt eodem sensu exstare* peuvent faire croire que j'ai quelque part à cette *vérité*. Une forme *keânôk* au lieu de *kâmôni* est inimaginable en phénicien. La comparaison de l'arabe dans ce cas n'est de nulle valeur pour les langues du nord. — La supposition que le mot *nhn* (l. 12) est un doublet, et un doublet difforme du mot précédent *anôk*, semble bien hasardée ; en tout cas ce mot ne devait pas être considéré comme non existant dans la traduction définitive (p. 29) qui offre sans plus de façons : *sicut ego abruptus sum*. En réalité, l'adjectif *nâhôn* « digne de la grâce (divine) » sert ici de préambule à l'énumération des fondations pieuses élevées aux dieux de la Phénicie par le roi défunt, fondations qui lui vaudront maintenant qu'il est mort les récompenses eschatologiques qu'ils réservent à leurs favoris. Sans cette clef, toute la longue période que renferment les lignes 13 à 20 manque de lien avec ce qui précède, attendu que les constructions de temples n'ajoutent en elles-mêmes aucune efficacité aux paroles de leur constructeur, et par conséquent, l'introduction de ladite période par la particule motivante *ki, namque* devient inexplicable. — L. 14. L'opinion de Rödiger, d'après laquelle le mot *ben ben* « petit-fils » se rapporterait à Tabnit ne m'a jamais plu ; je l'ai au contraire combattue dans mes *Mélanges*, p. 27-28. — L. 15. J'ai été, à ce que je sache, le seul à supposer qu'il n'y avait point de génération intermédiaire entre Eschmounazar Ier et Tabnit, et que ce dernier a épousé sa sœur Em'aschtoret ; cette opinion devait donc être consignée comme ayant été isolée dans le temps. — L. 15. Je ne comprends pas l'objection contre ma lecture *bêt [Melqar]t* « temple de Melkart » : ce dieu était particulièrement tyrien, c'est exact, mais il nous faut précisément un dieu qui ne soit pas d'origine sidonienne, car les divinités de cette origine, les *Alônê Cidônim* proprement dits, sont formellement opposées aux autres, les *Alônim* tout court, dans l'énumération de la ligne 18. Je ne crois pas qu'on puisse soutenir que Melkart n'ait pas été adoré par tous les Phéniciens sans excepter les Sidoniens. Par contre, 'Aschtôret, étant une déesse primitivement sidonienne (1 Rois, xi, 5), ne peut pas avoir été rangée parmi les divinités du dehors. — Comment a-t-on pu s'arrêter à la lecture *schâm maadirim* qui donne une locution adverbiale *ibi magnificantes* qui est impossible dans les langues sémitiques ? La lecture *schâmêm addirim* « cieux magnifiques » me semble indubitable et elle oblige en même temps à lire *weyôschîbêni* « il me fera habiter » au lieu de *yischabnê* « *statuimus eam* » se rapportant à Astarté ou plutôt à sa statue. Un fait pareil n'avait pas besoin d'être signalé étant donné que tout temple est fait pour loger la statue du dieu auquel il est consacré. On a vu, du reste, que ce temple était voué à Melkart et non à Astarté. — L. 17. Le sens de la phrase (*anahnu asch baninu bêt*) *le-Eschmun yar qôdesch* (ou *qâdôsch*) *ên Yidlal* ne reçoit malheureusement aucune lumière de la traduction latine (*et nos sumus qui aedificavimus*) *templum Esmuno, nemus sacrum En Yidlal*. Faut-il comprendre un temple, qui est le bois sacré nommé En Yidlal, ou bien un temple et un bois sacré nommé En Yidlal, ou bien encore un temple, un bois sacré, En Yidlal. A la première interprétation on peut objecter 1º qu'un bois n'est pas précisément la même chose qu'un temple ; 2º qu'il est bizarre qu'un bois porte un nom qui signifie « source » (*'ên*). Contre la seconde, on peut faire valoir, outre l'objection nº 2, le manque de la copule dans la phrase phénicienne. La troisième enfin demanderait nécessairement deux copules en phénicien. Peut-être y a-t-il une autre interprétation plus naturelle et plus vraie qui m'échappe. — L. 18. Je persiste à croire que le titre *adôn* (*ê*) *melâkîm* « seigneur (ou seigneurs) des rois » ne se rapporte ici ni au grand roi perse ni à Alexandre, mais aux dieux de la Phénicie qui ont été énumérés un peu plus haut. La mention d'un don magnifique reçu de son roi n'est certes pas absolument hors de propos dans une épitaphe d'un sujet ou d'un courtisan, mais à la double condition de donner les noms et les titres du roi et d'énumérer les services qui lui ont valu la munificence royale. Ces conditions nécessaires manquent dans notre inscription qui est faite d'ailleurs par un roi indépendant quoique tributaire et qui n'offre que les expressions générales et vagues « seigneur des rois » et « les grandes choses que j'ai faites ». Dans mon hypothèse, au contraire, tout est clair et précis : la première expression désigne les dieux distributeurs de royaumes, la seconde les fondations pieuses dont l'énumération précède. Si Eschmounazar avait vraiment eu l'intention de vanter ses prouesses et l'acquisition d'une province à ses compatriotes de Sidon, il aurait eu intérêt à s'en attribuer tout le mérite et à ne pas la représenter comme le don d'un étranger. Enfin ces prouesses de vainqueur et cette acquisition d'une des meilleures provinces de la Palestine détonnent dans la bouche d'un pauvre « orphelin, fils de veuve[1] », mort avant l'âge, qui dans le reste de l'inscription ne fait que réclamer la pitié de ses contemporains. — P. 20. Le nom *Tabnit* donnerait en grec Τάμνιτος (cf. *Yabné* = Ἰαμνια), jamais Τέννης, l'identification de ce dernier roi avec le père d'Eschmounazar manque donc de base.

N° 4, pp. 21, 22, l. 1. — L'idée que le monument ait été élevé après la mort de Bodaschtoret qui n'aurait régné qu'un an, ne repose sur rien, n'explique rien et encombre inutilement le *Corpus*. — L. 3. L'identification de *hbn* avec *kwn* est peu probable ; la première racine se trouve en arabe et en hébreu postérieur avec le sens de « céler, cacher », sens qui a paru facilement passer à celui de « réserver, consacrer, vouer » que réclame ce passage. — L. 4-5. Si *schârôn* signifiait « plaine », le terme *ereç* « terre » serait superflu, et *schârôn zé* suffirait. *Schârôn* est donc un nom propre, et le mot *ereç* en est l'épithète. Ceci rappelle l'expression *Schârôn ereç dâgân* « Schârôn, terre de blé » de l'inscription d'Eschmounazar et rend vraisemblable que le début de la ligne 5 contenait le mot *dâgân* « blé ». Il s'agit donc de la plaine de Schârôn en Palestine, dont la possession si convoitée par Eschmounazar s'est réalisée à l'époque de Bodaschtoret.

N° 5, pp. 22-26. — Cette importante inscription, découverte en Chypre, devait figurer parmi les inscriptions phéniciennes de cette île. La mention du *Ba'al Lebânôn* « seigneur du Liban » et celle de Hiram, roi de Sidon, ne suffisent pas pour lui assurer une origine continentale. Le culte des dieux phéniciens était très répandu dans les colonies. D'autre part, les villes phéniciennes de Chypre devaient souvent avoir des gouverneurs envoyés de la mère patrie, surtout dans les premiers temps de leur fondation. La mention de *Qarthadast*, qui est certainement une ville chypriote, confirme cette provenance. — La traduction des mots lus *berê'schit nehoschet* par *aere optimo* est inadmissible ; la particule *b* s'y oppose : le *b* du mot *bescheqel* (Exode XXX) qu'on invoque n'indique pas la qualité mais l'espèce. Il faut lire *berôs'chot nehoschet* « avec des têtes de bronze ». Il s'agit sans doute des têtes de bronze qui ornent souvent les cratères.

N° 6, p. 27. — Le mot *ba'al'akaz* ne donne aucun sens, ne faudrait-il pas lire plutôt *Ba'al-'Akê* « Ba'al de Akkô ou de Ptolemaïs » ?

N° 7. Inscription d'Oum-el-Awâmid, p. 31. — Qu'est-ce que c'est que le mot *kâlâti* et comment peut-il signifier *sepulchralis* ? —

---

[1] C'est l'expression que la traduction adoptée trouve aux lignes 3 et 13 et que je n'y rencontre pas.

Comment le suffixe de *betaclité* « *pro exsecutione illius* », en admettant que la traduction soit exacte, peut-il se rapporter à *votum* qui n'est pas exprimé dans l'inscription ? — P. 32. Une Laodicée, voisine de Tyr, n'est nulle part mentionnée dans les Talmuds. Le fait raconté dans Menâhôt, 86 *b*, d'après lequel les gens de Léodicée, ayant eu besoin d'une grande quantité d'huile, ne l'ont trouvé ni à Jérusalem ni à Tyr, mais uniquement à *Gousch-hâlâb* (Giskala?) ne prouve pas que Laodicée et Tyr aient été des villes voisines. Aussi, M. Neubauer (*Géographie du Talmud*, p. 299) contrairement à ce qu'on lui attribue en le citant, dit-il expressément qu'il s'agit de Laodicée de Syrie, située au nord d'Aradus.

Nº 8, p. 32-33, l. 1. — La « scriptio defectiva » de *malak* pour *mal'ak* dans le Coran, ne prouve rien pour le phénicien, parce que ce mot, malgré l'existence de la racine *laaka* en arabe, est emprunté à l'hébreu.— L'assertion qu'au nº 86ª l'orthographe *meleket* et *mel'eket* est *indiscriminatim sumpta* ne se justifie pas comme on le verra plus loin. — *Iahve Sebaot* ne peut pas figurer dans la catégorie des noms qui se composent de deux noms de divinités joints ensemble, Sebaot n'étant jamais employé à lui seul comme une désignation de Dieu ; c'est une contraction de la forme pleine *Iahvé elohê haççebâôt* (Osée, xii, 6) « Iahvé, dieu des légions (célestes et terrestres. Cf. Genèse, ii, 1). »

Nº 9, p. 34. — Sur le nom ancien et biblique d'Oumm-el'Awâmid, voyez le procès-verbal de la séance de la Société asiatique de novembre 1881.

Nº 10, p. 37. — L'identité de Pumayaton avec Pygmalion, le roi de Citium, dépossédé par Ptolémée I Soter, environ 312 ans avant l'ère vulgaire, ne repose pas sur l'assonnance des noms. Rien n'empêche de croire que le fils de Puyamaton, mentionné dans l'inscription nº 10, soit ce Pygmalion. Pour l'origine de ces deux noms, voyez J. As. l. c. — P. 38. Les allusions aux *Rescheph*, comme dieux guerriers et destructeurs, ne manquent pas dans la Bible. Voyez Deutéronome, xxii, 24; Habakuk, iii, 5 ; Job, v, 7. Dans ces passages, les talmudistes ont formellement reconnu une certaine catégorie de démons et ce n'est que l'exégèse rationaliste qui les a transformées en étincelles. D'après une Agada (Pesahim iii[b]) les *Rischpê* habitent les toits (*Igarê, alias* les terrains foulés, les carrefours? *nigrê*). Quant à l'élément *héç*, l'analogie de *Rescheph-Mikal* = Appollon Amycléen, rend presque certain qu'il représente un nom de ville et non le substantif « flèche ».

Nº 11, p. 40.— Il n'y a aucune raison pour considérer le nom de mois *Mirpaim* comme un duel ; on ne s'attend pas à ce nombre dans les noms de mois phéniciens. Il est d'ailleurs très probable qu'il faut prononcer *Merappe* et *Merappeim*, car ce mois paraît avoir été consacré à *Eschmoun*, l'Esculape phénicien, et aux autres dieux guérisseurs. — P. 41, l. 3. On n'a pas tenu compte du *yod* qui suit le mot *le'aschtoret* « à Astarté ». — La formule finale semble être *ki schâmâ' qol* « parce qu'elle a entendu (sa) voix ».

N° 13, p. 43, l. 3. — Le nom de la déesse se lit vraisemblablement *Em-ha-Azirat* « mère de Azirat ». Je vois dans Azirat la ville libyenne connue sous le nom d'*Aziris* ou *Azilis* (Voir Et. de Byzance sous cet article).

N° 16, p. 48. — Le nom divin *Marnai* ne devait pas être accueilli dans la transcription définitive, la lecture en étant très douteuse.

N°s 17-39, pp. 48-59. — Ces vingt-deux fragments, ornés chacun d'un numéro d'ordre, s'étalent majestueusement sur douze belles pages du *Corpus*. Quelques-uns d'entre eux se composent de six ou cinq lettres, la plupart de trois seulement ; aucun d'eux ne donne ni un mot nouveau, ni une forme paléographique tant soit peu remarquable. La présence d'un remplissage aussi encombrant tranche très désagréablement sur le caractère sérieux de l'ouvrage. Ces fragments microscopiques, bons tout au plus à exercer les novices dans la restitution de textes mutilés, sont pour la science des non-valeurs qu'il faut le plus tôt que possible retirer de la circulation.

N° 41, p. 60. — La transcription latine *Baalmerafe* est négligemment mise pour *Baalmerappé*.

N°s 42, 43, 44, pp. 61-63. — Le « locus desperatus » de ces inscriptions est représenté par le mot qui suit, dans les deux premières, le nom divin composé *Eschmoun-Adoni*. Je dis nom divin composé, parce que la traduction (*cippum hunc consecravit*) *Esmuno domino suo* est ruinée par le n° 42 où le mot suivant *ybz* n'étant pas suivi du nom du père ne peut pas représenter le nom du dédicateur. J'incline à croire que les deux termes problématiques *ybz* et *Nschk* cachent les noms de deux villes différentes qui possédaient des temples consacrés au dieu *Eschmoun-Adoni*. L'exemple de *Çed-Tannat Ma'arat* « Çed-Tannat de *Mégara* » qu'on trouve dans une inscription de Carthage, montre que les noms divins composés pouvaient aussi être déterminés par l'adjonction d'un nom de ville. Dans le n° 44, il est aussi possible que les lettres *schr* qui suivent le nom du dieu offrent encore un nom de ville, et, dans ce cas, le nom du dédicateur serait *Dal* au lieu d'être *Schardal*, comme on l'a admis jusqu'ici. Nous connaissons si peu les noms géographiques phéniciens qu'il serait téméraire de chercher à les identifier. Une inscription bilingue peut nous donner d'un jour à l'autre le mot de l'énigme. — P. 65. Un mot *kisyâ* « chaise » n'existe pas en hébreu postérieur. Dans la Mischna, on trouve bien le pluriel aramaïsant *kisyôt* pour *kis'ôt*, mais le singulier demeure constamment *kissê* comme en hébreu biblique. — La traduction de *mêliç (ha) karsiyim* par *interpres soliorum* est un latinisme contraire au génie des langues sémitiques, dans lesquelles le mot *kissê* « trône » n'a jamais le sens de royaume. Le vrai sens de ces mots est celui qui a été indiqué par M. Renan, savoir : « avocat des Crétois », ou peut-être « avocat des Crésiens (habitants de la ville chypriote de Crésion. »

N° 45, p. 66. — La question de savoir si le nom du défunt était Myrnos ou Limyrnos se résout dans le premier sens, grâce au groupe *bt* de l'inscription phénicienne. Le mot *bêt* signifiant « maison » ne saurait à lui seul désigner le tombeau ; il faut pour cela l'adjonction d'un déterminatif tel que, par exemple, *'ôlâm* « éternité ». Ceci étant, il en résulte : 1° que ce groupe doit être complété par *hammaçebet* « cippe » ; 2° que le *lamed* initial indique l'appartenance, et 3° que le nom propre est Myrnos et non Limyrnos. Toutes les autres tentatives de restitution deviennent ainsi sans objet.

N° 46, p. 68. — Au lieu de la forme possible *nuhâ*, on aurait mieux fait de comparer la forme réelle et usitée *nahat* « repos ».

N° 47, p. 67. — Un nom propre qui signifierait *splendore circumdata* serait bien extraordinaire chez un peuple sémitique. Il aurait été plus utile d'indiquer que les deux lettres médianes de ce nom sont illisibles sur l'estampage.

N° 50, p. 72. — L'hypothèse que le phénicien confondait les lettres *het* et *kaf* semble peu justifiée : *schillêh et schillêk* sont deux verbes différents ; le premier signifie « renvoyer, délivrer », le second « faire aller, diriger (cf. la racine arabe *slk*). De même, le mot *m'arrêh* « hospitalier (de *ôrêah* « hôte) diffère essentiellement du mot problématique *meârêk* « qui prolonge ». La forme contractée Βάσληχος (mieux que Βάσλαχος) répond donc à *Ba'alschillêk = Balsilechis* et non pas à *Ba'alschalah*. — L'équivalence de *As* et Isis est une idée très heureuse due à M. Ledrain.

N° 51, *ibidem*. — Aucune des interprétations du terme *mhq* ne satisfait entièrement. Je lis *mahhâq* « mégissier ». Cf. le verbe mischnaïtique *mahêq* « préparer les peaux ».

N° 52, p. 73. — Je ne crois pas que le phénicien possède un diminutif interne formé comme en arabe par les voyelles *u-aï*, et le possédât-il, la forme *Osirbudaïl* serait encore impossible, il faudrait alors *Ousaïrbadal*. La lecture admise *Osiribdil* est également invalidée par la présence du *yod* entre le *d* et le *l*. Il aurait mieux valu laisser ce nom en blanc.

N° 57, p. 76. — Le titre des deux personnages de l'inscription semble se lire *hammôné* « comptable ».

N° 59, p. 77. — Le titre *hammehallêl* laissé sans traduction signifie probablement « joueur de flûte ». Cf. I, Rois I, 40.

N° 67, p. 83. — M. Berger a très bien lu le mot qui suit les noms propres, lequel n'est certainement pas le grec ἀρχιτέκτων, puisque le fils et peut-être aussi le père, était fondeur de fer, mais un sobriquet : *hâârûk* « le long ». Cf. le nom talmudique *Abbâ arîkâ*.

N° 79, p. 89. — La copie de Pococke donne distinctement 'Atrescheph; c'est proprement un composé de deux noms divins, 'At (le 'Atê ou 'Ati des inscriptions palmyréniennes) et *Rescheph*, employé comme un nom d'homme.

N° 86, pp. 92-99. — Cette belle inscription, l'une des plus importantes du recueil, est traitée avec une grande compétence. Plusieurs des lectures les plus heureuses sont dues à la sagacité de M. Philippe Berger. Il reste néanmoins beaucoup à faire pour arriver à l'intelligence complète du texte. Le mémoire que j'ai consacré à ce sujet sera publié prochainement dans la *Revue des études juives* et un résumé sommaire en a été donné dans le *Bulletin* de l'Académie des inscriptions et belles-lettres. Je me bornerai donc à relever ici quelques-unes des corrections qui me semblent incontestables. — L. 5. Il est impossible de lire *asch'al dal* « *hominibus praepositis januae* », attendu qu'il y a encore un groupe composé des lettres *r*, *sch*, *p;* la lecture exacte est donc *asch'al bêt Rescheph* « ceux qui sont préposés au temple de Rescheph ». Ceci invalide considérablement la traduction du mot lu *pôrekim* par *velarii*. — L. 6. Au lieu de *Melekel* « *opus* », il faut lire *malkat* « reine ». — L. 10. L'aspect du texte ne permet pas de lire *porekim*, la première lettre de ce groupe est certainement un *b* et l'avant-dernière un *m*. Je crois que la deuxième lettre est un *s* et je lis par conséquent *besâmim* « épices ». Pour le sens des lignes 9 et 10, voyez le mémoire susmentionné. — Lignes 14 et 16. On ne s'explique pas comment une opinion aussi peu fondée que celle qui traduit le groupe *lh* par *incisor tabulae* a pu être consignée à deux reprises dans le *Corpus :* c'est un recul de deux siècles. La division des mots est d'ailleurs peu exacte; il faut lire dans les deux passages *schalchû* « on a envoyé » ou *schâlûah* « il a été envoyé ».

N° 87, p. 100. L. 1. — Au lieu de *Hanno*, l'original offre *Himilkat*. — L. 3. Le dernier nom est *Hanno*.

N° 88, p. 103. L. 2. — L'expression *wehiddêsch kulláh* « il la renouvela tout entière » s'appliquerait difficilement à une statue. Je crois que cette fin de ligne doit se lire *Adonischemesch ben Rescheph (yaton)* comme aux lignes 4 et 6.

N° 95, p. 115. L. 3. — On ne comprend pas comment la difficulté résultant de la juxtaposition au même cas des noms Πραξιδημος et Σεσμαος dans l'inscription grecque peut être levée en admettant que la syllabe initiale du dernier nom, Σε, représente le mot égyptien *se* « fils ». Le texte phénicien prouve que le premier est le nom du fils et le second celui du père, car il est tout-à-fait improbable que le nom étranger ait été traduit à moitié. — L. 4. L'orthographe *Misbeah* pour *Mizbeah* « autel » est inconcevable, attendu que la racine simple est toujours écrite *zbh* avec *Zaïn*. Du reste, le mot *mizbeah* figure déjà dans l'inscription du Byblos (le n° 1 du *Corpus*) à la ligne 4.

Pour ce qui concerne l'exécution, il est extrêmement regrettable que l'Académie n'ait pas adopté un mode de transcription régulier et fixe pour les consonnes sémitiques ; c'est une nécessité à laquelle les ouvrages sérieux n'ont garde de se soustraire. La transcription du *waw* par *v* est même inexacte et risque d'entraîner une foule d'erreurs. Pour les noms géographiques arabes, on est étonné de ne point trouver la forme indigène qui peut rarement se deviner [1]. Au point de vue de la correction matérielle, le présent fascicule laisse parfois à désirer. Ainsi par exemple, après avoir établi (p. 5) que le groupe fruste de la ligne 3 se termine par *l*, on transcrit néanmoins *qli* et on traduit *vocem meam*. P. 14, l. 7, le premier *im* est écrit avec un *m* ouvert. — P. 19, l. 13, *Anan* pour *anak*. — P. 31, *Amahah* pour *Amahot*. — P. 71, dans le texte phénicien du n° 50, l. 1, on lit *'Abras* pour *'Abdas* La même faute d'impression se répète dans la transcription hébraïque. Une double faute analogue se trouve à la page 86, à la ligne 3 du n° 74 où il y a h*ka* pour h*na*.

L'atlas photographique joint à ce fascicule est irréprochable, mais il est souvent insuffisant pour établir la lecture des mots frustes. Dans ce cas, des copies prises sur les originaux ou sur les estampages auraient rendu d'utiles services.

Ce n'est pas sans ennui que nous nous sommes décidé à signaler quelques désidérata dans cette œuvre magistrale où nous avons

---

[1] Quelle est, par exemple, la forme arabe du nom d'Oum-el'-Awamid qui est transcrit *Touran* ?

tant appris. Mais les maîtres de la science préfèrent toujours la sérénité sévère de la critique aux louanges les plus sonores des hommes du monde. Espérons que les prochains fascicules, par un soin encore plus scrupuleux dans le choix des interprétations comme dans l'exécution matérielle, atteindront cette perfection scientifique à laquelle le fascicule présent confine déjà de si près.

IX

Wo lag das Paradies? Eine biblisch-assyriologische Studie mit zahlreichen assyriologischen Beitrægen zur biblischen Lænder-und Vœlkerkunde und einer Karte Babyloniens von Dr. Friedrich DELITZSCH, Professor der Assyriologie an der Universitæt Leipzig.

Sous ce titre quelque peu interrogatif et provocateur : *Où était le Paradis ?* M. Friedrich Delitzsch, le savant auteur des *Assyrische Studien,* nous donne une très intéressante étude assyriologique sur les noms géographiques de la plupart des pays mentionnés dans l'Écriture-Sainte, depuis le site primitif du paradis terrestre, le bassin du Tigre et de l'Euphrate avec la Susiane, jusqu'à la Syrie, avec l'Arabie septentrionale, la Palestine et l'Égypte. La question du paradis forme le sujet principal du livre et la cause déterminante de son titre; les autres questions y sont traitées dans cinq appendices, un pour chaque grande division géographique. Les notes aussi nombreuses que variées, qui accompagnent la première partie, prouvent assez le haut prix que l'auteur attache au résultat de ses recherches relatives à la situation du paradis. On sent même que, devant l'indifférence de certaines écoles critiques à l'égard de l'assyriologie, l'auteur a voulu démontrer par un grand exemple combien cette jeune épigraphie est capable de résoudre, d'une manière définitive, des questions de géographie biblique dans lesquelles ces écoles avaient piteusement échoué. A-t-il réussi dans cette tâche ? Il est permis d'en douter. Il faut même reconnaître que la méthode employée pour éclaircir les problèmes divers qu'il mêle mal à propos à la question principale, ne contribuera pas peu à augmenter la méfiance générale envers les études assyriologiques, voire, et ce serait bien regrettable, à les discréditer considérablement. La méthode contre laquelle nous sommes obligé de nous inscrire en faux malgré l'admiration sincère que nous professons pour l'érudition de M. Delitzsch, consiste dans la velléité trop souvent constatée, d'expliquer le peu connu par le moins connu, de telle sorte que le résultat ressemble, trop souvent malheureusement, plutôt à un décret autoritaire qu'à une conclusion naturelle de recherches impartiales. Nous allons nous expliquer.

Le problème que M. D. s'est proposé d'élucider est aussi restreint que possible. Il s'agit de déterminer le site exact du jardin d'Éden, qui, d'après le récit de la Genèse, II, 8-14, était arrosé par quatre fleuves parmi lesquels le Tigre et l'Euphrate. Comme ces quatre fleuves sont censés sortir d'un fleuve unique, et que, de plus, ce fleuve unique est dit baigner le pays d'Éden, il ne reste guère qu'à opter entre les deux alternatives que voici : ou le jardin d'Éden est dans l'intérieur de la Babylonie, au confluent du Tigre et de l'Euphrate, ou bien aux rives du Scha*tt*-el-Arab du côté des deux autres fleuves. M. D. penche vers la première alternative et voit, par conséquent, dans ces deux derniers fleuves édéniques, Phison et Géon (*Gîhôn*), les deux plus grands canaux babyloniens, dont l'un, le Pallacopas-Phison, partant de l'Euphrate au nord de Babylone aboutirait sur la rive droite au golfe Persique près la ville de Térédon; l'autre, l'*Arahtu* des Babyloniens, le *Gihon* de l'Écriture, se détache de l'Euphrate au sud de Babylone, mais sur sa rive droite, et, après avoir arrosé l'intérieur des terres, se jette dans le même fleuve au nord-ouest de l'ancienne ville d'Éridou. Jusqu'ici la dissertation se tient dans des limites strictement scientifiques, bien que, ainsi que nous le montrerons plus loin, la solution ne nous paraisse pas très vraisemblable. Où M. D. nous semble abandonner le terrain solide, c'est quand il cherche à prouver que les noms de *Phison* et de *Gihon* sont précisément les noms cunéiformes du Pallacopas et du Scha*tt*-el-Nil. Pour atteindre ce but, M. D. n'hésite pas à s'étayer de deux hypothèses qui non-seulement ne sont pas démontrées, mais impliquent plusieurs autres hypothèses tout à fait inadmissibles. La langue assyrienne possède un mot *pesannu* dont la signification est inconnue; on sait également que le nom hiératique, ou, suivant les assyriologues, suméro-accadien de l'*Arahtu* est *ka-ha-an-dé*, « face du poisson du divin instructeur »; ceci suffit à M. D. pour édifier les deux équations suivantes : 1º Phison = Pesannu; 2º Gîhôn = *ka-ha-an-de*. Cette dernière équation ne peut s'établir qu'à l'aide de deux autres hypothèses, dont la première consiste à attribuer à la syllabe *ka* la valeur *gu*, ce qui est strictement possible ; la seconde à faire abstraction de la syllabe *de* comme d'un élément parasite, ce qui est assez forcé. L'opération faite, le groupe *ha-ha-an-de* se transforme en *gu-ha-an* et s'approche ainsi de l'hébreu *Gîhôn*. Malheureusement ces assonnances en partie si péniblement établies s'évanouissent devant des considérations d'ordre divers. Pour la première équation, il suffit de rappeler que l'assyrien *pesannu* n'est nulle part donné comme un nom de fleuve, de rivière ou de canal. Relativement à la seconde, il y a cette difficulté insurmontable que l'auteur hébreu qui donne aux trois autres fleuves des noms purement sémitiques aurait certainement employé, pour désigner le quatrième, si celui-ci était le Scha*tt*-el-Nil, le nom sémitique et populaire *Arahtu* et non pas le nom barbare *gu-ha-an* qui était astreint à la littérature sacerdotale comme dernier vestige d'un peuple disparu depuis des siècles, en admettant que ce peuple ait jamais existé. On le voit, l'appel à la prétendue langue non-sémitique pour l'explication du *Gihon,* loin de rendre un service quelconque à la thèse de M. D., n'a fait que lui enlever l'air de vraisemblance qui la recommandait du moins à première vue.

Ce n'est pas d'ailleurs le seul point où l'exploitation du sumérien a considérablement nui à la thèse de l'auteur. L'identité admise du Scha*tt*-el-Nil avec le Gihon comme celle du Pallacopas avec le Phison entraîne nécessairement cette conséquence que les pays de Cousch et de Hawila, mentionnés dans le récit biblique, sont également des territoires babyloniens, situés, le premier en Babylonie même, le second entre le Scha*tt*-el-Arab et le Pallacopas. En se tenant strictement dans le domaine biblique, ces deux propositions peuvent se défendre, attendu que d'une part le couschite Nemrod est donné dans la Genèse x, 10 comme ayant régné en Babylonie, et que, d'autre part, le nom vague de Hawilâ (terre sablonneuse) pourrait aussi bien désigner les rives du Pallacopas que tout autre désert. Eh bien, M. D., dédaignant de s'arrêter à ce résultat satisfaisant, veut encore invoquer les textes sumériens afin de démontrer à la fois que les noms non sémitiques *Meluhha* et *Makan,* qui répondent aux noms sémitiques de *Kous* « Éthiopie » et *Muçur* « Égypte », désignaient primitivement, le premier la Babylonie du nord ou Accad, le second la Babylonie du sud ou Sumer, et que les *Kous* établis dans la Babylonie étaient des Kasschi ou des Cosséens de la Susiane, proches parents des Accadiens-Sumériens, qui portaient le nom d'Éthiopiens chez les auteurs grecs. Il en résulterait que l'écrivain biblique a suivi l'erreur des Babyloniens et l'a exagérée encore, en donnant un père commun aux Couschites de Babylonie et aux Couschites du sud de l'Égypte. Le savant assyriologue a probablement voulu faire d'une pierre deux coups, car, le Meluhha-Cousch babylonien admis, on n'obtient pas seulement une justification de la topographie du paradis, mais aussi, et c'est le point le plus important aux yeux de M. D., bien qu'il ne le dise pas formellement, le nom biblique et classique de cette fameuse race sumérienne dont l'auteur de ce compte-rendu nie pertinemment l'existence. Or cette brillante théorie repose malheureusement sur plusieurs erreurs matérielles. En voici le bilan exact. Les pays de Makan et de Meluhha mentionnés dans quatre passages des vocabulaires II R. 46, comme possédant chacun des vaisseaux, des trônes et des disques particuliers à l'instar des Assyriens et des Babyloniens, se font reconnaître par cela même comme étant différents de la Babylonie, et ne peuvent, en conséquence, désigner que l'Égypte et l'Éthiopie. On peut affirmer la même chose relativement à la liste géographique IV R. 38, n° 1, où Makan et Meluhha (l. 13-14 a), grâce à leur importance, ouvrent l'énumération des pays étrangers parmi lesquels figurent l'Arménie (*Ur-tu*) et les territoires susiens Asschan (*An-du-an*), Marhaschi, etc. Enfin, la prétendue liste des montagnes II R. 51, n° 1, à laquelle M. D. a consacré un long commentaire et qui constitue sa preuve principale, a le défaut suprême de n'avoir aucun caractère géographique ; c'est simplement une litanie magique où les génies des principales montagnes connues du conjurateur sont invoqués afin d'obtenir le pardon des péchés. La formule réglementaire est « que le Mont X qui produit tel minéral ou tel végétal pardonne ». M. D., en suivant l'errement de ses devanciers et en se trompant sur le sens de *lipschur* qu'il traduit par « est interprété, = *scilicet* » a changé une invocation magique en un traité d'orographie où les montagnes seraient énumérées dans l'ordre de leur situation géographique. En réalité, l'ordre de l'énumération des montagnes est déterminé uniquement par la nature des produits qui leur sont propres ; c'est pourquoi Makan et Meluhha y sont séparés l'un de l'autre. En effet, Meluhha figure sur la colonne A comme une montagne qui produit la pierre précieuse *sântu* et Makan sur la colonne B comme une montagne riche en cuivre. Cette dernière description convient bien à l'Égypte qui possédait en réalité de riches mines de cuivre et nullement à la Babylonie qui en était complètement dépourvue. L'inexactitude des autres affirmations relatives soit à l'identité des Meluhha-Couschites avec les Kaschi de race susienne, soit à la parenté de ceux-ci avec les soi-disant Accado-Sumériens de la Babylonie est encore plus évidente, car, d'une part, le mot assyrien correspondant à Méluhha s'écrit constamment *Kûsu*, jamais *Kasschu ;* de l'autre, autant qu'il nous est donné de connaître les inscriptions rédigées dans les divers dialectes de l'idiome susien, il n'y a pas la moindre analogie entre cet idiome et ce qu'on appelle sumérien ou accadien. Il est étonnant que M. D. n'ait pas mieux examiné la chose avant de se prononcer aussi catégoriquement.

Aux exemples qui précèdent j'ai le regret de devoir en ajouter deux. C'est d'abord la traduction des noms prétendus non-sémitiques du territoire de Babylone, *Tin-tir* et *Karduniásch*, grâce à laquelle il conclut que ce district parut aux Babyloniens d'une beauté si merveilleuse et incomparable qu'ils le tinrent pour un jardin divin, planté par Dieu lui-même et choisi par lui pour être sa demeure. D'après M. D., ce nom signifierait « verger de la vie » et il incline à y voir une allusion à l'arbre de la vie planté au milieu du jardin d'Éden dont parle la Genèse. La réalité réduit considérablement le charme de ce lyrisme : *Tin-tir* semble signifier simplement « la vie du verger » et représenter proprement l'épithète du canal principal qui arrosait la ville et la banlieue. Nous voilà bien loin de l'arbre de la vie. La traduction de *Karduniásch* par « jardin du dieu *Duniásch* » n'est pas non plus conforme à la réalité, d'abord parce que l'idéogramme *Kar*, abrégé de *Karu*, signifie « champ clos, enclos » (*iklu*), jamais « jardin », puis parce que toutes ces orthographes bizarres, *Kar-du-ni-ya-asch*, *Ka-ru-du-ni-ya-asch*, *Kar* (écrit avec le signe *Kun*)-*dun-i-scha*, qui visent à produire le sens hiératique de « champ ou territoire du seigneur des pays », c'est-à-dire de Bel, déguisent simplement l'épithète réelle *Kardu nischi* « (pays) du plus brave des peuples » ou bien *Kardu* « brave » tout court. Je fais abstraction de la question géographique, savoir si les pays de Kaldu et de Kardu sont identiques avec la Babylonie interfluviale. L'inscription de *Ka-ra-in-da-asch* [1] qui énumère ces pays après Sumer, Accad et Kasschou ne permet pas de se prononcer d'emblée dans le sens affirmatif comme le fait M. D., un peu trop hâtivement à ce qu'il me semble.

Enfin notons en passant un dernier exemple de l'influence délétère que l'accadisme exerce sur les esprits les mieux doués. M. D., d'accord avec la majorité des assyriologues, est d'avis que les dieux sémitiques, et parmi eux, *Iahwé*, le dieu des Hébreux, sont purement et simplement empruntés aux Accadiens. MM. Rawlinson et Schrader avaient déjà rapproché Iahwé du dieu babylonien *Ea — Iau*, et M. D. se rallie à leur conjecture en remarquant que dans la première colonne d'un syllabaire le signe *ni* est expliqué par *i* et *illi*, deux mots accadiens qui signifient « dieu ». D'après cet auteur, le tétragramme hébreu *Ihwh*, dont la forme vraie et populaire serait *Iâhû*, aurait pour origine l'accadien *i* et les trois autres lettres *hwh* auraient été ajoutées plus tard dans le but d'obtenir un dérivé du verbe *hâyâ* ou *hâwâ* « être » conformément à l'explication de l'Exode III, 14, 15. Quant à la voyelle *ú*

---

[1] III R. 39, n° 3.

de la forme populaire *Iâhû*, M. D. la tient pour un reste de la désinence du nominatif sémitique pareille à celle des noms propres *Metuschelah* et *Penuêl*. Ai-je besoin de dire que cette étymologie de casse-cou se complique d'erreurs? Avec un peu de réflexion le savant assyriologue aurait pu s'apercevoir : 1° que la première colonne des syllabaires contient non des mots d'une langue, mais exclusivement les valeurs phonétiques des signes mis en regard. Ce passage indique donc simplement que le signe *ni* se lit parfois *il* (*i*) et en fait le nom de Bel s'écrit souvent avec les deux signes *be-ni* ; 2° que la lecture *il* qui donne au signe *ni* la puissance idéographique de « haut, suprême, Dieu », est empruntée au terme assyrien *ilu* « Dieu », le *êl* de toutes les autres langues sémitiques, dont le représentant hiératique *an* a les mêmes valeurs ; 3° que l'*i* qui alterne avec *Iau* dans la troisième colonne de ce syllabaire représente, non le nom accadien du dieu de la mer qui s'écrit *e* (bit) *a*, mais le nom du signe *ni*, lequel nom est dû uniquement à l'apocope de la valeur *il*. Cet *i* est donc un nom artificiel dépourvu de tout caractère linguistique et comparable, par exemple, au nom de la première lettre de l'alphabet européen, *a*, qui vient de *alph* « bœuf » ; 4° en dehors de toutes ces difficultés, l'*i* accadien est impuissant à rendre compte du *h* de *Iâhû*. Cela suffit, je crois, pour ruiner l'hypothèse de l'origine accadienne du nom divin hébreu. En ce qui concerne la négation du caractère populaire de la forme *Ihwh*, elle est infirmée par l'inscription de Mêscha' où cette forme figure avec la même orthographe, tandis que le passage de l'Exode, suivant notre auteur, serait postérieur à l'exil (p. 94). J'ajoute que, en admettant cette date pour le récit jéhoviste, M. D. ruine lui-même sa thèse de l'identité du paradis avec la Babylonie, attendu qu'il ne peut jamais être venu à l'idée d'un juif de cette époque de placer le jardin sacré de Jéhovah dans la terre détestée et impure de sa captivité[1].

Il me reste maintenant à dire pourquoi la solution proposée par l'auteur ne me semble pas acceptable, lors même qu'on mettrait de côté les singulières étymologies dont il l'a étayée. Deux objections suffiront. M. D. donne comme une chose très sûre que le Pallacopas se jetait dans le golfe Persique ; or, nous savons par les anciens géographes que ce canal ne se prolongeait pas au-delà des grands lacs vers lesquels il amenait les eaux superflues de l'Euphrate. Cela résulte du passage même que M. D. emprunte à Arrien, car, d'après cet historien, les eaux de l'Euphrate, amenées aux lacs par le Pallacopas, s'écoulent *sous terre* dans la direction

---

[1] Psaumes CXXXVII, 1-4.

de la mer, opinion populaire qui implique l'absence de toute œuvre de canalisation entre la mer et les lacs. Aussi la colonie grecque fondée par Alexandre à l'embouchure du Pallacopas était-elle située sur le lac et nullement sur les rives parallèles du golfe Persique. Pline ne connaît pas non plus la prétendue prolongation du *fleuve Pallacontas* au delà des lacs. En face de témoignages aussi formels, l'identification du Phison avec le Pallacopas devient impossible et nous dispense d'insister sur les autres difficultés qu'elle soulève. La seconde objection se rapporte à l'impossibilité, dans le système de M. D., de placer le fleuve unique qui, d'après la Genèse, sert d'issue commune aux quatre autres. Ce fleuve, nous dit gravement M. D., serait l'Euphrate lui-même à l'endroit où il s'approche le plus du Tigre, auquel il est relié au moyen d'un réseau inextricable de canaux. Mais alors de deux choses l'une, ou l'auteur hébreu ignorait l'existence de l'isthme situé au beau milieu de la Mésopotamie ou bien il poussait la simplicité jusqu'à prendre les canaux intermédiaires pour des méandres de l'Euphrate. Mis dans l'obligation cruelle de charger l'auteur biblique, soit d'ignorance, soit d'ineptie, comment M. D. réconciliera-t-il ce fait avec les connaissances locales qu'il lui revendique à chaque page de son livre? Comment fera-t-il croire qu'un auteur qui, d'après lui, connaissait si bien les sources séparées du Tigre et de l'Euphrate, le cours réel du Scha*tt*-el-Nil et le cours légendaire du Pallacopas, s'égarât au point de faire de la Babylonie une île séparée au nord du reste de la Mésopotamie par le confluent des deux grands fleuves? Je m'étonne que M. D. ait si lestement glissé sur une incongruité aussi évidente.

Après ce qui vient d'être dit sur la thèse principale de M. D., on comprendra aisément la cause de ma préférence pour la seconde partie de son livre. Les vastes recherches géographiques y contenues, sans être absolument neuves, sont faites avec beaucoup de soin et de discernement. Elles seraient parfaites si l'auteur n'y mêlait pas de temps à autre de malheureuses étymologies sumériennes. Telles qu'elles sont, elles dépassent néanmoins en solidité et en abondance tout ce qui a été écrit jusqu'ici sur la matière. La critique n'y a que fort peu à reprendre.

Pour terminer j'ajouterai quelques observations de détail.

Pages 37-45. M. D. reconnaît le caractère sérieux de l'opinion fondamentale du IIIe groupe de commentateurs, opinion qui place le jardin d'Éden au sud de la Babylonie en proximité du Scha*tt*-el-Arab. Les partisans de cette hypothèse cherchent le Phison et le Gihon, tantôt dans les deux principales embouchures, tantôt dans les fleuves de la Susiane qui aboutissent à cette région : le Karoun et le Kercha. Dans un mémoire qui est resté inconnu à M. D., j'ai émis l'opinion que le Gihon était ce que les anciens appelaient la mer Erythrée [1], laquelle entoure en effet le pays de Cousch, la péninsule arabe. Quant au Phison, j'ai cru pouvoir l'identifier avec un fleuve du Yemen qui porte le nom de *Phaisan* dans une inscription sabéenne, en supposant que l'auteur hébreu l'aurait fait sortir du Scha*tt*-el-Arab au moyen d'un cours souterrain, conformément à une légende indigène rapportée aussi par Pline. Cette explication, malgré l'objection de M. D., s'adapte très bien à la lettre du récit biblique. Le Scha*tt*-el-Arab qui est le fleuve unique d'Éden se bifurque ainsi à ses deux extrémités qui forment les limites sud et nord de cette province : les branches septentrionales sont le Tigre et l'Euphrate, les branches méridionales le Phison et le Gihon. La direction du courant des quatre fleuves, étant absolument indifférente pour la délimitation du jardin, n'a naturellement pas été prise en considération. C'est donc une solution vraisemblable qui tient compte aussi bien de la lettre du récit biblique que de la légende locale du pays parcouru par l'un des deux fleuves problématiques, le Gihon. La richesse de l'Arabie, notamment de l'Arabie méridionale, en or, en bdellium et en pierres précieuses était de notoriété générale dans l'antiquité. La seconde objection de l'auteur serait décisive si le fait sur lequel elle se fonde était vrai. M. D. admet, avec quelques géographes modernes, que dans l'antiquité le Tigre et l'Euphrate avaient chacun une embouchure séparée. Il va même jusqu'à affirmer que la mer atteignit alors le confluent d'aujourd'hui près de Corna. Mais les preuves fournies à l'appui ne sont guère convaincantes. Ce qui est plus étonnant, c'est que le passage de Pline affirme absolument le contraire de ce qu'on veut en tirer. En effet, après avoir dit que le Tigre se jette dans la mer Persique, le géographe romain ajoute : *inter duorum amnium* (le Tigre et l'Euphrate) *ostia XXV^M passuum* FUERE *aut, ut alii* TRADUNT VII^M, *utraque navigabili, sed longo tempore Euphraten praeclusere Orcheni et accolae agros rigantes, nec nisi per Tigrim defertur in mare.* La donnée de Pline se compose donc d'un fait et d'une légende : le fait, c'est l'existence du Scha*tt*-el-Arab de son temps; la légende, c'est la séparation du bas cours des deux fleuves aux *époques antérieures.* Mais cette légende perd toute valeur devant le silence continu des textes cunéiformes au sujet du cours direct du Tigre vers la mer : ces textes mentionnent exclusivement dans la région maritime (*mat tamtim* ou *mat marrati*) l'Euphrate et ses embouchures

---

[1] Chez les Grecs aussi l'océan s'appelle Ποταμός, fleuve.

(*pînârâti*). La légende du déluge y place la demeure de Adra-hasis (Xisuthrus) rendu immortel par les dieux. De plus, cette région était tellement inconnue aux anciens Babyloniens qu'ils ne comptaient pas moins de 113 Kasbu des embouchures de l'Euphrate jusqu'à la ville d'Erek [1]. Une pareille exagération des distances ne serait pas possible si la mer s'étendait alors aussi loin dans l'intérieur des terres que le suppose M. Delitzsch. Sur l'expédition de Sennachérib aux parages du golfe Persique, voyez plus loin. Il n'est pas même sûr que la mer ait rétrogradé l'espace des embouchures actuelles, car la ville de Charax, aujourd'hui *Moammera*, construite sur une colline artificielle large de 2,000 pas et baignée par le Tigre d'un côté et par l'Élulée de l'autre, était, au temps de Pline, à une distance de 12,000 pas de la mer, distance qui répond assez bien à la situation de la ville actuelle. Toutes ces considérations me font croire que la question relative au changement du lit de l'Euphrate dans son cours inférieur, ainsi que celle concernant la formation rapide d'alluvion aux embouchures du Scha*tt*-el-Arab doit être examinée de nouveau avant de se prononcer dans un sens ou dans un autre.

P. 55. Une forme *Kasch-da* désignant la Babylonie nous est inconnue. — P. 60. Les textes cunéiformes ne mentionnent jamais la production d'or en basse Chaldée. Le seul passage (II R. 67, 27) qui semble l'affirmer s'explique parfaitement en admettant que Merodachbaladan, roi de cette contrée, avait sous sa domination le littoral arabe voisin ou quelques îles du golfe Persique qui produisaient de l'or. — P. 61. La pierre précieuse *samtu*, dont l'équivalent hiératique *gug* signifie « brun, noirâtre » répond évidemment à *schaham* (avec hêt) « noircir, être de couleur sombre », non au biblique *schôham* (avec hé). — Le rapprochement fatidique de Genèse II, 11 et saint Mathieu II, 11 est bien spécieux, deux produits au moins entre trois, encens et myrrhe, n'étant pas babyloniens, mais arabes. La légende évangélique s'appuie sans doute sur la croyance générale de cette époque que Moïse eut pour adversaires deux mages ou magiciens arabes, Ianis et Iambris. (Pline : Ianne et Lotape) et le sens en est : Moïse fut combattu par les Mages, Jésus au contraire reçut leur soumission dès sa naissance. — P. 80. Impossible de comparer la vallée *Doûrâ* (Daniel, III, 4) avec le *Zor* du bassin des confluents : le *d* araméen ne répond jamais au *z* arabe. — P. 87. Où M. D. a-t-il trouvé dans la Genèse cette notion, que le serpent était l'ennemi de Dieu? La comparaison du serpent, le plus rusé des animaux,

---

[1] Voir la XIe tablette de la légende de *Iṣ-tu-bar*, col. vi, lignes 11, 13, 22, 26.

qui rampe sur le ventre et mord l'homme au talon, avec la Tiamat babylonienne qui personnifie l'océan chaotique et combat les dieux créateurs, cloche singulièrement malgré l'appel à l'Apocalypse et à la Cabbale. — P. 61. M. Ménant a prouvé dernièrement que le cylindre babylonien qu'on avait cru représenter la chute du premier homme et de la première femme montre simplement deux *hommes* assis en face l'un de l'autre sous un palmier. Quant au serpent qui se tient debout derrière l'un des deux personnages, on le rencontre dans des monuments de diverse nature où il ne peut nullement jouer le rôle de séducteur. — P. 97. De ce que les rois babyloniens avaient des parcs, il ne résulte pas que le mot grec παράδεισος ne vienne pas du perse. Quant à l'hébreu *pardès*, il semble emprunté directement à la forme grecque, attendu que la forme persane est *Firdaous*. — P. 98. Sur la question d'Ophir, voyez mon mémoire intitulé *La population de l'Arabie*. — P. 101. J'ai déjà dit plus haut que la liste des montagnes citée dans la note 9 n'est pas géographique. Remarquons que *Meluhha*-Kousch produit la gemme *sâmtu*, ce qui rappelle la *pitedat Kousch* des Hébreux et que, de plus, la Babylonie n'y figure pas en qualité de pays qui produit l'or. — P. 105. Le prétendu sumérien *har-sag* pouvant se lire *hur-risch* n'est que le déguisement hiératique de l'assyrien *hurschu* (= héb. *hôresch*) « montagne boisée ». — La montagne de Makan ou de l'Égypte est naturellement le mont Cassion, près de Péluse. — P. 107 suiv. Tout ce qu'on y lit sur les mots suméro-élamites ne repose sur aucune base solide. — *Arali*, le pays des morts, répond à l'hébreu 'arêlîm « morts ». — J'ai peine à croire que le mot *sisu* (IV R., 11, 10, 11) signifie « cheval » : l'hiératique VB-KVR-RA ne s'assimile pas facilement à IB-KVR-RA. — P. 112. La moindre réflexion fait voir que l'hiératique *ab-zu* « mer » dont le sens propre « maison de science » fait allusion à son dieu tutélaire Iau, le sage des dieux, est basé sur une étymologie artificielle du mot réel assyrien *apsu* (= héb. *éphes*) « vide, abîme, mer ». — Une bonne partie du sujet de la note 12 et tout particulièrement ce qui concerne la prétendue universalité du récit du déluge ont été exposés dans la *Revue critique*, nos 50, 51 et 52 de l'année passée, que M. D. n'a peut-être pas lue ou qu'il a oublié de citer. — P. 117. Le mot *irmu* signifie « ils ont habité », non pas « ils ont fondé ». — P. 120. L'adjectif *la naphusi* ne signifie pas « sans pitié » (ohne Erbarmen), mais « invisible », de même que *la amari*. — Je doute fort que *bit giguné* (IV R., 27, 25-26 a) puisse signifier « maison d'obscurité », attendu que, d'une part, Belit, la dame de cette maison, n'est pas une divinité infernale et que, d'autre part, l'expression « ornement (*simat*) de Bit

Giguné » conviendrait mal à la situation. Il me paraît plus vraisemblable que cette expression désigne un temple babylonien tout aussi bien que les autres maisons énumérées dans ce verset. Quant à *giguné*, il revient dans le passage suivant d'une inscription de Sennachérib : A-ZIK, *Tébilti agû schitmuru, scha ina naschischu giguné qabalti-ir uabbitu*. « Le fleuve Tebilti, au fort courant, qui pendant sa crue détruisait les digues du milieu de la ville » où il signifie « digue », et non point « obscurité, ténèbres », comme l'affirme M. D., trompé par l'équivalent hiératique *gi-unu* ou plutôt par l'explication inexacte qu'il en donne, savoir « maison de ténèbres ». En réalité, le complexe hiératique en question signifiant « roseau-demeure » est l'altération même du mot assyrien, et a pour but de faire allusion aux roseaux qui constituaient la matière principale avec laquelle on consolidait les digues. — P. 121. Une formation hybride suméro-assyrienne *Su-al* « *Gewaltige Stadt* » n'est pas même imaginable, et c'est ce mot fictif qui serait l'origine du schéol hébreu? — Le mot *di'u* (non *te'u*, IV R., 22, 51) ne désigne pas la folie, mais le génie d'une maladie mortelle, de la céphalalgie. — P. 122. L'identification de la *Rangha* avestique avec l'Iaxartes est très contestable. — P. 125. L'équation *Arrapha* = Arrapachitis est d'autant plus douteuse que le premier vocable peut se lire *Ar-rap-nun* et signifier « quatre seigneurs » à l'exemple de *Arba'il* « quatre dieux ». — P. 131. De ce que le roi Naramsin s'intitule conquérant de *Ma-gan-na* (= *Ma-Kan*) et de *Apirak*, il ne résulte pas que le premier territoire soit aussi bien babylonien que le second. Salomon avait sous sa domination la plus grande partie de la Syrie pendant qu'à quelques kilomètres de Jérusalem la ville de Geser conservait son indépendance. — Les mots *bôakâ Asschûrâ* (Genèse, xxv, 18), quoi qu'en dise M. Wellhausen, ne forment pas une tautologie superflue. Les Amalécites s'étendaient depuis Hawila jusqu'à Schour (Péluse) aux frontières d'Égypte (I, Samuel, xv, 7); les Ismaélites, plus nombreux, occupaient d'abord ce même territoire en dépit de ses premiers habitants, puis ils s'étendaient plus loin au nord-est jusqu'aux bords de l'Assyrie. — L'emploi du *d* pour *t* après *m* est une exception justifiable, mais ne constitue pas une règle. Il faut donc toujours transcrire *samtu, tamtu, Elamtu*. — Le mot talmudique *çina* (= ar, *çinw*; non *çinna* avec Daguesch) signifie « jeunes palmiers » et non pas « petits palmiers », comme le pense M. D., et le dicton populaire *hanné çiniyata de-Babel itohi mê-Adam hari'schon* ne signifie pas non plus « ces jeunes palmiers subsistent depuis le premier homme », ce qui serait inepte, mais ces jeunes palmiers existent grâce a (la prière du) premier homme (auprès de Dieu). — Le nom vrai de *Ha-am-mu-ra'bi* est *Kimta-rapaschtum* de sorte que ha-am-mu équivaut à *Kimtum* « famille » et *ra-bi*, formé du démotique *rabu*, est synonyme de *rapschu* « vaste, nombreux, abondant » ; la lecture *Hammuragasch* est donc impossible. La terminaison *asch* dans *Ka-ra-in-da-asch* (non... *dasch*), *Ka-ra-har-da-asch* (non... *dasch*), *Na-zi-bu-ga-asch* (non... *gasch*), marque certainement le pluriel. — P. 139. La supposition que les noms divins *Dagan* et *Nabu* aient eu en assyrien une tout autre signification qu'en hébreu est absolument gratuite. — P. 144. J'ai depuis longtemps contesté la comparaison de l'assyrien çêru « désert » avec l'arabe çahrâ. — P. 145. Le sens de « aimer » attribué à *schadadu* me semble sujet à caution. — P. 149. La lecture h*asis-adra* du groupe hiératique *ud-zi* semble très fondée, car la syllabe *ud* pouvant se lire h*is* rappelle de droit le verbe *hasasu* « être sage, comprendre » tandis que la syllabe *zi* est expliquée par *ap* (?) *luhtu* « crainte », synonyme de *adru*. — P. 152. *Guzalû* signifie certainement « agent, messager » et non pas « porteur de trône », et la preuve en est la locution *guzalu bit* qu'on ne saurait traduire par « porteur des trônes de la maison ». — P. 154. L'appel à l'assyrien Karubu = rubû « grand, puissant » pour expliquer le nom de *Kirubu* (chérubin) est séduisant. Il faut cependant remarquer qu'en araméen *Kerab* signifie « labourer », ce qui convient très bien au bœuf ou au taureau. — De *serâphîm* « génies ignés » et *serâphîm* « serpents venimeux », l'antériorité appartient évidemment aux premiers, puisque l'action de « brûler », exprimée par le verbe *sâraph*, ne s'applique au venin que par métaphore. Les serâphîm qui se tiennent devant Jéhovah ont d'ailleurs une forme et des membres humains (Isaïe, VI, 2, 6). — P. 163. Aucun peuple, à ce que je sache, n'a donné à Dieu un nom ayant le sens de « juge puissant » : c'est une conception trop avancée. En réalité, la notion de force que contiennent les deux formes hiératiques *din-gir* (pour *dim-gir*) et *di-mer*, fait allusion au mot vrai *ilu*, dont le sens propre est « fort ». — P. 166. Si le verbe *baschu* était composé de *ba* « en » et *schu* « lui », l'aoriste *ibschu* ainsi que le substantif *bischitu* « l'être » serait impossible. Du reste, la préposition *b* n'existe pas en assyrien.

P. 169. On ne me fera jamais croire que les Sémites aient formé le nom *Perât* (Euphrate) sur la base sumérienne *Pura-nunu* « grand fleuve ». Le premier élément de ce composé hiératique est certainement le mot sémitique *bur* ou *bôr* « fosse, citerne, réservoir, enfoncement » et le tout constitue une paraphrase artificielle portant assonnance au nom vrai *Purat*. Le nom hiératique du Tigre, *I-dig-na* « fleuve aux bords hauts », est également artificiel et a pour base le nom vrai et populaire *Diglat*, araméen Diglat, hébreu *Hideqel*. — P. 172. La particule sumérienne *la* « non », ne devenant jamais *lu* ou *lam* comme l'accadien *nu*, *nam*, *na*, ne peut venir de ce dernier, mais doit représenter directement la négation assyro-sémitique. — *Dala = schupû* signifie « magnifique »; il vient du mot fréquent *dalum, dalumti*. — P. 173. A l'opposé de M. D., le récit de l'expédition de Sennachérib dans la Susiane maritime me semble prouver que le Tigre et l'Euphrate se réunissaient alors comme de nos jours avant de se jeter dans la mer. En effet, si ces fleuves avaient alors un cours séparé, le roi assyrien aurait eu tout avantage de faire descendre sa flottille par l'embouchure du Tigre, qui est beaucoup plus près du territoire susien qu'il voulait atteindre; il se serait, dans tous les cas, arrêté dans une localité située sur le cours de ce fleuve afin d'attendre le retour de l'expédition; le choix qu'il fit de Bâb-Salimeti, sur l'Euphrate, station qui avait en outre le désavantage d'être située à une distance de deux *Kasbu* de la mer, montre clairement qu'il n'existait pas d'autre cours de fleuve dans ces parages. — P. 174. L'assyrien *êdu* répond à l'hébreu *êd* (Genèse, II, 6). — *Galille* signifie « grande » non « retirée » : le déversement des fleuves dans la mer étant indépendant du phénomène du flux et du reflux. — J'ai depuis plus d'un an admis l'identification de l'hébreu *Merâtaïm* avec *mat Marratim* « pays de la mer ». Ce dernier est la source de l'hiératique *mar-tu = (Aharru)* « Phénicie » qui donne le sens détourné « demeure de l'occident ». — P. 184. Je persiste à croire que le *Hârân* mentionné avec *Receph* (= *Resapha*) dans Ézéchiel, XXVII, 23 et situé en *Aram Naharaïm* n'est pas une ville de Mésopotamie, mais de la haute Syrie, au nord-est de Damas. — P. 185. Les Accadiens ont évidemment le don d'ubiquité, puisque M. D. explique par leur langue le nom du *Habûr* ou Chaboras. Ce nom serait composé de *ha* « poisson » et de *bur* « fleuve ». Quelques pages plus haut, l'auteur admettait cependant que « fleuve » se disait en accadien *pur*; notre perplexité est donc très légitime. — P. 197. L'expression hiératique *Kingi = mâtum* « pays » ne se décompose pas en *Kin* « terre » et *gê* « surface », mais constitue un déguisement du mot réel *Kingu* synonyme de *Kanakku, Kanaggu*, mot qui donne lieu à son tour à l'hiératique *Ka-nag-ga* (Paul Haupt, *Akkadische und sumerische Keilschrifttexte*, p. 42, 1. 4). — P. 198. Les arbres propres au pays d'Accad, *çinnitam*, sont vraisemblablement les *çiniâtâ* du Talmud, c'est-à-dire des palmiers. — L'identité de *A-ga-ne* avec Accad est bien douteuse. — L'étymologie de *Schu-mer* qui signifierait « main forte » est aussi chimérique que la forme supposée *schun-ger* ; l'idée de force réside dans la racine indivisible *schmr* et l'analyse hiératique est tout artificielle. — P. 206. Il y a lieu de croire que le nom *Bagdadu* (*Hudadu*?) contient ou est sensé contenir le terme *dadu* « poitrine, sein, enfant » ; cela résulte des désignations hiératiques *Ki-ib* et *esch-ib*. La traduction du dernier groupe par « *Himmelsgegend-Wohnung* « est du haut lyrisme. — La seconde phrase de l'inscription de Sargon Ier paraît devoir se traduire ainsi qu'il suit : Je n'ai connu ni madame ma mère, ni mon père ; mon oncle demeurait (*irâmi*, 2e aoriste de *ramû* « habiter, demeurer) sur la montagne de la ville de Azupiranu, située sur le bord de l'Euphrate ». Rien n'indique que l'homme qui repêcha l'enfant et l'éleva fût un porteur d'eau, comme on l'admet communément ; le groupe *a-pal* = *nâq mê* « qui verse l'eau » désigne un proche parent, un descendant direct de la famille (III R., 43, col. 4, 1. 19-20). — La *Sepharwaïm* ou *Sephâraïm* de la Bible, constamment mentionnée après *Hamât* (I, Rois, xvii, 24, 31), est sans aucun doute identique à *Sibraïm*, ville située aux confins de celle-ci et de Damas (Ezéchiel, xlvii, 16), et n'a rien de commun avec Sipar de Babylonie. — P. 214. La permutation artificielle des lettres de l'alphabet pour former des mots factices est des plus usitées dans la littérature juive de toutes les époques ; il est donc inutile de la nier à propos des mots *Schéschak* et *Lébqâmai* (Jérémie, xxv, 26 ; li, i, 41). Tout le système hiératique assyrien, le prétendu suméro-accadien, n'est au fond qu'une allographie arrivée à un haut degré de raffinement. — P. 215. Personne n'admettra, sans preuve à l'appui, la composition hybride que l'auteur attribue au nom problématique *Sukkôt-Benôt* (II Rois, xvii, 30) : savoir, juge (*Kut*) suprême (*sak*) de la création (*binit*). S'il me fallait absolument de l'accadien assaisonné de lyrisme, je traduirais hardiment, « juge suprême des deux (*bi*) soleils (*ut*) élevés (*nu*)[1]. — P. 216. Encore une jolie étymologie : le nom de Borsippa signifie, nous dit-on, « château (*bad*) — corne (*si*) — maison (*aba*) » ; comprenne qui peut. — P. 226. L'ancienne ville qui est aujourd'hui remplacée par la ruine de *Muqayar* écrite *u-ru* (*i*) s'appelait en réalité *Schamrû* et n'a, par conséquent, rien à voir avec l'Our des Chaldéens (*Ur Kasdim*), patrie d'Abraham. L'appellation du pays de *Schumer* se rattache très probablement à ce nom ; aussi voit-on l'adjectif *schamrû, schamritu* joint sou-

---

[1] Le mot *Sukkôt-benôt*, qui signifie en hébreu « cabanes des filles », me semble être une transformation ironique du nom de la déesse babylonienne *Çarpanit* « l'argentée, la pure », opérée au moyen d'une décomposition artificielle en *Çaripâ*, mot souvent usité dans la Mischna avec le sens de « cabane chétive » et *banit* rapproché de l'hébreu *benôt* « filles ».

vent à *akkadû, akkaditu* (II R., 46, 3, 4 *ed*, 50, 51 *es*.). *Schamru*, comme son synonyme *iù* (= héb. *i* « île »), désigne tout spécialement un territoire bas et creux (*Ki-ab-ba, ibid.*, 34, n° 3, 40, *ab*), ce qui confirme mon ancienne opinion, d'après laquelle la partie de la Babylonie appelée Schoumer était située à proximité du confluent du Tigre et de l'Euphrate. — P. 228. *Eridu* est, sans aucun doute, le nom vrai de la ville de *Iau* « dieu de la mer »; les formes hiératiques *uru-dug* (*hi*), *uru-çi-ib-ba* « ville bonne » et *uru-dun* (*tu*), *uru-nun* « ville du seigneur, de seigneurie » etc., sont des déguisements artificiels. Entre ce nom de ville et celui du dieu Maroudouk il n'y a aucun lien linguistique; le nom divin dont il s'agit signifie, suivant toutes les vraisemblances, « fils ou seigneur des *Oudouk* (sortes de génies). — P. 236. L'identification des tribus *Qô'a* et *Schô'a* (Ezéchiel, xxxiii, 23), avec les *Qutû* et *Sutû* des inscriptions cunéiformes est très ingénieuse; la persistance du *t* dans les formes assyriennes fait cependant quelque difficulté. — P. 241. Que le mot *çuçu* (= *zuk*) signifie « étang, lac, marais » et non pas « vallée », c'est ce qui résulte avec certitude de III R., 52, 31, où il est question d'un poisson sortant de « l'étang (*zuk*) et volant comme un oiseau. — P. 246. L'idée que *Togarma* (Genèse, x, 3) est identique à *Tul* (*Til*) *Garimmu* a été aussi émise par moi et consignée dans le *Journal asiatique*. — P. 252. L'orthographe hiératique *a-uschar* « côte (*uschar* = *schiltum* pour *schidtum*) d'eau » est naturellement artificielle et n'apprend rien. — P. 259. L'identification de *Masch* avec le mont Masius, admise jadis par moi-même, me semble bien douteuse; j'y vois maintenant une variante de *Massâ* ou Méschâ, homonyme d'un des fils d'Ismaël. *Uç*, le premier des trois noms mentionnés avec *Masch* dans la Genèse, désigne un canton d'Idumée (Lamentations, iv, 21) et c'est à tort que M. D. en fait un district peu éloigné de l'Oronte. — P. 260. Je m'étonne que le sagace assyriologue n'ait pas reconnu dans l'idéogramme de Ninive *esch-ha* « demeure du poisson », une allusion au nom vrai *Ninua* dérivé ou censé dérivé de *nunu* « poisson ». — P. 262. Un rapprochement tel que *Resen* et *Rêschêni* est philologiquement inacceptable. — P. 271. Etymologies bien singulières que celle des mots accadiens *mar-tu* et *a-mà-tu* ayant le sens de *abubu* « déluge, inondation »: le premier signifierait « pénétrant dans la demeure (*in die Wohnung eindringend*) », le second « laissant pénétrer l'eau dans le vaisseau (*Wasser in das Schiff eindringen lassend*) ». Il paraît que les Accadiens n'ont jamais essuyé des inondations quand ils étaient hors de leurs maisons ou de leurs vaisseaux. C'est un phénomène climatérique tout à fait remarquable. — P. 285. La ville phénicienne *Uschû*, mentionnée avant *Akzib* (Ekdippa) dans le récit de Sennachérib, ne peut avoir rien de commun avec la ville galiléenne d'*Uschâ* située au sud-est d'*Akkô* (Saint-Jean-d'Acre) à peu de distance de Schephar'am, aujourd'hui Schefa-Amr. — P. 290. L'identification de *Gimtu* (= *Gintu*) avec la *Gat* de la Bible a déjà été faite par moi dans le *Journal asiatique* d'Allemagne. — P. 304. Je trouve très séduisante l'identification de la contrée midianite *Epha* (Genèse, xxv, 4) avec la *Ha-ya-pá* des Assyriens; on doit remarquer néanmoins que les inscriptions arabes du Safa orthographient *'Epha* sans *yod* après l'*aïn*, contrairement à l'orthographe hébraïque. — P. 326. Le pays susien, écrit *An-du-lan* ou *An-za-an* et lu *Asschân*, constitue la partie occidentale de la Susiane, la plus voisine de la Babylonie; la partie orientale portait le nom de *Schuschunqa* dérivé du nom de la capitale *Schuschun*, la *Schuschan* des Hébreux et des Assyriens, la Suse des Grecs.

Les observations qui précèdent ne donnent qu'une faible idée de l'extrême variété des recherches auxquelles l'auteur se livre dans ce volume. Malgré sa forme restreinte, le savant assyriologue a su y entasser les faits les plus remarquables que l'étude des textes cunéiformes ait fournis au sujet des questions géographiques des pays bibliques. C'est un véritable travail encyclopédique que M. D. a entrepris et mené à bonne fin sur cette matière intéressante. Je tiens à ce que l'on sache que les réserves que j'ai exprimées plus haut ne concernent, pour la plupart du temps, que les solutions étymologiques tentées à l'aide du malencontreux sumérien et accadien. Cette grave erreur, qui fait dévier les meilleurs esprits de leur rectitude naturelle et fausse leur jugement est un triste héritage légué à M. Delitzsch par ses devanciers et dont il saura se débarrasser aussitôt qu'il voudra prendre la peine de l'examiner de nouveau. L'adage : l'arbre se reconnaît à ses fruits, se vérifie à propos de l'accadien : il n'y a qu'à regarder les étymologies accadiennes pour en apprécier le système. Les belles et solides recherches sur la position du Paradis, quoique neutralisées par les éléments hétéroclites qu'il y a mêlés, renferment néanmoins un si grand nombre d'aperçus nouveaux que même ceux qui n'acceptent pas les résultats de l'auteur les liront avec une curiosité justifiée. Quant à la seconde partie, d'un caractère plus réel, il n'y a pas de géographe, même parmi ceux qui connaissent les cunéiformes, qui puisse s'en passer désormais. Je l'ai lu d'un bout à l'autre avec autant de plaisir que de profit. L'index très détaillé joint au livre en facilite considérablement l'usage, et la carte comparative qui le suit, fait bien voir la façon dont l'auteur envisage les modifications subies par la côte maritime depuis l'antiquité jusqu'à nos jours.

X

LES INSCRIPTIONS PEINTES DE CITIUM [1]

M. Ernest Renan a communiqué à l'Académie, dans la séance du 26 novembre dernier, de très intéressantes observations sur deux monuments découverts l'année passée aux environs de Larnaca dans l'île de Chypre, sur l'emplacement de l'ancienne ville de Kition (Citium). Ce sont deux plaques de marbre assez minces. L'une d'elles porte sur chaque côté une inscription phénicienne à l'encre noire tracée avec le calame, l'autre présente sur un seul côté une inscription assez brève à l'encre rouge, également phénicienne. Celle-ci contient presque exclusivement des noms propres. La première est infiniment plus importante, car, en dehors d'une foule de mots et de locutions qu'on y rencontre pour la première fois, elle a cet avantage inappréciable de nous fournir des vues nouvelles relativement aux rites phéniciens et d'enrichir ainsi notre connaissance de cette religion cananéenne que les prophètes d'Israël s'étaient voués à combattre sans trêve ni repos.

Dans leur forme extérieure, ces inscriptions sont de modestes pièces de comptabilité dont chaque ligne représente un article de *compte* ou de *mémoire*, avec cette formule invariable : (donné) à (ou pour) un tel tant. Leur intérêt réside dans ce qu'elles nous font connaître les occupations et les services qui donnaient lieu à rétribution, et de la sorte nous initient à plus d'un détail du rituel ou, ce qui vaut mieux encore, à plus d'un détail des croyances religieuses qui constituent les bases du rituel. Sous ce rapport, ces deux comptes l'emportent, à eux seuls, sur les milliers de pierres votives extraites du temple de la *Virgo Cœlestis* de Carthage. Ils sont même plus instructifs que le célèbre tarif sacerdotal de Marseille, lequel était longtemps resté sans égal. Un hasard bien singulier a voulu jusqu'ici que nous ne connussions la religion phénicienne d'une manière sérieuse que par des documents empreints de ce

---

[1] Un résumé de cet article a été communiqué à l'Académie des inscriptions et belles-lettres au mois d'août 1881.

cachet mercantile qui distinguait à un degré éminent les intrépides navigateurs de la côte de Syrie. Nous aurions sans doute préféré un renseignement direct fourni par quelques pages originales des œuvres de Mochos ou de Sanchoniathon ; ne nous en plaignons pas cependant, et comptons pour une bonne fortune les moindres indications qui nous parviennent de temps en temps de ce vaste champ d'investigations encore si peu exploré. Consolons-nous en pensant que si ces indications indirectes et parcimonieuses sont impuissantes à résoudre les questions, elles suffisent souvent à les faire mieux poser, parfois même à en restreindre considérablement les limites. N'oublions pas que nous disposons aujourd'hui, pour nous guider dans ces recherches obscures, outre le matériel épigraphique assez considérable provenant de pays phéniciens, de deux sources d'information, également sémitiques, dont l'une éclaire d'un jour si inattendu l'éclosion même pour ainsi dire de l'esprit religieux des Sémites, tandis que l'autre représente le dernier dépôt de ce même esprit dans sa suprême décadence et dans sa dernière transformation sous l'influence du monothéisme victorieux. Ces deux sources méconnues ou négligées jusqu'à présent sont : les hymnes assyriens et les légendes talmudiques dont la comparaison s'imposera désormais à tous ceux qui voudront élever sur des bases solides leurs recherches sur la philosophie religieuse de l'Orient. Avec de pareilles sources, qui ont encore cet avantage précieux entre tous, d'avoir une date, du moins quant à la limite inférieure, l'épigraphiste sémitique est infiniment mieux placé que ceux qui étudient, par exemple, l'antiquité védique ou l'antiquité avestéenne, et qui se heurtent à chaque pas à d'insolubles questions de date. Dans ces conditions relativement favorables, la réussite des résultats concernant les problèmes d'archéologie sémitique est quelquefois uniquement une affaire de tact et de mesure. L'étude approfondie de ces inscriptions dans les circonstances actuelles constitue du reste pour nous un utile exercice préparatoire au travail bien autrement fructueux, que le sol de Carthage, sur le point de devenir une terre française, ne tardera pas à offrir, maintenant surtout que la publication du *Corpus inscriptionum semiticarum* va imprimer une puissante impulsion aux études sémitiques.

La première mention de la découverte de ces plaques a été faite dans une lettre du 5 juillet 1879, adressée à M. C. P. Newton par M. le lieutenant Sinclair qui dirigeait les travaux de nivellement à Larnaca sur un monceau de décombres appelé *Bambula* par les indigènes, près d'une mare d'eau stagnante que l'on croit être le site de l'ancien port de Citium. Elle a ensuite été annoncée par M. Max Ohnefalsch Richter dans l'*Ausland* du 8 décembre 1879. M. Renan qui, ainsi que je le disais plus haut, les avait fait connaître à l'Académie le 26 novembre 1880, les a de nouveau expliquées en détail dans son cours au Collège de France [1]. Quelques points en ont été signalés par M. J. Derenbourg dans la *Revue des études juives*, janvier-mars 1881, p. 124-127. Au mois de septembre dernier, j'ai examiné moi-même les originaux au British Museum et j'ai été mis en état de rectifier un certain nombre de lectures que mes devanciers avaient adoptées sur la foi des photographies confuses dont ils disposaient, ainsi que de compléter la plupart des lacunes que la première transcription avait été obligée de laisser.

Je ne m'occuperai ici que de la plaque écrite à l'encre noire. La face droite qui semble offrir le début de l'inscription porte dix-sept lignes écrites en menus caractères. Le verso ne porte que douze lignes et les caractères sont plus grands. Par malheur, le temps a répandu pour ainsi dire un nuage sur l'antique écriture et malgré les efforts réitérés des sémitisants, mainte lettre reste encore assez douteuse pour entraver l'intelligence exacte de la phrase.

Pour faciliter la marche de la discussion, il est nécessaire de placer tout d'abord sous les yeux du lecteur la transcription hébraïque des parties de ces inscriptions dont la lecture est entièrement certaine. Les lettres douteuses seront indiquées par des points.

FACE *A*.

ת.לת ירח אתנם
בחדש ירח אתנם
לאלן חדש קפא ||
|| ||
לבנם אש בן אית בת עשתרת בת קפא
ל.רכם ולאדמם אש על xx
ל..ם בע. אש שכנם למלכת קדשת בים ז ק
לנערם || קפא ||
לזבחם || קר |
לא.ם אש א. אית ... חלת למלכת
את ..מם קפא |
לנערם ||| קפא |||
לגלבם פעלם על מלאכת קפא ||

---

[1] Ces explications ont été consignées dans le *Corpus inscriptionum semiticarum*, I, nº 86, p. 92-99. Nous citerons désormais cet ouvrage sous les initiales *C. I. S.*

לחרשם x אש פעל אשתה א... כת מכ
לעבדאשמן רב ספרם. לח בים ז קר ||| ד וק
ולגרם קר ||| ופא |||
א שלח בים ז קר |||| רפ

FACE *B*.

תעקב.
— בחדש ירח פעלת
— לאלן חדש קפא | |
— לבעל ימם ב.. בשלם
— לעבדאבסת הקרתחדשתי
— לא.ם אש לקח מכנבם קפא
— לרכם אש ב. פל.ט קר || אש ב
— לעלמת ולעלמת = || בזבח
— לכלבם ולגרם קר ||| ופא |.
— לנערם ||| ופא ::
|| א . . . .

On peut se demander si la plaque retrouvée est entière. L'existence du mot en petits caractères au début de l'inscription B, dont l'écriture est beaucoup plus grande et plus grasse, fait supposer qu'il manque la moitié gauche de la plaque, laquelle aurait pu contenir deux autres comptes mensuels, un de chaque côté ; car il est peu probable que ces petits caractères forment la fin de l'inscription de la face A. Cette incertitude empêche de reconnaître la suite des mois mentionnés dans les inscriptions. Quant à la disposition intrinsèque, elle est identique dans les deux comptes. Après la mention du mois, qui est, de droit, inscrit en tête, la liste s'ouvre par les dépenses faites en l'honneur de certaines divinités, ensuite viennent les sommes payées à titre de rétribution à des ouvriers et aux divers serviteurs du temple. Les sommes dépensées sont exprimées en abréviations malheureusement indéchiffrables. En général, les fins de ligne sont dans un mauvais état de conservation.

1

LE MOT PHÉNICIEN SIGNIFIANT DÉPENSE.

Le texte de la face A débute par la phrase introductive ת.ל.ת ירח אתנם « ... du mois d'Etanim ». Du premier mot qui semble devoir signifier « dépense » on ne lit avec certitude sur la photographie que les deux dernières lettres לת ; les deux premières ont été lues פע, de sorte que le mot entier serait פעלת, le même que le nom de mois de l'inscription de la face B et identique à l'hébreu פְּעֻלָּה « œuvre, travail ». Dans cette hypothèse, on se voit obligé de prendre le mot פעלת dans le sens secondaire de « rétribution » qu'a le פְּעֻלָּה hébreu par exemple dans Isaïe XL, 10, où il est mis en parallélisme avec שָׂכָר « paiement, récompense ». Cependant il ne faut pas se dissimuler que cette interprétation se heurte à un grave inconvénient : c'est qu'il est peu vraisemblable que les dépenses pour le culte aient été envisagées comme une rétribution matérielle faite aux dieux en échange de leur protection. L'époque tardive de nos textes ne permet pas de supposer une conception d'une naïveté aussi primitive. Il y a donc lieu de chercher autre chose. M. Clermont-Ganneau, qui avait vu avant moi l'original au Musée Britannique, crut reconnaître dans les deux premières lettres un ת et un כ et inclina à transcrire le mot entier תכלת, mais il n'insista pas sur cette lecture à cause du sens peu convenable qu'elle donne de prime abord. J'ai pu me convaincre, dans mon voyage à Londres, de l'exactitude de la lecture entrevue par M. Ganneau, du moins pour la première lettre qui est distinctement un ת sur la plaque. La seconde lettre ressemble bien à un ע de sorte que le mot pourrait être lu תעלת, mais ce mot qui coïncide avec le terme hébreu תֹּעֶלֶת « utilité », ne s'adapte point au sens exigé par le contexte. Je ne parle que pour la forme du terme hébreu תְּעָלָה « canal », qui convient encore moins. En cet état de chose, on est amené bon gré mal gré à la lecture תכלת, en admettant que la forme du ע est due à l'effacement accidentel de la hampe du כ phénicien. Le mot en question correspond donc au תַּכְלִית hébreu ; seulement il ne faudra pas y voir l'expression ordinaire indiquant l'idée de « but, fin », mais celle qui rend l'idée de « compte détaillé et définitivement arrêté » comme dans le passage de Job XI, 7, où elle alterne avec חֵקֶר « recherche minutieuse ». La transition de l'idée de « quantité fixée » à celle de « dépenses réglées » ne laisse pas d'être naturelle. Je pense même que le sens que j'attribue au mot תכלת est de nature à dissiper l'obscurité d'un passage de l'inscription d'Oum-el-'Awâmid, qui a causé beaucoup d'embarras aux épigraphistes. La phrase אית השערז והדלהת אש ל פעלת בהכלתי me paraît signifier « cette porte avec ses battants, je l'ai construite à mes frais ». L'expression « à mes frais » répondrait ainsi, quant au fond, à la locution מן כיסי « de ma bourse », qui se rencontre souvent dans les inscriptions de Palmyre et que les versions grecques rendent par ἐξ ἰδίων.

II

LES DEUX NOUVEAUX NOMS DE MOIS PHÉNICIENS.

Les textes phéniciens connus jusqu'à ce jour nous ont fait connaître six noms de mois, dont l'ordre demeure encore indéterminé ; ce sont : מרפא ou מרפאם, בל, כרר, מפע,[1] זבח־שמש, חיר ; nos inscriptions y ajoutent deux nouveaux noms : אתנם et פעלת. Le mois de אתנם se présente dans le second livre des Rois (VIII, 2) sous la forme יֶרַח הָאֵתָנִים « le mois des Etânîm », et il y est assimilé au huitième mois de l'année hébraïque (octobre-novembre), laquelle commence au mois de Abib (mars-avril). Il correspond ainsi au mois de Tischrî du calendrier juif postérieur à la captivité. Le terme אֵתָן signifie en hébreu « état primitif[2] » et il est appliqué aux objets qui persistent et durent sans solution de continuité, comme les montagnes (Michée VI, 2), les fleuves (Deutéronome XXI, 4), et, par métaphore, les anciens peuples (Jérémie V, 15). Comme on voit, le sens du mot אֵתָן en hébreu est à la fois trop vague et trop concret pour que l'on puisse deviner l'idée évidemment mythique qui sert de base à l'appellation du mois. Par bonheur, quelques récits mythologiques des textes assyriens permettent de tenter un rapprochement qui pourra servir de jalon aux recherches ultérieures. Ces récits mentionnent un personnage mythique du nom de *Etana* parmi les divinités du royaume des morts ou de l'enfer. Dans un passage qui rappelle plus d'un trait de la description de Job III, 13-19, la déesse Astarté (*Ischtarit*) décrit comme il suit le pays souterrain où elle est sur le point de se rendre :

[Vers la maison] laisse-moi retourner,
. . . . . à côté de moi,
[Vers la mai]son qu'habite Irkalla,
[Et] dont le soir n'a point de matin [3],

---

[1] Le מ initial n'est pas très certain.

[2] Dans la phrase דרך בוגדים אתן (Proverbes XIII, 15), le terme אֵיתָן équivaut à l'expression לֹא סְלוּלָה (Jérémie XVIII, 15). La racine en est probablement יתן ou plutôt רתן, proche parent de l'arabe-éthiopien רתן « commencer, débuter ».

[3] Ou bien « [Et] dont l'entrée n'a pas de sortie ». L'équivoque réside dans les deux substantifs qui forment ce membre de phrase. Le premier, *eribu*, égal à l'hébreu עֶרֶב, signifie à la fois « entrée » et « coucher du soleil, soir » ; le second, *aṣû*, signifie aussi

[Vers le pays] d'où il n'y a pas de retour,
[Dont les habitants], privés de lumière,
[Ont la poussière] pour nourriture, la boue pour aliment,
Une tunique à ailes [pour vêtement],
[Ne voient point le jour], sont assis dans les ténèbres.
[Dans la maison] où je veux entrer,
[Demeurent] les (anciens) possesseurs de couronnes,
[Les por]teurs de couronnes qui dominaient la terre aux temps antiques,
Dont Anou et Bel ont perpétué les noms et la mémoire.
Là aussi ont été affermis les fondements (de la terre), là confluent les eaux puissantes.
Dans la maison de poussière où je veux entrer,
Demeurent le seigneur et le noble;
Demeurent le roi et l'homme puissant;
Demeurent les gardiens de l'abîme des grands dieux;
Demeure *Etana*, demeure *Nêr* [1].

Selon le mythographe assyrien, le pays des morts s'étend au-dessous des fondements de la terre (*kaçuti* = héb. קְצוֹת) qui ne sont autre chose que les montagnes, et aussi au-dessous de l'abîme qui recueille toutes les eaux du globe terrestre. La même conception domine dans la littérature hébraïque, depuis la Bible jusqu'aux écrits talmudiques. Le dieu *Etan*[2] semble donc avoir pour charge la garde des dernières limites qui séparent le Schéôl de la terre des vivants. On comprend maintenant pourquoi le terme hébreu אֵתָן, bien que complètement sécularisé dans l'usage des écrivains monothéistes, s'applique de préférence aux montagnes et aux cours d'eau, et jamais au ciel; c'est, selon toutes les vraisemblances, une dernière réminiscence peut-être déjà inconsciente du sens mythologique primitif. Ceci étant, on est tenté de croire que le mois d'Etânîm, ou, comme disaient les Hébreux, des *Etânîm*, était consacré aux divinités infernales. Je reviendrai plus loin sur ce mois à propos des dieux de la néoménie.

bien « sortie » que « lever du soleil ». Les mêmes nuances se retrouvent dans le correspondant hébreu מוֹצָא (Psaumes 75,7).

[1] IV R, 49, n° 2, verso. 35... tirrânni 36... ri idiya 37 [ana bi]ti muschab AN Ir-kal-la, 38 [scha eribi]schù la açû, 39... la taârat 40... zûmmû nûra 41 [*isch* bubût]sina akalschina thîtthu 42 [labschu] çubat gappe, 43... ru *asch* ethuti aschba, 44. Bit scha erubu anaku, 45... kûmmusu agû 46 [na]schût age scha ultu *ud-* me pana ibelu mâtam, 47 *an* Anum ù *an-en-lil* ischtakkanu schumê schîri, 48 apâ ischtakkanu kaçuti, ittaqqû *a-mesch* nadâti, 49 ana bit ipri scha erubu anaku, 50 aschbu enu ù lagaru, 51 aschbu ischibbu ù *lu* mahhu, 52 aschbu *ah-me zu-ab-mesch* scha *an-mesch gal-mesch*, 53 aschib Etana, aschib *an* Ner. L'expression *schume schiri* répond à l'hébreu שֵׁם וּשְׁאָר (Isaïe XIV, 22).

[2] *Etana*, est à ce qu'il paraît une épithète du dieu *Ner*, probablement Nergal.

Le fait que les noms de mois phéniciens se rattachent souvent à des idées mythologiques mérite encore de fixer notre attention à un autre point de vue, car il sert à expliquer un phénomène qui ne s'observe nulle part ailleurs que dans les écrits bibliques. Pendant que les autres peuples sémitiques désignent les mois par des noms propres, les écrivains bibliques antérieurs à la captivité ou ceux qui racontent l'histoire de cette époque, les mentionnent exclusivement par leur numéro d'ordre : le premier mois, le second mois, le troisième mois, et ainsi de suite jusqu'au douzième. Une seule exception à cette règle générale se constate dans le récit de la construction et de l'inauguration du temple par Salomon (II Rois, VI, VIII). Dans ce document on trouve cités trois noms de mois : זִו (ibid. VI, 37), בּוּל (ibid. 38), אֵתָנִים (ibid. VIII, 2) qui ne reparaissent plus jamais. Ewald avait déjà supposé que ces noms étaient d'origine phénicienne; la découverte des noms בל et אתנם[1] dans les textes émanant de ce peuple confirme parfaitement sa conjecture. D'après les vues du savant allemand, auxquelles s'est aussi rallié M. J. Derenbourg, cette intrusion subite des noms de mois phéniciens dans le document hébreu serait due à ce fait, relaté par l'auteur, que la construction du temple salomonien a été exécutée par des architectes phéniciens envoyés à Salomon par son allié, Hiram, roi de Tyr. Pendant les années que dura le travail, les registres du temple devaient être rédigés d'après le système phénicien, de là les noms de mois exotiques dans les récits relatifs à cet évènement.

On peut à la vérité présenter une explication quelque peu différente et supposer que les noms propres des mois étaient restés dans l'usage commun des Hébreux jusqu'à l'époque de Salomon [2] et que leur disparition a son origine dans la réforme monothéiste réalisée alors par les prophètes.

Quoi qu'il en soit, il en résulte pour nous deux faits d'une grande portée. Premièrement, une preuve irréfragable en faveur de l'authenticité des annales de Salomon ; car comment un compilateur de récits populaires aurait-il pu connaître les noms des mois phéniciens ou seulement pré-salomoniens et surtout quel intérêt aurait-il pu avoir à introduire dans son récit des noms étrangers ou tombés en désuétude, s'il n'avait pas consulté des documents

---

[1] Peut-être le nom de mois מפש (= מֶרְפָשׁ ou מִרְפָשׁ, de רפש « briller »} « éclat, splendeur », cache-t-il le nom hébreu זִו qui a le même sens.

[2] Si les noms propres des mois avaient subsisté plus tard, on ne s'expliquerait pas comment ils ont pu disparaître entièrement des récits des historiens surtout des récits concernant les rois impies et adonnés aux cultes phéniciens.

contemporains ? Deuxièmement, et ceci est un point important pour la date des écrits bibliques, le fait même que ces écrivains ont soin de ne mentionner les mois que par leur numéro d'ordre me paraît être le résultat de la répugnance que les antiques noms de mois hébréo-phéniciens, si entachés d'idées païennes, ont dû soulever dans les cercles prophétiques qui étaient partisans zélés du monothéisme pur. Ces auteurs doivent nécessairement être antérieurs à la captivité, car après cette époque le monothéisme était déjà trop solidement établi pour que l'emploi de ces noms eût pu leur inspirer le moindre scrupule à cet égard. On sait d'ailleurs que, si ce n'est pendant la captivité même[1] du moins fort peu après, les hommes les plus pieux n'ont pas hésité à accueillir les noms de mois assyro-babyloniens dont le caractère païen se révèle avec une égale évidence par les noms de dieux éponymes Tammouz, תַּמּוּז et Adar, אֲדָר. Toutes ces considérations concordent donc à démontrer que les écrits bibliques dans lesquels les mois sont cités par ordre de série sont antérieurs à la captivité. Pour la question chronologique si disputée des quatre premiers livres du Pentateuque, l'absence des noms de mois plaide en faveur de leur provenance antérieure à la captivité de Babylone. L'auteur de ces livres et tout spécialement celui du code sacerdotal qui fait parler directement Moïse et ses contemporains n'aurait pas manqué d'employer la nomenclature ancienne des mois afin de donner une couleur locale à sa composition, s'il avait écrit hors de la Judée, ou bien à une période où il n'était pas à craindre que le culte phénicien fût de nouveau suivi. Cet auteur est donc nécessairement un palestinien, qui vivait à une époque où le monothéisme avait encore à lutter contre la religion des peuples voisins[2].

Le second nom de mois, פעלת, que l'on constate, également pour la première fois, dans les documents phéniciens, semble d'abord se rapporter plutôt à l'état de la vie civile et sociale qu'aux idées mythologiques. Ainsi que je l'ai dit plus haut, ce nom signifie « œuvre, travail. » Il va sans dire que le travail qui donne lieu au nom de mois doit être d'un ordre public et général. On doit donc choisir entre les

[1] La haine des Hébreux pour leurs tyrans babyloniens a dû empêcher l'introduction du nouveau calendrier non seulement pendant la captivité, mais aussi pendant les règnes de Cyrus et de Cambyse. Avec l'avènement de Darius Hystaspe, Babylone ne fut plus regardée comme une terre de bannissement mais comme une colonie libre et les Juifs n'ont plus tardé à adopter la nomenclature babylonienne des mois dont l'usage s'était répandu chez les peuples de la Syrie.

[2] On n'a qu'à lire la profession de foi d'Esdras pour voir combien l'éventualité d'une recrudescence du paganisme phénicien était devenue impossible parmi les Juifs retournés de Babylone. La défense des mariages avec les païens n'est pas motivée par la crainte de l'idolâtrie, mais par ce principe de morale abstraite d'après lequel le saint doit rester séparé du profane (Esdras IX, 2).

deux séries de travaux publics qui s'exécutent à époque fixe, entre les travaux des champs et les travaux de construction qui exigent une saison favorable. La première alternative est philologiquement inadmissible, car le verbe פעל ne s'emploie jamais au sens de labourage. Par contre, ce verbe désigne spécialement les travaux de construction : rien n'est plus fréquent dans les dédicaces phéniciennes que l'expression פעל וחדש « il reconstruisit à neuf ». Il en résulte que le mois phénicien פעלת marquait une division de l'année qui était particulièrement favorable à l'élévation des édifices ; circonstance qui montre bien que c'est un mois de la belle saison. Ceci nous remet en mémoire le mois éthiopien *Teqemt* (ጠቀምት), qui commence le huit octobre et dont le nom signifie « construction de murailles ». Celui-ci nous rappelle à son tour le nom de mois sabéen ד'פרע בנים *Dha-far'-biniam*, dont le sens parfaitement analytique est « mois d'élévation de constructions ». Nous avons donc déjà trois peuples sémitiques qui font usage d'un mois destiné spécialement aux travaux de construction et surtout de construction d'enclos et de murailles.

Mais voici une observation qui ne manque pas d'intérêt : sous l'apparence d'un fait matériel et déterminé par les conditions de température, se cache une conception mythologique. Fidèles à l'habitude des peuples anciens d'attribuer à des divinités spéciales l'invention des arts, les Phéniciens considéraient la construction des murs et des murailles avec de l'argile comme ayant été inventée par les frères du dieu *Chousor* (Χουσώρ [1]) ou Zeus Michios [2], l'inventeur de la pêche et de la navigation (πρῶτόν τε πάντων ἀνθρώπων πλεῦσαι (διὸ καὶ ὡς θεὸν αὐτὸν μετὰ θάνατον ἐσεβάσθησαν) καλεῖσθαι δὲ αὐτὸν καὶ Δία Μήχιον. Οἱ δὲ τοὺς ἀδελφοὺς αὐτοῦ τοίχους φασίν ἐπινοῆσαι ἐκ πλίνθων [3].

A ces trois peuples sémitiques de l'extrême ouest et de l'extrême sud viennent s'ajouter les Sémites du bassin du Tigre et de l'Eu-

---

[1] C'est ainsi que l'on corrige avec raison la leçon reçue χρυσώρ qui est évidemment altérée. Χουσώρ figure dans le panthéon assyro-babylonien sous la forme *Kischar*, Κίσαρος et est le compagnon du dieu *Asschour*: son nom vient de la racine כשר « être apte, capable, convenable ».

[2] Je me rallie à ceux qui lisent Δία Μήχιον au lieu de Διαμίχιον et je suis porté à croire que ΜΗΧΙΟΣ représente l'altération d'une forme primitive ΜΑΛΧΙΟΣ que j'assimile non à מַלָּח « marinier » lequel aurait probablement été transcrit Μαλατίος, mais à מַלְאָךְ « chargé d'affaire, agent, commissionnaire, envoyé, messager ». Zeus Malichios répondrait ainsi au בעל-מלאך des inscriptions phéniciennes. Notons que le mot מלאכה s'applique aussi bien aux travaux de construction qu'à ceux de la navigation. (Psaumes CVII, 23), et cela explique la double invention attribuée à ce groupe divin.

[3] Orelli *Sanchoniathon*, p. 18-20. Les mots mis entre parenthèses sont visiblement des additions évhéméristes du traducteur grec.

phrate. Chez les Assyriens et les Babyloniens où le manque de pierres d'une part, l'humidité du sol d'autre part, obligeaient à construire en briques et à consolider le sol par une plate-forme artificielle, le calendrier renfermait trois mois consacrés aux travaux de construction : le mois de *Siwan* (mai-juin) qui porte l'épithète hiératique ITV MVR « mois des briques », le mois de *Abu* (juillet-août) considéré comme l'époque de la descente du dieu Feu (*arad Ischu*), lequel portait le titre de « celui qui fixe la pierre angulaire des villes et des maisons » (*mukin temên ali u bîti*[1]), enfin le mois de *Arah-samnu* (octobre-novembre) dont l'épithète hiératique est APIN GAB « achèvement des fondations ». Ajoutons que le rapport entre les Assyro-babyloniens et les autres Sémites au point de vue du calendrier présente une double coïncidence : pour le mythe, le dieu Feu des Assyriens correspond parfaitement au Chousor phénicien, lequel a été de tout temps assimilé à l'Hephaistos grec, et au Vulcain romain[2] ; pour l'époque de l'année, le *Arahsamnu* des Assyriens coïncide à point avec le *Teqemt* des Ethiopiens.

L'accord complet des calendriers sémitiques, si différents les uns des autres quant aux noms des mois, sur l'existence d'un ou de plusieurs mois destinés aux constructions nous permet de pénétrer bien avant dans la haute antiquité de la race sémitique, à laquelle on a souvent attribué un instinct essentiellement nomade. Il prouve jusqu'à l'évidence que les ancêtres des Sémites habitaient dans des maisons et des villes entourées de murailles solides, et que, par conséquent, l'état nomade des tribus arabes, loin de constituer la règle, n'est qu'une exception résultant des conditions particulières du sol et du climat où elles ont été obligées de vivre. En conformité avec ce fait, il est avéré qu'aucune mythologie sémitique ne fait la moindre allusion à un état nomade antérieur. Dans la Genèse même, la vie sous la tente est donnée comme très postérieure à la construction des villes. Caïn, le fils aîné d'Adam, est le constructeur de la première ville, et ce n'est que son descendant à la sixième génération, Jabal, qui inaugure la vie nomade[3]. Le même trait caractéristique se répète dans l'histoire des patriarches hébreux : Abraham que sa qualité d'étranger contraint à mener longtemps la vie de pasteur, reçoit en

---

[1] Oppert. *Les inscriptions de Dour-Sarkayan*, p. 18.

[2] Les Assyriens ont en outre un dieu tutélaire des briques (*libitti* = héb. לְבֵנָה) qui porte le nom de *Laban* auquel ils faisaient des sacrifices en commençant les constructions (*Ibidem*).

[3] Genèse, IV, 17, 20.

récompense de sa piété la promesse que ses enfants seront un jour propriétaires du sol, tandis que son fils Içhac entreprend à grand peine la culture d'un coin de terrain que lui laisse la jalousie des Philistins [1].

III

LES DIEUX DE LA NÉOMÉNIE.

L'énumération des sommes déboursées s'ouvre dans nos inscriptions par les dépenses faites chaque mois pour les rites du dieu ou des dieux de la néoménie, אֱלֵי חֹדֶשׁ ou אֱלֹהֵי חֹדֶשׁ. Nous obtenons ainsi pour la première fois ce renseignement précieux que chez les Phéniciens le jour de la nouvelle lune était consacré à un ou à plusieurs dieux tutélaires. La fête de la néoménie est aussi parmi les plus anciennes dont il soit fait mention dans l'histoire des Hébreux. On célébrait ce jour par des réjouissances publiques; on donnait des festins et on visitait les parents et les amis. Y avait-il dans cette explosion de joie générale une simple expression de l'utilité de la lune pour la computation du temps, ou bien l'expression d'un sentiment mythique qui poussait à célébrer la merveilleuse renaissance du dieu Lunus et sa victoire sur les ténèbres? L'existence de dieux tutélaires qui président aux néoménies prouve clairement la prépondérance de l'idée mythique. Pour les peuples primitifs rien n'était plus naturel que d'imaginer que la décroissance graduelle du disque lunaire comme sa disparition périodique était due à des attaques dirigées périodiquement par les démons des ténèbres contre le dieu bienfaisant dont la lumière pleine et radieuse les offusque. Assailli en face par d'innombrables ennemis acharnés, le dieu faiblit graduellement et perd chaque jour une partie de sa lumière jusqu'à extinction complète. C'est à ce moment critique que le secours d'autres dieux venait à propos pour chasser les démons et laisser au dieu épuisé le temps de recouvrer peu à peu sa lumière. La cosmogonie assyrienne présente les principaux génies des ténèbres dont le nombre est sept, sous forme d'animaux nuisibles d'une laideur repoussante. Messagers cruels d'Anou, ils sont animés d'un atroce désir de destruction et sont très souvent portés à se révolter contre leur maître. Sur la terre,

---

[1] Genèse, XV, 7. XXV, 12.

ils fomentent la guerre civile parmi les habitants d'un même pays ; au ciel, ils soulèvent les tempêtes, amassent les nuages noirs qui éclatent avec fracas, éteignent la lumière du jour, précipitent les averses et s'élancent furieusement sous la forme de la foudre des fondements du ciel jusqu'aux recoins de la terre. Pour les empêcher d'envahir le ciel supérieur, où son frère Anou siège de toute éternité, le dieu Bel, se conformant au conseil d'Iaou le sage des dieux, lui associe ses deux enfants : Sin, le dieu de la lune, et Ischtarit, la déesse de l'étoile Vénus ; et tous les trois sont désormais chargés de surveiller les abords du royaume céleste. Les vindicatifs démons tournent alors toute leur fureur contre Sin qu'ils réussissent à éteindre après avoir fait reculer les dieux Schamasch et Raman qui étaient accourus au secours de leur frère. Bel s'aperçoit de l'enténèbrement de Sin et envoie son ministre *Nouskou*[1] annoncer à Iaou la mauvaise nouvelle. Celui-ci, indigné de l'outrage fait aux dieux, expédie son fils Maroudouk avec ordre de délivrer Sin. Chemin faisant, Maroudouk est rejoint par le dieu Feu et tous deux parviennent enfin à chasser les démons et à rétablir Sin dans sa place [2].

Les traits de cette légende ont l'air de se rapporter tout spécialement au phénomène des éclipses, où le disque lunaire s'obscurcit tout à coup et reprend soudainement sa lumière ; mais il n'en est pas moins constaté que chez presque tous les peuples, la nuit de l'occultation a été considérée comme néfaste et soumise à des influences démoniaques. Selon les rabbins, les démons recherchent de préférence l'ombre projetée par la lune à la période de sa décroissance et frappent les personnes qu'ils y trouvent endormies[3]. Ce sentiment était tellement enraciné que les docteurs, bien qu'ils fussent empêchés par le monothéisme d'attribuer le phénomène des phases lunaires à l'action de divinités ennemies, avouèrent ingénument que l'outrage fait à la lune était une grave faute commise par Jéhovah, faute que le sacrifice du jour de la néoménie était destiné à faire expier [4]. C'est simplement le transport d'une idée mythique dans l'ordre moral, et la conception primitive devient

[1] La forme hébraïque de Nouskou qui devait être נסרך a été altérée en נִסְרֹךְ dans II Rois XIX, 37, et Isaïe XXXVII, 37, et a donné lieu à des explications fantaisistes.

[2] IV R., pl. 5. Col. 1 et II, et pl. 15, *recto*.

[3] Talmud de Babylone, traité *Pesahim*, fol. 111 *a*, תניא... הישן בצל לבנה דמו בראשו ורצילתה של לבנה לא אמרן אלא et l'explication de la Guemare : במערבא אבל במדינחתא לית לן בה Voir le commentaire de R. Samuel ben Méir.

[4] *Ibidem*, traité *Schab'ouot*, fol. 9 *a* : אמר ר"ל מה נשתנה שעיר של ר"ח שנאמר בו : לה' אמר הקב"ה שעיר זה יהא כפרה על שמעטתי את הירח

encore plus transparente quand on songe que d'après les idées juives Dieu ne fait du mal que par l'intermédiaire de génies malfaisants (Exode XII, 23 ; II Samuel XXIV, 16 ; Psaumes LXXVIII, 49).

Pour ce qui concerne les dieux de la néoménie, nous savons seulement que chez les Assyro-babyloniens c'étaient invariablement Anou et Bel, précisément les dieux qui dans la légende qu'on vient de lire avaient pris les mesures nécessaires pour refouler du ciel les démons, et cette circonstance milite en faveur de l'idée émise ci-dessus relativement à l'assimilation mythologique du phénomène de la décroissance mensuelle du disque lunaire à celui de son éclipse subite à des intervalles éloignés. Nous ignorons si chez les Phéniciens les mêmes dieux présidaient également à toutes les néoménies. Outre les dieux des néoménies, il y en avait qui présidaient aux jours du mois et d'autres qui présidaient au mois considéré comme une grande unité. Je parlerai des dieux des jours dans le paragraphe suivant; quant aux dieux des mois, il paraît que les rites qui les concernaient se pratiquaient simultanément avec ceux des dieux de la néoménie. Le judaïsme semble avoir conservé une remarquable réminiscence de cet état dans la fête du jour de l'an dite ראֹשׁ הַשָּׁנָה, lequel jour est regardé comme un jour de jugement général (יום דין). Comme d'après les principes fondamentaux du judaïsme, le jugement divin est permanent et suit de près ou de loin l'œuvre de l'individu, l'appropriation d'un jour déterminé et notamment d'un jour de l'an inconnu à l'Écriture [1], pour le jugement des individus et des nations, peut difficilement avoir une origine indigène. Cette origine semble se retrouver dans le calendrier assyrien, adopté par les Juifs de la captivité, dans lequel le mois de *Tischri* est consacré à Schamasch (soleil), dieu dont le titre constant est « Juge suprême de l'univers (*daânu çiru scha kalama*) », et je crois ne pas me tromper en supposant que l'idée religieuse assyro-babylonienne attachée à ce mois ait passé chez les Juifs en même temps que le nom. Il serait même possible de penser que l'attribution de la qualité de juge suprême au soleil fût également commune aux peuples phénico-cananéens et que la célébration de rites en l'honneur du soleil exprimant cette idée religieuse eût déjà fait partie intégrante de leur culte primitif. Quoi qu'il en soit, la grande importance du

---

[1] Il n'y a aucune trace dans la Bible de l'année religieuse commençant le 1ᵉʳ du septième mois ou de Tischri. J'incline à penser que cette réforme est d'origine pharisienne et qu'elle avait pour but de perpétuer la mémoire de la grande assemblée inaugurée par leur chef putatif, Esdras (*Néhémie*, VIII, 1), auquel ils attribuent la transmission de la loi orale.

culte solaire dans la religion phénicienne est prouvée par le nom de mois זְבַח־שֶׁמֶשׁ qui signifie « sacrifices au soleil »; ce que nous ignorons encore, c'est si ce mois coïncide avec celui de Tischrî. Pour admettre cette coïncidence, il faudrait envisager l'expression זבח שמש comme une épithète du mois de אתנם. Les éléments nous manquent pour résoudre cet intéressant problème de calendrier et de mythologie, et nous devons nous borner à le signaler aux recherches ultérieures. En attendant nous croyons utile de donner ici la nomenclature des mois judéo-assyriens avec leurs dieux tutélaires, d'après une tablette du Musée britannique publiée par George Smith [1].

	NOMS JUIFS.	NOMS ASSYRIENS.	DÉSIGNATIONS HIÉRATIQUES.	DIVINITÉS TUTÉLAIRES.
1	נִיסָן	Nisannu.	Mois du sanctuaire qui fait prospérer (?)	Anou et Bel.
2	אִיָּר	Aaru.	Mois du taureau conducteur.	Iaou, seigneur de l'humanité.
3	סִיוָן	Simannu.	Mois des briques.	Sin, fils aîné de Bel.
4	תַּמּוּז	Tum'uzu [2].	Mois de la main qui sème (?)	NIN-IB, dieu guerrier.
5	אָב	Abu.	Mois du Feu faisant feu.	Belit et ... ?
6	אֱלוּל	Ululu.	Mois du statut d'Ischtarit.	Ischtarit, dame des naissances.
7	תִּשְׁרִי	Tischritum.	Mois de la colline sacrée.	Schamasch, héros et juge du monde.
8	מַרְחֶשְׁוָן	Ara'h-Samnu [3]	Mois des fondations achevées.	Maroudouk, gouverneur des dieux.
9	כִּסְלֵו	Kislimmu.	Mois des nuages (?)	Nergal, grand guerrier.
10	טֵבֵת	Thebetum.	Mois de la caverne du soleil levant.	Bab-Schoukal, ministre d'Anou et d'Ischtarit.
11	שְׁבָט	Schabathu.	Mois de la malédiction de la pluie (?)	Raman, seigneur du ciel et de la terre.
12	אֲדָר	Adaru.	Mois du blé...?	Les sept grands dieux.
13	אֲדָר II	Ar'hu II scha Adari.	Mois de l'abondance du blé...?	Aschour, père des dieux.

[1] Voir aussi Paul Haupt, *Akkadische und sumerische Keilschrifttexte*, p. 44, où se trouvent réunies les variantes.

[2] La lecture *duzu* admise jusqu'à ce jour est erronée : la syllabe *du* a encore la valeur *tum*. L'orthographe *tum'uzu* prouve que ce mot dérive de מזח. On sait que le ח assyrien se subtilise souvent en une vague aspiration et finit par disparaître.

[3] Ce nom qui signifie « huitième mois » ne prouve pas qu'avant la nomenclature actuelle les mois étaient nommés d'après leur succession comme les mois bibliques. Le nombre huit fait probablement allusion au huitième Cabire particulièrement adoré chez les Phéniciens sous le nom d'Eschmoun אשמן — Esculape et dont le titre semble être בעל מרפא.

IV

LES MAITRES DES JOURS.

Par l'expression בעל ימם (=בעלי ימים, בַּעֲלֵי יָמִים) « les maîtres des jours » de l'inscription B on a compris jusqu'ici les prêtres qui étaient de service ces jours-là ; mais dans ce cas il y aurait le démonstratif pluriel אל (=אֵלֶּה). Le fait que cette expression vient immédiatement à la suite de la mention des dieux de la néoménie me donne à penser que les « maîtres des jours » sont aussi des dieux, notamment des dieux qui président aux autres jours du mois en dehors du jour de la néoménie. Deux considérations d'un ordre différent me semblent confirmer cette manière de voir. La première c'est que, ainsi qu'on le verra dans le prochain paragraphe, l'article qui vient après est encore relatif à des divinités, de telle sorte que la mention de personnages humains dans celui-ci interromprait l'homogénéité de la série. La seconde, c'est que l'idée de consacrer les jours du mois à des divinités spéciales, corollaire logique et naturel de la croyance aux divinités protectrices des mois, se constate en effet chez les Assyro-babyloniens et se montre dès lors comme une ancienne institution sémitique. Vu l'importance du fait, il ne sera pas superflu de donner ci-après la liste entière des divinités des jours du mois telle qu'elle se trouve sur les **tablettes de la bibliothèque d'Assurbanipal conservées au Musée britannique**[1].

- 1ᵉʳ jour, Anou et Bel.
- 2º — les déesses.
- 3º — Mardouk et Çarpanit.
- 4ᵉ — Nabou.
- 5ᵉ — Bel-eschir et Belat-eschir.
- 6ᵉ — Raman et Schala.
- 7º — Mardouk et Çarpanit.
- 8º — Nabou.
- 9ᵉ — NIN-ib et Goula.
- 10º — Belat-eschir et Daûn.
- 11ᵉ — Taschmit et Çarpanit.
- 12ᵉ — Bel et Belit.
- 13ᵉ — Sin, dieu grand.
- 14ᵉ — Belit et Nergal.

[1] G. Smith, *History of Assurbanipal*, p. 126-128.

15ᵉ jour, Anounit et Sin.
16ᵉ — Mardouk et Çarpanit.
17ᵉ — Nabou.
18ᵉ — Sin et Schamasch.
19ᵉ — Goula.
20ᵉ — Sin et Schamasch.
21ᵉ — Sin et Schamasch.
22ᵉ — Sin et Schamasch.
23ᵉ — Schamasch et Raman.
24ᵉ — Bel-ekal et Belat-ekal.
25ᵉ — Bel et Belit de Babylone.
26ᵉ — Iaou, dieu grand.
27ᵉ — Nergal et Zik.
28ᵉ — Iaou et Nergal.
29ᵉ — Sin et les sept Anouni [1].
30ᵉ — Anou et Bel.

Nous ne saurons peut-être jamais la raison qui a déterminé le choix des divinités pour chaque jour; il devait y avoir des légendes populaires pour le motiver. Cependant il est possible d'expliquer d'une façon naturelle pourquoi le premier et le dernier jours du mois sont mis sous la tutelle des dieux Anou et Bel: c'est que ces dieux occupent une position éminente dans le dénouement du drame céleste qui met mensuellement en péril l'astre de la nuit, car d'après la légende que nous avons citée plus haut ce sont eux, les pères, qui envoient leurs fils au secours de Sin. On comprend aussi très aisément l'attribution du 29ᵉ jour; n'est-ce pas le jour où la lutte des sept terribles adversaires contre Sin atteint le maximum d'acharnement? Les autres dispositions sont inexplicables dans l'état actuel de nos connaissances. Un groupement systématique s'observe seulement en ce qui concerne la succession de Nabou au couple de Mardouk et Çarpanit, succession qui se répète trois fois, le 4ᵉ, le 8ᵉ et le 17ᵉ jours.

Sans admettre d'emblée une identité absolue entre les divinités des jours chez les Assyriens et les Phéniciens, la constatation d'une hémérologie mythique aux deux extrémités du monde sémitique est à elle seule un fait d'autant plus remarquable que la plupart des divinités assyriennes se retrouvent sous une forme presque identique chez les autres peuples congénères, surtout en Syrie et en Phénicie. Ainsi pour ne citer que les plus connues, Anou, Anat, Bel, Belit, Ischtarit, Mardouk, Çarpanit, Nabou, Raman, Scha-

[1] Ces démons ou plutôt ces dieux batailleurs, qui combattent périodiquement Sin, le dieu de la lune, semblent avoir été chargés de la garde de l'abîme. Leur nom *anuni* qui vient de *annu* « garde » a été déguisé hiératiquement en *a-nun* « eau-grande ».

masch, Sîn, Nergal, reviennent en occident sous les formes כן.[1]
(נרגל, סין, שמש, רמון, נבו, ⁹צריפא, ⁸מר, עשתרת, בעלת, בעל, ענת (⁴ ענה).
Mais la distribution des divinités et la façon dont elles sont groupées a pour nous cette valeur inappréciable de prouver d'une manière péremptoire l'indépendance absolue des déesses à l'égard de leurs parèdres masculins. Ainsi voyons-nous Schala, épouse de Nabou, figurer avec Raman (6° jour) ; de même Belit avec Nergal (14° jour) ; Çarpanit, épouse de Mardouk, se joint à Taschmit, seconde épouse de Nabou (11° jour) et le second jour du mois est consacré aux déesses seules, à l'exclusion des dieux. Ces faits palpables montreront l'inanité de l'opinion néoplatonicienne soutenue avec beaucoup d'éclat et d'érudition par plusieurs auteurs modernes, opinion d'après laquelle les déesses sémitiques n'auraient été que l'hypostase, la manifestation mystique des dieux mâles. Dans un précédent travail, j'ai combattu cette opinion par des raisons tirées de documents phéniciens ; la tablette assyrienne des divinités protectrices des jours du mois achève de la ruiner.

V

LES AMES DE LA MAISON.

A première vue, l'expression נפש בת (=נֶפֶשׁ בַּיִת) « les âmes de la maison, ou du temple » semble indiquer les prêtres et les serviteurs qui ont leur domicile dans l'édifice sacré. Cette explication se heurte cependant à la double difficulté que voici : d'une part, le personnel du temple, conformément à l'usage hébreu se dirait משרת בת (=מְשָׁרְתֵי הַבַּיִת) Joël, I, 9) ; de l'autre, le complexe נפש בה, même au sens de personnes demeurant ensemble et faisant partie d'une famille, devrait nécessairement être complété par le nom du chef de la famille (cf. Genèse, XLVI, 27). Je suis porté à croire qu'il ne s'agit pas d'individus humains, mais de divinités subalternes attachées aux édifices tant religieux que

---

[1] Forme particulière aux inscriptions du Safa, où figure souvent le nom propre בן־ענך.

[2] Il figure comme un nom d'homme hivéen et séirite (Genèse, XXXVI, 2, 20).

[3] מר pour מרא « seigneur » figure dans un proscynème grec sous la forme de ΒΕΕΛΜΑΡΙ ainsi que dans le nom propre phénicien מרחחי « Mar fait vivre » (C. I. S., I, p. 111).

[4] C'était la déesse principale d'Ascalon de Philistée (Talm. de Bab., Traité 'Aboda Zara, fol. 12 a).

profanes, divinités connues sous le nom de Pénates ou de Lares. Le culte des dieux domestiques se constate chez les Sémites depuis l'antiquité la plus reculée. Le nom générique de ces dieux était chez les peuples syriens גד « Fortune », nom qui sert à l'auteur de la Genèse pour expliquer celui de la tribu de *Gad* (Genèse, XXX, 10). Chez les Juifs, le culte de la Fortune a même survécu à celui des autres dieux, malgré les exhortations indignées du grand prophète de la captivité (Isaïe, XLV, 11). Encore pendant la dernière période talmudique, aux IVᵉ et Vᵉ siècles après l'ère vulgaire, les familles israélites avaient l'habitude de dresser dans un coin de leur maison une petite table chargée d'aliments en l'honneur du génie gardien de la maison (שר הבית). Cet autel domestique était appelé ערסא דגדא « cubiculus du dieu Fortune »[1]. Pendant les premiers siècles de la même ère, on vit s'élever en Syrie et en Palestine d'innombrables sanctuaires voués à la Τύχη (= בתי גדי) et les Pères syriens en célèbrent la destruction par le christianisme. Comme la plupart des notions mythologiques, la notion des dieux gardiens avait pris de bonne heure un développement extraordinaire chez les peuples de la Mésopotamie. Tous les objets quelque peu saillants, œuvres de la nature ou œuvres des hommes : les montagnes, les fleuves, les grands édifices, les temples, les villes, non seulement avaient chacun son génie tutélaire, mais ce génie était éponyme de l'objet confié à sa garde, de telle sorte que la chose fut souvent confondue avec la personne. Les textes assyriens offrent des invocations adressées à diverses montagnes et fleuves du monde connu alors, dans le but d'obtenir le pardon des péchés et l'éloignement des malédictions et des maladies. En voici une qui est un modèle du genre.

1. [Que le mont Sâ]bu [2] délivre, (lui qui est) la montagne de Bel !
2. Que le mont Lilmoun   —   —   la montagne de Raman !
3. Que le mont Hamanou [3] —   —   la montagne des cyprès !
5. Que le mont Libnanou [4] —   —   la montagne des cèdres !

---

[1] Talmud de Babylone, Traité *Sanhedrin*, fol. 20.

[2] Montagne fabuleuse qui servait de refuge au dieu *Zou*, fuyant la colère de son père Bel qu'il avait insulté. G. Smith, *Chaldäische Genesis*, p. 108.

[3] L'Amanus des géographes grecs, chaîne de montagnes qui sépare la Syrie de la Cilicie. La forme assyrienne rappelle le חַמָּן, חמנא des Hébreux et des Araméens, qui paraît ainsi avoir été un cippe en bois consacré au dieu-montagne, lequel est peut-être le בעל חמן des inscriptions de l'Afrique du nord. Le culte de ce dieu syrien dans les colonies phéniciennes de l'Occident n'a rien qui doive nous étonner. Cette explication de בעל חמן nous paraît maintenant préférable à celle que nous avons proposée autrefois, d'après laquelle ce nom signifierait « Ba'al Libyen ».

[4] Le לבנון des Hébreux. Un dieu du nom de בעל לבנן figure sur une inscription de Citium (*C. I. S.*, n° 5, p. 24, fragm. 8).

9. Que le mont Bibbou délivre, (lui qui est) la montagne des chênes (?) !
10a. Que le mont Ibana — la montagne des lentisques (?) !
10b. Que le mont Çarschou — — la montagne de l'argent !
11. Que le mont Aralu [1] — — la montagne de l'or !
12. Que le mont Har(?)hâ — — la montagne du plomb !
17a. Que le mont Melouhha [2] — — la montagne du carnéol !
17b. Que le mont Makanna — — la montagne du cuivre !
19. Que le mont Enli — — l'ornement des montagnes !
20a. Que le mont Hihi — — la montagne de Phénicie !
20b. Que le mont Temenna — — la montagne de la Susiane !
21. Que le mont Niçir [3] — — la montagne de Gouti !
25. Que le fleuve Tigre — lui qui apporte l'abondance !
26. Que le fleuve Euphrate — (lui qui est) l'âme du pays !
27. Que le fleuve Arahtou — lui qui apporte la vie à Babylone !
28. Que le fleuve Mê(?) Bel — (lui qui est) l'âme de Mardouk !
31. Que le fleuve Mê Kaldan — lui qui fait vivre les êtres vivants !
32. Que le fleuve Oulâ [4] — eau qui apporte son tribut à la mer !

Quant à la divinisation des villes et des maisons ou temples, elle ressort avec évidence de l'extrait de l'invocation ci-après, laquelle invocation est d'autant plus remarquable que ces édifices y sont formellement distingués de la divinité à laquelle ils sont consacrés. Le contact ininterrompu avec le divin finit par rendre divin et vivant l'objet primitivement profane et inanimé ; c'est la légende de la statue de Pygmalion transportée dans l'ordre religieux [5] :

28. Que Bel délivre, lui qui est le roi créateur... !
29. Que Belit délivre, elle qui est la reine de Bit-[Kirim] !
30. Que Bit-Kirim délivre, lui qui fait tenir.....
33. Que Iaou délivre, lui qui est le roi de l'Océan !
34. Que l'Océan délivre, lui qui est la demeure de la sagesse !
35. Que la bonne sagesse délivre, que la maison de l'Océan (le Chaos) délivre !
36. Que Mardouk délivre, lui qui est le roi des sept dieux !
37. Que Çarpanit délivre, elle qui est la reine de la maison Schakil !

---

[1] C'est l'Olympe assyrien. Il est censé situé dans l'extrême nord (Cf. Isaïe XIV, 13 et Job XXXVII, 22) ; son sommet était la demeure des dieux tandis que sa base touchait la demeure des morts. A *Aralu* comparez l'hébreu אֲרָלִים « morts ».

[2] L'Ethiopie et l'Egypte.

[3] Montagne du Kurdistan, sur laquelle, d'après la légende babylonienne, s'était arrêtée l'arche de Hasis-Adra ou Xisuthrus.

[4] Le fleuve de Suse nommé אוּבַל en hébreu, l'Eulaeus des auteurs grecs.

[5] Qui ne se rappelle pas à cette occasion les récits bibliques des bâtons de Moïse et d'Elie dont le mouvement accomplit des prodiges ? Chez les Grecs le ῥόπαλον, le bâton ou la massue d'Hercule se transforma bientôt en Ῥόπαλος, fils d'Héraclès.

38. Que les maisons Schakil et Babylone délivrent, elles qui sont les demeures des grands dieux !
44. Que Dour-il et Bit-TIM-GAL-Kalama délivrent !
50. Que la maison des dieux Nord, Sud, Orient et Occident [délivre] !
51. Que les quatre vents soufflent !
52. Qu'ils emportent la malédiction qui l'accable !

La persistance opiniâtre de ces idées est attestée non seulement par le judaïsme de l'époque biblique mais aussi par celui de l'époque postérieure, où la prédominance de pareilles croyances semble à peine possible. Déjà au temps de Jérémie oser dire que le temple et Jérusalem pouvaient être détruits était un crime de lèse-divinité (Jérémie, XXVI, 8, 9) et les adversaires du prophète pour marquer l'indestructibilité dont ils prétendaient être doués se comparaient de préférence au temple de Jéhovah (*ibidem*, VII, 4). Cette croyance a encore subsisté forte et vivace cinq siècles plus tard, pendant la guerre contre les Romains, car au moment même où la conflagration du temple éclairait de sa lueur sinistre les visages contractés des guerriers, les enthousiastes attendaient un miracle éclatant qui anéantirait l'armée ennemie et rétablirait la ville et le sanctuaire d'une façon plus magnifique que jamais. Quand la brutalité des faits eut donné un démenti formel à la croyance en l'indestructibilité matérielle de la ville sainte, la piété nationale se prit à envisager le temple avec toutes ses appartenances, Jérusalem et la Palestine, comme des puissances morales partageant avec Jéhovah la prérogative de pardonner les péchés restés inconnus[1]. Les écrits talmudiques abondent en sentences de cet ordre. Je me contenterai d'en extraire quelques-unes des plus saillantes : Celui qui habite la Palestine vit sans péchés ; il est assuré d'avoir sa part au paradis[2], et celui qui y est enterré est comme s'il avait son tombeau sous l'autel[3]. Cette prérogative s'étend jusqu'aux vêtements du grand prêtre, l'intermédiaire principal des rites de propitiation. D'après une

---

[1] Les péchés connus et non expiés par les ancêtres demeuraient à la charge de leurs descendants jusqu'à la quatrième génération, tandis que les vertus des ancêtres allaient grossir l'avoir des descendants jusqu'à la millième génération (Exode XX, 5; Deutéronome V, 9). Le prophète Ezéchiel réagit contre la première sentence qui causa le désespoir de ses contemporains et avait donné naissance au proverbe « les pères ont mangé du fruit aigre et leurs enfants ont les dents agacées » ; il soutint que chacun n'est responsable que de ses propres actions (Ezéchiel XVIII, 2, 30).

[2] כל הדר בא״י שרוי בלי עון (Talm. Bab., Traité *Ketûbôt*, fol. 111). Ce privilège va jusqu'à profiter à la servante païenne, אפילו שפחה כנענית שבא״י יש לה חלק לעולם הבא (*ibidem*).

[3] כל הקבור בא״י כאילו קבור תחת המזבח (*ibidem*).

Agada, la tunique et le caleçon portés par le grand prêtre pendant l'office expiaient les meurtres et les adultères ignorés, pendant que son turban, sa ceinture, son gilet, son éphôd, son manteau et son frontal propitiaient tour à tour les péchés suivants commis clandestinement : l'orgueil, la mauvaise pensée, les crimes judiciaires, l'idolâtrie, la calomnie, l'effronterie[1]. Ce sont là sans aucun doute des idées très vieilles que le judaïsme talmudique a conservées sous cette forme rétrospective. Donc, pour revenir au passage que nous discutons, l'existence du culte des dieux pénates chez les Phéniciens de Chypre n'a rien qui doive étonner puisqu'elle rentre parfaitement dans l'ordre d'idées constaté chez les peuples congénères du continent asiatique.

VI

PERSONNES RÉMUNÉRÉES.

Les individus qui figurent sur la liste comme ayant reçu certaines sommes en récompense de leur service sont de diverses catégories. Ceux dont la nature se reconnaît plus ou moins aisément sont les suivants :

1° בנם (= בֹּנִים) « constructeurs, maçons (A, l. 7) ». Ils ont construit ou plutôt réparé les temples בת (= בָּתֵּי) de Astarté (עשתרת) et reçoivent une somme fixe pour chacun. C'est le sens évident du mot בת (= בָּיִת)[2] qui suit le nom de la déesse.

2° חרשם (= חָרָשִׁים) « maîtres constructeurs (A, l. 13) ». Ce terme paraît s'appliquer surtout aux constructeurs d'édifices de pierres, puisque quand il s'agit de construction de bois, on ajoute le mot שיר (= שָׁיָּר)[3]. Celles dont il est question dans notre texte sont des soubassements (אשתת = héb. שָׁתוֹת) et (את) des פרכת. Sur ceux-ci voyez le paragraphe suivant. La lecture des deux derniers mots

---

[1] למה נסמכה פרשת קרבנות לפרשת בגדי כהונה לומר לך מה קרבנות
מכפרים אף בגדי כהונה מכפרים כתונת מכפרת על שפיכות דם...
מכנסים מכפרת על גלוי עריות... מצנפת מכפרת על גסי הרוח... אבנט
מכפר על הרהור הלב... חשן מכפר על הדינין... אפוד מכפר על עבור׳ם...
מעיל מכפר על לשון הרע... וציץ מכפר על עזות פנים (Talm. Bab., Traité Zebahim, fol. 88 b).

[2] La lecture donnant un mot כת, qui serait égal à כתי « Kition » (C. I. S., 1, p. 96), est inadmissible, la première lettre étant distinctement un ב.

[3] Inscription de Tucca, l. 6.

me semble certaine. Le mot mutilé qui vient après commence par
מכ. Est-ce מכל « Amycléen », épithète remplaçant le nom propre
רשף ?

3° פרכם (A, l. 5). La place donnée à ces individus dans la série
des surveillants des temples fait voir qu'il s'agit de fonctionnaires
analogues. En comparant l'hébreu פָּרְכֶה « voile », on a traduit
פָּרְכָם par *velarii* [1]. Ce sens convient assez bien au contexte, deux
raisons m'obligent néanmoins à l'écarter. D'abord en hébreu même
le פרכת n'était pas le voile suspendu à la porte d'entrée, mais
celui qui séparait le Saint des Saints des autres parties du temple;
il se trouvait par conséquent dans un endroit reculé du sanctuaire
et réservé aux prêtres seuls, et de la sorte n'avait pas besoin d'un
velarius, encore moins de plusieurs. Puis, et ceci me paraît décisif,
le mot פרכת figure distinctement à la ligne 13 de l'inscription A, où
le contexte défend absolument d'y voir un voile. Ainsi qu'on a vu
au n° 2, il y est question d'architectes qui ont construit des soubassements (אשתרת) et des פרכת, d'où il résulte avec certitude
que le singulier de ce dernier vocable, probablement פרך, désigne
une partie de l'édifice sacré, notamment la partie la plus sainte,
que les Grecs appelaient Ἄδυτον et les Hébreux דְּבִיר. Ce qui cor-
robore notre interprétation, c'est que le même mot, sous la forme
פרכא et *parakku* revient avec le même sens en mandéen et en
assyrien. Par suite de ces raisons, on est conduit à voir dans
les פרכם de notre passage des hommes chargés du soin de la propreté et de l'ordre pour la partie du sanctuaire dans laquelle était
placée la statue de la divinité principale, les vases sacrés et les
appareils de l'oracle.

4° אדמם אש על בת רשף (A, l. 5) « hommes préposés à la maison
(= au temple) de רשף » ; ce sont les économes ou administrateurs
du temple d'Apollon. Ce dieu avec l'épithète מכל « Amycléen »
figure dans plusieurs inscriptions de Chypre. L'expression אש על
בת est identique à l'hébreu אֲשֶׁר עַל הַבַּיִת (Isaïe, XXII, 15. Cf. Genèse, XLIII, 16). L'inspection de l'original m'a convaincu que la
lecture בת est préférable à celle de דל qui a été suggérée de prime
abord [2].

5° רַב סֹפְרִים (= סופרים רב [3] A, l. 14) « chef des scribes ». Je crois
qu'il s'agit non d'un simple écrivain mais d'un chef de la corporation d'exégètes et de légistes, qui comme les סופרים juifs
avaient pour tâche d'expliquer la littérature religieuse et d'en

---

[1] *C. I. S.*, 1, p. 94.
[2] *Ibidem*, p. 93.
[3] Excellente lecture due à M. Philippe Berger (*ibidem*, p. 95).

répandre la connaissance. Ce personnage portait le nom de עבדאשמן « serviteur de Eschmoun ou d'Esculape ». La somme due lui fut envoyée le jour de la Néoménie : שלח בים ז. Le premier mot de ce membre de phrase peut se lire soit שָׁלַח ou שָׁלְחוּ « on envoya » soit שָׁלוּחַ « (fut) envoyé » soit enfin שִׁלּוּחַ « don, cadeau », singulier du substantif שִׁלּוּחִים usité en hébreu (Rois, IX, 16).

6° Un homme du nom de עבדאבסת et originaire de *Carthadascht* (הקרתחדשתי) ou Carthage. Celle-ci n'est pas nécessairement la capitale de l'Afrique phénicienne, c'est peut-être la ville chypriote homonyme que mentionnent les inscriptions cunéiformes. עבדאבסרת signifie « serviteur de Bast », déesse égyptienne qui a donné son nom à la ville de Boubaste, en hébreu פִּי בֶסֶת. Le א intercalé entre le ב et le ב semble marquer la voyelle *ou* comme le prouve la transcription grecque Ἀβδουβάστιος. Notre texte ne fournit rien sur l'état de cet homme.

7° אפם (= אוֹפִים. A, l. 10) « boulangers ». La lettre médiale, de forme insolite, n'est visiblement ni un ר ni un ש, la lecture אדם ou אשם est donc fort improbable. Le mot de l'énigme m'a été donné par le terme חלח qui forme le complément du verbe unique de la phrase. La situation invite à y reconnaître les חַלָּה « gâteaux ou pains » qu'on plaçait devant les divinités (Lévitique XXIV, 5), et qu'on leur présentait à titre d'offrande. (*Ibidem* II, 4). Ceci m'a amené à distinguer un פ aussi bien dans la lettre en question que dans la seconde lettre du verbe, lequel a l'apparence de אב sur la photographie. L'examen de l'original au British Museum a confirmé cette supposition et par suite je n'hésite plus à penser que la lecture exacte est לאפם II אש אף (= אָשׁ אָפוּ II לְאוֹפִים) « aux deux boulangers qui ont cuit ». Entre la particule du régime direct את (= héb. אֶת) et le substantif חלח se placent quelques lettres ou signes indistincts. Peut-être y avait-il des chiffres indiquant le nombre des pains. Dans le culte hébreu, les pains étalés journellement sur la table du sanctuaire étaient au nombre de douze (Lévitique XXIV, 5), nombre dans lequel on peut voir une allusion soit aux douze tribus d'Israël, soit aux douze mois de l'année. Si les chiffres étaient clairs dans notre passage, ils auraient décidé de la vraie interprétation. La fin de cet article nous apprend deux faits importants. Premièrement que les pains sacrés étaient destinés au temple de la *Reine sainte* (מלכת קדשת), probablement épithète d'Astarté, car dans l'inscription d'Eschmounazar cette déesse est enregistrée parmi les אלנם קדשם « dieux saints. » Deuxièmement que lesdits pains étaient préparés avec certaines épices; c'est du moins ce que je crois entendre sous les mots את בסמם (= אֵת בְּשָׂמִים).

Le dernier de ces mots avait été lu פרכם[1], comme à la ligne 5, mais la lecture à laquelle je m'arrête répond mieux et à l'aspect des lettres sur l'original et au sens exigé par le contexte.

8° נערם (= נְעָרִים) (A, l. 7 et 11 ; B, l. 10) « jeunes gens ». Ils s'occupaient probablement des préparatifs des sacrifices en amenant les victimes et en apportant le bois à l'autel ; comparez Exode, XXIV, 5.

9° עלמת (B, l. 8) « jeune femme » hébreu עַלְמָה. C'est selon toute vraisemblance la cantatrice principale attachée au temple. A l'occasion des grandes fêtes elle conduisait un chœur de femmes, qui alternait avec le chant des hommes, en dansant et en jouant des instruments de musique. Ce sont les עֲלָמוֹת תּוֹפֵפוֹת des Hébreux (Psaumes LXVIII, 26. Cf. Exode, XV, 20). Dans notre passage il est question de douze 'Alâmôt ayant assisté la 'Almâ en chef.

10° זבחם (= זוֹבְחִים) « immolateurs (A, l. 8) » qui tuent les animaux en observant certains rites, comme les שׁוֹחֲטִים du judaïsme rabbinique. L'immolation des victimes pouvait se faire par la main de profanes ; c'est du moins l'opinion de l'école des pharisiens. Nous ignorons quel était l'usage phénicien à cet égard.

11° גלבם (= גַּלָּבִים) (A, l. 12 ; B, l. 11) « bouchers » qui dépouillent les victimes égorgées et les découpent en faisant la part de l'autel et des prêtres. Ce terme qui se trouve aussi dans Ezéchiel, V, 1, est habituellement traduit par « barbier » et les interprètes qui m'ont précédé admettaient qu'il s'agissait ici des barbiers employés dans les temples qui pratiquaient la petite chirurgie comme ceux de l'Europe occidentale au moyen âge, en même temps qu'ils rasaient et coiffaient le personnel attaché au sanctuaire, et faisaient ces incisions rituelles que le code mosaïque défend aux Hébreux [2]. Je ne sais sur quoi reposent ces présomptions, car la défense mosaïque (Lévitique, XIX, 27, 28, XXI, 5), ainsi que le prouve le contexte, semble se rapporter à une cérémonie de deuil. Aussi est-il avéré que les prêtres de Baal en lutte contre Elie ne se firent des incisions que lorsqu'ils eurent désespéré d'adoucir autrement la divinité qui était restée insensible à leurs prières (I Rois, XVIII, 28) et encore se les firent-ils eux-mêmes et non pas par l'intermédiaire de barbiers. Quoi qu'il en soit du reste, la signification du mot גלב en phénicien me semble résulter du nom propre גלבאלם « Gallâb des dieux », où le sens de « barbier » est évidemment moins convenable que celui de « boucher qui prépare les parties

---

[1] C. I. S., p. 96.
[2] C. I. S., 1, p. 95.

du sacrifice destinées aux dieux ». Il se peut même que le terme en question contienne en outre le sens de l'arabe *djallâb*, « marchand de bétail », au point que le גלבאלם serait à la fois celui qui procure les victimes et celui qui les prépare pour l'usage de l'autel. J'ajouterai enfin que le mot de l'hébreu postérieur מגלב « bâton, aiguillon (?) » convient très bien à l'acception arabe de גלב.

12° אדם ביער (A, 1. 7). Ces mots, incompris jusqu'à présent, me semblent devoir se lire אֲדַם בְּעִיר ou bien au pluriel אַדְמֵי בְעִיר « l'homme ou les hommes du bétail ». Il s'agit, paraît-il, de l'individu ou des individus qui ayant amené le bétail destiné aux sacrifices étaient restés près du temple de la déesse pendant la fête de la néoménie. C'est selon moi le sens de la phrase déterminante, dont je sépare les mots de la manière suivante : אש שכן מל מלכרת אַשׁ שָׁכַן (שָׁכְנוּ) מִיל מַלֶּכֶת : et avec les points-voyelles קדשת בים ז קְדֻשָׁת בְּיוֹם ז. Pour l'expression מל מלכת קדשת comparez l'hébreu מִגִּל בֵּית פְּעוֹר (Deutéronome III, 29). L'omission de בת devant מלכת קדשת n'a rien qui ne soit conforme aux habitudes populaires de tous les pays et de toutes les époques. La lecture ...ב שׁכנם אש « qui sont voisins de... » ne me semble pas convenir. Encore moins puis-je m'arrêter à l'idée admise par mes devanciers qui lisent שֹׁכְנִם et traduisent *qui inserviunt* ; la racine שכן ne se confond pas en phénicien, à ce que nous sachions, avec סכן. Quant à l'emploi du mot אדם au pluriel et à l'état construit, on n'en a pas d'exemple dans la Bible, mais il est d'autant plus fréquent en arabe et en sabéen, où אדם prend même les suffixes possessifs. Enfin, בְּעִיר est le mot hébreu ordinaire pour désigner en commun le gros et le menu bétail.

13° ריעם (B, 1. 7). On a lu ce mot רֵעִים [1] « associés », en pensant à certaines associations ou corporations religieuses que l'on constate chez divers peuples de l'antiquité. Cependant on aurait dû se demander tout d'abord si l'hébreu רֵעִים auquel on le compare exprime réellement cette idée. Partout où ce mot se présente dans la Bible, il comporte exclusivement le sens d'ami intime, de compagnon fidèle, jamais celui de membre d'une société ou d'une corporation. Ce dernier sens est dévolu au substantif חבר (=חָבֵר), pl. חברם (=חֲבֵרִים) qui figure deux fois dans l'inscription de Marseille, augmenté des suffixes possessifs : הברנם (= héb. חֲבֵרֵיהֶם) « leurs collègues (du sénat de Carthage) ». Le titre de חבר a été aussi porté par les membres du sénat juif, חבר היהודים, ainsi qu'on le voit par les monnaies des Macchabées. Pour dégager le sens exact de ce mot, il est nécessaire de déterminer auparavant celui

---

[1] *C. I. S.*, 1, p. 99.

des deux mots qui suivent : בד פלכם. Je vois dans le premier l'équivalent de la particule de lieu hébraïque, בְּדֵי, composée de ב « dans, en » et du substantif דַי « mesure, capacité, suffisance » et parallèle à la particule comparative כְּדֵי de l'hébreu postérieur. La forme בְּדֵי est fréquemment employée dans l'Écriture et je l'ai aussi constatée dans cette phrase de l'inscription d'Eschmounazar אף אם אדמם ידברנך אל תשמע בדנם, phrase qui signifie selon moi « même si les hommes te disent (de profaner mon tombeau) ne les (m. à m. « à eux ») écoute point, » au lieu de « n'écoute pas leurs mensonges (בְּדֵיהֶם) » comme on le traduit habituellement. Quant au second mot פלכם, je crois que c'est le pluriel de פֶּלֶךְ qui désigne en hébreu la campagne avoisinant la ville, le cercle ou le district (Nehémie, III, 12, 18). Ceci établi, si l'on admet la lecture רֵעִים, il s'agirait dans notre passage d'une somme envoyée à des amis habitant la campagne. J'avoue cependant que l'épithète « amis » ne me semble pas bien convenir au caractère général du texte qui n'offre que les frais relatifs aux temples et au culte. Cette considération me conduit à lire רֹעִים pluriel de רֹעֶה « berger, pâtre ». Il est à supposer que les grands temples phéniciens avaient à leur solde des bergers qui soignaient les animaux destinés aux sacrifices quotidiens et qui étaient établis en partie dans les édifices contigus au sanctuaire, en partie dans les campagnes de la banlieue. Les textes magiques cunéiformes prescrivent souvent, à titre de médicament efficace, le lait ou le beurre qui provient des animaux nés dans le parc sacré :

> Apportez le beurre qui vient de l'écurie sacrée !
> Apportez le lait qui vient du parc sacré !
> Sur le beurre sacré qui vient de l'écurie sacrée, prononcez une
>   conjuration :
> Que l'homme, fils de son dieu, soit purifié !
> Que cet homme soit blanc comme le beurre !
> Qu'il devienne éclatant de pureté comme le lait [1] !

Et cette autre formule beaucoup plus claire :

> Le lait d'une chèvre... née dans l'écurie sacrée du pasteur Tammouz [2],
> Ce lait de chèvre, que le pasteur te le donne de ses mains pures !

---

[1] IV R. 4, 27-37, *disch* himeta scha ischtu tarbaçi ellu ubluni 29 schîzbu scha ischtu suburi ellu ubluni 31 *disch* himeti *Ku*-tim scha tarbaçi ellu schipta idima 33 Amelu *tur an*-schû lûbbithma 35 Amelu schû kima himeti lilil 37 kima schizbi schuatam libîb.

[2] Dans la mythologie phénicienne Tammouz-Adonis est aussi un berger.

Verse-le dans une outre faite avec la peau d'une brebis intacte,
Le dieu... de ses mains sacrées en fera manger Bel,
Maroudouk prononcera l'incantation :
O..., déesse du firmament, rends-le pur, rends-le éclatant[1] !

Le passage que nous discutons semble donc faire allusion à ces bergers attachés au service des temples phéniciens.

14° כלבם et גרם (A, l. 16; B, l. 9). Sur le sens propre du premier de ces mots aucun doute n'est possible, c'est évidemment l'hébreu כְּלָבִים, pluriel de כֶּלֶב « chien ». Les interprètes sont cependant unanimes à y voir la désignation de l'abominable institution des *scorta virilia* qui étaient attachés à certains temples phéniciens et recevaient un salaire pris sur les fonds sacrés. J'ai quelque peine à admettre cette idée et voici mes raisons. Il est vrai que les Grecs et peut-être les Hébreux aussi désignaient ces sortes d'individus par le nom de « chiens » (κύνης, כֶּלֶב), mais on conviendra, ce me semble, que cette épithète flétrissante eût été très déplacée sous la plume d'un prêtre phénicien qui devait considérer le cynisme de ces hommes d'un œil beaucoup plus respectueux. J'ajouterai que la Bible nous a conservé la désignation propre et, si l'on peut s'exprimer ainsi, la désignation religieuse et honorifique des *scorta virilia*, c'est קָדֵשׁ, au pluriel קְדֵשִׁים (Deutéronome, XXIII, 18). L'histoire rapporte que Roboam, fils de Salomon, enchérissant davantage sur la tolérance que son père avait montrée à l'égard du culte phénicien permit l'introduction de l'institution des קְדֵשִׁים (I Rois, XIV, 24) et que, jusqu'au règne de Josias, les prostitués mâles avaient des cellules dans la cour du temple (II Rois, XXIII, 7). Dans tous ces récits nous lisons l'expression propre קָדֵשׁ et non pas כֶּלֶב « chien », bien que ces individus aient inspiré le plus profond dégoût aux auteurs. A plus forte raison doit-on présumer que le rédacteur phénicien de nos inscriptions n'aurait pas choisi une épithète méprisante pour désigner des personnes qui accomplissaient un rite sacré de sa religion. Cette réflexion me paraît donc rendre presque certain que par le mot כלבם on doit entendre autre chose que des *scorta virilia*.

La question, ainsi circonscrite, peut se résoudre de deux manières différentes. Tout d'abord en faisant appel aux noms propres כלבאלם « chien des dieux » et כלבא « relatif au chien », ainsi

---

[1] IV R. 28, n° 3. 49 Schizbi enzi... ? scho *asch* tarbaçi ellu scha *sib an tur-zi* aldu 51 schizbi onzi *sib-a asch* qutischù *ku-mesch* liddinka 53. *disch* libbi moschak uniki la pititi bululmo 55 *au ku sud ga ma-rasch au eu-lil-lu asch schu-ll-schù ku-mesch* lischokil 57. *au-amar-ud tur er-hi* schipta iddu 59, *au nin-a-ha tar du* belit agubbê ullilschù ubbibschù.

qu'au nom biblique כָּלֵב et aux noms arabes sabéens *Kalb, Kulaïb* (Χολαιβος) on est porté à prendre le mot כלבם dans le sens honorable de « fidèles comme les chiens ». Ces fidèles seraient des pauvres religieux de bas étage qui s'attachaient au temple et y vivaient d'aumônes et de restes laissés par les prêtres, à peu près comme les Parasites des temples grecs surtout de ceux d'Apollon. Mais cette solution laisse subsister presque les mêmes difficultés qui s'opposaient à l'ancienne interprétation, car autre chose est un nom propre emprunté au règne animal, autre chose une dénomination d'une classe de gens religieux employée dans un texte sacerdotal. Ces interprétations éliminées, il ne reste qu'à revenir au point de départ et à voir dans le כלבם de notre passage des chiens réels. Ces bêtes si utiles à la garde du temple étaient naturellement nourries aux frais de l'administration. L'énumération des chiens parmi le personnel du sanctuaire n'étonnera pas ceux qui savent avec quelle sollicitude la législation mosaïque octroya le droit des chiens sur la chair des bestiaux déchirés par les bêtes féroces (Exode XXII, 30). Encore de nos jours, l'action de nourrir les chiens qui vagabondent librement dans les rues est considérée comme une œuvre de mérite par les pieux musulmans.

La raison qui nous a déterminé à modifier l'interprétation de כלבם, nous oblige en même temps à changer celle qu'on avait adoptée pour le second terme, גרם, lu גֵּרִים. Ainsi que nous le disions ci-devant, on traduit ce mot d'ordinaire par « les voisins du sanctuaire, les hôtes et les protégés du dieu », et l'on y voit des individus semblables aux παρασῖται grecs, qui vivaient d'une pauvreté honorable à l'ombre des temples, notamment des temples d'Apollon. On a aussi rappelé les *djâr-allâh* des Arabes, ces hommes pauvres et pieux qui ont longtemps vécu à l'ombre de la Ka'aba[1]. Malheureusement toutes ces analogies demeurent sans emploi en présence de la nécessité matérielle qui exige que l'objet énuméré immédiatement après les chiens soit aussi un animal et non pas la désignation d'une classe d'hommes honorables et honorés. Il ne reste donc qu'un moyen de se tirer d'embarras, c'est de lire גֻּרִים « jeunes chiens ». Dans la Bible, on ne rencontre le mot גור que pour désigner le jeune lion, mais en langage talmudique et araméen, il s'applique ordinairement au jeune chien. Nous nous bornerons à citer à l'appui un proverbe rabbinique relatif à l'irritabilité des femmes et particulièrement des jeunes, proverbe qui fait très bien ressortir le parallélisme de כלב et de גור. Il est ainsi conçu :

[1] *C. I. S.*, I, p. 95.

[1]. נבח בך כלבא עול נבחא בך גוריתא פוק « Si un vieux chien aboie après vous (à la porte d'une maison) entrez-y (sans crainte); si c'est une jeune chienne qui aboie, sauvez-vous ». Par suite de ces considérations, les mots לכלבם ולגרם semblent devoir signifier *pro canibus et catulis*. La mention des jeunes chiens est même de nature à faire penser qu'il s'agit peut-être, au moins en partie, de chiens destinés à l'autel d'Artémis[2]. A cela conviendrait parfaitement l'importante remarque communiquée dans le temps à l'Académie des inscriptions et belles-lettres par M. Léon Heuzey. Ce savant avait fait observer que les environs des lieux d'où les plaques ont été déterrées contenaient deux temples grecs consacrés, l'un à *Artemis paralia*, l'autre à *Déméter paralia*. Il est donc très vraisemblable que nos textes aient été rédigés dans le sanctuaire phénicien qui a servi de type à celui de l'Artémis grecque.

Il reste encore l'article 6 de l'inscription B, qui résiste malheureusement à toute interprétation à cause du mot inconnu מכנבם. Je ne puis avancer à cet égard qu'une simple conjecture que je présente sous toutes réserves. Ce mot figure dans notre passage comme complément direct du verbe לקח, lequel ne doit pas signifier ici « prendre » comme en hébreu ancien, attendu que l'action de prendre ne saurait donner droit à une rémunération, mais « acheter », sens qu'a ce verbe en hébreu postérieur. Il semble donc en résulter que le complément מכנבם doit désigner un objet acheté en une certaine quantité pour le besoin du culte. Pour en préciser le sens, nous n'avons d'autre moyen que de rappeler l'arabe *miknab* « desséché, aride, durci, calleux ». Si l'on compare à ce sens la racine talmudico-araméenne parente *qnb* « couper ou arracher des bouts de plantes ou de bois », on est tenté de croire qu'il s'agit de branches ou de plantes desséchées. Un tel indice nous fait songer au rite phénicien qui consistait à planter à une certaine époque de l'année des végétaux étiolés et éphémères dits jardins d'Adonis (Ἀδώνιδος κῆποι) en commémoration de la mort prématurée de ce dieu. Si ce sentiment était exact, on pourrait supposer que le personnage en question était chargé d'acheter les plantes destinées à être placées aux abords du temple. Dans ce cas, l'article que nous discutons aurait encore pour nous cet autre avantage de nous apprendre que cette cérémonie religieuse avait lieu au mois de פעלת. Cela concorderait très bien avec les

---

[1] Talm. Bab., Traité *Erubin*, fol. 86.
[2] Movers, *Die Phœnizier*, vol. 1, p. 405.

données des auteurs grecs, qui placent ladite cérémonie dans la belle saison [1].

Les explications et conjectures qui précèdent n'ont laissé hors de considération aucun des mots que contiennent nos inscriptions; il ne me reste qu'à les transcrire au complet et à les accompagner d'une traduction conforme aux résultats de cette étude.

TEXTE. — FACE A.

תכלת ירח אתנם
בחדש ירח אתנם
לאלן חדש קפא ||
| | | |
לבנם אש בן אית בת עשתרת בת קפא...
לפרכם ולאדמם אש על בת רשף xx
לאדם בער אש שכן מל מלכת קדשת ביםׂ ז ק..
— לנערם || קפא ||
לזבחם || קר | ...
לאפס || אש אף אית ... חלת למלכת [קדשת]
את בסמם קפא |...
לנערם ||| קפא |||
לגלבם פעלם על מלאכת קפא ||
לחרשם x אש פעל אשתה אף פרכת מכ]ל[...
לעבדאשמן רב ספרם שלח בים ז קר ||| וק..
[לכלבם] ולגרם קר ||| וק...
. . . . . . .א שלח בים ז קר |||| ופ..
. . . .

FACE B.

תעקב.
— בחדש ירח פעלת
— לאלן חדש קפא ||
— לבעל ימם בסם (?) בשלם...
לנפש בת אש לאשתה מכל רש]אר אלנם[[2].
— לעבדאבסת הקרהחדשתי...
— לאדם אש לקח מכנבם קפא...
— לרעם אש בד פלכם קר || אש ב..
— לעלמת ולעלמת xx || ולעלמת ||| בזבח...
— לכלבם ולגרם קר ||| רפא |||
— לנערם ||| רפא |||
. . . . א ||

---

[1] Cf. Engel, *Kypros*, II, p. 548.
[2] Cette ligne jusqu'à רש a été omise par inadvertance dans la première transcription de la face B, à la page 184.

TRADUCTION. — Face *A*.

Dépenses du mois d'Etânîm.
A la néoménie du mois d'Etânîm :
Aux dieux de la néoménie... deux.
      | | | |
Aux architectes qui ont construit les maisons d'Astarté, chaque maison...
Aux gardiens du sanctuaire et aux hommes préposés au temple de Rescheph... XX
Aux hommes (qui soignent le) bétail qui sont restés en face de la Reine-Sainte dans ce jour...
A deux garçons... deux.
Aux deux sacrificateurs... ...
Aux deux boulangers qui ont cuit les... pains pour la Reine-[Sainte]
Avec des épices...
Aux trois garçons... trois.
Aux bouchers ouvriers, pour (leur) travail... deux.
Aux dix maçons qui ont construit les soubassements et les sanctuaires de l'Amyc[léen]...
A 'Abdeschmoun, chef des scribes, il a été envoyé dans ce jour... trois et...
Aux chiens et à (leurs) petits... trois et... trois.
. . . Il a été envoyé dans ce jour... quatre et...

Face *B*.

T'aqab.
— A la néoménie du mois de Peoûlat.
— Aux dieux de la néoménie... deux.
— Aux Maîtres des jours, de l'encens (?) avec un sacrifice de paix...
— Aux Pénates des édifices de l'Amycléen et des aut[res dieux].
— A 'Abdoubast de Carthage...
— A l'homme qui a acheté les plantes fanées (?)...
— Aux bergers de la campagne... deux qui...
— A l'almâ et aux vingt-deux 'alâmôt, avec sacrifice...
— Aux chiens et à (leurs) petits... trois et... trois.
— Aux trois garçons... trois.
— . . . . deux.

XI

Ueber die semitischen Namen des Feigenbaumes und der Feige etc., von Paul DE LAGARDE. Extrait des Nachrichten von der Kœniglichen Gesellschaften der Wissenschaften an der Georg-Augusts-Universitæt zu Gœttingen. N° 15, 3 décembre 1881.

Les monographies sur les noms sémitiques des arbres et des fruits sont excessivement rares de nos jours, surtout celles qui sont à la hauteur des recherches multiples qu'exige un sujet aussi compliqué, bien que très simple en apparence. Les sémitisants me sauront donc gré de leur signaler une savante dissertation sur les noms sémitiques du figuier et de la figue composée par M. Paul de Lagarde, professeur à l'Université de Gœttingue. En communiquant son mémoire à la Société royale des sciences, M. de L. en a retracé lui-même l'origine et le but. « Notre collègue, M. le comte Herman de Solms-Laubbach, m'a demandé à quelle époque les Sémites auraient connu pour la première fois le figuier et la figue. Je réponds publiquement à cette question, parce que je veux mettre M. de Solms-Laubbach en état de connaître l'opinion d'autres que moi sur ce sujet. »

M. de L. rappelle d'abord les dates très diverses auxquelles remontent les documents sémitiques rédigés dans les trois langues qu'il s'agit de comparer : l'hébreu, l'araméen et l'arabe. La littérature israélite s'étend depuis 900 environ jusqu'à 200 environ avant J.-C., et, pendant les 300 dernières années de cette période, l'hébreu n'était plus qu'une langue savante. En fait de documents araméens, ceux qui remontent aux époques anciennes sont extrêmement rares, la plupart viennent des années 250 à 900 après J.-C. L'arabe enfin ne nous est connu que depuis 600 après J.-C. Il suit de là qu'on ne doit faire la comparaison des mots de ces langues que sous certaines restrictions ; qu'on peut quelquefois admettre des altérations plus ou moins complètes pour les mots que l'on veut comparer ; que l'absence d'un mot ou d'une forme dans une de ces langues à une époque déterminée, ne prouve point qu'elles n'aient jamais possédé l'un ou l'autre; qu'enfin, quand un mot semble enfreindre une règle générale, on doit se douter qu'on a à faire à un terme emprunté à un dialecte inconnu.

Après avoir posé de la sorte les bases de toute recherche philologique, M. de L. entreprend de résoudre son problème, et il le fait avec une argumentation vigoureuse, étincelante de science et d'esprit, dont nous donnerons le résumé, sauf à revenir avec plus de détail sur quelques points secondaires :

Dans l'idiome sémitique — l'auteur appelle ainsi l'idiome primitif dont sont issues les trois langues citées plus haut — le figuier semble s'être appelé *ti'n* et la figue *balas*. Le premier de ces vocables a produit trois formes différentes, savoir l'hébreu *te'ên* qui a augmenté de *l'â* de l'unité devient *te'ênâ*, au pluriel *te'ênim*; l'araméen *tittâ* (pour *ti'ntâ*), au pluriel *ti'né*, l'arabe *tîn* (pour *ti'n*), nom collectif. Ces mots désignent aussi bien l'arbre que le fruit. Le second vocable, *balas*, est employé en arabe et en éthiopien pour désigner la figue, tandis que l'hébreu possède de la racine *bls* le participe *bôlês* « celui qui caprifie »; l'araméen seul ne la possède plus aujourd'hui, mais c'est probablement une perte relativement récente. Il faut maintenant déterminer si la forme présumée *ti'n* était commune à tous les Sémites, c'est-à-dire si elle est antérieure aux formes historiques, ou si elle faisait primitivement défaut aux Araméens et peut-être aussi aux Arabes, qui l'auraient tous deux reçue des Israélites. Dans le premier cas, le figuier aurait appartenu à l'habitat primitif des Sémites; dans le second, il aurait été originairement restreint à la flore d'une seule région sémitique et se serait répandu de là chez les autres peuples de la même race.

La philologie pourra peut-être dissiper ce doute. Le vocable en question montre dans les trois langues sus-mentionnées un *t* initial; cela semblerait un peu étrange en présence de la règle de transformation (Lautverschiebung) avérée, d'après laquelle le *t* araméen répond au *th* arabe et au *sch* hébreu, si l'on n'admettait que ce *t* constitue une lettre préformative, laquelle se soustrait naturellement à la loi de transformation. Il s'ensuit que le mot *ti'n* vient d'une racine *any*, de même que par exemple, *tibn* (= héb. *teben*) « paille » vient de *bany* « construire ». Les textes hébreux n'offrent de cette racine *any* que les voies secondaires. Le futur du *qal* malgré l'analogie de *yé'eté* (r. *aty*), ne peut guère avoir été *yé'ené*, puisque cette forme paraît propre à une autre racine *any* et peut-être aussi à la racine *yny* qui est souvent confondue en hébreu avec les deux premières; le futur a sans doute été *ya'né* et plus tard *yô'né*, comme le prouve d'une manière incontestable (*unumstœsslich*) la vocalisation traditionnelle du mot *tô'anâ* qui appartient très certainement (*ganz sicher*) à la racine *any*. Cette considération fait voir que la forme *te'ên = ti'n* est déplacée sur le domaine de l'hébreu, dans lequel le vocable *t'n*, dérivé de *any*, aurait sans doute été prononcé *tô'n*.

Si la forme *ti'n* exclut l'origine hébraïque, le fond exclut l'origine araméenne, car la racine *any* manque de dérivés en araméen : tout au plus en reste-t-il une faible trace dans la langue parlée jadis dans le pays occupé plus tard par les Araméens, dans la langue assyrienne, laquelle possède deux prépositions dérivées de ladite racine, *ina* (forme masculine de l'hébreu *êt = inat* « dans, de », et *ana* « à, vers », formée comme le syriaque *'ada = 'ad*, de *'ady*. L'origine arabe reste seule admissible, et il demeure acquis que le figuier est originaire d'Arabie, notamment de la région habitée par les Bahrâ, branche des Quçâ'a, qui se distinguaient par ce fait qu'ils prononçaient *yiqtulu* au lieu de *yaqtulu*, fait qui explique la vocalisation *ti'n* pour *ta'n*. D'après M. Sprenger, les Quçâ'a sont venus, de bonne heure, de la côte sud-est de l'Arabie ; quant aux Bahrâ, appelés anciennement Bahrân, ils vivaient du temps de Mohammed dans la plaine de la Cœlésyrie, mais on ignore où ils habitaient auparavant. C'est donc de cette contrée arabe que le figuier, nom et chose, a dû passer chez les autres peuples et dans les autres territoires sémitiques.

Pour ce qui concerne le sens du mot, M. de L. ayant prouvé par de nombreux exemples tirés des meilleurs écrivains arabes que la racine *any* signifie « il était temps, il s'est approché (*es war zeit, es kam nahe*) » est porté à expliquer la forme demi-participielle *ti'n* par « arbre qui ne mûrit ses fruits qu'après avoir été rapproché d'une autre chose (*der Baum welcher nur durch Zugesellung Früchte trägt*). C'est en effet la particularité du figuier, signalée déjà par Aristote, Théophraste, Pline et les auteurs des Géoponiques, particularité qui consiste à avoir besoin pour mûrir ses fruits de l'adjonction des figues mâles ou caprifigues, en grec ἐρινεοί. Si l'on peut expliquer *tibn* par « ce avec quoi on construit », on peut également prendre *ti'n* dans le sens de « ce au devant de quoi on apporte quelque chose » (*das dem [zu zeinem Gedeihen] entgegengebracht wird*). Le mot isolé hébreu *to'anâ* (= *ta'anat*) « occasion, prétexte » qui doit être considéré comme la forme israélite du *ti'nat* quçâïte permet peut-être d'envisager le figuier comme un arbre qui a besoin pour ainsi dire d'une occasion, d'un prétexte, pour mûrir ses fruits ou pour les conserver. Le nom de la figue *balas* confirme également l'origine arabe du figuier, attendu que, en vertu de l'équation *sch* hébreu = *s* arabe, la racine hébraïque *bls* semble donc être empruntée à l'arabe.

M. de L. présente toutes ces considérations non-seulement sous une forme dubitative, mais il a soin de solliciter à plusieurs reprises l'avis de ses lecteurs, fût-il même contradictoire sur tous les points. Cela m'encourage à présenter quelques légères observations non pour émettre une opinion, mais pour soulever une question de principe qui m'a été suggérée par quelques publications récentes sur la haute antiquité des races civilisées, question qui tend à s'assurer si la philologie est réellement apte à résoudre les problèmes préhistoriques qu'on lui demande. Je ne crois pouvoir mieux expliquer ma pensée qu'en opposant, avec doute, bien entendu, deux considérations, également fortes et contradictoires, à l'argumentation irréprochable qu'on vient de lire.

Premièrement : Le mot *t'in* est probablement araméen. Il y a plus que de la vraisemblance à supposer que la racine *any* « rapprocher », qui est usitée dans les langues sœurs, l'ait aussi été dans l'araméen antique dont nous ne possédons que des restes infimes. Quant à la forme, la vocalisation *ti'n[tá]* coïncide parfaitement avec la forme verbale, *yeqtul* = *yiktul* propre à l'araméen, fait qui ne s'observe ni dans le *te'ên* hébreu ni dans le *tin* arabe. N'est-ce pas une présomption favorable à l'origine araméenne du figuier?

Deuxièmement : Le mot *ti'n* est probablement hébreu. Pour la charpente consonnatique, il est avéré que la racine *any* s'emploie dans plusieurs voix verbales et l'emploi ancien du *qal* est attesté par la forme demi-participielle *tô'aná*. En ce qui concerne la vocalisation *te'ênâ* pour *tô'ná*, la raison en semble résider, d'une part, dans la nécessité de le distinguer du mot *tô'aná* précité, lequel a un sens différent, de l'autre, dans l'assimilation par analogie aux mots 'abêdâ, genêbâ, scrêphâ, car le caractère adventice du *t* initial de ce mot devenu un substantif concret a été entièrement oublié. La coexistence des mots *te'ênâ* et *tô'aná* qui servent à expliquer l'un et l'autre, toute particulière à l'hébreu et inconnue aux langues sœurs, semble ajouter un poids considérable à l'hypothèse de l'origine hébréo-phénicienne du figuier.

Nous voilà donc en présence de trois solutions bien divergentes, fondées sur des argumentations philologiques également correctes, au moins en apparence, les unes et les autres ; mais quel est le critérium qui pourra fixer et bien fixer notre choix ?

Obligé de réduire considérablement nos ambitions d'archéologue, nous ne demanderons à la philologie que ce qu'elle peut nous donner et nous maintenons comme une précieuse acquisition l'interprétation du mot *t'in* présentée par M. de Lagarde. Que le figuier soit originaire de la Mésopotamie, de la Syrie ou de l'Arabie ou bien commun à tous ces pays, une chose est sûre, c'est que le nom de cet arbre et de son fruit rappelle une opération d'arboriculture qui suppose une longue série de tentatives en vue de perfectionner un produit de la nature. Les ancêtres des Sémites qui ont donné un nom au figuier étaient déjà bien loin des âges primitifs ; et de plus, ils étaient sédentaires et adonnés à la culture du sol, car le nomade est tout ce qu'il y a de plus indifférent aux expérimentations botaniques. Ce résultat rectifie d'une manière remarquable les idées que certaines écoles ont propagées sur le caractère fondamental de la race sémitique : c'est toujours une erreur de moins au passif de l'ethnologie.

M. de L. termine son savant mémoire par des remarques sur trois autres mots sémitiques : l'arabe *'Afar* et *Markh*, noms des deux morceaux de bois par le frottement desquels on produit du feu, les mots syriaques *Nisseyôn* et *gilleyôn* et l'hébreu *'ânî*. L'auteur montre que *'Afar* est la prononciation incorrecte de *'Athtar* = Astarte, en sorte que ce nom désigne le bois inférieur, la femme, et celui de Markh, le bois supérieur, l'homme. Quant aux mots syriaques précités, ils viennent directement de l'hébreu, tandis que les formes proprement syriaques sont *gilleyân, nusseyân*. La troisième proposition d'après laquelle l'hébreu *'ânî* = *çanû'a* « modeste » serait d'origine araméenne me paraît moins probable.

Je compléterai ce compte-rendu par quelques remarques sur divers points traités en second ordre par M. de Lagarde.

P. 369. A côté de la forme hébraïque *te'ên*, on aurait dû mentionner la forme phénicienne *t, y, n* qui figure sur une inscription de Carthage, et en déterminer la vocalisation [1]. — P. 373. Si je ne me trompe, le persan *tâdj* = tâg « couronne » a été rapproché du perse *taka*, qui figure dans le composé *takabara*, mais je ne saurais dire si c'est avec raison. En tout cas, le peuple frère des Perses, les Mèdes, qui avaient depuis longtemps des rois, devaient avoir un mot propre pour « couronne », et ne pas être réduits à emprunter un mot étranger, ou bien, si nécessité il y avait, tout nous fait croire qu'ils auraient accueilli le mot populaire assyrien *agu*, au lieu d'en créer une forme *tâg* qui n'existe nulle part. — P. 375. La vocalisation *ta'anâ* (Jérémie, II, 24) semble très exacte, témoin les

---

[1] Ce passage porte שתין יאה לקחת תשקד « tu auras soin de prendre une belle figue ». Le *y* pourrait être une consonne, attendu que l'orthographe phénicienne marque très-rarement les voyelles longues au moyen des lettres faibles.

formes analogues *ta'awâ, ta'alâ*. — P. 380. L'hébreu mischnaïtique possède un mot *ribqâ* qui désigne l'endroit de l'aire où les vaches attendent chacune son tour pour battre le blé; ceci motive l'explication de Philon : Ρεβέκα ὑπομονή. — P. 383. Le mot unique *tó'anâ* (Juges, xiv, 4) est communément traduit par « occasion, prétexte », mais le contexte exige le sens de « querelle, dispute, chicane » qu'il a du reste chez les talmudistes, lesquels voient dans le choix des ceintures en feuilles de figuier, *te'ênâ* (Genèse, iii, 7) une allusion aux ennuis, *tó'anâ*, que le péché des ancêtres a apportés à leurs descendants[1]. Dans ce cas, il y aurait entre *te'ênâ* et *tó'anâ* un parallélisme analogue à celui qui s'observe entre ἐρινεός et ἔρις. La nuance du dernier mot pourrait aussi résider dans Ἐριννύς = sansc. *saranyu* et le sens primitif de tous serait « accourir ou s'approcher rapidement[2] ». — P. 388. En admettant que le rapprochement de πέτρα « roche, pierre » et de πτέρα = allem, *Feder* « ce qui traverse en volant, plume » soit exact, les interprétations mythologiques de Kuhn resteraient encore à démontrer, attendu que ce nom peut avoir désigné primitivement la pierre de fronde et ne s'être généralisé que plus tard. — P. 391-394. Je suis frappé de la difficulté que les commentateurs européens — je n'ai lu que les commentaires juifs — trouvent dans cette circonstance que les feuilles de figuier ne peuvent ni être cousues ni servir à couvrir le corps. Je crois que cette difficulté n'existe proprement pas, car, d'une part, le verbe *tâphar* ne signifie pas seulement *coudre*, mais aussi «attacher, lier» (Job, xvii, 15), de l'autre le mot *'âlé* n'est pas seulement la feuille, mais aussi la branche avec ses feuilles (Néhémie, viii, 15). — P. 398. L'heureuse interprétation que M. de L. donne à *'Afâr* = *Athtâr* me conduit à penser que le nom du bois supérieur *Markh* ne doit pas être séparé de *Mirrîkh*, la planète Mars. La réunion de *'Athtâr* et de *Mirrîkh* dans les légendes arabes offre donc une très intéressante analogie à la réunion d'Arès et d'Aphrodite dans la mythologie grecque. En ce qui concerne le nom de *Mirrîkh*, qui n'a certainement rien à faire avec la racine *marakha*, j'inclinerais à y voir l'altération du nom mandéen de Mars, *Nirîg* (=Nergal), résultant des formes équivoques de l'écriture arabe. Je soumets ce sentiment au jugement de M. Lagarde. — P. 398-400. Le *h* de צהריתה indique probablement la voyelle *ê*, comme le prouve la transcription grecque Ἀθη. Strabon a déjà remarqué que la forme grecque Αταγρατις était corrompue et que la

---

[1] *Midrasch Rabbâ*, 1, chap. 11.
[2] Cf. le verbe hébreu *gârab* « s'approcher » qui produit le substantif *gerâb* « dispute, querelle, lutte »,

forme vraie du premier élément était Ἀθαρα. Simplicius, qui interprète Ἀταρατη par τόπος Θεῶν, commet la même erreur que celle dans laquelle tombent d'ordinaire, par exemple, Philon et Joseph, lorsqu'ils expliquent les noms propres hébreux d'après leur son sans avoir égard à l'orthographe. — P. 405. Je ne crois pas qu'on puisse voir dans le *w* du mot hébreu '*ânâw* « humble, modeste », qui est toujours orthographié sans *yod*, la trace de l'antique désinence du nominatif *u*, les formes moabites *waye'annêw*, *a'annêw* font voir que le *w* est radical.

En terminant, je tiens à cœur d'exprimer le désir que les ouvrages de M. Lagarde soient mieux connus chez nous. Il serait très regrettable que des recherches aussi originales, aussi pleines de faits que celles dont cette dissertation présente le type accompli, demeurassent ignorées de nos sémitisants.

XII

NOTE SUPPLÉMENTAIRE

SUR

L'INSCRIPTION DE BYBLOS

La stèle de Yehawmelek, roi de Byblos, contient notoirement une inscription phénicienne de quinze lignes, dont un quart à droite, à partir de la dixième ligne, a été enlevé par une ancienne fracture de la pierre. L'inscription est fruste en plusieurs endroits ce qui rend extrêmement difficile la lecture d'un grand nombre de passages. Malgré ces obstacles, le sens général du texte phénicien n'est plus un mystère pour nous, grâce aux interprétations magistrales que MM. de Vogüé[1] et Renan[2] lui ont consacrées. Avec la sagacité et le tact épigraphique qui le distinguent, M. de Vogüé a réussi à lire la première moitié du texte avec une perfection vraiment merveilleuse. Sa traduction de cette partie laisse également fort peu à désirer. M. Renan, de son côté, en expliquant l'inscription de Byblos dans son cours d'épigraphie sémitique du Collège de France, s'est surtout donné la tâche d'en rétablir la dernière partie, qui a le plus souffert. Celui qui n'a pas vu l'original ne saurait se faire une idée des difficultés que ces savants avaient à surmonter pour déchiffrer une inscription aussi mal conservée, et l'on reste émerveillé du progrès que l'épigraphie phénicienne a accompli en France depuis quelques années. Aussi est-il avéré que les savants étrangers [3] se sont contentés d'enregistrer purement et simplement les résultats obtenus par MM. de Vogüé

---

[1] Stèle de Yehawmelek, roi de Gebal. Communication faite à l'Académie des inscriptions et belles-lettres, par M. le comte de Vogüé. (Extrait des *Comptes rendus de l'Académie des inscriptions et belles-lettres*, Paris, Imprimerie nationale, 1875.) Cf. *Revue critique*, 1875, 30 janvier, p. 79 ; *Academy*, 1875, 6 février, p. 146.

[2] *Journal des Savants*, 1875, juillet, p. 448-456.

[3] *Zeitschrift für die historische Theologie*, 1875, p. 455 ; *Theologisches Literaturblatt*, 1876 ; *Jahrbücher für deutsche Theologie*, 1875, p. 633.

et Renan ; à peine ont-ils proposé une légère modification d'une ou deux lettres. Parmi les savants qui ont écrit sur l'inscription de Byblos, M. Julius Euting[1] a bien mérité de l'épigraphie phénicienne par le beau fac-similé qu'il en a fait préparer et qu'il a mis à la disposition des sémitisants avec un rare désintéressement.

Après la moisson si abondante et si lestement enlevée par des interprètes aussi compétents, il reste néanmoins quelque chose à glaner. La science phénicienne est tellement récente que nombre de faits se dérobent facilement à la première investigation et n'apparaissent dans leur vrai jour qu'après un examen réitéré, entrepris sous une autre disposition d'esprit. Les notes suivantes ont pour but de compléter, si cela est possible, quelques détails restés incertains et de proposer des modifications pour le petit nombre des cas où l'ancienne interprétation se heurte à des difficultés imprévues. Si peu nombreuses que soient les modifications que nous proposons, on ne doit pas oublier qu'en philologie le moindre fait a son importance, et que quelquefois la fixation du sens d'une particule ou d'une forme grammaticale jette un jour nouveau sur tout un passage qui sans cela resterait inintelligible.

1. *Nom et généalogie du roi* (lignes 1 et 2). — Le nom du père de Yehawmelek, יחדבעל, a été lu *Yahdiba'al* (Vogüé) ou *Yaharba'al* (Renan) ; c'est peut-être *Yehoudba'al* « fils unique du Ba'al ». On sait, par les fragments de Sanchoniaton, que les Phéniciens prononçaient *Yehoud* (Ἰεουδ) le mot יחד « unique », que les Hébreux articulaient *Yahid*. Le nom du grand-père, lu tantôt ארמלך *Ourmelek* (Vogüé), tantôt אדמלך *Adommelek* (pour *Adon-melek*, Renan), semble devoir se lire אבמלך *Abimelek* (Euting) ; c'est un ancien nom hébréo-phénicien.

La capitale de Yehawmelek se disait probablement גבל en phénicien, témoin les formes grecque et assyrienne Βύβλος et גרבלו. La trace de cette prononciation se voit encore dans l'ethnique גִּבְלִי « Giblite ». La ponctuation aramaïsante גְּבַל donne facilement lieu à une confusion avec la Gabalène, district palestinien occupé plus tard par les Iduméens.

En admettant même que la lettre initiale du mot qui vient après גבל soit un ה, on ne peut pas encore voir dans le mot המלכת un titre de la déesse Ba'alat. Ce titre ne saurait être « la reine » tout court ; il faudrait « la reine du ciel » (מלכת השמם) ; cf. Jérémie, XLIV, 17-19), ou « de toute la terre » (מלכת כל הארץ ; cf. Psaumes, XLVII, 8). Dans l'inscription d'Eschmounazar, le titre purement

---

[1] *Zeitschrift der deutschen morgenländischen Gesellschaft*, t. XXX, p. 132.

humain המלכת « la reine » venant après רבתן « notre Dame », qui est un titre divin, ne peut pas non plus se rapporter à Astarté, mais à la mère du roi, qui était prêtresse de la déesse (ואמי אמעשתרת כהנת עשתרת רבתן המלכת, lignes 14, 15). Donc, quand même l'existence du ה était prouvée, on devrait lire הַמַּלְכָת et prendre le *noûn* final de פעלתן pour un régime indirect : « Ba'alat.... qui m'a destiné la royauté sur Gebal ». Mais l'estampage aussi bien que le fac-similé de M. Euting font clairement ressortir la forme du מ ; la lecture ממלכת devient ainsi très probable. Le roi de Byblos attribue à Ba'alat son élévation sur le trône ; c'est aussi la formule sacramentelle des grands rois perses qui disent d'Ahoura-Mazda, par exemple, *hya Khsayârsâm khsâyathiyam akunaus* « c'est lui qui a fait Xerxès roi [1] ». On trouve ממלכת comme un titre royal sur les monnaies de Bocus, roi de Numidie ; on y lit בקש הממלכת « Bocus le dynaste ».

2. *Invocation de la déesse.* — Il s'agit évidemment d'une action de grâces, d'une expression de reconnaissance pour des bienfaits reçus, bien que la locution ןקרא אנך את רבתי ait plutôt l'air d'une demande de secours comme dans la proposition כ מאש קראת את רבתי....ושמע קל de la ligne 7. En hébreu, la gratitude s'exprime par קרא שם (Deutéronome, XXXII, 3) ou קרא בשם (Psaumes, CXVI, 13). Il ne faut pas cependant trop insister là-dessus, car en remerciant la déesse de ses bienfaits antérieurs, le roi en demande de plus importants encore pour l'avenir (lignes 8 à 11), et c'est cette nouvelle demande qu'il a surtout en vue.

Les mots qui expriment les bienfaits de la déesse sont très frustes, mais la proposition כשמע קל ne suffit pas pour remplir la lacune. Je suppose qu'il y avait les mots אש שמר את גבל « qui a protégé Gebal ». Les villes de Phénicie, pendant le règne des Achéménides, ont souvent été le foyer de séditions et de soulèvements partiels, toujours étouffés dans le sang. C'est probablement après avoir échappé à un danger de cette nature que le roi Yehawmelek sentit le besoin de témoigner sa reconnaissance envers la déesse, à laquelle il attribue le salut de sa capitale.

3. *Énumération d'objets offerts à la déesse* (lignes 3 à 5). — Le premier objet que le roi consacre à la déesse de Byblos est un

---

[1] Longtemps avant les Achéménides, les rois assyriens avaient employé une formule encore plus générale à l'égard de leur dieu tutélaire Assour. On lit dans la grande inscription de Tuklapalassar 1ᵉʳ (XIIᵉ siècle avant J.-C.) : אשור נאדין חטר אר אגר מוכין סאהותי · Assour distribue les sceptres et les couronnes ; c'est lui qui consolide la royauté » (IV R., IX, 1, 2). Du reste, il est maintenant hors de doute que les Perses n'ont fait que continuer les errements administratifs et diplomatiques de leurs prédécesseurs assyro-babyloniens.

autel d'airain, mais le mot qui suit la préposition ב et qui désigne l'endroit où il était placé est en partie fruste. On voit cependant qu'il se compose de quatre lettres et qu'il est du genre masculin, comme le prouve le démonstratif ז qui le détermine. Ces circonstances excluent le mot חדר ou חדרה qu'on serait tenté d'y supposer. Il faut aussi renoncer à y placer חצרן, terme qui ne s'emploie en hébreu que comme un nom propre. Les traits qu'on distingue sur l'estampage semblent indiquer que le mot commençait par un א et se terminait par un ף. Je complète אסקף que je compare au mischnaïtique אסקופה « seuil ». Le rapprochement de mots tirés de la Mischna a déjà beaucoup profité à l'explication du phénicien, témoin les termes קנם « adjuration », מזל « fortune », פם « tablette », ברץ « excéder », auxquels j'ajouterai la forme קסם « vases », dans la trente-septième inscription de Citium, forme que la Mischna (Kélim, chap. IV) mentionne comme particulièrement sidonienne (הקוסים הצידונין) et désignant des coupes dépourvues de base, comme celles qui servaient aux libations. Remarquons encore qu'en assyrien le « seuil » se dit aussi אסקופאתו. Sur la monnaie de Macrin, on voit, en effet, que l'autel était placé tout près de l'entrée du temple.

On a cru jusqu'à présent que le second objet offert à la déesse était une porte d'or, mais cela se heurte à une objection insurmontable. Le mot פתח désigne en hébreu, non pas la porte qui ferme l'ouverture et qui se dit דלת, mais l'ouverture elle-même. Le sens de ces deux termes ressort d'une manière frappante de la Genèse, XIX, 16 : ויצא אליהם לוט הפתחה והדלת סגר אחריו « Lot sortit vers eux dans l'entrée et ferma la porte derrière lui ». Dans le premier livre des Rois, chapitre IV, verset 31, on lit : ואת פתח הדביר עשה דלתות עצי שמן « Pour l'entrée du *debir*, il fit des portes en bois d'olivier ». Je ne pense pas que le mot פתח ait eu un autre emploi en phénicien ; l'idée de « porte d'or » devrait donc être exprimée par דלת חרץ. L'impossibilité d'y voir une porte étant établie, il devient nécessaire de lire פִּתַּח « gravure, sculpture, objet sculpté à peu de profondeur ». Le don fait par Yehawmelek à Baʻalat consistait donc en un objet plat sculpté en or.

Faisons remarquer, en passant, que le démonstratif זן semble indiquer une distance plus grande que ז, mais moins considérable que הא qui marque un rapport éloigné. Ce démonstratif paraît s'être conservé en hébreu dans la locution מזן אל זן (Psaumes, CXLIV, 13), qu'on traduit d'habitude par « de toute espèce » : le vrai sens en serait « de toute part, d'un bout à l'autre », comme מזה אל זה.

La place occupée par la sculpture d'or est déterminée par la

proposition relative qu'on a lue עַל פֵּן פתח וז... (Vogüé) ou עַל פֵּן
פתח ז (Renan), ou bien encore עַל פֵּן פתח זז (Euting). Discutons
chacun de ces mots. La préposition composée עַל פֵּן a été unanime-
ment traduite par « en face »; mais on peut se demander pourquoi, au lieu de déterminer la porte d'or par sa position en face
d'un autre objet, on n'a pas dit tout simplement « la porte d'or du
temple ». Cette considération conserve toute sa valeur même si
l'objet offert est une sculpture en or; la position doit toujours être
indiquée directement. Du reste, la préposition hébraïque עַל פְּנֵי,
signifiant mot à mot « sur la face de », ne marque pas l'idée d'opposition, laquelle est exprimée par נֶגֶד, נֹכַח, מוּל, etc., mais celle
de la proximité immédiate, de la contiguïté. L'homme vit עַל פְּנֵי
הָאֲדָמָה « sur la surface de la terre » qu'il foule; l'esprit de Dieu
plane sur les eaux (עַל פְּנֵי הַמַּיִם) qu'il effleure et met en mouvement. Dans la description architectonique I Rois, VI, 3, il est dit
que le portique touchait au temple (עַל פְּנֵי הֵיכַל הַבַּיִת) dans toute
sa largeur, qui était de vingt coudées (עֶשְׂרִים אַמָּה עַל פְּנֵי רֹחַב הַבַּיִת),
et dans une sixième partie seulement de sa façade, qui mesurait
soixante coudées (עֶשֶׂר בָּאַמָּה רָחְבּוֹ עַל פְּנֵי הַבָּיִת). Le sens de cette
préposition est tellement précis que l'expression עַל פְּנֵי יְהוָה serait monstrueuse en hébreu, attendu que personne ne peut se
mettre en contact matériel avec Dieu, tandis que, selon la doctrine biblique, Dieu touche et pénètre pour ainsi dire toutes les
molécules de la matière.

Il résulte de cette considération que l'ornement d'or fait par
Yehawmelek était fixé sur un objet qu'exprime le mot qui suit la
préposition עַל פֵּן. Un nouvel examen du moulage m'a montré
l'exactitude de la transcription פתח. De prime abord, on incline à
traduire ce mot par « entrée », et à prendre pour des ז les deux
lettres qui viennent après. Le mot זיז a dans la Mischna le sens
de « balcon ou galerie », le פתח זז serait ainsi l'entrée de la galerie. Cela n'a en soi-même rien d'improbable; on est cependant
obligé d'y renoncer pour les deux raisons que voici :

1. Il est difficile d'admettre que le mot פתח ait été employé dans
deux sens différents à si peu d'intervalle. Le lapicide aurait probablement évité cette équivoque en employant le mot שַׁעַר comme
l'a fait l'auteur de l'inscription d'Oum el-'Awâmid.

2. Si le mot זז était un substantif, il serait indispensable de le
faire suivre d'un démonstratif ז, ainsi פתח זז ז avec trois ז. La
détermination est rigoureusement observée dans toute l'inscription, comme פתח חרץ זן, אסקף ז, המזבח נחשת ז, etc.; elle ne pouvait pas manquer en cet endroit.

Ces raisons obligent donc à regarder la lettre finale, qui est in-

NOTE SUPPLÉMENTAIRE SUR L'INSCRIPTION DE BYBLOS

dubitablement un י, comme le démonstratif exigé par la grammaire ; mais comme rien n'indique que le lapicide ait mis par mégarde deux ז au lieu d'un seul (Euting), il ne reste qu'à voir avec M. Renan un ר dans la lettre qui précède. L'examen de l'estampage confirme parfaitement cette valeur, et l'on doit lire על פן פתחי ז, où le י ne peut être que le suffixe de la première personne du singulier.

Le rétablissement de la bonne leçon fait disparaître en même temps tout doute sur la signification du mot פתח. Comme il n'était pas question de la construction d'une porte dans ce qui précède, il est évident que l'expression « sur la surface de ma porte que voici » serait des plus singulières. Il ne peut donc s'agir que d'une autre sculpture ou gravure sur laquelle était fixée la sculpture d'or offerte à la déesse. Nous reviendrons plus loin sur la nature de ces objets.

Le troisième objet offert à la déesse est une ערת d'or. M. de Vogüé a pensé qu'il s'agissait du disque ailé entouré de deux uræus, qui était le couronnement de toutes les portes et de tous les monuments sacrés de la Phénicie. M. Maspero a émis l'opinion que le mot ערת pourrait bien être le mot égyptien pour *uræus*. Tout en admettant la possibilité d'un emprunt à l'égyptien, il me paraît difficile d'adopter cette interprétation.

Prenons d'abord la proposition relative qui détermine l'emplacement de la ערת חרץ. L'endroit est désigné par le trilitère qui suit la préposition de lieu ב et dont la troisième lettre est certainement un ה. D'autre part, la lecture אבן pour le mot suivant proposée par M. de Vogüé est la seule possible. La lecture תחנך, signifiant « obélisque » en égyptien, qu'on avait suggérée un instant, n'est pas confirmée par l'estampage. Il s'agit donc d'une chose faite en pierre qui renfermait la ערת d'or consacrée par le roi. On devine aisément qu'il n'y a qu'une coupole ou une niche qui peuvent servir à cet effet. Or, en regardant attentivement l'estampage et en s'aidant de l'excellent fac-similé de M. Euting, on acquiert la certitude que les deux lettres qui suivent le ב sont כ et פ. Il faut donc renoncer à la lecture בהכת admise jusqu'ici, faute de mieux, et lire בכפת. La racine כפף signifie « courber, se courber, de là l'hébreu כִּפָּה « .branche, courbe » et l'assyrien כיפאתי « voûte » (כיפאת שאמי « voûte du ciel »). Dans la Mischna le mot כִּיפָּה est l'expression habituelle pour niche, voûte et coupole à la fois. La prescription suivante de la Mischna 7 du traité Aboda Zara indique clairement le rôle de la *Kippa* dans les monuments païens du genre de ceux que le roi Yehawmelek fit construire à Byblos. Les docteurs défendent aux maçons israélites de coopérer aux constructions qui sont destinées à recevoir les images des faux dieux. Dans les constructions profanes ou d'un caractère indirectement religieux, comme les bains publics et les enceintes renfermant un autel (בומסיאות, du grec βωμός), la coopération est permise, à l'exception de la coupole, à la construction de laquelle le maçon israélite ne peut pas concourir. La défense est motivée par cette raison que la coupole est d'ordinaire occupée par une idole : הגג לכיפה שמעמידין בה ע״ז אסור לבנות.

En Palestine même, l'usage d'orner de coupoles les constructions monumentales ressort d'un petit poème très curieux qui a beaucoup exercé la sagacité des exégètes (Cantiques, VIII, 8-10). Les frères de l'héroïne du Cantique se concertent pour défendre leur sœur contre les mauvaises langues qui divulguent ses entretiens avec le beau berger de Galaad. Dans leur amour fraternel, ils rabaissent l'âge et le développement physique de la jeune fille אחות לנו קטנה ושדים אין לה, *Soror nobis parvula et mammæ non eæ*; mais ne pouvant pas chasser le soupçon, ils conviennent entre eux de la traiter moins bien si elle a failli. Cette décision est exprimée au moyen d'une image empruntée à l'architecture : אם חומה היא נבנה עליה טירה כסף ואם דלת היא נצור עליה לוח ארז « si elle est (restée ferme et intacte comme) une muraille, nous construirons dessus une coupole d'argent; mais si elle (a été inconstante et mobile comme) une porte, nous l'ornerons d'une planchette de bois de cèdre ». Le poète emploie en cet endroit le mot proprement hébreu pour coupole : טירה, tandis que le terme כיפה dans ce sens n'apparaît que dans la Mischna.

En Syrie, l'usage de la coupole dans un but religieux ne résulte pas seulement de la décision des docteurs talmudiques, nous pouvons heureusement le constater par l'inscription bilingue de Taïbé, conservée au Musée Britannique. Elle est ainsi conçue :

לבעל שמן מרא עלמא קרב
כפתא ורדשא אגתגלס

Διὶ μεγίστῳ κεραυνίῳ ὑπὲρ σωτηρίας Τρα. Ἀδριανοῦ Σεβ[ασ]τοῦ κυρίου Ἀγαθάγγελος Ἀθιληνὸς τῆς Δεκαπόλεως τὴν καμέραν ᾠκοδόμησεν καὶ τὴν κλίνην ἐξ ἰδίων ἀνέθηκεν.

M. de Vogüé a parfaitement vu que la καμέρα = כפתא construite par Agathangelos était un petit naos à coupole, ou bien une niche en cul-de-four pratiquée dans la façade d'un monument. Pour l'objet de notre recherche, la constatation du mot judéo-araméen כפתא = כפה sur un monument syrien avec la signification de « voûte arquée, coupole » est du plus haut intérêt, puisqu'elle nous autorise à attribuer la même signification au terme phénicien כפה que nous venons de déchiffrer.

On est ainsi à même de se faire une idée très exacte de l'emplacement des deux objets d'or offerts par le roi de Byblos. Le premier de ces objets était appliqué au haut d'une surface gravée. Au-dessus de cet ornement, il y avait une niche ou bien un petit naos à coupole, renfermant le second objet d'or, lequel surmontait le monument tout entier. Que l'on compare maintenant la description que M. de Vogüé a donnée de la stèle de Byblos, et l'on verra tout de suite qu'il ne s'agit pas d'autre chose [1].

« Le monument de Byblos, dit le savant archéologue, est un parallépipède arrondi par le haut, ayant 1^m, 13 de hauteur totale, 0^m, 56 de largeur et une épaisseur qui varie de 0^m, 23 à 0^m, 26... Sur la surface antérieure, un encadrement par saillant dessine une tablette dont le champ est divisé en deux registres offrant, l'un une scène figurée gravée au trait, l'autre une inscription phénicienne de quinze lignes... La scène représentée dans le registre supérieur nous montre d'abord, sur la gauche du tableau, une déesse assise sur un trône et tournée à droite. Sa main droite est levée et ouverte en signe de protection et de bénédiction, sa main gauche tient un long sceptre de papyrus. Devant la déesse est un roi debout offrant une libation. Son bras droit est levé, la main étendue en signe de prière ; le bras gauche est dirigé vers la déesse, et la main, ouverte horizontalement, supporte une coupe basse [2] dont l'anse, tournée du côté de la déesse, semble l'inviter à prendre le breuvage sacré qui lui est offert. Toute la scène est surmontée par le disque égyptien, dont les ailes inclinées épousent le contour arrondi de la stèle ; le globe central et les deux *uræus* qui le flanquaient étaient en métal : ils ont disparu ; mais on reconnaît aisément la forme de l'encadrement primitif et les trous des clous qui fixaient à la pierre la partie métallique du symbole solaire. Au-dessus du disque en métal se trouvait primitivement un autre ornement également en métal, et qui était fixé sur l'encadrement à l'aide d'un goujon qui a fait éclater la pierre, mais dont le trou est toujours visible. »

Aucun doute n'est plus possible : le פתח חרץ dont parle le roi de Byblos est le disque en métal de la magistrale description de M. de Vogüé. Le פתחי qu'il entourait par le haut est la scène figurée du registre supérieur qui représente le roi en adoration devant la déesse ; la כפת אבן qui surmontait le disque était pra-

---

[1] Vogüé, *Syrie centrale, Inscriptions sémitiques*, 1re partie ; p. 50.
[2] C'est précisément la coupe sidonienne dont il a été question plus haut, p. 207.

tiquée dans la façade au-dessus de la stèle ; enfin la ערת חרץ qui était placée dans la coupole même est l'autre ornement en métal dont M. de Vogüé a reconnu la trace dans la fissure de la pierre.

Il reste à déterminer la signification du mot ערת. Au point de vue sémitique et en vertu de l'impossibilité matérielle d'y voir l'uræus, on ne peut que l'identifier avec l'hébreu עיר « ville ». L'adjonction du ת féminin s'observe aussi dans le mot ערת « peau », qui s'écrit en hébreu ער. Dans le sens propre, une ville d'or doit désigner un objet d'or chargé du dessin d'une ville ou d'une partie d'une ville. Ce sentiment est confirmé par plusieurs passages talmudiques qui mentionnent la עיר של זהב « ville d'or » parmi les bijoux qui parent la coiffure des femmes (Schabbat, VI, 57). La Guémare, citant une conversation de Rabbi 'Aqiba, l'explique par ירושלים דדהבא « une Jérusalem d'or ». Les commentateurs entendent sous cette dénomination une plaque d'or chargée d'une représentation figurée de la ville sainte. Mais il y a lieu de croire que le dessin ou la gravure d'une ville dans l'art judaïque était une réduction terre à terre d'une œuvre de l'art païen qui avait une signification religieuse. On pense immédiatement aux images de la Τύχη que portent si fréquemment les monnaies des villes syriennes, comme par exemple celles de Laodicea ad Libanum (Τύχη Λαοδικέων Λιβαν) et de Adraa dans la Décapole (Τύχη Ἀδρατηνῶν). Le culte de la Τύχη était très répandu en Syrie, et plusieurs villes possédaient des temples consacrés à cette déesse, comme il résulte des inscriptions de M. Waddington. Dans les inscriptions de Selamen (Sanameïn) il est fait mention d'une statue de la déesse (Τυχέα). Parmi les temples publics de Gaza se trouvait un tychéon consacré à la *Fortuna civitatis*. Mais le plus intéressant témoignage de ce culte est l'inscription bilingue en phénicien et en grec récemment découverte à Délos que M. Renan a naguère expliquée au Collège de France. Elle mentionne le transport des images de Tyr et de Sidon dans le temple de Délos, fait par l'ordre du roi Abdaschtoret. Il y a plus, l'emploi du mot עיר dans le livre de Daniel avec le sens de « ange », ἐγρήγορος (Daniel, IV, 10, 14, 20), doit visiblement son origine à la conception antérieure de la *Fortuna civitatis*, qu'il faut distinguer, soit dit en passant, de la Fortune individuelle, qui est nommée גּד[1]. Il semble même que l'hébreu עִיר a également le sens de « ange » dans le passage de Jérémie,

---

[1] C'est dans ce sens restreint que le mot גד est constamment employé dans la Bible et les Talmuds. Les auteurs syriaques sont moins précis à cet égard : le tychéon est nommé par eux indistinctement בית גדא.

xv, 9, הפלתי עליה פתאם עיר ובהלות, qui paraît vouloir dire : « J'ai suscité contre elle (la mère féconde personnifiant l'État judéen) un ange (exterminateur) avec les terreurs ». Tous ces témoignages autorisent à penser que la « ville d'or » qui surmontait la stèle de Yehawmelek était une *Fortuna civitatis* : nous pourrions dire une Byblos d'or.

4. *Construction du portique* (1. 6). — Tous les mots de cette phrase ont été expliqués par M. de Vogüé, à l'exception du mot qui désigne l'objet placé au-dessus des colonnes, objet que M. de Vogüé suppose être une poutre ou une architrave, et M. Renan un chapiteau. Il semble pourtant que dans le dernier cas on s'attendrait à l'expression אש על ראשם, car dans le récit de la construction du temple I Rois, vii, on observe la locution על ראש העמודים, chaque fois qu'il s'agit de chapiteaux. Il est vrai que l'architrave n'est pas l'objet d'une grande attention dans l'architecture hébréo-phénicienne ; il était cependant difficile de ne pas la mentionner du tout. Du reste, le mot phénicien, quoiqu'un peu fruste, me paraît devoir se lire והסמך. C'est le même que le mot araméen סמכא qui signifie « seuil » ; en phénicien il désigne l'architrave ou le linteau, qui est comme le seuil supérieur. Ajoutons que nous avons là le nom même de la lettre *samek*, dont la forme phénicienne représente en effet trois architraves appuyées sur une colonne. Dans son cours de paléographie sémitique, M. Renan a souvent montré quel profit on peut tirer des noms des lettres phéniciennes ; cela justifie la tentative de rapprochement que je viens de faire.

5. *Prière adressée par Yehawmelek à la déesse* (1. 7 à 11). — Il y a bien peu de chose à ajouter aux excellentes additions faites par M. Renan à la lecture de M. de Vogüé. La leçon איה (1. 8) au lieu de קשת me paraît certaine : l'orthographe phénicienne n'est pas fixée à propos de cette particule. Je lis avec M. Euting לעין עם ארץ ז « aux yeux de ce peuple », au lieu de לפן « devant ». L'expression עם ארץ est ici un composé inséparable comme l'est souvent par exemple l'hébreu ספר התורה « le livre de la loi ». Dans cette occurrence, le démonstratif s'accorde avec le mot ספר qui est du genre masculin. On dit ainsi ספר התורה הזאת « le livre de cette loi » lorsque la détermination concerne la loi, et ספר התורה הזה « ce livre de la loi » lorsqu'elle a en vue le livre ; l'esprit conçoit alors un livre de loi comme une unité simple. C'est le cas de l'expression עם ארץ ז où le démonstratif se rapporte à עם qui est du genre masculin, autrement il faudrait עם ארץ זא, car le mot ארץ est du genre féminin. Cette considération me conduit à ré-

stituer le mot אחר à la petite proposition qui vient après et dont la fin a été enlevée par la cassure de la ligne 11. Yehawmelek désire d'être en faveur non seulement auprès de son propre peuple, mais aussi auprès d'un peuple étranger ; par là il fait surtout allusion à la nation perse dont le roi était son suzerain tout-puissant. Faut-il ajouter encore les mots כל ים חיו « tous les jours de sa vie » comme M. Renan le suppose avec une grande vraisemblance ? La réponse dépend de l'explication de la phrase suivante, à laquelle nous nous hâtons d'arriver.

5. *Allocution du roi.* — La fin de l'inscription est remplie par une allocution que le roi de Byblos adresse à toute personne, de race royale ou simple particulier. Sans connaître les heureuses restitutions que M. Renan a introduites dans cette partie du texte, M. de Vogüé sentit parfaitement qu'il doit y avoir une certaine analogie avec les malédictions que, dans le sarcophage de Sidon, le roi Eschmounazar lance contre ceux qui le troubleraient dans son tombeau. Les passages lus ensuite par M. Renan semblent confirmer davantage ce sentiment ; mais comme il en reste encore quelques mots et même des groupes de mots à restituer, on est arrêté par certaines difficultés de détail qu'il sera bon de signaler.

Cependant, avant de procéder à l'interprétation des mots douteux qui s'y trouvent, tâchons d'établir la nature de cette allocution. En invoquant la phraséologie si semblable de l'inscription d'Eschmounazar, on admet généralement qu'elle consiste dans des imprécations prononcées contre les profanateurs des beaux ouvrages de Yehawmelek. Cette manière de voir est certainement très séduisante, et l'on se demande même s'il ne peut pas introduire dans la partie perdue de la ligne 11, avant les mots כל ממלכת וכל אדם « toute personne, de race royale ou simple particulier », la formule sacramentelle קנמי את « j'adjure » ; la conformité avec le texte de Sidon serait ainsi des plus complètes. En y ajoutant les trois lettres du mot אחר que nous supposons en tête de cette ligne, la lacune aurait compris neuf lettres, chiffre qui convient beaucoup mieux à la partie manquante que les mots כל ים חיו qu'on a proposés, et pour lesquels il n'y a pas assez d'espace.

Cependant, quelque vraisemblable qu'il soit, ce point de vue ne me paraît pas admissible. La proposition des lignes 11 et 12, loin d'avoir l'allure d'une défense, montre au contraire un caractère éminemment affirmatif. Si l'intention de Yehawmelek avait été de défendre d'élever une autre construction sur son ouvrage, il aurait dit brièvement כל ממלכה וכל אדם אל יסף לפעל מלאכת צלת

ז מקם, conformément à la proposition analogue de l'inscription d'Eschmounazar ז משכב את יפתח אל אדם וכל ממלכת כל (1. 4). Le tour affirmatif de la ligne 11 étant ainsi hors de doute, il en résulte nécessairement que les deux ראם qui se suivent à quelque intervalle à la ligne 13 constituent la fin de cette phrase, et que le mot כל sans conjonction qui figure sur la ligne 14 forme le commencement d'une nouvelle phrase, laquelle va jusqu'à la fin de l'inscription. L'une et l'autre de ces phrases commencent par le mot כל et se terminent par une imprécation. Cette fin est manifeste pour la seconde phrase ; l'analogie la fait supposer également pour la première, et elle sera démontrée par notre commentaire. Ajoutons que, puisque ni les mots חיו ים כל ni את קנמי ne conviennent dans la ligne 11 entre אחר et כל, il ne reste qu'à y supposer les mots עלם עד « à jamais », ou quelque chose d'analogue.

A. *Première phrase*. — Le sixième mot semble devoir se lire יסף « ajoutera » ainsi que M. Euting l'a proposé. Le dernier mot de la ligne 11 paraît devoir se lire מקם « endroit » au lieu de מזבח. Le sens général est clair : il s'agit de quelqu'un qui voudra élever une nouvelle construction au-dessus de l'ouvrage de Yehawmelek. Celui-ci recommande au nouveau constructeur de faire quelque chose, et le menace de malédiction s'il ne le fait pas. L'objet de la recommandation se devine aisément quand on rapproche les recommandations analogues des rois d'Assyrie, dont voici à peu près la formule sacramentale : « Que celui qui régnera après moi répare ces constructions et ces bas-reliefs et écrive son nom à côté du mien. Celui qui efface mes inscriptions, qui enlève le nom que j'ai écrit dessus, celui-là, les grands dieux détruiront de la terre son nom et sa race. » En cas d'une nouvelle construction, éventualité qu'il ne pouvait empêcher, Yehawmelek désire que son nom soit mis exprès aussi bien sur le disque d'or que sur le portique, afin que ces ouvrages ne puissent pas être attribués au nouveau constructeur. Je trouve le régime du verbe « mettre » dans les mots שם אנך, qui sont à traduire par « mon nom à moi » au lieu de « là où moi », car il faudrait pour cela אש שם. Le verbe, qui ne peut être autre que le mot שת, si fréquent dans l'inscription de Marseille, devait avoir sa place dans la partie manquante de la ligne et dont la restitution se fait ainsi avec une grande vraisemblance. La lacune avait neuf lettres : פת[ח עלת רשת ז] ; רשת a le sens précatif et consécutif « qu'il mette (alors) ». Quant à la suppression du י de la première personne dans אנך שם, elle ne surprend nullement après la formule très connue קל שמע qu'on a vue ci-dessus et où se présente le même fait. On sait que la chute du ־ suffixe est des plus fréquentes dans les dialectes araméens.

Après le nom propre יחומלך devait venir au commencement de la ligne 13 le titre inévitable מלך גבל. Entre ces mots et פעל מלאכת הא, il y a place pour quatre lettres. En ajoutant כאנך, on obtient une proposition explicative analogue à כמלך צדק הא de la ligne 9. Le sens en est très clair : « Que le constructeur mette mon nom sur le disque et le portique, car je suis celui qui ai fait ces ouvrages. »

La seconde partie de cette phrase commence par ואם et doit énoncer une action opposée à celle qui vient d'être recommandée. Cette considération nous met à même de lire ainsi avec certitude les quatre mots qui viennent après : אבל תשת שם אנך « mais si tu ne mets pas mon nom ». La négation est exprimée par אבל, qui est identique à la forme איבל de l'inscription de Marseille (l. 18-21) ; elle se compose de deux particules négatives אי et בל.

De l'autre alternative, marquée également par ואם, il ne reste sur cette ligne que les lettres הא qu'il est facile de compléter en האמר « ou si tu dis ». Les paroles prêtées à l'usurpateur se trouvaient au commencement de la ligne 14, où il y a de la place pour dix ou onze lettres. Le contexte conduit à rétablir à peu près : אנך פעלתה « c'est moi qui l'ai fait ». Ce qui vient après doit renfermer une malédiction. Après un examen attentif de l'estampage, je crois reconnaître la proposition תא[בד אתה אדם ז « tu périras, toi cet homme », dans laquelle il faut signaler l'orthographe de אתה avec ה final comme en hébreu.

B. *Dernière phrase.* Elle commence comme la précédente par le mot כל « quiconque »; la troisième lettre du mot qui suit ne peut être qu'un ח, et la forme הסחה est le participe *qal* de la racine סחה « gratter, frotter, balayer », d'où le *piel* סִחָה (Ézéchiel, xx, 4) « enlever en balayant ». Le grattage de la stèle aura pour suite l'effacement du nom de son propriétaire légitime. Je trouve cette idée exprimée par le mot ויככר qui termine la ligne, car עכר signifie « troubler, rendre méconnaissable ».

On comprend aisément que ce verbe exige, en guise de complément direct, les mots אית שמי « mon nom », qui occupaient le commencement de la ligne 15 et qui se rattachent parfaitement au reste de la ligne, si bien rétabli par M. Renan.

L'ensemble de l'inscription de Byblos semble donc devoir être lu et traduit ainsi qu'il suit :

NOTE SUPPLÉMENTAIRE SUR L'INSCRIPTION DE BYBLOS 217

1 אנך יחומלך מלך גבל בן יחדבעל בן בן אבמלך מלך
2 גבל אש פעלתן הרבת בעלת גבל ממלכת על גבל וקרא אנך
3 את רבתי בעלת גבל [כ שמר את גבל] ופעל אנך לרבתי בעלת
4 גבל המזבח נחשת זן אש ב[אסקפ]ז והפתח חרץ זן אש
5 על פן פתחי ז והערת חרץ אש בכפת אבן אש על פתח חרץ זן
6 והערכת זא ועמדה והסמך אש עלה ומספנתה פעל אנך
7 יחומלך מלך גבל לרבתי בעלת גבל כ מאש קראת את רבתי
8 בעלת גבל ושמע קל ופעל לי נעם תברך בעלת גבל אית יחומלך
9 מלך גבל ותחוו ותארך ימו ושנתו על גבל כ מלך צדק הא ותתן
10 לו הרבת ב[על]ת גבל חן לען אלנם ולען עם ארץ ז וחן עם ארץ
11 אחר עד עלם כ]ל ממלכת וכל אדם אש יסף לפעל מלאכת עלת מקו]ם
12 ז רשת עלת פת[ח] חרץ זן ועלת ערכת זא שם אנך יחומלך
13 מלך גבל כ אנך] פעל מלאכת הא ואם אבל תשרת שם אנך ואם תא]מר
14 אנך פעלתה תא]בד אתה אדם ז כל הסחת עלת מקמז [וי]כ]ר
15 אית שמי הארן] הרבת בעלת גבל אית האדם הא וזרעו

« Je suis Yehawmelek, roi de Gebal, fils de Yehoudbaʿal, petit-fils de Abimelek, roi de Gebal, que la dame Baʿalat-Gebal, a fait roi sur Gebal.

» J'invoque ma dame Baʿalat-Gebal, car elle a protégé Gebal, et j'offre à ma dame Baʿalat-Gebal cet autel de bronze qui est près de ce seuil, et cette sculpture d'or (= le disque) qui est au-dessus de ma gravure que voici, et la ville d'or (= la Fortune) qui est dans la coupole de pierre qui est au-dessus de ladite sculpture d'or. Ce portique, avec ces colonnes et l'architrave qui est sur elles, et avec sa toiture, c'est aussi moi, Yehawmelek, roi de Gebal, qui l'ai fait pour ma dame Baʿalat-Gebal; car, lorsque j'ai invoqué ma dame Baʿalat-Gebal, elle a écouté ma voix et m'a fait du bien.

» Que Baʿalat-Gebal bénisse Yehawmelek, roi de Gebal; qu'elle conserve sa vie, qu'elle prolonge ses jours et ses années sur Gebal, car c'est un roi juste. Que la dame Baʿalat-Gebal lui donne faveur aux yeux des dieux, et aux yeux de cette nation, ainsi que la faveur de (toute) autre nation, à jamais.

» Toute personne, de race royale ou simple particulier, qui ajoutera un ouvrage quelconque sur cet endroit, qu'elle mette sur ladite sculpture d'or et sur ce portique mon nom, Yehawmelek, roi de Gebal, car je suis l'auteur desdits ouvrages. Mais si tu ne mets pas mon nom et si tu dis : c'est moi qui les ai faits, tu périras, toi cet homme.

» Celui qui grattera sur cet endroit et effacera mon nom, que la dame Baʿalat-Gebal maudisse cet homme-là et sa postérité. »

L'inscription de Byblos est un des rares monuments phéniciens dont la date peut être, sinon précisée, du moins circonscrite dans de très étroites limites chronologiques. Elle appartient à l'époque perse et très vraisemblablement à la seconde moitié de cette époque, c'est-à-dire au IVᵉ siècle avant notre ère. Cette qualité de monument presque daté double la valeur des données nouvelles qu'elle nous offre implicitement sur l'état social et religieux des Phéniciens, données qui surpassent de beaucoup l'intérêt intrinsèque de l'inscription. L'épigraphiste ne saurait négliger ces renseignements sans réduire sa tâche au simple travail matériel et pour ainsi dire mécanique de la lecture et de la traduction. L'interprétation d'un texte ancien procure à son auteur une satisfaction qui est d'autant plus vive que les difficultés qu'il avait à vaincre étaient plus grandes. Cela le récompense amplement de sa peine et satisfait son amour-propre. Mais après avoir réglé sa petite affaire personnelle, il lui reste un devoir à remplir, devoir aussi digne que sacré, qui consiste à effacer quelques points d'interrogation du grand livre de l'antiquité de notre espèce. Placée dans sa véritable sphère d'action, l'épigraphie, autre échelle de Jacob, doit conduire l'esprit du domaine des faits tangibles dans les régions sereines de la synthèse, et aboutir ainsi à une philosophie expérimentale solide et sage, qui se tient à égale distance entre l'enthousiasme et le dédain, tendances qui sont l'une et l'autre le fruit de l'éducation et de l'habitude. L'épigraphiste n'a pas de système à faire, il n'a qu'à signaler les faits nouveaux et à les rattacher aux faits déjà connus par un lien naturel et en harmonie avec le milieu où ils se présentent. Observateur impartial, il expose ces données dans toute leur simplicité, leur assigne une place convenable et n'exprime son jugement sur l'ensemble que sous la formelle réserve que d'autres monuments viennent confirmer plus tard la partie conjecturale de sa manière de voir.

Cela dit, je demande la permission de formuler quelques-unes des réflexions que la lecture de l'inscription de Byblos m'a suggérées.

Au point de vue paléographique, l'écriture du monument de Byblos montre certaines particularités qui lui donnent une physionomie spéciale. Elle est en général plus raide, moins réglementée et plus enjolivée que l'écriture sidonienne de l'inscription d'Eschmounazar. L'inconstance des formes est telle qu'on a quelquefois de la peine à reconnaître la même lettre à peu de distance. On note, en particulier, les points suivants : l'*aleph* n'a plus qu'un trait du côté gauche, au lieu de l'ancien triangle ; les lettres *bet* et *aïn* ouvrent quelquefois leur boucle, comme c'est l'usage dans l'écriture araméenne ; cela arrive aussi une fois au *dalet*. Les lettres *waw*, *kaf* et *noûn* se confondent facilement, et le trait moyen du *mem* se prolonge parfois d'une façon insolite ; le *hé* surtout prend une forme particulière non encore constatée autre part.

NOTE SUPPLÉMENTAIRE SUR L'INSCRIPTION DE BYBLOS

Pendant que l'écriture du texte de Byblos penche vers l'araméen, la langue dans laquelle il est rédigé montre, au contraire, de remarquables attaches avec l'hébreu. Le suffixe de la troisième personne du singulier est *waw* et non pas *yod* comme en sidonien. Le démonstratif *zan* ne se retrouve sous cette forme qu'en hébreu. Le pronom de la seconde personne du singulier s'écrit אתה avec un ה final comme en hébreu. Le ה remplace aussi dans הסהה le *yod*, troisième radical devenu muet dans la prononciation, ce qui constitue une autre conformité avec l'orthographe hébraïque. Ces faits sont néanmoins d'un ordre trop secondaire pour augmenter la crédibilité de l'opinion émise par Movers et Charles Ritter, d'après laquelle les Giblites auraient été apparentés aux Hébreux. Ils ont cependant eu raison de considérer la population de Byblos comme un petit monde à part. Les Giblites avaient, en effet, une divinité tutélaire à eux, un gouvernement indépendant, et se distinguaient de leurs voisins par une différence dialectale, autant que la phonologie des langues sémitiques peut le comporter. En Phénicie, comme en Grèce, chaque territoire un peu important paraît avoir eu son dialecte particulier, devenu littéraire de bonne heure et se conservant avec une grande ténacité jusqu'à l'extinction complète de l'esprit national.

En ce qui concerne la représentation figurée de la déesse de Byblos, M. de Vogüé a démontré qu'elle était absolument égyptienne, par le style, le costume et les attributs. La Phénicie consistait en une bande de terre peu fertile et très étroite s'étendant le long de la Méditerranée et entourée de montagnes qui interceptaient la communication avec l'intérieur du continent. Les habitants n'avaient d'autre ressource que la navigation. Le cabotage les conduisit tout d'abord en Égypte, où ils fondèrent plusieurs établissements qui obtinrent beaucoup de privilèges. Cette cohabitation séculaire et toujours amicale avec les Égyptiens donna lieu à un échange d'idées et de coutumes entre les deux races. L'introduction du dieu Ptah, dont l'origine sémitique semble assurée, remonte à l'ancien empire. Plus tard, l'Égypte tout entière est gouvernée par des rois sémitiques pendant un espace de plusieurs siècles. Avec l'avènement de la XVIIIe et de la XIXe dynastie, les rapports avec la Phénicie n'ont pas souffert. Les Hyskos chassés d'Égypte se mêlèrent aux Chananéens de la côte et y continuèrent les mœurs égyptiennes qu'ils s'étaient appropriées depuis leur naissance. Une autre partie des Pasteurs n'a jamais quitté l'Égypte et occupait le nome séthroïte où M. Mariette a retrouvé leurs descendants. Bientôt, la faveur dont les Phéniciens jouirent en Égypte fut telle qu'un monarque syrien, *Arisou* (= ארש), tenta, quoique en vain, de supplanter la dynastie légitime, Cette tentative réussit mieux au syrien Boubaï qui fonda la xxiie dynastie à laquelle appartient Sisaq ou Scheschonq, le conquérant de Jérusalem sous le successeur de Salomon. C'est ainsi que les divinités sémitiques *Ba'al* (בעל), *Set* (צד), *Astarté* (עשתרת), *Anata* (ענת), s'introduisirent dans le panthéon égyptien et eurent leurs temples à Memphis. « Vers le milieu de la xixe dynastie, dit M. Maspero, les conquêtes de Sésostris et l'alliance étroite que ce prince conclut avec le souverain des Khétas mirent à la mode l'usage des dialectes syriens. On tint à honneur de les enseigner non seulement aux enfants libres, mais aux esclaves nègres et libyens. Les gens du monde et les savants se plurent à émailler leur langage de locutions étrangères. Il ne fut plus de bon goût d'habiter une ville (*noui*), mais une *qirial* (קרית, קרת); d'appeler une porte *ro*, mais *taraa*; de s'accompagner sur la harpe (*bent*), mais sur le *kinnor*. Les vaincus, au lieu de rendre hommage (*aaou*) au Pharaon, lui firent le *salam*, et les troupes ne voulurent plus marcher qu'au son du *toupar* ou *toph* (תף « tambour »). Le nom sémitique d'un objet faisait-il défaut, on s'ingéniait à défigurer les mots égyptiens pour leur donner au moins l'apparence étrangère... Les raffinés de Thèbes et de Memphis trouvaient autant de plaisir à *sémitiser* que nos contemporains à semer le français de mots anglais mal prononcés. »

Les Phéniciens, de leur côté, mirent beaucoup de bonne volonté à s'approcher des Égyptiens. Sans renoncer à leur langue et à leur religion, ils permirent aux Pharaons de construire des temples égyptiens dans leur pays et acceptèrent les symboles égyptiens pour la représentation de leurs divinités nationales. Dès lors, la Phénicie ne fut qu'une simple succursale de l'Égypte et n'eut d'autre tâche que celle de copier les œuvres d'art de la vallée du Nil dans l'intérêt de son commerce. On eut alors un spectacle des plus curieux d'une population sémitique ayant des allures égyptiennes. C'était un vrai scandale aux yeux des Sémites pur sang, si jaloux de leur indépendance et de leurs antiques traditions. Déjà les Phéniciens eux-mêmes finirent pas se persuader qu'ils avaient la même origine que les Égyptiens, car le peuple a toujours raisonné d'après le proverbe connu : qui se ressemble s'assemble.

Un peu plus tard surgit une légende qui eut des suites fatales pour les peuplades chananéennes établies dans les montagnes adjacentes. Chanaan, l'ancêtre des Phéniciens, aurait été maudit par le père commun de l'humanité. La tribu des Beni-Israël, échappée de l'Égypte, profita de ce prétexte pour supplanter les Chananéens de la Palestine, et les Phéniciens eux-mêmes ne durent leur salut qu'aux garnisons égyptiennes que les Pharaons avaient laissées dans le pays afin de tenir ouverte la route de l'Asie. Il faut toutefois reconnaître que ces concessions de part et d'autre n'ont amené qu'une tolérance mutuelle, et que la transformation des Phéniciens était plus apparente que réelle, la langue et la religion ayant empêché jusqu'à la fin l'absorption de la Phénicie par l'Égypte. Ce phénomène s'est répété plus tard par rapport à la Syrie. L'introduction du culte grec dans ce pays eut pour résultat l'assimilation des dieux asiatiques aux principales divinités du panthéon hellénique, mais ne put changer le fond des croyances. Il vint même un temps où les dieux syriens reçurent à Rome les honneurs publics et menacèrent de laisser dans l'ombre les vieilles divinités du Latium.

Mais l'intérêt principal de cette stèle réside, à mon avis, dans la révélation d'une déesse sémitique agissant, avec une entière indépendance et sans le moindre concours d'un parèdre masculin. Ba'alat-Gebal est la déesse principale de Byblos au même titre que Camosch, par exemple, est le dieu supérieur de Moab. A côté d'elle, les autres divinités (אלנם) nationales et locales sont reléguées au second plan et ne sont mentionnées qu'en passant. Le grand temple de Byblos est construit pour elle seule, et bien qu'on y ait placé les statues des autres divinités, celles-ci n'y figurent qu'à titre d'hôtes, de θεοὶ σύνναοι. C'est à elle que le roi attribue tous les bienfaits et toute la prospérité de son royaume ; c'est à elle qu'il demande la vie, la bénédiction et la faveur aux yeux des dieux et des hommes ; car, quoique puissante et prête à protéger efficacement son patrimoine, la déesse aime avant tout la paix et cherche à éviter le mécontentement de ses divins compagnons et des hommes qui jouissent de leur faveur. C'est là une notion bien différente de celle qu'on avait jusqu'à présent sur les déesses phéniciennes. La déesse de Byblos ne montre aucune trace d'un dédoublement, d'une hypostase féminine du dieu primordial ; loin d'avoir un caractère purement passif, elle déploie une inflexible énergie, soit pour fortifier et vivifier ses adorateurs, soit pour exercer la vengeance et détruire ses ennemis. C'est l'idée de la toute puissance si heureusement exprimée dans les vers si connus de Plaute :

Diva Astarte, hominum deorumque vis, vita, salus, rursus eadem quæ es.
Pernicies, mors, interitus........

Ce que le poète latin dit par rapport à Astarté est strictement vrai au sujet des autres déesses phéniciennes. Celles-ci, quoique tenues d'observer les devoirs sociaux envers leurs parents et leurs époux, sont politiquement indépendantes et souvent supérieures aux premiers. C'est précisément le cas de Ba'alat-Gebal, qui est la sœur d'Astarté et non Astarté elle-même comme on l'a affirmé jusqu'à présent. Philon de Byblos nous apprend, en effet, que des trois filles et épouses de Cronos, Astarté, Rhéa et Baaltis ou Dioné, c'est la dernière qui obtint le gouvernement de la ville de Byblos qu'il avait fondée (Καὶ ἐπὶ τούτοις ὁ Κρόνος Βύβλον μὲν τὴν πόλιν τῇ θεᾷ Βααλ-τίδι, τῇ καὶ Διώνῃ δίδωσι), et le monument de Yehawmelek le confirme d'une manière éclatante. Négligé à Byblos, le dieu fondateur *Ba'al-Gebal* ou *El-Gebal* s'est réfugié dans la ville voisine d'Émèse, d'où, sous le nom de Elagabalus ou Alagabalus (אלהגבל), il a été transporté à Rome par un de ses prêtres devenu l'empereur Héliogabale.

Vu l'importance de ce point de vue, il ne sera pas superflu de rapprocher ci-après les textes phéniciens qui se rapportent exclusivement à des déesses. Ils sont fort rares, et cela par une raison bien évidente. L'esprit sémitique a toujours considéré le mariage comme la base essentielle de toute société tant humaine que divine. Tous les dieux ont leurs épouses légitimes qui leur donnent de nombreux enfants. Il y a quelques exemples où le nom de la déesse se forme du nom de son divin époux par l'adjonction de la terminaison du genre féminin ת; on a ainsi *Ba'al* et *Ba'alat* (*Bel* et *Belit*), *'Anou* et *'Anat* (*Anu* et *Anatu*), *El* et *Allat*; mais, dans l'immense majorité des cas, les noms des déesses sémitiques sont formés d'une manière indépendante. En général, l'hommage rendu au dieu revient en même temps à sa divine épouse sans qu'il soit nécessaire de la désigner expressément. Par contre, lorsque l'hommage s'adresse à la déesse en premier lieu, et à plus forte raison lorsqu'il vise à la déesse seule, on peut être sûr que, dans la légende locale, le dieu joue un rôle secondaire et presque effacé. Quand aux déesses vierges dont on parle tant, on n'en constate aucune trace dans la mythologie phénicienne. Le célibat absolu aussi bien que la notion de vierges-mères répugnent on ne peut plus à l'esprit sémitique. Nous savons par le témoignage de Philon de Byblos que les trois déesses suprêmes de la Phénicie avaient une nombreuse descendance; ceux qui prétendent le contraire transportent des notions gréco-romaines ou égyptiennes [1] dans

---

[1] Les Égyptiens ignorant le véritable état des déesses phéniciennes dont ils adoptaient le culte, appelaient *Astarté* et *Anat* : « déesses qui conçoivent et n'engendrent pas »; c'est probablement de là que la légende de la Vierge phénicienne s'est répandue chez les Grecs

un domaine étranger, et augmentent à leur insu les ténèbres dont l'éclectisme des basses époques a enveloppé les religions de l'Orient.

La mention la plus anciennement connue d'une déesse phénicienne est celle qui figure sur les ex-voto de Carthage dans la formule לרבת לתנת פנבעל ולאדן לבעל חמן (à la dame Tannat-Peniba'al et au seigneur Ba'al-Hammon). J'ai montré ailleurs que le mot Peniba'al était un nom de lieu, *Tannat de Peniba'al*[1] et non une expression abstraite, *face de Ba'al* ou *émanation de Ba'al*. Un nouveau texte a depuis confirmé cette interprétation. Le nº 419 de la collection de M. de Sainte-Marie fait connaître une Tannat dont le sanctuaire principal était dans le quartier de Carthage nommé *Mégara*, תנת מערת. Les Phéniciens identifient d'habitude תנת avec Artémis; mais dans une inscription latine de Lambèse elle est assimilée à *Ops* ou Rhéa, et Ba'al-Hammon à Cronos (« Pro salute Antonii imp. et Julie Domine pos. sa[cerdotes] eo[rum] Saturno domino et Opi reginæ sac[rum] templum et aram et porticum fecerunt »), tandis que Pausanias la mentionne sous le nom de Ἥρα Ἀμμωνία, en société de Παράμμων, c'est-à-dire de Ba'al-Hammon[2]. Ces sortes d'identifications sont trop superficielles pour qu'on s'y arrête; le fait qui nous importe uniquement est la prééminence dans Carthage de Tannat sur Ba'al Hammon, lequel était pourtant le dieu suprême de la Libye.

Une déesse qui confine de très peu à Tannat est celle que les Grecs nommaient Ἀμμάς ou Ἀμμαία. On la considérait comme la nourrice d'Artémis, et on l'identifiait tantôt avec Rhéa, tantôt avec Déméter. M. J. Euting a publié dans les Mémoires de l'Académie de Saint-Pétersbourg un texte votif phénicien exhumé à Carthage et consacré aux deux déesses à la fois : « A la dame Amma et à la dame maîtresse de l'adytum » (לרבת לאמא ולרבת לבעלת החדרה). Ici encore les parèdres masculins sont négligés et laissés dans l'ombre en face du prestige qui entoure leurs divines épouses.

Le culte de la déesse 'Anat ענת remonte aux plus anciennes époques des peuples sémitiques, témoin les noms de ville 'Anat en Mésopotamie, *Bet-'Anat* (בית ענת), *Bet-'Anot* (בית ענות) et *'Anatot* (ענתות), dans la Palestine préisraélite. Les noms d'homme 'Anat et 'Ana (עֲנָה) s'observent chez les Hébreux et plus anciennement encore chez les Chananéens et les Horites (Juges, III, 31; Ge-

---

[1] L'île de Πρόσωπον, près de Carthage. Voir mes *Mélanges d'épigraphie et d'archéologie sémitiques*; p. 45 et 46.

[2] Ce témoignage direct fera, je l'espère, disparaître les dernières hésitations qui se sont fait jour en Allemagne au sujet de l'identification de חמן avec la Libye.

nèse, xxxvi, 2, 20). Pendant les grandes guerres de la xviii⁰ et de la xix⁰ dynastie, le culte d'Anat prit racine en Égypte. Ramsès II s'intitule « héros d'Anat, » sa fille s'appelle *Bint-Anat* (fille d'Anat) et son épée *Anta-m-nekht* (Anat est force). Ramsès III dit que « Anta et Astarté sont près de son bouclier », et un cheval de Seti Ier se nomme *Antat-Herta* (Anat se réjouit). A l'époque grecque, on trouve Anat sur une médaille syrienne et sur la stèle phénicienne de Larnax Lapithou, où elle est assimilée à l'Athéné grecque (Ἀθηνᾷ σωτείρᾳ = לענת עז חים). Dans tous ces monuments, on ne trouve pas la moindre mention du parèdre masculin ʿAn, et cependant ce parèdre a certainement existé. Anou occupe le sommet de l'échelle hiérarchique du panthéon babylonien, les autres dieux sont ses enfants ou ses petits-enfants. Parmi tous les temples consacrés à ce dieu en Babylonie se faisait remarquer de bonne heure celui d'Erech, ville de prédilection d'Anou et d'Anat. Avec le relèvement de l'empire d'Assyrie, le culte d'Anou a été supplanté par celui d'Assour, dieu éponyme de l'empire du nord, que le système primitif avait enregistré comme une divinité cosmique. Dès lors, le prestige d'Anou pâlit considérablement même en Babylonie, mais ne se perdit pas entièrement. En Syrie, ce sont les habitants de Sepharwaïm ¹, près de Hamat, qui offraient leurs hommages à ʿ*Anou* sous le nom de *Anammelek* (ענמלך « Anou-roi »), et tout récemment j'ai trouvé les noms propres ʿ*An* (ענ) et *Ben-ʿAn* (בן-ענ) « fils de ʿAn ») dans les inscriptions arabes du Safa. Néanmoins, depuis le xiv⁰ siècle avant notre ère, l'adoration de ʿAnat prévalut chez les Sémites au détriment de son époux, lequel fut presque oublié.

Nous terminerons par la mention d'Astarté, la déesse la plus célébrée du panthéon sémitique. Le mot ʿAchtoret (עשתרת) désigne en hébreu la femelle du menu bétail ; en assyrien, *ischtaritu* (אישתאריתו) est le mot ordinaire pour déesse, et la Bible parle aussi de plusieurs ʿ*Achtarot* (עשתרות). Pour préciser l'individualité, on ajoute un autre nom qui est, si je ne me trompe, celui du père, ainsi ʿ*Aschtâr-Kamosch* (עשתר-כמש) « Astarté (fille) de Kamosch », עתריעתה ʿ*Athar-ʿAté*, Atargatis, « ʿ*Athar* (forme araméenne de עשתר) fille de ʿ*Até* ». La notion d'androgynisme qu'on a voulu y voir ne repose sur aucune autorité ancienne. L'inscription d'Esch-

---

¹ סְפַרְוָיִם. Les assyriologues l'identifient à tort avec la ville babylonienne de *Sippara*. Les passages II Rois, xvii, 34, xix, 13, et tout particulièrement celui de II Rois, xvii, 24, montrent indubitablement qu'elle était située dans la Hamatène. On y reconnaît aisément la ville de סָבְרַיִם, sise entre les territoires limitrophes de Damas et de Hamat (Ezéchiel, xlvii, 16).

mounazar mentionne l'Astarté céleste (עשתרת שמם) parmi les
« dieux saints » (אלנם קדשם) de la Phénicie. En Mésopotamie, on
connaît déjà six déesses de ce nom, pour la plupart protectrices de
grandes villes, comme l'étaient Ba'alat-Gebal et Atargatis; celle-
ci était la patronne d'Hiérapolis de Syrie. Les documents assyriens nous montrent la part que ces déesses prennent dans le gouvernement du monde au milieu de leur famille. Écoutons d'abord
Ischtarit, fille de Sin, qui énonce sa propre louange[1] :

אנא שותאבול תיריתי אזאז גיתמאליש אזאז
אנא אבוא אן־סין שותאבול תיריתי אזאז גיתמאליש אזאז
אנא סיס־יא אן־פאר שותאבול תיריתי אזאז גיתמאליש אזאז
יאשי אבי אן־נאנארו אולזאפי שותאבול תיריתי אזאז
אש אן־אי א'לישותי שותאבול תיריתי אזאז גיתמאליש אזאז

« Je dirige le gouvernement de la nature, je le dirige énergiquement;
« Près de mon père Sin, je dirige le gouvernement de la nature, je
le dirige énergiquement;
« Près de mon frère Schamasch, je dirige le gouvernement de la
nature, je le dirige énergiquement;
« Mon père Nannar m'a établie, je dirige le gouvernement de la
nature;
« Dans les cieux magnifiques, je dirige le gouvernement de la nature, je le dirige énergiquement. »

Sin (lune) et Schamasch (soleil) appartiennent au cycle des
dieux supérieurs : cependant Ischtarit l'emporte sur eux en ce qui
concerne le gouvernement du monde. En fille respectueuse, elle
attribue son élévation à la faveur de son père, mais elle est cons-
ciente de son haut rang et accentue fortement l'entière indépendance de son gouvernement.

Ce dernier point se révèle avec éclat dans un autre morceau liturgique consacré à Ischtarit d'Erech, fille d'Anou et d'Anat.
Comme Ba'alat-Gebal à Byblos, Ischtarit a éclipsé ses parents et
est devenue la patronne de la ville babylonienne. Le poème ci-
après est une élégie sur la destruction d'Erech par l'ennemi; il
s'adresse directement à la grande souveraine[2] :

אדי מאתים בילתי נאפיל מר־שו...
אש איררכי רישתד אורוך צומר איתאשכאן
אש בית אול־באר בית פוריישתיכי דאמי כימא מר אינאקד

[1] Fr. Delitzsch, *Assyrische Lesestücke*, p. 34 et 35.
[2] IV R., pl. XIX, n° 3.

אט נאפחאר מאתאתיכי אי[ן]שאתי[ר] איצדימא כימא זומרי אישבֹדֹךֹ
בילתי מאאדיש ראגילתי צֹאנדאכו
נאכרד דאנו כימא קאנֹי אידישאם שיפֹדֹר
טימי אול צאבהאכו ראמאני אול חאסאכו
כימא צוצי מושאם אֹז אורהי אדאמוֹרֹ
דיט־כו נית־כי אודנינכי (?)
ליב־זו גאן־אין־כו־אי מאס־זו גאן־אין־נאח

« Jusqu'à quand, ma dame, l'infidèle (triomphera-t-il) ?
« Dans ta ville capitale, Erech, règne un lugubre silence ;
« Dans la maison Ulbar, la maison de ton oracle, le sang a coulé comme l'eau ;
« Dans la totalité de tes pays, le feu a fait rage et s'est répandu en spirale.
« Ma dame, je souffre énormément du malheur.
« Brise l'ennemi puissant, comme (on brise) un roseau solitaire.
« Je ne prends plus aucune résolution, je ne me sens plus moi-même ;
« Comme les vagues (soulevées), je rugis nuit et jour.
« Moi, ton serviteur, j'annonce ta puissance ;
« Que ton cœur (= courroux) se calme, que ton foie (= ressentiment) s'apaise ! »

Tout commentaire ne ferait qu'affaiblir l'évidence qui ressort de ce beau poème, qu'on prendrait aisément pour l'œuvre d'un psalmiste de l'école de Jérémie. Mettez Jérusalem à la place d'Erech et Jéhova à la place d'Ischtarit, et vous aurez un cent cinquante et unième psaume. Mais ne dérangeons rien, et laissons chaque divinité à sa place ! Ischtarit est la souveraine d'Erech : fâchée, elle châtie son peuple par la main d'un ennemi cruel ; apaisée, elle le relève et le comble de faveurs. Que font, à côté d'elle, ses parents Anou et Anat, ses frères Bel et Iaou, son cousin Sin, son neveu Schamasch et les autres dieux de l'Assyrie ? Ils consentent tacitement à tout ce qu'elle fait. Ils règnent ; Ischtarit, elle, gouverne.

Que cela est loin du principe du *père* et de la *mère*, de la *lumière* et des *ténèbres*, effectuant l'opposition entre le *chaud*, le *sec*, le *léger*, le *prompt* d'une part, et le *froid*, l'*humide*, le *lourd*, le *lent* de l'autre, principe auquel les premiers théologiens juifs et chrétiens et leurs adeptes modernes ont réduit la mythologie orientale !

En résumé, les religions sémitiques ne font pas de différence entre dieux et déesses, celles-ci l'emportent même très souvent sur leurs parèdres masculins. On peut dire que les Sémites ont fait leur mythologie à l'image de leur royauté, absolue en même temps que patriarcale, à laquelle l'exclusion de la femme est toujours restée inconnue [1]. A l'heure qu'il est, il serait téméraire de dire en quoi la mythologie sémitique diffère de celle des autres races; mais on entrevoit déjà assez distinctement qu'en dehors des personnifications naturalistes indispensables, elle réfléchit, plus que tout autre mythologie, le développement régulier de la famille en commune et de la commune en État. Simple et égalitaire chez les nomades, elle devient compliquée, hiérarchique et savante chez les peuples qui ont constitué de bonne heure un État régulier. C'est surtout le cas de la mythologie assyro-babylonienne, qui est le reflet d'une forte organisation militaire et administrative. Tout y est réglé avec un ordre parfait, rien n'y est laissé au hasard; les faits et gestes des individus eux-mêmes sont surveillés et enregistrés par une police invisible qui ne les quitte pas un instant. La religion phénicienne avait moins d'essor. Son sacerdoce a été de bonne heure absorbé par la royauté. Le Phénicien, presque toujours en contact avec l'étranger, devint cosmopolite. Son intérêt lui commandait de pactiser avec l'Égypte, il acceptait donc la mode égyptienne, et représentait sa Ba'alat-Gebal sous la forme d'une Isis très orthodoxe. Le fond de l'esprit phénicien est cependant resté immuablement sémitique, et c'est ce côté qui nous intéresse le plus. Je ne sais si la conception du « dieu triple et un » est égyptienne, comme on l'affirme; ce qui est certain, c'est que les Sémites ne l'ont pas connue. La mythologie sémitique n'est ni un monothéisme, ni un hénothéisme, mais un naturalisme envisagé au point de vue social. Elle a pour but de faire connaître l'harmonie de l'univers dans la diversité, et l'ordre dans le désordre apparent des phénomènes. Puis, en se transportant dans le domaine moral, elle nie le hasard, qui est l'injustice, et proclame la loi, qui est la providence.

[1] Il n'y a pas une seule nation sémitique qui n'ait eu des femmes à la tête du gouvernement; il est inutile de citer des noms que l'histoire a dûment enregistrés. On constate le même fait chez les Égyptiens ; mais où sont les reines de l'Inde, de la Perse, des États grecs, de Rome ? Chez tous ces peuples la femme n'a régné que dans la *fable*.

XIII

OBSERVATIONS

SUR

UN VASE JUDÉO-BABYLONIEN

DU BRITISH MUSEUM

Le Musée britannique possède une importante collection de terres cuites ornées d'inscriptions magiques d'origine juive. Le vase qui fait l'objet de cette communication a été décrit par M. Rodwell dans les *Transactions of the Biblical archæological Society* (volume II, partie I, page 114 et suiv.). Il a la forme circulaire, le diamètre est de sept pouces, la profondeur de deux pouces et demi. Le bord est très épais et le centre est occupé par une petite saillie ou bosse. Les auteurs grecs mentionnent aussi parmi les différentes espèces de *patellæ* celles qui ont une saillie (ὀμφαλος ou μεσόμφαλος) au milieu (Athénée, XI, p. 357).

Les savants ne sont pas d'accord sur la destination de ces terres cuites. Les uns y voient ces coupes à divination dont il est déjà fait mention dans l'histoire de Joseph (Genèse, XLIV, 5); les autres supposent que ce sont des coupes consacrées dont l'eau était censée imprégnée d'une vertu mystérieuse capable de guérir les maladies. A cette hypothèse, on peut opposer le texte des inscriptions qui porte un caractère plutôt prophylactique que curatif. La seconde opinion doit être aussi écartée par cette considération que l'eau devait avoir pour effet d'effacer l'écriture à la longue. L'épaisseur du bord est telle, d'ailleurs, qu'on ne pouvait aisément se servir de la coupe pour boire. Il paraît donc plus probable que ces vases étaient de simples amulettes, destinées à préserver la famille contre les démons et contre les maladies dont ceux-ci étaient réputés les auteurs. En d'autres termes, c'étaient des talismans de famille.

L'inscription en hébreu carré qui occupe l'intérieur du vase a été lue de la manière suivante par M. Rodwell assisté de M. Drach :

כלחרמון כושח ועבדנו תקונון ולטמא עוררו ואשלמתא ועללמא דרחמין
ודקרובין דלוּפלוא ורוממא דגבדי ודכנשו דעבדולוה ודיעבדרולוה לצדחאיי
ולתואורד ולמתהות דכולוהון צדלאלה מן מלא עטדים אלם וכולהון אלון
ואלון אשמתון ומנחיו וגמררן ומכודרן שקרין ומפתח ומבטלון מן גופהון
ומכדה [ורמן כל הדא קוממתא] מרומותרן דחמריץ ודצרחאם מאשצר לאלה
שלארח היצואני כורובא והוא נציח מכל כוכבא דעלמי רבובא אם......
ציחוא דהא עלמא שמא רבא מברך אמן אמן סלה

Ce texte, si la transcription est exacte, renfermant à peine cinq ou six mots corrects ou possibles au milieu d'une quantité de formes monstrueuses, devait à tout jamais rester une énigme et être rangé parmi les formules d'invocation sans aucun sens. Cependant les éditeurs anglais en donnent bravement une traduction complète que je rends ci-après mot à mot en français :

« Quant au serpent, oubli, et de même qu'il soit une direction à ce qui nous sert, et à cet impur qui le chasse, et paix et discernement de pitié et d'offrandes et de choses qui [seraient] insensées ; et exaltation de choses qui [seraient] grandes et de compagnies (ou assemblées) et d'un serviteur (?) et de serviteurs (?). Que ce soit contre douleurs et augures et pour toute sorte de morts, stupeur de toute espèce de miasmes dans le monde, dans leur totalité. Celles-ci, celles-ci elles-mêmes sont leurs propitiations et offrandes de guérison, leur termination et leur rédemption et leur (faculté de) lier et délier et leur invalidation des corps, et le soutien de toute joie, qui enlève les chaleurs et les maux des constellations, qui est le chemin qui nous mène vers les étoiles, et brille plus que toutes les étoiles du grand monde [macrocosme]. Que son nom ineffable soit béni. Amen, Amen, Selah. »

Il est inutile de chercher à comprendre un pareil galimatias ; le texte cependant n'est pas des plus difficiles. Après un examen attentif du fac-simile publié dans le recueil anglais, je crois pouvoir le transcrire comme il suit :

כל חרשין בישין ועובדין תקיפין ולוטתא ונדרי ואשלמתא וממלתא
דרחיקין ודקריבין דליליא ודימאמא דגברי ודינשי[1] דעבדו ליה ודעבדין ליה

---

[1] Le scribe avait commencé à écrire le ש après le י mais s'étant aperçu de la faute il a tracé dessus le נ ; de là la forme singulière de cette lettre.

לברהאױ ולהױתיה' ולקיניניה דבילױחױ בר לאלה מן יומא דין ועד עלם
וכולהון אילין ואילין משמתין ומנודרין גזרירין והבירין עקירין ומפקין
ומבטלין מן גופיהון :מן מדרתיהון? ומן כל הדמי קומתיהן דחױותיה
ודברהוי דבילױחױ בר לאלה יכל אורח חיציאיל כוכבא דהוא נציח מכל
כוכביא דעליה רכיבה אספרן ניחיא דהיא מלפא חרשי לחרשותא ....
..[וױבין בישמיה דכר מסױסיה שמה רבא מפורש אמן אמן סלה

Le langage est, comme on le voit, le chaldaïque des Targoumim de Babylone, et, sauf quelques fautes d'orthographe, suffisamment correct. חױותיה vient de חיה, mot qui dans le dialecte talmudique signifie, tantôt « sage-femme », tantôt « mère, femme accouchée »; c'est le dernier sens qui convient au contexte. Le nom du destinataire בילױחױ appartient à la série des noms théophores sémitiques, tels que מריחױ et כמשיחױ ; il signifie : « Bel fait vivre. » Son caractère nettement païen donne à penser que celui auquel était destiné l'amulette était un Araméen non Juif. Le nom de son père, לאלה, se présente pour la première fois. Le mot הדמי avec le sens de « membres » est usité dans les écrits talmudiques (Qidúschin, 73b). L'expression כל אורח « sur le chemin » ou « par le chemin » semble avoir ici le sens de « au moyen de, par la vertu de ». Il s'agit de la vertu antidémoniaque d'une étoile plus forte que toutes les autres dont le nom est חיציאיל=חִצְיָאֵל « flèche de dieu ». Cette étoile sert de monture à une sorte de Pairica nommée אספרן ניחיא « celle qui réunit ceux qui se reposent ». Cela fait peut-être allusion à la faculté attribuée aux sorciers de transporter les personnes endormies partout où ils veulent. Peut-être s'agit-il de la réunion des morts pour les opérations de la nécromancie. Le mot suivant דהיא peut se lire de trois manières différentes : מַלְיָא « plein », מַלְכָּא « roi », מַלְפָא « enseignant », de la racine ילף ; j'adopte cette dernière lecture dont le sens convient parfaitement au contexte. La phrase qui suit la lacune donne un nom mystique כר מױסױה qui n'a aucun sens.

Voici maintenant la traduction de la formule entière :

« Toutes mauvaises sorcelleries, grand'œuvres, malédictions, vœux, engagements, paroles inconsidérées, de loin ou de près, la nuit ou le jour, d'hommes ou de femmes, qu'on a suscités contre Belyehay fils de Lâla et qu'on suscitera contre ses enfants, ses

---

¹ Après le ל la photographie montre deux traits perpendiculaires dont le premier, droit et surmonté d'un gros point triangulaire pourrait être pris pour un ז, et dont le second, franchement courbé, pourrait être un ך ou un ר. Je suppose que ces deux traits étaient primitivement réunis par en haut et formaient un ח, en sorte que la forme vraie du mot serait חיורתיה. Ce mot est mieux tracé plus loin.

femmes et ses acquisitions depuis ce jour jusqu'à jamais ; que toutes ces choses, sans exception, soient anathématisées, bannies, exclues, brisées, arrachées, chassées et anéanties du corps, de tous les membres et des habitations des femmes et des enfants de Belyehay, fils de Lâla ; par la vertu de l'étoile Hiçiel qui est la plus puissante des étoiles et sur laquelle chevauche *Asept-nihâyâ* qui enseigne la magie aux magiciennes..... au nom de *Karmasisia* nom sublime (et) ineffable. Amen, Amen, Selah. »

Le morceau abonde en idées talmudiques. Suivant la doctrine des rabbins, la moindre négligence dans l'accomplissement des vœux et des promesses faites même inconsidérément, devient fatale à toute la famille, principalement à la jeune épouse [1] et aux enfants en bas âge [2]. Pour échapper à ce danger, il est recommandé de se faire absoudre par trois personnes, après avoir, au préalable, rétracté le vœu. Cette cérémonie a trouvé son expression dans la fameuse prière dite *Kôl Nidrê* qu'on récite dans la synagogue la veille du jour du Pardon. Les mots de la formule qui désignent les divers degrés de l'anathème (נדה, שמתא) sont aussi conformes à la conception du Talmud : on reconnaît la même origine pour le mot חיה « jeune mère » et, spécialement, pour l'expression שם מפורש sur laquelle je reviendrai à une prochaine occasion.

D'un autre côté, néanmoins on rencontre des mots et des idées inconnues aux docteurs du Talmud. Tels sont : l'adjectif תקיפין « puissant » qui qualifie les opérations magiques et rappelle les דינין תקיפין des mystiques du moyen-âge ; le mot אשלמתא avec le sens d'engagement, qui semble convenir à l'acception arabe du verbe שלם à la quatrième forme ; la préposition על ארחא avec le sens de « au moyen de, en vertu de » semble imitée de l'arabe *'alâ-'ssabîli* ou *fi-'ssabîli*. Enfin en fait d'idées exotiques et empruntées à l'astrologie arabe, on observe la notion d'une étoile, probablement Vénus, puissante entre toutes et dirigée par une fée malfaisante à laquelle on attribue l'origine de la magie. Toutes ces considérations me conduisent à placer la rédaction de notre inscription vers le IX° siècle après l'ère vulgaire. La facture ancienne du nom בילידוי ne fait pas un obstacle à cette date, attendu que les noms propres persistent longtemps après l'extinction de la religion qui les a fait naître. Il se peut du reste qu'il ait été porté par un indi-

---

[1] Talmud de Babylone Schabbat 32 *b*. בערן נדרים מתה אשה של אדם.
[2] *Ibid.*, בערן נדרים בנים מתים כשהן קטנים.

vidu appartenant aux communités de Sabiens, ou de Nabatéens du Sawâd, dont les débris ont persévéré jusqu'aujourd'hui dans une religion fortement imprégnée de l'ancien paganisme babylonien.

Pour terminer, je dois faire remarquer que l'explication qui précède rectifie et annule sur plusieurs points l'interprétation que j'ai donnée de cette inscription dans les comptes-rendus de l'Académie des inscriptions et belles-lettres, 1877. Les corrections introduites ici sont le résultat de la comparaison d'un texte analogue tracé sur un vase en terre cuite, qui est récemment entré au cabinet des antiques de la Bibliothèque nationale [1] et que je mets ci-après sous les yeux du lecteur :

אסותא מן שמיה לחיסדי בר אמה כל חרשין [בישין] ויגובדין [תקיף]פין
ולוטתא וגידרי ואשלמתא דרחיקין ודקריבין דגברי ודנשי דלילייה
ודימאמה דעבדו ליה ודיעבדון ליה מן יומא דין ולעלם כלהין אילין ואילין
משמתין וגמודין ותבירין ויעקירין ומעפקין מן גופיה ומן מדרתיה? ומן
מאתין וארבעין ותמניה הדמי קומתיה דחיסדי בר אמה על אידי חיציאל
כובבא דהוא נציח מן כל כובביה דעליה רכיבה אספת דהיא מלפה
חרשי לחרשתא . . . [בין ובישמיה] דכרמסיסיה שמה רבה מפרשה; אמן
אמן סלה.

ניהא . . . ברה מן שמיה מן רוחא בישתא ומן מריעה בישה ומן כל
מיני הומרי דקיימי לקיבלי לחיסדי בר אמה בטילין ושביתין מיניה אמן
אמן סלה.

« (Vienne) du ciel guérison à Hisdé, fils de Ama. Toutes mauvaises sorcelleries, grand'œuvres, malédictions, vœux, engagements, de loin ou de près, d'hommes ou de femmes, la nuit ou le jour qu'on a suscités et qu'on suscitera contre lui, de ce jour à tout jamais; que toutes ces choses, les unes et les autres, soient anathématisées, bannies, expulsées, arrachées et chassées de son corps et de sa demeure (?) ainsi que des 384 membres du corps de Hisdé, fils de Ama ; par la vertu de Hiçiel, étoile qui l'emporte sur les autres étoiles et sur laquelle chevauche Asept qui enseigne la magie aux magiciennes . . . au nom de *Karmasisia*, nom grand et distinct.

« (Vienne) du ciel délivrance [et . . . ?] des mauvais esprits, des mauvaises maladies et de toutes sortes d'adversités qui se lèvent contre Hisdé, fils de Ama ; qu'ils disparaissent et soient anéantis de devant lui. Amen, Amen, Sélah. »

---

[1] Voir là-dessus l'article de M. E. Babelon dans la *Revue des Études juives*, n° 8, avril-juin 1882.

L'idée que le corps humain renferme 348 membres revient souvent dans le Talmud. L'expression inusitée על אורח du premier texte est remplacée ici par le terme régulier על אידי « par, par l'entremise de » mot à mot « par les mains de ». Le ל de חיציאל est séparé du reste du mot. L'omission du second élément du nom de אספת semble indiquer pour ce texte une date postérieure à celle du texte précédent.

XIV

SENS ET ORIGINE

DE LA

PARABOLE ÉVANGÉLIQUE DITE DU BON SAMARITAIN

Saint Luc est le seul des évangélistes qui rapporte la parabole dite du bon Samaritain. Voici en quelle occasion elle aurait été prononcée par Jésus. Un jour que ses disciples, au nombre de soixante-douze, lui exprimaient leur joie de ce qu'ils avaient réussi à chasser les démons par la vertu de son nom, le Maître leur dit avoir vu en effet Satan tomber du ciel sur la terre en forme d'éclair. Il ajouta qu'il leur avait transmis le pouvoir d'écraser les serpents et les scorpions ainsi que de vaincre toute la puissance du démon qui ne pourrait plus leur nuire, mais que toutefois, ils devaient moins se réjouir de leurs victoires sur les démons que de ce que leurs noms étaient inscrits dans les cieux parmi les justes. Il termina en disant que son Père, lui ayant remis tous les pouvoirs entre les mains, ils devaient s'estimer heureux d'être témoins de choses que les prophètes et les rois anciens avaient en vain souhaité de voir et d'entendre.

« Alors un docteur de loi (νομικός τις) se leva et lui dit pour le tenter : Que faut-il que je fasse pour posséder[1] la vie éternelle ? Jésus lui répondit : Qu'y a-t-il d'écrit dans la loi ? Qu'y lisez-vous ? Il lui répondit : Vous aimerez le Seigneur votre Dieu de tout votre cœur, de toute votre âme, de toutes vos forces et de toute votre intelligence[2], et votre prochain comme vous-même. Jésus lui dit : Vous avez fort bien répondu : faites cela et vous vivrez. Mais cet

---

[1] Mot à mot « hériter » Κληρονομόω.
[2] Les mots « et de toute votre intelligence » forment une autre version des mots « et de tout votre cœur », car l'hébreu *leb* signifie à la fois « cœur » et « intelligence ».

homme, voulant faire paraître qu'il était juste, dit à Jésus : Et qui est mon prochain ? Et Jésus prenant la parole lui dit : Un homme qui descendait de Jérusalem à Jéricho, tomba entre les mains des voleurs, qui le dépouillèrent, lui firent des blessures et s'en allèrent le laissant à demi mort. Un prêtre qui descendait par hasard par le même chemin l'ayant aperçu passa outre. Un lévite aussi, se trouvant sur les lieux, y vint et l'ayant aperçu passa outre encore. Mais un Samaritain qui voyageait, étant venu près de lui et l'ayant vu fut touché de compassion. Il s'approcha donc de lui, versa de l'huile et du vin sur ses plaies, et les banda ; et l'ayant mis sur sa bête de somme il le transporta dans une hôtellerie et prit soin de lui. Le lendemain au moment de partir, il tira deux deniers qu'il donna à l'hôte, et lui dit : Ayez bien soin de cet homme ; et tout ce que vous dépenserez de plus, je vous le rendrai à mon retour. Lequel de ces trois vous semble avoir été le prochain de celui qui tomba entre les mains des voleurs ? Le docteur lui répondit : Celui qui a exercé la miséricorde envers lui. Allez donc, lui dit Jésus, et faites de même (Luc, X 1, 17-37). »

La première partie du récit qui précède se fait reconnaître tout d'abord comme une légende postérieure à l'âge apostolique. En premier lieu la donnée relative à l'élection de soixante-dix disciples, qui est contredite par les autres évangiles, lesquels ne mentionnent jusqu'au bout que douze disciples, a tout l'air d'être une simple imitation des soixante-dix anciens sacrés prophètes par Moïse en dehors des douze chefs de tribu. En second lieu, malgré Mathieu X, 1, et Marc III, 13, VI, 7, il est avéré que du vivant de Jésus les disciples n'ont jamais opéré des cures miraculeuses ou comme on disait alors chassé les démons ; le fait rapporté par Mathieu XVII, 16 (Cf. Marc IV, 14 ; Luc IX, 38) atteste leur impuissance absolue à cet égard. En troisième lieu enfin, le don de mettre les serpents hors d'état de nuire dont il est question dans ce récit est selon toutes les vraisemblances le même auquel font allusion les paroles de Jésus ressuscité dans Marc XVI, 18, et se fait reconnaître par cela même comme étant tout au plus d'origine apostolique. Il faut probablement y voir un reflet de l'histoire racontée dans les Actes XX, 16, d'après laquelle saint Paul aurait secoué de sa main un serpent venimeux sans souffrir des suites de sa morsure.

Toutes ces considérations se joignent donc pour établir que l'introduction doit historiquement être séparée du récit qui suit et qui rapporte le dialogue de Jésus avec le docteur.

Mais ce dialogue lui-même a subi sous la plume de saint Luc certaines modifications qui le distinguent de celui qui est rapporté par les autres évangélistes. La version de saint Marc, qui semble la plus originale, motive la question du docteur par la satisfaction que les Pharisiens avaient ressentie en entendant Jésus défendre contre les Saducéens le dogme de la résurrection des corps. Comme à ce moment les sacrifices du temple étaient exécutés par des prêtres saducéens, le docteur pharisien voulut savoir si Jésus était d'accord avec ses coreligionnaires qui déclaraient que l'amour de Dieu et du prochain valait mieux que tous les sacrifices ; et quand Jésus eût répondu dans ce sens, il s'établit entre eux un accord parfait : le pharisien fit entendre un affectueux « bravo, Maître, vous avez dit la vérité » et Jésus de son côté se hâta de lui dire: « Vous n'êtes pas loin du royaume des cieux » ; c'est-à-dire : il ne vous manque qu'une chose, c'est de devenir mon disciple (Cf. Mathieu IV, 19). Dans Mathieu XXII, 35, l'enthousiasme des Pharisiens est non seulement supprimé, mais on les accuse d'avoir provoqué contre Jésus un rassemblement dont celui-ci profite d'ailleurs pour leur adresser une question irritante, à savoir si le Messie n'est pas plus qu'un fils de David. La version de saint Luc sépare violemment la demande du docteur de la discussion avec les Saducéens. C'est par esprit de chicane que le docteur pharisien interrompt la confidence de Jésus à ses disciples en lui adressant cette question captieuse : « Que faut-il que je fasse pour posséder la vie éternelle », question à laquelle il espérait obtenir pour réponse le célèbre « suivez-moi » lancé jadis à saint Pierre et pouvoir ainsi l'accuser devant le sanhédrin de séduire le peuple. Jésus se garde bien de tomber dans le piège et invite le docteur à citer le passage biblique relatif à l'amour de Dieu et du prochain ; et quand celui-ci l'a cité, il se contente de l'applaudir et de l'assurer que l'exercice de ce commandement suffit à procurer la vie éternelle. Le docteur voyant sa ruse déjouée veut au moins satisfaire sa vanité de pharisien en faisant paraître son zèle dans l'accomplissement exact des prescriptions de la loi (= la justice) et demande quel est le sens du mot « prochain ». Jésus raconte alors l'action charitable d'un Samaritain envers un malheureux blessé qu'un prêtre et un lévite avaient cruellement abandonné à son sort et dit au docteur d'imiter ce bon exemple.

Saint Mathieu nous transporte, au contraire, à la dernière époque de l'activité de Jésus. Le Maître désabusé et désespérant de ses contemporains cherche à mourir afin de s'attacher ses disciples par la profonde commisération qu'on ressent pour un martyr, surtout lorsque ce martyr est un maître vénéré et sympathique et que ses bourreaux professent des principes qui sont diamétralement opposés aux siens. L'exécution de ce dessein est facilitée par la haine des pharisiens qu'effarouche sa prétention d'être le Messie et d'être en même temps d'une nature supérieure à son ancêtre David. Jésus attise le feu en cherchant à prouver d'abord par le psaume 110 que le Messie, loin d'être le fils de David, est plutôt son seigneur et puis en prononçant publiquement un véhément discours contre les pharisiens, où ceux-ci sont traités d'hypocrites et d'assassins et où il les invite à combler la mesure d'iniquité de leurs pères « en ajoutant son exécution à celle de tant de prophètes et d'envoyés, dont le sang *pur* a été versé par eux (ibid., XXIII). »

Il ne faut pas faire un grand effort de réflexion pour reconnaître que la version de saint Marc est seule en situation. Nous avons là sans aucun doute une tradition authentique qui, bien qu'émanant de troisième main — car rien dans les évangiles ne vient immédiatement des apôtres, ni des judéo-chrétiens, — a conservé une image vive et claire de ce que Jésus *a pu dire* dans la première période de sa mission, alors qu'il avait encore l'espoir de gagner les pharisiens à sa cause. Marchant d'accord avec les pharisiens, il combattait comme eux les deux partis adverses, le parti saducéen qui niait le « royaume des cieux », l'existence d'un monde surnaturel, et le parti des zélotes qui niait le « royaume de la terre », la domination romaine et ses prétentions ; toute son ambition se bornait alors au désir de former une école de *repentis expectants* à l'instar de l'école de Jean-Baptiste, à laquelle il s'était affilié pendant quelque temps. Pour faciliter l'entrée des disciples, il renonça même à la cérémonie du baptême que l'école rivale observait rigoureusement et qui lui donna une teinte essénienne. Si quelqu'un lui avait demandé à cette époque ce que signifiait le commandement de la loi : « Aimez votre prochain comme vous-même », il aurait certainement répondu comme l'avait fait Hillel avant lui et comme le fera saint Paul après lui : « Ne faites pas à votre prochain ce que vous ne voudriez pas qu'on vous fît », mais cette maxime courait les rues de Jérusalem et personne n'avait besoin qu'on la lui rappelât.

Nous sommes donc obligés de séparer la parabole du long récit qui lui sert d'introduction chez saint Luc et cette circonstance est de nature à soulever un grave doute sur l'authenticité de la parabole elle-même. Et, en effet, sous la forme qu'elle revêt chez saint Luc, cette parabole ne peut point venir de Jésus : le rôle d'un héros de charité qui y est attribué à un Samaritain réfléchit d'une façon nette les idées de saint Paul. On sait que, d'après l'ordre exprès de Jésus, les disciples devaient éviter tout contact avec les

Samaritains et limiter leur prédication aux israélites orthodoxes (Mathieu X, 5, XV, 24; Actes XIII, 46; Rom. XV, 8). Il est avéré que les Samaritains ont constamment refusé l'hospitalité à la secte naissante (saint Luc IX, 52, 58) et que d'ailleurs le seul Samaritain loué pour sa reconnaissance est traité d'étranger (ἀλλογενής), expression qui équivaut à « ethnique ou païen » (Luc XVII, 15-18). Il s'ensuit que, si Jésus avait voulu chercher un exemple de charité ailleurs que chez ses compatriotes, il eût choisi pour modèle un païen pur et simple (Cf. Mathieu XI, 21). A ces considérations il faut encore ajouter une remarque d'un ordre différent : c'est que le mot *Samaritain* était hors d'usage chez les Juifs à l'époque de Jésus; ils employaient alors exclusivement l'expression Chuthéens (*Kûtim*). Nous avons pour cela le témoignage formel de Joseph (Histoire VIII, 14), témoignage confirmé par l'emploi constant de la même dénomination dans la littérature talmudique. En un mot cette parabole telle qu'elle figure dans saint Luc appartiendrait tout au plus aux derniers développements du christianisme primitif, au cycle des traditions pauliniennes ou pagano-chrétiennes. Faut-il pour cela admettre le caractère apocryphe de l'ensemble ? Je ne le pense pas ; je suis convaincu au contraire que saint Luc nous a conservé un des λόγια les plus authentiques que le Maître ait produit à l'époque où saint Marc place la question du docteur pharisien, c'est-à-dire au début de la prédication de Jésus récemment séparé de l'école de Jean-Baptiste. Il faut seulement éliminer la mention du Samaritain qui jette une note tardive dans ce vieux récit. L'examen approfondi des actes du héros principal, en même temps qu'il révèlera de nouveau l'inexactitude de la version actuelle, nous fournira un moyen très simple pour rétablir la physionomie vraie de ce personnage, en sorte que les considérations qui nous faisaient douter de l'authenticité de la parabole, se transformeront en autant de preuves en sa faveur. En effet, que nous raconte la parabole au sujet de l'homme secourable que la présente version qualifie de Samaritain ? Elle nous dit : 1° que ce personnage, ainsi que le prêtre et le lévite qui l'ont précédé, s'est trouvé entre Jérusalem et Jéricho; 2° qu'il a soigné le blessé dans une hôtellerie dont le maître le connaissait et avait confiance en lui; 3° qu'il avait l'intention de retourner à bref délai à Jérusalem. Toutes ces particularités cadrent, on ne peut plus mal, avec ce que l'histoire et les Évangiles eux-mêmes nous apprennent au sujet des relations entre les Juifs et les Samaritains à l'époque dont il s'agit. La haine entre ces deux peuples était telle qu'ils n'avaient aucun rapport entre eux. Un grave interdit pesait sur toutes les denrées d'origine samaritaine, et coupa court à toute transaction commerciale. Juifs et Samaritains ne mangeaient jamais ensemble et se refusaient mutuellement l'hospitalité. Dans ces conditions on ne conçoit guère comment un Samaritain pouvait se trouver en Judée sur la route de Jéricho, être en bons termes avec le maître d'hôtel et surtout aller et venir à Jérusalem quand il lui plaisait. Est-ce sérieux? Mais un Samaritain isolé dans cette ville bigote, au milieu de cette multitude chatouilleuse et méfiante, eût risqué à chaque instant d'être chassé et maltraité comme un espion. On le voit, ici encore le rôle du Samaritain est incompatible avec la situation et ne peut par conséquent avoir appartenu à la rédaction primitive.

On comprendra sans peine qu'on ne peut songer un seul instant à remplacer le Samaritain par un païen. D'abord une pareille substitution est par trop violente; puis, il est bien constaté que les relations entre les juifs et les païens étaient au temps de Jésus beaucoup moins amicales que ne le font supposer les rapports du voyageur avec le maître d'hôtel. Aucune transaction commerciale n'avait d'ailleurs son siège à Jérusalem, encore moins à Jéricho, et les seuls païens qui résidaient dans la première de ces villes étaient les soldats de la milice étrangère qui ne voyageaient guère. Enfin, si la première rédaction avait le mot « païen » (ἐθνικός), ce mot serait resté dans le récit de saint Luc qui, comme nous le disions plus haut, vient d'un milieu paulinien si bien disposé en faveur des païens. Il ne reste qu'un seul moyen pour remédier à cet état de choses, celui de supposer que dans la version primitive le bienfaiteur du blessé était ou bien un juif de Jérusalem que les affaires ou les relations de famille appelaient souvent à Jéricho, ou bien un pieux galiléen ayant l'habitude de se rendre à Jérusalem pendant les grandes fêtes et de s'arrêter chemin faisant dans l'hôtellerie où il a déposé le blessé. Le fait que la parabole place le dénouement de ce drame sur le chemin de Jéricho milite en faveur de la dernière hypothèse, car cette route était surtout fréquentée par les pèlerins de la Galilée, lesquels évitaient ordinairement la Samarie aussi bien par la crainte de l'hostilité de ses habitants que par celle d'y contracter des contaminations légales qui les auraient rendus incapables de manger l'agneau pascal et de visiter le temple. Quoi qu'il en soit du reste, le voyageur charitable que Jésus donne comme modèle au pharisien était un Israélite (Ἰσραηλίτης). On sait que dans la législation rabbinique le titre d'israélite désigne tout particulièrement un juif qui n'est ni prêtre ni lévite. La pointe de la parabole réside dans cette opposition: Le prêtre et le lévite qui vivent des dons des pèlerins et qui devraient donner l'exemple de la charité au commun du peuple abandonnent sans pitié un pauvre pèlerin blessé sur une route déserte ; un simple israélite ne consultant que son cœur prend soin de lui et le sauve d'une mort certaine. Ce sens particulier de la dénomination « israélite » était naturellement incompréhensible pour le cercle pagano-chrétien, auquel saint Luc a emprunté la parabole. Pour les chrétiens recrutés parmi les païens la mention d'un israélite, après celle d'un prêtre et d'un lévite qui sont aussi israélites, n'avait aucun sens et gâtait par sa présence la belle ordonnance de la parabole. Pour remédier à cet inconvénient, on se crut autorisé à corriger Ἰσραηλίτης en Σαμαρείτης et cette correction était accueillie d'autant plus favorablement qu'elle donnait la satisfaction à un besoin réel, celui de rattacher à Jésus l'idée de la supériorité des chrétiens païens sur les Juifs non convertis.

Nous n'avons plus qu'à récapituler les résultats de notre recherche :

1° Le récit par lequel saint Luc introduit la question du docteur pharisien appartient à la troisième phase du christianisme, ou christianisme paulinien.

2° Le dialogue entre Jésus et le docteur pharisien au sujet du principal commandement de la loi que saint Luc sépare de la discussion de Jésus avec les Saducéens sur la résurrection des corps doit y être relié et placé avec lui dans la première phase de la prédication de Jésus, conformément à la version de saint Marc.

3° La parabole primitive du bon *Israélite* est authentique et se rattache étroitement au dialogue avec le docteur pharisien.

4° La correction de la qualification de « Israélite » en celle de « Samaritain » a été faite par des chrétiens païens qui ne comprenaient pas le sens spécial de cette dénomination.

XV

ÉTUDE

SUR LES

DOCUMENTS PHILOLOGIQUES ASSYRIENS[1]

I

INTRODUCTION

L'Académie connaît la discussion qui, depuis cinq ans, se poursuit entre les assyriologues et moi au sujet de l'origine de la civilisation babylonienne. D'après les assyriologues, cette civilisation aurait eu pour initiateur un peuple non sémitique, dit sumérien ou accadien, auquel serait due, en même temps, l'invention de l'écriture cunéiforme qu'on trouve en usage chez les Sémites de Ninive et de Babylone. A l'appui de leur dire, ces savants citent une série d'inscriptions très anciennes qui leur paraissent exprimer une langue différente de l'assyrien. Je soutiens au contraire que ces sortes d'inscriptions représentent une hiérographie artificielle, une espèce particulière d'idéographisme, inventée par les Assyriens eux-mêmes à côté de leur système vulgaire. Dans cet ordre d'idées, non seulement l'écriture cunéiforme n'aurait pas passé d'un autre peuple chez les Assyriens, mais l'ensemble de la culture intellectuelle qui fleurit jadis chez les riverains du Tigre et de l'Euphrate aurait appartenu aux Sémites à l'exclusion de toute autre race. Cette question, dont l'importance est considérable, vient d'entrer dans une nouvelle phase d'évolution et c'est à cause de cela qu'elle me paraît mériter l'attention de l'Académie. La discussion prolongée a notablement circonscrit les limites du problème. De nombreuses considérations préalables ou secondaires, qui encombraient naguère le terrain, sont à l'heure qu'il est mises de côté ou inscrites à l'actif de l'opinion que je

[1] Lue à l'Académie des Inscriptions et Belles-Lettres en 1878.

défends. Il n'y a pas encore longtemps, on trouvait la mention des Sumirs et des Accads dans Bérose, Justin et le Zendavesta, et on montrait sérieusement leurs représentants modernes dans les Suomis de la Finlande et les Akkaraks des monts Sayans [1]. Le temps n'est pas loin, où l'on traçait de main ferme une image éblouissante de la civilisation préhistorique de la race accado-touranienne, sans laquelle les fils de Sem seraient restés dans une complète barbarie, tandis que d'autre part des âmes pieuses et philosophiques célébraient des actions de grâces en l'honneur de ces initiateurs du monothéisme hébraïque que le monde, toujours ingrat envers ses bienfaiteurs, avait si longtemps méconnus [2]. A ce moment, enfin, on suscitait une immense armée casdo-scythique depuis les bords de l'Euphrate jusqu'aux mers du Japon à l'effet de revendiquer comme titre de noblesse de la race de Tour la gloire d'avoir fondé, en Babylonie, un empire contemporain des pyramides [3]. Aujourd'hui tout cela n'est qu'un souvenir. Le touranisme des Accads n'est plus soutenu par aucun homme compétent en la matière, et les plus obstinés parmi les assyriologues eux-mêmes n'y reviennent de temps en temps que pour la forme, ou par un reste d'habitude. Grâce à des scrupules qui n'ont que le défaut d'être un peu tardifs, ceux-ci n'affirment plus que les éléments constitutifs de l'écriture cunéiforme reposent sur la faune et la flore des hautes latitudes sibériennes, et, ce qui est plus significatif, ils renoncent déjà à prouver que le système syllabique est incompatible avec le caractère de la langue assyrienne. Dans le domaine de l'archéologie, les faits constatés jusqu'à présent sont encore plus défavorables à leur thèse. Déjà au début de la discussion, en 1873, je les avais invités à signaler sur toute l'étendue de la Mésopotamie une seule œuvre d'art, voire un seul nom géographique qui ne fût pas sémitique et, malgré les recherches les plus assidues, ils n'ont pu trouver rien de concluant, au point qu'ils sont réduits à aventurer un petit nombre d'étymologies dont le caractère anti-scientifique saute aux yeux. En un mot, un vide effrayant et des plus extraordinaires se fait autour des soi-disant Sumirs et Accads. Ce peuple, à qui on attribue si généreusement l'invention des sciences et des arts dans la Babylonie présémitique, et qu'on fait cohabiter pendant de longs siècles avec les conquérants sémites devenus bientôt ses élèves, ce peuple aurait disparu sans laisser la moindre trace de son existence, aussi bien dans les villes

---

[1] Fr. Lenormant, *La magie chez les Chaldéens*, p. 271, note 2.
[2] E. Schrader, *Babylonismus und Semitismus*.
[3] Fr. Lenormant, *La langue primitive de la Chaldée*.

fondées par lui, que dans les annales des conquérants, lesquelles annales enregistrent avec le soin le plus minutieux les détails d'innombrables séditions et de guerres de toutes sortes. Est-il imaginable qu'un peuple grand et policé ait consenti à s'assimiler aux envahisseurs semi-barbares sans jamais faire un effort pour recouvrer sa liberté ou seulement pour obtenir le droit de vivre ? Eh bien, les assyriologues nous disent de croire tout cela. Dans des circonstances pareilles, nous nous croyons en droit de demander des preuves au lieu d'affirmations, car, suivant nous, le témoignage des faits constitue la seule autorité devant laquelle on doive s'incliner.

On vient de voir que les assyriologues sentent parfaitement que le terrain de l'archéologie et de l'histoire se dérobe sous leurs pieds. Malgré cela, ils nous exhortent à suspendre notre jugement. A défaut de tout autre preuve, ils nous montrent les briques et les pierres de l'antique Babylonie et nous demandent triomphalement, si nous ne les entendons pas annoncer assez haut le nom d'un peuple anté-sémitique. A cette question notre réponse est catégorique : il y a plusieurs années que nous prêtons une attention soutenue à cette voix imposante, mais nous entendons proclamer le nom des Sémites, nullement celui d'un peuple étranger.

Oui, certes, ces pierres parlent très haut, elles ont même un double langage, un qui parle aux yeux et un autre qui parle aux oreilles. Cette double manifestation forme une unité harmonieuse et inséparable, comme le sont le geste et la parole chez l'homme, et on ne saurait les mettre en contradiction entre elles sans se condamner à ne plus rien entendre. Je fais allusion à la paléographie et à l'idiome de ces textes. Supposons qu'il y ait réellement une contradiction entre ces deux ordres de faits, auquel des deux accorderions-nous la préférence ? Certainement à la paléographie, de même qu'en cas de contradiction spontanée entre le geste et la parole, nous n'hésitons pas à suivre les suggestions du premier. Mais j'ai à peine besoin de remarquer qu'une pareille contradiction n'est pas possible dans des documents d'une si haute antiquité, et, qu'en consultant la paléographie des textes cunéiformes nous devons obtenir les renseignements les plus positifs sur la nationalité de leurs auteurs.

Or, que nous apprend la paléographie babylonienne ? Elle nous apprend que le syllabaire cunéiforme primitif a donné naissance à trois écritures, différant entre elles aussi bien par le nombre des signes que par la position et la quantité des clous, écritures usitées respectivement en Susiane, en Arménie et en Perse. Sans savoir lire les cunéiformes, on distingue chacune de ces écritures à première vue et avec la même facilité qu'on distingue un texte grec d'un texte latin ou d'un texte étrusque, rien que par la forme des lettres. Si nous restons en Mésopotamie, nous trouvons de même que l'écriture ninivite diffère considérablement de celle que fournissent les textes babyloniens, bien que la langue des deux provinces soit essentiellement la même. Mais nous avons beau chercher l'écriture de Sumir et d'Accad, nous ne la trouvons nulle part. Comment se fait-il que dans les syllabaires comme dans les textes réputés bilingues, l'écriture de la colonne sumérienne ou accadienne ne diffère point de celle de la version assyrienne ? Et encore, si ce phénomène se bornait à ces textes seuls, on pourrait échapper à la difficulté en supposant que les Assyriens ont transcrit dans leur propre caractère l'ensemble des documents que leur avaient légués leurs prédécesseurs d'Accad. Cette hypothèse, quoique de la dernière invraisemblance, car outre maintes impossibilités dont elle se complique et sur lesquelles nous reviendrons dans la suite, elle imposerait de croire que les Assyriens du xviiie siècle avant notre ère étaient tous des Origènes et qu'ils faisaient en grand ce que l'auteur de l'Hexapla a tenté avec peu de succès deux mille ans plus tard ; cette hypothèse, dis-je, pourrait encore être émise comme une dernière ressource. Malheureusement, la croyance la plus robuste ne saura résister au témoignage lumineux des textes dits unilingues, appartenant aux rois antérieurs à l'unification des provinces babyloniennes et, par conséquent, d'un grand nombre de siècles plus vieux que les plus anciens des textes bilingues. Les documents auxquels je fais allusion, ont été en partie trouvés dans les fondations des antiques édifices d'Our, de Warqa et d'autres centres de la plus haute antiquité et ils sont rédigés entièrement dans ce qu'on appelle sumérien ou accadien. Là encore, que voyons-nous ? Nous voyons que ces textes archi-accadiens ne sont pas rédigés dans une écriture différente de celle qu'offrent les inscriptions sémitiques de la même époque, l'identité en est tellement étroite, qu'en certain cas on dirait que c'est le même scribe qui a tracé les deux ordres d'inscriptions ; comme c'est toujours le cas dans les inscriptions bilingues. En un mot, aussi haut qu'on remonte dans l'antiquité babylonienne, on trouve qu'une seule et même écriture a été en usage d'un bout à l'autre du pays. De ce fait matériel et indiscutable, découlent deux conséquences d'une force toute mathématique. Premièrement, que les Sémites de Babylonie n'ont pas reçu le système cunéiforme de la main d'un autre peuple, car, dans ce cas, ils auraient développé une écriture particulière, comme l'ont fait les peuples énumérés plus haut. Deuxièmement, que les textes dits accadiens, tant bilingues qu'unilingues, appartiennent de droit aux auteurs des autres textes cunéiformes, c'est-à-dire aux Sémites, ce qui implique en même temps la proposition soutenue par nous, savoir que les textes accadiens, loin d'offrir une langue non sémitique, sont rédigés dans un idéographisme particulier, inventé par les Sémites eux-mêmes.

Cette conclusion est, du reste, seule en état d'expliquer d'une façon naturelle un fait bien bizarre en apparence. On a remarqué depuis longtemps avec quelle facilité les derniers rois de Babylone lisaient et comprenaient les plus anciens textes qu'ils découvraient par hasard. Ainsi, par exemple, le contenu des inscriptions de *Our Babi* et de son fils DVN-GI conçues en un caractère très archaïque et dans l'accadien le plus pur, est mentionné par le roi Nabou-Naïd qui a vécu au moins vingt siècles plus tard. A moins de leur accorder le don des écritures et des langues, on ne conçoit guère comment les scribes babyloniens ont pu accomplir une tâche aussi ardue. En admettant l'origine sémitique de l'écriture cunéiforme, ce fait perd toute son étrangeté et rentre dans la classe de faits analogues, observés chez les autres peuples de l'antiquité. En général, les peuples qui possèdent une écriture nationale et sacrée prennent le plus grand soin de transmettre de génération en génération les images primitives des signes. C'est ainsi que l'intelligence des hiéroglyphes archaïques s'est conservée en Égypte et se conserve encore dans la Chine moderne, malgré la formation parallèle d'écritures plus abrégées et plus cursives. En Assyrie, pareillement, on a trouvé des tablettes qui expliquent les plus anciens hiéroglyphes par des équivalents plus récents. Il n'en est pas ainsi des peuples qui ont reçu leur écriture de l'étranger : ceux-là n'ont naturellement aucun intérêt à perpétuer les anciennes formes des signes; ils tendent au contraire à les défigurer de plus en plus et ils arrivent souvent à en effacer la dernière ressemblance avec l'écriture qui lui servit de modèle.

De même, en ce qui concerne l'intelligence des plus anciens textes d'Accad par les derniers scribes de Babylone, le mystère s'éclaircit tout naturellement quand on admet avec nous que ces documents représentent une hiérographie nationale. Les signes qui composent ce système, pareils aux idéogrammes de l'Égypte et de la Chine, ont été fixés aux premières périodes de l'écriture et rendus réfractaires à tout changement de signification, et l'on comprend aisément qu'un ensemble de signes immuables soit, pour ceux qui en ont la clef, à toutes les époques plus intelligible qu'une langue antique, qui se modifie sans cesse dans le cours des siècles. Dans la haute antiquité, quand l'art d'écrire était la propriété exclusive des collèges sacerdotaux, les inscriptions étaient entièrement rédigées en hiérogrammes ou bien en un système mixte, où les éléments hiérographiques formaient l'immense majorité. Le progrès de l'instruction donna l'essor aux rédactions phonétiques, qui sont plus accessibles au commun du peuple, mais ne porta point de préjudice à la graphique sacerdotale. Plusieurs rois firent exécuter des inscriptions en deux colonnes parallèles, où chaque ligne du système sacré avait en face d'elle la rédaction vulgaire. Les prêtres comprirent eux-mêmes la nécessité de pourvoir d'une version populaire les pièces liturgiques et magiques dont ils voulaient propager la connaissance dans toutes les classes de la nation. Petit à petit, l'écriture se sécularisa et on n'employa plus la graphique sacerdotale qu'à de rares occasions et par affectation d'archaïsme. C'est surtout le cas des derniers rois d'Assyrie, nommément d'Assourbanipal dont la bibliothèque palatine nous a livré l'immense majorité des textes que nous possédons. On peut dire, toutefois, que le système sacré n'a jamais cessé d'être cultivé en Mésopotamie, et que l'usage s'en est transmis d'école en école jusqu'aux derniers moments de l'existence nationale. A cet effet, on avait dressé à l'usage des étudiants des listes variées de tous les signes cunéiformes avec leur double valeur phonétique et idéographique. De son côté, chaque scribe tenait à honneur d'acquérir une connaissance suffisante de la graphique sacrée et de la mettre en pratique à la première occasion : voilà pourquoi on ne trouve pas un seul texte assyrien qui soit exempt d'hiérogrammes.

Un seul point paraît encore entouré de mystère, c'est la raison d'être d'un système aussi compliqué qui dissimule toutes les parties de la langue sous une forme méconnaissable. On peut se demander pourquoi les Assyriens ne se sont pas contentés du système phonétique seul, qui convient parfaitement à l'expression de leur idiome. Il faut cependant remarquer, comme circonstance atténuante, que l'origine de toutes les inventions humaines manque, en général, de clarté et surtout de simplicité. Une foule de signes, dans l'écriture égyptienne et chinoise, nous paraissent superflus et le sont en effet. La pauvreté de la conception, la fluctuation des contours, l'incertitude du procédé, sont autant d'agents de complications dans les inventions primitives. Ajoutez que l'inventeur tend naturellement à s'entourer d'un luxe qui flatte sa vanité. Quand on songe que pendant plus de trois cents ans un idéographisme monstrueux, composé de mots araméens devant se lire en persan, a été le style officiel de la cour des Sassanides, quand on songe que le pehlevi a fait les délices des descendants de Darius et de Xerxès, on ne s'étonne plus du goût montré par les Babyloniens pour leur hiérographie, laquelle avait du moins l'avantage d'être entièrement nationale et, par dessus tout, d'une origine réputée divine. J'irai plus loin, tout me paraît indiquer que le sacerdoce perse n'aurait jamais adopté une écriture aussi absurde, si l'usage de l'hiérographie n'était pas considéré dans le pays comme inséparable du prêtre. Les mages perses ne pouvaient pas rester inférieurs à leurs rivaux de Babylone qui se faisaient une gloire de posséder une graphique religieuse et inintelligible aux profanes. Cet inconvénient fut écarté par la création d'un idiome artificiel approprié au rituel et au style emphatique de la cour orthodoxe, mais n'ayant pas trouvé dans son propre fonds les éléments nécessaires à cet effet, le sacerdoce perse dut se contenter d'emprunter ses allophones à la langue des Araméens, peuple qui jouissait déjà de la faveur des Achéménides et qui était animé d'une égale haine contre les Babyloniens. Je pense donc que la création du pehlevi par les prêtres perses de Babylonie, suppose évidemment l'existence d'une hiérographie artificielle chez leurs prédécesseurs sémitiques, et cette hiérographie ne peut être autre que celle qui fait l'objet de nos recherches.

On peut à peine se faire une idée aujourd'hui de la force qui poussait les peuples de l'antiquité vers les choses cachées et inintelligibles. La prière était en principe une incantation magique, accompagnée d'actes et de gestes des plus bizarres; le nom de ποίημα ou de *Carmen* en dit assez. Chez les Égyptiens, on trouve de longues formules composées entièrement de mots imaginaires. Le même fait a été signalé chez les mages de la Médie, et les Grecs eux-mêmes n'ont pas échappé à la tendance générale. Lobeck, qui a réuni tous les témoignages des anciens sur cette matière, s'exprime ainsi qu'il suit à propos de la liturgie des Grecs de Milète : *Illa autem Milesiorum litania e vocabulis asemis joculariter composita est ad exemplum carminum magicorum* (Aglaoph., 1332). Qui pourra prétendre que les peuples sémitiques seuls se soient soustraits à la cryptomanie universelle? Cela est d'autant plus invraisemblable que les Chaldéens ont été toujours considérés comme les plus expérimentés dans les arts magiques. Donc, que ces derniers aient été en possession d'une cryptographie sacerdotale, cela est déjà *a priori* plus que probable. N'oublions pas, du reste, que le génie sémitique se complaît beaucoup aux exercices qui demandent un effort de l'esprit. L'art des Sémites vise surtout au symbolisme, tandis que leurs idiomes tiennent l'esprit toujours en éveil au moyen d'ingénieux sous-entendus. Tout mot sémitique écrit en caractères phéniciens n'est-il pas au fond autre chose qu'un symbole, qu'un phonème fictif à lecture et à sens multiples qui a besoin d'un déchiffreur ? On voit donc que l'invention par les Assyriens d'une graphique factice, largement compliquée de polyphonie et de polysémie, rentre parfaitement dans les tendances natives de la race sémitique et ne constitue nullement un fait exceptionnel.

Il y a plus, quelques épaves sauvées du naufrage complet dans lequel ont péri les anciennes littératures sémitiques, témoignent d'une façon indubitable, de l'usage que ces peuples faisaient jadis de certains systèmes cryptographiques. Les gnostiques, en grande partie originaires de la Syrie, aimaient à travestir des mots et des phrases, afin de les rendre méconnaissables aux profanes. Outre les mots factices *Abraxas, Armagil, Barbelon, Leusibora* et tant d'autres dont la clef est perdue, nous citerons le célèbre verset tiré de ce qu'on appelle la prière d'Elxaï, qui offre une phrase araméenne écrite à l'inverse :

'Αβὰρ 'Ανιδ Μωῖβ Νωχιλὲ Δαασὶμ 'Ανή

אנא מסהד עליכון ביום דינא רבא

Chez les Hébreux, malgré la perte de toute la littérature profane, on trouve des vestiges non équivoques de l'emploi d'une graphique artificielle, et, chose curieuse, les deux mots qui nous en restent dans les livres prophétiques ont été prononcés par un Juif interné à Babylone et à propos des Babyloniens. Cet auteur appelle Babel *Sêsak* (*Jérémie,* XXV, 26, LI, 41) et la Chaldée *Lêb-Qâmaï* (*ibid.*, LI, 1), et je ne peux pas m'empêcher d'y voir une amère ironie sur le pédantisme des mages chaldéens, qui murmuraient des litanies barbares et n'exprimant pas une langue humaine. Dans la littérature rabbinique, on trouve des exemples beaucoup plus abondants. Je réserve pour un travail ultérieur la comparaison des procédés indiqués par les docteurs talmudiques avec ceux qui forment la base de l'hiérographie chaldéenne. Je me bornerai à signaler ici que les rabbins donnent le nom de Σοφολογία (לשון חכמה) ou לשון שבדו להם חכמים). soit à une phraséologie artificielle qui remplace les mots réels par des circonlocutions plus ou moins ingénieuses, soit à des mots factices qui n'ont avec les mots vrais qu'une assonnance partielle. La seconde dénomination signifiant mot-à-mot : « langue inventée par les sages », rend parfaitement l'expression de Lobeck précédemment citée, *vocabula asema joculariter composita,* quand on l'entend au point de vue moderne, non pas au point de vue des inventeurs ; car ceux-ci :

mages chaldéens, prêtres syriens ou rabbins talmudiques, étaient sincèrement convaincus de la vertu exceptionnelle, aussi bien que de l'origine sacrée de ces sortes de compositions. Les rabbins, pour ne parler que d'eux seuls, qui avaient en horreur les mystères païens, n'hésitaient pourtant pas à déclarer que lesdites compositions cryptologiques sont mises en œuvre par la Loi elle-même. Aussi n'est-il pas surprenant que le moyen âge en ait tant usé et abusé. On en est venu à transcrire d'une manière arbitraire les plus importants versets de la Bible et à voir dans ce galimatias des expressions sacro-saintes. Le célèbre rabbin de Gérone, Moïse ben Nahmân, en expliquant un passage agadique, affirme hardiment que la Loi, avant d'être remise aux mortels, était écrite dans l'ordre mystérieux des noms divins (על סדר השמות) pour l'usage des anges. Encore de nos jours, les scribes israélites écrivent au dos des *mezouzot* (petits parchemins renfermant les versets du Deutér., VI, 4-10 que l'on fixe sur les portes des habitations juives) les phonêmes כוזו במוכסז כוזו, formés par métagramme des mots יהוה אלהינו יהוה « Jéhova notre dieu est (le vrai) Jéhova. »

Supposons maintenant qu'on découvre en Palestine des milliers de documents hébreux de toutes les époques et dans le nombre une certaine quantité d'écrits inintelligibles mais conçus dans le même caractère que les autres, viendra-t-il à l'idée de quelqu'un de considérer ces derniers comme étant rédigés dans une langue non sémitique, parlée par les habitants préisraélites de Palestine? Cette supposition serait tout à fait chimérique si l'on trouvait des rédactions parallèles et des listes donnant les équivalents de ces bizarres expressions. On se dirait avec raison que les Hébreux n'ont pu avoir aucun intérêt à apprendre et à conserver parmi eux la langue d'un peuple ennemi voué à l'extermination ; qu'ils devaient au contraire cacher autant que possible ou s'approprier tacitement les emprunts qu'ils ont faits dans le temps à ce peuple détesté. Eh bien, c'est la thèse contraire que les assyriologues soutiennent au sujet des Sémites de Babylonie. Dans un centre sémitique des plus homogènes, ils ne se contentent pas d'introduire une race toute différente, parlant un idiome agglutinatif, presque aussi monosyllabique que le chinois et le tibétain, mais ils vont jusqu'à affirmer que les Assyriens se sont bénévolement mis à recueillir la littérature de ce peuple disparu, « dont les textes les plus modernes ne descendent pas au delà du troisième millénaire avant J.-C., ou de la première moitié du second » ; que la langue de ce peuple antédiluvien est devenue la langue sacrée des Sémites, non seulement en Babylonie mais aussi en Assyrie, où, les assyriologues le reconnaissent eux-mêmes, il n'a jamais existé un seul individu de la race d'Accad. Écoutons plutôt les enseignements de l'histoire dans les cas analogues. Quand le sénat romain jugea utile de faire traduire l'Agriculture de Magon en latin, s'est-il avisé de conserver l'original phénicien ? Philon de Byblos, quoique Phénicien lui-même, a-t-il jamais songé à conserver le texte de Sanchoniathon dont il a fait des extraits ? On sait, que les anciens en général s'intéressaient fort peu aux langues étrangères. Lorsque le contenu d'un livre barbare stimulait leur curiosité, ils en faisaient faire la traduction et considéraient le texte primitif comme n'étant plus bon à rien, pareil à la coquille dont on a retiré la noix. Dans l'antique Égypte, on trouve la mention d'un traité de paix conclu entre Ramsès II et le prince de Khéta. La minute gravée sur une lame d'or et rédigée dans la langue des Khétas fut remise comme trophée au Pharaon qui la fit traduire en égyptien, mais ne se soucia guère d'apprendre la langue de ses nouveaux amis. Des faits analogues se sont produits dans l'histoire des peuples de l'extrême Orient. Nulle part on ne constate dans la haute antiquité la tentative de faire des langues étrangères une branche d'étude spéciale ; aussi est-il avéré que la science linguistique est essentiellement moderne.

Eh bien, tous ces faits positifs, tous ces renseignements de l'histoire universelle, n'existent pas pour les assyriologues. Pendant que, malgré le charme irrésistible exercé par la littérature grecque sur les Romains de l'empire, on ne trouve à cette époque ni traductions parallèles, ni lexiques en latin et en grec et réciproquement, les assyriologues veulent nous faire croire que les Sémites de Babylonie, plus de mille ans avant la fondation de Rome, étaient tellement épris de la science philologique qu'ils recueillaient avec une véritable piété les restes épars de la littérature d'un peuple éteint ; qu'ils préparaient, non seulement des traductions parallèles, mais des traductions interlinéaires, et, ce qui plus est, des lexiques et des syllabaires à l'usage des commençants ! Si jamais une hypothèse a dépassé les bornes du bon sens et de la logique la plus commune, c'est bien celle-là. J'ajouterai, au surplus, que l'histoire ne fournit aucun exemple d'un document officiel rédigé dans deux langues avant l'époque des Achéménides. La raison en est évidente : les invasions des Égyptiens et des Assyriens n'avaient pour but que la punition des révoltés et le recouvrement du tribut. Les barbares étaient tellement détestés qu'on ne daignait point s'occuper autrement d'eux. Toutmès III, Sargon, Asarhaddon et autres, quoiqu'ils aient tracé sur les rochers des pays conquis, le récit de leurs victoires, n'avaient en vue que leurs compatriotes et auraient cru profaner leur monument en y ajoutant une version dans la langue de leurs ennemis. En faisant cela, ils auraient d'ailleurs provoqué infailliblement la destruction du monument, car les barbares n'auraient eu garde de perpétuer le souvenir de leur défaite. Cet état de choses fut tout à fait changé lorsque Cyrus et Darius eurent inauguré l'établissement des Satrapies. Les pays conquis étaient dès lors régulièrement administrés au nom du grand roi par des fonctionnaires amovibles et responsables de la tranquillité de leur province. Les habitants n'étaient plus des ennemis à écraser, mais des sujets à exploiter, auxquels il fallait faire connaître la volonté du monarque. Dès lors la fonction d'interprète acquit une grande importance, et les rois, toujours dans le but d'inspirer à leurs sujets le respect de leur nom, firent rédiger des documents officiels dans les langues les plus répandues dans leur empire. C'est l'origine des inscriptions trilingues de Persépolis, de Nakschi Rustem et de Bissoutoun. Notons cependant, que les inscriptions trilingues sont limitées à un rayon, peu éloigné de la capitale, et qu'en dehors de ces endroits, les Perses employaient fort rarement leur langue nationale dans leurs relations avec les indigènes. A Babylone, les rois achéménides employaient l'assyrien ; dans les provinces transeuphratiques, en Asie Mineure et en Égypte, l'araméen est resté la langue officielle des Satrapes jusqu'au moment où il a été remplacé par le grec. Chose étonnante, les assyriologues qui suppriment sans le moindre scrupule les renseignements de l'histoire ancienne, c'est-à-dire contemporaine des textes en discussion, invoquent cependant l'histoire du moyen âge afin d'expliquer pourquoi les Sémites de Ninive et de Babylone, non seulement étudiaient assidûment l'accadien, mais composaient eux-mêmes divers documents en cet idiome. A ce propos, ils rappellent l'emploi du latin par les nations européennes, et ils nous disent que, de même que l'idiome romain est devenu la langue liturgique et savante du moyen âge en Europe, de même la langue d'Accad a revêtu un caractère sacré et universel chez les Sémites de la Mésopotamie. L'anachronisme de cette analogie saute aux yeux. Si les nations alors barbares de l'Europe ont adopté le latin, c'est que leurs langues propres n'étaient même pas réduites en écriture à ce moment, encore moins avaient-elles la richesse ou la souplesse du latin pour exprimer les idées religieuses et scientifiques. En Babylonie, la chose était bien différente : les textes assyriens sont sans aucun doute aussi anciens que les plus anciens textes accadiens dont nous ayons connaissance, ce qui prouve que l'idiome sémitique était devenu littéraire depuis un temps immémorial. En pareille circonstance, l'emploi persistant d'une langue étrangère et éteinte par les Sémites de Mésopotamie ne peut s'expliquer par aucun motif raisonnable, et, à moins d'abdiquer la logique la plus simple, il faut reconnaître que le soi-disant accadien n'est qu'un autre mode d'exprimer l'assyrien sémitique.

Puisque nous en sommes aux prétendues traductions assyriennes, il sera utile de relever deux faits importants qui résultent des textes que nous discutons. Le premier fait, d'un caractère négatif, a été déjà signalé dans mon premier mémoire sur la question accadienne : c'est l'absence complète de toute mention de traduction dans les innombrables souscriptions des tablettes d'Assourbanipal. Les formules les plus fréquentes sont à peu près les suivantes : Kipi DVP-MEŠ u IS-ZV-MEŠ V̇-RA-MEŠ gabri MAT AN-HI-KI ú MAT BVR-BVR-KI « conformément aux tablettes et aux documents des maîtres d'Assour et d'Accad » ou MAT AN-HI-KI KA-MI-KI ú BVR-BVR-KI « d'Assour, de Sumir et d'Accad ». Il y a aussi des exemples, où Assour seul ou Accad seul est nommé, malgré la double rédaction du document, comme c'est le cas de la tablette des lois sur l'organisation de la famille (W. A. I., II, 10) qui provient d'originaux d'Assour. Il en résulte nécessairement d'une part, que les expressions Sumir et Accad ont un sens géographique et nullement ethnique ou linguistique, comme le prétendent les assyriologues ; d'autre part, que la version dite accadienne ne représente pas une langue différente de celle qu'offre la rédaction vulgaire. Les assyriologues font des efforts surhumains pour échapper à cette preuve irrécusable. Les uns donnent au mot *gabri* le sens de « rival » et y voient l'indication de deux langues différentes; mais cela s'évanouit devant ce fait que le texte purement assyrien de W. A. I., III, 55, 2, porte néanmoins l'expression *gabri Assur Sumir u Accad*. Les autres citent à l'appui la fin de phrase de la même inscription *Kîma labirisu satirma bari* (SI-GAN) qu'ils rendent par « conformément à l'original, écrit et traduit ». Mais on peut leur poser le dilemme suivant : si l'original était rédigé en accadien seul, il ne pouvait pas être l'œuvre de scribes assyriens; s'il l'était dans deux langues, les scribes d'Assourbanipal n'avaient plus besoin d'en faire la traduction. Au reste, il est presque superflu de remarquer que la racine באר n'a jamais le sens de « traduire ». L'assyrien *Sataru bari* comme l'hébreu כתב באר : signifie « écrire distinctement et d'une manière lisible »[1].

---

[1] M. St. Guyard me fait remarquer que le mot *bari* peut bien être le participe de la racine ברר qui figure dans le verbe *abrē* « j'ai publié ». Je crois cette explication très probable (Note de 1882).

Dans l'hébreu rabbinique, on donne le nom de באור aux commentaires de la Bible, jamais aux traductions dans des langues étrangères, pour lesquelles on emploie d'habitude le mot *targum* (הרגום) ; en hébreu classique l'interprète se dit מֵלִיץ. Remarquons encore que les assyriologues se perdent en conjectures inutiles relativement à la nationalité de Sumir et d'Accad. D'après les uns, Sumir indiquerait l'élément sémitique, et Accad l'élément non sémitique. D'après les autres, Accad serait synonyme d'Assour, tandis que Sumir représenterait la population étrangère aux Sémites. L'une et l'autre de ces opinions ont été naguère appuyées par des arguments qui pèchent par la base, attendu qu'on a oublié un point capital, c'est que le nom de Sumir ne figure jamais seul dans les souscriptions, pas même lorsque le texte est entièrement rédigé en *sumérien*. Il en résulte encore que les noms Sumer et Accad marquent des divisions administratives et non pas des races différentes.

Le second fait que je viens de mentionner est d'un caractère positif, et suffit à lui seul pour trancher la question de Sumir et d'Accad dans le sens de mon opinion. C'est le témoignage direct d'un texte philologique constatant le caractère artificiel et cryptographique de ce qu'on nomme accadien ou sumérien. Cet important document dont je dois la copie à l'obligeance de M. Sayce, professeur d'assyriologie à l'université d'Oxford, figure sur le verso du n° 4604 de la collection du Musée Britannique et renferme spécialement les noms de nombre accadiens accompagnés de chiffres et des noms de nombre assyriens. En voici la transcription exacte en caractères latins :

TA	ŠA KA-GA TA	*istu*, « fond, base ».
DI	—	*adu*, « pas, fois ».
ID	1	*istin*..., « un ».
ME(?)MA	2	*sina*..., « deux ».
MV-VS	3	*salâsti*, « trois ».
KIT	60	1 *susi*, « un sosse ».
LIS	120	2 *susi*, « deux sosses ».

La colonne à gauche, entièrement accadienne, offre aux lignes 4 et 5 des mots écrits en syllabes cohérentes, ce qui prouve que ces mots étaient lus et prononcés d'une façon audible, tout comme les mots assyriens ; et cependant, comment le scribe de Ninive indique-t-il le rapport entre les vocables de la première colonne et ceux de la troisième ? Dit-il, comme il devait le faire en présence d'une langue étrangère : « TA, en assyrien *istu* ? » Nullement, mais : « TA, en parole, *istu* ; » il nous apprend par là que l'accadien, quoique composé de phonèmes et de sons articulés, ne constitue pas un ensemble de paroles, un parler réel, une langue. C'est précisément la substance de notre thèse, d'après laquelle le sumérien ou accadien est aussi peu un idiome véritable que les mots שֵׁשַׁךְ et לֵב־קָמָי de Jérémie ou les mots *Armagil, Barbelon, Leusibora,* etc., des gnostiques. Pour le scribe de Ninive comme pour nous, il n'existait en Babylonie qu'une langue, celle de la troisième colonne : l'assyrien, et je ne pense pas que les assyriologues puissent recuser l'autorité d'un témoignage aussi formel.

Nous terminerons cette introduction par un résumé succinct des résultats préliminaires que nous venons d'obtenir.

1° Au point de vue archéologique, l'art babylonien est unique dans son genre soit pour la conception soit pour le style et l'exécution matérielle. Cet art se modifie successivement, surtout en Assyrie, mais reste toujours identique à son génie primitif. Une telle unité artistique ne pourrait pas exister en Babylonie si ce pays était habité par deux races différentes ayant chacune son génie et ses tendances particulières. En pareilles circonstances il s'y serait développé à côté de l'art plus ancien un art différent appartenant au peuple envahisseur, ou du moins un art imitatif et inférieur comme le sont les imitations phéniciennes par rapport aux œuvres originales des Égyptiens. L'absence de toute dualité dans l'art babylonien exclut à tout jamais l'idée d'une dualité ethnique et atteste au contraire l'existence dans cette contrée d'une race unique, celle que nous nommons assyrienne, et à laquelle appartiennent aussi tous les noms propres et géographiques qui se sont conservés en Babylonie.

2° Au point de vue de l'histoire, on voit dans les annales de la Babylonie, si riches et si variées, une longue série d'événements se dérouler au milieu d'une race unique. En dehors des envahisseurs plus ou moins ténaces comme les Susiens, les Kaldi et les Assyriens, on n'y signale qu'une seule race indigène. On y trouve bien de nombreuses relations de guerres de ville à ville, de dynastie à dynastie, jamais celles de guerres entre deux nationalités différentes. Sumirs et Accads ne se combattent jamais ni ne se jalousent réciproquement au nom d'un principe national, c'est parce qu'il n'y a pas de dualisme et que ces désignations sont purement géographiques, signifiant quelque chose comme « *terres basses* et *terres hautes,* » sans la moindre nuance ethnique.

3° L'unité ethnique de Sumir et d'Accad se révèle encore par l'identité de l'écriture sur toute l'étendue de la Babylonie, quels que soient l'âge et la nature des documents. S'il y a en matière de paléographie une règle qui ne souffre point d'exception, c'est bien celle-ci : une écriture qui passe d'un peuple à un autre se modifie nécessairement avec le temps au point de se distinguer nettement de son modèle. Donc, les auteurs des inscriptions dites accadiennes appartiennent au même peuple qui a tracé les inscriptions assyriennes. Ceci explique en même temps comment les Sémites ont pu conserver les images primitives des signes cunéiformes : c'est qu'ils considéraient l'écriture comme l'œuvre de leurs dieux nationaux ; c'est que, pour eux, l'hiéroglyphe primitif était une relique sacrée qu'il fallait conserver intacte dans la tradition.

4° Cette unité des Babyloniens sous le triple rapport de l'art, de l'histoire et de l'écriture, enlève toute possibilité de voir dans les documents dits accadiens l'expression d'une langue étrangère aux Sémites. On ne peut y voir que des textes rédigés dans une espèce particulière de cet idéographisme dont on trouve des exemples analogues chez tous les peuples sémitiques, surtout chez les Araméens et les Hébreux. Les vocables factices : Sêsak, ששך, et Lêb-Qâmaï, לב־קמי, employés par un prophète de la captivité, sont particulièrement significatifs. La création du pehlevi par les Perses en Babylonie, suppose également l'existence antérieure d'une hiérographie locale. Enfin, l'immutabilité du système hiérographique rend seule compte de la facilité avec laquelle les scribes des basses époques comprenaient les textes accadiens les plus archaïques.

5° Un fait d'un ordre différent vient corroborer cette manière de voir. La science linguistique est toute récente, il n'existe même pas d'inscription en deux langues avant l'époque perse. Les textes réputés bilingues de l'antique Babylonie, quel que soit leur caractère, ne peuvent donc être que des rédactions digraphiques exprimant une langue unique, l'assyrien.

6° Enfin, une tablette philologique du British Museum applique l'épithète « parole » à la colonne accadienne. Il en résulte indubitablement que cette colonne consiste en phonèmes artificiels et ne formant pas une langue véritable.

Les considérations préliminaires que nous venons d'exposer sont plus que suffisantes pour établir l'origine sémitique des textes de Sumir et d'Accad ; mais cela n'est pas le seul but de notre recherche. Nous voulons, tout en prouvant le sémitisme de la constitution intime des textes en question, déterminer, autant que possible, les procédés aussi bien que la méthode de cette singulière hiérographie qui a donné lieu à tant d'hypothèses de la part des assyriologues. A cet effet, nous examinerons d'abord les syllabaires, puis les documents grammaticaux et lexicographiques et enfin les véritables textes, à une ou à double rédaction. Le tout sera suivi d'un aperçu général de ce qu'on peut appeler la grammaire hiérographique. Dans l'état actuel de notre connaissance de la langue assyrienne, cette tentative sera nécessairement incomplète ; mais la voie à suivre une fois tracée, d'autres forces pourront s'employer dans le but de combler les lacunes ou de corriger quelques détails. Nous comptons particulièrement sur le concours de notre jeune et excellente école française de philologie. Le champ de l'épigraphie assyrienne est tellement vaste, qu'il y a de la place pour tous les travailleurs de bonne volonté. Animé de cette espérance, nous passons à l'objet spécial de notre étude.

II

LES SYLLABAIRES CUNÉIFORMES

On appelle syllabaires cette série de documents assyriens qui ont pour but d'indiquer les diverses valeurs que les signes cunéiformes sont susceptibles d'exprimer. Les anciens syllabaires, divisés en trois colonnes, ont été insérés dans le deuxième volume des *Inscriptions of Western Asia*, pl. 1-4. Un autre syllabaire à trois colonnes a été publié par M. Talbot dans les *Transactions of the Society of Biblical Archæology*, vol. III, p. 496 suiv. Enfin, un long syllabaire à quatre colonnes a paru dans le quatrième volume des *Inscriptions of Western Asia*, pl. 69 et 70. Tous ces documents ont été réunis dans mes nouvelles considérations sur le syllabaire cunéiforme (*J. As.*, mars-avril 1876, p. 245-276) et j'en ai profité pour démontrer l'origine assyrienne de l'écriture cunéiforme, ainsi que le caractère factice des phonèmes accadiens. Un an après, M. Lenormant, sentant la nécessité d'affaiblir quelques-uns de mes arguments, fit une nouvelle édition des syllabaires, sans seulement mentionner la mienne, qui lui fut cependant de quelque utilité. Une édition encore plus récente est celle que renferment les *Assyrische Lesestücke* de M. Friedrich Delitzsch. Ce savant, copie seulement la classification de M. Lenormant, mais comme son édition repose en partie sur une révision des originaux, nous la suivrons de préférence dans la présente étude.

Voici d'abord un court spécimen des trois catégories de syllabaires que l'on connaît jusqu'à présent.

Syllabaire A.

COLONNE II.

23	Ni-i	NE	Izu.
24	Te-e	NE	Izu.
25	Pi-i	NE	Izu.
26	Pi-il	NE	Izu.
27	Ku-um	NE	Izu.
28	Za-aḫ	NE	Izu.
29	I-zi	NE	Izu.
13	La-aḫ	LAḪ	Sukkallu.
14	Su-uk-Kal	LAḪ	Sukkallu.
15	Da-an	DAN	Gurusu.
16	Ka-al	DAN	Gurusu.
17	Li-ib	DAN	Gurusu.
18	Guru-us	DAN	Gurusu.
19	Gu-u	GV	Gu.
20	Ga-a	GA	Gu.
21	Ub	VB	Ubbu.
22	Ar	VB	Ubbu.
23	La-am	LAM	Lammu.
24	Pi-e	PI	Giltanu.
25	Me-e	PI	Giltanu.
26	A	PI	Giltanu.
27	Ta-al	PI	Giltanu.
28	Gi-el-tan	PI	Giltanu.

Syllabaire B.

COLONNE III.

118	U-mu	VM	Ummu.
119	Um-me-da	VM-ME-DA	Taritum.
120	Me-is	MIS	Idlu.
121	Ki-si-ip	MIS	Rittum.
239	Si-ti	MIS	Menutu.
240	Ak	MIS	Idqu.
241	La-ak	MIS	Kirbannu.
242	Pi-sa-an	MIS	Pisannu.
243	Sa-an-gu	MIS	Sangu.
122	I-si	IS	Sadu.

123	Sa-ḫar	IS	Ipru.
129	Nu-un	NVN	Rabu.
130	Ni-ir	NIR	Ebelu.
136	Me-e	ME	Qulu.
137	Me-e	ME	Qalu.
138	Me-e	ME	Parsu.
139	I-si-ib	ME	Ramku.
141	La-al	LAL	Lalu.
142	La-al	LAL	Matu.
143	La-al	LAL	Sapalu.
144	La-al	LAL	Saqaku.
173	Ka-la	DAN	Aqru.
174	Gu-ru-us	DAN	Idlu.

Syllabaire C.

6	Gi-ir	GIR	Giru	Zaqaqibu.
7				Patru.
8				Padanu.
9				Birqu.
10	U-hu	VḤ	sa duga ku	Uplu.
11			nuna idu	Nabu : Kalmatu.
12				Parsuu.
13				Sasu.
14				Munu.
15				Selibbu.
276	Ka-la	DAN	Gurusu	Aqsu : Astu.
277				Dannu : Aqru.
278				Sa ristan : Asaridu.
282	Gi-in	DV	Aradubu	Alaku.
283				Kanu : Saparu.
284				Magaru : Anaku.
285	Ni-i	IM	Immu	Buluhtu.
286				Ramanu Emuqu.
287				Zumru.
288	I-mi	IM	Immu	Samu : Irsitu.
289				Ahu : Didu.
290				Saru : Zuunu.
291				Dubbu.

La disposition est identique dans tous ces documents : la colonne du centre contient le signe à expliquer, celle de gauche, les valeurs phonétiques du signe, enfin, celle de droite, des mots explicatifs écrits pour la plupart d'une manière phonétique, mais avec cette différence que la troisième colonne des syllabaires A et C présente les noms des signes, tandis que la troisième colonne du syllabaire B, et la quatrième du syllabaire C donnent les significations du signe en tant qu'idéogramme. M. Lenormant a très bien établi l'existence de ces noms; nous verrons cependant que cette désignation n'est que partiellement exacte et que les noms sont en tout cas d'origine assyrienne.

Au début des études assyriologiques, tout le monde était d'accord que les documents ci-dessus avaient pour but d'enseigner la lecture de la langue assyrienne et c'est à cause de cela qu'on leur avait donné le nom de syllabaires. Cependant, à peine les assyriologues eurent-ils connaissance de mes objections contre l'accadisme, qu'ils changèrent complétement d'avis. Pour donner à leur thèse la solidité qui lui manque, ils affirment maintenant que les syllabaires d'Assourbanipal ont été dressés en vue de l'enseignement de l'accadien et que les lectures de la première colonne constituent les mots de cet idiome non sémitique; puis, ils en déduisent l'origine accadienne de l'écriture cunéiforme. Voilà ce qu'on appelle prouver dans le camp des accadistes : on affirme d'abord les prémisses et la conclusion se fait à l'avenant. Le moindre bon sens indique cependant qu'avant d'enseigner une langue étrangère, les Assyriens devaient enseigner la lecture de leur propre langue, lecture qui, de l'avis même de ces savants, est plus compliquée que celle de l'accadien. En effet, selon eux, les Sémites, en adoptant le syllabaire accadien, auraient ajouté aux anciennes valeurs un grand nombre d'autres valeurs tirées de leur propre langue, de sorte que la polyphonie des signes cunéiformes est beaucoup plus grande dans les textes assyriens. Dans une pareille situation, l'enseignement de l'assyrien exige absolument un syllabaire à part, et ce seraient précisément les syllabaires assyriens qui manqueraient à l'appel? Cela n'est pas imaginable, car quelque faiblesse que les Assyriens aient pu avoir pour la langue d'Accad, ils ne pouvaient pas négliger à ce point l'étude de leur idiome national.

Poser la question en ces termes c'est la résoudre : les syllabaires, composés par des scribes sémitiques et renfermant des valeurs purement sémitiques ne peuvent avoir d'autre but que l'enseignement de la langue sémitique qu'ils parlaient, l'assyrien. Maintenant, si l'on admet avec nous l'usage d'une double rédaction, vulgaire et hiératique, on trouve très naturel que la première colonne des syllabaires enregistre indistinctement toutes les lectures que le signe peut avoir, car dans l'esprit du scribe sémitique, ces deux rédactions, se complétant mutuellement, formaient une unité inséparable, l'expression de la langue assyrienne.

La vraie destination des syllabaires étant établie, nous allons discuter successivement les cinq points suivants : 1° les lectures phonétiques, 2° les noms des signes, 3° les valeurs idéographiques, 4° le rapport des valeurs phonétiques avec les valeurs idéographiques, 5° le rapport général entre le syllabaire cunéiforme et la morphologie de la langue assyrienne.

1. *Les lectures phonétiques.* Pour exprimer avec des caractères syllabiques les diverses lectures inhérentes aux signes cunéiformes anariens, il n'y avait qu'un seul moyen, savoir : de décomposer la syllabe unique en deux syllabes coïncidentes. Quand la syllabe à expliquer était formée de deux consonnes à voyelle intermédiaire, la décomposition pouvait être opérée de deux manières différentes. Premièrement, en répétant la voyelle du milieu et en écrivant par exemple *pi-il, ku-um, la-am, ta-al, ni-ir, tu-uk*, pour indiquer les lectures : *pil, kum, lam, tal, nir, tuk*. Deuxièmement, en formant la première syllabe avec la consonne initiale et la voyelle intermédiaire et la seconde avec la consonne finale et la même voyelle intermédiaire, ainsi : *ka-la, ba-ra, di-li, gi-si, du-gu, ku-su* pour *kal, bar, dil, gis, dug, kus*. Les mêmes procédés étaient employés pour les syllabes commençant par une voyelle ; on a ainsi : *a-ak, a-ad, a-na, i-zi, i-mi, u-ru, us-u* pour indiquer les syllabes *ak, ad, an, iz, im, ur, us*. On remarque toutefois que le doublement de la voyelle initiale est excessivement rare. En revanche, le doublement trouve son emploi naturel, lorsqu'il s'agit de syllabes à voyelle finale comme *ga-a, pi-i, me-e, su-u* pour *ga, pi, me, su*. Cette vocalisation, quoique très naturelle en elle-même, repose encore sur cette loi d'attraction vocalique propre à plusieurs langues de Sem, d'après laquelle la voyelle atone tend à s'assimiler à la voyelle forte de la syllabe voisine, par exemple en hébreu שָׁחַת, וְהִתְגַּדִּלְתִּי, יָמֵנִי, תִּכָּבֵד, נִקְרְמוּ ; en araméen, הֶחֱרַבַת, לֶהֱוֵא טַעֲמָא ; en arabe, *sikkina, tilmidh, ousqoufa*. La prononciation du *shewa* (ְ) hébreu se conforme généralement à cette loi euphonique : קְרָב *qarab*, בְּיַד *bîiad*, כְּרוּב *kurub*, סְדֹם *Sodom*, Σοδομα et même, μολοχ (מֹלֶךְ), Γομορρα (עֲמֹרָה). En assyrien, la loi dont il s'agit exerce une influence capitale sur la forme des mots tels que *kupar, aban, irçit* en face de l'hébreu כֹּפֶר, אֶבֶן, אֶרֶץ de l'arabe *ard'* et de l'éthiopien *eba*. Aussi les scribes ninivites se sont-ils bien gardés d'enfreindre une loi euphonique à laquelle ils étaient instinctivement habitués. Sur environ 220 valeurs monosyllabiques il n'y a pas une seule exception à la règle,

car les syllabes *battu, itu, igu, kanu* d'un côté et *sila, siba, sila*, de l'autre sont respectivement des termes assyriens et hiérographiques dégradés au rôle d'insignifiantes lectures. On voit seulement que les scribes aiment à varier la décomposition analytique lorsque la même valeur s'applique à deux signes différents. Ainsi la puissance des signes homophones *ak* et AK, *ib* et IB, *en* et EN est rendue respectivement par *ak* et *a-ak*, ib et *ib-bi*, *e-ni* et *en*. On remarque, en outre, que les scribes négligent souvent la transcription analytique et se contentent de répéter le même signe ou un signe homophone, ainsi *lam* = *lam*, IB = *ib*. J'ai dit plus haut que le doublement de la voyelle est souvent négligé à propos de monosyllabes à voyelle initiale *ad, il, ub, ar, es,* au lieu de *a-ad, i-il, u-ub, a-ar, e-es,* et en effet l'analyse est dans ce cas tout à fait superflue.

Les lectures polysyllabiques sont indiquées par le même procédé et ne présentent pas matière à observation particulière.

Il est impossible d'imaginer un mode plus simple pour indiquer la lecture avec des signes syllabiques. Si jamais les Chinois et les Mexicains ont possédé des livres de première lecture, ces livres ne pouvaient reposer sur une méthode différente. Ce n'est donc pas sans stupéfaction que nous voyons certains assyriologues s'égarer dans des voies sans issue à propos de ces modestes documents. A les entendre, les syllabes de la première colonne seraient des mots accadiens complets, au même titre que les mots assyriens de la 3ᵉ et la 4ᵒ colonnes des deux dernières catégories des syllabaires, et la valeur syllabique ne serait pas du tout indiquée. M. Lenormant distingue entre les valeurs phonétiques et les lectures idéographiques : ces doubles puissances ne coïncideraient que pour les syllabes qui se terminent par une consonne, comme *ak, ib, ul*; dans tout autre cas, la valeur syllabique du caractère devrait être obtenue par la suppression de la voyelle finale du mot qui en constituait la lecture idéographique.

AN *valeur phonétique* an.	Lecture idéographique ANA
EN	—	en.	—	ENI
VN	—	un.	—	VNV
DVG	—	dug.	—	DVGV
VH	—	uh.	—	VHV
SIL	—	sil.	—	SILA
GAZ	—	gaz.	—	GAZA
VR	—	ur.	—	VRV

M. Lenormant ne nous éclaircit pas directement sur la raison qui l'a fait renoncer à son ancienne manière d'envisager la nature des syllabes en question, et qui était conforme à celle que nous avons exposée tout à l'heure, mais on peut la deviner d'après le tour de son argumentation. Il y a quelque temps un érudit altaïsant, M. de Ujfalvy, avait fait la remarque que les mots accadiens tels qu'il résultaient de la grammaire de M. Lenormant se terminaient par des consonnes, tandis que dans les langues altaïques c'est la terminaison vocalique qui prédomine. Quelque légère qu'elle soit, ladite observation n'a pas laissé de peser sur l'esprit du savant grammairien et pour y obvier il a trouvé bon de changer les indications de lecture en lectures idéographiques. Grâce à cette habile opération, les mots accadiens obtiennent en majorité des terminaisons vocaliques. Nous sommes depuis longtemps habitués à voir le navire désemparé de l'accadisme flotter au gré de tous les vents, cependant cette nouvelle volte-face nous étonne à cause de l'insouciance toute particulière avec laquelle elle a été exécutée. Mais patientons un peu et suivons les autres observations du grammairien d'Accad.

Il s'agit d'écarter une des objections que j'ai soulevées contre le touranisme de l'accadien, c'est l'absence, dans ce dernier, non seulement de l'harmonie vocalique qui est si caractéristique des idiomes de l'Asie septentrionale, mais encore de la grande variété de voyelles et de diphthongues qui ne manquent même pas aux dialectes les plus pauvres de cette famille. Que fait M. Lenormant pour prouver le contraire? En mêlant bravement les deux sortes de valeurs monosyllabiques et polysyllabiques, sans même exclure les mots composés ou purement assyriens, il remarque que la voyelle *e* se trouve rarement dans le même mot à côté de *a, ou* et en conclut à l'incompatibilité harmonique de ces deux catégories de voyelles, comme c'est la règle dans la plupart des langues altaïques. L'argumentation est bonne mais l'auteur nous paraît s'arrêter à moitié chemin, car les combinaisons d'*e* avec *i* sont encore plus rares que celles d'*e* avec *a, ou* et, pour être logique, il faudrait encore admettre l'incompatibilité naturelle de ces deux voyelles. De plus, comme il n'y a pas un seul exemple de mots accadiens vocalisés exclusivement en *e*, on en conclura que cette voyelle est incompatible avec elle-même et l'on construira ainsi la gamme vocalique d'Accad :

a) voyelles combinables : *a, i, u*.

b) voyelle isolante : *e*.

C'est quelque chose, peut-être, mais c'est absolument contraire à l'harmonie vocale altaïque ; celle-ci, à fort peu d'exceptions près, exige :

1° Une gamme de sept ou huit voyelles divisées en dures *a, o, y, ou*, en neutres : *i*, et en douces ; *e, eu, u*.

2° La tendance naturelle de *l'i* à se combiner tout particulièrement avec les voyelles douces.

3° La faculté de vocaliser les mots polysyllabiques en chacune des voyelles douces.

4° Enfin, l'exécution rigoureuse de cette loi aussi bien pour les syllabes fermées que pour les syllabes ouvertes.

Aucune de ces conditions n'étant remplie par la vocalisation accadienne, à laquelle il manque même trois voyelles sur sept : *o, eu, u*, on se demande comment on peut parler sérieusement de l'harmonie tout altaïque des voyelles de cette langue.

La dernière condition que nous venons de signaler est d'autant plus frappante qu'en accadien il n'existe pas une seule syllabe à consonne initiale et terminale qui soit mue par *e;* des radicaux tels que *gel, ben, kes, kel, ser, nem,* si fréquents en turc et en hongrois, sont impossibles. Même dans les syllabes à une consonne et une voyelle, on ne suppose l'*e* que pour dix signes sur les sept ou huit cents dont se compose l'écriture cunéiforme, ce sont les signes *e, be, te, me, ne, 'se, se, el, en, ès,* que quelques assyriologues transcrivent avec *e* afin de les distinguer de leurs homophones *i, bi, ti, mi, ni, si, il, in.* Je dis que la voyelle *e,* dans les dix signes qui précèdent est seulement supposée, car les assyriologues allemands n'ont jamais regardé l'*e,* comme faisant partie de la vocalisation cunéiforme, et ils le remplacent par un *i* accentué. Je pense donc que, si M. Lenormant tenait sérieusement à prouver ce qu'il avance, avant de comparer la phonétique accadienne avec celle des langues lointaines, il aurait dû établir l'existence de l'*e,* dans le premier idiome, existence reniée même par ses partisans et collaborateurs, et cette réflexion me montre que je n'ai pas exagéré en disant plus haut que, quand les assyriologues les plus obstinés parlent encore du touranisme de l'accadien, ce n'est plus que pour la forme et par un reste d'habitude.

Revenons maintenant à l'assertion principale de notre contradicteur, savoir que les syllabes de la première colonne des syllabaires sont des mots accadiens. Ici encore, nous regrettons que M. Lenormant n'ait pas pris la peine de vérifier l'exactitude de son dire. Rien n'est plus facile en accadien que de constater si un mot se termine par une consonne ou par une voyelle, car, sauf un petit nombre de cas, la consonne finale de la racine est doublée, c'est-à-dire augmentée d'un complément phonétique, dans l'état déterminé des noms et dans le présent des verbes. Or les racines considérées par M. Lenormant comme se terminant par une **voyelle** revêtent souvent la consonne complémentaire, ainsi :

An « Dieu » ; *nam*-AN-*na*, « divinité ».
En « seigneur » ; *nam*-EN-*na*, « seigneurie ».
Dug « bon » ; DUG-ga, « bon ».
Sil « être sec ? » ; *an*-SIL-SIL-*la*, « il sera deséché ? ».
Gaz « frapper, tuer » ; GAZ *za*, « frappe, tue ».

J'ai choisi pour exemples les racines simples et monosyllabiques où il ne peut pas être question de valeurs phonétiques indifférentes, mais de mots réels et pourtant nous n'y trouvons pas trace de voyelle terminale. Voilà comment « la racine monosyllabique n'était plus employée isolément dans le langage, et le mot usité, vivant, était dissyllabique ».

D'ailleurs pour constater le caractère adventice de plusieurs voyelles finales, on n'a pas même besoin de compulser les **textes** accadiens. Il suffit de comparer les variantes fournies par les syllabaires eux-mêmes, lesquels donnent indifféremment :

u-ru et *ur*.	*a-ra* et *ar*.	*ba-ra* et *ba-ar*.
di-bi et *di-ib*.	*da-ra* et *da-ar*.	*sa-ra* et *sa-ar*.
ad et *a-ad*.	*ka-la* et *ka-al*.	*li-ki* et *li-ik*.
ma-ra et *ma-ar*.	*i-ni* et *in*.	*la-am* et *lam*.
u-zu et *uz*.	*zal-li* et *za-al*.	*gu-ud* et *gud*.

Disons en passant que ces variantes réduisent également à néant la classification des voyelles accadiennes en longues et en brèves ou bien en pesantes et en légères que ledit auteur met en avant comme un trait de phonétisme touranien, car, selon lui, chaque voyelle doublée dans la première colonne des syllabaires est une voyelle pesante. Nos exemples montrent clairement que le doublement de la voyelle provient de la décomposition de la syllabe et n'a aucune valeur intrinsèque. J'ai dit déjà plus haut que, pour les monosyllabes à voyelle finale, le doublement de celle-ci était indispensable pour faire disparaître les équivoques de la polyphonie. Quant aux monosyllabes à voyelle initiale, on ne l'observe d'une façon constante qu'au sujet de la syllabe A-AG (AK) et c'est sur cet exemple unique que M. Lenormant construit sa théorie de voyelles initiales pesantes; les quatre-vingt-quatorze autres exemples qui attestent le contraire n'existent pas pour lui !

On le voit, le fait qu'un grand nombre de syllabes qui figurent sur la première colonne des syllabaires ne forment ni des mots assyriens ni des mots accadiens, est décisif pour faire considérer toutes les syllabes de la même colonne comme de simples indications de lecture, et nous arrivons ainsi par le procédé d'élimination à la même conclusion qui s'est imposée à nous dès le début par la disposition extérieure des documemts. Mais voici un témoignage nouveau et d'autant plus important qu'il vient des Assyriens eux-mêmes et qu'il nous permet de comprendre la nature d'autres documents analogues. On a vu par les extraits donnés plus haut que dans n'importe quelle catégorie de syllabaire les articulations de la première colonne sont invariablement précédées du clou perpendiculaire, lequel détermine d'habitude les noms propres. L'auteur de l'édition prétendue critique des syllabaires cunéiformes a purement et simplement supprimé le signe dont il ne comprenait pas la portée. Or rien n'est plus clair, car les phonèmes indicateurs de la prononciation sont de véritables noms propres où le sens primitif est totalement mis de côté. Par cela seul la théorie accadiste avec son cortège d'harmonie et de quantité vocaliques reçoit son coup de grâce.

La reconnaissance exacte de la disposition des syllabes nous met en mesure de comprendre le document suivant dont le but et la signification sont restés enveloppés de mystère jusqu'à ce jour. Les courts extraits ci-après suffiront pour le moment.

W, A. I., 43, 17-12.

| Diksu	zibu	BE LIB NIGIN NE..
| Ziktum	bartum	BE AS ZIK SI XV ZI..
| Siksu	ḫarsu	BE SI SI IK..
| Mitru	riḫsu	BE SI MV VN..
| Umsatu	kartum	BE LIB NIGIN V..
| Kakkutu	dullâtum	BE DAN BAN AS..
| Diḫu	riḫsu	BE KI TA NV MA..

Les mots de la colonne moyenne quoique constituant des vocables assyriens réels doivent être prononcés conformément à l'indication de celle de gauche dans les cas particuliers énumérés dans la troisième colonne malheureusement trop mutilée pour être intelligible. La Massore hébraïque enregistre également certaines catégories de mots qui, pour différentes raisons, doivent être prononcés autrement qu'ils ne sont écrits. Ainsi par exemple : הוא se lit souvent היא; ישגלנה doit se prononcer ישכבנה; עפלים, se lit טחורים. C'est le mécanisme connu sous la dénomination de *Qeri u Ketib* (קרי וכתיב). Chez une nation aussi avancée et qui possédait une littérature religieuse d'une haute antiquité, on devait sentir de bonne heure le désir de conformer les anciennes et rudes expressions des textes sacrés aux exigences du langage moderne ou aux convenances de la bonne société. La disposition essentielle de notre document est donc la suivante :

Lisez *diksu*   au lieu de *Zibu*   quand dans le contexe?...
 »   *ziklum*   —   *barlum*   quand dans le terme (?) ZIK...
 »   *Siksu*   —   *harsu*   quand le terme *siksu*?...
 »   *Mitru*   —   *rihçu*   quand le terme?...
 »   *Umsatu*   —   *Karlum*   quand dans le contexte?...
 »   *Kakkutu* —   *lullálum* quand...
 »   *Dihu*   —   *rihçu*   quand dans le passage (il) ne?...

Cet intéressant spécimen de la Massore assyrienne met le cachet de la dernière évidence sur le caractère des syllabes qui figurent dans la première colonne des syllabaires : elles sont définitivement des indications de lecture et les mots réels qui s'y trouvent n'y figurent qu'en cette qualité effacée.

2. *Les noms de signes cunéiformes.* L'enseignement de l'art d'écrire oblige à désigner chaque lettre par un nom particulier. Le nom le plus naturel est celui qui exprime le son propre au caractère comme c'est le cas des voyelles. Pour désigner les consonnes on se sert généralement de noms conventionnels rappelant plus ou moins bien un trait caractéristique de la lettre et consacré par l'habitude. Quand les massorètes eurent inventé les points-voyelles hébraïques, ils les nommaient tout d'abord אָ *á*, אֵ *é*, אִי *í*, אוּ *oû*, etc., ensuite, ils leur donnaient des noms conventionnels faisant allusion soit à leur nature physiologique soit à leur forme extérieure: קָמֵץ « approchement des lèvres » pour *ó;* פַּתַח « ouverture ou desserrement des lèvres » pour *a* ; צֵרִי « voyelle serrée » pour *é*; חִירָק « grincement » pour *i*; שׁוּרֶק « sifflement », pour *oû;* סְגוֹל « grappe » pour *e* (ˇ). Les noms de lettres phéniciens ont un caractère entièrement mnémotechnique, les noms de lecture n'étant pas praticables dans un alphabet composé exclusivement de consonnes.

A plus forte raison, les scribes assyriens qui maniaient un syllabaire de plusieurs centaines de caractères durent-ils employer les deux espèces de noms, afin de désigner à l'étudiant le caractère à placer. Les valeurs phonétiques seules ne suffisaient pas pour éviter les méprises qui résultaient de l'homophonie de plusieurs caractères. Ils étaient donc obligés d'employer simultanément le mode de désignation conventionnel, au moyen duquel chaque signe pouvait être tout de suite reconnu. Et, en effet, les syllabaires A et C réunissent ce double mode de désignation : la première colonne contient les *noms de lecture*, la troisième les *noms de figure;* ceux-là sont des noms propres sans valeur intrinsèque, ceux-ci sont des noms communs ayant une signification particulière comme les autres mots de la langue.

Une circonstance commune à toutes les écritures hiéroglyphiques facilita aux Assyriens cette tâche si compliquée à première vue. Comme les signes fondamentaux du système cunéiforme consistent en images d'objets naturels, ils n'avaient qu'à nommer chaque signe d'après l'objet qu'il représentait. Il résultait de là une nomenclature qui avait l'avantage de conserver l'hiéroglyphe primitif, source de la plus ancienne lecture. Pour nommer les caractères composés de deux ou de plusieurs signes, il n'y avait d'autre moyen que de juxtaposer les noms des signes qu'ils contenaient, mais comme ces sortes de compositions répugnent aux langues sémitiques, on les remplaçait souvent par des indications concises qui marquaient la façon exacte de la composition. C'était surtout nécessaire pour les caractères formés par l'insertion d'un ou de plusieurs signes. Les dites indications sont rédigées dans le style scientifique, mêlé d'idéogrammes et de mots phonétiques, circonstance heureuse et décisive pour résoudre la question d'origine que nous allons aborder tout à l'heure.

Nous pouvons donc classer ainsi qu'il suit les désignations mnémotechniques contenues dans la troisième colonne des syllabaires A et C.

1. Noms de signes simples ; ils coïncident avec les noms des objets représentés par les hiéroglyphes.

2. Noms de signes composés ; ils sont formés par la juxtaposition des noms simples.

3. Indications expliquant la formation des caractères composés.

De ces trois classes de désignations, la première se compose de termes d'un usage ordinaire, de noms communs, accusant leur origine assyrienne et par la trilitéralité radicale et par la terminaison *u* de l'état absolu; et, comme ils forment la grande majorité j'en avais conclu à l'origine sémitique des lectures et par conséquent de l'écriture cunéiforme tout entière.

Les assyriologues ne pouvaient pas rester indifférents devant un argument si concluant, et pour l'écarter ils affirment que la nomenclature est accadienne d'origine et que « les grammairiens de langue sémitique n'ont fait que l'assyrianiser, en lui donnant la désinence habituelle des substantifs dans leur langue. Mais que les noms qui la composent ne sont pas devenus pour cela des mots proprement assyriens, pas plus qu'on ne peut considérer comme des mots proprement grecs les noms phéniciens des lettres de l'alphabet, άλφα, βῆτα, etc., communiqués aux Hellènes avec les lettres elles-mêmes. »

Pour nous, nous aurions préféré la plus petite preuve à une assertion qui n'a pour elle qu'un sentiment personnel. Nous remercions néanmoins l'auteur de nous avoir apporté une analogie qui confirme singulièrement notre manière de voir. En effet, les Hellènes n'ont jamais songé à gréciser les noms de lettres qu'ils avaient empruntés aux Phéniciens ; ils les ont conservés tels quels sans leur donner une forme déclinable. Le même fait se constate chez les Syriens où lesdits noms, à l'opposé d'autres substantifs, sont privés de la désinence א. En hébreu même, malgré son identité presque entière avec le phénicien, les noms de lettres restent isolés et portent le cachet de leur origine étrangère. L'expérience universelle nous permet donc d'affirmer que les noms dont il s'agit n'affectent la forme ordinaire des substantifs que dans la langue de leurs inventeurs. Par conséquent, la présence des désinences assyriennes dans la nomenclature des signes cunéiformes prouve d'une manière irréfragable l'origine assyrienne des mots qui la composent.

Mais les analogies paléographiques qu'on vient de voir ne sont que des appoints qu'on aime à rencontrer lorsqu'il s'agit de débrouiller un problème aussi compliqué que celui qui fait l'objet de notre étude. Nos preuves en faveur de l'origine assyrienne de la nomenclature en question sont puisées dans l'essence même des éléments, en dehors de leurs désinences, et nous sommes en mesure de démontrer que les assyriologues commettent une triple erreur en affirmant « que les noms appliqués par les Assyriens aux signes cunéiformes étant empruntés aux grammairiens d'Accad et procédant de lectures accadiennes, n'ont pas de signification dans la langue d'Assour ».

Examinons d'abord les indications qui accompagnent les caractères composés. Ces intéressantes notes massorétiques indiquent le groupement des signes. La juxtaposition est désignée par la formule : *X joint à Y,* la répétition du même signe par : *X deux fois ou trois fois,* l'insertion, enfin par : *qui introduit X dans Y.* Par leur disposition seule, on voit facilement que ce ne sont pas des noms conventionnels, comme le pensent les assyriologues, mais de courtes notes paléographiques faites par les mêmes scribes qui ont coordonné les autres parties de la nomenclature. Quant à leur origine elle éclate évidente et indiscutable par les mots assyriens

ÉTUDE SUR LES DOCUMENTS PHILOLOGIQUES ASSYRIENS

qui entrent dans la troisième formule, car, ainsi que je l'ai dit plus haut, celle-ci est conçue dans le style mêlé d'idéogrammes et de phonétiques.

On appréciera mieux cet argument par les exemples ci-après qui contiennent la plupart des indications lisibles ; encore, pour quelques-unes d'entre elles a-t-il fallu recourir à des conjectures pour combler les lacunes.

a. SAB, indication : IS-DAR VRASSA KV, c'est-à-dire : formé de GIS DARV joint à (KV)VRAS.

TVL, indication : ISBV TVKVLLA KV, c'est-à-dire : formé de GISBV(V) joint à (KV)TVKVL (KV).

MVL, indication : ANA ESSE KV, c'est-à-dire : formé de ANA(AN) à (KV) trois (ESSE), c'est-à-dire trois fois répété.

b. PVP MVK-MVK, indication : MVK-IINA-BI, c'est-à-dire : formé de MVK deux fois.

NI-NI, indication : IINA-BI, c'est-à-dire : formé de I (NI) deux fois.

MAS-MAS, indication : MASV IINA-BI, c'est-à-dire : formé de MASV (MAS) deux fois.

TAP, indication : DILI IINA-BI, c'est-à-dire : formé de DILI (DIL) deux fois.

LAH, indication : ARADV IINA-BI, c'est-à-dire : formé de ARADV (DV) deux fois.

BVR-BVR, indication : BVRV IINA-BI, c'est-à-dire : formé de BVRV (BVR) deux fois.

HAL, indication : DILI IINA-BI GIRI-HALLA KV, c'est-à-dire : formé de DILI (DIL) double joint à (KV) GIRI (GIR)-HALLA (HAL).

c. ITV, indication : *sa* ITV KV BAT *i*-DV, c'est-à-dire : qui (*sa*) introduit (*i*-DV) BAT dans (KV) ITV.

TVM, indication : *sa* ELAMA KV SAGIT *i*-DV, c'est-à-dire : qui (*sa*) introduit (*i*-DV) SAGIT dans (KV) ELAMA (NVM).

VH, indication : *sa* DVGA KV NVNA *i*-DV, c'est-à-dire : qui (*sa*) introduit (*i*-DV) NVNA (NVN) dans (KV) DVGA (DVG).

SE, indication : *sa* SVKVSSA KV A SA(RARV) *i*-DV, c'est-à-dire : qui (*sa*) introduit (*i*-DV) A et SARARA dans (KV) SVKVS.

ALIM, indication : *sa* GIRAKV A IGI *i*-DV, c'est-à-dire : qui (*sa*) introduit (*i*-DV) A et IGI (SI) dans (KV) GIRA (GIR).

BIL, indication : *sa* IZA KV PABBV *i*-DV, c'est-à-dire : qui (*sa*) introduit (*i*-DV) PABBV dans (KV)IZA(NE).

Des trois mots qui composent les dernières gloses la préposition de direction *ana* est représentée par l'idéogramme KV, les deux autres sont écrits en toutes lettres : *sa* est le relatif assyrien répondant à l'hébréo-phénicien ש, אשׁ; *i*-DV se compose de l'indice de la troisième personne de l'aoriste, י, et de l'idéogramme de *allaku* הלך « aller »; le groupe qui doit se lire *illak*. C'est clair comme le jour, cependant les assyriologues ferment les yeux et préfèrent recourir à une interprétation grammaticale inexacte plutôt que d'y reconnaître une œuvre assyrienne. M. Lenormant pense que ladite formule qu'il transcrit GAR X KV Y I-DV est accadienne. Voici comment il l'explique : GAR est le pronom relatif des choses, KV le suffixe du cas illatif, enfin IDV une orthographe purement phonétique et représentative de la prononciation pour *in-dù* 3ᵉ personne du singulier du 1ᵉʳ indicatif présent du verbe bien connu *du* « aller » et transitivement « amener ». Notons d'abord que la transcription GAR pour *sa*, strictement possible, est des plus douteuses à l'endroit du pronom relatif, mais pour ce qui concerne l'explication de *idu* nous n'y voyons qu'une nouvelle preuve de cette tendance malheureusement trop accusée chez quelques assyriologues à substituer leur propre sentiment aux saines notions de la grammaire. Jamais, au grand jamais, le préfixe accadien *in* ne s'émousse en *i*, et je mets au défi qui que ce soit de produire un seul exemple dans les milliers de passages où il est employé. Il y a plus, d'après une règle d'euphonie établie par l'auteur même de cette interprétation (— *Ét. ac.*, t. I, première partie, p. 108) il faudrait NI-DV au lieu de IN-DV dans les deux exemples où le mot précédent se termine par *u*.

Mais ces indications fussent-elles entièrement rédigées en idéogrammes, que leur origine se révèlerait encore par la forme même des noms de lettres qui en font partie. Il faut très peu d'attention pour reconnaître que les noms MASV, BVRV, SARARV, PABBV, DVGA, NVNA, HALLA, DILI (sans compter les noms TVKVLLA, IZA, ARADV, ELAMA dont les assyriologues eux-mêmes admettent la provenance sémitique) ne dérivent pas des lectures MA-AS, BV-VR, SIR, PA-AB, DV-VG, NV-VN, HA-AL, DI-IL, mais qu'ils coïncident avec les noms de la troisième colonne, c'est-à-dire qu'ils sont traités comme des substantifs véritables affectant tantôt la désinence du cas direct *u*, tantôt celles du cas oblique *a*, *i*. Les formes I (IlNA-BI) et SAGIT montrent encore plus nettement leur dépendance de I et SAGITV de la troisième colonne, car les lectures respectives de la première colonne offrent ILI et SA. Dans la série des noms de caractères composés par juxtaposition, on constate le même fait :

IGITTA-A	vient du nom IGITTV		et non pas de la lecture	IA
SAGGA (GVNV)	—	SAGGV	—	SA-AG
QAQQV (GVNV)	—	QAQQV	—	QA-AQ ou GA-AQ

Ainsi, ceux qui ont inventé les noms des caractères composés étaient certainement des Sémites ; il s'agit maintenant de savoir si les noms des caractères simples appartiennent à une nationalité différente. A priori déjà cette hypothèse est peu vraisemblable parce qu'on ne voit pas pourquoi les Assyriens se seraient bornés à un emprunt partiel, mais elle disparaît définitivement devant la certitude qui ressort de la comparaison des noms simples de la troisième colonne avec les noms parallèles de la première, et l'on arrive à se convaincre que les lectures dérivent des noms de lettres et non pas à l'inverse comme le prétendent les assyriologues. Dans un grand nombre de cas les lectures se montrent comme de simples abréviations de mots plus complets, formant la nomenclature de la troisième colonne :

KA (col. II 31) est abrégé de *kagu*.
RA (A. III, 33) — *raru*.
MA (G. 98) — *mamu*.
DA (S. 1300) — *daddu*.
LA (C 2,10) — *lalu*.
GI (K. 4583) — *gigu*.
ME (K. 4583) — *memu*.
KI (A. III, 34) — *kiku*.
BAR (IV. 23) — *parakku*.
SI (C. 80) — *sunnu* pour *siunnu*.
ZI (C. 3. 1, 6) — *zîtum*.
VRI (S. A*314) — *urinnu*.
GV (C. II, 47) — *guttu*.
KIN (A., 1) — *kikkinu* pour *kinkinu*.

Dans tous ces exemples, la lecture omet une lettre radicale qui apparaît dans le nom, et, comme il est impossible de penser que les Assyriens aient ajouté après coup et par un simple caprice le double *k* de *parakku* et le double *t* de *guttu*, il faut reconnaître que pour la série tout entière, ce sont les noms qui ont fourni la base des principales lectures. En d'autres termes : les valeurs phonétiques des signes cunéiformes dérivent de leurs noms respectifs au moyen de *la méthode acrologique*. Le syllabaire assyrien rentre ainsi dans le cadre d'autres systèmes hiéroglyphiques comme l'écriture égyptienne et l'écriture mexicaine. Seulement, grâce à la répugnance des idiomes sémitiques pour les combinaisons de consonnes sans voyelle intermédiaire, le syllabaire cunéiforme n'a pu arriver à l'alphabétisme pur qu'en passant entre les mains des Perses, dont la langue comporte ces sortes de combinaisons. Sur ce point, le système assyrien se rencontre avec le syllabaire chinois qui n'est devenu une écriture alphabétique que chez les habitants de la Corée. Je ne m'explique vraiment pas comment les assyriologues et spécialement l'auteur de l'*Histoire de l'alphabet phénicien* aient pu méconnaître l'*acrologisme* du syllabaire cunéiforme anarien. Privés de cette clé si simple et si universelle, ils font des efforts inouïs pour expliquer les noms des signes qui précèdent. Selon eux les noms *kâgu, rarû, mamû, dâddû, lalû, gigû, memû, kiku*, auraient été formés par le doublement arbitraire de leurs lectures KA, RA, MA, DA, LA, GI, ME, KI et les terminaisons *nnu* dans *sunnu, urinnu* seraient également dues à un caprice de scribe. Avec un système pareil il ne reste plus aucune difficulté pour faire dériver *Zitum* et *guttu* de ZI et GU, et l'on doit savoir gré aux assyriologues de concéder l'origine sémitique de *parakku*. Ils poussent même la bonne volonté jusqu'à admettre le sémitisme de 19 autres noms : *alu, dâku, elamu, ezibu, iklu, izû, kabtum, kisallu, kislum, kilu, naqu, sammu, sukkallu, sâbu, temennu, tukullum, ûm, gurusu, masu*, c'est-à-dire de 20 sur les 185 noms qui figurent sur la troisième colonne des syllabaires A et C. Évidemment la question de Sumir et d'Accad a fait un pas de géant depuis trois ans, car à cette époque on ne m'a pas accordé un seul nom assyrien sur 116 coïncidences que j'avais signalées dans mon premier mémoire. Mais ce n'est pas seulement un progrès, c'est un acheminement considérable vers la solution scientifique de toute la question, car l'invention des noms de lettres est contemporaine de l'invention de l'écriture elle-même et en constitue le corollaire inséparable. La concession des assyriologues a ainsi une portée beaucoup plus grande qu'ils ne le veulent avouer. Ils admettent tacitement qu'à l'époque préhistorique où l'écriture cunéiforme fut inventée, le peuple d'Accad était déjà redevable aux Sémites des mots de première nécessité tels que champ (*iklu*), blé (*umu*), ville (*alu*), pierre fondamentale (*temennu*), pays haut (*elamu*), foyer (*izû*), forêt (*kislum*) ; les expressions de la vie sociale : capital ? (*ezibu*), serviteur (*aradu*), messager (*sukkallu*), guerrier (*sâbu*), honorable (*kabtum*), enfin, les termes religieux : immolation (*dâku*), libation (*naqu*), autel (*kisallu*), etc. C'est reconnaître implicitement l'origine sémitique de la civilisation babylonienne ! Quoi qu'il en soit de ce précieux aveu, la théorie des emprunts préhistoriques est trop absurde pour qu'on la prenne au sérieux et on doit la regarder comme le dernier échappatoire d'un système aux abois. Nous y reviendrons d'ailleurs un peu plus loin. Ce qu'il importe d'établir à l'heure qu'il est c'est le caractère de mots réels et vivants de toute la série des noms de signes simples qui occupent la troisième colonne des syllabaires A et C.

Pour pouvoir apprécier à sa juste valeur l'assertion des accadistes, nous commencerons par vérifier tout d'abord les 10 noms que ces savants considèrent comme des fabrications arbitraires des scribes sémitiques soit par le doublement de la première consonne soit par l'adjonction d'une formative. Six d'entre eux ont été depuis longtemps relevés dans des textes purement assyriens et peuvent être traduits avec certitude :

dâddu « sein, mamelle » hébreu דד : *Murus dâddi* « maladie des seins ».

lalu « corail, perle rouge », « ar. *lulu*, perle » : *saptâa lu lalu* « mes lèvres sont (rouges comme) du corail ».

gigu « espèce de plante (appelée *gongos* dans les fragments de Bérose). *Sillulat gigu kima* AN-TIR ANNA *usâshira gimir* KA-MIS *ni* « j'ai fait entourer les portes avec des rangées de gong formant le verger sacré ».

mamu « contrée, région (?) » AN-SIN *satir mamâ* (Asb. p. 155) « Sin administrateur des pays (?) ».

memu « serviteur ». La forme féminine *memetu* est identifiée avec *ardatu* « servante, femme » dans II R. 32, 25.

kiku, kuku « barque » hébr. כוך « endroit creusé, grotte ». AN-MIS *masal mat-sunu ilki* (Norris 552) il a ramassé les dieux protecteurs de leur pays ». On lit encore II R. 49, 35 *a kitu-gullatum* « bassin » hébr. נלה.

urinnu « moineau ». *Sa nubalusu kima urinni* MVH MAT *tisu subaruru* (*Narris* 297) « celui qui disperse sur son pays ses ennemis comme (on disperse) les moineaux ».

Des trois mots qui restent, l'un, *kagu*, signifie très vraisemblablement « dent » comme l'araméen כבא, l'autre, *raru*, sert à distinguer la syllabe *sa* écrite avec le signe DI de son homonyme qui s'écrit avec le signe SA ; le premier est appelé SA *raru*, le second SA *gitu*. Nous ignorons encore la signification de ces épithètes, mais il n'y a aucune raison pour révoquer en doute leur origine assyrienne [1]. Le seul mot *sunnu* n'est pas encore signalé dans les

---

[1] Je pense maintenant que les phonèmes *kagu*, *sararu* et *sagitu* se composent des lectures propres aux signes qu'ils désignent. Ainsi : *Kagu* dénote que le signe KA se lit *ka* et *gu*. De même *sararu* et *sagitu* indiquent probablement que les signes DI et SA se lisent, le premier, *sa*, *ra* et *ru*, le second, *sa*, *gi* et *tu*. Le nom du signe DV, *dragubbû* me semble aussi se composer des deux valeurs phonétiques *ara* (par abréviation *ra*) et *gub* qu'il a en effet (Note de 1882).

textes mais on peut l'y découvrir d'une heure à l'autre, en tous cas c'est un inconnu sur dix. N'est-ce pas assez caractéristique du procédé arbitraire des assyriologues ?

Je pense qu'après avoir parcouru les vérifications ci-dessus on me dispensera d'interrompre le cours de mes recherches par la constatation des autres mots de la troisième colonne. Cette besogne sera faite dans le premier appendice joint au présent mémoire où le lecteur pourra l'examiner à loisir. Pour nous, il reste un fait indubitable, c'est le caractère réel et assyrien de toute la nomenclature et la certitude que les lectures dérivent des noms, nullement les noms des lectures comme le prétendent les assyriologues. La liste ci-après ne contient que des noms vérifiés dans les textes assyriens ou du moins garantie par le rapprochement d'autres langues sémitiques.

eri, alu ; al, allu ; ana, anu ; aradu, aradu ; bar, bara ; bat, battu ; bur, buru ; da, daddu ; dak, daku ; dib, dibbu ; dil, dilu ; dub, dubbu ; dumu, dumu ; elama, elamu ; es, esu ; gad, gadu ; gal, gallu ; gisbu, gisbu ; gi, gigu ; gis, gissu ; gaza, gazu ; gana, ginu ; gillan, gillannu ; gir, giru ; gu, gú ; gu, guddu ; gug, guggu ; gur, gurru ; gurus, gurusse ; hal, hallu ; itu, itu ; id, idu ; i, iau ; igi, igu ; imi, immu ; ih, igu ; izi, izu ; kab, kabbu ; kablum, kablum ; ka, kagu ; kalbu, kalbu ; kam, kamu ; kas, kasu ; kib, kibbu ; kin, kikkinu ; ki, kiku ; kisal, kisallu ; kistum, kistum ; kit, kitu ; kur, kuru ; kus, kusu ; la, lalu ; li, lilu ; lil, lillu ; ma, manu ; mah, mahu ; mar, marru ; mas, masu ; me, memu ; muk, mukku ; musen, musennu ; mus, musu ; nab, nabbu ; naq, naqu ; nar, naru ; nas, nasu ; ner, neru ; ninda, nindu ; nisigu, nisigu ; nita, nitahu ; nun, nunu ; pap, pappu ; para, parakku ; pirik, piriqqu ; pisan, pisannu ; qum, qummu ; ra, raru ; rit, rittu ; sim, sammu ; sukkal, sukkallu ; su, suridu ; sanga, sangu ; sigil, sigillu ; sil, silu ; sir, siru ; sul, sullu ; sub, subu ; tab, tabbu ; tak, takku ; tal, tallu ; tar, tarru ; temen, temennu ; tiri, tirigu ; tuk, tuku ; tukul, tukullu ; um, ummu ; ub, ubbu ; ud, udu ; se, seum, umun, umunu, uras, urasu ; uri, urinnu ; ur, uru ; zib, zibbu ; zi, zitum ; zag, zaggu ; ziq, ziqqu.

En somme, de 120 noms de signes simples connus jusqu'à présent, 107 sont déjà vérifiés comme des mots usuels en assyrien, 13 seulement doivent encore être recherchés dans les textes. Voilà une preuve évidente de l'origine tout assyrienne de l'écriture cunéiforme.

3. **Les valeurs idéographiques.** Le plus léger regard jeté sur les syllabaires B et C fait voir que chaque signe envisagé comme idéogramme est en général rendu par plusieurs mots dans la troisième colonne, ce qui revient à dire que le signe comporte à la fois plusieurs sens, qu'il est polysème. Ce phénomène se produit indépendamment des puissances phonétiques du signe. Ainsi, tandis que le signe IS signifie « montagne » (*sadu*) ou « poussière » (*ipru*) suivant qu'il se lit *is* (*isi*) ou *sahar*; on voit que le signe ME lu *me*, répond quant au sens à trois mots, savoir : *qulu* « voix », *qalu* « écouter ? » *parçu*, « loi. »

Si cette diversité de sens ne consistait qu'en un ensemble de nuances graduées ou de conceptions analogues, cela n'aurait rien de particulier et l'on pourrait supposer, en oubliant, il est vrai, toutes les autres preuves du contraire, que les phonèmes de la première colonne font partie d'une langue réelle. En effet, il est dans la nature de la racine d'élaguer le sens primitif afin de produire un certain nombre de mots exprimant des objets ou des idées qui ont un trait commun, ne fût-ce qu'en apparence. On conçoit au besoin comment par exemple le signe *lal* peut désigner à la fois *lalu* « bijou », *matu* « pencher », *sapalu* « baisser », *saqalu* « suspendre, peser » ; toutes ces expressions ont en commun l'idée de « pencher ». Semblablement, les sens de *aqsu* « supérieur », *astu* « large, puissant », *dannu* « fort », *aqru* « honoré », *sa ristan* « premier » *asaridu* « aîné » rentrent dans un même ordre d'idées, de façon que la lecture *kal* du signe DAN qui les exprime pourrait, considérée en elle-même, être prise pour un mot vrai. Malheureusement, l'immense majorité des cas est loin de se laisser resserrer dans les limites tracées par la nature des choses aux plus grandes latitudes linguistiques. On peut même dire que, vu le caractère isolant et monosyllabique de l'accadien-sumérien, la latitude des sens doit nécessairement être très restreinte. Les langues polysyllabiques et à flexion ont plusieurs moyens de varier la forme des mots dérivés d'une même racine, et de telle sorte la confusion des sens est écartée ou du moins rendue relativement rare. Les langues isolantes, au contraire, ne disposant que de la racine nue, sont obligées de restreindre autant que possible les équivoques résultant de la diversité de sens ; et, d'ordinaire, elles obvient à cet inconvénient, soit en juxtaposant deux ou trois racines l'une à l'autre, soit en précisant le sens des syllabes homophones au moyen de diverses intonations ou de signes déterminatifs.

Ce dernier procédé est, comme on sait, très fréquemment mis en œuvre dans l'écriture hiéroglyphique des Égyptiens. L'accadien ou sumérien ne montre rien de pareil : le signe isolé GIR, par exemple, prononcé *gir*, exprime à la fois quatre objets bien différents : « scorpion » (*zuqakibu*), « épée » (*patru*), « champ labouré ? » (*padanu*), « éclair » (*birqu*). Une telle diversité de sens n'est-elle pas de nature à détruire la clarté de l'expression orale ? Pour tout esprit réfléchi, l'accumulation infinie d'équivoques dans l'accado-sumérien, caractérise celui-ci comme un système idéographique, ou la polysémie des signes est un principe fondamental et inéluctable. S'il est absurde d'admettre que le seul mot *gin* (DV) ait signifié en même temps « aller » (*alaku*), « être debout » (*kanu*), « envoyer » (*saparu*), « servir, travailler » (*magaru*), « et moi » (*anaku*), ou qu'en prononçant *uh* les sumériens aient désigné indifféremment les bêtes si diverses : « abeille » (*nâbu*), « pou » (*kalmatu*), « puce » (*pursu'u*), « teigne » (*sasu*), « ver » (*munu*), et « renard » (*selibbu*), tout rentre dans l'ordre rationnel quand on envisage ces deux signes comme des idéogrammes indiquant, l'un la conception générale d'être ou de faire, l'autre celle d'insecte et de bête chétive et faible. Je crois inutile de reproduire les autres exemples de polysémie qui figurent sur la partie que nous donnons du syllabaire C, où le signe IM désigne à la fois entre autres, le ciel (*samu*) et la terre (*irsitu*), mais il me semble nécessaire de présenter du moins un exemple frappant du syllabaire C 3, qui rend le signe TIK lu *gu*, par les dix significations suivantes : dieu de l'univers (*ilu sa naphari*), pays (*mâtum*), face (*pânu*), œil (*inu*), oreille (*uznu*), figure (*bunu*), devant (*mahru*), pied (*sêbu*), voir (*amaru*), regarder (*naplusu*), et il est fort probable que la tablette, fracturée en cet endroit, en donnait encore d'autres équivalents. Or, je demande à tout esprit droit s'il est admissible que dans une langue quelconque un seul et même mot puisse exprimer à volonté, pour me borner aux objets matériels, les membres si différents du corps humain : la face, les yeux, les oreilles et les pieds, auxquels il faut encore ajouter le « cou » dont ce signe est le représentant ordinaire ? On le voit, le phénomène de la polysémie, non moins que celui de la polyphonie, amène forcément à conclure au caractère purement idéographique du système suméro-accadien.

4. *Le rapport des valeurs phonétiques avec les valeurs idéographiques.* Tous les signes cunéiformes, quels que soient leurs éléments et leurs fonctions, ont chacun une ou plusieurs valeurs phonétiques. Les signes déterminatifs et par conséquent aphones ne font pas exception à la règle fondamentale de l'écriture assyrobabylonienne. En cela cette écriture se distingue du système

égyptien, dans lequel on observe toute une classe de signes purement oculaires, incapables de figurer en même temps un son déterminé. Le son primitif du signe coïncide naturellement avec le nom de l'objet ou de l'image qu'il représente. Le nom, devenu phonème, reproduit tout d'abord exactement les syllabes de son type, puis, il s'astreint petit à petit à n'en marquer que la syllabe initiale; enfin, si cela se peut faire, la consonne initiale seule. Voilà la genèse naturelle des systèmes syllabiques et alphabétiques. Si un Français voulait transformer en signe graphique l'image du cheval, il est évident qu'il commencera par lui attribuer la valeur dissyllabique *che-val*, puis, par acrologisme, la valeur monosyllabique *chev* ou *che*, finalement, en procédant à une dernière élimination, la valeur consonnantique *ch*. Les syllabaires cunéiformes attestent que les inventeurs de l'écriture syllabique babylonienne ont suivi cette méthode naturelle. Un nombre considérable de signes ont cette particularité qu'ils expriment à la fois des syllabes fermées, c'est-à-dire se terminant par une consonne, et des syllabes ouvertes, par suite de l'élision de la consonne finale. Ainsi par exemple, les signes MAK, IL, SVD se lisent tantôt *mak, il, sud*, tantôt : *ma, i, su*. Il va sans dire que de ces deux formes, la plus organique est celle qui conserve la consonne finale.

Les considérations qui précèdent ont ceci pour résultat que pour retrouver le mot primitif qui a donné naissance à la valeur phonétique d'un signe cunéiforme, il est indispensable de connaître en premier lieu l'image primitive et en second lieu le nom inaltéré du signe en question. L'une de ces deux conditions ne suffit point pour aboutir à un résultat certain. L'image, tout en livrant la clé du sens, n'indique pas toujours le choix à faire entre plusieurs synonymes qui ont une lettre ou une syllabe commune ; il faut pour cela que le mot soit absolument monosyllabique, ce qui n'est qu'un pur hasard dans une langue polysyllabique comme l'assyrien. Même en cas qu'il fût certain par exemple que l'idéogramme V « champ » était d'origine assyrienne, on ignorera néanmoins s'il vient de *ugaru* ou de *umu*, deux mots qui signifient « champ ». Quand on ne connaît que la valeur phonétique, l'embarras devient inextricable, même en supposant que cette valeur présente une forme inaltérée, car qui nous garantit qu'elle donne le nom primitif et qu'elle n'est pas plutôt due à une acception secondaire du signe ? Que l'on réfléchisse un moment sur le mécanisme du système cunéiforme, où le procédé compliqué de polysémie et de polyphonie se donne libre carrière, et l'on verra à quelles difficultés insurmontables la recherche de l'origine des lectures se heurterait à tout instant, lors même qu'il s'agirait d'une langue vivante et connue dans toutes ses parties. En effet, tels mots qui ont servi de base à des valeurs phonétiques peuvent bien avoir disparu de la langue depuis l'invention de l'écriture, sans que pour cela on soit autorisé à attribuer à ces valeurs une provenance préhistorique et étrangère.

Toutes ces difficultés, toutes ces considérations qui recommandent la prudence et les recherches longues et patientes, les déchiffreurs de l'écriture cunéiforme n'en ont pas eu la moindre idée. Dès le premier moment, avant même d'établir la lecture de tous les signes phonétiques, les assyriologues annonçaient à son de trompette que le syllabaire cunéiforme a été inventé par un peuple scythique, celui qui a parlé la seconde langue des inscriptions trilingues des Achéménides, langue dans laquelle les valeurs phonétiques donneraient les mots correspondants des valeurs idéographiques. Si les signes qui signifient *nunu* « poisson », *abu* « père », *uznu* « oreille », *abnu* « pierre », et *samsu* « soleil », se lisent *ha*, *ad*, *pi*, *tak*, *ud*, c'est, a-t-on dit, que dans l'idiome scythique des inventeurs *ha* signifie « poisson », *ad* « père », *pi* « oreille », *tak* « pierre », et *ud* « soleil ». De ces deux affirmations énoncées à la hâte, la première se montre matériellement inexacte, attendu que l'idiome soi-disant scythique, médo-scythique ou médique tout court, n'a rien de commun avec l'idiome problématique de la Babylonie ; la seconde, outre qu'elle résulte d'une prétention vraiment incroyable de connaître à fond la langue qu'ils savaient à peine lire, repose, ainsi que je l'ai dit ci-dessus, sur la complète méconnaissance de la méthode qui préside à la création de l'écriture. S'ils avaient seulement attendu jusqu'à la publication intégrale des principaux syllabaires, ils auraient vu par exemple que les signes *ha* et *pi* ont encore les valeurs respectives de *nun* et de *gillan* qui coïncident parfaitement avec l'assyrien *nunu* « poisson » et *gillanu* « amphore », et ils en auraient conclu que la valeur *pi* doit aussi être assyrienne, bien que son type soit encore inconnu. Quant au signe *ad*, la plus légère réflexion leur aurait appris que la conception de « père » étant une idée relative ne peut se rattacher à ce signe que d'une façon extérieure et conventionnelle et que par conséquent le manque de coïncidence avec le mot *abu* « père » est précisément ce à quoi on doit s'attendre.

Quand on fait vite, on fait mal. La langue scythique créée, on se mit à feuilleter quatre ou cinq lexiques des idiomes du nord afin d'y chercher des mots scythiques. Le butin n'était pas bien considérable, mais il suffit de trouver qu'en hongrois *hal* signifie poisson, *fül* oreille et *atya* père ; qu'en turc *tasch* veut dire pierre, et qu'en mongol le soleil s'appelle *ud*, pour que l'idée du touranisme babylonien s'enracinât d'une façon indélébile dans l'esprit des assyriologues. La découverte des textes philologiques et lexicographiques en deux colonnes disparates a semblé confirmer le dualisme linguistique. Une chose choquait encore : plusieurs des valeurs phonétiques portaient un cachet assyrien et sémitique. On écarta cette difficulté en admettant que ce sont des superfétations postérieures ajoutées par les assyriens aux valeurs scythiques primitives et le principe fut sauvé. Mais la fragilité de cette explication peut être démontrée par les deux raisons suivantes qui me paraissent décisives :

a.) La coïncidence de la lecture avec le mot assyrien qui exprime le sens du signe a encore lieu au cas où le signe n'a qu'une seule valeur phonétique, laquelle valeur doit forcément remonter aux inventeurs. Ainsi par exemple les signes SE, EL, SAK, GAL, HVL, MAH, TAB, AP-ZV (écrit ZV-AP) qui signifient respectivement, blé, pur, tête, grand, mauvais, grand, compagnon, abîme, coïncident on ne peut mieux avec les mots assyriens : *seum* « blé », *ellu* « pur », *saqu* « tête, sommet », *gallu* « grand », *hullu* « mauvais », *mahhu* « grand, supérieur », *tabbu* « compagnon », *apsu* « abîme, océan ».

b.) Cette coïncidence a aussi très souvent lieu, relativement à plusieurs des valeurs inhérentes aux signes polyphones. Citons entre tant d'autres le signe IS « bois », dont les lectures *iç* et *gis* répondent aux mots assyriens *içu* et *gissu* (aram. *qissâ*) signifiant tous deux « bois »; le signe LAH (LVH) « serviteur » se lisant *lah* (*luh*) et *sukal*, lectures qui répondent aux synonymes assyriens *luhu* et *sukallu* « serviteur »; le signe DI qui signifie « jugement » quand il se lit *di* et « paix » quand il se lit *silim*, dont les lectures rappellent aussitôt les mots assyriens *dinu* « jugement » et *silmu* ou *sulmu* « paix ». Si le signe AB qui se lit *ab* et *es* signifie « cavité, creux » et par métaphore « maison » c'est parce que « cavité, creux » se dit en assyrien *appu* et *esu*. Pareillement, les lectures *u, ud, par, sam, lah* du signe VD qui exprime l'idée de « brillant » viennent respectivement des mots assyro-sémitiques *uddu* « jour », *pâru* ou *bâru* « être brillant », *samsu* « soleil », et *lahu* « laver, purifier ». Il me serait facile de produire des vingtaines d'exemples de cette catégorie, mais le manque d'espace m'oblige à les réserver pour un travail ultérieur.

Ainsi donc, l'édifice scythico-sumérien élevé par les pères de l'assyriologie pèche par la base et s'écroule de lui-même. On avait affirmé que les valeurs phonétiques primitifs des signes cunéiformes ne correspondaient pas à des mots assyriens, les faits prouvent que c'était une erreur facile à éviter et que ce sont des mots assyriens qui ont servi de source aux valeurs phonétiques. La conclusion s'impose d'elle-même : le syllabaire cunéiforme a été inventé par les assyriens sémitiques, et non pas par je ne sais quel peuple exotique et alloglotte. Qu'une certaine partie de ces coïncidences soient encore inconnues, personne n'en peut être légitimement étonné, étant donné d'un côté notre entière ignorance des images primitives des signes cunéiformes, de l'autre, l'état incomplet de notre connaissance du lexique assyrien.

5. *Le rapport général entre le syllabaire cunéiforme et la morphologie de la langue assyrienne.* Ce sujet a été traité à fond dans un mémoire que j'ai fait paraître dans le *Journal Asiatique*[1]. J'ai démontré que le syllabaire cunéiforme se rattache étroitement à l'assyrien et en réfléchit toutes les nuances phonétiques. Tous les traits qui caractérisent la prononciation babylonienne relativement aux consonnes et aux voyelles ont trouvé leur expression adéquate dans le syllabaire. Si ce syllabaire est incapable d'exprimer par exemple la voyelle *o,* les semi-voyelles *y, w,* les consonnes *aïn, h, v, f,* c'est que ces sons faisaient défaut à la phonétique assyrienne. Si, au contraire, il possède le moyen d'indiquer d'une façon plus ou moins complète les lettres sémitiques, א, ח, ט, צ, ק, c'est que la langue assyrienne en faisait un usage fréquent. Enfin, l'indistinction même de certains sons analogues, ainsi que la confusion régulière de *m* et *w* dans l'écriture cunéiforme, représentent fidèlement les phénomènes phoniques de la prononciation babylonienne, phénomènes qui sont en grande partie d'une nature constitutive et physiologique. Les assyriologues n'ont jamais essayé d'ébranler ces preuves et je me serais dispensé d'y revenir, si ces savants ne s'étaient avisés de changer tacitement les transcriptions accadiennes, afin d'en effacer le caractère sémitique; M. Sayce a donné le premier exemple, les autres commencent à le suivre. Comme c'est seulement le premier pas qui coûte, il est vraisemblable que l'usage de transcrire les lettres emphatiques ט, צ, ק, par *dh, z, k* deviendra général parmi les accadistes[2]. Cependant, ils doivent le savoir, en supprimant

[1] Voir *Journ. Asiat.*, mars-avril 1876. Halévy, *Origine de la civilisation babylonienne*, p. 85-117.
[2] Cette prévision s'est accomplie. M. Haupt n'emploie dans la transcription du suméro-accadien que les lettres simples *d, z, k*. L'arbitraire de son procédé peut être démontré par les documents qu'il publie lui-même, car à la ligne 103 de la page 38 de ses *Keilschrifttexte* une glose indique formellement que dans le groupe idéographique 1-ZI = *ṣabi'u*, le signe ZI doit se prononcer *ṣi*, ce qui implique forcément que le son צ existait en pseudo-sumérien (Note de 1882).

la transcription, non seulement ils ne suppriment pas le fait, mais ils augmentent ainsi les difficultés de leur point de vue. D'une part, le syllabaire accadien est surchargé d'un grand nombre d'homophones tout à fait inutiles, de l'autre, le choix fait plus tard de ces syllabes pour exprimer les sons sémitiques devient inexplicable. Il y a plus, le fait de l'échange de consonnes similaires ne se montre jamais dans les mots accadiens écrits phonétiquement, tandis qu'il est des plus fréquents dans les mots assyriens. Jamais on ne rencontre dans les textes soi-disant accadiens *ba* mis pour *pa, ga* pour *ka, sa* pour *za, da* pour *ta*, confusions qu'on trouve à chaque page des textes sémitiques de Babylonie. De même, la confusion de *m* et *w* se constate bien dans les mots sémitiques, mais nulle part en accadien. Enfin, l'indifférence de la voyelle dans plusieurs signes cunéiformes en atteste la provenance sémitique, puisque dans toute autre famille linguistique la voyelle est aussi radicale que la consonne. Le nombre de cette catégorie de signes va en augmentant à mesure que les textes sont mieux connus ; ce sont autant de preuves de plus que le syllabaire cunéiforme est dû au génie sémitique.

III

LES DOCUMENTS GRAMMATICAUX ET LEXICOGRAPHIQUES

Parmi les documents les plus précieux que nous aient légués les scribes d'Assour et de Babel sont sans contredit ceux qui expliquent les formes hiératiques par les formes démotiques équivalentes. Ils sont de deux sortes : documents grammaticaux et documents lexicographiques ; les uns se rapportent aux parties flexionnelles de la grammaire, telles que les pronoms, les verbes et les prépositions, les autres n'ont en vue que les noms propres ou communs. Nous examinerons en premier lieu ces derniers documents à cause de leur analogie avec les syllabaires.

Les extraits ci-après sont tous empruntés au volume II du recueil du *British Museum*. Nous plaçons d'abord de courts spécimens de noms propres divisés en trois catégories distinguée chacune par un déterminatif aphone. Ensuite viendront les noms communs divisés en noms d'espèces qui sont pourvus d'un déterminatif et en noms divers qui sont dépourvus de signes déterminatifs. La vue de l'ensemble permettra au lecteur, qu'il soit assyriologue ou non, d'avoir une idée exacte et suffisante de la nature de ces documents philologiques.

A. — SPÉCIMENS DE NOMS PROPRES.

A. — NOMS D'HOMMES.

1, en une colonne.

1 | Yabibu
2 | Talusu
3 | Mannu-ki-AN-GAL
4 | KV-tu Assur
5 | ID-TAK-IS
6 | Mannu-ki-SAB-MES
7 | SAB-MAN
8 | Bûtranu
9 | KVR-LA-KV
10 | KA-KA libusu (W.A.I., II, 63)

2, en deux colonnes.

24	V-LAM HAR-BE		Lidan AN-EN-KIT
25	ME-LI HA-LI		LV AN-GV-LA
26	ME-LI SV-MV		LV-AN Suqamuna
27	ME-LI AN-SI-BAR-RV		LV-AN-SI-i maliya
28	ME-LI KIT		LV-AN-VD
29	NVM GI RA BI		Ediru (*Ibidem*, 65, 2 verso)

B. — NOMS DE DIEUX.

1, en deux colonnes,

17	AN-NIN-IB	AN-NIN-IB *sa piristi* (?)
18	AN-NIN-IB	AN AK
19	AN MA DA KVR-KVR	AN-NIN-IB
20	*nâbû*	*tasqaru clû*
21	AN-EN MAT-MAT	AN-NIN-IB
22	*belum*	*schsiû*
23	AN-EN TVR-DA	AN-NIN-IB sabit esbar AN-MES
24	AN HAL-HAL-LA	AN-NIN-IB
25	SIS ES-BAR	abi AN-EN-KIT
26	AN ME MAH	AN-NIN-IB
27	*hamîm*	PA-AN-MES MAH-MES
28	AN KA-LVM-MA	AN-NIN-IB
29	*anihu*	*anihu*
30	AN ID-DAN MAH	AN NIN-IB EN *emuki* (*ibid.*, 57).

2, en trois colonnes.

1 RAB-GAM-ME-IR		[AN]	i[lu].
2 AN V KI	AN EN-KI		AN-E [A]
3 AN-GAM-HI-KI	AN-NIN-KI		AN-DAM-KI-NA
4 AN-MV-VL-LIT	AN-EN-KIT-LAL		AN-BE
5 AN E-LVM	AN-A-SI NIR		AN-BE
6 GAM-HI KITIT	AN-NIN-KIT-LAL		DAM-*sù* SAL
7 AN V-LV-A	AN-NIN-IB		AN-BAR
8 AN-V-DAN-A	AN-NIN-IB		AN-BAR
9 AN-GAM-HI EN-KIT-KI	AN-NIN-EN-KIT-KI		DAM-*sù* SAL
13 [AN-V-LIB]-SI-IB	AN-EN-LIB-HI		AN-PA-KV (*Ibid.*, 59).

3, en trois colonnes, dont la première indique la lecture de la seconde.

51 | EN KI	AN EN KI	AN E-A *sà* [irçiti]
52 | AM-MA AN KI	AN AM-MA AN KI	AN-E-A *sa* AN-*e* ù KI *tim*
53 | EN GVR	AN EN ZIK	AN-E-A *sa* [*apsi*]
54 | NV KIM MVT	AN NV KIM MVT	AN-E-A *sa nabniti*
55 | NA KIM MVT	AN NA KIM MVT	AN-E-A *sa kalama*
56 | NI-IN SI KV	AN NIN SI KV	AN-E-A *sa nimeki*
57 | NVN VR-RA	AN DVK QA BVR	AN-E-A *sa naphari*
58 | NIN ID GAL	AN DE	AN-E-A *sa nappahi*
59 | SIR DA	AN KIM	AN-E-A *sa idinni*
60 | DV VN QA	AN LVL	AN-E-A *sa* LV-LVL
62 | NI-IN BV BV	AN NIN BV BV	AN-E-A *sa* MAK-DV-DV (*Ibid.*, 58, 5)

Arrêtons-nous un instant pour élucider le mécanisme de ces documents. Les noms propres d'hommes sont précédés d'un clou perpendiculaire, marque de l'unité. Les noms des dieux ont pour déterminatif l'image d'une étoile dont la valeur phonétique est AN, valeur abrégée du nom de *Anu*, dieu suprême et sidéral, répondant à Saturne. Dans le document B, 3, les groupes de la première colonne ont un clou perpendiculaire au lieu du déterminatif divin AN ; ce fait ne constitue pas une infraction à la règle générale, car cette colonne renferme seulement les lectures des groupes parallèles de la seconde colonne, comme c'est le cas dans A, 2 et dans les syllabaires.

Passons maintenant à l'analyse détaillée.

Le document *A*, 1 est une simple liste de noms d'hommes. Parmi ceux-ci, les uns sont écrits phonétiquement et se font aisément reconnaître pour des vocables assyro-sémitiques, tels sont : *Yabibu, Talusu* et *Bútranu;* les autres sont rédigés partie en phonétiques, partie en idéogrammes, lesquels idéogrammes doivent être remplacés par des mots réels dans la lecture. Ce sont les groupes Mannu-ki-AN-GAL, KV-tu Assur, Mannu-ki-SAB-MES, et KA-KA-libusu, groupes qui se lisent Mannu-ki-ili-rabi. « Qui est comme le dieu grand », Tukultu Assour « secours d'Assour », Mannu-ki-ummani « qui est comme les guerriers », Siptu libusu « qu'il fasse une incantation ». Tous les assyriologues sont d'accord sur ce point, attendu que la composition hébride d'un nom propre en deux langues radicalement différentes serait monstrueux. Mais s'il en est ainsi, il faut aussi admettre que les autres groupes de noms propres écrits entièrement en idéogrammes tels que ID-TAK-IS, SAB-MAN et KVR-LA-KV devaient aussi être prononcés en assyrien populaire. Quant à cette prononciation, nous ne pouvons la fixer à l'heure qu'il est que pour le second qui équivaut à *Umman-sarri* « guerrier du roi »; les deux autres sont trop vagues pour que l'on puisse en rétablir avec certitude l'équivalent démotique. Le fait que les noms rédigés idéographiquement sont mêlés dans la même liste avec les noms distinctement assyriens prouve d'une façon évidente qu'il ne s'agit pas de deux idiomes hétérogènes, mais de deux méthodes de rédaction fondées sur l'assyrien sémitique.

Ce résultat est corroboré de point en point par la liste *A, 2* qui est d'un prix inestimable pour la recherche qui fait l'objet spécial du présent mémoire. En effet, le clou perpendiculaire se trouvant en même temps dans les deux colonnes, il s'ensuit que la seconde colonne ne donne pas la traduction de la première — une traduction systématique de noms propres d'une langue dans une autre serait d'ailleurs inouïe et ridicule — mais les formes équivalentes et vraies que les groupes idéographiques sont destinés à exprimer. L'agencement de cette colonne est donc le suivant :

L. 24. Le nom écrit V-LAM-HAR-BE est identique au nom *Lidan* AN-EN-KIT (= Bel) « enfant de Bel ».

L. 25. Le nom écrit ME-LI-HA-LI est identique au nom LV (= *amel*)-AN-GV-LA (= *Guliti*) « homme de Goulit ».

L. 26. Le nom écrit ME-LI-SV-MV est identique au nom LV (= *amel*)-AN-*Suqamuna* « homme de Suqamun ».

L. 27. Le nom écrit ME-LI-AN-SI-BAR-RV est identique au nom LV (= *amel*)-AN-SI-*i* (?) *maliya* « homme de SI-*i*-*maliya* ».

L. 28. Le nom écrit ME-LI KIT est identique au nom LV (= *amel*)-AN-VD (= *samsi*) « homme du soleil ».

L. 29. Le nom écrit NVM-GIR-RA-BI est identique au nom *Ediru* « fort, puissant ».

Ici nous apprenons donc, d'un côté, que les mots assyriens *Su-*

qamuna, nom d'un dieu, *lidnu* « enfant », *ediru* « puissant, commandant », sont parfois représentés par les groupes *su-mu*, *u-lam* et *num-gi-ra-bi* ; de l'autre, que les signes ou les groupes rares *Kit*, *har-be*, *ha-li*, *me-li*, équivalent aux signes et groupes communs *an-ud*, *an-en-kit*, *an-gu-la*, *lu*, lesquels figurent à leur tour les termes démotiques *samsu* « soleil », *Belum* « Bel », *Gulitum* « Goulit » = « grande » et *amelu* « homme ». Ce dernier mot est même le type du groupe *me-li* effectué par l'omission de l'*a* initial si usitée en assyrien. Le groupe *u-lam* peut bien se ramener à un mot assyrien vraisemblable *ulamu* qui correspondrait à l'hébreu 'elem et à l'arabe *ghulâm* « garçon, jeune homme ». Enfin, l'élément *ra-bi* de *num-gi-ra-bi*, rappelle si bien l'assyrien *rabu* « grand, vaste » qu'on est tenté de croire que le groupe en question signifie littéralement « élévation (*num*), bâton (*gi*), grand (*rabi*) » et fait ainsi allusion au bâton du commandeur. Si la tablette était entière nous aurions l'équivalent démotique du célèbre roi *Ha-am-mu-ra-bi* dont l'élément *ra-bi* doit exprimer l'idée de grandeur[1].

La pièce *B*, 1, a pour but l'explication du nom du dieu de la guerre qui est toujours figuré par le groupe NIN-IB et dont la prononciation démotique demeure encore inconnue. La ligne 17 indique que ce composé fait allusion à l'oracle (*perisli*), notion à laquelle semble répondre aussi à la ligne 18 l'équivalent *an-ak* (= *épisu*) qui est d'ordinaire l'idéogramme de Nabou, dieu de la prophétie. Aux lignes 19 et 20, la seconde colonne interprète le titre hiératique *ma-da-Kur-Kur* par « celui qui proclame (? *nâbû*) la proclamation (? *tasqaru* = *tazkaru* ?) élevée (*elû*) ». Aux lignes 21 et 22, l'hiératique *en-mat-mat* est rendu « seigneur (*belum*) de la discorde (? *sehsi* ?) ». La ligne suivante nous apprend que le groupe *en-tur-da* signifie « celui qui tient (*sabit*) la décision (? *es-bar* = *burussu*) des dieux. L'épithète *hal-hal-la* a un sens analogue, savoir » celui qui garde (*sis*) la décision (? *es-bar*) du père de Bel (*abi an-en-Kit* l. 24-25) ». Ce sens réside encore dans l'épithète *me-mah* expliquée (l. 26-27) par « celui qui proclame (*hamîm*) l'ordre (*pa-an* = *parsu*) des dieux (*an-mes*) suprêmes (*mah-mes*) ». Aux lignes 28-29 l'hiératique *Ka-lum-ma* répond aux mots démotiques « nourisson (*aniku*) abandonné (? *anihu* r. *yanah* ?) », ce qui semble faire allusion à un mythe relatif à la jeunesse du dieu. Enfin, à la ligne 30, le groupe *id-dan-mah* est rendu par « maître (*en*) de puissance (*emuki*) ».

---

[1] Cette lacune est maintenant comblée. M. Théo. Pinches a publié une très longue liste de noms de rois babyloniens dans laquelle le groupe hiératique *ha-am-mu-ra-bi* représente le nom *Kimtu rapastu* « famille nombreuse ». L'adjectif *rabu* qui est la source de l'hiératique *ra-bi* a précisément le sens de grand et de vaste. (Note de 1882.)

Le document B, 2, donne les noms de plusieurs divinités, mâles et femelles. La première colonne enregistre les formes les plus rares qui ne sont employées que dans un petit nombre de textes. La seconde offre les formes employées dans les textes ordinaires, tandis que la troisième les explique en donnant, soit le mot démotique, soit un autre idéogramme correspondant, soit enfin une indication sur le sexe de la divinité. La première ligne fournit les deux idéogrammes *rab-gam-me-er* et *an* qui désignent dieu (*ilu*) en général. Le reste nous donne successivement : *Iau* (E-a l. 2) et son épouse *Damgit* (*dam-ki-na* l. 3); Bel (*an-be*) et son épouse (*dam-sù sal*, l. 6.) ; Ninib (*an-bar* l. 7-8), son épouse (l. 9-10) et son ministre (*su-kal*, l. 11-12); enfin *Nusku* (*pa-ku*, l. 13). L'intérêt de cette tablette consiste particulièrement dans des équations inopinées, telles que : *mu-ul*, $u = en$ « seigneur », $gam-hi = nin$ « dame » $e-lum = a-lim$ « antilope » et $si-ib = hi$ « bon ». Deux de ces phonèmes *en* et *elum-alim* sont identiques aux mots assyriens *enu* et *aâlum*; les types des autres ne manqueront pas de se constater plus tard dans les textes.

Enfin, le spécimen B, 3, explique dans la troisième colonne les diverses formes hiératiques de *Iaou*, dieu éponyme de la mer (*Yau = Yamu*, héb. םי), formes dont la première colonne indique la lecture. Ces lectures sont en partie connues par d'autres documents, comme par exemple la lecture *gur* du signe *zik* « mer » (l. 53) et *nin* de NIN, et en partie nouvelles et inattendues. De ce nombre sont *nun-ur-ra* pour *duk-qa-bur* (l. 57), *nin-id-gal* pour l'idéogramme DE qui signifie d'ordinaire *nabû* « parler, annoncer », *sir-da* pour *kim* et *du-un-ga* pour *lul*. C'est un exemple frappant de la polyphonie hiératique.

Dans toutes ces pièces, on observe l'intention persistante d'expliquer les idéogrammes divins rares soit par des idéogrammes plus connus, soit par des phrases assyriennes de rédaction mixte ou purement phonétique. Quelques-unes d'entre elles donnent en outre la lecture de certains groupes ou de certains signes qui entrent dans la composition des groupes idéographiques. Une telle méthode fait clairement voir que les idéogrammes, qu'ils soient simples ou composés, étaient considérés comme des expressions assyriennes, autrement, étant donné le caractère élémentaire de ces documents, tous les idéogrammes auraient été mis ensemble en regard du nom assyrien correspondant. En mettant dans la troisième colonne les idéogrammes des dieux à la place de leurs noms populaires, les scribes proclament par cela même le caractère populaire et indigène de ces idéogrammes. Les lectures indiquées dans la première colonne conduisent à la même conclusion, car si les groupes idéographiques étaient des mots d'une langue étrangère et depuis longtemps disparue, les scribes sémitiques auraient été matériellement incapables d'en connaître la prononciation, surtout lorsque celle-ci ne répond à aucun des signes qui composent le groupe. Comment, s'il s'agit d'un idiome exotique, ont-ils pu savoir par exemple que ce qui est écrit *duk-qa-bur*, *de*, *kim* et *lul* doit se lire respectivement *nun-ir-ra*, *nin-id-gal*, *sir-da* et *du-un-ga* ? Jamais il ne s'est vu rien de pareil chez les peuples qui ont adopté une littérature étrangère. On dispute encore aujourd'hui sur la prononciation de telle ou telle lettre latine, et les Grecs de nos jours sont eux-mêmes en doute sur la manière dont l'ancienne langue était prononcée. Et l'on veut que les Assyriens aient conservé par tradition la prononciation exacte d'une langue étrangère qui n'est même pas écrite phonétiquement ? Eh bien, nous ne nous résignerons jamais à croire à une absurdité pareille. Du reste, quel intérêt pouvaient avoir les scribes sémitiques pour s'imposer un effort de mémoire aussi surhumain, puisque la lecture ne change rien au sens du groupe ; or, pour eux c'est le sens seul qui importait. Que le mot latin *cœlum* soit prononcé *seulom* à la française, *tschèloum* à l'italienne, ou *tzeuloum* à l'allemande, le sens n'en sera pas moins le ciel ; pourquoi donc les Assyriens se seraient-ils donné inutilement la peine d'en conserver la lecture primordiale des termes accadiens ? Avec l'admission du caractère national assyrien de ces groupes, toutes les difficultés cessent d'exister et les lectures, en apparence si extraordinaires, se réduisent au jeu modeste de groupes équivalents qui rentre parfaitement dans le cadre de toute rédaction artificielle et hiératique.

C. — NOMS GÉOGRAPHIQUES.

1. *Noms de villes et de pays.*

3 a *Sis-VN-ki*, la ville de Uri (?)
6 a *Ud-VN-ki*,   —   La-arsu.
7 a *VN-ki*,   —   Arku ou Erech.
8 a *Ni-si-in-ki*, —   Nisinnu.
9 a *Zir-VN-ki*,   —   Kullanu ou Kalné.
13 b *Tik-ga-ba-ki*, —   Kouta.
14 b *Tin-tir-ki*,   —   Babylone.
16 b *Ab-ha-ki*,   —   Ninive.
13 a *Mak-kan-ki*, le pays d'Égypte.
14 a *Me-lu-ha-ki*, —   Éthiopie.
16 a *An-du-an-ki*, —   Assan.

22 *a* *Su-zin-ki*, la ville de Suse.
34 *b* *Er sa ki*, ville du pays.
35 *b* *Er sa Ka-mi-ki*, ville de Sumir.
36 *b* *Er sa bur-bur-ki*, ville d'Accad.
37 *b* *Er sa ki-en-gi-ki, bur-bur-Ki*, ville de Sumir et d'Accad.
38 *b* *Er Num-ki*, ville de Susiane.
39 *b* *Er-ki-pal*, ville de l'étranger (W. A. I, III, 38).

Nous avons choisi dans cette liste les noms sur l'identification desquels il ne peut subsister aucun doute. Au nom démotique *Uri* qui désigne la ville que remplace aujourd'hui la ruine dite *Muqayar*, mais dont la lecture est incertaine, répond le groupe hiératique (*Sis-VN-ki*) « demeure (VN) du Gardien ou Protecteur (*sis*) », c'est-à-dire du dieu Sin, le *Lunus* assyro-babylonien. S'il était vrai, comme l'assurent les assyriologues, que cette ville est l'Ur des Chaldéens de la Bible, patrie d'Abraham et des Hébreux, ce serait la meilleure preuve en faveur du caractère purement graphique de la désignation soi-disant accadienne, car il est impossible d'admettre, à moins d'avoir de fortes preuves à l'appui, que le berceau d'un des peuples sémitiques les plus purs se soit trouvé dans une ville d'origine non sémitique. Mais à quoi bon nous attarder à exploiter une assertion des assyriologues qui nous semble sujette à caution, quand les autres noms nous donnent des preuves certaines de leur origine sémitique? Je me trompe, la preuve de cette origine nous est donnée par deux signes du groupe même prétendu non-sémitique *sis-VN-ki*. En premier lieu, le déterminatif *ki* (*n*) « lieu, endroit, pays, terre » est purement et simplement l'abréviation du mot démotique *kingu* « terre, argile » d'où aussi l'hiératique *ki-en* (ou *in*)-*gi* = *matum* « pays, contrée, plaine ». En second lieu le signe VN est sans aucun doute le même que le démotique *unatu* qui signifie « demeure, habitation ». Voilà déjà deux signes sur trois dont la provenance assyrienne est indubitable. Libre aux accadistes d'insister sur le troisième signe *sis* parce que son correspondant démotique est encore inconnu à ce moment. Pour nous, nous avons confiance qu'on le trouvera d'ici peu, soit dans les nouveaux textes dont les Trustees du British Museum préparent la publication, soit dans les anciens textes mal compris jusqu'à présent.

La ville qui suit est *La-arsu*, ailleurs *La-arsa* ou *La-arsám*. Le premier élément est visiblement la négation assyrienne *la* « non, ne », ce qui garantit le caractère sémitique du nom entier. Je suppose qu'il signifie « non destructible (=heb. הרס), indestructible », c'est probablement le nom primitif de la forteresse. L'identification de cette ville avec la אֶלָּסָר biblique, résidence du roi *Ariôk*, contemporain d'Abraham (Genèse, xiv, 1), me semble assez hardie. La désignation hiératique *ud*-VN-*ki*, « demeure du soleil » se montre comme une simple épithète. Le même caractère d'épithète s'impose relativement aux noms d'*Arkou* (= *Erek*) et de Babylone, dont les idéogrammes VN(-*ki*) et *Tin-tir*(-*ki*) signifient « demeure » et « vie du verger ». Cette dernière appellation a tout l'air de désigner le canal qui baignait Babylone et faisait de son territoire une des contrées les plus fertiles du pays. En effet, le canal de Babylone, nommé *Arahtu*, est intitulé *sa ana KA-an-ra-ki ubbalu ti* (= *tin* = *balathu*) « celui qui apporte la vie à Babylone (W. A. I, II, 51, 57 *ab*) ». Inutile d'ajouter que le groupe *KA-an-ra* « porte de dieu » pour Babylone représente une étymologie du mot démotique *Babilu*, décomposé en *bâb* « porte » et *ilu* « dieu », étymologie qui est d'ailleurs rendue douteuse et par la désinence *u* du prétendu élément *ilu*, laquelle, conformément à la règle de l'état construit, devait être *i*, et par cette considération que nulle autre ville de Babylonie et d'Assyrie n'est formée par *bâb*[1]. Le nom de *Nisinnu*, rappelant si bien le nom du premier mois de l'année assyrienne, *Nisannu*, ne peut être que d'origine assyrienne, bien que son sens ne soit pas encore connu. En accadien le groupe *ni-si-in* donnerait le sens ou plutôt le non-sens ridicule *huile-corne-richesse*. A première vue, le nom de *Kullanu* qui vient certainement de la racine *kalalu* (= héb. כלל) « parfaire, construire » n'a rien de commun avec le groupe hiératique *Zir*-VN(-*ki*) qui signifie « semence-demeure »; en regardant de près on s'aperçoit bientôt que ce groupe peut aussi se lire *kul-un*, et que de telle sorte, il n'est en réalité qu'une modification artificielle du thème démotique *kullan*. Le procédé par lequel les scribes assyriens ont figuré la ville de *Koutou* au moyen du groupe *Tik-ga-ba*(-*ki*) est encore plus frappant, car, grâce à la loi de la polyphonie, ce groupe se lit simplement *gu-du-a* = *gudâ*, ce qui donne la forme démotique *kutu* avec le changement des dures en douces, nécessité par le jeu du rébus. Aucun homme sensé ne se résignera à croire que la forme *gu-du* signifiant « cou-aller » soit un nom de ville réel. Une autre forme artificielle nous apparaît dans le représentant hiératique de Ninive, *ab-ha*(-*ki*), signifiant « maison du poisson ». Etant donné qu'il n'y a jamais eu d'Accadiens ou de Sumériens en Assyrie, il devient évident que cette ville n'a jamais porté d'autre nom que celui

---

[1] Remarquez cependant le nom de la ville de *Bâb-Salimeti* située sur le bas Euphrate à la distance d'un *Kasbu* de la mer (Sm. *Sanh.* p. 93).

de *Ninua* ou *Ninâ* « Ninive ». D'où vient donc le nom idéographique si singulier : « maison du poisson » ? Il vient sans aucun doute d'une tentative d'étymologie populaire qui voyait dans *Ninua* un dérivé de l'assyrien *nunu* « poisson ». Ici l'artifice est palpable et il faudra absolument fermer les yeux pour ne pas le voir.

Parmi les pays étrangers, notre tablette mentionne l'Égypte, l'Éthiopie et la Susiane, celle-ci conformément à sa division politique en deux provinces. Les rois de la Susiane s'intitulent dans leurs protocoles officiels : « rois de *An-za-an* et de *Su-sun-qa* ». Le second nom désigne le territoire de la ville de Suse (*Susun*), *Susan* en hébreu et en assyrien, nom dont la forme idéographique *Su-zin* « corps désert » est clairement un rébus. Le premier diffère au premier aspect de l'hiératique *an-du-an*, mais une glose nous apprend que ce groupe se prononce *Assan = Achchan*, et nous en concluons que telle était en réalité la prononciation populaire de *An-za-an*. Quant au nom général de la Susiane, il est écrit *Nim* ou *Nim-ma* (*-ki*) « pays élevé », mais d'après les syllabaires, il doit se lire *Elama*, ce qui offre le nom sémitique de la Susiane occidentale *Elâm*, עֵילָם, qui vient de la racine עלי « s'élever, monter ». En ce qui concerne l'Égypte et l'Éthiopie, les Assyriens les désignent d'ordinaire, comme les autres peuples sémitiques, par les noms de *Muçur* (*Muçri*) et *Kûsu* (= héb. כּוּשׁ) ; plus rarement par les mots *makannu* et *Meluhhu* (*Miluhhu*[1]). La signification de ces mots est douteuse. Il me paraît cependant possible que le premier signifie « lieu, endroit » et soit ainsi synonyme de *Muçur*, l'arabe *Miçr* « ville, limites, confins ». En hiératique, l'orthographe *Mak-kan*, parfois *Mak-kan* « vaisseau-jonc » porte un cachet évident du rébus et fait allusion aux barques de papyrus si usitées dans l'ancienne Égypte. Le nom de l'Éthiopie *Meluhhu* d'où l'hiératique *Me-luh* signifie probablement « pays désert » (cf. l'expression hébraïque אֶרֶץ מְלֵחָה) et rappelle l'épithète *khest* « mauvais » que les Égyptiens appliquaient à l'Éthiopie.

La tablette se termine par une préparation élémentaire ayant pour but d'analyser l'expression hiératique : « ville de Babylonie » *Er sa ka-mi-ki* ou *ki-engi-ki bur-bur-ki*. L'analyse se fait en relevant les membres de phrases qui entrent dans la composition. Ainsi : 1° *Er sa ki* = dém. *Eru* ou *alu sa mat* « ville du pays » ; 2° *Er sa ka-mi-ki* = dém. *Eru* ou *alu sa Sumeri* « ville de Su-

---

[1] Cette variante ruine l'idée malheureuse d'un assyriologue qui a cru pouvoir identifier les *Meluhhi* des Assyriens avec les *Kasdîim* כַּסְדִּים de la Genèse (Note de 1882).

mir » ; 3° *Er sa bur-bur-ki* = dém. *Eru* ou *alu sa mat Akkadi*
« ville d'Accad » ; 4° *Er sa ki-en-gi* (= *ka-mi*)-*ki bur-bur-ki*
= dém. *Eru* ou *alu sa mat Sumeri* (*ù*) *Akkadi* « ville du pays de
Sumir et d'Accad ». Cela signifie que la Babylonie est désignée par
les habitants, soit en général par le mot *matu* (= *ki*) « pays », soit
spécialement par celui de pays de Sumir « *mat Sumiri* (= *ka-mi*
ou *ki-en-gi*) soit encore par *mat Akkadi* (= *bur-bur-ki*), soit enfin
en combinant ces deux noms par *mat Sumeri ù Akkadi* (= *ki-en-gi-ki bur-bur-ki*) « pays de Sumir et d'Accad ». L'auteur de la
tablette nous apprend donc formellement que cette dernière appellation désigne la Babylonie entière dans un sens géographique et
non pas dans un sens ethnique ou linguistique, comme le pensent
les assyriologues. En effet, si les noms en question désignaient
primitivement deux races différentes, des Sémites et des non
Sémites, l'une des deux devait nécessairement manquer dans les
plus anciennes inscriptions, qui sont, dit-on, antérieures à l'arrivée des Sémites. Je laisse à MM. Oppert et Lenormant le soin
de vider entre eux la querelle qu'ils mènent avec trop de bruit, à
savoir lequel des deux, de Sumir ou d'Accad, désigne les Sémites.
Pour moi, je crois que tous les deux ont en partie raison. M. Oppert
est parfaitement dans le vrai quand il affirme que le nom d'Accad
est d'origine sémitique et s'applique aux Sémites, mais M. Lenormant ne se trompe pas non plus en soutenant que les Sémites sont
désignés par le nom de Sumir, lequel se trouve exclusivement
dans les textes sémitiques, jamais dans les autres ; leur erreur
commune consiste simplement dans ce fait qu'ils prennent des
expressions géographiques pour des noms de peuples et de langues.
Quant aux phonèmes hiératiques que nous étudions, leur origine assyrienne saute aux yeux. J'ai déjà dit plus haut que la
forme *ki-en*(ou-*in*)-*gi* qui donne en abrégé *kin* ou *ki* n'est autre
chose que le démotique *kingu* « terre, argile ». Son synonyme *ka-me* ou *ka-mi* vient de l'autre nom assyrien de la Babylonie qui
est *Kamu*, au féminin *Kamitu* (W.A.I. II, 25, 51ᵉ), nom qui n'a naturellement rien de commun avec l'idéogramme *ka-me* « langue,
parole ». Celui-ci, ainsi que le prouve sa lecture *e-me* vient du
démotique *amu* « parler ». Dans les textes ninivites on trouve
pour Sumir l'idéogramme *ka-me-ku* dans lequel *ku* = *subtu* « demeure » paraît jouer le rôle de déterminatif[1]. Enfin, pour *bur-bur*, nous savons qu'il signifie « hauteur » (*tilla*), circonstance qui
le ramène au démotique *buru* (= héb. בִּירָה) « citadelle élevée ».

---

[1] Cette hypothèse ne me paraît plus nécessaire aujourd'hui ; le signe *ku* doit probablement être lu *tu*, en sorte que le mot entier est simplement *kamitu* (Note de 1882).

Il y a peu à dire au sujet de la dernière ligne de notre extrait *Er sa ki-pal* qui équivaut au démotique *Eru* ou *Alu sa mat nukur-ti* (= héb. אֶרֶץ נֵכָר ou אַדְמַת) « ville du pays étranger ». On observe toutefois que l'idée de l'étranger dérive en assyrien du verbe *nakaru* « changer, déplacer »; c'est aussi le sens de l'hiératique *pal*.

2. Noms de montagnes, de fleuves et d'étoiles.

1 *sad* Sa abu] lipśur.		*sad an-en kit.*
2 *sad* Lilmun.	—	*sad an-im.*
3 *sad* Hamanu.	—	*sad* erini.
9 *sad* Bibbu.	—	*sad* allanù.
11 *sad* Aralu.	—	*sad ku-gi.*
12 *sad* ..arhâ.	—	*sad an-na.*
17 *sad* Meluhha.	—	*sad tak-za-gul.*
21 *sad* Niçir.	—	*sad* Guti.
22 *sad* Harsamna.	—	*sad ib-kur-ra-mes.*
25 *a-zik bar-lik-gar.*	—	babilat nûhsi.
26 *a-zik ud-kip-nun-ki.*	—	napisti mati.
27 *a-zik* arâhtu.	—	sa ana *KA-an-ra-ki* ubbalu *ti*.
28 *a-zik* me *an-en-kit-lal*.	—	*lik-gal-la* sa *an-çur-ud*.
32 *a-zik* Ulâ.	—	*a* sa ana *a-ab-ba* ubbalu hizibsa.
58 *mul a-zik-bar-lik-gar*..		*an*-Anunitam.
59 *mul a-zik-ud-kip-nun-ki*		sinuntu.
63 *mul ud*.		peçû.
64 *mul*.	*dir*	makrû.
65 *mul*.	*dir*	mekit imat.
67 *mul*.	*nu me-a*	balum (*ibidem*, 51).

34* *mul lu sa gaz*	kirbatum.
35ᵉ *mul lul-la*	sàrru.
36* *mul lu gur-ra*	nakar.
37º *mul lu gur-ra*	sanùmma.
38º *mul ur bar-ra*	ahù.
39º *mul num-ma*	
40º *mul gig*	*mul* sipthi nam-be-mes.
41º *mul gi gi*	*mul* kitam ù mesar, *an sak us an-na*.
42º *mul mi*	*an* (*zalme*) *kus*.
43º *mul zi-ba-an-na*	zibanitum (*ibidem*, 49).

La partie qui renferme les lignes 1 à 32 appartient à un document magique ayant pour objet l'invocation des génies des montagnes et des fleuves afin d'obtenir le pardon des péchés. La formule sacramentelle est « que telle montagne ou tel fleuve pardonne. » En face de chaque nom propre vient dans la seconde colonne une proposition qui en indique la nature ou la position géographique. Les six dernières lignes font partie d'un document lexicographique dans lequel les groupes hiératiques des fleuves et des étangs sont expliqués, soit par le nom réel et populaire, soit par des idéogrammes plus connus. On remarquera que les montagnes ont pour déterminatif le signe *sad* qui est l'abréviation de l'assyrien *sadu* « montagne ». En hiératique, ce déterminatif se lit ordinairement *kur*, phonème qui semble venir de la racine arabo-sémitique *hâra* « rouler en spirale » d'où *kûra* « pays, province, contrée ». Le déterminatif des fleuves *â-zik* « eau-courante » se lit *id*, parce que, en assyrien un courant d'eau se dit *edu*; en hébreu *êd* (Genèse, II, 3). Enfin, le déterminatif des étoiles *mul* vient probablement de *alalu* (héb. הלל) briller.

Ayant démontré le sémitisme des déterminatifs, nous procéderons à expliquer les noms particuliers. Le mont *Sâbu* est encore mentionné dans la légende relative à la fuite du dieu *Zu* (W.A.I, IV, 14, 3), et comme ce lieu y est qualifié de lointain (*asru ruqu*), il devient évident que l'application de la seconde colonne par *sad an en kit* [*ki*] qui signifie « montagne de Bel = Nipour » ne désigne pas la ville babylonienne de ce nom, mais le pays montagneux de Nipour, au bord de l'Arménie, probablement la chaîne du Masius. Nous savons moins la situation du mont *Lilmoun* (l. 2) et la qualification de mont du dieu Raman (*an im*) ne nous éclaire guère. En revanche, le mont *Hamanu* est bien l'Amanus des anciens qui sépare la Cilicie de la Syrie, montagne célèbre par ses grands arbres (*erini* cèdres ?) qui fournissent un excellent bois pour les constructions navales. Le mont *Bibbu* (bélier) était riche en cyprès (*allanu* héb. אלן). La montagne fabuleuse de *Aralu* (l. 11), l'Olympe assyro-babylonien, abondait en or (*ku-gi*); le mot *aralu* signifie « mort » (héb. עָרֵל, Ezéchiel, XXXII, 19). D'après la croyance assyro-babylonienne, l'entrée des morts dans l'Hadès se trouvait au bas de cette montagne, dont la base plongeait dans l'abîme. Le plomb, en hiératique, *an-na*, abréviation du démotique *anaku* (= héb. אֲנָךְ) abondait sur la montagne *arta* (l. 12) du nom de laquelle, le premier signe est effacé. Parmi les pierres précieuses, la pierre nommée *za-gul* (= *sam* ?) = *sântum* (*sându*) « noire » est propre aux montagnes de l'Éthiopie (l. 17). La célèbre montagne de *Niçir* où s'arrêta l'arche de Hasis-adra (Xisuthrus) est située dans le pays de Gouti, le Kurdistan (l. 21) et la montagne nommée Harsâmna est riche en chevaux (l. 22). L'idéogramme du cheval est IB-*Kur-Kur-ra*, mot à mot : « animal de montagne ».

Parmi les fleuves de la Babylonie apparait en premier lieu le Tigre, *Diglat* ou *Idiglat* (héb. חִדֶּקֶל; aram. דִּגְלַת, nom dont le thème *Digal* a donné naissance au rébus *Tik-gar* « col-faisant ». Le premier signe, *bar*, représente l'*i* de la forme démotique, dont le sens demeure encore obscur. L'ensemble du groupe hiératique d'après les syllabaires, doit se lire *I-dig-na* ou *I-dig-nu*, probablement dans le but de quelque rébus, ce qui le rapproche encore davantage de la forme démotique[1]. Le Tigre est qualifié de celui qui apporte (*babilat*) le bien-être (*nuhsi*). L'Euphrate (l. 26), en assyrien *Puratu*, en hébreu פְּרָת, est désigné en hiératique par le groupe *ud-kip-nun-ki* « fleuve de Sipar du soleil » et cette désignation, trop étroite pour un si grand fleuve, se montre par cela même impopulaire et artificielle, car, comme l'ajoute le scribe, il est l'âme ou la vie du pays (*napisti mati*) tout entier. Après les grands fleuves vient l'énumération des principaux canaux qui rendaient la Babylonie un des pays les plus fertiles du monde. En tête de la série figure l'*Arahtu* (l. 27) qui « apporte la vie (*ubbalu ti*) à Babylone. » Un autre canal, nommé *Mé-Bel* (= *an-en-kit-lol*=*an-en-lil-la*) « eaux de Bel » est intitulé fils aîné (*tik-gal = gugal*, démotique *gugallu = asaridu*; r. *galalu*) de Mardouk, *çur-ud = amar-ud*, ce dernier est une épithète signifiant « antilope magnifique ». Le canal qui a nom *Me-Kaldan* (l. 31) porte le titre de « vivifiant les créatures vivantes (*siknat napisti*) ». Le participe *muballidhat* « celle qui vivifie » est écrit *mu-ti-la-at*, groupe dont le premier et le dernier signes sont phonétiques, tandis que les deux signes du milieu, savoir *ti-la*, se composent de l'idéogramme *ti* lu *til* qui équivaut à *balathu* « vie » et de son complément phonétique *la*. Un tel procédé montre bien le caractère purement graphique du système. A la ligne 32 est porté le fleuve *Ulâ* le אוּלַי des Hébreux qui baignait Suse, capitale de la Susiane. Le scribe assyrien lui donne une épithète toute prosaïque : « celui qui porte son produit à la mer (*sa ana a-ab-ba ubbalu hizibsa*). »

Les noms hiératiques des étoiles sont souvent empruntés à des noms divins ou géographiques. Ainsi, l'étoile d'Anounit est figurée « étoile du Tigre (*mul a-zik bar-tik-gar*, l. 58) » et l'étoile nommée en assyrien *sinuntu* « hirondelle » est désignée par des idéogrammes qui signifient « étoile de l'Euphrate (*mul a-zik ud-kip-*

---

[1] Il me paraît maintenant que de même que *nu*, le signe *na* a encore la valeur *la* et que l'hiératique, *idignu* ou *idigna* ne diffère du démotique *Idiglat* que par l'omission de la désinence du genre féminin (Note de 1882).

nun-ki, l. 59). » D'autres fois, la forme hiératique traduit seulement le nom vulgaire. A cette catégorie appartient le nom *ud* (l. 63) qui équivaut au démotique *peçu* « blanc » et celui de *nu-me-a* mot à mot « n'étant pas » dont le nom vrai *balum* signifie « néant » (héb. בְּלִי־בַּל). Il est à remarquer que l'idéogramme *me* « être » signifie au propre « se nommer », c'est qu'en assyrien comme en hébreu nom et existence sont la même chose. La négation *nu* se prononce *la* comme la négation démotique. J'ai trouvé cette prononciation formellement indiquée dans une tablette babylonienne que j'ai eue sous les yeux au Musée Britannique et dont j'ai malheureusement oublié la cote[1]. La forme toute démotique *la* pour *nu* revient aussi dans le document publié dans IV R., 15 (1,3). Les lignes 64 et 65 offrent deux noms démotiques d'une étoile qui s'écrit en hiératique *mul dir* « étoile sombre ». Le premier nom, *mâkrû* « serviteur », rappelle le nom du second mois d'Adar « mâkru sa Adari » « serviteur d'Adar ». Le second nom, écrit avec les signes *me kit-i-mat* peut se lire de diverses manières grâce à la polyphonie de trois d'entre eux. Vu l'équivoque qui en ressort, je renonce à le traduire [2]. Les autres noms de la même étoile néfaste sont, sauf de minces nuances, identiques dans les deux rédactions. Ainsi *lu-sa gaz* (mot à mot homme-veine-coupant) = *kirbatum* « égorgement ? » (l. 34); *lul-la sârru* (l. 35) « malfaiteur »; *iu-qur-ra* = *nakar* (l. 36) et *sanimma* (l. 37) « quelconque, autre »; *ur-bar-ra* (l. 38) et *numma* (l. 39) = *ahû* « celui du dehors, autre »; *gig,* « douleur » = *sipthi nambe-mes* (lisez *limmiti*) « peines mauvaises ». L'identité du sens se constate aussi dans les derniers noms qui s'appliquent à une seule étoile dont la désignation astronomique est *sak-us-an-ud* « sommet du soleil ». Aux groupes hiératiques *gi-gi* (mot à mot « vérité-vérité » *gi* de *gin* ou *kin*), *mi* « obscurité » et *zi-ba-an-na* « étoile à queue », répondent les termes démotiques respectifs : *Kittum ù mesar* « vérité et équité », *ra-pa*(=*kus*), *lu çalme* « ténèbres », *zibanitum* « à queue, comète ». On remarquera que la lecture *çalme* donne intégralement l'assyro-sémitique *çalmu* et que la forme hiératique *zi-ba-an-(na)* est simplement l'abréviation du mot assyrien *zibani-tum* dérivé du terme sémitique *zunb, zanab* « queue ».

---

[1] Je retrouve maintenant ladite glose dans W. A. I, V, pl. 31, 2, verso, l. 56 (Note de 1882).

[2] J'incline maintenant à lire *sipkit imat* « versement de colère » (Note de 1882).

B. — SPÉCIMENS DE NOMS COMMUNS.

1. *Liste de fonctionnaires et d'ouvriers* (W. A. I, II, 31.)

34 *a* DV-gal-sak « Rabsaké, chef, militaire ».
36 *a* DV-gir-lal « porte-épée ».
82 *a* LV-si-um-BARA « augure du temple ».
86 *a* LV-a-e-gal « fils (?) du palais ».
53 *b* LV-is-ban « archer ».
54 *b* LV-sa-muh-er « préposé à la ville, préfet ».
44 *c* LV-sà-en-nun « gardien ».
47 *c* LV-gal karmani « chef des voieries » [1].
48 *c* LV gal kari « chef des digues ».
53 *c* LV izzâz pani « qui se tient devant, factionnaire ».
54 *c* LV us-IB-a-ab-ba-mes « gardien des chameaux ».
55 *c* LV-IB-gam-mal-mes « gardien des chameaux ».
64 *b* tur-a-ba mat assur-â « officier (?) assyrien ».
65 *b* tur-a-ba-mat armâa « officier araméen ».
70 *b* tur nu-is-sar « garçon jardinier ».
71 *b* tur dam-gar « garçon laboureur ».
76 *b* tur çalib su gab-si-a « tanneur (?) de peaux d'antilopes ».
77 *b* tur sa-muh qanâte « garçon préposé aux bâtons ».
80 *b* tur a-bal « porteur d'eau ».
60 *c* tur-musakil is « garçon qui entretient les arbres ».
61 *c* tur musakil hu-mes « garçon qui nourrit les volailles ».
63 *c* tur sib-GVD-mes « berger de vaches ».
64 *c* tur sib-hu-mes « éleveur d'oiseaux ».
65 *c* tur sa is-is-ban-mes « garçon qui arrange les arcs ».

Les signes déterminatifs contenus dans le spécimen qui précède ont un emploi assez précis. Celui que nous transcrivons provisoirement par DV à cause de sa ressemblance avec le signe *du*, désigne spécialement, paraît-il, des charges militaires et son usage est très limité. Le déterminatif que je lisais autrefois HAR et que grâce à une glose on transcrit maintenant LV, est au contraire des plus fréquents et signifie « homme ». Vu l'incertitude de ces lectures, il serait téméraire d'en chercher l'étymologie. Nous sommes un peu plus favorisé par rapport au déterminatif *tur* « jeune homme, garçon », dont le sens propre est « petit,

---

[1] Littéralement : « chef des tas ou des monceaux », non chef des vignes : à ma connaissance, le mot *karmu* n'a jamais le sens de vigne.

jeune ». Le sens hiératique de *tur* me semble le résultat d'un jeu d'homophones si fréquent dans le système hiératique. En qualité de terme démotique, le verbe *tur* n'a que le sens de *saharu* (r. סחר) « retourner, entourer », mais pris comme idéogramme il figure aussi le verbe *çaharu* (r. צחר = צער) « être petit, jeune ». Voilà pour l'orthographe ; quant à la lecture *dumu* (abrégé, *du*) que les gloses leur attribuent, elle est purement et simplement le mot assyrien *dumu* ou *damu* « enfant, jeune homme, maître ».

Quand on retire les déterminatifs aphones, on trouve que les articles de cette liste se composent, tantôt de termes purement démotiques, tantôt de phonèmes exclusivement hiératiques, tantôt d'expressions mêlées des deux. A la première catégorie appartiennent les articles 54 *b*, 53 *c*, 64 *b*, 65 *b*, 77 *b*, qui n'ont pas besoin de remarques particulières. Parmi ceux de la seconde catégorie, plusieurs consistent en purs idéogrammes sans aucun rapport avec l'articulation du nom réel ; ce sont : *gir-lal* (36 *a*), m. à m. « épée portant » = dém. *nâs patri ;* LV *is-ban* (53 *b*) m. à m. « homme-arc » = dém. *amel mitpani; us*-IB-*a-ab-ba-mes* (54 *c*), m. à m. « garçon-animal-mer + pl. » = dém. *rid-gammali; nu-is-sar* (70 *b*), m. à m. « maître-arbre-aligné » = dém. *bêl kirri; a-bal* (80 *b*), m. à m. « eau-portant » = dém. *nâk me; sab* GVD-*mes* (63 *c*) = dém. *ri' alpi; sib-hu-mes* (64 *c*) = dém. *ri' issuri*, m. à m. « berger d'oiseaux ». D'autres jouent sur une ou plusieurs syllabes du mot démotique ; ce sont : *gal-sak* (34 *a*) « grand chef » = dém. *rab-saqê,* dont la transcription est garantie par l'hébreu רַב־שָׁקֵה (II Rois, xviii, 17) ; *si-um* BARA (82 *a*) = dém. *tuklat-parakki; a e-gal* (86 *a*), m. à m. « fils-maison-grande » = dém. *abil-êkalli;* IB-*gam-mal-mer* (55 *c*), m. à m. « animal-courbe-faisant + pl. » = dém. *gammali* « chameaux » ; *dam-gar* (71 *b*), m. à m. « maître de labour » = dém. *tamkaru* (r. מכר ou מגר).
La troisième catégorie enfin, celle où les expressions démotiques sont entremêlées d'idéogrammes, renferme les articles suivants : *sa en-nun* (44 *c*) = dém. *sa mazarti; gal karmani* (47 *c*) = dém. *rab karmani; gal kari* (48 *c*) = dém. *rab kari; çalib su gab-si-a* (76 *b*) = dém. *çalib masak dusi; musakil is* (60 *c*) = dém. *musakil içi; musakil hu-mes* (61 *c*) = *musakil iççuri; sa is is-ban-mer* (65 *c*) = dém. *sa mitpani.*

2. *Noms de quadrupèdes.*

1 *a*	lu	*kirru* « mouton ».
8 *a*	lu-lim	*lulimu* « bélier ».
13 *a*	ur-ku	*kalbu* « chien ».

2 c	ur-bi-ka—gar	zibu « loup ».
3 c	ur-bi-ka—gar	akilu « loup ».
10 c	DA-RA	turahu « antilope ».
11 c	DA-RA-bar	aalu « gazelle ».
12 c	DA-RA-bar-kak	náalu « daim ? ».
13 c	DA-RA-hal-hal-la	‖ « *idem* ».
14 c	bar	sabie « cerf ».
15 c	bar-kak	‖ « *idem* ».
16 c	bar-kak *ni-ta* us	dâssu « sorte de gazelle ? ».
21 c	sah	sahû « bête fauve, léopard ».
28 c	sah mak-kan-na	makkanû « hippopotame ».
30 c	sah bir a	hûssu ?
32 c	sah sika	banû « castor ».
33 c	sah bar lum	apparû « sanglier ».
34 c	sah si-har-ra	su ù ?
35 c	sah nam-en-na ak-a	pitrú ?
87 c	sah se	marû « nourri ? »
58 c	sah se si-sab-ga	‖ damqu « nourri et bon » (*Ibidem*, 6).

3. *Noms d'oiseaux, d'insectes et de poissons.*

39 a	kip-su hu	su	sisiltum « alouette ».
40 a	sab gi-zi hu	issur têsi	‖ « *idem* ».
45 a	gir-bu-da hu	sagatum	sirku « cygne ».
64 a	gir-bu-da hu	sêb arik	‖ « *idem* ».
48 a	nam-sab nam hu	askiqu	siliqqu ?
50 a	sa-pe-tam hu	sapetam	askikitum « hirondelle ».
55 a	sal-us-sa hu	tusmu	atân a-ZIK (*Ibidem*, 37) « â-nesse de fleuve, pélican ».
4 c	hu-sab a-ab-ba		erib tamtim « insecte de mer ».
5 c	hu-sab a-ZIK-da		kulilum « insecte de fleuve ».
6 c	hu-sab. GAN-na		zizanu « insecte de parc ».
7 c	hu-sab tir-ra		‖ kisti « insecte de forêt ».
10 c	hu-sab en-me-li		sa'ilum ?
11 c	hu-sab sa gi-lum		su « insecte de paille ».
12 c	hu-sab sa gi-sum		su « insecte de chanvre ? »
16 c	hu-sab ha-mun		lallârtum « moucheron ».
22 c	*uhu* uh		uplu « ver ».
23 c	*lam-mu-bi* uh		nâbu « bourdon ? »
24 c	uh		kalmatu « pou ».
25 c	uh		pursu'u « puce ».
29 c	uh a-lip-ga		kalmat ikli « ver de champ ».
30 c	uh is-sar		‖ kirî « ver de jardin ».

31 c uh se	‖	se' « ver de blé ».
32 c uh se is-ni	‖	samassamme « ver de sésame ».
33 c uh ka-lum-ma	‖	sulûppe « ver de figues ».
34 c uh se ka—gar-e		riasu « ver qui ronge le blé ».
35 c uh is		balthîttum « ver de bois ».
37 c uh sar		kalmat arki « ver de verdure ».
41 c uh SIK		sâsu « teigne » (*ibid.*, 5).
ha		nunu « poisson ».

4. *Noms de bois, de plantes et de pierres.*

27 e is (a-lal) rit	alallum « canne ? »
28 e is (pe-sa-an) rit	pesânnu « canne ? »
29 e is bur	burrum « bouleau ? »
30 e is bur	is pisri « bouleau ? »
31 e is mir	agû « jonc ».
32 e is mir mir	‖ apasi ?
33 e is mir er+si	su qu ?
34 e is mir er+si	ag mâkru, jonc ?
35 e is thu	pâsu (*ibid.*, 44) ?
55 a u tik a-ZIK	u ku mak-du-du « habit (?) du matelot ».
56 a u ka mak-du-du	u binût a(gi) mi-a « produit du courant ».
58 a u ku sa a-ab-ba	u an an tamtim « épi du dieu de la mer ».
59 a u ku sa yâme	u an an tamtim « épi du dieu de la mer ».
65 a u ku sami rapadi	u kasi sir « qui paralyse le serpent ».
66 a u muqutanu	u kisât sir « paralysie du serpent ».
67 a u aár sikir	u aár ka sir (*ibid.*, 43), « fils de la gueule du serpent ».
10 e tak lib+a	ak erie « pierre d'enfant ».
11 e tak nu lib+a	tak la ‖ « pierre de non enfant ».
12 e tak u-tu	tak aladi « pierre d'enfantement ».
13 e tak nu u-tu	tak la ‖ « pierre de non enfantement ».
14 e tak ki-RAM-mal	tak râme « pierre d'amour ».
16 e tak si hu-na	tak ini issuri « œil d'oiseau ».
17 e tak hu	tak issuri « pierre d'oiseau ».
18 e tak ha	tak nûni « pierre de poisson » (*ibid.*, 40).

Les listes qui précèdent demandent quelques éclaircissements. Le numéro 2 renferme six espèces de quadrupèdes désignée chacune par un déterminatif particulier. L'espèce ovine est ordinairement marquée par le signe *lu* qui est l'idéogramme du « mouton ». (*Kirru*, 1 *a*). Si je ne me trompe ce *lu* étant visiblement l'abréviation de *luu* = *alpu* « taureau, bœuf » devait désigner au propre le bétail en général; sa restriction au menu bétail me semble une modification postérieure, introduite à une époque où le gros bétail avait acquis des déterminatifs particuliers, tels que GVD et AM. L'idéogramme du bélier, *lu-lim* (8 *a*), mérite une attention spéciale. En apparence il se compose du déterminatif *lu* et du signe *lim* (= *si*) « face, devant », en sorte que le tout signifierait « mouton qui va au devant, qui conduit les autres », ce qui caractérise très bien le bélier; mais la plus légère réflexion fait voir que c'est là une formation savante et artificielle qui tranche sur les formes naturelles écloses dans l'esprit populaire. Heureusement, le terme démotique *lulimu* (pour *lumlimu*) enlève la dernière ombre de doute à cet égard, car l'origine assyrienne de ce mot est prouvée par les autres dérivés de la racine *lamlam*. Je me contenterai d'en citer deux des plus connues : *lulûntu* (pour *lumlumtu*) « bélier de guerre » et *lûlmu* (contracté de *lumulmu*) « pendant d'oreille ». Il en résulte ainsi que l'hiératique *lu-lim* est purement et simplement un rébus jouant sur le terme démotique *lulimu*.

L'espèce canine a pour déterminatif le signe *ur* qui semble venir d'un mot démotique *uru* = *aâru* ou *éru* « jeune enfant et animal ». Le chien (*kalbu*) est figuré *ur-ku* (13 *a*) « jeune animal domestique » ; le loup (*zibu*, 2 *e*), *ur-bi-ka* + *gar* « qui mange ses petits ? », correspondant au nom démotique *akilu* (3 *e*) « qui mange » (sous-entendu : ses petits ?). L'espèce antilope est déterminée par un signe compliqué qui se lit *dara* ou plutôt *dar* et n'est autre chose que le terme démotique *darru*. Le sens de *turahu* (= תְּרָה?) et de *ndalu* est difficile à préciser; *aalu* (= אֲיָל) est probablement le chevreuil. Nous sommes aussi dans le vague à propos de *dâssu* qui appartient à l'espèce cervide déterminée par *bar* ou *bar-kak* = dém. *sabû* (héb. צְבִי) « cerf » ; *dâssu* rappelle le דִּישׁן hébreu. Parmi les bêtes sauvages déterminées par *sah* = dém. *sahu* (r. שׁחח), notre liste énumère le *mak-kan-na* = dém. *makkanu* (28 *c*), « le fauve d'Égypte », probablement l'hippopotame, le castor, *banû* (32 *c*) « le constructeur » et le sanglier, *apparû* (33 *c*) « l'animal des marais (cf. héb. חַיָה קָנֶה) » ; les autres qui forment les articles 30 *c*, 33 *c*, 34 *c* et 35 *c* sont incompréhensibles. Le terme *se* = dém. *marû* (37 *c*) semble désigner un animal nourri dans la maison (cf. héb. מְרִיא) et celui de *marû damqu* (hiér. *se si-sab* (= *a-zag* ?) *ga*, littér. « nourrisson-œil-brillant » l'animal apprivoisé et bon. Le phonème hiératique *nam-en-na a-ka* (35 *c*) signifie « domination-faisant » et fait allusion à l'équivalent démotique *pitrû* (r. פטר) « libre, indépendant ». Enfin l'hiératique *si-har-ra* (34 c) est expliqué dans la colonne assyrienne par *sù ù*, c'est-à-dire : mettez le même mot et ajoutez-y la terminaison *u ;* cela prouve jusqu'à l'évidence l'existence dans le lexique assyrien du mot *siharru*.

Il va sans dire que le sens précis des objets énumérés dans les listes 3 et 4 nous échappe en majeure partie ; néanmoins ce à quoi ces listes suffisent parfaitement, c'est à montrer, d'un côté l'emploi des déterminatifs ainsi que leur caractère artificiel, de l'autre, ce fait important que les expressions hiératiques calquent très souvent les noms démotiques assyriens, soit pour le sens, soit pour la forme matérielle. Ainsi, pour commencer par les déterminatifs, il est certain que *uh* et *is* viennent de l'assyrien *uhu* (= héb. אֹח) « ver, insecte » et *içu* (= héb. עץ) « arbre, bois » ; *u*, l'idéogramme du champ et de la verdure, peut aussi se ramener à *umu* ou à *ugaru*, deux mots pour « champ ». D'un autre côté, le phonème *ha* « poisson » se lit sans aucun doute *nun*, témoin la forme complète *ha-na = nuna*, du dém. *nunu*. J'ignore l'origine de l'idéogramme de la pierre TAK qui d'après les gloses se lit *za* et *na*. Le déterminatif postpositif des oiseaux *hu* se lit *musen* et présente la forme du participe *shaphel* d'une racine *anu* « crier ». L'idéogramme des insectes ailés (*eribi* = héb. עָרֹב), *hu-sab*, se compose de *hu* « oiseau, volant » et *sab* dém. *sabu* (héb. צָבָא) « multitude, troupe », caractérisant convenablement ces insectes qui voyagent en troupes innombrables, comme les papillons et les sauterelles. Quant aux noms assyriens passés plus ou moins complètement en hiératique, on en note les suivants : *Kipsu* (3,39 *a*), *sapetam* (3,50 *a*), *sa gilum* (3,11 *c*), *sa gisum* (3,12 *c*), *uh se'* (3,31 *c*), *burrum* (4,29 *e*), auxquels il faut ajouter, conformément aux gloses, les synonymes *allalum* (4,27 *e*) et *pesannu* (4,28 *e*) qui en hiératique s'écrivent avec le signe *rit*, de même le mot *uriqu* (4,33 *e*) qui ne conserve en hiératique que la syllabe initiale *uri* figurée par le signe composé *er+si*. Comme exemples très frappants de l'imitation en hiératique du sens du mot assyrien, nous signalerons les deux suivants. Le nom du cygne *sep arik* signifiant « pied long » est figuré en hiératique *gir-bu* (= *gud*)-*da*, qui a le même sens ; pareillement, le second nom du pélican (*tusmu*, héb. תִּנְשֶׁמֶת), *atan-êdi* (= a-ZIK) « ânesse des courants d'eau » est calqué en hiératique par le composé *sal-us-sa* « mule et ânesse ». Parmi les pierres, on trouve une imitation des plus étroites dans le nom *ini issuri* (4,36 *e*) « œil d'oiseau » dont l'hiératique *si-hu* a le même sens. A cette formation appartiennent encore 3,4 e ; 3,7 e ; 3,29 e ; 3,33 e ; 3,35 e ; 3,37 e ; 4,58 a ; 4,10 e ; 4,18 e. Dans l'article 4,59 a l'expression assyrienne *sa yâma* figure même sur la colonne hiératique.

5. Substantifs et adjectifs.

44 e	dir	sâmu « foncé, brun, noir ».
45 e	zagul	sámtum « pierre précieuse ».
46 e	gi hu im	‖ « *idem* ».
47 e	sa-ma-NA	samanu « noirâtre ? »
48 e	(*si*) si+hi	pelù : pelutum « rouge ? »
49 e	zi : pe-lu-ù	sab-hi : pelù « rouge ? »
50 e	(*si-zi*) SIZI	ara : arqu « vert ».
51 e	hu si SIZI hu	ráqraqu « oiseau vert (verdier, pivert ?) »
52 e	a-ra-ak-a	‖ « *idem* ».
53 e	nita SIZI SIZI	urriqu « homme pâle ? »
54 e	u — rik	urqitum « verdure ».
55 e	sar	arqu « vert, plante ».
56 e	par	pesù « blanc ».
57 e	KV-gi hi-id	KV-gi ‖ « or blanc (platine ?) »
58 e	par (*par-su*) id-ki	pesit-ki « terre blanche ? craie ? »
59 e	lib sud par	bùssù sa gi dibba (?) « la surface blanche du calam ? »
60 e	lib is ba ub gur	‖ sa ‖ « *idem* ».
61 e	dip	‖ sa ‖ « *idem* ».
62 e	(*babar*) par (?)	‖ sa ‖ « *idem* ».
63 e	par ak-a	‖ sa ‖ « *idem* » (*idem*, 26).
14 a	(*sa*) di	milku « conseil ».
15 a	di (*sa-ga-ar*) gar	maliku « conseiller ».
16 a	di (*gar*) mar	‖ ka+me sal « *idem*, genre féminin ? »
14 a	di mar mar	‖ sa milki « *id.* de conseil ».
18 a	is	rabù « grand ».
19 a	mu	‖ ka+me sal « *id.*, genre féminin ».
20 a	(*tu-ur*) tur	zâhrum « petit, jeune ».
21 a	gi	‖ ka + me sal « *id.*, genre féminin ? »
22 a	(*su*) sud	zaraqu « jeter, lancer ».
23 a	(*su-ù*) kil+ù	zirqu « seau ».
24 a	hi nir	rihutum « trouble ».
25 a	us ka-ga	rahù « troubler » (*ibid.*, 48).

6. Verbes et noms verbaux.

14*a*	sar	sarahu « crier ».
15*a* sar	sak	sarahu « crier ».
16*a*	sur	sarahu « crier ».
17*a*	sar	sarahu « crier ».
18*a*	tuk	sarahu « crier ».
19*a*	ne	..... bi ?
20*a* DVB	di	sirhu « cri ».
21*a* ka	DVB	sirhu « cri ».
22*a* ka-ra-ah		sarihu « crieur ».
23*a* i-lu DVB di		arihu « crieur ».
24*a* ilu *du* ka		sarihu « crieur ? »
25*a* ilu	di	sarihu « crieur ? »
26*a* i-lu kaka		sarihu « crieur ? »
27*a* i-lu didi		sarihu « crieur ? »
28*a* is-ku su nir		mâsrahu « sorte d'arme » (*ibid.*, 20).
22*e*	tar	daanu « juger ».
23*e* tar da		daanu « juger ».
24*e* zak sa du		dunnu « puissance ».
25*e* SA ru SA ?		dinnutam « fortification ».
26*e* ... ga-thu-la		dinanu « force? »
27*e* ... ik zu		nindanu « savoir? »
29*e* ... ka-ga		adannu « affirmation ? »
31*e* *ir* a-si		dimtam « larme ».
32*e*	di	dinu « jugement, loi ».
38*g*	se	magaru « travailler, servir, adorer ».
29*g* se	ga	‖ ? « *idem* ».
30*g*	rum	‖ « *idem* ».
31*g* is	VR	‖ « *idem* ».
32*g* LV el-kak-a		mâkrù « serviteur, dévot ».
33*g* ka el-kak-a		mâkritu « servantes dévotes ».
34*g* *ibira* ka+kip		damkaru « laboureur ».
35*g* dam-gar		‖ « *idem* ».
36*g* *pa-a* si-ru		nabù « mentionner, annoncer ».
37*g* rum be		‖ « *idem* ».
38*g* ka *gu* DE		‖ « *idem* ».
39*g* *sá* SA		‖ « *idem* ».
40*g* an-ak		‖ « Nabou ».
41*g* an-na-bi-um		‖ « Nabou ».
42*g* ku *da-ra* ib.		nibittam « mention, nom ».
43*g* da-da-ra		ninbutu « mention, annonce ».

44 *g* i-lu | nubù « cri, appel ».
45 *g* i-lu di | munambù « qui appelle ».
46 *g* u-ka-DE | na'butam « fuite ».
47 *g* LV u-ka-DE | munnabtam « fuyard ».
48 *g* num | núbtam « abeille » (*ibid.*, 17).

Le trait commun de ces listes, c'est le manque de déterminatifs. Privé de ce fil conducteur, le scribe joint sur la même tablette ou bien les noms des objets de la même catégorie, ou bien les mots dérivés de la même racine. Le numéro 5 fournit l'exemple de la première manière d'agir, puisqu'il renferme les noms des couleurs et les mots qui s'y rattachent. Le numéro 6 offre au contraire un exemple du second procédé ; c'est notamment le cas des extraits 1 et 2 qui donnent plusieurs dérivés des verbes *sarahu* (racine צרח) « crier » et *makaru* ou *magaru* (r. מכר ou מגר) « labourer, servir, adorer. » D'habitude, les verbes qui ont deux radicales communes sont joints sur le même registre, malgré la différence du sens. Ainsi l'extrait 2 juxtapose dans la plus grande promiscuité les racines דין «juger», דנן «être fort», נדן « donner », et דמע « verser des larmes ». La pièce 4 va même jusqu'à réunir ensemble les dérivés de la racine נבא « annoncer, parler », non seulement avec la racine נוב, mais encore avec les dérivés du verbe *abatu* « fuir » au niphal. Ces exemples montrent donc d'une façon lumineuse que la pensée dirigeante réside dans la colonne assyrienne, ce qui revient à dire que la rédaction soi-disant suméro-accadienne a été composée exprès par le scribe sémitique comme partie accessoire et complétive de la liste assyrienne. Il est également évident que le scribe n'a pas eu l'intention de composer un vocabulaire assyrien et accadien, car dans ce cas il aurait placé en premier lieu la colonne sémitique. Mais si donc l'accadien est l'accessoire de l'assyrien, que peut-il être si non un système de rédaction, exprimant la langue assyrienne ? Cette conclusion inévitable sera encore corroborée par des considérations de détail.

Dans la liste 5, 1 on distingue en premier lieu le nom de la couleur foncée donnant sur le brun, *sâmu* (r. שחם) = hiér. *dir* (de *adru* « obscurci, pâle »). Je ne comprends pas les formes hiératiques qui expriment la pierre précieuse de couleur foncée nommée *sâmtum* (45 *c*, 46 *c*) [1]. Mais l'expression hiératique *sa-ma*-NA (47 *c*) qui

---

[1] La première de ces formes, *za-gul*, a la valeur phonétique *gug*, qui, comme son analogue *gig* signifie « noir, sombre » et semble venir du verbe *agagu* (= ar. *agga* « brûler ») « être violent », d'où l'adverbe *aggis* « violemment, fortement » ; comparez l'arabe *chalim* qui signifie à la fois « violent, méchant » et « noir, sombre » (Note de 1882).

reproduit le démotique *samanu*, a cela de particulier que la dernière syllabe *na* est figurée par l'idéogramme dénotant l'idée de se coucher et de se reposer, NA (de *nahu*, r. נוח); il y a, je crois, une allusion à la couleur de l'atmosphère au coucher du soleil. La couleur *pelu* est probablement le rouge clair de la flamme. De ce mot vient l'idéogramme connu *pil* « lumière, flamme », idéogramme qu'on ne doit pas confondre avec BIL-GI lu GI-BIL qui a le même sens. Ce GI-BIL a pour base le mot assyrien *kibil* « feu, flamme (W. A. I., IV, 8, col. IV, 2) ». On remarquera que le mot démotique *pelù* figure sans changement sur la colonne hiératique (49 *e*). La couleur verte, en assyrien *araqu* ou *arqu* (c'est ainsi qu'il faut comprendre les termes *ara : arqu* de la ligne 50), a pour équivalent un idéogramme qui d'après la glose se lit *si-zi* et qui paraît provenir d'un mot assyrien *siçi* (cf. le talmudique שיצא ou שיצנא « épine, branche »). Le second phonème hiératique de l'oiseau vert *râqraqu* (héb. יְרַקְרַק) déguise l'adjectif assyrien *araqu* (héb. יָרָק « vert » sous la forme curieuse *a-ra-ak-a* qui signifie littéralement « eau-couler-faisant »; on y surprend l'intention de dériver *râqraqu* de la racine homophone ירק « baver, cracher ». Le premier phonème *hu si SIZI-hu* (51 *e*) signifie mot à mot « oiseau à crête (*si* corne) verte ». En passant l'article 53 *e* que je ne sais pas traduire avec certitude, je signalerai un exemple très remarquable du jeu du rébus dans le phonème hiératique *u-rik* qui est bel et bien le thème du mot assyrien *urkitum* « verdure » et dont la racine sémitique commune est ורק; or, le complexe hiératique en question est agencé de manière à faire prendre le premier élément *u* pour le déterminatif des plantes et le second élément *rik* (on peut lire aussi *sim*) pour le terme essentiel dénotant la verdure. N'est-ce pas une preuve évidente du caractère artificiel et assyrien des phonèmes de la première colonne? De la ligne 56 *e* jusqu'à la fin, notre liste énumère des objets incompris de couleur blanche, *pesù* (r. פצח) = hiér. *par* (r. פאר) qui se lit aussi *babar*. Ce phonème se rattache visiblement à la racine ברר dont on connaît un dérivé assyrien *birbirru* « splendeur ».

La seconde partie de cette liste se comprend à peu près entièrement quant aux mots démotiques. Par contre le sens et l'origine de la majorité des désignations hiératiques nous échappent encore, ce dont il n'y a pas lieu de s'étonner. Le composé *di-gar* = *sa-gar* (15 *a*) signifie littéralement « conseil-faisant ». Notons que les signes *mar* et *gar* qui se lisent tous deux *gar* rendent le démotique *sakanu* dans les deux sens différents qui lui sont propres, celui de « faire » et celui de « demeurer », preuve tangible que l'hiératique procède du génie assyrien. L'idéogramme du seau (*zirqu*), se compose d'une figure carrée lue *kil* (représentant un bassin?) dans lequel est inséré le signe *sù* « descendre ». Mais le véritable intérêt de cette nomenclature réside dans le complexe hiératique *ka+me* (le signe *me* est placé dans l'intérieur du signe *ka*)*-sal*, signifiant en apparence « langue de femme ». Si ce sens était le vrai, il faudrait lire *e-me-sal*, car dans le sens de langue et parole, le phonème *ka-me* a la valeur *eme* laquelle est l'altération du verbe assyrien *amu* « parler, ordonner ». Mais quel peut être le sens de cette qualification qui se rapporte aux signes parallèles de la première colonne ? M. Lenormant, s'appropriant en l'exagérant une idée de M. Sayce, a supposé naguère que l'expression « langue de femmes » désigne « un idiome particulier, tenant de très près à l'accadien, ou plutôt un dialecte de cette langue, spécialement travaillé par l'altération phonétique [1] ». Il est presque superflu d'insister sur l'impossibilité d'une pareille hypothèse qui tend à faire croire que les assyriens sémitiques auraient pris soin d'étudier d'âge en âge les divers dialectes d'une langue étrangère et préhistorique. Du reste, pour être logique, il faudra admettre que chez les Accadiens les femmes parlaient un dialecte différent de celui des hommes, comme c'est le cas, dit-on, chez les Caraïbes ; autrement la qualification de « langue de femmes » n'aura pas de sens. En attendant que les assyriologues établissent le dialecte féminin de la Babylonie préhistorique sur des bases sérieuses, nous préférons voir dans ce groupe hiératique l'équivalent de la locution talmudique לְשׁוֹן־נְקֵבָה « langue de femme » = genre féminin. Cette glose massorétique semble donc indiquer l'emploi d'idéogrammes particuliers lorsque le substantif ou l'adjectif est mis au féminin. Ainsi, pour le cas de notre liste, *di-mar* (17 *a*) signifierait « conseiller » et « conseillère » tandis que « di-gar » serait seulement le masculin « conseiller ». De même, *mu* (19 *a*) et *gi* s'emploieraient au lieu de *is* (18 *a*) et *gi* dans le sens respectif de « grande » et « petite ». Vu l'insuffisance de notre connaissance de l'assyrien, cette explication a besoin d'être confirmée par des témoignages plus nombreux et je ne la donne que comme provisoire[2]. Quoi qu'il en soit, du reste, le prétendu nouveau dia-

---

[1] Journal asiatique, août-septembre 1877, p. 120, note.

[2] Cette interprétation n'est vraie qu'en ce qui concerne l'élément *Ka + me* qui signifie bien « genre, expression », mais le second élément *sal* « femme » doit être pris dans le sens de « ignorance, manque de savoir », locution qui fait allusion à l'éducation négligée des femmes en Orient. Les groupes hiératiques ainsi désignés sont des formes vicieuses, inexactes, employées par des scribes ignorants. Au fait, ces formes sont bornées à un petit nombre de textes et ne se trouvent pas dans les monuments de quelque antiquité. (Note de 1882.)

lecte se réduit aux modestes proportions de variantes orthographiques et au choix conventionnel de signes équivalents.

Parmi les termes contenus dans la liste n° 6, la première partie offre les expressions hiératiques rendant le verbe *sarahu* (= צרח) « crier » et quelques-uns de ses dérivés. Un fait remarquable, c'est la répétition du signe *sar* aux lignes 14 *a* et 17 *a* ; j'en tire la conclusion que ce signe a encore la valeur *sir*[1], en sorte que le sens de « crier » est indifféremment attaché à chacun des monosyllabes *sar*, *sur* (16 *a*) et *sir* ou, ce qui revient au même, au groupe consonnantique *sr* sans égard à la voyelle intermédiaire. C'est un exemple de plus du procédé tout sémitique que nous avons rappelé plus haut. L'attribution du sens de « crier » au signe *tuk* fait supposer l'existence en assyrien d'un verbe *tuqû* « crier » comparable à l'hébreu תקע. Il ne faut pas confondre avec ce *tuku*, le signe presque homophone *duk* qui est le déterminatif des ustensiles et des vases. L'article 19 *a* étant en partie effacé n'offre pas de sens satisfaisant. L'idéogramme complexe *ka-ra-ah* (20 *a*) coïncide en réalité avec le thème démotique *sarah*, puisque le signe *ka*, a aussi la puissance de *za* outre celle plus connue de *zu*; témoin le phonogramme du cuivre (*ud*)-*ka-bar* qui se prononce *za-bar*. Ce sont deux cas de déguisement partiel de mots assyriens au moyen de signes homophones. Dans la traduction des articles 23 *a*-27 *a*, j'ai ajouté avec doute le mot « tour » sur la foi de l'élément hiératique *i-lu* qui désigne d'habitude des objets élevés ou longs comme des battants, des colonnes (héb. איל) et des seuils. Si cela est exact, l'assyrien *sarihu* répondrait à l'hébreu צְרִיחַ. Mes doutes se fondent sur l'article 3,44 *g*, où *i-lu* équivaut à *nubû* « cri, appel ».

Il y a peu à remarquer en ce qui concerne le numéro 2. Le composé *a-si* ou plutôt *a-lim* « larme » est divisé de façon à produire le sens « eau de l'œil », mais, en réalité, il peut bien être le thème d'une racine אלם. Sa lecture *ir* se rattache selon toutes les vraisemblances au verbe assyrien *aru* « aller » et se rapportant à l'eau, « couler ». Au n° 3, consacré à la racine מכר, on voit le signe *ka* (33 *g*) assumer la fonction de déterminatif du genre féminin. Mais la forme la plus importante est l'hiératique *damgar* (35 *g*) « homme-travail » rendant le démotique *damkaru* « laboureur » qui, bien qu'il soit orthographié avec *d* se lit sans aucun doute *tamkaru*, substantif formé par le préfixe *t* à l'instar de *tip-*

---

[1] M. Paul Haupt est arrivé par une autre voie au même résultat (A.S.K., p. 3, n° 84), mais ce jeune assyriologue ne s'aperçoit pas de l'énormité qu'il y a à supposer que le sémitique שֹׁר (r. שֹׁרֵר) vient du sumérien *si-er* « en avant-aller ». (Note de 1882.)

saru, tizkaru, tapsahtu et l'hébreu תַּלְמִיד. Contrairement à ce que je pensais autrefois, la racine אבר qui forme la base de la glose *ibira* (34*g*) et de sa proche variante *ubara* a le même sens que *makaru*, savoir « travailleur, serviteur, adorateur ». Le titre du dieu NIN-IB, *en abari*, me semble signifier « maître des hauts faits (guerriers) ».

Enfin, le n° 4 coordonne ensemble les dérivés des racines אבה (au *niphal*), נבא et נרב. Parmi les idéogrammes de *nabû*, chose et dieu, on observe à la plus légère inspection la forme démotique passée en hiératique sous la forme *na-bi-um* (41*g*). Ce que nous transcrivons *rum-be*, pouvant se transcrire aussi *dil-bat*, a été identifié par des assyriologues avec le Δελέφατ d'Hésychius, nom chaldéen de l'étoile de Vénus, sans seulement s'apercevoir que le phonème en question est donné expressément ici comme désignant le dieu Nabou (Mercure).

Quand on résume les diverses observations auxquelles les listes précédentes ont donné lieu, on arrive aux résultats suivants :

1. La première colonne des documents lexicographiques prétendus bilingues, non seulement est l'œuvre de scribes assyriens, mais son existence même est subordonnée à la colonne sémitique.

2. Les déterminatifs des espèces ainsi que les complexes soi-disant accadiens ou sumériens, autant que notre connaissance de l'assyrien le permet, sont des mots sémitiques plus ou moins altérés ou abrégés.

3. Les lectures des phonèmes hiératiques indiquées par les gloses représentent, sous une forme plus ou moins parfaite, les synonymes des expressions assyriennes de la deuxième colonne.

4. Les synonymes de la première colonne ne sont fréquemment autre chose que les mots assyriens de la seconde.

5. L'idéogramme d'une racine assyrienne englobe en même temps les significations des racines homophones, bien que cette homophonie soit partielle et d'un ordre secondaire.

6. Pour la plupart du temps, l'expression pseudo-sumérienne calque servilement le mot sémitique.

Croire après cela à la présence d'une langue non sémitique dans ces documents ce serait renoncer au bon sens le plus élémentaire.

Passons aux documents grammaticaux. Comme les listes précédentes, ils sont toujours digraphiques en deux ou plusieurs colonnes et ils ont pour but de signaler la façon dont les désinences grammaticales de la langue assyrienne sont rendues dans les textes hiératiques. Ces listes sont d'une grande variété. Les unes donnent des particules, des prépositions et des suffixes pronominaux isolés, les autres y joignent les noms et les verbes. En mainte occasion, la phrase tirée d'un document antérieur n'est présentée qu'après une analyse détaillée de plusieurs de ses membres, analyse qui procède du simple au composé. Les exemples suivants offrent des spécimens des variétés les plus remarquables :

1. *Particules mêlées à des substantifs.*

14 g LV	sâ « celui qui ».
15 g ku	ina « dans ».
16 g ku	subtu « demeure, lieu ».
17 g gal-un	sarru « roi ».
18 g mah	rubû « grand ».
19 g ku	ana « à ».
20 g an	ilum « dieu ».
21 g mah	madu « nombreux ».
22 g mah	sîri « sublime ».
23 g an a-du	nunna « grand ».
24 g an a-du	milku « conseiller ».
25 g nun	an E-a « Iaou ».
26 g a (ru) kak	banû « engendrer, enfanter ».
27 g an	ilum « Dieu ».
28 g a	abu « père ».
29 g ra	sâ « celui qui, ce qui ».
30 g ra	ana « à ».
22 e ra	ina « dans ».
25 e ra	ramû « demeurer ».
26 e ra	asabu « demeurer ». (W. A. 1. II, 31).

La disposition de cette liste ne diffère en rien des autres textes lexicographiques. Les particules sont semées pêle-mêle avec des substantifs nominaux ou verbaux et traitées comme tels. On y reconnaît le trait caractéristique des particules assyro-sémitiques qui, en tant qu'on peut les aborder, sont des noms tantôt intacts tantôt un peu usés ou contractés. Ce point sera repris plus loin ; pour le moment, je me borne à dire que ceux qui figurent sur notre liste, savoir *sa*, *ina* et *ana* ne font pas exception à la règle générale : *sa* (= héb. שׁ) ne semble pas être autre chose qu'une variante du démonstratif *su* « ce, lui, il », de même les prépositions *ana* et *ina* ont pour base commune la racine אנו « tendre, approcher » de laquelle vient probablement aussi le démonstratif *annu* (f. *annitu*) « ce ». On voit, en outre, que l'idéogramme LV

« homme » sert à marquer la relation (14 g) ; dans les textes hiératiques le *sa* assyrien s'emploie souvent sans le moindre changement ; il est vrai qu'on a l'habitude de lire alors *gar* ou *nin,* mais cette lecture devient impossible quand il est orthographié avec l'autre signe *sa* qui n'a pas d'autre lecture. L'hiératique *ku* équivaut à *subtu* « demeure, lieu », et cela le rend apte à figurer les particules de lieu *ina* « dans » et *ana* « à, vers ». Le phonème *ra*, peut-être apocopé de *ramû* « demeurer (25 c), » figure convenablement aussi bien le relatif « celui qui » que les prépositions de lieu [1]. Le fait que les particules hiératiques *ku* et *ra* sont ordinairement placées après les noms qu'elles déterminent n'a d'autre but que celui d'indiquer qu'elles ne sont pas des substantifs, mais des mots de liaison.

2. *Particules pronominales* (D. AL., 72).

3	e-ne	ku « toi ».
4	e-ne-a	kunu « votre ? »
5	me-en-si-en	attunu... « vous êtes ? »
6	un-si-en	
7	an-si-en	
8	in-si-en	
9	en-si-en	
10	ub-si-en	
11	ab-si-en	
12	en-si-en	
13	it-si-en	
14	zu	ku « toi ».
15	a (?)	ana [katum] « à toi, toi ».
16	...	
17	ni	su « lui, il ».
18	ni-na-a	ana [suatum] « à lui, le ».
19	na	
20	si	
21	bi	su « lui, son ».
22	bi — a	ana sua[tum] « à ce ».
23	ba	
24	e-ne	su « lui, il ».
25	e-ne-ne	
26	ni-ne-ne	

[1] J'aime mieux aujourd'hui faire dériver l'hiératique *ra* et ses équivalents *ru* et *ir* du verbe démotique *aru* « aller ». (Note de 1882.)

27 nu-ne
28 an ne
29 [in-] na
30 [en-] ne

La traduction de la quatrième ligne n'est pas certaine, car il se peut qu'un signe soit perdu dans la fracture. Une lacune très regrettable se trouve à la fin de la cinquième ligne dans la colonne démotique. J'incline à croire que le signe *si* (avec 𝔵) qui se répète sur 8 lignes consécutives (5-13) symbolise le nom à placer, en sorte que, en y substituant par exemple le signe *hi* « bon », l'expression *me-en-hi-en* signifierait « vous êtes bon ». Mais cela est encore douteux et je n'y insiste pas. La seule chose qui soit sûre, c'est l'existence en hiératique de trois types pronominaux, savoir : *mn* avec une voyelle intermédiaire (ici *e*), *n* précédé d'une voyelle (*an*, *in*, *un*), et *b* également précédé d'une voyelle (*ab*, *ib*, *ub*). Ces types, absolument équivalents, donnés ici comme marques de la seconde personne, désignent en réalité toutes les personnes sans distinction, comme on le verra dans la suite. Ce qui suit est beaucoup plus clair. On connaît l'emploi fréquent de l'hiératique *zu* ou *za* = dém. *ku* ou *ka* comme suffixe possessif de la seconde personne et l'on ne peut qu'être frappé de ce fait que les signes *ku* et *ka* ont parmi d'autres valeurs celles de *zi* et *za*, et probablement aussi celle de *zu*. Il y a donc lieu de penser que c'est là un simple déguisement graphique. Dans la troisième personne, nous rencontrons de nouveau les types *n* et *b*, mais suivis de voyelles : *ni*, *na* et *bi*, *ba*. La forme *ni-na-a* rappelle le mot assyrien *nin* « tout ce que » et semble indiquer le caractère vague et indéterminé des pronoms hiératiques. En effet, le type *mn* dérive visiblement des pronoms démotiques *mannu*, *minu* « qui, quoi » ; le type *n* est le raccourci de *a-na* « quoi », lequel se ramène aisément à l'assyrien *annu* « ce », dont la voyelle initiale s'est conservée dans *e-ne* ; enfin le type *b* n'est au fond que l'abréviation de l'hiératique *a-ba* « qui » sur lequel je reviendrai plus loin. La forme *e-ne-ne* ou *ni-ne-ne* semble contractée de *e-ne e-ne* et *ni-ne-e-ne*. Quant à la forme *si*, elle représente purement et simplement le démotique *su*, la différence de la voyelle n'étant d'aucune importance.

3. *Les particules* « où » *et* « avec ».

6 *e*   me-a | ya[nu] « où ».
7 *e* me-a za-e me-en | ‖ atta « où es-tu ? »
8 *e* me-a e-ne | ‖ su « où est-il ? »

9 *e* me-a ta	‖ a[naku] « où suis-je ? »
10 *e* me-a ta	yanum « où ? dans quel lieu ? »
11 *e* me-a ta a-an	yanûmma « où que ce soit, partout ».
12 *e* me-a ta za a-gan	yanûkka « où tu es ».
13 *e* me-a ta e-ne gan	yanûa « où il est ».
14 *e* me-a ta mal-e gan	yanûa « où je suis ».
15 *e* me-a ta ta	istu yanu « d'où ? » (W.A.I., 42).
42 *e* ki ni ta	ittisu « avec lui ».
43 *c* ki ne-ne ta	ittisunu « avec eux ».
44 *e* ki mu ta	ittiya « avec moi ».
45 *e* ki me ta	ittini « avec nous ».
46 *e* ki zu ta	ittika « avec toi ».
47 *e* ki zu-ne-ne ta	ittikunu « avec vous » (*Ibid.*, 12).

L'assyrien *yanu* répond à la particule hébréo-arabe *aïn* (*a*) « où » qui s'adjoint les suffixes personnels. La même chose s'observe au sujet de l'hiératique *me-a*. Le sens affirmatif que je suppose de l'assyrien *yanûa*, *yanukka*, *yanûssu* me semble résulter des formes hiératiques afférentes qui affectent la désinence *gan* laquelle désigne souvent les adjectifs ordinaux. L'équivalence de *ta* et *anaku* (9 *e*) « moi » est bizarre et c'est ce qui rend douteuse la restitution de ce pronom. Dans le complexe *me-a-ta* des lignes 10 *e* à 15 *e*, le signe *ta* figure en qualité d'élément de composition. Au contraire, le *ta* final de la ligne 15 *e* rend la particule démotique isolée, *istu* « de ». Notons enfin que l'explétive assyrienne *ma* de *yanûmma* (= ar. *aïnama*) « partout, où que ce soit » est rendu en hiératique par *a-an*, phonème dont la lecture est inconnue [1].

La particule démotique *itti* « avec » a pour correspondant hiératique *ki-ta*, mot à mot « lieu-en », expression paraphrastique qui calque le mot assyrien *idu*, *ittu* dont le sens ordinaire est précisément « lieu, endroit ». La postposition *ta* est souvent supprimée dans les textes et l'élément *ki* figure alors seul toutes les significations qui sont propres à *itti*, savoir : « pour, comme, en échange de, etc. ». La raison du déplacement de la particule *ta* après le nom est la même que celle que nous avons exposée plus haut à propos des particules *ka* et *ra*, savoir le besoin d'indiquer qu'elle n'a pas le sens plein d'un substantif mais seulement celui d'un mot de liaison.

[1] On sait maintenant qu'il se lit *am*, lecture qui constitue une légère variante de la forme démotique *ma*. (Note de 1882.)

4. Paradigmes de conjugaisons (ibidem, 11).

44 g [in] — gab	'ipthuru « il a lâché, ouvert, pardonné ».
45 g [in] — gab	ipsur « il a expliqué, défait, dénoué, pardonné ».
46 g [in] — gab	isi « il a emporté ».
47 g [in] — gab	idhûd « il a comblé, rendu abondant ».
48 g in — tab	itmuhu « il a adjoint, fait tenir ».
49 g in — tab	esîb « il a réparé ».
50 g in — tab	usteni « il a atteint? »
51 g in — tab	uraddi « il a ajouté ».
52 g in — zi	issûh « il a déplacé, arraché ».
53 g in-(gi-id)-bu	issûh « il a déplacé, arraché ».
54 g in — bu	isdûd « il a emmené ».
55 g in — bu	urrîq « il a éloigné ».
56 g in-bu-bu	ibbûh « il s'est levé, a brillé ».
57 g in — sud	urrîq « il a éloigné ».
58 g in — qur	unakîr « il a maltraité, endommagé ».
59 g in — qur	usânni « il a proclamé, annoncé? »
60 g in-qur-es	unakiru « ils ont maltraité, endommagé ».
61 g in-qur-es	usânnù « ils ont proclamé, annoncé? »
62 g in-qur-ri	unâkkar « il maltraite ».
63 g in-qur-ri	usânna « il proclame, annonce? »
64 g in-qur-ri-e-ne	unâkkaru « ils maltraitent ».
65 g in-qur-ri-e-ne	usannù « ils proclament, annoncent? »
66 g in-gi-en	ukîn « il a fixé, établi ».
67 g in-gi-en-es	ukinu « ils ont fixé, établi ».
68 g in-gi-en-e	ukaân « il fixe, établit ».
69 g in-gi-en-e-ne	ukânnù « ils fixent, établissent ».
70 g in — du	izzîz « il s'est placé, tenu debout ».
71 g in — ku	usesib « il a fait asseoir, il pose ».
72 g in — lu	isbât « il a pris ».
73 g in — lu	ikme « il a pris ».
74 g in — lu	usetiq « il a remué, déplacé ».
75 g in — tul	iktum « il a couvert ».

Ce document précieux nous donne des renseignements fort importants sur la nature du système sacerdotal, renseignements qui sont confirmés par les textes. Les points de grammaires qu'il éclaire d'un jour parfait touchent l'ensemble de la conjugaison des verbes, en faisant voir les limites dans lesquelles l'idée des personnes, des temps et des voix est rendu dans ce système. En ce qui concerne le premier point, on voit que le paradigme donne constamment le verbe à la troisième personne. Le manque total des deux autres personnes s'explique par ce fait que l'indice de la 3ᵉ personne, qu'il soit *n* comme ici ou *mn* et *b* comme dans les autres textes, sert aussi à désigner les deux autres, en sorte que par exemple *in-gab* signifie à la fois « j'ai ouvert », « tu as ouvert » et « il a ouvert ». Pas de trace non plus de distinction de genre, qui est aussi très rare en assyrien. Pour l'expression du temps, l'hiératique calque étroitement les deux aoristes de l'assyrien. La règle dominante est la même dans les deux rédactions : le thème monosyllabique marque le passé, le thème élargi par une voyelle, indique le présent et le futur. Cette voyelle servile est en démotique un *a*, parfois un *i* placé après la première radicale; en hiératique c'est un *a* ou un *i* (*e*), rarement un *u* placé après l'idéogramme. Quand celui-ci se termine par une consonne, cette consonne reparaît souvent avec la voyelle ajoutée. La forme *in-gi-en-e* (68 *g*) peut servir de type au premier cas et celle de *in-qur-ri* (62 *g*) au second. La désinence du pluriel est *es* pour le passé et *ene* pour le présent. C'est visiblement une distribution conventionnelle des deux pluriels nominaux *me-es* et *ene* où le premier est resté intact, tandis que le second a été allégé de son premier élément. La raison de cette modification demeure encore inconnue [1]. Enfin, en ce qui concerne les voix verbales marquant la manière dont l'action a lieu, notre liste en constate l'absence totale dans le système idéographique. Aussi voit-on que les formes transitive et factitive des racines נכר et יצק, savoir *unakir* (pour *unakkir*) et *useliq* sont rendues en hiératique par la forme simple *qur* et *ku*. Quand on ajoute que ce système ne dispose non plus d'aucun moyen pour exprimer le passif, forme verbale qui est d'ailleurs incomplètement développée en assyrien même, on sera bientôt convaincu de l'impossibilité d'admettre que ce soit l'expression d'une langue réelle.

5. *Préparations ou analyses de phrases (Ibidem).*

A.

1 *a* ki ki kal bi ku   ana ittisu « à son aide ».
2 *a* ki si um bi ku   ana ittisu « à son aide ».
3 *a* ki ki kal bi ku   ana ittisu « à son aide ».
4 *a* in da   ik[-la]   ibàssi « il est ».

---

[1] Il se peut très bien que *es* soit une variante purement orthographique de *ene* (Note de 1882).

ÉTUDE SUR LES DOCUMENTS PHILOLOGIQUES ASSYRIENS

5 *a* ki ki kal bi ku	ana *kimin* « à son aide ».
6 *a* in ku (ba)	usîmma « il a fait asseoir et
7 *a* E ta ba ra ud du	ina bit ittassi « de la maison il est sorti ».
8 *a* ki ki kal bi ku	ana *kimin* « à son aide ».
9 *a* û ne ku [ba]	ussabma « il fait asseoir et
10 *a* E ta ba ra ud du ne	ina bit ittâssi « de la maison il sort ».
11 *a* ki ki kal bi ku	ana *kimin* « à son aide ».
12 *a* in na ab gur ri	utarsu « il le fait revenir ».
13 *a* ki ki kal bi ku	ana *kimin* « à son aide ».
14 *a* in na ab GI GI	ipp[âl]su « il l'a remis ».
15 *a* ki ki ka bi ku	ana *kimin* « à son aide ».
16 *a* in na ab se mu	inadinsu « il le donne ».
17 *a* in se	iddin « il a donné ».
18 *a* in se mu us	iddinu « ils ont donné ».
19 *a* in se mu	inâddin « il donne ».
20 *a* in se mu ne	inâddinu « ils donnent ».
21 *a* in na-an se	iddinsu « il l'a donné ».
22 *a* in na an se mu us	iddinusu « ils l'ont donné ».
23 *a* in na an se mu	inâddin (su) « il (le) donne ».
24 *a* in na an se mu ne	inaddin(u)su « il(s) le donne(nt) ».
25 *a* in] na-an se in se	iddinsunusim « il les (ou leur) a donné ».
26 *a* in na an si] in se mu us	iddinusunusim « ils les (ou leur) ont donné ».
27 *a* in na an si] in se mu	inâddinsunusi « il les (ou leur donne ».
28 *a* in na an si] in se mu ne	inâddinusunusi « ils les (ou leur) donnent ».

B.

22 *a* mal mal nin	issakân « il fait ».
23 *a* tah hi nin	yasâb « il ajoute ? »

24 *a* ne in tah	ussib « il a fait ajouter ? »
25 *a* ab ba tah	uraddi « il a ajouté ».
26 *a* se mu nin	ináddin « il donne ».
27 *a* ne in se	iddin « il a donné ».
28 *a* ba ab se	ittadin « il a donné ».
29 *a* gur nin : ru nin	uttâr « il rend ».
30 *a* ne in gur	utêr « il a fait retourner ».
31 *a* ab ba gur	utêr « il a fait retourner ».
32 *a* se gi nin	isbûk « il a versé ».
33 *a* ne in se gi	‖ « *idem* ».
34 *a* ab ba se gi	istap[âk] « il verse » (*ibidem*, 12).
40 *c* [su gab a]	qatatu « main ».
41 *c* [su gab a ku]	ana qatate « à la main ».
42 *c* [su gab a ku in se]	ana *kimin* iddin « dans la main il a donné ».
43 *c* [su gab a ku mi ni in se]	ana *kimin* iddinsu « dans la main il lui a donné ».
44 *c* [su gab a ku al du] ba	ana *kimin* usziz « dans la main il a posé ».
45 *c* [su gab a] ni	qâssu « sa main ».
46 *c* [su gab] a ni su ne in ti	*kimin* ilqi « sa main il a pris ».
47 *c* [su gab] a ni su ba ab te mal	*kimin* ilaqqi « sa main il prend ».
48 *c* su gab a ni su ne in ti es	*kimin* ilqû « sa main ils ont pris ».
49 *c* su gab a ni su ba ab te mal (ne)	*kimin* ilaqqû « sa main ils prennent ».
50 *c* su gab a ne ne	qàssunu « leur main ».
51 *c* su gab a ne ne su ne in ti es	*kimin* ilqû « leur main ils ont pris ».
52 *c* su gab a ne su ba an te mal ne	*kimin* ilaqqû « leur main ils prennent ».
53 *c* su gab a ne ne IB zi gi es	*kimin* issuhu « leur main ils ont écarté ».
54 *c* su gab a ne ne ba es zegi ne	*kimin* innàshu « leur main ils écartent ».
55 *c* su gab a ne ne ku	ana qatatesunu « à leur main ».
56 *c* su gab a ne ne ku al du ba	*kimin* usziz « dans leur main il pose ».

57c ka ka ga ni	qabasu « sa parole ».
58c ka ka ga ni in se	*kimin* iddin « sa parole il a donné ».
59c ka ka ga ni ba an se	*kimin* ittadin « sa parole il a donné ».
60c ka ka ga ni in gar	*kimin* iskun « sa parole il a fait ».
61c en nu un	mazartu « garde ».
62c en nu un ku	ana mazarte « à la garde ».
63c en nu un ku in se	ana mazarti iddin « à la garde il a donné ».
64c en nu un mi ni in se	ana *kimin* iddinsu « à la garde il a donné ».
65c en nu un ak e ne	ana mazarti « à la garde ».
66c en nu un ak e ne in se	ana *kimin* iddin « à la garde il a donné ».
67c en nu un ak e ne in na an se	ana *kimin* iddin(su) « à la garde il l'a donné ».
68c sa nam bi en nu un ak e ne	man mu-su ana mazaruti « quelqu'un à la garde ».
69c in na an se	iddin « il a donné ».
70c en nu un su ne in ti	mazarta ilki « la garde (c'est-à-dire : l'objet donné à garder) il a pris ».

Examinons d'abord le spécimen A. La plus grande partie se rapporte au substantif *ittu* accompagné de verbes. Cet *ittu* qui, témoin l'hiératique *si-um* (2 a) = dém. *tukultu*, doit signifier « aide, compagnon », vient probablement de la racine יעד. Malgré cela, l'idéogramme *ki* de la particule *itti* « avec » (r. אני) est conservé par suite de la règle d'homophonie expliquée plus haut. Seulement pour le mieux distinguer, on a ajouté le groupe *ki-kal* « lieu fort » afin de faire allusion à l'idée de force ou de secours qui réside dans celle du terme démotique *tukultu*. La construction de la phrase est dans ses grandes lignes identique dans les deux colonnes et le régime précède régulièrement le verbe. La position rétrograde de quelques prépositions hiératiques ne constitue qu'une exception d'ordre secondaire amenée par le besoin de distinction que nous avons indiqué en traitant des particules. Comme préfixes verbaux, notre document offre *in* et *ba* et même *in-da* et *ba-ra*. La fonction des particules *da* et *ra* dans cette occurrence ne m'est pas connue[1]. Quand le régime est un pronom personnel, il

---

[1] Voir sur ce problème mes *Textes religieux de l'Assyrie et de la Babylonie*, p. 141. Aujourd'hui, je préférerais attribuer aux signes *ra* et *ta* ou *da* leur sens verbal res-

se place en hiératique après le verbe : *iddin-su* « il l'a donné »; en démotique, où il n'y a que des thèmes nominaux et verbaux, le régime sous la forme de *nn* et *nb* conserve sa position régulière avant le verbe : *in na-an se* (21 a), *in na-ab se mu* (16 a), mot à mot « il le a donné » et « il le donne ». C'est à tort qu'on a vu dans ce procédé une intercalation du régime entre le pronom sujet et le verbe ; en réalité il n'y a point de forme flexionnelle mais des thèmes isolés qui conservent chacun son sens nominal et qui sont traités comme les autres substantifs. Avec cela disparait l'une des plus grosses difficultés qui m'avait inspiré bien des explications forcées au début de mes études hiératiques et que les accadistes ont présentée comme la preuve principale de l'existence de l'idiome accado-sumérien. Notons enfin ce fait curieux que la particule enclitique *si* du pronom régime *sunusim* ou *sunusi* affecte également son représentant hiératique *in-na-an-si*. J'incline à croire que les régimes *nn* et *nb* viennent l'un de *nin* « quoi que ce soit », l'autre de *nibu* « expression, nom, chose » : de telle sorte les groupes *in-nab semu* et *in nan-si in semu* signifient tour à tour littéralement « lui les choses il donne » et « lui quoi que ce soit il donne ». Cela fait voir que les inventeurs du système sacerdotal ont décomposé la forme complexe *inaddinsu* en *su* « lui », *suatu* « le », *nin(sumsu)* « quoi que ce soit », ou *nibu* « chose » et *nadanu* « donner » : c'est une analyse logique très simple et très naturelle qui s'emploie partout dans l'instruction élémentaire des langues. Enfin, en ce qui concerne le régime des verbes, le lecteur aura déjà remarqué qu'en assyrien la préposition *ana* désigne aussi bien le régime direct que le régime indirect. La forme *ana ittisu usesib*, littéralement « à son compagnon il a fait asseoir », veut dire « il a fait asseoir son compagnon »: cela rappelle l'emploi du ל comme indice du régime direct dans les dialectes araméens, où cette phrase peut être rendue par אושיב לחבריה. Mais le fait le plus curieux c'est que la version de la première colonne se sert aussi parfois de la particule *ku* en qualité d'indice de régime direct (6 a et 9 a); n'est-ce pas une preuve absolue que les deux versions procèdent du même génie linguistique?

Le spécimen B nous signale dans les deux premiers registres les suffixes hiératiques *ne-in*, *ba-ab* et *ab-ba* employés indifféremment

---

pectif « aller » et « rester »; le mot à mot de la forme *ba ra na-du* serait « il va (et) sort »; de même celui de *in-da ik-la* serait « il reste (et) est ». Ces formes seraient ainsi identiques aux formes assyriennes telles que *illik isi*, *tallik tasa* qu'on trouvera plus loin dans le spécimen des proverbes. Peut-être lesdits signes ne sont-ils que les variantes graphiques des particules plus usitées *in*, *n*, *b*, en sorte *in-da* se lirait *in-na* et *ba-ra* serait égal à *ba-an* ou *ba-na* (Note de 1882).

à la place des suffixes simples *n* et *b*. Il faut voir dans ces formes bizarres une tendance à imiter la forme redoublée démotique *suasu* ou *sasu* « lui ». La première de ces particules, *ne-in*, se place même après le thème verbal : *tah-hi nin = ne-in-tah*. On ne peut pas y méconnaître l'imitation de la forme postpositive assyrienne telle que *beliku* « je suis seigneur », *sabtaku* « je prends, *nasaku* « je porte », etc. Les autres registres montrent encore comme pronoms sujets trois autres formes, savoir *mi* (64 *c*), *ni* (59 *c*) et *al* dont les deux premières rentrent dans les catégories expliquées; la dernière se rattache visiblement au pronom démotique *ullu* (= héb. אֵלֶּה ou אֵל, employé au pluriel, dont l'arabe vulgaire possède le singulier *elli*) « celui-là ». Parmi les formes du pronom régime on observe celle de *ba-an* qui constitue la juxtaposition des types *b* et *n*. Il y a dans tout cela une sorte de jeu d'unités algébriques qu'on peut déplacer en certaines limites sans que l'équation change de valeur.

J'ajouterai encore de courtes remarques au sujet de quelques autres idéogrammes de nos listes. Le verbe être, en assyrien *basu*, est exprimé en hiératique par *ik* se prononçant *qal* ou *gal*; cette lecture vient du démotique *qalu* (r. קול) « appeler, nommer »; on sait que dans les langues sémitiques « nom » et « existence » sont des idées corrélatives. L'idéogramme *uddu* répond au démotique *açu* (= héb. יצא) non seulement dans le sens de « sortir », mais aussi dans celui de « se lever, briller », appliqué au soleil. Le mot *uddu* est d'ailleurs parfaitement assyrien et se trouve dans le récit de la création (frag. b.) dans les phrases *ana uddû ud-me* (l. 13) « jusqu'à l'apparition du jour » et *ana uddû samami* « pour éclairer le ciel ». C'est aussi le sens de « briller » qui sert de base à l'adverbe *uddis* (W. A. I, IV, 67, 61) « aujourd'hui » faisant supposer un mot *uddu* « jour ». Le phonème *gur* (A, 12 *a*) « revenir » sera expliqué plus loin. Il est permis de supposer que l'idéogramme *tah* où peut-être *dah* « ajouter » a pour source le verbe démotique *dahu* « joindre, approcher » et je pense aussi que l'hiératique *du* (= *gub*) *ba* « se tenir debout » n'est qu'une légère variante de *gab'u* (pl. *gab'âni*) « hauteur ». Le signe *se* (avec ס) a deux sens différents suivant qu'il se lit *sum* indiqué par le complément *mu* ou *sig*, avec le complément *gi*; dans le premier cas, il signifie « donner », dans le second, « verser, remplir ». Pour *sum* qui rappelle pourtant le sémitique *sum* (שום) « poser » je n'ai pas encore rencontré d'équivalent démotique ; quand à *sig*, je le rapproche sans hésitation de la racine sémitique שׂגא, סגא « se remplir, devenir plein, nombreux, abondant » qui figure dans la phrase de Bisoutoun

(l. 9) *dinâtam athûa AS birit mat mat aganêtum usâsgú,* laquelle signifie selon moi : « ils ont fait (= on a fait) accomplir ou exécuter mes ordres dans (m. à m. au milieu) ces pays ». A côté de *se*, le syllabaire assyrien possède encore un signe *si* « corne » qui comme verbe signifie « remplir » (*malû*) et qui doit venir de la même racine. Si je ne me trompe, le phonème *zi* (53 c) = *nasahu* « enlever, écarter », se rattache à la racine sémitique זיח ou זוח malgré le complément *gi*, car il y a lieu de croire que les compléments phonétiques n'indiquent la terminaison du thème sacerdotal que d'une façon sommaire. Ainsi, pour me borner à la catégorie des dentales gutturales, on ne constate comme complément phonétique aucunes des lettres *aleph* (—'), *k, q, h*, lesquelles sont représentées uniformément par *g* ; ainsi *se* (de *se'um*), *se-ga; lak* (de *laku*), *lag-ga*; *sak* (de *saqu*) *sag-ga* ; *suh* (de *nasahu*) *sug-ga*. C'est là, soit dit en passant, une preuve mathématique que nous sommes en présence d'un système conventionnel. Parmi les autres phonèmes hiératiques nous signalerons *mal*, proche parent du signe *bit*, qui admet les deux significations de son équivalent démotique *sakanu* « demeurer » et « faire ». La forme *su-gab* = *qatatu* (= *qatu* pour *qantu*, aram. קת, r. קָנֶה) « main » n'est au fond qu'un déguisement orthographique, attendu que *su* a aussi la valeur *kat* ou *gat* et *gab* celle de *du;* le tout est donc *gad(du)a* = *gada*, ce qui donne le *galu* démotique avec le changement des sourdes en sonores que nous avons signalé plus haut. Ici, ce changement se rapproche même de la forme babylonienne *gatu*. Le groupe *ka-ka-ga* se lit probablement *du (g)ga*, lequel phonème dérive sans aucun doute du verbe *takû* « appeler, convoquer » ; d'où les formes si fréquentes dans les textes historiques : *atki* « j'ai convoqué » et *itkuni* « ils ont convoqué ». Je comprends le complexe *en-nu-un* (= dém. *annun*)-*ak e ne* comme signifiant littéralement « garde-faisant-à », où *e-ne* équivaut au signe ordinaire *ku*. Avec l'immense polyphonie des signes cunéiformes, il peut bien s'y cacher quelque jeu d'orthographe. Le phonème *sa-nam-bi* est disposé de façon à rendre mot à mot le démotique *man sumsu*, littéralement « qui nom son » ; en vérité toutefois, *sa-nam* est purement et simplement la copie de l'assyrien *sanûmma* « un autre, quelconque ». Enfin, n'oublions pas de signaler dans la phrase hiératique, 68 c-69 c, la présence du régime personnel (*na-an*), omis dans la seconde colonne. Sur ce point la rédaction idéographique est pour ainsi dire plus profondément sémitique que la rédaction assyrienne elle-même.

6. *Phrases et analyses de phrases relatives à l'éducation d'un enfant trouvé* (Ibidem, 9).

28c ad da û mal+an	sà aba û ummu « qui père et mère »
29c nu un tuk a	lâ isû « n'a pas ».
30c ad-da-a-ni û mal+an a-ni	sa abasu ummasu « qui son père (et) sa mère »
31c nu un zu a	lâ idû « ne connaît pas ».
32c . . . PA-da	*as* burti atusu « du puits mentionné (?)
33c . . . tu-ra	*as* suki surûb, « dans la place publique (il l'a fait) entrer ».
34c ka [ur ku] ta	ina pî kalbi « de la gueule des chiens »
35c ba-an-[na ni-*ib*-]kar	ekîmsu « il l'a pris ».
36c ka [nan sa hu ta]	ina pî aribi « du bec des corbeaux »
37c mi ni-*ib* [ru]	unaddi « il l'a enlevé ».
38c si LV ka [ka-ma]	[ina] mahar sibi « au devant du magicien ».
39c ka na ta mi-[ni-*ib*-ku]	[use]ibsu « il l'a [fait asseoir] »,
40c su ne in [ti]	il[ki?] « il l'a pris ».
41c gi du ba nir(?)na	man[zâz *nir?-*]*mes*-su « la plante de ses pieds
42c TAK rit LV ka ka ma	ina[kunûk]ki « avec le sceau,
43c kit e ne a ta	si bu (?) . . ti « le magicien...
44c *ib* ra ra as	ibrû[ssu] « l'a pressée ».
45c um me ga lal ku	ana museniqti « à la nourrice
46c mi ni-in se	iddinsu « il l'a donné ».
47c um me ga lal a ni ku	ana museniqtisu « à sa nourrice,
48c mu III gan se ba ni ba	III mu-mes ibra pissatam « trois ans, la nourriture, le berceau (?)
49c SIK ba ku ba bi	lubûsta « (et) le vêtement
50c in-na ni-*ib* dan	udannin « il a assuré ».

51c ud-da ud me da ku	summa matima « toujours, à tout moment,
52c su sa bi im ma an ta ki du	nisusu etelamsu « sa nudité il l'a couverte ».
53c LV ba an da ri bi	liqâsu « celui qui veut l'enlever,
54c ga-bal ba an kak kak	iqqâr « il repousse ».
55c us + a pa ga nam LV-VRV-lu kit	kab duqá sizib ameluti « le vase, d'évacuations humaines
56c û in na an se	umállama « il (le) remplit et
57c tur a ni na-ab du mu	tur-su ittapal « son fils l'emporte ».
58c nam tur	marutu « condition de fils ».
59c nam tur a ni	marússu « sa condition de fils ».
60c nam tur a ni ku	ana marutisu « à sa condition de fils ».
61c nam tur-a ni ku ba-an-na ni-in ri	ana *kimin* itrusu (?) « à la condition de son fils il l'a élevé ».
62c nam tur-us	ablutu « condition d'adolescent, d'enfant ; enfance ».
63c nam tur-us a ni	ablússu « sa condition d'enfant, son enfance ».
64c nam tur-us a ni ku	ana ablutisu « à la condition de (= pour) son enfant ».
65c nam tur-us a ni ku ba an-na ni-in sar	ana *kimin* isthursu « pour son enfant il l'a inscrit ».
66c nam tup sar mi in zu zu	tupsarruta usahizu « l'écriture il lui a enseigné ».

Cette curieuse préparation a l'air d'être extraite d'un conte populaire relatif à un enfant abandonné qu'un citoyen a trouvé dans un lieu écarté où il allait devenir la proie des chiens et des oiseaux carnassiers. L'enfant est porté au devant d'un magicien, probablement dans le but de chasser les mauvais esprits qui hantent les lieux solitaires. Plusieurs lignes étant endommagées, nous ignorons comment il procède ; nous savons seulement qu'il examine la plante de ses pieds. La partie hiératique conservée semble indiquer que le magicien y applique l'empreinte de son sceau. La cérémonie terminée, l'enfant est confié à une nourrice, à laquelle le protecteur du petit fournit pendant trois ans la nourriture, la literie et les vêtements. L'enfant grandissant, on a soin de lui couvrir la nudité jusqu'à ce qu'il connaisse les convenances. On ne permet pas aux étrangers de l'emmener avec eux de crainte qu'il ne lui arrive un accident. Le protecteur fait même emporter par son propre fils le vase de l'orphelin. Celui-ci est élevé comme un fils de la maison et devenu adolescent il est formellement adopté et inscrit sur le registre de la famille. On lui donne ensuite un maître qui lui enseigne l'écriture et pourvoit à son éducation. Telle est la teneur de ce document qui jette un jour favorable sur les mœurs des Assyriens, qui, en dehors de la guerre, semblent avoir été moins rudes qu'on ne pense.

Arrivons à l'analyse linguistique. L'idéogramme de la mère s'écrit *mal + an*, m. à m. : « maison divine », mais dans la lecture les signes sont intervertis, ainsi : *an-mal*; cela est prouvé par le complément phonétique *la* qu'il affecte souvent dans les textes. Cet exemple d'un procédé si évidemment conventionnel rentre dans la catégorie des phonèmes *gal-un* « roi » et *zu-ab* « abîme » que nous avons expliqués plus haut. La prononciation de *an-mal* n'est pas connue[1]. Les idéogrammes verbaux *duk* « avoir » et *zu* connaître ont été déjà expliqués. Le signe *as* qui, dans les textes de rédaction mixte, représente la proposition *ina* « dans, de » serait peut-être mieux transcrit *ru,* car il ne peut guère différer de la postposition hiératique *ru* (*rum*) synonyme de *ra*. Les deux mots suivants sont difficiles à séparer et à interpréter : *burti* (ou *burtia* pour *burtie ?*) semble signifier « fosse, puits, lit de ruisseau (héb. בּוֹר) » et *atusu* (*tusu ?*) est rendu dans la version sacerdotale par PA, écrit *si-ru* (= *sub*) m. à m. : « face-asseoir ») = *zakaru* « rappeler, mentionner ». *Surûb* paraît être l'infinitif shaphel de *eribu* (ערב) « entrer[2] »; l'emploi de l'infinitif à la place des formes personnelles est aussi très fréquent en hébreu. En hiératique ce verbe est exprimé par *tu-ra* pour *turra,* se ramenant au sémitique הור. J'incline à croire que le signe transcrit *kar* (35 *c*) peut bien être, suivant les éléments, *te-a,* ce qui conviendrait au sens de « prendre ». Le magicien, *sibu* (de אשף) est figuré *LV ka-ka-ma,* littéralement « homme de parole », groupe qui se prononce *inima*. Nous voyons dans ce phonème un dérivé de la racine ענה. Par *gi dub-ba* « canne-debout » l'hiératique figure le mot *manzazu* « lieu où l'on se tient debout ».

[1] L'orthographe *an + mal* est une simple variante de *da-gal,* thème du verbe *dagalu = rapasu* « étendre, élargir, élever »; c'est donc une épithète. Le phonème propre de la mère en hiératique, *ama* ou *eme,* procède du démotique *ummu*. (Note de 1882.)

[2] Cette racine constitue également le mot *murubu = qablu* « milieu », dont le thème *murub,* abrégé en *muru,* est déclaré d'origine suméro-accadienne par les partisans du non sémitisme babylonien ! (Note de 1882.)

Il n'y a pas de preuve que l'idéogramme du pied se lit *nir* comme on le transcrit d'habitude ; les syllabaires lui donnent la valeur *ne* (*nic*). Le phonème TAK-*rit* = *kunuku* « sceau » est connu, mais la prononciation en est encore problématique. Par suite d'une lacune de la version démotique à la ligne 43 *c*, l'analyse de la version hiératique demeure incertaine. La même incertitude plane sur le sens exact du verbe *ibr*[*ussu*], si cette restitution est correcte, comme semble indiquer son équivalent hiératique *ib ra ra as*. De ce dernier verbe nous ne retenons que la désinence *as* qui est au fond identique avec le régime personnel démotique *su*. Je suis curieux de savoir comment les accadistes expliqueront cette présence du pronom assyrien dans le verbe de l'idiome présémitique[1]. L'idée de *museniqtu* (r. קנק) « nourrice » est figurée *um-me ga lal* « mère lait portant ». Dans ce groupe idéographique, *umme* et *lal* se ramènent avec certitude aux termes démotiques *ummu* « mère » et *alalu* « suspendre, prendre, porter » (cf. שקל) ; *ga* marque au propre la tige des plantes, puis figure l'idée de robinet et de pis, enfin le contenu du dernier, le lait. Ce sens fondamental appartient aussi aux idéogrammes apparentés *gi* et *gu*[2]. Le père adoptif assure trois choses à l'enfant pendant les trois ans qu'il reste chez la nourrice, savoir, la nourriture *ibra* = *se-ba*; le berceau, *pissatam* (« boîte, caisse ») = *ni-ba* et l'habillement, *lubusta* = SIK-ba *ku-ba*, littéralement « étoffe (r. סבך?) -vêtement ». C'est probablement par un pur hasard que ces trois termes hiératiques ont pour complément phonétique chacun le signe *ba*, car celui-ci ne saurait être ici le suffixe de la troisième personne, dont le rôle est déjà rempli par le signe *bi* qui se rapporte à l'ensemble des noms énumérés, comme le fait le multiplicande *d* dans cette formule algébrique (a + b + c) d. La phrase démotique omet le suffixe, ainsi que cela arrive très souvent dans les textes. Il va sans dire que l'idéogramme verbal *dan* est le même que le verbe assyrien *dananu* « fortifier, affirmer, assurer » dont nous avons le piël *udannin*. Le parallélisme de *ud* (*da*) et *summa* (51 *c*) montre bien que les scribes assyriens ont vu dans ce dernier vocable une composition de *su um-ma* « ce jour quel qu'il soit ». Ont-ils vu juste ? Voilà ce qu'on ne saurait décider pour le moment. Au contraire, le complexe hiératique *ud me* (*da*) *ku* m. à m. : « jours-nombreux-à » qui exprime l'idée de *malima* « quand que ce soit (*quandocumque*) » constitue évidemment une paraphrase. Si je ne me trompe, le mot *nisutu* (*nisusu*

---

[1] On verra plus loin que le pronom assyrien de la première personne *anaku*, abrégé en *ana* revient aussi en pseudo-accadien.

[2] C'est le fait de l'indifférence vocalique dont il a été question à la page 307.

pour *nisutsu*) « chose humaine » désigne les parties sexuelles, ce à quoi semble convenir le sens littéral du terme hiératique *su-sa* « corps-veine ou corde ». Au démotique *etelamsu* (8ᵉ forme de עלם « cacher ») répond le complexe sacerdotal *im-ma-an-ta-ki-du*, qui se compose de *im* (type *m*) « lui », *mân* (type *mn*) « lui, le », *ta* particule dont la nature est encore énigmatique et *ki-du* ou peut-être mieux *kitum*, phonème dérivé de l'assyrien *katamu* « couvrir, cacher ». Le mot *liqû* (r. לקה) « celui qui prend, enlève » est figuré LV *bân* + *da ri* « homme qui + particule enlève ». La particule *da* se joint souvent aux préfixes, tout aussi bien que les particules non moins énigmatiques *ra* et *ta* dont il a été question plus haut[1]. Ma traduction de *iqqâr* (54 c) repose sur la forme hiératique *ga-bal ba-an* kak-kak « bataille (*ga-bal* est visiblement identique à *qablu*) il fait énergiquement » ; il paraît donc que *iqqâr* est le second aoriste (= présent) de *naqaru* ou *aqaru* ayant le sens de « repousser, maltraiter ». Le premier aoriste (= passé) est, paraît-il, *igûr* (pour *iggûr*, W. A. I., II, 10, 15 *ab*) et ceci explique l'idéogramme *qur* qui exprime l'idée de « inimitié, hostilité ». Après de longues hésitations sur la lecture de la version démotique de la ligne 55 c, je m'arrête à séparer les mots de la manière suivante : *Kab duqâ sizib ameluti*. Je considère *sizib*, ét. const. de *sizbu* = hiér. *ga*, au propre « lait », comme désignant ici les évacuations du corps humain (*ameluti*) si fréquentes chez les enfants et je vois dans *kab duqâ* « mesure de contenance » le nom du vase de chambre. Ce *duqû* est, selon toutes les vraisemblances, l'origine de l'hiératique *duk* ou *duq-qa* signifiant « vase », en général ; de là aussi l'équivalence de *duk* au verbe *isu* « tenir, avoir ». En hiératique, le vase de nuit est figuré *us* + *a pa*, littéralement : « urine (= membre viril + eau) pot? ». Dans l'expression *nam-LV-uru-lu kit* « de l'homme mortel » mot à mot : « chose-homme-mort (*urulu* r. ערל)-de », la particule *kit* représente le pronom *sa* qui paraphrase l'état construit. En démotique on pourrait dire tout aussi bien : *sizbu sa ameluti*. La position de *kit* après le composé a été déterminée par son caractère de particule ; on se rappelle que les particules de rapport *ku, ta, ra*, etc., sont dans la même condition. La copule hiératique *û* est des plus curieuses ; étant au fond identique avec le *u* démotique, elle figure régulièrement la désinence *ma* des verbes assyriens, désinence qui, comme l'amharique *m*, fonctionne souvent en qualité de copule et qu'on trouve aussi quelquefois séparé et orthographié *mâ*. Mais le *û* hiératique, contrai-

---

[1] Voir plus haut à la page 317, note.

rement à son équivalent vulgaire est placé avant le verbe, en sorte que, au lieu de dire « il fait telle chose et un autre fait autre chose », il dit « et il fait telle chose, un autre fait autre chose ». Cette position si peu naturelle fait ressortir le caractère conventionnel du système[1]. Le phonème *du-mu* qui n'est certainement pas différent du démotique *dumu* ou *damu*, synonyme de *ablu* « fils », figure ici (57 c) le verbe *abalu* ou *apalu* (r. יבל) « porter, emporter »; c'est là une preuve évidente que les inventeurs du système hiératique ont pensé en assyrien. Ce qui suit se compose d'éléments déjà expliqués.

7. Sentences et proverbes (Ibidem, 16).

I
L'AMITIÉ VRAIE.

23 b la mu al SA	urimi da[miq] « à mon corps fais du bien ;
24 b un mal e ne	as nisiya « au milieu de mes gens
25 b ti-il ba ab hi : en e se	gùmmurànni « traite-moi parfaitement ».

II
RÈGLE DE CONDUITE.

26 b kak a bi al SA	dis kala damiq « à tout le monde fais du bien
27 b ù ku sa *ib* ba an tu	ù ulapa labis « et revêts la politesse ».

III
IMPRUDENCE.

28 b si GVD-da du-a	pân alpi aliki « devant le bœuf qui marche,
29 b mut ku ne *ib* ra ra	as uppi tarrappis « dans les ténèbres (?) tu foules (le blé) ! »

IV
FUYEZ LES SERVICES DES INSENSÉS.

30 b hi mu an ta du du mu	allaka birkâa « allez mes genoux,
31 b NIR (?) mu nu *kus-u*	là niha sepâa « ne reposez pas mes pieds ;

---

[1] Quand *a* est placé après les indices pronominaux, il figure le verbe *labaru* « vieillir, durer ».

32 *b* LV sak kak kak nu tu-ka	la râs tasimti « un homme privé d'intelligence
33 *b* LV LV(?)mu-un us-e	ippira ridanni « a couvert ma nudité (?). ».

V
MAL ASSOCIÉ.

34 *b* IB û a-na me-en	agalaku[ma] « je suis un veau et
35 *b* IB-mul ku ab lal-e	*dis* pare sân[daku] « je suis attelé à un taureau;
36 *b* is suh-gi me na nam	narkabta sa[btaku?] « je traîne la voiture
37 *b* gi u kin (?)	sû [ru] et (un chargement de) cannes
38 *b* ab ga thu ga thu e en	azâ[bbil?] « je porte ».

VI
L'INNOCENT SOUFFRE POUR LE COUPABLE.

46 *a* [BIR hul]	[uri]su limun « (quand) le nourrisson est mauvais
47 *a* [um me ga lal? a-si tuk-a]	ummâtum dima isâ « la nourrice verse des larmes ».

VII
FAUSSES EXCUSES.

48 *a* [nu] NA al lib + a a	*as* la nakimî erat me « sans engendreur elle est devenue enceinte ;
49 *a* nu ? ka + gar da a ni	*as* la akali me « sans avoir mangé (joui)
50 *a* hu (?) kil ri en e se	kâbrat « elle est devenue grosse ! »

VIII
DEVOIR MATERNEL.

51 *a* um me da NA-a	nâku sunuqa « la femme accouchée (son) enfant
52 *a* ga ka + ga *ib* ta an ru	udâdda « allaitera ».

IX
DIFFICULTÉ D'EFFACER LA FAUTE COMMISE.

53 *a* ga gar mu da an kar	lûskun ikkimu « que je fasse une faute

54a ga an dir-ga	lûttirma « (et) que je (l') efface
55a a-ba mu ra an se	mannu inâddin « qui donnera (= plût à Dieu !) ».

X

PRUDENCE.

62a ga-an ku sa ne ru	assab raggu « un mauvais siège
63a [nu] û-ra is ku sab-ga-ri im	ul ulabbar hâssu « ne rend pas vieux, le sage ».

XI

RECONNAISSANCE ENVERS LES SERVITEURS FIDÈLES.

64a nun me sum KV zu	ummana imqa « un serviteur zélé
65a nam [KV] zu an ni LV bi	sa niméqsù en-su « dont le zèle son seigneur
66a [ ] me ga na ri ga	la hâssu « ne reconnait pas
67a [ ] LV dan-la	û sal makra « et une servante active
68a [ ] pe ga na	sa bêlsù « que son seigneur
69a [ ] zu lu a	imsùsù « dédaigne,
70a [ ] en	ibbati hisahtasuma « la force de leur affection
71a [ ] ma la	innaperi issi « passe (et) s'en va ».

XII

RENDS LE BIEN POUR LE MAL.

10c im su kil na kim	kim tinuri « comme le four
11c û ra ta	labiri « ancien,
12c qur qur-ru zu	dis nûkkurika « à tes ennemis
13c al gig	maris « fais mal ».

XIII

VOUS AVEZ CE QUE VOUS MÉRITEZ.

14c is (?) du ne mu un ga thu	tallik tassâ « tu es allé (et) as enlevé
15c a lib LV qur-ra kit	ekêl nakri « le champ de l'autre,
16c ni du un ga[thu]	illik issâ « il est venu (et) a enlevé
17c a lib zu LV qur-ra	ekêlka nakru « ton champ, l'autre ».

XIV

VANITÉ DES GRANDEURS.

18c nam gal-un-la	sarru[tum] « la domination

19c [bil?] ba ud-du-a ta | [asû] « brillante
20c [nu un?] ku a-an | [la izzâz?] « [ne] reste [pas] ».

XV

MALECHANCE.

19e a ZIK-da ku ne gar-ri en-na | *as* nari tabbasima « dans le canal tu arranges (quelque chose)
20e a zu u lib lu ku si da | muka yâddaru « ton eau tarit ;
21e an ga a-an is sar ku | abbunama « un *abbuna*
22e gar-ri en na zu | *as* kirî tabsima « dans le jardin tu arranges,
23e ka lum zu | sulûppaka « tes dattes
24e si an ga a-an | martum « (deviennent) amères ».

XVI

SOINS PERDUS.

25e DE û mu in ak-a | ashursuma « je l'ai soigné (?)
26e ù e-ne gar û tu ud-da | sû sa altisuma « lui et celle qui l'a enfanté ;
27e ni na nam | amassâssu[ma] « je le fais cuire,
28e su su-ub û mu ni in ak es | sû « (et néanmoins) lui
29e e-ne GVR (?) an ga a-an | libittumma « (est aussi dur que la) brique ».

XVII

DIFFICULTÉ DE PRÉVOIR LE SUCCÈS.

34e se num ma | seum hi [ga?] « (que) le bon grain
35e si ni di di e-ne | isse[ir] « réussit,
36e a na a-an | minammi « cela
37e ni zu un ne en | nî[di] « savons-nous ?
38e se si ga | seum ubbulu « (que) le grain avarié
39e si ni di di e se | isse[ir] « réussit
40e a na a-an | minammi « cela
41e ni zu un ne en e se | nîdi « savons-nous ? »

XVIII

SERVICE IMPOSSIBLE.

42e ga nam ga sar +be-ga en ne en | piqâ mât man « un *piqâ* de mort quelconque (?)
43e is en ga an ka+gar | lukûl « que je mange,

44e ga nam ga ti-li ne en | piqâ ballutham « (et) un *piqá* de vie
45e is en ga ne IB-gar | lúskun « que je fasse ! »

XIX (D.A.L., 71).

DISPUTE ET CALOMNIE.

9 LV ne da | sáltu « la dispute,
10 ki nam GA me a rum kit | asar kinatuti « entre parents ;
11 ka sik ka + gar ka + gar | qarsi akali « la calomnie
12 ki nam luh ku ni ik | asar pasisuti ippássi « entre domestiques existe ».

En dehors de leur valeur intrinsèque, les sentences et proverbes qui précèdent ont pour notre étude ce prix inestimable qu'ils portent un cachet sémitique tellement évident que sans être aveuglé il est impossible de ne pas le voir. Sortis du plus profond génie populaire, ces proverbes sont moulés dans des formes si vivaces, sont encadrés de tours de phrases si particuliers qu'il est absolument impossible de les traduire mot à mot dans une autre langue. Et cependant ce mot à mot est aussi étroit que possible dans les deux colonnes parallèles et, ce qui plus est, la version assyrienne est beaucoup plus concise et mieux agencée que celle d'en face. Des faits pareils montrent nettement que nous ne sommes pas en présence d'un texte traduit d'une langue dans une autre, mais d'un même original transcrit dans deux systèmes différents. Les observations suivantes, en éclaircissant les détails, feront mieux voir l'unité de l'ensemble.

I. La forme *urimi* se décompose en *urim* (pour *uru*) « corps » et *i* (pour *ya*), suffixe possessif de la première personne, singulier. Cet exemple semble ruiner la comparaison de l'*m* assyrien avec la mimmation sabéenne, car celle-ci disparait devant les suffixes. Du correspondant hiératique de *uru*, il ne reste que le complément *la,* qui est suivi de *mu,* représentant la première personne. Au lieu de *mu,* la ligne suivante offre la variante *mal* qui se lisait probablement *ma*. A *damik,* impératif de *damaqu* « faire du bien » répond l'hiératique *al*-SA, dont le premier élément *al* est une particule pronominale. L'hiératique *un* a été expliqué plus haut. Une particule de lieu remarquable est *e-ne* (24 *b*) qui remplace la forme usuelle *ku*. Le verbe *gummurânni*, impératif de la deuxième voix de *gamaru* « traiter parfaitement », joint au suffixe de la première personne, est rendu en hiératique : *ti-il*, forme analytique de l'idéogramme *til* (figuré *be*) « entier, parfait », *ba* « il », *ab* « le », *hi* (= *dug*) « faire du bien »; le sens de l'addition *en e se* est douteux. — Sens général : Il faut bien traiter l'ami non seulement quand on est seul avec lui, mais aussi devant le monde.

II. Le signe *dis* (un clou perpendiculaire) figure dans les textes démotiques la préposition *ana* « à, vers »; son équivalent hiératique, d'ordinaire *ku*, est ici *bi*. L'hiératique *kak* ne diffère du démotique *kala* (= sém. כל) « tout » que par l'orthographe, attendu que *kak* se lit aussi *kal*. La phrase *ulapa* (= ar. *ulfat*) *labis* « revêts la bienséance, la politesse » est paraphrasé en hiératique : *ku* « vêtement » *sa ib* « de propreté » *ba-an* « il », *tu* « entre ». En hébreu aussi, le verbe « revêtir » renferme l'idée de s'approprier quelque chose et se la faire sienne (Psaume XCIII, 1. Job, XXIX, 14). — Sens général : Il faut joindre la politesse la plus exquise au désir de rendre service à tout le monde.

III. L'idéogramme *si* représente les mots assyro-sémitiques *panu* (= héb. פָּנִים) « face, devant » et *inu* (= héb. עַיִן) « œil, source » qui s'emploient en qualité de préposition dans le sens de « avant, devant ». La désinence *i* de *alpi aliki* « bœuf qui marche » est la marque de l'état oblique, non pas celle du pluriel. Je ramène l'idéogramme du bœuf GVD (*da*) à la racine קדר « plier, courber ». Le complément *a* de *du-a* indique que la lecture de *du* se termine par une voyelle; d'après les gloses, *du* se lit *ra* et ce *ra* n'est que l'abréviation du démotique *aru* « aller ». Je traduis *uppi* = hiér. *mut* par « obscurité, ténèbres ». Ma traduction s'appuie, d'un côté sur l'équivalence de *mut* avec *da'mu*[1] « obscurci » (W. A. I., II, 48, 31 cd) d'un autre côté sur l'équation *upe* = hiér. *im dir* (*Ibidem*, IV, 3, 23-24 *a*). Les particules pronominales *ne-ib* indiquent ici la seconde personne. L'assyrien *rapasu* (= hiér. *ra ra* « aller aller ») signifie « fouler »; c'est l'hébreu רפס. — Sens général : Il ne faut pas s'exposer imprudemment à un danger certain.

IV. Je considère *allaka* et *niha* (pour *nayaha*) comme des impératifs piël, au duel, en accord avec *birkâa* « mes deux genoux (= héb. בִּרְכַּיִם) » et *sepâa* « mes deux pieds (= héb. רַגְלַיִם) ». Si l'idéogramme *hi* « bon » représente aussi le genou, c'est qu'en sé-

---

[1] L'histoire du monosyllabe *mut* est des plus curieuses. Son type est le démotique *mutu* « homme (héb. phén. מת), époux (éth. *met*) », sens qui entre dans le titre hiératique de Yaou, *nu kim mut* « seigneur, créateur de l'homme », puis comme idéogrammé, il représente en même temps le mot *damu* qui est synonyme de *mutu*; enfin, grâce à la loi de l'homophonie, il figure encore les mots tout différents : *damu* (= דם) « sang » et *da'mu* « obscurité, ténèbres ». (Note de 1882.)

mitique ברך « genou » et ברכה (as. *barikitu*) « bénédiction, bien » viennent d'une même racine. En hiératique, la forme *allaka* « allez énergiquement » est paraphrasée *an ta du*(= *tum*)*mu*, mot à mot : « en haut portez portez ». L'idée du repos est exprimée par le phonème *kus-û* qui n'est autre chose que l'assyrien *kusû* « repos » et dont le verbe *ikûs* « il couche, se repose » se lit dans W. A. I., IV, 16, n° 2 *recto*, 6. Je prends *rás tasimti* dans le sens de *bêl tasimti* « maître d'entendement (r. שמע) » ; *rás* est synonyme de *rés*[1] (ראש) « tête » ; cf. la locution analogue : *la rás thême* (Sm. Sanh., 111, 3) « qui n'est pas maître de commandement ». L'hiératique figure *rás* par le signe ordinaire de la tête, *sak* (= dém. *saqu*), tandis qu'il paraphrase *la-simti* par *kak kak nu tuk-a* « action action ne tenant pas ». J'incline à dériver *ippira* de la racine *aparu* (cf. héb. אפה) « couvrir » ; *ridannu* (pour *ridanu*), au propre « petit enfant » semble désigner ici le membre viril ; l'hiératique *us* a le même double sens. Le reste de la ligne 33 *b* renfermant un signe LV renversé n'est pas bien clair dans toutes ses parties ; peut-être y a-t-il quelque faute de copie. Le sens général est résumé dans la suscription.

V. Au démotique *agalu* (héb. עֵגֶל) « veau » répond l'hiératique IB (de *ibbu* « fruit », r. אבב *û*) « vieux ? » ; IB désigne les pachydermes, surtout l'âne, le mulet, le poulain et le veau. Le suffixe semi verbal *a-ku* « je suis » se paraphrase en hiératique : *ana* (abréviation de *anaku*) « moi » *me-en* (type *mn*), « être ». Le taureau ou le bœuf, en assyrien *paru* (= héb. פַּר), a pour représentant sacerdotal IB-*mul* « pachyderme-étoile », faisant allusion à la figure zodiacale du taureau. La forme *sândaku* (pour *samdaku*) « je suis attaché » n'est exprimée en hiératique que d'une façon excessivement vague, *ab lal-e* « il pend » ; *lal* vient de *alalu* « pendre, attacher ». Au lieu de (*is*) *sa su gi* je préfère lire (*is*) *suh* (de *nasahu* « arracher, déplacer ») = *narkablu* (= héb. מֶרְכָּבָה) « voiture, char, chariot ». La restitution *sa*[*blaku*] est d'autant plus douteuse que l'équivalent hiératique *me-na-nam* est inintelligible pour moi. Par contre, la restitution *sûru* me semble certaine ; un *dûd sa sûri* « boîte de roseaux ou de jonc » est mentionnée dans l'inscription de Sargon Ier (W. A. I., III, 4, n° 7) ; aussi le groupe hiératique correspondant *u-kin* (?) est-il précédé par le déterminatif *gi* « roseau »[2]. Bien que la restitution *azábbil* ne soit pas certaine, le sens de porter résulte de l'hiératique *ga-thu ga-thu* = *il-il*

---

[1] D'après M. St. Guyard, *rás* serait l'état construit de *rasû* « ayant, possédant » ; cela expliquerait très bien l'hiératique *nu tuk-a*, mais le phonème *sak* ferait quelque difficulté. Le sens général resterait toujours le même. (Note de 1882.)

[2] Dans W. A. I., V, 32, 66 on lit *gi su kin = himmat*. (Note de 1882.)

(r. עלי) « élever, lever, porter ». Le *en* qui termine la ligne semble une particule d'affirmation, synonyme de *a-an*. — Sens général : Jeune et faible, on m'a associé à un homme plus grand et plus fort que moi, et cependant je suis seul à la peine. C'est probablement la complainte d'une jeune femme malheureuse en ménage.

VI. Toute la partie hiératique, perdue par suite d'une fracture, est restituée d'après d'autres textes. Le nourrisson, *urisu* est désigné en hiératique par BIR = dém. *biru* « enfant, produit ». L'expression *limun* ou *limnu* « mauvais, méchant » est bien connue et non moins connu est son équivalent sacerdotal *hul*, abréviation du dém. *hullu*. Par *ummâtum* il faut entendre la nourrice ; cf. héb. אָמָה. Du complexe équivalent *umme ga-lal*, il a déjà été question plus haut. Pour *dimâ* (= דמע) « larmes » l'hiératique offre *a-si*, littéralement *eau-œil*. — Ce proverbe se fonde sur l'habitude des Orientaux de maudire la mère ou la nourrice des impies ou de ceux qu'ils considèrent comme leurs ennemis. — Sens général : l'innocent souffre pour le coupable.

VII. Dans ce proverbe je ne comprends pas le mot *me* qui revient dans la seconde ligne. *Nakimî* doit être l'état oblique de *nakimû* (formé comme l'hébreu אֹסְרִי, Genèse, XLIX, 11) « celui qui effectue le *nakmu* (m. à m. : « prise ») ou la conception de la femme, engendreur ». L'adjectif *erat* « femme enceinte » vient de *âru* « engendrer, enfanter ». Dans la ligne hiératique il ne reste que NA « coucher » et (*al*) *lib* + *a*, m. à m. : « (*il*) milieu + eau » ; cette dernière expression rend toujours l'idée de la conception. Le complexe *ka* + *gar* (bouche + nourriture) exprime l'idée de *akalu* « manger » ; le signe *da* qui suit, peut bien être un complément phonétique et *a-ni* a tout l'air d'être une variante de *e-ne* qui remplace *ku*. Le signe qui précède *kil-ri*, idéogramme de *kâbrat* « grosse » (r. כבר) n'est pas distinct. La ligne se termine par les signes *en e se* qui se sont déjà rencontrés à la ligne 25 *b*. — Ce proverbe caractérise énergiquement les fausses excuses des hypocrites.

VIII. Si je ne me trompe, *ga-an-ku* = dém. *assab* « siège » n'est qu'une variante analytique de *ki ku* « lieu-demeure », puisque le signe *ki* se lit aussi *kin* et *kan*. Par *sa ne-ru* « ce qui est anathème (*ne-ru* = dém. *mamit*) » est rendu ici l'adjectif *raggu* « mauvais, méchant ». L'idée du *labbaru* « rendre vieux » est simplement exprimée en hiératique par *û-ra* (= *labar-ra* ?) « vieux », tandis que le mot *hâssu* « sage » (r. חסס) est surabondamment paraphrasé par *is-ku* « serviteur » *sab* « jeune guerrier », *ga-ri* (pour *gar*) « faisant », *im* « vertu ». — Sens général : l'homme sensé évite le malheur par sa prévoyance.

IX. Comme équivalent de *ummanu* « compagnon de guerre, serviteur, acolyte », la première colonne offre *nun-me-sum* « grand-nom-bataille », tandis que l'adjectif *imqu* « sage » et le substantif *nimequ* « sagesse » sont respectivement rendus par KV *zu* « brillant-connaisseur » et *nam* KV *zu* « chose de brillant connaisseur ». De son côté le mot *hâssu* « sage » a ici pour équivalent *na-ri-ga* = *telilli* (W. A. I., IV, 15, verso, 12) « brillant ». Au lieu de *son seigneur (en sû)*, l'hiératique a LV-*bi* « son homme ». Vague, mais intéressant est le phonème *dan* (= *kal*) *la* « forte » pour *makra* « travailleuse, active », parce qu'il rappelle la femme forte (אֵשֶׁת חַיִל) de la Bible. Le reste de la première colonne est trop fragmentaire pour être analysé. En revanche, la version démotique ne donne lieu à aucune difficulté. Je prends *innaperi* pour le niphal de *abaru* (עבר) « passer » et je dérive *issi* (pour *insi*) de la racine נסע « s'en aller, partir ». — La sentence exhorte les supérieurs à se montrer reconnaissants envers leurs serviteurs fidèles.

X. Le sens de *nâku* « femme accouchée » se dégage de l'expression hiératique *um-me da* (= *taritum* « enceinte »)-NA-*a* « couchée ». Pour *sunuqa* (r. ינק) « ce qu'on allaite, nourrisson », l'hiératique se contente de la désignation vague *ga* « lait ». Le verbe *udádda* « allaite » est formé de *dáddu* (= héb. דַּד) « mamelle, pis ». La version sacerdotale paraphrase l'idée d'allaiter par *ka*+*ga ru*, m. à m. : « bouche, lait, agiter ». — Sens général : la mère a le devoir d'allaiter son enfant. C'est probablement un article du code civil assyrien.

XI. La forme hiératique *ga* (pour *gan*) *gar mu* « que faire moi » montre que *luskun* (pour *lu askun*) est la première personne : « que je fasse ». L'hiératique *kar* qui rend ordinairement le verbe *ediru* (= עדר) « manquer », fait voir que le mot démotique *ikkimu* signifie « manquement, faute ». Je considère le dissyllabe sacerdotal *da-an* comme une orthographe analytique de *dan* « fort, violent » ; il se peut néanmoins que le complexe *da-an-kar* soit au fond un rébus jouant sur le mot assyrien *tamkaru* « œuvre, ouvrier » que l'hiératique décompose ordinairement en *dam-kar* « maître de travail ». La forme *lûttir* « que j'annule » se compose de *lu* = hiér. *ga(n)* « que » et de *uttir* pour *utawwir*, paël de la racine *tur* « retourner » ; comparez la locution *musatir sadi* (M.B., K., 133, recto, 4) = héb. הוֹפֵךְ הָרִים « qui renverse les montagnes ». Le phonème *dir-ga* (= *sig-ga*?) répond aussi à *usatir* dans M. B., K. 133, recto, 5. A noter la locution *mannu innadin* identique à l'hébreu מִי יִתֵּן « qui donnerait » ayant le sens de « plût à Dieu ». Cette locution souverainement sémitique est calquée par l'hiératique *a-ba* « qui » *mu-ra-an* pronom vague, *se* « donner ». — Sens général : plût à Dieu que je puisse effacer la faute que j'ai commise !

XII. Pour *tinuru* (= héb. תַּנוּר) « four », la première colonne offre le complexe *im su kil-na* dont le premier élément signifie *argile* (*thithu*, syllabaires) et marque ainsi un ustensile fait d'argile ; le reste peut se traduire mot à mot par *main-récipient-haut* ; une combinaison pareille ne saurait être un vrai mot populaire, mais un rébus jouant sur un vocable réel qui a pu être *surinu* (*kil* se lit aussi *rim* et *ri*) ou peut-être *qath* (*su* = *qat*, *qad*) *rinu* de la racine קטר « fumer ». La particule hiératique *kim*, copie du démotique *kim*(*a*) = כְּמוֹ « comme » est postposée ; précédant un nom, le signe *kim* aurait le sens de « produit, famille », de l'assyrien *kimtu*. Le *ta* qui suit *ú-ra* « vieux » n'est pas une particule de lieu, mais un relatif équivalent à *sa* « celui qui (est) ». Comparez la forme *nu zu ta* qui répond à *sa la idu* (W. A. I., IV, 10, 3-4) « que je ne connais pas ». La préposition *dis* = *ana* étant ici la marque superflue du régime direct, est omise en hiératique. La forme *maris* est l'impératif de *marasu* (= ar. *marida*) « faire violence, se venger ». — Sens général : venge-toi de ton ennemi à la façon du vieux four, qui échauffe son propriétaire et lui cuit la nourriture, bien que celui-ci l'ait toujours fait brûler par un feu ardent. C'est, comme on voit, une exhortation à rendre le bien pour le mal.

XIII. Il est possible que *is du-ne* soit une faute pour *ni-du* (= *kin*) *ne*. Le champ se dit en assyrien *iklu* (aram. חַקְלָא) et *elipu* (aram. חלפא « plante ») ; ce dernier est le type du rébus hiératique *a-lib* « eau-milieu », composé dont la lecture *a-sa*(-*ga*) vient probablement d'un mot démotique *asigu* qui doit encore signifier « champ ». Le signe *kit* équivaut à *sa* qui paraphrase ou renforce l'état construit. Le reste ne donne pas lieu à des remarques particulières. — Sens général : Vous avez ce que vous méritez.

XIV. Malgré la mutilation subie par les deux versions, les mots manquants se rétablissent aisément d'après d'autres textes. Remarquons que *ta* a ici encore le sens de *sa*, en sorte que le complexe : *bil*(?) *ba ud-du ta* signifie mot à mot : « splendeur (au propre « feu ») il sort-qui ». — Le proverbe accentue la vanité des grandeurs.

XV. Le verbe *basamu* paraît signifier « travailler, arranger ». Le mot à mot de l'hiératique *ne gar-ri en-na* est « il fait chose (au propre « parole » r. ענה ; cf. héb. דָּבָר). » Je corrige *dáddaru* en *yáddaru*, troisième personne du présent de *ediru* « diminuer ».

Le correspondant hiératique *lib lu* rend habituellement le terme *zinû* (W. A. I., IV, 29, n° 5, verso 58) « éloigné ». Je ne comprends pas le mot *abbuna* = hiér. *ku si da*. L'hiératique *an-ga-a-an* exprime la particule affirmative. Ce composé sacerdotal se répète à la ligne 24° après le signe *si* = dém. *martum* « amère », bien que le *ma* soit omis dans la version démotique. — Le proverbe peint la mauvaise chance.

XVI. Dans *ashur* (on peut aussi lire *assar*) je vois une orthographe vicieuse pour *ashur* (avec ס) « je l'ai entouré = je l'ai soigné (cf. héb. יְסֹבְבֶנְהוּ Deutéronome, XXXII, 10) »; le premier signe de la ligne hiératique semble être DE, mais il est difficile d'en préciser le sens. En dehors de la copule *ú* « et », on distingue *mu in* (pour *un*) *ak-a* « il fait ». Le pronom *sú* = dém. *e-ne* « lui » est ici régime direct. L'expression *sa altisu* (contracté de *alittisu*) « celle qui l'a enfanté » désigne la mère du jeune animal, qui est soignée afin qu'elle puisse lui donner du lait en abondance. Au *su* de *altisu* répond l'hiératique *ni-na-nam* qui n'est qu'une variante analytique de *sanam*, lu *ninnam* « qui que ce soit ». *Amassâssu* est pour *amassâssu* (deux שׁ dans la dernière syllabe) de la racine משש qui équivaut d'ordinaire à l'hébreu מסס « fondre », mais ici elle paraît signifier « cuire ». Dans la colonne hiératique l'idéogramme de fondre, *su-ub* (légère altération de זוב ou de ar. צבב), est précédé du déterminatif *su* « main »; puis on lit *mu ni-in ak-es* pour *mu ni-in ak-a* « il fait », ce qui indique une relation phonétique entre *a* et *es*. L'idéogramme de la brique paraît se lire *mur* ou *gur*; dans le dernier cas ce serait l'abréviation de *agurru* « brique ». La particule affirmative *an-ga a-an* rend encore ici le démotique *ma*. La plainte est mise dans la bouche d'un éleveur qui trouve la chair du veau maigre et coriace malgré le soin qu'il avait pris pour bien nourrir l'animal; c'est une manière d'exprimer le regret de soins perdus.

XVII. La restitution *hi-ga* (lisez *duga* de *dumuqu* « bien, prospérité ») n'est pas très certaine. En hiératique on a *num(ma)* « élevé »; il s'agit visiblement du blé dans sa pleine croissance. Le verbe *issêr* vient de la racine אשׁר « prospérer, réussir »; son synonyme *sidu* (W. A. I, IV, 56, recto, 14), a produit le phonème *si di*, qui en se redoublant fait *si si di* ou *si di di* comme ici. Parallèle à *e ne* qui termine la ligne 35 *e* se trouve *e se* aux lignes 39 *e* et 41 *e*; c'est probablement encore un jeu d'homophonie. *Minammi* « cela », composé de *mina* « quoi » et de l'explétive *mi* (= *ma*) est exactement figuré par l'hiératique *ana* « ce » et l'explétive *a-an*; voilà un calque bien évident. J'incline à croire que *ubbulu* vient de *nabalu* « détruire »; l'hiératique *si-ga* est pro-

bablement pour *sig-ga* = *ensu* (אנש « malade ». — Sens général :
Il est déjà impossible de prévoir la réussite d'une affaire entreprise à de bonnes conditions, à plus forte raison est-il impossible de prévoir le succès d'une affaire, qui a été entreprise sous de mauvais auspices.

XVIII. Le sens de *piqâ* et de son équivalent hiératique *ga nam ga* m'échappe entièrement. La séparation des mots *mât man* repose sur l'expression idéographique *sar + be-ga* qui désigne ordinairement la mort ; si cela est exact, le groupe *en-ne* répondrait au démotique *man* (pour *mannu*) « qui ». Non moins problématique est la particule sacerdotale *is en* aux lignes 43 *e* et 45 *e*. L'indice hiératique du précatif (= dém. *lu*), écrit d'habitude avec le signe *gan*, se présente ici une fois décomposé en *ga an* (l. 43 *e*) et une autre fois abrégé en *ga* (l. 45 *e*). L'idéogramme de *akalu* (אכל) « manger » se lit *kû*, phonème qui exprime encore l'idée de *aqaru* (r. וקר) « estimer, honorer » ; on ne peut y méconnaître un jeu d'homophonie. *Ballutham* = hiér. *ti-li* (= *tin* ou *ti-la*) « vie » est une forme secondaire de *balathu*. La rédaction hiératique ajoute à la ligne 44 *e* le groupe *ne-en* auquel rien ne répond dans la rédaction populaire. — Le sens général semble exprimer un souhait relatif à l'amélioration d'une situation difficile.

XIX. Aucun doute ne peut subsister sur le mot *saltu* « bataille, lutte » qui est si fréquent dans les inscriptions, et si l'hiératique *ne da* est précédé du déterminatif de l'homme, LV, cela prouve que ce déterminatif a aussi le sens neutre de « ce que »[1]. *Asar*, ét. const. de *asru* (אשר aram. אתר) est calqué par l'hiératique *ki* « lieu, endroit ». Dans le mot *kinatuti* (= ar. *qain* « serviteurs ») « familliers, parents » le *t* servile est conservé. Comparez l'hébreu קְשָׁתוֹת (r. קוש) חֲנִיתוֹת. Le complexe idéographique *nam GA me a rum* peut signifier « chose-transportée-ou-mâle », paraphrase dans laquelle il serait possible de trouver une allusion à la composition de la famille chez les anciens peuples, où les enfants mâles seuls comptaient ; mais bien d'autres explications pourraient encore convenir, en sorte que le mieux est de ne point insister sur aucune. Le signe *kit* qui suit est l'indice de la particule relative *sa* qui paraphrase l'état construit. L'idée de « calomnier » s'exprime en assyrien comme en araméen par *qarsi akalu* (= אכל קרצי), mot à mot « manger la médisance », et cet

---

[1] Ce fait invalide l'objection de M. Eb Schrader contre l'origine assyrienne de ce déterminatif (Z. D. M. G., t. XXIX, 32). L'idéogramme LV figure indifféremment l'idée relative pour les hommes et pour les choses et sous ce rapport il ne diffère pas de son synonyme *sa*, lu *gar* et *nin*.

idiotisme si sémitique est littéralement figuré en hiératique par *ka + me sik ka + gar ka + gar* « langue mauvaise, manger, manger ». Le terme *pasisuti* est éclairci par l'hiératique *nam-luh-ku* « chose-serviteur-demeure » ; ce sont les domestiques et les valets. — Le proverbe exprime une observation qui a été faite partout.

8. Lois assyriennes (W. A. I, II, 10. D. A. L., 76, 77).

1 ud kur ku ud na me ku	ana matima ana ark[át ud-me] « à l'avenir, à la fin des jours.
2 su sa tur lal bi tur ad-da na ra 3 ad-da mu nu me a 4 ba-an na-an ka 5 kat-nir rik mi ni-in ak-a 6 gar-ra rum mi ni-in kak-a 7 û KV-par-ga rum mi ni-in se	summa maru ana a[bisu] « quand le fils à son père : ul abi [atta] « non mon père toi iqta[bi] « dit, u[gal]labsu « il le marquera abbûtum isákkansù « (à) l'esclavage il le fera [û] ana KV-par inamdinsù « et pour l'argent le vendra ».
8 su sa tur lal bi tur mal + an na ra 9 mal + an mu nu me-en ba-an na-an ka 10 sak a ni kat-nir-ur û ne in [ak-a] 11 er ki-a mi ni-IB nigin-e-nè 12 û E ta ba-ra tul-[du-ne]	summa mari ana ummisù « si le fils à sa mère : ul ummi atti iqtabi « non ma mère « toi dit, mùttassu ugalbuma « sa tête on marquera, alàm uzàhharusu « la ville on le fera parcourir û ina bit usesusu « et de la maison on le fera sortir ».
13 su sa tur lal bi 14 ad-da tur bi [ra] 15 tur mu nu me-en 16 ba-an na-an ka 17 E E GVR ta 18 ba-ra tul-du-ne	summa « si abu is marisu « le père à son fils : ul mari atta « non mon père toi » iqtabi « dit, as bit û igarum « de la maison et (de la) demeure ise[li] « il sera enlevé ».
19 su sa tur lal bi	summa « si

20 mal+an tur na ra	ummu *dis* marisu « la mère à son fils :
21 [tur mu] nu me-en	ul mâri atta « non mon fils toi »
22 [ba-an na]-an ka	iqtabi « dit,
23 [E...] na ta	as bit û unâti « de la maison et (de la) demeure
24 [ba-ra] tul-du-ne	itêl « elle sera enlevée ».
25 su sa tur lal bi	summa « si
26 dam-e dam na	assata mûssu [1] « la femme son mari
27 hul ba-an-da gig a ni	izirma « outrage :
28 dam mu nu me-en	ul muti atta « non mon mari toi
29 ba-an na-an ka	iqtabi « dit,
30 a-ZIK-da ku	ana nâru « à la rivière
31 ba-an se-mu	inâddusu « on la jettera ».
32 su sa tur lal bi	summa « si
33 dam-e dam na ra	mutu ana assatisu « le mari à sa femme :
34 dam mu nu me-en	ul assati atta [2] « non ma femme toi
35 ba-an na-an ka	iqtabi « dit,
36 bar ma-na KV-par ta ni lal-e	bar mana KV-par isâqqal « une demi-mine d'argent il pèsera ».
37 su sa tur lal bi	summa « si
38 LV sak mal-e	apilum « le propriétaire
39 LV ku mal e-ne	arda igurma « l'esclave maltraite
40 ba be ba-an-ha-a	imtût ihtalik « (et celui-ci) se meurt, dépérit,
41 muh bi an DE-e	ittabata « devient fou,
42 KAR-la ba-an dak	ittapârka « s'isole,
43 û tu ra ba ab ak	û imtarasu « et devient maladif,
44 id bi ud I gan	idisù sa umatan « sa part de chaque jour
45 bar se ta a-an	bar ta a-an seam « une demi-mesure de blé
46 an ram-mal	imândâd « il mesurera ».

L'origine assyrienne des lois qui précèdent est formellement indiquée dans la souscription qui figure au bas de cette tablette

---

[1] Pour *mûssa*; le genre masculin prédomine dans les suffixes pronominaux.
[2] Plus correctement *atti* = héb. אתּ.

(W. A. I., II, 10, 25) et qui est ainsi conçue : *gab-ri* mat Assur-*ki* kim *be*-su sathirma *si-GAN* « original (*gabri* = mahri) du pays d'Assour, écrit et publié (*si-GAN* = bâri) conformément à son ancien (modèle). » Sargon mentionne souvent les lois assyriennes et se glorifie de les avoir remises en vigueur. Cette origine purement assyrienne et sémitique montre jusqu'à l'évidence que la rédaction de la première colonne ne représente d'autre idiome que celui des Assyriens eux-mêmes.

Suscription générale (l. 1). L'ensemble des articles est précédé par une formule législative indiquant que ces lois feront autorité à l'avenir et ne devront jamais être changées. Elle signifie mot à mot : à tout jamais, à la fin des jours, et rappelle ainsi les formules hébraïques לְעֹלָם et לְדוֹר דּוֹר. Le sens littéral de l'hiératique *ud kur ku* est : « jour autre à » et suppose une locution démotique *ana ume sanu* « à un autre jour » ; le synonyme *ud na-me ku* signifie proprement « jour chose à », c'est-à-dire « à un jour quelconque ». L'équivalent exact du démotique *ana arkat* (r. ארך = ירך) *ud-me* ou *ana ahrat* (r. אחר) *ud-me* devrait être, EGIR *ud-da ku* ou *a-ga ud-da ku*, puisque le mot *arkatu* ou *ahratu* « derrière » est constamment figuré en hiératique EGIR ou *a-ga*. Dans W. A. I., II., 48, 12, 13, où revient cette formule, le groupe *ud kur ku* est accompagné d'une glose qui lui assigne la lecture *u kur su*. La lecture *u* pour *ud* rentre dans le système général des syllabes cunéiformes qui tendent à laisser tomber leurs consonnes finales et elle est déjà donnée dans les syllabaires. Au contraire, la lecture *su* pour *ku* est nouvelle, les syllabaires n'ont fait connaître que celle de *si*. Nous sommes donc en présence d'une particule qui se lisant habituellement *ku* pouvait dans certaines circonstances se lire *su* sans que le sens en fût changé[1] ; cette particule n'est donc pas un mot phonétique mais un idéogramme qui emprunte sa valeur à sa forme matérielle.

Premier article, ligne 2. La conjonction démotique *summa* (r. שום « poser, placer »,) « si » est rendue en hiératique par le

---

[1] M. Haupt qui cite la même glose (*Die sumerischen Familiengesetze*, p. 15-19) en conclut que la particule *ku* se lit toujours *su* ; l'inexactitude de cette conclusion est prouvée par une curieuse indication graphique relative à la composition du signe *a* + *si* (le signe *si* est inséré entre les deux clous du signe *a*) et ainsi conçue : *sa a-a-ak-ku iga i DV* (W. A. I., V, 22, n° 2, 51), c'est-à-dire « ce qui fait aller le signe *a* vers le signe *iga* ou *si* (voir plus haut, p. 269). Comme le nom de *a* est toujours *a-a*, il est évident que le *k* de *ak* est dû au *k* initial de la particule, laquelle se lisait par conséquent *ku* avec *k*. Quant à la lecture *su*, visiblement identique avec le pronom démotique *su* « lui », elle a son analogue dans les indices pronominaux *ne* et *bi*, qui, ainsi qu'on a vu plus haut, remplacent la particule *ku*. Toutes ces variantes jouent sur l'homophonie entre la préposition vulgaire *ana* et le pronom *annu* = *su*. (Note de 1882).

groupe *su gar tur lal bi* qui signifie mot à mot « main ou puissance faisant fils (de) combat lui ». Ce composé si étrange serait resté une énigme insoluble sans la glose consignée dans W. A. I., II., 20, 13 a, qui, en lui assignant la lecture *tu-kun-di*, ne nous avait pas montré la piste à suivre pour débrouiller le rébus. De prime abord, ce dernier complexe ne manque pas de nous jeter dans une grande perplexité, car les significations qui sont propres aux signes dont il se compose n'offrent pas d'ensemble satisfaisant. Mais aussitôt qu'on est convaincu de l'impossibilité d'y chercher un sens idéographique, on est conduit à y voir la copie assez fidèle du mot assyrien *tuquntu-tuqmatu* « lutte, combat »[1], et cette observation faite, on ne tarde plus à s'apercevoir que le sens fondamental de la forme écrite, savoir : « puissance de combattant » est en fin de compte la même chose. Reste à savoir comment la particule « si » a pu être représentée par des combinaisons idéographiques indiquant l'idée de « lutte, combat ». Pour résoudre cette dernière énigme, on n'a qu'à se rappeler que la racine assyrienne שׁסם, type de l'hiératique *sum*, a donné naissance au terme *sâsmu* (contracté de *samsamu*) qui est synonyme de *tuquntu* et signifie par conséquent « lutte, combat, bataille ». Dans W. A. I.. IV, 7, 9-10 a, on constate même l'équation *sum = thabahu* « égorger ». Ceux qui croient à la réalité de l'idiome suméro-accadien auront, je pense. quelque peine à nous dire : 1° comment les scribes sémitiques ont pu deviner que la lecture *tuqundi* s'attache au groupe si différent *susaturlal*; 2° quel intérêt la lecture d'une particule a pu avoir pour des scribes qui n'auraient fait que de traduire un texte conçu dans une langue étrangère ; 3° si c'est seulement par un coup du hasard que ladite lecture coïncide avec le mot assyrien *tuquntu*. En attendant la réponse des assyriologues à ces questions, n'oublions pas de dire un mot à propos de la particule *bi* qui termine le groupe hiératique dont il s'agit et où elle fonctionne en qualité de désinence adverbiale. J'ai montré depuis longtemps que cette particule, identique au pronom hiératique de la 3ᵉ personne *bi* « lui, son », calque servilement la terminaison adverbiale assyrienne *is* qui vient de *su* « lui, son ». Les assyriologues ont été obligés de reconnaître le fait, mais ils ont cherché à éviter les conséquences en supposant que c'est là un emprunt fait par les Assyriens à l'idiome d'Accad[2]. Il est à peine besoin de remarquer que les désinences flexionnelles ne passent

---

[1] Pour le changement en hiératique du *t* féminin en *d* comparez le nom du signe *ku* (W. A. I., V, 22, 25 e, 29 g), *sanguda*, nom qui se rattache au démotique *sangûtu*, forme abstraite de *sangu* « serviteur, prêtre ».

[2] Fr. Lenormant, *Langue primitive de la Chaldée*, p. 263.

que rarement d'une langue dans une autre, et que par suite la désinence *is* doit appartenir au fond primitif de l'assyrien et la preuve c'est que la même désinence se constate, quoique sporadiquement, dans les autres langues sémitiques. Il me suffira de citer l'hébreu יַחְדָּו « conjointement, ensemble », l'arabe *wahdahu* « lui seul » et l'éthiopien *er âqû* « nu ». Il y a plus, la terminaison tout assyrienne *is* revient aussi dans les textes prétendus alloglottes sous la forme presque identique *es*; ainsi *gal* = *rabu* « grand » : *gal-li-es* ou *gal-bi* = *rabis* « grandement »[1]. Dans l'hypothèse des emprunts mutuels, il faudra donc admettre que les Accadiens ne se sont pas seulement contentés de donner droit de cité à la désinence adverbiale assyrienne telle qu'ils l'entendaient prononcer de vive voix, mais qu'ils l'ont encore traduite par un équivalent de leur propre idiome, probablement après s'être fait renseigner par les Assyriens sur l'origine de la désinence. Il suffit d'exposer une pareille explication pour que toutes les absurdités qu'elle renferme sautent aux yeux, et je l'aurais passée sous silence, si des savants de mérite n'y avaient pas recouru afin de sauver un système qui s'écroule de tous les côtés.

La racine de *maru* « fils » est douteuse ; on peut d'abord comparer le sémitique מרא qui signifie « seigneur » en araméen et « homme » en arabe ; mais on peut également prendre le *m* pour une formative nominale jointe à la racine *aru* « engendrer » qui a produit *ayâru* (souvent contracté en *eru*) et peut-être aussi *méru*, *mûru* et *miranu*, mots qui désignent l'enfant en bas âge. L'idéogramme du père, *ad*, signifie en outre « conseil » (*milku* aram. מִלְכָּא) et « cavité » ; cette dernière signification se base sur l'homophonie des mots assyriens *abu* (r. אב « père » et *abu* ou *aptu* (= aram. אספא « cellule ») « cavité, creux », dont le second est le type de l'idéogramme *ab* « bas-fond, vallée ». L'indice du suffixe de la 3º personne est ici *na* au lieu de *ni* ; l'a est dû au phénomène de l'attraction vocalique si fréquente dans la phonétique assyrienne. La postposition *ra* est connue.

Ligne 3. *Abi* = hiér. *ad-da-mu* est pour *abiya* : la forme pleine du suffixe ne se retrouve qu'en éthiopien et, dans certains cas, en arabe. La négative hiératique *nu*, contrairement à la négative démotique *ul* (= héb. אל) se place après le nom ; placée avant, elle

---

[1] M. Haupt, ne pouvant nier ce fait, soutient maintenant que les textes accadiens qui font usage de la désinence adverbiale *es* sont d'une date tardive et rédigés par des auteurs sémites ; rien n'est plus exact, mais malheureusement pour son système, cela seul ruine de fond en comble le prétendu dialecte sumérien qui est d'après lui plus archaïque que l'accadien, car l'emploi de *es* au lieu de *bi* est précisément particulier au pseudo-sumérien. Je m'étonne que le savant sumériste ne se soit pas aperçu d'un fait si évident. Voyez du reste, plus haut, p. 40. (Note de 1882.)

ne serait plus considérée comme une particule, mais comme un nom signifiant « maître, propriétaire. » L'hiératique *me-a*, au propre « nom, appellation » exprime le verbe être sans différence des personnes ; ici il répond à *atta* (sous-entendu *bâsu* « étant »}, « tu es ».

Ligne 4. *Iqtabi* est le istaphal de la racine *qaba* (= héb. קבה) « parler, dire », figurée par l'idéogramme de la bouche *ka*. La version hiératique *ba-an na-an ka* a le sens de « il lui dit » ; la redondance du pronom régime étant recherchée dans la rédaction savante. Je parlerai plus loin de la construction des phrases analogues qui est commune aux six premiers articles.

Ligne 5. On est tenté de traduire *ugallabsu* par « il lui coupera les cheveux » en rapprochant le mot hébreu גַּבָּב (Ezéchiel, V, 1) qu'on rend habituellement par « barbier », mais, sans compter que le sens du terme hébreu en question n'est nullement certain[1], on s'attendrait à trouver ici le mot *parsigu* pour cheveux. Peut-être s'agit-il de l'habitude d'imprimer des marques sur la figure des esclaves. Cf. l'hébreu postérieur מגלב « aiguillon, bâton ». L'expression hiératique composée des signes *kal, nir, rik* et suivie de *ag* « faire » n'éclaircit guère le sens. Disons seulement que cet *ag* qui vient du terme démotique *agû* synonyme de *bânu* (W. A. I., II., 25, 15 *cd*) « roseau » figure naturellement le verbe homophone *banu* (בני) « faire, construire, créer ».

Ligne 6. Le sens de *abbullum* résulte de l'équivalent hiératique *gar(ra)* « travail » ; c'est donc l'hébreu עֲבוֹדָה ou peut-être עֲבְדוּת « esclavage ». La version sacerdotale ajoute encore le signe du régime *rum* « à » qui, étant superflu, n'est pas exprimé dans la version démotique. Le phonème *kak* qui figure l'idée de faire et de construire se rattache visiblement au substantif *kakku* « arme » qui semble désigner primitivement un instrument de travail, peut-être la hache.

Ligne 7. L'argent, *kaspu* (= héb. כֶּסֶף) a pour idéogramme les signes *KV-par* « pur blanc », qui se lisent par un phonème qui se termine par une gutturale-dentale, comme le prouve le complément *ga*[2]. L'idée de vendre est exprimée par *nadanu* = hiér. *se* qui signifie au propre « donner » ; c'est un idiotisme commun à l'assyrien et à l'hébreu. L'idée d'acheter se rend aussi dans les deux idiomes par le verbe *laqû* = לקח « prendre » ; l'idéogramme *li* englobe comme le verbe assyrien les deux significations précitées.

---

[1] Voyez à ce propos plus haut, p. 189. (Note de 1882.)

[2] Ce phonème est *azaq* ; il se ramène sans effort à une racine רצק identique à l'hébreu יצק « fondre, purifier les métaux ». (Note de 1882.)

— Traduction courante : Quand un fils dit à son père, tu n'es pas mon père, celui-ci est autorisé à lui imprimer la marque des esclaves et à le vendre pour de l'argent.

Article II. L. 8. *Mari* est pour *maru* ; l'emploi de l'état oblique au lieu du nominatif est fréquent en assyrien.

Ligne 10. *Muttassu* est contracté de *multâtsu* ; *multatu* semble être le pluriel de *multum* (W. A. I., II., 36, 65) « joue (?), tempe (?) ». La racine de *multum* ne m'est pas connue. Un autre exemple de contraction nous est donné par la forme *ugalbu* qui est pour *ugallabu*.

Ligne 11. Je prends *alâm* pour l'accusatif de *alu* « ville » ; l'hiératique offre *er ki a* « ville du pays ». Si je ne me trompe, *uzahharusu* est une orthographe négligée de *usuhhorusu* « on lui fera faire un tour » c'est-à-dire : on le conduira par toutes les rues de la ville, afin de lui faire honte. L'équivalent hiératique du verbe *saharu* se lit d'après une glose *nigin*, phonème dont le type demeure encore énigmatique.

Ligne 12. On sait déjà que le double sens de la préposition assyrienne *ina* « à » et « de » est aussi propre à son équivalent sacerdotal *ta*. Le sens exact du composé *tul du* qui figure en même temps les verbes *susû* (הוציא) « faire sortir » et *itelû* (r. יבל) « enlever » est encore difficile à déterminer. — Traduction courante : Quand un fils dit à sa mère tu n'es pas ma mère, on le marquera aux joues (?) et on lui fera parcourir la ville ; puis on le chassera de la maison.

Article III. Un mot seulement demande quelque explication : c'est *igarum*. Il paraît venir de la racine גדר ou רגד « amonceler, accumuler » et devoir être rapproché du talmudique איגרא « toit ». L'hiératique E-GVR produit le sens de « maison de briques » dont la forme démotique *bit libitti* (= héb. בֵּית לְבֵנִים) se trouve dans les listes lexicographiques. Peut-être n'est-ce en réalité qu'un rébus ayant pour base le mot *igaru* lui-même. Faute de certitude je l'ai traduit par « demeure ». — Traduction courante : Le père qui renie sa paternité à l'égard de son fils encourt la peine d'expulsion.

Article IV. Il me paraît probable que *unutu* vient de la racine עון qui a aussi produit l'hébreu מָעוֹן « habitation, demeure » ; l'équivalent hiératique est effacé sur la tablette. *Itêl* est l'iphtaal de צלל et ne diffère pas pour le sens de *iseli* de l'article précédent ; aussi est-il toujours figuré par *tul-du* (= gm)-*ne*. — Traduction courante : La mère qui renie sa maternité à l'égard de son fils est punie d'expulsion.

Article V. *Assata*, forme d'accusatif pour celle du nominatif *assatu* (= héb. אִשָּׁה) « femme, épouse » ; de telles incorrections ne sont pas rares dans les textes. *Mûssu* est contracté de *mudsu*. La version hiératique rend « mari » et « femme » par le seul idéogramme *dam* « maître » et la confusion qui en résulte fait qu'il est impossible de savoir dans cet article et dans l'article suivant lequel des deux, de l'homme ou de la femme, doit subir la peine édictée. Si la rédaction accadienne était primitive, ses auteurs n'auraient pas manqué de distinguer le genre au moyen d'un déterminatif ; on voit donc que les scribes comptaient sur la version assyrienne qui ne laisse pas place à l'équivoque. Le verbe *izir* me paraît se rattacher à la racine צער = זער qui, de l'idée primitive de « petit, menu » est passée à celle de « être méprisé, maltraité et affligé ». Ici, il s'agit apparemment de l'outrage d'infidélité. La paraphrase hiératique offre *hul* « mal » *ba-an-da* « il » *gig* « affligea » ; le dissyllabe *a-ni* qui suit est pour *a-an*, l'équivalent ordinaire de la conjonction *ma*. Au lieu de *nadû* (r. נדי) « jeter » l'hiératique a *se-mu* « poser, donner ». — Traduction courante : La femme qui a outragé son mari et méconnaît son droit d'époux est condamnée à être noyée.

Article VI. La première phrase qui, à peu de variantes près, est commune aux articles précédents, mérite d'arrêter l'attention à cause de sa construction. L'ordre des mots est : sujet, régime indirect, régime direct représenté par une phrase incidente, verbe. Cette construction, sauf pour certaines particules, est absolument identique dans la version de la première colonne. Tout lecteur impartial en conclurait comme moi, que les deux versions représentent le génie de la langue assyrienne. Cela n'est cependant pas l'avis de M. Eb. Schrader qui n'hésite pas à lancer les affirmations les plus hasardées afin de sauver le faux système qui lui a été imposé par l'autorité des premiers assyriologues. M. Schrader assure hardiment que ladite construction n'est pas assyrienne ; qu'un Assyrien, au lieu de mettre la phrase incidente avant le verbe, l'aurait mise après, ainsi : *mutu ana asatisu iglabi, ul assati atti* ; qu'enfin, le scribe assyrien n'a fait que traduire chaque membre de phrase accadien par un équivalent sémitique sans se soucier des exigences syntactiques[1]. Je ne m'arrêterai pas

---

[1] Z. D. M. G., t. XXIX, p. 22 : « Beiläufig erkennt aber hier jeder, der nur ein paar Seiten Assyrisch gelesen hat (!), dass das letztere *kein Assyrisch* ist : von sich aus würde kein Assyrer den Zwischensatz so eingeschaltet haben ; von sich aus würde der Assyrer gesagt haben : *mutu ana asatisu iktabi : ul assati atta* d. h. er würde das Verbum unmittelbar an den Schluss des ersten Satzes gestellt und danach den Inhalt der Rede habe folgen lassen. Die ganze unassyrische Ausdrucksweise hat ihren Grund in dem Streben des Tafelschreibers, *der einen zu übersetzenden akkadi-*

à demander un seul exemple d'une traduction littérale chez les peuples de l'antiquité, mais je crois nécessaire de remarquer que la réalité ne répond nullement à l'assertion du savant assyriologue et, pour s'en convaincre, on n'a qu'à se rappeler la phrase suivante d'une inscription purement assyrienne d'Assurbanipal, laquelle montre absolument la même construction. Cette phrase porte : *Inhi sunuhûti IS-TAR isméma la tapallih iqbâ usarhisânni libbu* (Sm. Asb. 123,46,47) mot à mot : « mes soupirs et mes supplications Istarit entendit et : « ne crains pas » elle dit (et) me réconforta le cœur ». Le caractère assyrien de cette construction étant démontré, la situation change de face et il devient évident que les auteurs de la première colonne pensaient en assyrien et n'avaient en vue que l'assyrien sémitique[1].

La dernière ligne stipule la peine qui consiste en une amende d'une demi-mine d'argent. La mine est représentée dans les deux rédactions par *mana* qui correspond à l'hébreu מנה et dérive de la racine commune sémitique מנה « compter ». En pseudo-accadien *ma na* signifie « pays haut » ; les assyriologues feront donc bien de nous dire : 1° comment dans leur hypothèse une pareille épithète a pu être donnée à une unité de poids ; 2° comment les Sémites ont pu en tirer la racine signifiant compter. La désignation hiératique de la « moitié » est *bar* ; elle se rattache visiblement aux racines ברה ou פרס « séparer, briser », mais le correspondant démotique n'est pas encore connu. L'idéogramme *lal* qui figure le verbe *saqalu* (שקל) « peser, payer » a été expliqué plus haut.

Article VII. Je traduis *apilum* par « propriétaire » sur l'autorité de l'expression hiératique *LV sak mal (e)* « homme chef de maison ». Il faut probablement rapprocher la forme *ebelu* (W. A. I., IV, 9, 2 *passim*) « chef » ; cependant la lecture *amelu* est aussi possible, car le signe *pi* a encore la puissance de *me*. *Ardu*, accusatif *arda* « esclave, serf » est connu ; il vient de la racine ירד « descendre ». L'hiératique paraphrase : *LV ku mal* « homme servant la maison » ; le dissyllabe *e-ne = ku* rend la préposition *ana*, supprimée comme superflue dans la version démotique. Je pense que *iqur* est pour *iqur* ou plus exactement *iqqur* de *naqaru* (נקר = נכר?) « maltraiter » ; le correspondant hiératique *ba-an-kur* a été oublié par le scribe assyrien. Le sujet des verbes qui suivent n'est pas le maître, mais l'esclave. Tous ces verbes sont à l'iphtaal qui semble marquer une intensité intérieure. Des racines מות « mourir », חלק

---

schen Satz vor sich hatte, jedem akkadischen Satzelemente das entsprechende assyrische Aequivalent in derselben Zeile gegenüberzustellen. »

[1] Pour d'autres exemples de la même construction, voyez mes *Documents religieux*, texte, p. 154, l. 6 et 7 ; 157, l. 33. (Note de 1882.)

« périr » et אבת « fuir, devenir fou » qui forment les verbes *imtût*, *ihtalik* et *ittabata*, la première est commune à toute la famille sémitique, la seconde se retrouve en éthiopien, la troisième, propre à l'assyrien, rappelle l'hébréo-éthiopien אבד « errer, s'égarer, se perdre ». Le sens de « devenir fou » que je lui attribue résulte de la paraphrase hiératique *muh bi an DE-e* dont le mot-à-mot est « sa tête, ou plutôt son cerveau s'enfuit » ; *muh* vient de *muhhu* « tête, cerveau » (cf. héb. מֹחַ « crâne, cerveau, moelle »[1]). Le verbe *ittapârka* « il s'isole » a pour base le substantif *naparku* « isolement », tiré de la racine פרק « séparer ». L'équivalent sacerdotal *KAR-la ba-an-DAK* semble signifier « muraille » (= héb. קִיר) « il franchit (?) » ; le complément *la* montre néanmoins que la lecture de KAR se termine par un *l*. Enfin *imtarasu* vient de מרץ (= ar. *marida*) « devenir malade », ce que l'hiératique rend par *tu-ra ba-ab ag* « maladie il lui fait ». L'assyrien *idu* = hiér. *id a*, comme le יָד hébreu, outre le sens de « main » celui de « part ». La terminaison *tan* de *umatan* « chaque jour » ajoute la nuance d'unité ; c'est probablement le type de la particule hiératique *ta-a-an* qui accompagne les nombres cardinaux. Dans notre passage, la version idéographique a préféré la forme des nombres cardinaux : *ud 1 gan*, « jour unième » ce qui est moins précis ; mais cet écart s'explique par cette circonstance que la particule était indispensable après le mot suivant. *Seam* est l'accusatif de *se'um* « blé » (שעיה), d'où l'hiératique *se*. Relativement à la position du déterminatif *ta-a-an*, il y a divergence entre les deux versions : celle de la première colonne, étant tout idéographique, le place après le composé *bar se* qu'il détermine dans son ensemble, comme le fait le multiplicande d dans cette formule algébrique $(a + b)d$; celle de la seconde, au contraire, étant l'expression de la langue vraie, groupe ensemble l'idéogramme *bar* qui doit être remplacé dans la lecture par un terme populaire, avec son déterminatif *ta-a-an* qui est purement oculaire et les fait suivre du mot phonétique *seam*. A noter l'insertion d'*n* dans le verbe *imândad*, pour *imaddâd*, présent de מדד « mesurer ». Le représentant hiératique de cette racine est le signe *ram* (*mal* = *ma*) dont le sémitique רָם « haut, élevé » ne suffit pas pour expliquer l'origine [2]. —

[1] Le mot *muhhu* avec le sens de « tête » s'observe dans la phrase *amahhas muhhaki* (D. R. A. B., texte, p. 155, 33) « je te briserai la tête (toi sorcière) ». (Note de 1882.)

[2] L'énigme s'explique maintenant que j'ai reconnu que le verbe *madadu* signifie aussi « aimer », tout comme le verbe *râmu* (r. רחם). L'idéogramme *ram* englobe ainsi les deux significations de *madadu*. Le sens d'aimer pour celui-ci résulte du nom *namaddu* qui est synonyme de *naramu* « objet d'amour, aimé ». C'est à tort que MM. Delitzsch et Lotz (*Die Inschriften Tiglatpileser's* I, p. 142) lisent ce nom *na-*

Traduction courante : Le maître qui, par de mauvais traitements, détruit la santé de son esclave au point qu'il dépérit, devient fou, solitaire ou maladif, est condamné à lui fournir journellement une demi-mesure de blé pour sa nourriture.

9. *Allocution de Mardouk au Soleil en faveur d'un roi malade*
(W. A. I., IV, 17)

40 en- e mal- e mu-un-si-in GA en
41 belum yâti isburánni
   seigneur moi m'a envoyé ;
42 en gal an-en-ki kit mu un-si-in GA en
   seigneur grand- Iaou m'a envoyé ;
43 û du-ba bi ka bi-a zu ab ka as-bar bi bar-ra ab
44 izizma amàssu limad burússasu burús
   arrête toi, sa parole apprends, son ordre exécute ;
45 za-e al-du-un-na ru sak-mi-ga si ba nis-*ib* si-di-e
46 atta *as* alakika salmat qaqqadi tustesir
   toi dans ton aller la noire de tête tu rends heureuse
47 se-ir zi di-ma û gar-ra ab sa gig bi ha-ba ni-*ib* si-di-e
48 sarûr sulmi sukunsumma marústasu listesir
   lumière de paix fais lui son mal qu'il prenne une tournure heureuse
49 LV-VRV-lu tur an-ra-na dun a lum nam-tag-ga an kin kin
50 amelu tur an-su enûn arnâm emid
   l'homme fils de son Dieu faute péché a commis ;
51 id-su nir(?)-bi gig ba-an ag-es gig-bi tu-ra ba-NA
52 misritusu marsis ibsa marsis as mursi nil
   ses membres mal ont été, mal dans la douleur il est couché ;
53 an-par sa su ga-thu-la mu gan im si lal
54 an-par *dis* nis qatiya qulamma
   soleil à l'élévation de mes mains observe
55 gar bi ka-gar-a gaz gaz ra na an da ga na mu-un ra ab
56 akalsu akul nigàsû muhur ilâm : ilsu *dis* idisu sukûn
   son manger mange, son offrande accepte ; Dieu : son Dieu à sa place remets.
57 ka ga zu ta dun a lum bi gan gab gab nam-tag-ga bi gan zi zi
58 *as* kibitika ennissu lippathir
   dans ta parole sa faute qu'elle soit pardonnée

---

suddu. Le mot *sudadu* = rainnu (W. A. I., II, 25, 30*ab* « aimant » est ou une forme saphel de רדד ou une orthographe négligée pour *sumdadu*, saphel de רדד. (Note de 1882.)

59 arânsu linnasîh
   son péché qu'il soit effacé.

   Verso :

1 [kur]-hal bi	ha ba-an bar	tu-ra-ni ku	ha-ba-an-ti-li en
2 muhsûssu	lipsir	marzûssu	litiblûth
sa plaie	qu'elle fonde	sa maladie	qu'elle guérisse
3 gal-un bi	gan-en-ti-la		
le roi ce	qu'il vive		

Voici d'abord quelques notions mythologiques indispensables pour l'intelligence du morceau qui précède. Les Babyloniens aussi bien que les Hébreux regardaient les maladies comme des génies démoniaques et malfaisants qui prennent possession de l'homme quand, par suite de ses péchés, il s'est aliéné la faveur de ses divinités protectrices. Sur l'invocation du prêtre magicien, Mardouk, le dieu clément par excellence, après avoir pris l'ordre de son père Iaou, maître de l'Océan et le plus sage des dieux, se rend auprès du dieu Soleil (*Schamasch*) le juge suprême du monde, pour obtenir de lui la remission des péchés de l'homme malade. Le morceau qui nous occupe contient l'allocution qu'il lui adresse dans ce but. Il commence par lui dire qu'il est envoyé par son père, afin de lui porter un ordre inéluctable. Puis, il cherche, grâce à des éloges qu'il lui prodigue, à l'apitoyer sur le sort du malheureux patient dont il dépeint les souffrances avec une vive émotion. Enfin, il ajoute la prière pour qu'il accueille favorablement l'offrande et la libation du malade et lui accorde le pardon des péchés et par conséquent la guérison de sa maladie.

Pour la forme extérieure, notre extrait appartient à cette catégorie nombreuse des textes pseudo-bilingues, dans lesquels les deux versions, au lieu de se suivre sur deux colonnes parallèles, se superposent l'une à l'autre, en sorte que la première ligne est occupée par la version sacerdotale et la seconde par la version vulgaire. Quand la phrase est longue, on la termine à la ligne suivante. On distribue aussi la phrase sur deux ou plusieurs lignes quand il y a trop d'espace. Quelquefois, la version populaire est insérée entre les deux moitiés du texte hiératique. Mais tous ces arrangements ont en commun ce trait particulier que la double version se suit phrase par phrase; il n'existe pas de document, où la rédaction assyrienne soit placée après l'ensemble du texte soi disant accadien ou sumérien. C'est qu'en réalité cette dernière rédaction n'était pour les scribes qui maniaient aisément le système hiératique qu'une superfétation, utile tout au plus pour les commençants et le vulgaire, lesquels avaient besoin qu'on leur expliquât le texte primitif phrase par phrase, et presque mot par mot. Et cela est si vrai que, toutes les fois que la phrase se composait de mots faciles et empruntés aux passages précédents ils ne manquaient pas de supprimer la version interlinéaire. Si l'accadien était un idiome étranger, la traduction sémitique aurait suivi l'ensemble du texte primitif et tous les versets auraient été traduits avec le même soin, et, de plus, toute interruption de l'original par la version assyrienne aurait été une monstruosité sans pareille dans l'histoire de la littérature ancienne.

La traduction littérale que nous avons ajoutée à chaque double phrase du texte cunéiforme est destinée à faire voir jusque dans ses moindres détails l'allure syntactique des deux versions. Le lecteur attentif aura assez souvent l'occasion d'observer que dans les documents d'une considérable étendue, pareillement à ceux plus courts qui précèdent, la syntaxe est identique dans les deux versions, pour tout ce qui concerne les grandes lignes et les traits fondamentaux et que les déviations ne touchent que des points secondaires et peu nombreux qui s'expliquent par la nécessité du système. La traduction courante du morceau est réservée à la fin de l'analyse.

Lignes 39-40. L'idéogramme *en* = dém. *belum* « seigneur » est l'abréviation de l'assyrien *enu* qui a le même sens; le complément *e* montre que ce signe exprime encore une syllabe se terminant par une voyelle. Le démotique *yáli* « moi » et son représentant hiératique *mal-e* (lisez *ma-e* ou *mé*) sont redondants et ils pourraient manquer sans troubler la clarté de la phrase. Ne disposant pas de pronoms déterminés, la version sacerdotale ne peut rendre le verbe *isburánni* (r. שפר) « il m'a envoyé » que par l'expression vague *mu-un* « lui », *si-in* « le », *GA-en*(= *gen*) « envoyer »; ce *gen* ne diffère peut-être pas de *kin* (r. כון), idéogramme synonyme qui revient quelques lignes plus bas.

Ligne 42. Cette ligne tout hiératique reproduit la ligne précédente, seulement elle insère après *en* « seigneur » l'adjectif *gal* (r. גלל) = dém. *rabu* « grand » et l'épithète de Iaou *an-en-ki kit* qu'on peut transcrire en assyrien par *ilu bel (sa) mat* « dieu maître du monde ». La raison de la postposition de la particule relative *kit* a été donnée plus haut.

Lignes 43-44. Je ne doute pas que *izizma* ne soit ici l'impératif de *nazazu* « se tenir debout, s'arrêter »; *a priori* on s'attendrait à *uzuz* sur la forme *usur* de נצר « garder ». L'hiératique calque ce mot par *û du-ba* (= *gub-ba*, r. וֻקְפּ?) et y ajoute *bi*, pronom vague, à rendre ici par « toi ». L'équivalence de *ka* et de *amatu* = parole est connue ; *bi-a* est une forme prolongée de *bi* = *su* « son, sa ». A *limad* « apprends » répond l'hiératique *zu* dont le sens fréquent est « savoir ». Cette version ajoute à ce verbe et au verbe suivant le pronom *ab* « le » ; en démotique on pourrait aussi dire avec redondance *limadsu*. De la racine פרס « séparer, décider » nous avons ici le verbe *burûs* « décide, exécute » représenté par *bar* et le substantif *burûssu* « décision, ordre », figuré par *as-bar* avec le déterminatif *ka* « bouche, parole ». Cet *as-bar* n'est qu'une décomposition artificielle du mot assyrien *es-baru* « ordre » dont la racine שבר est synonyme de פרס.

Lignes 45-46. La forme *du-un-na* = *alaku* « aller » est moins usitée que *du* ou *du-na* ; elle fait supposer une lecture *dun* dont le type assyrien est à trouver. Je considère *salmat qaqqadi* comme un composé comparable à l'hébreu שְׁחוֹרַת רֹאשׁ « noire de tête, celle qui a la tête noire » et désignant la surface opaque de la terre et par métaphore le monde dans le sens prégnant du mot. L'hiératique dit simplement *sak-mi* (= *gig*)-*ga* « tête noire ». Les types de ces idéogrammes sont déjà connus. A noter la forme *si ba ni-ib si-di-e* pour *si-di ba ni-ib si-di-e*, mot à mot : « diriger il le dirige » ce qui donne la forme souverainement sémitique *sutesur tustesir* « diriger tu diriges » ; voilà encore un cas où la version réputée accadienne est beaucoup plus sémitique que la version assyrienne elle-même. Ajoutons qu'en assyrien comme en hébreu la racine אשר prend la nuance de « rendre heureux » et cette nuance si idiomatique est aussi propre au correspondant hiératique *si-di*.

Lignes 47-48. A *sarûru* (cf. ar. *sarâra* « étincelle ») « lumière éclatante » répond le composé sacerdotal *se-ir-zi* dont le premier élément *se-ir*, écrit ordinairement *sir*, a pour type la racine sémitique שרר qui a produit le mot assyrien ; le second élément *zi* est indiqué par une glose (W. A. I., IV, 27, 21*a*) comme devant se lire *si* et doit signifier « corne » c'est-à-dire d'après l'usage sémitique « rayon, éclat ». L'hiératique *di* avec le complément *ma* se lit *silim* (*ma*) et représente une légère variante du démotique *sulmu* qui comme le שלום hébreu signifie « paix, santé, bonheur, prospérité », etc. Sur la position de la conjonction hiératique *û* voyez plus haut. La racine de *marûstu* « mal, maladie » n'est pas certaine. Le remplacement de l'indice hiératique du précatif *gan* par *ha* a été expliqué plus haut. Comme d'habitude, la version idéographique ajoute le régime *ni-ib* « lui » omis dans la phrase populaire.

Lignes 49-50. Dans l'hiératique *dun-a lum = enûn* « faute », il y a évidemment un rébus jouant sur l'équivalence des signes *dun* et *en* surtout dans le sens de « seigneur », mais l'élément *lum* demeure énigmatique. *Arnu*, ac. *arnâm* est figuré par *nam tag (ga)* « chose de lutte ou de rébellion » : le signe *tag* a le même sens quand il se lit *sum*. J'ai supposé plus haut que *sum* vient de la racine שמם ; quant à *tag*, il peut bien être un dérivé de עתק « dévier, déplacer » d'où aussi l'hébreu עָתָק « insolence, rébellion ». Je remarquerai en passant que le nom de l'Oronte, en assyrien *Arantu* semble se rattacher au terme *arnu* dont il est la forme féminine et signifier « rebelle » ; cette idée revient d'une façon très curieuse dans le nom moderne de ce fleuve, savoir *el-'âçi* qui a absolument le même sens. — L'idéogramme *kin* redoublé rend ici le verbe *emíd* « il a commis », au propre : « il a érigé » ; c'est que la racine כון est notoirement synonyme de עמד

Lignes 51-52. Pour exprimer l'idée de *misritu* « membre » l'hiératique est obligé de recourir à la paraphrase *id su nir* « main droite, main gauche, pied ». L'adverbe *marsis* « mal » est exprimé une fois par *gig* sans désinence, une seconde fois en y ajoutant la désinence *bi* dont la nature a été expliquée dans les pages précédentes. *Ibsa* a l'air d'être la troisième personne au pluriel « féminin de *basu* être » ; l'hiératique offre *ag cs* « ils ont fait ». Le sens du participe *nil* (pour *naïl*) se dégage de la forme hiératique *ba-NA* « il est couché ».

Lignes 53-54. L'expression assyrienne *nis gati* « élévation des mains » pour « prière » a son parallèle dans l'hébreu מַשְׂאַת כַּפַּי (Psaume, CXLI, 2) ; l'hiératique calque fidèlement cet idiotisme par *sa su ga-thu* « chose, main, élévation ». La lecture de *ga-thu* est *il* (*la*), phonème qui se rattache à la racine *ilu* עלה « monter ». La préposition redondante *dis = ana* « à » n'est pas rendue dans la version sacerdotale. Au lieu de la forme de l'impératif qu'affecte le verbe *qul amma*) « écoute, observe », l'hiératique emploie la forme du précatif : *gan* (= *hi -m* « que lui » ; le verbe même est paraphrasé *si lal* « œil » ou « oreille, suspendre » : l'enclitique *ma* est supprimée.

Lignes 55-56. On connaît l'idéogramme *gar* comme signifiant *iklu* (חקל), *ugaru* (הגר) « champ » ; ici, il figure le substantif *aklu* (héb. אכל « manger, nourriture ». Ainsi que nous l'avons dit plus haut, c'est le résultat de l'homophonie qui existe entre *aklu* et *iklu*. Pour exprimer le verbe « manger », on fait insérer *gar* dans le signe *ka*, idéogramme de la bouche, et l'ensemble se lit *ku*, phonème qui, figuré *u-za*, donne le sens de « précieux », *agru*

(r. וקר). Comme on voit, le jeu du rébus embrasse dans le cas présent quatre racines différentes qui n'ont entre elles que l'analogie d'ailleurs assez légère du son, savoir אכל, חקל, וגר, וקר. Le mot *niqû* ou *nigû* (r. נקי) « offrande, sacrifice » est représenté par *gaz* redoublé ; la racine de ce phonème est גזז « couper », mais le complément *ra* prouve qu'il avait encore une lecture se terminant par *r*. Le signe *na* est l'indice du suffixe de la troisième personne. Le correspondant de *muhur* « accepte » a été oublié par le scribe. Des deux variantes : *ilam* « dieu » et *ilsu* « son dieu » conservées dans la version démotique, la première seule, *an* « dieu », a été accueillie dans la version sacerdotale. Ce qui suit est si équivoque que sans la version démotique il resterait à tout jamais indéchiffrable. Si *da* répondait à *idu* « lieu, place », on serait tenté de prendre *ga-na* pour une variante de *gan*, indice du précatif, et le signe *ra* pour l'équivalent connu de *asabu, ramû* et par conséquent de leur synonyme *sakanu*, lequel a comme on sait, outre le sens de « demeurer » celui de « faire » ; mais, je le répète, cette explication n'est qu'une tentative provisoire qui a besoin d'être confirmée par une preuve plus certaine.

Lignes 57, 58, 59. L'équivalence de *kibitu* « parole, parler » et de *ka*, l'idéogramme de la bouche est connue ; celui-ci, suivi du complément *ga* se lit *dug* et rend tout spécialement le mot démotique *erisu* qui a deux sens différents : « bonne odeur » et « parole ». La valeur *dug*, visiblement contractée de *dumuqu* ou *dumugu* « chose bonne et agréable », semble donc s'appliquer primitivement à l'idée de « bonne odeur ». La forme *ennissu* suppose un mot *ennilu* synonyme de *enun* de la ligne 50. Les verbes *lippathir* et *linnasih* sont des précatifs du niphal des racines פטר « ouvrir, délivrer, pardonner » et נסח « retirer, ôter, effacer ». Le système sacerdotal manquant de forme passive ne peut rendre ces verbes que d'une façon très vague : *gan gab gab* (lisez *du-du*) « que ouvrir ouvrir » et *gan zi-zi* « que ôter ôter ».

Lignes 1-2. A *muhsu* (pour *muhçu*, r. מחץ) « plaie, blessure » répond le groupe *kur-hal*, mot à mot « nocuité rapide ». Les doubles *s* des termes *muhsûssu* et *marzûssu* ne sont pas d'une même nature ; le premier nom, *muhsu*, portant une forme abstraite interne (cf. קֹדֶשׁ, בְּסָר, etc.) peut se passer de la désinence externe *utu*, tandis que le second mot *marsu* étant proprement un adjectif, doit au contraire affecter ladite désinence pour exprimer le sens abstrait de « maladie » ; il s'ensuit que *muhsûssu* est une orthographe négligée pour *muhsusu* (שׁוּ), tandis que *marzussu* est une orthographe régulière pour *marzûtsu* (= *marçûtsu*)

= hiér. *tu-ra-ni* « sa maladie ». Après ce groupe se trouve encore le signe *ku* qui doit figurer ici le pronom de la troisième personne « elle » omis dans la version populaire ». En ce qui concerne les verbes de cette phrase, tous deux au précatif, il faut remarquer que la racine פשר « délayer, fondre, expliquer », etc. représentée d'habitude par *bur* est ici figurée *bar*, c'est un nouvel exemple du phénomène de l'indifférence vocalique du système sacerdotal. Le préfixe féminin *t* de *litibluth* « qu'elle vive, guérisse » est dû au genre féminin de *marzutu* ; cet accord en genre est toutefois assez rare en assyrien ; d'habitude le préfixe *i* indique indistinctement les deux genres. A noter l'enclitique hiératique *en* qui n'est pas reproduite dans la version interlinéaire.

Ligne 3. Ce verset, dépourvu de version populaire, se compose de signes connus et n'offre aucune difficulté. L'indice *bi* est ici démonstratif « ce ».

Ajoutons que ce morceau, comme en général tous les textes d'un style relevé, porte le cachet particulier de la poésie sémitique, le *parallelismus membrorum*. Celui qui prendra la peine de comparer les Psaumes ne tardera pas à remarquer les nombreuses analogies de style et de rendu entre la poésie assyro-babylonienne et la poésie hébraïque, analogies qui seraient impossibles si la première ne consistait qu'en traductions faites sur des textes rédigés dans un idiome non sémitique[1].

Traduction suivie :

« Le Seigneur m'a envoyé (vers toi) ;
» Le grand seigneur Iaou m'a envoyé vers toi.
» Arrête-toi, écoute sa parole et exécute son ordre.
» Toi dont la course rend heureux le monde.
» Envoie un rayon de santé à ce malade, afin que sa maladie se change en bien-être.
» Cet homme, fils de son dieu, ayant commis quelques péchés,
» A vu défaillir ses membres et est à présent couché sur le lit de douleur ;
» Donc, ô Soleil, écoute ma prière.
» Mange le sacrifice qu'il t'apporte, accueille son offrande et réintègre dans son corps le dieu gardien.

[1] M. Eb. Schrader a reconnu le premier l'existence du parallélisme dans les hymnes pseudo-bilingues ; malheureusement sa prévention pour l'accadien l'a entraîné à émettre cet avis plus que hasardé que les peuples sémitiques ont emprunté aux Accads le style et le mécanisme de leur poésie ! Voir sur cette question : Halévy, *La nouvelle évolution de l'accadisme*, 1, 1-16.

ÉTUDE SUR LES DOCUMENTS PHILOLOGIQUES ASSYRIENS

» Que par ton ordre sa faute lui soit pardonnée, son péché effacé !
» Que sa plaie disparaisse, que sa maladie guérisse !
» Que le roi vive ! »

10. *Inscriptions hiératiques des anciens rois de Babylonie.*

A. — INSCRIPTIONS DE UR AN-ZIK (*Ur-Babi ?*)

1. (W. A. I., 1, n°s 1 et 2).

1 ur an-ZIK	Ur-Babi (?) « Ur-Babi,
2 gal-un sis-VN-ki-ma	sar Uri (?) « roi d'Our (?)
3 LV *e* an-sis-ki	Bit ili naçir matati « le temple du dieu qui protège le monde,
4 in-kak-a	ibnu « a construit ».

« Ur-Babi (?), roi d'Our, a construit le temple de Sin ».

2. (*Ibidem*, n° 3).

1 an-sis-ki	(ana) ili naçir matati « au dieu qui protège le monde,
2 gal-un-a ni	sarrisu « son roi,
3 ur an-ZIK	Ur-Babi (?) « Ur-Babi (?),
4 gal-un sis-VN-ki-ma kit	sar Uri (?) « roi d'Our (?)
5 *e*-a ni	bitsu « son temple,
6 mu-na-kak	ibnu « a construit ;
7 BAD sis-VN-ki-ma	dur (er)Uri (?) « la forteresse d'Our (?),
8 mu-na-kak	ibnu « a construit ».

« A Sin, son roi, Ur-Babi (?), roi d'Our (?) a construit son temple. Il a (aussi) construit la citadelle d'Our (?) ».

3. (*Ibidem*, n° 4).

1 an-sis-ki	(ana) ili naçir matati « (au) dieu gardien du monde,
2 çur tur-da an-na	buru ikdu (sa) same « gazelle puissante du ciel,
3 tur sak	ablu ristu « fils aîné
4 an-en-kit-lal	(sa) Bel « de Bel,
5 gal-un-a-ni	belisu « son seigneur,
6 ur an-ZIK	Ur-Babi (?) « Ur-Babi (?),
7 us dan-ga	zikaru dannu « mâle puissant,
8 gal-un sis-VN-ki-ma kit	sar (sa) Uri (?) « roi d'Our (?),
9 *e* te-im ga-thu	bit …elu « le temple… élevé,

| 10 *e* ki-ram-mal-ni | bit naramisu « temple de son amour, |
| 11 mu-na-kak | ibnu « a construit ». |

« Au dieu gardien du monde, gazelle puissante du ciel, fils aîné de Bel, son seigneur, Ur-Babi (?). héros puissant, roi d'Our (?), a construit ce temple... élevé qu'il aime ».

4. (*Ibidem*, n° 10).

1 ur an-ZIK	(ana) Ur-Babi (?) « à Ur-Babi,
2 us dan-ga	zikaru dannu « mâle puissant,
3 gal-un sis-VN-ki-ma	sar Uri (?) « roi d'Our (?)
4 ha-as-si-me-ir	Hássimer (?) « Hassimer (?) [1]
5 pa-te-si	...? « gouverneur de
6 isba-aggi an-en-zu-ki	Isba-aggi-Sin « Isba-aggi-Sin,
7 NIT-zu	arduka « ton serviteur ».

« A Ur-Babi (?) héros puissant, roi d'Our (?) ton serviteur Hassimer (?), gouverneur de Isba-aggi-Sin ».

B. — INSCRIPTION DE BEL-KIN FILS DE UR-BABI (?)

1. (*Ibidem*, n° 11, 2).

1 dun-gi	Bel-Kin « Bel-Kin
2 us dan-ga	zikaru dannu « mâle puissant,
3 gal-un sis-VN-ki-ma	sar Uri (?) « roi d'Our (?)
4 gal-un ki-en-gi ki-bur-bur kit	sar (sa) Sumerim (u) Akkadim « roi de Sumer et d'Accad,
5 *e* har-sak	bit hursi « la maison du Mont,
6 *e* ki-ram-mal-ni	bit naramisu « maison de son amour,
7 mu-kak	ibnu « a construit ».

« Bel-Kin, héros puissant, roi d'Our (?), roi de Sumer et d'Accad, a construit la maison du Mont, qu'il aime ».

2. (*Ibidem*, 11, 3).

1 an-ri	(ana) istariti « à la déesse,
2 nin *e* an-na	belit bit same « dame de *Bit same*,
3 nin-a-ni	belitsu « sa dame,
4 dun-gi	Bel-Kin « Bel-Kin
5 us dan-ga	zikaru dannu « mâle puissant,
6 gal-un sis-VN-ki	sar Uri « roi d'Our (?)

[1] M. Theo. Pinches a bien voulu me communiquer, il y a quelques mois, une copie revue sur l'original qui offre la leçon *ha-as-ha-me-ir*. Cette leçon indubitablement correcte est d'une grande importance à cause de son origine sémitique. Voyez la note de la page 360. (Note de 1882.)

7 gal-un ki-en-gi ki-bur-bur kit	sar sumerim (u) akkadim « roi de Sumir (et) d'Accad,
8 e an-na	bit same « Bit same,
9 ki bi mu-na-gi	(ana) asrisu utir « à sa place a fait retourner ».

« A la déesse, dame de *Bit-same* (maison du ciel), sa dame, Bel-Kin, héros puissant, roi d'Our (?), roi de Sumir et d'Accad, a restauré Bit-Same ».

C. — INSCRIPTIONS DE GIMIL-SIN (*su an-en-zu*) ROI D'OUR.

1. (Lenormant E. A., p. 318).

1 an-nu-gan	ana...? « à...?
2 nin-a-ni ir	belitsu (?) « sa dame (?)
3 an su an-en-zu	Gimil-Sin « Gimil-Sin
4 ki-ram an-en-kit	narain Bel « chéri de Bel
5 gal-un an-en-kit-li	sarrût Bel « (qui) le royaume de Bel,
6 ki-ram lib-bi ki	naram libbisu « chéri de son cœur,
7 in si-sab	udammiq « a rendu prospère,
8 gal-un [dan]-ga	sar dannu « roi puissant,
9 gal-un SIS-VN-ki	sar *er* Uri « roi d'Our (?)
10 gal-un ub-da IV-ba	sar kibrat arba' « roi des quatre régions,
11 e a-ni	bitsu « sa maison,
12 mu-na-kak	ibnu « a construit ».

« A... sa dame (?), Gimil-Sin, chéri de Bel, qui a rendu prospère le royaume de Bel, chéri de son cœur, roi puissant, roi d'Our (?), roi des quatre régions, a construit sa maison ».

2. (W. A. I., 1, 3, xi).

1 an-su-an-en-zu	(ana) Gimil-Sin « (à) Gimil-Sin
2 us dan-ga	zikaru dannu « mâle puissant
3 gal-un sis-VN-ki-ma	sar *er* Uri « roi d'Our (?)
4 gal-un ub-da-IV-ba	sar kibrat arba' « roi des quatre régions
5 mul (?) an-na	Mul (?)-ili « Mul-ili
6 tup-sar	tupsarru « scribe
7 tur gan-thu	abil..? « fils de...?
8 *nit*-zu	arduka « ton serviteur ».

« A Gimil-Sin, héros puissant, roi d'Our (?), roi des quatre régions, Mul (?)-ili, le scribe, fils de..?, ton serviteur ».

Le choix des inscriptions unilingues qui précèdent a été déterminé à la fois par des considérations de date et de provenance. Pour ce qui concerne le premier point, ces textes, surtout les spécimens A et B, appartiennent aux deux plus anciens rois de Babylonie qui nous aient laissé des monuments épigraphiques. Les spécimens C sont considérablement postérieurs, mais appartiennent toutefois à un roi de l'ancien empire. Au sujet du second point, tous ces textes viennent des ruines de *Muqayar* qu'on identifie d'habitude avec l'Our des Chaldéens, patrie d'Abraham, et que les assyriologues considèrent comme la plus vieille capitale du peuple présémitique en Babylonie. Le lecteur qui voudra examiner avec quelque attention l'ensemble et comparer chaque ligne de l'original avec la version assyrienne que j'ai mise en regard, sera bientôt convaincu au contraire que les auteurs de ces textes ont pensé en assyrien et que ni l'ordre des mots ni la nature des expressions, ni enfin la forme des noms propres ne diffère en quoi que ce soit de ce que les textes purement assyriens nous ont fait connaître jusqu'à ce jour. Ici, la vérité crève absolument les yeux, car il n'y a qu'à remplacer chaque idéogramme par un mot phonétique pour avoir des textes aussi profondément sémitiques que ceux qui ont été rédigés à Ninive et à Babylone dans la dernière période de leur existence. Si depuis les dix-huit ans que ces textes sont publiés, les assyriologues avaient consacré quelques instants à faire cette facile expérimentation, ils n'auraient pas tardé à renoncer à l'hypothèse chimérique de Sumer et d'Accad qui leur a été suggérée au début par des faits que l'état insuffisant de leurs connaissances était incapable d'expliquer.

Un autre point mérite également d'être relevé ; il jette une lumière inattendue sur l'histoire du développement du système hiératique. Les plus anciennes inscriptions cotées A et B et dues à Ur-ZIK et à son fils Bel-kin nous montrent déjà ce système dans toute sa perfection. On remarque néanmoins l'extrême sobriété dans l'emploi des indices de liaison et l'on n'y trouve pas de trace de la particule du datif *ir* (*ra*, *ku*) qui s'emploie régulièrement dans les inscriptions postérieures. Ainsi, on lit *gal-un-a-ni* (A, 2, 3) « son roi », *Ur-an-ZIk* (A, 3) « Ur-Babi », *nin-a-ni* (B, 2) « sa dame », *ki-bi* (B, 2) « sa place », au lieu de *gal-un-a-ni-ir* « à son roi », *ur-an-ZIK-ra* « à Ur-Babi », *nin-a-ni-ir* « à sa dame », *ki-bi-ku* « à sa place ». Dans tous ces exemples l'indice du régime indirect est indispensable pour la clarté de la phrase, et l'on ne peut en attribuer la suppression qu'à ce fait, d'ailleurs commun à tous les systèmes hiéroglyphiques, qui consiste à se contenter au début de l'à peu près dans la représentation de la phrase et de laisser à la sagacité du lecteur le soin de s'orienter au milieu des équivoques. Il est donc vraisemblable que si nous avions des textes plus anciens, nous y trouverions une sobriété encore plus grande relativement à l'usage des indices de liaison. A l'appui de ce sentiment, on pourrait citer un certain nombre de textes hiératiques dont la difficulté réside tout spécialement dans l'absence de particules ; ces sortes de textes, composés pour ainsi dire de racines seulement, peuvent bien être le reste d'une époque antérieure à l'introduction complète des signes de relation, ou tout au moins être rédigés dans un style archaïque.

Ajoutons-y maintenant quelques remarques de détail.

A, 1. Le nom du plus ancien roi de Babylonie actuellement connu est écrit *ur-an-ZIK* « enfant du dieu Fleuve ». L'élément *ur* me semble être une simple variante du mot démotique *aru* ou *ayaru* « enfant, jeune homme » ; l'idéogramme *ZIK* se lit d'après les syllabaires *zik* et *gur*, mais Georges Smith a trouvé sur un cylindre ce signe remplacé par *ba-bi* et je ne vois aucune raison pour transcrire ce nom *Lik-Bagas* comme le font les assyriologues, probablement dans le but de lui donner une physionomie non sémitique[1]. Le nom de la capitale se compose des signes *sis* = *nasaru* « garder, protéger » נ, VN « demeure », *Ki* déterminatif aphone des pays et des villes, *ma* complément phonétique qui montre que la lecture se termine par une *m*. Comme indice de relation on signale l'idéogramme de l'homme LV qui phonétiquement doit être remplacé par *sa*. Par le titre *an-sis-ki* « dieu protecteur de la terre » on entend le dieu Sin, le Lunus des Assyro-Babyloniens. Le verbe « faire, construire », בני, est figuré *kak*, idéogramme dont la lecture *ru* et *ra* se rattache au nom *âru* ou *êru* synonyme de *binu* (= בן, r. בני) « fils, enfant ». L'indice pronominal est dans ces inscriptions tantôt *in*, tantôt *mu* ou *mu-na*.

2. Le seul signe nouveau est *sar + bad*, complexe lu *bad* que les syllabaires expliquent par *dûru* « demeure entourée de murailles (r. דור). » La lecture de ce composé, *bad*, coïncide comme on voit, avec le signe inséré, lequel a l'air de fonctionner comme *déterminatif phonétique*[2]. J'incline à rattacher ce *bad* ou *pad* au

---

[1] En réalité l'élément *lik* est aussi assyrien : c'est l'état construit de *liku* pour *aliku* au propre « marcheur » (Cf. ar. *ragol* r. רגל).

[2] D'autres exemples de déterminatifs phonétiques sont : X + *u-ru* se lisant *uru* ; X + *se a-an* (= *am*) se lisant *sam* ; *mal* + *me-en* prononcé *men* ; GIR + *a-lim* prononcé *alim* ; *hil* + *śu* prononcé *śu* et probablement aussi les signes *ka* + *me* et *sit* + *me* qui se lisent tous deux *eme*, forme intégrale de *me* (Note de 1882).

terme *padu* qui figure si souvent dans la locution *ana pad gim-risu* équivalente à *ana sihirtisu* « à (tout) son pourtour », d'où il résulte que *padu* exprime l'idée de « contourner, entourer », idée qui est aussi essentielle dans la racine דור.

3. Le titre de Sin, *çur tur-da (an-na)*, figure dans un hymne digraphique à ce dieu (W. A. I., IV, 19) où la version démotique le rend par *buru ikdu* « antilope valide ». L'idéogramme compliqué de Bel, *an en kit (= lil)-lal (= la)* signifie mot à mot : « dieu seigneur des Lils » une sorte de démons dont les individus du sexe féminin, appelés en assyrien *Lililu*, sont mentionnés dans Isaïe, xxxiv, 14, sous la forme לילית. D'après le Talmud, ce démon femelle est couvert de cheveux et s'attaque de préférence aux hommes solitaires[1] ; on peut y comparer la Ghoul des Arabes. Il est à remarquer que les grands dieux assyro-babyloniens sont chacun à la tête d'une classe de démons qui leur sont soumis et dont ils se servent au besoin pour punir les méchants. L'expression *us dan (= ag)-ga = zikaru dannu* « mâle puissant » est très fréquente dans les inscriptions ; les deux idéogrammes ont été expliqués dans les pages précédentes. Le composé *te im* donne lieu à plusieurs sens dont le plus simple est *temennu aqru* « sanctuaire glorieux » ; quant à *ga-thu*, sa lecture *il* copie tout simplement le mot assyrien *elu* (r. עלי) « haut, élevé ». Nous avons mentionné plus haut le doute qui plane encore sur l'origine de l'idéogramme *ram* dans le sens de « mesurer » ; ici, il a celui de « aimer » se rattachant au démotique *râmu*, r. רחם [2].

4. Le complément *ga* atteste que le signe *dan* « fort » se lit ici *ag* de *agagu* (ar. *agga*) « être fort » dont le substantif *aggu* « force » revient à la ligne 6 dans le nom de ville *Isba-aggi-an-en-zu (= Sin)-ki* qui signifie : « Sin a septuplé (r. שבע) les forces ». La mention d'un nom géographique tout assyrien prouve à elle seule que, contrairement à l'affirmation des accadistes, la population de la Babylonie était sémitique à l'époque de Ur-Babi, qui est la date la plus ancienne à laquelle nous font remonter les monuments connus. Le nom d'homme *Ha-as-si-me-ir* a aussi un air sémitique, mais sa lecture ne semble pas être bien rendue dans le recueil anglais, il y a donc lieu de s'abstenir pour le moment de tout essai d'interprétation[3]. L'équivalent démotique de *pa-te-si* étant

---

[1] Les cabalistes du moyen âge ont fait de Lilit un succube très malfaisant et l'ont considérée comme la mère des démons.

[2] Voyez sur ce sujet, p. 347, note 2.

[3] Ce doute est écarté à l'heure qu'il est. La vraie lecture de ce nom, *hâs hamer*, signifie en bon assyrien « respectant l'ami » ; *hâs* est l'état construit de *hâsu*, racine sémitique חסר, חשר. Cf. p. 365, note 1 (Note de 1882).

inconnu[1], nous ignorons le sens précis de ce groupe, qui doit désigner une fonction publique, peut-être celle du gouverneur. La lecture NIT de l'idéogramme de *ardu* « serviteur » est l'abréviation de *nitahu* (r. נתח), synonyme de *zikaru*, mot qui a le double sens de « membre viril » et de « mâle, serviteur ».

B, 1. Les groupes hiératiques qui figurent Sumir et Accad ont été expliqués plus haut. Le phonème *har-sak* « montagne cônique (?) », mot à mot « spirale-sommet » mais pouvant se lire aussi *hur-ris* n'est au fond qu'un rébus partiel jouant sur le mot vrai *hursu* (= héb. חֹרֶשׁ) « montagne boisée ».

2. La traduction de *an-ri* par « déesse » a encore besoin de confirmation. Tous les autres signes ont été expliqués dans le cours de ce travail. Notons que la particule *ku* manque après *ki-bi* « à sa place » et que la phrase *ki-bi (ku) mu-na gi* calque servilement la locution assyrienne *ana asrisu utir* « je l'ai fait retourner à sa place » qui équivaut à « je l'ai restauré ».

C, 1. Il s'agit probablement d'une déesse, mais son nom ne se dégage pas facilement des éléments *an-nu-gan* qui sont trop ambigus. Le groupe *gal-un* doit être pris ici dans un sens abstrait, malgré l'absence de l'indice *nam* dont l'usage ne paraît être devenu général que plus tard. Le signe *li* est le complément phonétique de *kit lu lil*, A remarquer le relatif *ki* (1. 6) pour *kil* ; on trouve aussi *ka* dans les inscriptions archaïques. Sur *si-sab* « œil brillant » pour *damaqu* « rendre prospère », voyez plus haut. Retenons comme une preuve lumineuse du sémitisme de ces textes, le nom de nombre 4 dont le complément phonétique *ba* montre qu'il faut lire *arba* (אַרְבַּע) comme en assyrien[2]. La lecture de *ub = kisat* « région », témoin le complément *da*, se termine par une dentale ; peut-être est-ce le mot *kisat* lui-même.

---

[1] On sait maintenant que *pa-te-si* répond à *issaku* (pour *insaku* r. נסך) « noble, chef », héb. נָסִיךְ. (Note de 1882).

[2] M. Haupt a trouvé un moyen héroïque pour éluder cette preuve : il transcrit le chiffre 4 figuré par quatre clous horizontaux (= =) *tab-tab*, en s'appuyant sur cette circonstance purement fortuite que le signe = qui marque le chiffre 2 a la valeur *tab*. M. Pinches (*Proceedings of the Society of biblical Archaeology*, june 6, 1882) ayant trouvé dans un passage *tah (tagh)* pour *tab*, pense que 2 se disait en accadien *tah* et 4 *tah-tah*. Cela s'appelle tomber dans Scylla en voulant éviter Charybde, car les phonèmes *tab* et *tah* ou *dah* sont en réalité les thèmes des mots assyriens connus : *tabû* (r. תבע) « suivant, frère cadet, ami, compagnon » et *dahû* (r. דחי) « proche parent, aide, compagnon ». Du reste, l'inanité de ces hypothèses est démontrée par ce fait que le chiffre 2 s'écrit encore par deux clous perpendiculaires qui se lisent *mina*, jamais *tab* ou *tah*. Pareillement, le chiffre 4 est souvent figuré par le signe *sa (gar, nin)* qui n'a jamais la valeur *tab-tab* ou *tah-tah* (Note de 1882).

2. La lecture des noms propres est des plus incertaines, et le seul mot important de l'inscription est le phonème *tup-sar* « scribe » dont le mot à mot apparent est « tablette (*dup*) écrire (*sar*) » tandis qu'en réalité, ce n'est autre chose qu'un rébus jouant sur le mot vrai *tupsarru*, formé de la racine פשר (cf. ar. *tafsîr*) « interpréter, expliquer », mot qui a passé en hébreu sous la forme טִפְסָר.

Ayant mis sous les yeux du lecteur les divers genres de textes cunéiformes qui ont donné lieu à la vaine hypothèse de Sumir et d'Accad et dans lesquels nous n'avons trouvé que la langue assyrienne exprimée au moyen d'un double système de rédaction, il est temps d'arriver à la conclusion ; mais, avant de tracer le résultat général, nous croyons utile de résumer brièvement les points les plus saillants de la grammaire hiératique comparés à ceux de la rédaction vulgaire, surtout en ce qui touche le jeu des particules dans lequel les accadistes ont cru reconnaitre une déviation de la syntaxe assyrienne. Ces points pris en gros sont les suivants :

1° Les expressions hiératiques sont tantôt des idéogrammes, tantôt des phonogrammes, tantôt des combinaisons de ces deux espèces. Elles ont toutes un caractère exclusivement nominal.

2° Les désinences grammaticales aussi bien que les mots de liaison de la langue vivante sont figurés en hiératique soit par des idéogrammes, soit par des phonogrammes dépourvus de toute signification idéographique et pouvant se combiner entre eux, au point de produire une grande variété de formes que le jeu de l'homophonie augmente souvent à l'excès, sans modifier sensiblement la signification.

3° Quand l'idéogramme nominal fonctionne en qualité de particule de relation et devient ainsi un simple phonème, ce changement de qualité est indiqué par un changement de position par rapport au vocable démotique qu'il représente. Cette interversion se borne aux particules suivantes qui sont : 1° les représentants des prépositions assyriennes *ana* « à, vers », *ina* « dans, de », et *kima* « comme », savoir *ku, ra, ru, ir*, etc. ; *ta* ; *kim* (= *dim*), *dam* qui sont postposés ; 2° les signes *kit, ka, ki*, représentant le préfixe relatif vulgaire *sa* dans toutes ses fonctions, qui sont également postposés ; 3° le signe *u* rendant la conjonction postpositive assyrienne *ma*, qui est au contraire préposé au verbe. On remarquera que les particules assyriennes en question consistent en vocables dépourvus de sens nominal et que ce caractère est aussi propre à leurs correspondants hiératiques. L'interversion n'est naturellement pas de mise pour les représentants de celles d'entre les particules assyriennes qui fonctionnent avec la puissance de vrais substantifs à l'état construit : dans ce cas, et c'est le plus fréquent, il n'y a que des prépositions. Ces indices de liaison sont très souvent supprimés, surtout dans les textes archaïques.

4° Grâce au caractère foncièrement nominal des signes hiératiques, la reproduction du verbe dans le système sacerdotal est restée excessivement imparfaite. Il ne distingue ni personnes ni voix ; l'idée de la personne demeure toujours vague et le participe lui-même ne peut être rendu que par une paraphrase qui est souvent négligée. Les deux temps propres au verbe assyrien sont au contraire régulièrement indiqués ainsi que la marque du subjonctif.

5° Pour tout ce qui concerne le mécanisme de l'état construit, l'ordre des mots, la tournure de la pensée, les expressions idiomatiques, le parallélisme des membres de la phrase, en un mot pour tout ce qui constitue le génie et l'esprit fondamental d'une langue, le système hiératique est l'écho fidèle et la copie parfaite de l'idiome assyrien qu'il était destiné à représenter.

CONCLUSIONS

Lorsque, il y a quelques années, je signalai pour la première fois le caractère partie arbitraire partie erroné des résultats ethnographiques et historiques que les partisans de l'accadisme avaient réussi à faire accepter jusqu'alors comme des vérités indubitables, ceux dont, à mon grand regret et malgré toute ma déférence pour leur mérite, j'avais troublé la quiétude, me reprochaient de m'attacher à des faits extérieurs et de négliger l'examen de la langue dont je niais l'existence. Ceux même qui, frappés de la valeur de mes contestations, n'avaient aucune prévention contre ma manière d'expliquer le système accadien, me faisaient remarquer avec raison que, pour trancher une question aussi compliquée, l'analyse minutieuse de documents nombreux, tant bilingues qu'unilingues, était une condition indispensable. Cette lacune, que la difficulté du sujet a fait durer quelque temps, me paraît maintenant entièrement comblée. Toutes les classes de textes qui sont de nature à donner une idée exacte de la constitution du soi-disant accadien ou sumérien, ont été mises sous les yeux du lecteur en spécimens suffisants et analysés avec la dernière rigueur, et si malgré les recherches les plus minutieuses nous n'y trouvons aucun élément étranger aux Sémites, nous

sommes autorisé à conclure que le système de Sumir et d'Accad
est une hypothèse toute gratuite, fondée sur la connaissance imparfaite de la rédaction hiératique et de son rapport avec la rédaction démotique ou vulgaire. Nous protestons de toutes nos forces
contre l'idée de vouloir porter la moindre atteinte aux premiers
déchiffreurs des cunéiformes ou aux autres savants qui ont adopté
leur opinion et dont les œuvres font honneur à notre siècle,
mais l'amour de la vérité nous impose le devoir aussi ingrat que
douloureux de déclarer sans ambages que l'accadisme est une
fantaisie antiscientifique d'autant plus dangereuse que peu de
personnes sont en mesure d'en contrôler les résultats. En dé-
montrant que les textes assyro-babyloniens de n'importe quelle
époque ne contiennent que le seul idiome sémitique connu sous
le nom d'assyrien, toutes les spéculations plus ou moins ingénieuses qui ont pour base l'origine exotique de la civilisation
des Babyloniens en particulier et de la race sémitique en général, doivent être aussitôt que possible écartées de l'histoire et
de la philosophie. L'exemple du cauchemar accadien qui a pendant si longtemps troublé tant d'imaginations, aura néanmoins
une double utilité : aux autoritaires et aux vaniteux il apprendra
l'avantage de la modestie ; aux simples et aux trop confiants il
enseignera ce devoir suprême de tout homme de science, qui consiste à examiner soi-même les découvertes par trop renversantes
et à ne leur accorder créance qu'en connaissance de cause.

XVI

LA CROYANCE A L'IMMORTALITÉ DE L'AME

CHEZ LES PEUPLES SÉMITIQUES [1]

On a pendant longtemps discuté la question de savoir si les peuples sémitiques croyaient ou non à la survivance de l'âme après la mort du corps. Plusieurs savants modernes se sont prononcés dans le sens négatif, s'appuyant surtout sur cette considération que les écrits hébreux antérieurs à la captivité de Babylone ne font aucune mention d'une pareille croyance. D'après ces savants, le mot hébreu *schéol* (שְׁאֹל), qu'on traduit ordinairement par Hadès ou Enfer, ne désignerait autre chose que le tombeau même où le corps est déposé. D'après ces savants encore, la locution hébraïque : « il fut réuni à ses pères », ou, « il fut réuni à son peuple », qui exprime que l'individu est passé de la vie à la mort, cette locution reviendrait seulement à dire, que l'homme est mort comme ses ancêtres. On a encore invoqué cet autre fait, que les termes sémitiques pour *âme*, savoir : נֶפֶשׁ et רוּחַ désignent proprement le souffle, l'air mis en mouvement par la respiration [2]. Dans un travail sur l'inscription d'Eschmoun-azar que j'ai lu à l'Académie des Inscriptions et Belles-Lettres, en 1872, j'ai signalé pour la première fois quelques passages phéniciens faisant allusion à l'immortalité de l'âme et de plus à la récompense des justes après la mort [3]. Cette proposition, qui se fondait sur une interprétation

---

[1] Communiqué à l'Académie des Inscriptions et Belles-Lettres dans la séance du 1er septembre 1882.
[2] On sait que les termes grec et latin ψύχη et *anima* signifient aussi au propre : « respiration » et « souffle » ; cela ne les a cependant pas empêchés de prendre dans la suite un sens abstrait et immatériel.
[3] *Mélanges d'épigraphie et d'archéologie sémitiques*, p. 30-33, 146-168.

purement philologique desdits passages, a été l'objet de vives contestations. D'un côté, des raisons linguistiques qui ne permettaient pas de transiger ; d'un autre côté, l'autorité des considérations philosophiques consacrées par l'École. On aurait pu discuter encore très longtemps, quand, pour la satisfaction de tous, la lumière commença à venir d'une autre contrée sémitique, de l'Assyrie. Parmi les tablettes en terre cuite de la bibliothèque d'Assurbanipal qui sont conservées au Musée britannique, Georges Smith découvrit en 1873 un document mythologique qui raconte la descente de la déesse Astarté (*Ischtarit*) aux enfers pour y chercher son amant Toumouz ou Tammouz Adonis). C'était la première description authentique, faite par les Sémites eux-mêmes, de la configuration de l'Hadès et de la condition des morts qui l'habitent.

Sur le premier point, on voit que les Assyriens se représentaient l'Hadès comme un édifice immense, situé au centre de la terre et limité de toute part par les eaux bourbeuses de l'océan, qui recèle les fondements de la terre, gardés par des génies (*Anouni*). Le pays des morts porte le nom de « pays où l'on ne voit rien » (*mat la namari*), ce qui coïncide avec le sens du terme grec ᾅδης. Une autre dénomination est celle de « pays d'où l'on ne revient pas (*mat la tayarti*)[1]. » Le gouvernement de ce monde des ténèbres éternelles est entre les mains de *Nergal*, dieu de la guerre, et de son épouse *Allat*, sœur d'Astarté. La maison est entourée de sept puissantes murailles. Dans chacune de ces murailles est pratiquée une porte unique, laquelle se ferme au verrou dès que le nouveau venu y est entré ; elle est gardée par un portier incorruptible. Les morts sont censés se nourrir de poussière et de boue. Il s'agit ici du commun des humains, car on verra dans la suite qu'une exception est faite en faveur des justes. Ce qui distingue surtout les morts des vivants, c'est que les premiers sont pourvus d'une tunique ailée, qui les rend capables de se mouvoir avec une grande rapidité.

Toutes les indications qui précèdent sont mentionnées dans le passage suivant du monument assyrien. C'est Astarté qui parle :

[Vers la maison] laisse-moi retourner,
. . . . . . à côté de moi,
[Vers la mai]son qu'habite Irkalla,

---

[1] M. Ferdinand Delaunay qui a bien voulu faire un compte rendu de cet article dans le *Journal officiel* du 14 septembre dernier, a rappelé très à propos qu'un poète latin, imitateur des Grecs, Catulle, écrit dans les mêmes termes que c'est la contrée d'où l'on ne revient pas,

..... *Unde negant redire quemquam.*

[Et] dont le soir n'a point de matin,
[Vers le pays] d'où il n'y a pas de retour,
[Dont les habitants] sont privés de lumière,
[Ont la poussière] pour nourriture, la boue pour aliment,
Une tunique à ailes [pour vête]ment,
[Ne voient point le jour], sont assis dans les ténèbres.
[Dans la maison] où je veux entrer,
[Demeurent] les (anciens) possesseurs de couronnes,
[Les por]teurs de couronnes qui dominaient la terre aux temps antiques.
Dont Anou et Bel ont perpétué les noms et la mémoire.
Là aussi ont été consolidés les fondements de la terre ; là confluent les eaux puissantes.
Dans la maison de poussière où je veux entrer,
Demeurent le seigneur et le noble ;
Demeurent le roi et l'homme puissant ;
Demeurent les gardiens de l'abîme des grands dieux ;
Demeure *Etana*, demeure *Nêr* [1].

Parmi les idées qui sont énoncées plus ou moins implicitement dans les autres parties du poème dont il s'agit, je signalerai seulement les plus remarquables. Une loi rigoureuse de l'Hadès prescrit au portier de dépouiller de leurs vêtements tous ceux qui y pénètrent. Astarté elle-même dut s'y soumettre, sous peine de se voir refuser l'entrée, et le mythe se complaît à décrire les bijoux et les vêtements intimes dont elle dut se défaire successivement à chacune des sept portes avant de les franchir. Passée la dernière porte, la déesse est assaillie par d'affreux maux, aux yeux, aux reins, aux pieds, au cœur et à la tête, maux qui la font tomber inanimée sur le sol. C'est que les génies des maladies habitent l'abîme, d'où ils sortent de temps en temps pour frapper les hommes abandonnés de leurs divinités protectrices [2]. Quelquefois ce sont les morts qui sortent de l'Hadès pour dévorer les vivants (*akili balthute*). Cependant, malgré l'extrême rigueur des lois de l'Hadès, la mort n'est pas absolument irrévocable et le cas de résurrection exceptionnelle est prévu. La manière dont les choses se passent dans une pareille occurrence nous est relatée dans le même récit. Quand les dieux, craignant le dépérissement du monde par suite de l'absence d'Astarté, résolurent de rappeler celle-ci à la vie, ils imposèrent tout d'abord leur volonté à la déesse de l'endroit. Forcée de céder, Allat chargea Namtar, le dieu de la mort, son fils et

---

[1] Voir le texte plus haut p. 171, note 1.
[2] W. A. I., IV, 19, *recto*, col. 1. 1-2; *Ibidem*, 3, *recto*, col. 1.

ministre, d'exécuter cet ordre[1]. Namtar se rendit dans un palais mystérieux qui est nommé « palais de la vérité » (*Ekal hitti*), gagna l'Anoun qui le surveille par le présent d'un trône d'or et y puisa l'eau de la vie, avec laquelle il aspergea Astarté. La déesse reprit ses sens et quitta l'Hadès après qu'on lui eut restitué ses vêtements et ses parures dans l'ordre inverse de celui dans lequel on les lui avait enlevés.

D'autres textes nous apprennent que l'entrée de l'Hadès est située au bas de la montagne du nord, dont le sommet est habité par les dieux. Cet olympe assyrien porte le titre de *Schad matati* « Montagne des pays » ou *Hurisch Kalama* (écrit en hiératique *hur-sag-un-ma*), « Montagne de l'univers ». Son sommet touche le ciel, tandis que ses racines plongent dans l'océan infernal. Elle se compose de métal précieux, notamment d'or. Son nom propre, *Aralu*, signifie « région des morts », faisant allusion au passage qu'elle livre aux morts pour entrer dans l'Hadès.

Mais que devient l'individu déposé dans le tombeau? Un curieux passage d'Assourbanipal nous renseigne à cet égard d'une façon indirecte mais avec une entière certitude. De la dépouille charnelle du mort se dégage le principe vital, indestructible, l'esprit, substance incorporelle, appelée en assyrien *ékimmou* ou *égimmou*. C'est à peu près le Lemur des Romains. L'ékim habite le monument funéraire et repose sur le gite (*zalalu*) du mort. Quand il est bien traité par les enfants du défunt, il devient leur protecteur ; dans le cas contraire, il devient malfaisant et les accable de maux. Le plus grand malheur qui puisse arriver à l'homme, c'est d'être privé de sépulture. Dans un tel cas, son *ékim*, privé de gite et de libations funéraires, mène une existence errante et malheureuse et est exposé à toutes les misères de la part de ses semblables, qui le repoussent sans pitié.

Enfin, un passage récemment copié[2] nous fournit d'intéressantes indications sur ce qu'on peut appeler la vie sociale et familière des guerriers morts sur le champ de bataille. Les guerriers d'Assour participent naturellement au sort des justes. Ils entrent dans l'Hadès dans l'état où ils se trouvaient au moment de leur

---

[1] Les paroles de la déesse (l. 31-34) sont comme il suit : alik NAM-TAR mahaç E-GAL GI-NA, TAK I-LV ça'ina sa TAK SAK ; AN-Anunna-ki suça ina IZ-GV-ZA KV-GI susib, AN-IS-TAR A DIN zuluhsima liqâssi [istu mahjriya « va, Namtar, frappe (à la porte du) palais de la vérité, remue les battants qui sont en pierre SAK, fais sortir l'onoun et assied-le sur un trône d'or ; puis, asperge Istarit avec l'eau de la vie et ôte-la de ma présence ».

[2] Je dois la connaissance de ce passage à une communication amicale de M. Paul Haupt qui a examiné de nouveau les tablettes de IZ-THV-BAR au Musée Britannique.

mort. Mais aussitôt, ils sont mis sur un lit commode et ils sont entourés de leurs parents. Leurs pères et mères soutiennent leur tête que le glaive de l'ennemi avait séparée du corps, et leurs femmes se tiennent à côté d'eux et les soignent avec zèle et tendresse. Ils sont rafraîchis par l'eau *pure* de la vie qui rétablit leurs forces. Le passage auquel je fais allusion figure sur la fin de la XIIe tablette, 6e colonne, de la grande épopée de IZ-THV-BAR. Ce héros prend la résolution de descendre au pays des morts afin de revoir son ami Iaou-bani, tué par les machinations d'Astarté. Il s'encourage lui-même à faire cette tentative téméraire en énonçant d'avance les choses mystérieuses qu'il aura l'occasion de voir dans le monde souterrain :

> *Ina mâ'al zalilma,*
> *Me zakuti ischati,*
> *Scha ina tahazi dîku,*
> *Tamur atamar.* —
> *Abuschu ù ummuschu qaqqadsu naschu,*
> *U asschatsu ina muhhi[schu izzâz],*
> *Scha schalamtaschu ina çêri nadât,*
> *Tamur atamar.* —
> *Ekimmaschu ina irçilim ul zalil,*
> *Scha ekimmaschu schabta la ischu,*
> *Tamur atamar.*

Ce qui signifie presque littéralement :

« Couché sur le lit funèbre
(Et) buvant l'eau pure,
(Le guerrier) tué dans la bataille,
Voir je (le) verrai. —
Son père et sa mère soutenant sa tête
Et sa femme se penchant au-dessus de lui,
(Le guerrier) dont le corps repose sur le champ de bataille,
Voir je (le) verrai. —
(L'homme) dont l'ékim n'est pas couché dans la terre,
(L'homme) dont l'ékim est privé de demeure,
Voir je (le) verrai. »

Après avoir recouvré toutes leurs facultés, les justes sont invités à un magnifique festin, où ils se délectent d'une nourriture exquise qu'on leur sert dans des disques de métal pur. Un chant religieux, dont deux fragments nous sont parvenus, célèbre, ainsi qu'il suit, la félicité du juste prenant part au repas des dieux et devenu dieu lui-même.

Lave tes mains, purifie tes mains ;
Les dieux tes aînés se laveront les mains, se purifieront les mains ;
Mange la nourriture pure dans des disques purs,
Bois *l'eau pure* dans des vases purs ;
Prépare-toi à jouir de la paix du juste !
. . . .
On y a apporté l'eau *pure*.
Anat, la grande épouse d'Anou,
T'a tenu dans ses bras sacrés ;
Iaou t'a transféré dans un lieu de sainteté ;
Il t'a transféré dans un lieu de sainteté ;
Il t'a transféré de ses mains sacrées ;
Il t'a transféré au milieu de miel et de graisse ;
Il t'a versé dans ta bouche l'eau magique,
Et la vertu de l'incantation t'a ouvert la bouche [1].
. . . .

Malgré le défaut d'un témoignage formel, la plus légère réflexion suffit pour se persuader que le lieu de délices réservé aux justes ne peut être l'Hadès commun, plongé dans les ténèbres et entouré d'une atmosphère mortelle, mais un lieu séparé, bien que communiquant avec lui, ouvert à la lumière du jour et situé en voisinage de l'Olympe, d'où il peut facilement être abordé par les dieux. A l'opposé de ce « lieu de sainteté » où les dieux mêmes sont aux petits soins pour leurs amis humains, l'Hadès est appelé *bit édi*, « maison de solitude » parce que, par suite de la vie de privation qu'on y mène, chacun ne pense qu'à soi et ne se soucie guère de soulager le mal des autres. Par conséquent, pas de réunion de famille, pas de vie en société. Le paradis habité par les justes semble donc se trouver sur une autre pente de la montagne du nord, qui communique directement avec l'Olympe. Il faut probablement l'identifier avec le « Palais de la Vérité (*Ekal kitti*) » mentionné dans le récit de la descente d'Astarté, palais dans lequel Namtar avait puisé l'eau de la vie qui rétablit la déesse.

L'idée d'une récompense particulière pour les justes a ordinairement pour corollaire celle de peines particulières pour les pécheurs et les criminels. Mais, malgré la connexité logique de ces

---

[1] Qatika misi qatika ubbib — AN-MESCH talimuka qatischunu limsû qatischunu lôbbibu — ASCH passchuri KV akalu KV akul — ASCH DVK-ti SCHI KAK KV-tim A-MESCH KV-MESCH schiti — ana schul[mi] GAL-VN TVR AN-schû lu uzûnka (R., IV, 13, 52-61).
Mê KV-MESCH Kiribscha ubla — AN-NIN-MVK MVK GAL scha AN-Ana — ASCH SCHV-ll-schû KV-MESCH ugannika — AN-EA DISCH aschar talilti itpalka — DISCH aschar telilti itpalka — SCHV PAR-PAR-GA IM-MA-RA-AN-DV-MA — ASCH dischpe himetu itpalka — Mê chipti DISCH pika iddi- Pika ASCH ischibbuti ipti (*Ibidem*, 24, 35-60).

conceptions, on ne peut pas affirmer que la dernière ait réellement fait partie des croyances eschatologiques des Assyriens, attendu que les textes connus n'en parlent point. En revanche, nous sommes mieux renseignés sur la croyance à la résurrection des morts. Le dieu *Mardouk* et son épouse *Çarpanit* portent très souvent le titre de « celui » ou « celle qui fait revivre les morts » (*muballith* ou *muballithat miti* ou *mituti*). La même épithète est aussi parfois donnée à d'autres divinités, surtout à Ischtarit. Quand et dans quelles conditions cet événement aura lieu, c'est ce que nous ignorerons encore jusqu'à la découverte de documents relatifs à cette matière.

Des Assyriens, nous passons chez les Hébreux, le seul peuple sémitique occidental qui nous ait laissé une littérature ancienne. Mais cette littérature, étant l'expression de l'école monothéiste ou prophétique qui combattait l'ancienne religion polythéiste d'Israël, cette littérature, comme toute œuvre de polémique, ne doit être utilisée qu'avec précaution et discernement. La plus grande erreur que l'on puisse commettre à cet égard, c'est de considérer les opinions énoncées dans ces écrits comme l'image des croyances populaires et nationales. Les conceptions vraiment nationales d'Israël ne sont pas celles que les prophètes soutiennent, mais celles qu'ils combattent. L'on peut dire que plus une croyance ou une pratique était réprouvée par les prophètes et les législateurs bibliques, plus elle était enracinée dans l'esprit du peuple hébreu. Faute de reconnaître cette vérité élémentaire, la plupart des savants se sont condamnés à voir sous un faux jour l'histoire religieuse d'Israël. C'était commettre une erreur du genre de celles que commettrait celui qui attribuerait à l'Église de Jérusalem les idées de saint Paul. Or l'existence du culte des morts parmi les Israélites et de l'habitude de leur offrir des sacrifices est attestée par la formule confessionnelle que le législateur jéhoviste prescrit à ses adeptes qui apportent des offrandes à Dieu :

> Je n'ai pas mangé de ce (produit) pendant que j'étais en deuil, je n'en ai rien enlevé pendant que j'étais impur et je n'en ai rien offert aux morts[1].

Faire des offrandes de nourriture aux morts implique la croyance qu'ils peuvent en jouir et qu'ils sont capables de rendre service à ceux qui ont su gagner leur faveur. On croyait donc que la mort ne mettait pas fin à l'existence de l'homme mais que

---

[1] Deutéronome, XXVI, 14.

son ombre ou, pour parler comme les Assyriens, son *êkim*, continuait à vivre et à s'intéresser aux vivants. Il y a plus, on lui supposait la connaissance de l'avenir et on le consultait dans les cas difficiles afin de savoir comment ils finiraient. La grande sévérité avec laquelle la loi mosaïque réprime les diverses opérations de nécromancie ou nécyomancie en dit assez combien ces pratiques étaient répandues chez les Hébreux. On connaît l'histoire de la pythonisse d'En-Dor qui évoque l'ombre de Samuel pour qu'elle réponde à la question de Saül, anxieux de connaître à l'avance l'issue de la guerre avec les Philistins. Samuel apparut à la magicienne dans l'habillement qu'il portait de son vivant ; c'est conforme à ce que nous avons vu plus haut à propos d'Astarté ressuscitée. Samuel n'agit pas autrement qu'il n'eût agi de son vivant. D'abord, il se plaint de ce qu'on l'a forcé de *remonter* sur cette terre ; puis adouci par les paroles humbles de Saül, il lui prédit sa mort et celle de ses fils sur le champ de bataille. Les termes : « demain, toi et tes fils vous serez avec moi » (מָחָר אַתָּה וּבָנֶיךָ עִמִּי), par lesquels il lui annonce ce funeste évènement, ces termes impliquent la croyance à la réunion de tous les morts dans un seul lieu, le scheôl. Cela fait clairement voir que la locution « il fut réuni à son peuple » ou « à ses pères », précédemment citée, fait allusion à la vie de l'Hadès et non pas à la sépulture. Job, maudissant le jour de sa naissance et désirant qu'il fût mort aussitôt que né, fait une description saisissante du scheôl, description qui rappelle plus d'un trait du poème assyrien que nous avons cité plus haut :

> Ah ! pourquoi ne suis-je pas mort étant dans le sein de ma mère,
> Pourquoi ne suis-je pas trépassé au sortir de ses flancs,
> Pourquoi ses genoux se sont-ils avancés pour me recevoir,
> Pourquoi ses seins m'ont-ils nourri de leur lait ?
> J'aurais été déjà couché, jouissant du repos ;
> J'aurais dormi et je me serais senti soulagé ;
> J'aurais été avec les rois et les conseillers de la terre,
> Qui reconstruisent les villes ruinées afin de leur donner leur nom ;
> Avec les princes qui possèdent de l'or,
> Qui remplissent leurs maisons d'argent.
> (Que dis-je ? Ah ! si j'étais seulement comme un fœtus que l'on enfouit,
> Comme des morts-nés qui n'ont pas vu le jour !)
> Là (dans l'Hadès) les malfaiteurs cessent leurs exploits turbulents ;
> Là se reposent ceux dont les forces sont à bout.
> Les prisonniers sont à l'abri de toute crainte ;
> Ils n'entendent plus la voix du policier.

Petits et grands y sont (ensemble); (là) l'esclave se voit délivré de son maître [1].

Les Hébreux croyaient également que le scheôl était situé à la base de la montagne du nord, habitée par le Très-Haut. Les auteurs monothéistes eux-mêmes ont respecté cette croyance, puisque pour exprimer la sainteté du mont Sion, sur lequel est construit le temple, ils lui donnent le titre de « montagne du nord », c'est-à-dire montagne divine ou olympienne [2]. Il y a plus, les Hébreux semblent avoir envisagé le mont Sion comme figurant en petit l'immense « montagne de l'univers » de la mythologie sémitique. Pendant que le sommet du Sion était occupé par le sanctuaire de Jéhova, ses flancs recélaient les mausolées des rois et des nobles, tandis qu'à ses pieds dans la profonde vallée de Cidron, s'étendaient les tombeaux communs du peuple. Une partie de cette vallée, nommée « vallée des fils de Hinnôm » (גיא בְּנֵי הִנֹּם) était le théâtre des sacrifices d'enfants, voués aux divinités infernales. Ce n'est pas par hasard qu'elle a donné plus tard son nom à la Géhenne, c'est-à-dire à l'Hadès rabbinique et chrétien; mais, par cette bonne raison que, conformément à la tradition ladite vallée servait d'entrée au monde souterrain [3]. La ressemblance en est d'autant plus frappante que, d'après une autre tradition, le centre du saint des saints était occupé par une pierre qui formait le sommet du couvercle de l'abîme [4]; or, de nombreux passages attestent que le scheôl est situé au-dessous de l'abîme [5].

Les autres énonciations des écrits hébraïques relatives au Scheôl sont aussi conformes à celles des Assyriens. On le dépeint comme un pays de ténèbres, et la voie qui y mène comme une voie sans retour (אֹרַח לֹא אָשׁוּב). Il est fait mention des portes du scheôl; ceux qui y entrent souffrent d'atroces douleurs (חֶבְלֵי מְצָרֵי שְׁאֹל, שְׁאֹל). La croyance populaire que les morts sont mis à nu avant d'obtenir l'accès au monde souterrain, fait mieux sentir cette exclamation de Job résigné à la nouvelle de la perte de tous ces biens :

> Nu je suis sorti du sein de ma mère
> Et nu je retournerai là-bas.

Quand un grand conquérant descend au scheôl, les mânes (re-

---

[1] Job, III, 11-19.
[2] Psaumes, XLVIII, 3.
[3] Talmud de Babylone, traité *Erubin*, fol. 19.
[4] *Ibidem*, traité *Iômâ*, fol. 54 *b*; traité *Succa*, fol. 53 *ab*.
[5] Job, XXVI, 5.

phaïm) des rois se lèvent de leur gîte pour voir si c'est bien celui qui avait fait trembler le monde, et, s'étant assurés de son identité, ils se donnent le plaisir de le railler [1].

Le pieux Hébreu espérait échapper au scheôl, soit en montant au ciel de son vivant, à l'instar d'Hénoch et d'Élie, soit en étant accueilli dans la présence de Dieu après un court séjour dans l'Hadès. Le juste, assis à la droite de Jéhova, jouit de délices éternelles :

> Certes tu ne laisseras pas mon âme (en proie) au scheôl,
> Tu ne permettras point que ton adorateur voie la fosse anéantissante;
> Tu me feras connaître la voie qui mène à la vie,
> A l'abondance des joies qui se trouvent en ta présence,
> Aux délices éternelles qui sont à ta droite [2].

Les données qui précèdent sont dispersées chez les historiens et les poètes, tous rigoureux monothéistes, auxquels le culte des morts, ainsi que les pratiques et les croyances qui s'y rapportent, est une abomination, un péché mortel. Ce n'est qu'à de rares occasions et par échappée qu'ils parlent du scheôl et de ses habitants ; encore cherchent-ils à spiritualiser les expressions et à les transformer en images poétiques. Néanmoins la forme des croyances populaires s'en dégage d'une façon lumineuse, croyances qui se montrent identiques avec celles que professaient les Assyro-Babyloniens relativement au sort de l'homme après sa mort [3].

L'inscription d'Eschmoun-azar atteste que les Phéniciens avaient les mêmes croyances. On y voit d'une part que celui dont le corps reste sans sépulture n'a pas de gîte auprès des mânes (*rephaïm*) ; de l'autre, que le juste est reçu dans les cieux magnifiques (*schamêm addirim*), auprès d'Astarté (*et 'Aschtoret*). Cette inscription nous donne même le mot phénicien pour « immortalité », *almout*, mot qui se trouve également en hébreu.

Une étude comparative des croyances eschatologiques chez les Égyptiens et les Grecs aurait donné plus d'intérêt à cette note ; nous avons résisté à la tentation de la faire, parce que nous la croyons prématurée. Il nous suffit d'avoir démontré que la conception de l'immortalité de l'âme faisait partie intégrante de la religion primitive des Sémites, religion dont les documents pré-

---

[1] Isaïe, XIV, 9-15.
[2] Psaumes, XVI, 10-11.
[3] La question relative à la conception de l'âme et de sa destinée, d'après le monothéisme primitif, n'étant pas de l'ordre des croyances populaires, n'a pas sa place ici et doit être étudiée séparément comme tout autre système philosophique.

cèdent de plusieurs siècles les chants homériques et d'au moins mille ans les ouvrages de Platon.

P. S. Quinze jours après avoir lu ce mémoire à l'Académie des Inscriptions et Belles-lettres, M. J. Derenbourg a trouvé bon de communiquer à cette compagnie savante une note intitulée : *L'immortalité de l'âme chez les Juifs*, qui a pour objet de réfuter la thèse soutenue par moi et d'après laquelle la croyance à l'immortalité de l'âme aurait été répandue dès l'époque la plus ancienne chez les Hébreux aussi bien que chez les autres peuples de l'antiquité. M. Derenbourg rappelle qu'il avait traité cette question incidemment, il y a plusieurs années, devant la Compagnie et qu'il n'y serait plus revenu si l'on (c'est moi qui suis le coupable) n'avait pas présenté les nouveaux textes qu'on a apportés comme une découverte qui devait amener la solution définitive du problème. Comme on voit, le savant académicien se déclare bien décidé à ruiner de fond en comble le résultat de mes recherches et se fait fort soit de repousser le témoignage des textes que j'invoque, soit de contester l'assimilation que j'ai établie entre les croyances populaires d'Israël et celles des autres peuples sémitiques. Un tel préambule était de nature à m'inspirer bien des inquiétudes, car qui parmi nous, fût-il le plus courageux, ne ressent pas quelques angoisses devant une réfutation nette, tranchée, implacable, qui vient de la part d'un savant dont la haute compétence ne fait l'ombre d'un doute?

Heureusement pour mon repos aussi bien que pour le salut de ma thèse, le ton de la discussion qui suit s'est singulièrement adouci. L'auteur, non-seulement ne conteste pas l'interprétation des textes cunéiformes et les analogies que j'ai signalées entre ceux-ci et certaines données bibliques d'un caractère populaire, faits qui font la substance de mon mémoire, mais il accepte même l'idée fondamentale de mon opinion, qui consiste à distinguer entre les croyances vraiment nationales des Hébreux et les croyances prophétiques. « Seulement, dit-il, d'après M. Halévy, les prophètes ne sont pas les interprètes des vraies croyances de la nation ; ils forment une petite aristocratie qui va au rebours des sentiments des Israélites. Nous nous demandons ce qui fait alors le caractère particulier du judaïsme. » Si simple que paraisse cette phrase, j'avoue ne pas m'y reconnaître. D'abord, je n'ai jamais soutenu ce non sens ridicule que les prophètes formaient quelque chose qui ressemble à une aristocratie : rien de plus populaire que l'institution prophétique ; toutes les classes de la société indifféremment s'y affiliaient à l'occasion et la plupart de ses membres appartenaient aux familles laborieuses des campagnes. Non, les prophètes ne formaient pas une aristocratie, mais une école éclairée et réformatrice qui, animée d'une haute idée du dieu national, avait entrepris une guerre acharnée contre la religion polythéiste qui était commune à Israël et aux autres peuples sémitiques. En second lieu, le caractère particulier du *peuple hébreu*, c'est ainsi que M. Derenbourg a probablement voulu écrire au lieu de *judaïsme*, consiste précisément en ce qu'il a produit des écoles prophétiques réformatrices que les peuples congénères n'ont jamais eues. Je viens de dire que M. Derenbourg a probablement voulu écrire *peuple hébreu* au lieu de *judaïsme*, mais non, je me trompe, M. Derenbourg paraît vouloir à dessein déplacer la question et entendre par *judaïsme*, non l'hébraïsme contemporain des prophètes qui fait l'objet de mon mémoire, mais la religion postérieure d'Israël, telle qu'elle s'est développée à l'époque du second temple et après la destruction de Jérusalem par Titus. En effet, M. Derenbourg ajoute immédiatement ce qui suit en guise de commentaire : « L'histoire des Israélites jusqu'à la destruction du premier temple nous montre ce peuple en révolte constante contre son Dieu et contre les hommes inspirés par lui ; depuis Moïse jusqu'à Jérémie, les enfants de Jacob se détournent volontiers du culte de Jahvé pour suivre celui de Baal et d'Astarté ; ils cherchent à imiter les nations parmi lesquelles ils vivent et à se confondre avec elles. En tant qu'ils préfèrent l'idolâtrie au monothéisme, ils ne se distinguent en rien des Assyriens, des Émorites et des Phéniciens. La pensée populaire n'est donc pas juive, et si Israël a un génie propre, c'est le génie de ses prophètes et poètes qui ont créé sa littérature ». C'est donc entendu, le savant académicien, par une volte-face très habile, abandonne l'hébraïsme à son sort et cherche à sauver sa contradiction en la restreignant à l'époque postbiblique. Placé sur ce terrain nouveau, je répondrai que la contradiction n'existe plus du tout, car personne n'a jamais contesté cette vérité banale que le judaïsme proprement dit est dû à la victoire que le monothéisme prophétique a remportée sur le paganisme ; mais de là à prétendre que le paganisme n'était pas dans le génie de la nation hébraïque, voilà ce qui me paraît exorbitant. Du reste, c'est une grande erreur de croire qu'une religion qui a vécu de nombreux siècles avant la naissance du prophétisme et qui s'est conservée quinze autres siècles malgré les attaques vigoureuses du prophétisme, c'est une grande erreur, dis-je, de croire qu'une telle religion ait disparu tout à coup comme par enchantement, sans laisser aucune trace de son existence. Il est plus rationnel et plus conforme à l'enseignement de l'histoire de penser qu'ici, comme partout ailleurs, la victoire de la doctrine prophétique est bien parvenue à faire accepter son code et à abolir le culte païen, mais qu'elle a été incapable d'effacer les mille croyances et superstitions qui sont inhérentes à l'esprit populaire. Cette condition admise, on comprend mieux comment ces croyances, plus ou moins étiolées ou défigurées, ont pu trouver leur chemin jusque dans les écrits talmudiques, et l'on n'est pas sans cesse dans l'obligation toujours désagréable et en grande partie impraticable, de les considérer comme des emprunts récents faits à des sources étrangères. Ou bien, M. Derenbourg croit-il que le monothéisme est la religion primitive d'Israël et que les prophètes n'ont fait que rétablir la religion nationale qui était tombée en oubli, alors qu'il le dise carrément et qu'il nous apporte des preuves.

Mon opinion relative aux écrits bibliques se résume ainsi : La Bible est une œuvre de polémique dirigée contre les croyances nationales des Hébreux ; les législateurs prophétiques édictent la peine capitale contre ceux qui apportent des offrandes aux morts ou les évoquent afin de les consulter sur l'avenir ; d'autre part, l'histoire rapporte que le roi Saül, abandonné des prophètes, fait évoquer l'ombre de Samuel pour apprendre de lui l'issue d'une bataille ; cela prouve jusqu'à l'évidence que d'après la croyance populaire les morts goûtaient l'offrande qu'on leur apportait, qu'ils étaient assez puissants pour protéger leurs adorateurs et qu'ils connaissaient l'avenir, en un mot qu'ils vivaient dans une condition supérieure à la vie terrestre. M. Derenbourg objecte : « Vouloir prouver par la défense de consulter les morts contenue dans le Pentateuque ou par l'histoire de l'évocation de l'ombre de Samuel par la sorcière d'*En-Dôr*, que le judaïsme admet la croyance à l'immortalité, c'est hasarder une affirmation que rien ne justifie. Défendre les jongleries suppose seulement l'existence d'une classe de personnes qui exploitent la crédulité des autres ». Ce que rien ne justifie, c'est de donner le change au point en litige, car il ne s'agit pas des idées que le judaïsme, lisez les prophètes, professait sur l'état de l'homme après la mort, mais des croyances de la masse du peuple. Quant à prétendre que le Pentateuque condamne à mort les nécromanciens comme coupables de jonglerie et pour le seul délit d'abuser de la crédulité des autres, cela est tellement improbable que ce n'est vraiment pas la peine de le combattre. Au fait, la loi considère ceux qui adorent et consultent les mânes comme des adorateurs d'autres dieux que *Jahvé* et les condamne à la même peine. Or, quelque exclusive et élevée que fût l'idée que les prophètes se firent de Jahvé, la réalité des dieux étrangers n'a été systématiquement niée par eux que relativement très tard. Selon les auteurs des livres historiques *Kemosch* agit à l'égard de Moab comme Jahvé à l'égard d'Israël[1] et l'oracle de *Baal-Zeboub* fait très bonne figure à Ekron[2]. On sait que pour le Pentateuque les dieux païens sont des démons (שֵׁדִים), c'est-à-dire des génies trompeurs et infernaux. Cette croyance s'est même perpétuée dans le judaïsme du moyen âge et dans le christianisme moderne, après avoir été celle des auteurs sibyllins, des évangélistes et des docteurs pharisiens. Je ne mentionnerai que pour mémoire la curieuse interprétation que M. Derenbourg donne de l'évocation d'En-Dôr, qu'il assimile à une scène de magnétisme de nos jours ; c'est du rationalisme pur, inauguré par le Gaon Samuel ben Hophnî et Ibn-Ezra, qui s'évanouit de plus en plus aujourd'hui devant une conception plus scientifique des légendes de l'antiquité.

« N'est-ce pas, en second lieu, poursuit M. Derenbourg, se payer de mots, en appelant la vie des ombres dans le Scheôl une espérance eschatologique ? La vie après la mort n'a un sens qu'autant qu'elle renferme une récompense pour le juste et un châtiment pour l'injuste. Elle doit être une amélioration de notre être : l'âme est détachée du corps qui est la source de ses faiblesses matérielles et morales ; ou bien, s'il y a résurrection, le corps se transforme et devient d'une essence plus parfaite. Telle n'est pas la vie des *Rephâïm*, de ces êtres faibles et sans ressort qui n'ont qu'une existence apparente. Si les peuples anciens n'ont pas pu s'imaginer l'anéantissement total de l'individu, le royaume des ombres est une triste transaction entre la mort complète et la vie éternelle. Ce compromis ne satisfit aucunement les docteurs de la Synagogue lorsque, comme nous le verrons plus loin, ils acceptèrent le dogme de la résurrection ; l'homme pieux, selon l'image de l'un d'entre eux, est assis, la tête couronnée, et jouissant de l'éclat de la majesté divine ». Le psalmiste dit au contraire : « Les morts ne louent pas Dieu, ni ceux qui descendent dans le royaume du silence ; ou bien : Personne ne se souvient de toi dans la mort, et qui te remercie dans le Scheôl ? Ou bien encore : Quel profit as-tu de mon sang, quand je descends dans la fosse, la poussière te louera-t-elle, proclamera-t-elle ta fidélité ? » J'ai tenu à citer intégralement la seconde objection de mon adversaire afin que l'on ne m'accuse pas de lui avoir imputé des opinions qu'il n'a pas ou d'avoir donné à ses paroles un tour qu'elles n'avaient pas. Quant au fond de son argumentation, je ne puis l'admettre en aucune façon.

1° La vie des ombres dans le Scheôl peut, en tout droit, s'appeler

---

[1] *Juges,* xi, 24. Cf. Michа, ιv, 5.
[2] II Rois, ι, 3.

une *espérance eschatologique* parce que, d'après la croyance assyro-hébraïque, les hommes pieux descendus à l'*Aral-Scheôl* s'attendent à être transférés en présence des dieux ou à revivre sur la terre. J'ai donné les textes qui s'y rapportent aux pages 370 et 374. Mon adversaire a évidemment confondu le Scheôl hébreu avec l'Hadès des Grecs où les ombres, même celles des justes, restent enfermées à tout jamais.

2° La vie après la mort, d'après les croyances sémitiques, est réelle et une immense amélioration pour le juste qui reçoit sa récompense ; dans la croyance juive, cette vie est aussi très réelle pour l'injuste, dont l'âme est condamnée au feu de la Géhenne pendant que le corps est rongé par les vers (Isaïe, LXVI, 24). La vie d'ombres, faible et latente, n'est donc propre qu'à une catégorie de morts qui ne méritent ni récompense, ni punition, c'est-à-dire à la partie très minime des hommes, et cette partie très minime, sans avoir rien à *espérer* change parfois de condition, car l'un ou l'autre peut aussi être tirée du Scheôl quand il entre dans le plan des dieux de lui rendre la vie. Il est donc inexact de dire que le royaume des ombres a été chez les Sémites une transaction entre la mort parfaite et la vie éternelle ; ç'a été plutôt une station, une sorte de dortoir commun dont les occupants, au moment du réveil, se rendaient, tantôt dans la direction du ciel, tantôt dans la direction opposée conduisant à la Géhenne, tandis que l'issue qui donnait accès à la terre ne s'ouvrait que sous certaines conditions et dans des cas exceptionnels.

3° Les docteurs de la Synagogue n'ont accepté de personne la croyance à la résurrection dont ils ont fait un dogme : elle existait dans la tradition populaire comme un legs de l'ancienne religion sémitique et les prophètes de la captivité qui ne se sont certainement pas mis à l'école des prêtres babyloniens, s'en sont servis pour représenter le rétablissement de la nationalité juive[1].

4° Les passages des psalmistes, cités par M. Derenbourg, dépeignent *l'état normal de l'humanité* pendant son *séjour* dans le Scheôl, qui est, en effet, une vie faible, inerte et semblable au sommeil. Quant au sort des justes, ces mêmes psalmistes, toujours fidèles à la tradition nationale, disent expressément que ceux-ci sont arrachés au Scheôl et jouissent des joies éternelles en présence de Dieu. Les vues spiritualistes de certains docteurs talmudiques sur la récompense des justes est en pleine conformité avec la doctrine des psalmistes. Mon adversaire n'y trouve une contradiction que par suite de sa théorie personnelle d'après laquelle la division de

---

[1] Isaïe, XXVI, 19 ; Ézéchiel, XXXII, 1-14.

l'homme en corps et âme serait une abstraction philosophique que l'Écriture ignorerait. Cette théorie vieillotte est absolument périmée aujourd'hui : les textes originaux d'une authenticité irréfragable ont mis hors de doute que le dualisme de l'être humain a formé la base de toutes les religions de l'antiquité, de l'Égypte aussi bien que de l'Assyrie et de la Palestine. Si M. Derenbourg avait suivi le progrès des études épigraphiques relatives aux deux premiers pays, il aurait depuis longtemps renoncé à une opinion qui répond si peu à la réalité des choses[1].

Après ce qui vient d'être dit, je puis me dispenser d'examiner avec développement cette dernière affirmation de M. Derenbourg que « l'idée de l'immortalité de l'âme n'est, dans le judaïsme, qu'un emprunt fait à la philosophie de Platon, répandue par les Grecs à Alexandrie après la conquête d'Alexandre et de ses successeurs », affirmation qu'il annule lui-même deux lignes plus loin en disant que les prêtres grécomanes avaient déjà discrédité cette nouveauté hellénique, car si les grécomanes eux-mêmes rejetaient la théorie de Platon, à plus forte raison cette théorie devait-elle être rejetée par le parti conservateur qui était l'ennemi mortel de l'hellénisme. Mais tout en laissant à l'auteur le soin de débrouiller ses antinomies, je me permettrai de remarquer que les idées platoniciennes sur l'immortalité n'ont pénétré dans la littérature judéo-alexandrine qu'à l'époque romaine. A l'époque grecque, surtout en Palestine, les idées nationales sur ce sujet ont trouvé notoirement leur expression adéquate dans les livres de Daniel et d'Hénoch, livres qui contiennent des croyances diamétralement opposées à la doctrine du platonisme.

Les pharisiens et les docteurs du Talmud, nourris des traditions nationales plus ou moins épaissies et matérialisées durant plusieurs siècles de décadence, n'ont mis au premier plan la résurrection que parce que, malgré l'autorité de Daniel, elle avait été niée par les saducéens. Ceux-ci, s'attachant à la lettre de la Tôrà, croyaient qu'après la mort l'esprit retourne vers Dieu dont il émane. Cette opinion ne diffère de celle des prophètes qu'en tant que le retour du Scheôl sur la terre est formellement rejeté ainsi que l'idée de peines et de récompenses qu'il comporte. Platon a d'autant moins à voir dans ces disputes casuistiques que même au moyen âge, à quelques rares exceptions près, les philosophes juifs comme les philosophes arabes leurs maîtres, embrassaient décidément l'aristotélicisme et n'avaient sur le platonisme que des idées vagues et fort imparfaites.

---

[1] Sur l'expression hébraïque רוּחַ « âme, esprit » voyez mes *Mélanges d'épigraphie et d'archéologie sémitiques*, p. 148, 149.

XVII

LES PRINCIPES COSMOGONIQUES PHÉNICIENS

ΠΟΘΟΣ ET ΜΩΤ

Eusèbe[1] nous a conservé quelques fragments du livre de Philon de Byblos sur la *Théologie* phénicienne. Philon affirme qu'il a puisé toutes ses données dans l'ouvrage de Sanchoniathon, auteur phénicien auquel il attribue une haute antiquité. Il est à peu près certain aujourd'hui que le polygraphe grec avait en effet entre les mains un ouvrage oriental qu'il comprenait passablement, sinon autant qu'on l'eût désiré dans l'intérêt de la solidité de son interprétation. Malgré cette réserve que commande la prudence, on est d'accord à reconnaître la valeur inestimable de ses renseignements relatifs à la religion phénicienne, de laquelle il reste à peine trois ou quatre monuments indigènes quelque peu instructifs. Parmi les fragments de l'ouvrage de Philon qui ont le plus attiré sur eux l'attention des savants, le plus remarquable est sans contredit le premier de la série, qui traite des quatre principes de la cosmogonie phénicienne, laquelle semble participer à la fois de la mythologie grecque et de la Genèse hébraïque. Les noms des deux principes Πόθος et Μώτ ont tout spécialement exercé la sagacité des interprètes; mais les tentatives faites jusqu'à ce jour pour en dissiper l'obscurité ne paraissent pas avoir dit le dernier mot. Dans les lignes qui suivent, je propose une nouvelle solution du problème, en mettant à profit les récentes découvertes de l'assyriologie. La comparaison des religions sémitiques entre elles me semble le seul moyen efficace autant que légitime qui puisse

---

[1] *Præpar. evangel.*, lib. I, cap. x, vii. Cf. ORELLI, *Sanchoniathonis fragmenta*, p. 8-12.

conduire au but et livrer un résultat qui, indépendant de toute appréciation personnelle, atteigne presque la certitude d'un fait.

Ce fragment est ainsi conçu :

Τὴν τῶν ὅλων ἀρχὴν ὑποτίθεται ἀέρα ζοφώδη καὶ πνευματώδη, ἢ πνοὴν ἀέρος ζοφώδους, καὶ χάος θολερὸν ἐρεβῶδες. ταῦτα δὲ εἶναι ἄπειρα, καὶ διὰ πολὺν αἰῶνα μὴ ἔχειν πέρας. Ὅτε δέ, φησιν, ἠράσθη τὸ πνεῦμα τῶν ἰδίων ἀρχῶν, καὶ ἐγένετο σύγκρασις, ἡ πλοκὴ ἐκείνη ἐκλήθη πόθος· αὕτη δὲ ἀρχὴ κτίσεως ἁπάντων αὐτὸ δὲ οὐκ ἐγίνωσκε τὴν αὐτοῦ κτίσιν· καὶ ἐκ τῆς αὐτοῦ συμπλοκῆς τοῦ πνεύματος ἐγένετο Μώτ· τοῦτό τινές φασιν ὕλην, οἱ δὲ ὑδατώδους μίξεως σῆψιν. Καὶ ἐκ ταύτης ἐγένετο πᾶσα σπορὰ κτίσεως, καὶ γένεσις τῶν ὅλων. (Ἦν δέ τινα ζῶα οὐκ ἔχοντα αἴσθησιν, ἐξ ὧν ἐγένετο ζῶα νοερά, καὶ ἐκλήθη Ζωφασημίν, τοῦτ' ἔστιν οὐρανοῦ κατόπται), καὶ ἀνεπλάσθη ὁμοίως ᾠοῦ σχήματι, καὶ ἐξέλαμψε Μώτ ἥλιός τε καὶ σελήνη, ἀστέρες τε καὶ ἄστρα μεγάλα.

Le passage que j'ai mis entre parenthèses doit être transporté à la fin du morceau, et de la sorte la proposition relative à Μώτ reprend son unité primitive et ne laisse à désirer que par rapport au verbe ἐξέλαμψε dont il ne peut nullement être le sujet. Cette difficulté sera levée plus loin. Je pense aussi que le sujet de ἀνεπλάσθη n'est ni Mot ni les Zophasémin, comme l'admettent les commentateurs, mais σπορὰ κτίσεως. Ceci dit, je propose la traduction suivante :

Il pose pour premier principe un air trouble et venteux ou un souffle de vent trouble et un chaos confus et ténébreux. Ces choses sont sans limites et n'avaient pas de limites pendant plusieurs siècles.

Mais, quand ensuite, dit-il, le souffle devint amoureux de ses propres principes, il se fit un mélange, et cette copulation fut appelée Désir. Ce fut le principe de la création de toutes choses, et il ne connaissait pas sa propre création. Et de cette copulation du souffle naquit Mot, que quelques-uns définissent comme une boue ou la pourriture d'un mélange aqueux. Et de cette boue sortit toute semence de création et la génération de toutes choses, et cette semence aussi fut formée en figure d'œuf. Et Mot (?) brilla, le soleil et la lune, les étoiles et les grands astres.

Il y eut (ensuite) des êtres vivants privés de sentiment, d'où sortirent les êtres intelligents et ils étaient appelés Zophasémin, c'est-à-dire Contemplateurs du ciel.

La division des principes primordiaux est quaternaire : Ἀήρ, Χάος, Πόθος et Μώτ ; principes qui rappellent en quelque sorte les quatre éléments dont, d'après la philosophie grecque, se composent les êtres corporels. Des quatre noms que je viens de mentionner, le premier, Ἀήρ, est bien l'air élémentaire ; le second, Χάος, l'espace ouvert et rempli d'une substance atomique et poussiéreuse, représente visiblement l'élément terreux ; le troisième, Πόθος, le désir ou l'amour qui agite la masse chaotique et la met pour ainsi dire en fusion, figure convenablement le feu ; enfin, pour ce qui est du quatrième, nommé Μώτ, l'auteur même l'explique par « boue aqueuse », ce qui ne diffère pas essentiellement d' « eau trouble », expression à laquelle on peut d'autant plus facilement substituer le mot « eau » tout court, que, ainsi que nous le montrerons plus loin, Μώτ est réellement l'eau par excellence, la mer.

Ce schématisme, apparemment grec, est de nature à inspirer une juste méfiance. Cependant les circonstances atténuantes ne manquent point, et nous devons en tenir compte. D'abord la croyance relative à l'existence primordiale de l'air et du chaos, tous deux invisibles et presque immatériels, est tellement naturelle qu'elle a à peine besoin d'être énoncée. Tous les peuples sont également unanimes à admettre le caractère primordial de la mer ou de l'océan. Voilà déjà trois éléments admis ou sous-entendus à peu près partout. Les autres traits de cette cosmogonie, comme par exemple l'antériorité des ténèbres sur la lumière, reposant sur l'expérience quotidienne, sont également des conceptions humaines communes. On voit de là que l'affirmation de Philon d'avoir trouvé ces données cosmogoniques dans un ancien écrit phénicien n'a rien qui doive étonner, et qu'il n'est pas absolument nécessaire de supposer que cet auteur les ait empruntées à Hésiode ou à Aristophane. Ce sentiment est même corroboré par la considération de la locution Πνοὴ ἀέρος ζοφώδους qui frappe par son air sémitique et qui se ramène aisément au phénicien *nismat rûh kêhat*.

Le seul point vraiment embarrassant est celui qui concerne l'introduction dans la cosmogonie phénicienne du principe tout hellénique de Πόθος, même en faisant abstraction du rapprochement tenté ci-devant avec le feu élémentaire. Non que le principe de l'Amour désirable — Ἔρως ὁ ποθεινός, comme l'appelle Aristophane — soit particulier à la cosmogonie grecque ; au contraire, partout où l'anthropomorphisme prédomine, l'esprit est forcément conduit à envisager la création comme le résultat d'un acte de génération primordial consommé par l'union de deux principes de sexe opposé. L'union étroite (πλοκή) de ces principes devient en même temps la source du mouvement et de la modalité. Tout cela, dis-je, est la conséquence inéluctable de la conception anthropomorphe et peut être commun à plusieurs peuples à la fois. Ce qui frappe dans l'exposition de Philon, c'est le caractère cosmogonique de Πόθος, qui, semblable à l'Éros grec, tend à laisser dans l'ombre les trois autres principes vraiment cosmiques. Notre méfiance relative à l'authencité de Πόθος dans la cosmogonie phénicienne grandit encore par suite d'une autre considération. Un autre passage, également extrait du livre de Philon de Byblos mentionne Πόθος et Ἔρως comme les deux fils d'Astarté et d'Ouranos [1] ; ce sont donc des divinités de la création et nullement des principes cosmogoniques, comme c'est le cas chez les Grecs. La contradiction ne peut pas être plus flagrante.

Ce qui vient d'être dit me semble établir l'origine grecque du Πόθος de Philon de Byblos. Il s'agit maintenant de décider si Philon l'a introduit de propos délibéré dans la cosmogonie phénicienne, ou bien s'il l'a substitué, sans s'en douter peut-être, à un autre terme de l'original de Sanchoniathon. La première alternative doit être repoussée par la raison péremptoire que voici : si Philon avait voulu introduire un principe hellénique dans la cosmogonie phénicienne, il aurait choisi de préférence le nom nettement hésiodique d'Éros au lieu de Πόθος, expression beaucoup plus faible et dépourvue de l'idée de fécondité qui est capitale dans ce mythe. La seconde alternative, au contraire, ne présente aucune difficulté, car notre auteur est coutumier du fait des substitutions. En parcourant les fragments qui restent de son œuvre, on constate qu'il assimile sans gêne les divinités de différents peuples, chaque fois que son éclectisme y trouve quelque avantage. Dans son esprit d'évhémériste doublé de néoplatonicien, l'Amour, qui joue un rôle prépondérant dans la cosmogonie grecque, ne devait ni ne pouvait manquer dans celle des Phéniciens ses compatriotes ; et, pour l'y introduire, il suffit que l'expression de l'original s'y laissât accommoder d'une façon ou d'une autre. C'est ainsi, pour citer un exemple très caractéristique, que Philon, ayant trouvé que la conception d'un dieu ichthyomorphe répugnait aux Grecs, n'a pas hésité à changer le dieu phénico-sémitique *Dâgôn*, dont le nom vient de *Dâg*, poisson, en un Ζεὺς ἀρότριος, en identifiant ce nom avec l'homophone *Dâgân* « blé » (σῖτος). La plupart de ces étymologies fictives ont leur source dans cette habitude des anciens de n'envisager les mots orientaux que par l'intermédiaire de la transcription grecque, transcription qui, étant donné le manque dans l'alphabet grec des gutturales et des lettres emphatiques propres aux langues orien-

---

[1] Orelli, *l. c.*, p. 32.
[2] *Ibidem*.

LES PRINCIPES COSMOGONIQUES PHÉNICIENS

tales, était si imparfaite qu'elle donnait souvent lieu aux plus singulières confusions. Dans le passage que nous étudions, le hasard a particulièrement favorisé la tendance étymologique du mythographe de Byblos. En comparant le passage connu de Damascius sur la cosmogonie babylonienne, M. Renan[1] a montré depuis longtemps que Philon de Byblos avait sous les yeux le nom de Ἀπασῶν que les Babyloniens considéraient comme l'époux de Ταυθή, la mère des dieux, et que c'est ce nom qu'il a interprété par Πόθος, « désir ». M. Renan a pensé, — et c'était alors très légitime, — que la forme phénico-babylonienne de Ἀπασῶν était 'hippâçôn, nom abstrait formé de 'héphéç (חֶפֶץ) « désir » et que de telle sorte l'idée cosmogonique de Πόθος = Ἔρως aurait été réellement sémitique. Ce point de vue me semble devoir être modifié aujourd'hui que le type primitif de l'Apason babylonien nous est parfaitement connu. Ce type est *Apsu* « Océan » et nullement, *'hippâçôn* « désir ». Pour s'en convaincre, on n'a qu'à se rappeler les termes de la première tablette babylonienne de la création, où les principes cosmogoniques sont énoncés d'une façon très précise :

Enuma elis la nabû samamu
Saplis [ki]-tum suma la zakrat
Apsuma [ris]tû zarusun
Mûmmu Tiamat muallidât gimrisun
5. *Mesunu istenis ihiqûma*
Gipara la kiççura çuça la se'
Enuma an-mes la supû manama
Suma la zukkuru simatam...?
Ibbanûma an mes gal-mes
10. *An-Lahmu an-Lahamu ustapû*
Adi irbû . . . .
An-sar an-ki-sar ibba[nû] . .
Urriku ud-mes . . . . . .
An-Anu . . . .
15. *Ad-Sar. . . . . . .*

« En ce temps-là, en haut, le ciel était innommé ; 2 en bas, la terre n'était pas désignée par un nom ; 3 (c'est alors que) l'Océan (*Apsu*) primordial (fut) leur générateur [2] 4 (et) la dame (?) Mer (*Tamat*) la génératrice d'eux tous. 5 Leurs eaux agitèrent [3] (longtemps) ensemble,

---

[1] Mémoire sur l'origine et le caractère véritable de l'histoire phénicienne qui porte le nom de Sanchoniathon, dans les Mémoires de l'Académie des Inscriptions et Belles-Lettres, tome XVIII.

[2] Excellente traduction de M. Oppert qui éclaire d'une vive lumière l'idée fondamentale du mythe.

[3] Le verbe *ihiqû* vient d'une racine חוק : comparez l'hébreu חיק « sein » et l'éthiopien חיק « côte, plage atteinte par les vagues de la marée montante ».

6 une (vaste) plaine [1] (aqueuse) **sans produits** [2]**,** un (immense) étang sans plantes. 7 En ce temps-là, aucun des dieux ne brillait; 8 aucun nom n'était mentionné, et le destin ne... 9 (Enfin) les grands dieux furent créés ; 10 Lahmou et Lahamou [3] parurent... 11 et se multiplièrent... 12 Aschour et Kischar furent créés ; 13 de longs jours se passèrent... ; 14 Anou... 15 Aschour... »

On le voit, les Babyloniens admettaient comme cause éternelle de toute existence l'union amoureuse de deux principes dont l'un, *Apsou*, le chaos aux germes atomiques, est mâle et actif ; l'autre, *Tamat*, la mer féconde et grouillante, est femelle et passif. Cette génération primordiale produit tout d'abord les dieux cosmiques *Lahmou* et *Lahamou* (Substance et Consistance ?), *Aschour* et *Kischar* (Étendue et Activité ?), puis les dieux planétaires *Anou* [et *Bel*] (Saturne et Jupiter), dieux qui, pourvus d'une nombreuse famille, exécutent de concert la création aux dépens de leurs grands aïeux dont elle rétrécit le domaine. La cosmogonie phénicienne ne devait guère s'écarter de la conception babylonienne, qui représente pour ainsi dire l'idée sémitique par excellence. Et ceci est d'autant plus vraisemblable que la plupart des dieux supérieurs du panthéon babylonien se retrouvent en Syrie et en Phénicie sous des noms identiques. Par conséquent, il y a tout lieu de supposer que l'ouvrage de Sanchoniathon portait en réalité le terme phénicien *Aps* (= héb. *ephes* « vide »), correspondant exact du babylonien *Apsu* « Abîme, Océan », et que c'est Philon seul qui a rapproché *Aps* de 'Hepç (= héb. *'héphéç* « désir ») afin d'obtenir le principe du Πόθος, si proche parent de l'Éros grec.

Le rétablissement exact du premier principe cosmogonique de la mythologie phénicienne nous fournit aussi un moyen sûr pour rétablir la forme primitive du second principe, femelle par sa nature, qui porte dans nos éditions d'Eusèbe le nom de Μώτ. On a vu précédemment que Philon explique ce nom par ὕλη « boue, matière », notamment « boue ou pourriture (σῆψις) d'un mélange aqueux (ὑδατώδους μίξεως) ».

Etant donné l'impossibilité de ramener cette forme à une expression hébréo-phénicienne qui ait un sens tant soit peu convenable, plusieurs commentateurs en sont venus à rapprocher l'égyptien Μοῦθ « mère », épithète fréquente d'Isis, ce qui va assez bien à

---

[1] Je rapproche *giparu* de l'arabe קְפָר « plaine aride et déserte » ; *gipara* et *çurâ* sont à l'accusatif, étant les régimes du verbe *ihiqû*.

[2] Mot à mot « ne donnant pas des parts » ; *kiççur* est pour *kitçur*, infinitif iphteal de קצר « prendre ou donner des parts ».

[3] Chez Damascius Λάχος et Λάχη (Δαχος et Δαχη dans les éditions).

l'idée de la matière. Mais, outre la différence d'orthographe et l'invraisemblance de la supposition que Philon ait sciemment remplacé le nom phénicien de l'original par un nom égyptien, il y a cette difficulté insurmontable, suivant moi, que chez les Égyptiens même, Isis n'a jamais été un principe cosmogonique et encore moins le représentant de l'élément liquide. C'est donc dans une autre direction qu'il faut chercher le mot de l'énigme, direction vers laquelle nous a déjà conduit l'interprétation du premier principe, savoir : la cosmogonie babylonienne. Le parèdre féminin de l'*Apsu*-Ἀπασών babylonien est nommé par Damascius Ταυθή et par Bérose Θαυάτθ[1]. La dernière forme correspond aussi rigoureusement que possible au nom de la déesse-mer babylonienne *Tiamat* ou *Tamat*, tel qu'il se lit sur la tablette cunéiforme transcrite plus haut. L'orthographe Ταυθή figure de son côté très fidèlement la forme plus commune *tamtu*. On sait qu'en Babylonie le son *m* se confondait dans la prononciation avec le son $w = v$ grec. C'est donc le correspondant phénicien du *Tamat* ou *tamtu* babylonien, et nulle autre expression qui a nécessairement dû se trouver dans le texte de Sanchoniathon. Or la forme phénicienne du terme en question peut être rétablie avec certitude au moyen du terme hébreu *tehôm* (תהם) « mer, abîme », qui figure précisément dans le récit de la création (*Genèse*, I, 2). Le mot *tehôm*, complètement sécularisé dans l'usage des auteurs monothéistes de la Bible, devait naturellement avoir un sens mythique et anthropomorphe dans la théologie phénicienne. D'autre part, il y a plus d'une raison philologique pour admettre que la forme phénicienne affectait la terminaison féminine *t*, qui s'observe aussi dans l'arabe *tihâmat*, en sorte que la forme réelle du nom phénicien que nous discutons était *Tehâmât* ou plus exactement *Tehomot*, en vertu du changement régulier d'*â* en *o* dans la prononciation phénicienne. Transcrite en caractères grecs, la forme *tehomot* donne naturellement Τομώτ. Les éditions d'Eusèbe n'ont conservé de cette forme que la dernière syllabe Μώτ et cette altération a été le point de départ d'un grand nombre d'hypothèses aussi peu fondées les unes que les autres. Le membre de phrase ἐγένετο Μώτ doit donc être corrigé en ἐγένετο Τομώτ et il suffit de jeter un coup d'œil pour se convaincre que la chute de la syllabe initiale Το a été déterminée par le το final de ἐγένετο. La même correction doit aussi être pratiquée dans la phrase finale καὶ ἐξέλαμψε Μώτ ἥλιός τε καὶ σελήνη κ. τ. λ., dont la construction exige impérieusement l'insertion de la proposition ἐκ devant le nom propre. Je crois donc que ce passage doit être

---

[1] Bonne restitution de M. Fr. Lenormant au lieu de Θαλάτθ.

rétabli ainsi qu'il suit : καὶ ἐξέλαμψε ἐκ Τομώτ ἥλιός τε καὶ σελήνη κ. τ. λ. ; et cela s'accorde parfaitement avec le mythe babylonien qui fait sortir les divinités sidérales du sein de *Tamat*-θάλασσα, fécondé par le principe mâle *Apsu*-Ὠκεανός.

De ce qui vient d'être exposé, il résulte que Philon, en assimilant le nom de Τομώτ à ὕλη ou σῆψις, a de nouveau cédé à ses tendances philhellènes, comme il l'a déjà fait relativement à *Aps* dont il a tiré πόθος. C'est à ces mêmes tendances qu'il faut très probablement attribuer cette circonstance que dans son exposition l'air s'unit à ses propres atomes (ἀρχαί) pour produire *Tomot*, tandis que dans la cosmogonie babylonienne l'union génératrice a lieu entre *Apsu* et *Tamat*, Océan et Mer. Cela donne une idée exacte de la méthode interprétative qui dominait du temps de Philon : les noms mythologiques que l'on trouvait chez les auteurs orientaux servaient de prétextes pour attribuer à ceux-ci des idées helléniques. Si l'on retire les superfétations et les incidentes que le mythographe grec y a accumulées, le texte de Sanchoniathon peut se rétablir dans toute sa simplicité orientale de la manière suivante :

בראשית כן נשמה רח כהת וים סיר והם בל קץ ואבל כן לם קץ בדר
דרם ויבא הים אל התמת ויכן ירב וממן כן זרע כל הבראת והא בדמת
בצה ומהיד הפצ השמש והירח והכבבם והמזלת ויכן חי בל שכל
וממן כן חי בל שבל ויקרא צף שמם.

Au commencement il y eut un souffle d'air ténébreux et l'Océan troublé.

Ils sont tous deux sans limites et n'avaient pas de limites **pendant** plusieurs siècles.

L'Océan s'unit à la Mer et il se fit un mélange.

De celle-ci sortit la semence de toute la création et cette **semence** fut formée en figure d'œuf.

Et de la mer sortirent en brillant le Soleil et la Lune, **les astres et** les grandes étoiles.

(Puis), il y eut (sur la terre) des êtres vivants privés d'intelligence, desquels sortirent des êtres doués d'intelligence, qu'on **nomme** *Zophésamin* (*Çôphê samêm* « contemplateurs du ciel »).

XVIII

LES NOUVELLES INSCRIPTIONS CHALDÉENNES

ET LA QUESTION DE SUMER ET D'ACCAD [1]

Les textes cunéiformes unilingues, provenant des fouilles de M. de Sarzec en basse Chaldée, ont remis à l'ordre du jour de l'Académie la question de Sumer et d'Accad. Grâce à cet accroissement considérable de documents anciens, le long débat engagé entre les assyriologues et moi sur le caractère et l'origine des textes dits sumériens ou accadiens et partant sur le caractère et l'origine de la civilisation babylonienne, en général, ce débat dis-je, dispose à l'heure qu'il est d'assez d'éléments pour que les résultats qu'ils fournissent n'aient plus à craindre d'être ébranlés par les découvertes ultérieures. Aussi tout le monde pressent-il que l'incertitude qui plane sur ce grave problème archéologique touche à sa fin, que le moment suprême de la solution est proche.

Je désire contribuer autant que possible à cette recherche de vérité et de lumière. L'Académie a souvent bien voulu prêter quelque attention aux considérations qui m'ont obligé à voir dans les textes précités l'expression d'une graphique conventionnelle que j'ai nommée *allographie hiératique assyrienne* et non pas l'expression d'une langue étrangère aux Sémites comme l'affirment les assyriologues. Je me permets de solliciter actuellement la même faveur, sachant que dans des questions aussi difficiles une observation tombée de lèvres érudites, une remarque jetée dans

---

[1] Communiqué à l'Académie des Inscriptions et Belles-Lettres dans la séance du 12 juillet 1882.

la discussion par des auditeurs compétents, suffisent souvent pour arrêter l'essor d'une idée erronée, pour répandre un jour inattendu là où il n'y avait que brumes et ténèbres.

Dans mes communications antérieures, j'ai fondé mon opposition sur des considérations de cinq espèces principales : ethnologiques, géographiques, historiques, graphiques et linguistiques. J'abuserais de votre patience si j'essayais de reprendre les nombreux détails exposés successivement devant vous. Je me bornerai donc à récapituler les résultats obtenus par moi, dans les divers ordres de recherches que j'ai eu l'honneur de vous soumettre jusqu'à ce jour. Pour bien comprendre les arguments qui vont suivre, il est absolument nécessaire que les faits acquis soient nettement indiqués, car rien ne stérilise autant les efforts de la science que le désordre jeté dans l'esprit par la confusion des points démontrés avec ceux qui ne le sont pas ou qui le sont d'une manière insuffisante.

En ce qui concerne la question ethnologique, j'ai prouvé :

1° Que le peuple dont émanent les inscriptions sumériennes ou accadiennes n'a aucune affinité ni avec la race ouralo-altaïque ni avec celle de la Médie ou de la Susiane, comme le prétendaient les assyriologues.

2° Que ni le caractère de l'art babylonien ni celui des monuments figurés ne sont incompatibles avec l'origine sémitique.

3° Qu'il est impossible d'admettre que dès une haute antiquité les Sémites conquérants aient adopté, sans toutefois perdre leur propre langue, la langue et la littérature du peuple conquis et se soient transformés au point de considérer la religion de ces étrangers comme leur patrimoine primordial.

4° Qu'un mélange de races aussi hétérogènes aurait inévitablement eu pour contrecoup le mélange des idiomes des deux peuples, tandis qu'en réalité l'assyrien jusqu'à Cyrus se montre à nous pur de tout élément exotique.

Puis en passant sur le domaine géographique, je crois avoir établi :

1° Que la désignation de « Sumer et Accad » exprime l'idée d'une division territoriale et administrative de la Babylonie et n'implique pas l'existence d'un dualisme ethnique ou linguistique parmi les habitants de ce pays.

2° Que le nom hébreu de la Babylonie, שִׁנְעָר, visiblement contracté de שְׁנֵי « deux » et de עָר (pour עָרִים) « villes, » fait bien allusion à un dualisme dans la division géographique[1] de cette contrée mais non pas à une différence de races.

3° Que les noms géographiques de la Babylonie, même ceux de la Babylonie du sud, le Sumer proprement dit, accusent tous sans exception des formes sémitiques chaque fois qu'ils sont écrits phonétiquement.

4° Que les formes idéographiques réputées étrangères expriment aussi les noms géographiques de l'Assyrie, pays dans lequel il n'a jamais existé de Sumériens.

5° Que tous les noms propres babyloniens, géographiques et autres que nous ont transmis les anciens auteurs portent invariablement une physionomie sémitique.

Ensuite nos recherches nous ayant conduit aux considérations historiques, nous avons pu démontrer les points suivants :

1° Que l'histoire babylonienne, si riche en récits d'invasions et de guerres dynastiques, ne montre aucune trace de dissensions ou de luttes entre Sumériens et Sémites et ne connaît qu'une race unique divisée en plusieurs états.

2° Qu'en fait il n'existe aucun moyen par lequel on puisse affirmer que tel roi est de race sumérienne et que tel autre est de nationalité assyro-sémitique.

3° Que les souscriptions des tablettes cunéiformes ne parlent jamais de traductions faites du sumérien en sémitique ou du sémitique en sumérien.

4° Que les textes sémitiques qui expliquent souvent des noms étrangers ne rapportent jamais l'explication de mots sumériens.

Enfin ayant abordé l'étude des textes sumériens eux-mêmes, j'ai obtenu les résultats suivants relatifs, les uns à l'écriture et à l'agencement des signes, les autres à la nature de la langue qu'ils sont destinés à exprimer.

Sur le premier point, voici les faits généraux que nous avons pu constater :

1° Que les textes sumériens, aussi bien en Babylonie qu'en Assyrie, sont toujours écrits avec la même écriture que les textes sémitiques contemporains et que par conséquent il n'existe ni écriture ni seulement une variété d'écriture proprement sumérienne.

2° Que les uns et les autres de ces textes emploient les mêmes

---

[1] Comparez le nom hébreu de l'Égypte, מִצְרַיִם « deux régions ou villes » et les noms grecs *Tripolis, Décapolis*.

signes syllabiques sans en excepter un seul, ce qui prouve que le système phonique est identique dans tous ces textes.

3° Que le syllabaire commun à ces deux sortes de textes possède des signes qui représentent des consonnes purement sémitiques, telles que *aleph, 'hêt, t'êt, çade, qôph*. circonstance qui fait voir que les inventeurs de l'écriture cunéiforme étaient des Sémites.

4° Qu'au contraire ledit syllabaire n'a pas de signes propres pour exprimer les consonnes *y* et *w*, fait qui coïncide avec la phonétique particulière à la langue assyrienne et prouve que ce syllabaire est dû au génie assyrien.

5° Que la représentation vague des consonnes sourdes et des consonnes sonores par un seul signe correspond à la confusion continuelle de ces deux ordres de consonnes dans la prononciation de l'assyrien, surtout dans la prononciation babylonienne.

6° Que les scribes sémitiques n'auraient pu connaître ni les hiéroglyphes primitifs ni la lecture exacte des phonèmes sumériens s'ils n'étaient pas en même temps les inventeurs du syllabaire et les auteurs des textes sumériens.

Quant au second point, relatif au prétendu sumérien ou accadien, je suis parvenu à vérifier :

1° Que la plupart de ces phonèmes représentent des mots ou des syllabes initiales de mots assyriens.

2° Que les grandes lignes de la grammaire et de la syntaxe du Sumérien calquent la grammaire et la syntaxe assyriennes.

3° Que l'ordonnance des signes accuse clairement une prédilection marquée pour le rébus et les autres jeux de mots.

4° Que la forme étrange des mots sumériens repose souvent sur le jeu de signes homophones.

Voilà un ensemble de preuves que j'ose qualifier d'imposant qui établit avec évidence le caractère à la fois factice et assyrien de ce que les assyriologues nomment langue sumérienne ou accadienne. Ces savants avaient fait d'abord d'incroyables efforts pour rétrécir le vide qui se faisait graduellement autour de leurs protégés de Sumer et d'Accad, mais leurs tentatives dans cette voie leur ont si peu réussi qu'elles sont déjà entièrement abandonnées par leurs propres auteurs. C'est maintenant une chose entendue : les célèbres Sumériens ou Accadiens n'ont aucune affinité avec les peuples environnants et n'ont pas rayonné au dehors ; toute leur vie, toute leur activité de race civilisatrice s'est incarnée dans un seul ordre de monuments, savoir dans un certain nombre de textes épigraphiques. Il y a plus, dans l'immense majorité des cas

ces textes épigraphiques nous sont parvenus non, par des œuvres
originales, mais par des copies faites par des scribes sémitiques[1]. A
la majorité appartiennent : tous les textes bilingues et unilingues
trouvés en Assyrie, puis tous les textes rédigés en Babylonie après
le xvie siècle avant l'ère vulgaire, époque à laquelle la sémiti-
sation des Sumériens aurait été un fait accompli[2]. Les seuls
textes qui viendraient directement des Sumériens seraient donc
les quelques unilingues antérieures à cette date et une bilingue
émanée de Hammurabi. Les assyriologues se gardent bien de
nous dire la raison qui aurait pu déterminer les Sémites à perpétuer après sa mort la langue de leurs ennemis, surtout ce qui
aurait pu déterminer les Sémites d'Assyrie à adopter l'idiome
d'un peuple disparu avec lequel ils n'ont jamais été en contact. Ils
veulent que nous les croyions sur parole, soit ; mais qu'ils nous
permettent du moins de leur demander comment ils peuvent affirmer que les inscriptions découvertes par M. de Sarzec et qui ont le
prétendu roi Gudea pour auteur sont antérieures à l'arrivée des
Sémites[3]. Or, rien n'est plus contraire à la réalité, car l'antiquité
des Sémites sur le sol de la Babylonie est depuis longtemps
démontrée par l'inscription assyrienne de Dun-gi, fils d'Ur-
babi, le plus ancien roi babylonien dont nous ayons des inscriptions. A cette preuve irréfragable que les assyriologues ne
peuvent récuser qu'en se condamnant à un aveuglement absolu,
se joignent deux autres preuves tout aussi péremptoires qui
remontent à une génération plus haut. Premièrement le nom de
nombre sémitique *arba* « quatre » qui est indiqué dans les textes
d'Ur-babi par le complément *ba* suivant le chiffre $==$ dans la
phrase « roi des quatre régions (*lu-gal ub-da $==ba$*)[4]. Deuxièmement le nom propre *Has-hamer*, porté par un fonctionnaire
de ce roi, nom purement assyrien signifiant « respectant l'ami »[5].

---

[1] On a vu plus haut (p. 342, note 1) que M. Haupt reconnaît même que les textes
sumériens qui emploient la désinence adverbiale *es* sont rédigés par des scribes sémitiques. Cela seul réduit déjà considérablement le nombre de textes originaux que
nous aurait laissés le peuple prétendu allophyle. Pour les autres textes, voyez notre
observation à l'endroit cité.

[2] Voyez la note suivante.

[3] M. Jules Oppert dans les *Comptes-rendus de l'Académie des Inscriptions et Belles-
Lettres de 1882*, p. 100. Les violentes personnalités auxquelles *le père du sumérien*
donne libre cours à la page 102 ainsi que dans les *Verhandlungen des fünften interna-
tionalen Orientalisten-Congress (Zweiter Theil*, p. 239, 240) et ailleurs n'ont pas besoin
d'être qualifiées. Elles prouvent à ma grande satisfaction que le sumérisme, blessé au
cœur, désespère de vaincre l'opposition par les moyens ordinaires de la discussion
scientifique.

[4] Voyez plus haut, p. 361, note 2 et plus loin les observations relatives aux noms
de nombre pseudo-sumériens.

[5] Voir p. 356, note 1 et p. 360, note 3.

Ainsi donc, déjà au temps d'Ur-babi et bien avant Gudea, les Sémites habitaient la Babylonie et employaient l'écriture cunéiforme pour écrire leur langue, cela est absolument certain, mais qu'est-ce qui prouve qu'un peuple allophyle ait aussi gravé des inscriptions à cette époque en Babylonie? Est-ce les inscriptions qui semblent rédigées dans un idiome différent? Mais pour que ces inscriptions fussent l'œuvre de scribes non sémitiques, il faudrait qu'elles se distinguassent des inscriptions sémitiques par une variété d'écriture propre comme se distinguent par exemple et à première vue les inscriptions latines des inscriptions grecques ou phéniciennes. L'unité de l'écriture en Babylonie, parfaitement parallèle à l'unité graphique des monuments assyriens, prouve jusqu'à l'évidence que dans l'un et dans l'autre de ces pays ce sont toujours les scribes sémitiques qui ont gravé les inscriptions soi-disant sumériennes ou accadiennes, et cela déjà depuis le temps d'Ur-babi, c'est-à-dire de 2,000 à 2,500 avant J.-C.[1]. Quant au peuple de Sumer et d'Accad, on ne saurait sauver son existence qu'en le plaçant, soit en dehors de la Babylonie et en admettant que les Sémites rédigeaient en sumérien comme les Finnois par exemple écrivent en latin, soit en le faisant remonter à une époque infiniment plus reculée et en admettant que déjà au temps d'Ur-babi, les Sumériens étaient complètement absorbés dans l'élément sémitique. La première alternative méconnait le caractère de l'antiquité et est au surplus démentie par ce fait que les textes réputés sumériens ou accadiens ne se trouvent qu'en Mésopotamie. La seconde alternative augmente les difficultés au lieu de les diminuer, car l'adoption par les Sémites d'une civilisation étrangère à des âges aussi reculés, est encore plus invraisemblable que ne serait un tel événement s'il avait lieu aux temps historiques. C'est d'ailleurs une supposition toute gratuite et un subterfuge tellement désespéré qu'il est inutile de le combattre. La seule solution raisonnable qui s'impose dans ces circonstances, c'est celle de voir dans les textes *sui generis* rédigés par des Sémites assyriens, l'expression de la langue sémitique assyrienne figurée au moyen d'un système différent du système phonétique vulgaire, et nous arrivons ainsi à l'hypothèse de l'allographie hiératique qui rend compte de tout et concorde avec tous les faits établis.

On m'objectera de prime abord qu'un système d'écriture qui

---

[1] Cette date doit être reculée de 2000 ans pour le moins. Une tablette de Nabounaïd trouvée récemment par M. Theo. Pinches établit que Sargon Ier a régné vers 3800 avant l'ère vulgaire. Ce roi dont le sémitisme n'a jamais fait l'ombre d'un doute est très probablement antérieur à *Gu-de-a*, l'auteur des monuments découverts par M. de Sarzec.

remplace les termes vrais d'une langue par des formes artificielles est bien étrange. A cela je répondrai que les assyriologues eux-mêmes sont obligés d'admettre le fait du déguisement linguistique en ce qui concerne les innombrables noms propres assyriens, lesquels sont pour la plupart du temps écrits avec des signes dont la lecture produit des phonèmes bien différents des noms vrais. Plusieurs de ces noms sont même toujours écrits artificiellement, en sorte que leur vraie prononciation reste douteuse. Ainsi par exemple le nom de Naboukouchurouçour est souvent figuré *an-pa-sa-du-sis* ou *an-ag-sa-du-sis*, celui de Nabouna'id *an-pa-im-touk* ou *an-ag-im-touk*, etc. Aucun homme sensé n'admettra que ces rois aient porté en réalité ces noms baroques à côté de leurs noms assyriens. D'autre part, les noms d'Assurbanipal et de Sargon entre autres apparaissent partout, l'un sous les formes déguisées *an-hi-kak-a* ou *an-a-usar-kak-a* ; le second sous celle de *lu-gal-gi-na*, groupe que les assyriologues lisent tantôt *sar-yukin*, tantôt *sar-kayan*, tantôt *sarru-kinu*. L'incertitude de la lecture vient de la nature indécise des idéogrammes qui le composent d'une manière factice. Eh bien, les noms propres ainsi déguisés empruntent leurs éléments à toutes les parties du discours et toutes les formes grammaticales s'y présentent à l'occasion diversement combinées sous le déguisement hiératique. En voici quelques exemples :

An-*Nin-ib-sal-zi-ne-es-ki-ram-mal-mal* = Nin-ib sa kunna irammû « Nin-ib est celui qui demeure en sécurité [1] ».

An-en-lil-en-lil-ki-ki-bi-gi = Bel Nipur ana asrisu têr « Bel restaure Nipour ».

An-nin-ib-sak-li-tar-za-e-me-en = Ninib pakidat « Ninib tu es le protecteur (suprême) ».

An-nin-sah-ka-nu-pal-pal = Bab-sukal sa ikbu ul ini « Bab-sukal est celui dont la parole ne change pas ».

An-lib-zu-ab-ti-la-ne-en-ka = Mardouk-balatsù-ikbi « Mardouk a proclamé sa vie ».

On le voit, le fait indéniable du caractère artificiel des noms propres atteste en même temps le travestissement de tous les éléments de la langue, noms, pronoms, verbes et particules, ainsi que la construction de phrases entières au moyen de signes conventionnels. Les textes hiératiques se composent précisément de ces

[1] On voit d'ici que l'idéogramme *ram* représente en même temps les verbes différents mais homophones *râmu* (r. רחם) « aimer » et *ramû* (r. רמא) « demeurer, habiter ».

sortes de signes, c'est-à-dire qu'ils sont rédigés dans le système allographique.

Afin d'ôter la dernière ombre de doute au sujet de ces singuliers noms propres, je remarquerai que les scribes babyloniens en ont dressé un grand nombre de listes dans lesquelles les formes hiératiques sont expliquées par leurs équivalents réels et populaires. Une de ces listes publiée naguère par M. Theo. Pinches contenait tous les noms des rois qui ont régné en Babylonie depuis les époques fabuleuses jusqu'au temps de l'auteur et partout les deux formes orthographiques sont juxtaposées, en sorte que pas un seul nom ne se trouve astreint à une forme unique. Si un peuple étranger avait jamais existé en Babylonie, les anciens noms propres de ce peuple auraient porté exclusivement la forme non sémitique, et la forme double aurait été particulière aux noms postérieurs à l'arrivée des Sémites. Le caractère dualistique quant à la forme, mais unique quant au fond qui est inhérent non seulement aux noms propres de la Babylonie mais aussi à ceux de l'Assyrie, pays où il ne peut être question d'une race allophyle, prouve d'une façon éclatante que la différence de la forme n'est qu'apparente et qu'elle se réduit à un simple fait de rédaction et d'orthographe. On comprendra maintenant combien est légère la conclusion que certains assyriologues prétendent tirer de ce fait que le nom d'Hammurabi par exemple est écrit de la même façon dans les deux colonnes d'une inscription bilingue. Ceci aurait un poids considérable si Hammurabi était un nom réel; malheureusement pour la thèse des assyriologues dans une des listes dont je viens de parler, les scribes babyloniens nous disent formellement que le vrai nom de ce monarque était *Kimta-rapastum* en bon assyrien « famille nombreuse » et que par conséquent la forme *Hammurabi* est aussi factice que l'est par exemple celle de *An-pa-sa-du-sis* pour Naboukoudourouçour. De même, le nom du roi des monuments découverts par M. de Sarzec ne doit sa forme hiératique de *Gu-de-a* qu'à la combinaison artificielle d'idéogrammes exprimant le sens de son nom vrai *Nabou*. J'en ai trouvé tout récemment la preuve dans une importante variante qui m'a donné le mot de l'énigme.

On sait que les signes *Ka-DE(a)* dont se compose le nom de ce roi, figurent les verbes assyriens *sasû, nagagu, nabû, ragamu, hababu*, etc., qui expriment l'idée de « parler, crier, annoncer, proclamer, etc. », mais comment choisir entre tant de synonymes pour établir le nom vrai? Une petite inscription placée au-dessus d'une plus grande sur la statue de ce prince enlève tout doute à cet égard. Elle est ainsi conçue :

```
an-nin zi-da    = (ana) belit (bit) kitti
an-ka-DE-a        Nabû
pa-te-si          issak
sir-bul-la        sir-bul-la
LV E an-na        sa bit-Same
in-kak-a          ibnu
```

A la dame de Bit-kitti (Maison de la Vérité), Nabou, gouverneur de...? est celui qui a construit (le temple nommé) Bit-samé (Maison du Ciel).

Ici, le groupe *Ka-DE-a* est précédé du déterminatif des divinités, *an*, et nous apprenons ainsi que le nom du roi était proprement celui d'un dieu. Celui-ci ne peut être que *Nabu* attendu qu'aucun des autres synonymes exprimés par ce groupe ne forment jamais de nom divin. M. Oppert a senti tout le poids de cette preuve et pour l'écarter il n'a trouvé rien de mieux qu'à isoler *an* « dieu » du groupe en question et à traduire : « Le seigneur de... est le dieu de Gudéa, etc., qui a construit, etc. » Dans ce cas l'inscription n'aurait d'autre but que celui d'annoncer que tel dieu est le dieu du roi et la construction du temple ne serait mentionnée qu'en passant. Personne ne s'aviserait, je crois, de trouver dans une inscription grecque ou latine une proposition telle que « Jupiter est le dieu d'Alexandre ou d'Auguste » ; si on le faisait, les épigraphistes auraient bientôt rappelé à l'ordre l'imprudent ; en assyriologie on soutient de pareilles absurdités sans sourciller et avec la certitude que les autres assyriologues dans l'intérêt de la défense commune se garderont bien d'y contredire. Du reste, on n'a qu'à examiner les inscriptions archaïques du premier volume du recueil anglais pour se convaincre que la formule réglementaire observe l'ordre suivant : 1° nom de la divinité à laquelle le temple est dédié ; 2° nom du constructeur suivi de ses titres ; 3° nom du temple ; 4° verbe « construire. » Cette ordonnance est aussi celle de notre petit texte.

L'étude des noms propres a encore cet avantage de réduire à néant l'objection principale des assyriologues qui prétendent que la syntaxe du pseudo-sumérien ou accadien diffère entièrement de la syntaxe assyrienne. Le lecteur impartial qui veut bien jeter un coup d'œil sur les noms cités plus haut se convaincra bientôt que, en ce qui concerne les traits principaux et constitutifs, la syntaxe concorde dans les deux formes et que les divergences ne portent que sur des points secondaires et fort peu nombreux. Ces divergences, d'ailleurs très légères, ont surtout pour but de faciliter l'intelligence de la phrase et de lui donner une concision presque algébrique. L'analyse détaillée des noms en question nous fournit la meilleure preuve à cet égard :

1. forme assyrienne : Nabou + koudour + ouçour, sujet, régime, verbe.
   forme sumérienne : an-ag + sa-du + sis, sujet, régime, verbe.

2. forme assyrienne : Nin-ib + sa + kunna + irammû, sujet + pronom relatif + adverbe + verbe.
   forme sumérienne : Nin-ib + sal-zi-ne-es[1] + ki-ram-mal-mal, sujet (pronom relatif supprimé) + adverbe + verbe.

3. forme assyrienne : Bel + Nipur + ana + asrisu + tér, sujet, régime + préposition + complém. avec suffixe + verbe.
   forme sumérienne : An-en-lil + en-lil-ki + ki-bi + gi, sujet, + régime (prépos. suppr.) + compl. avec suff. + verbe.

4. forme assyrienne : Nin-ib + pakid + at, sujet, participe, pronom verbal.
   forme sumérienne : Nin-ib + sak-li-tar + zae-me-en, sujet + participe + pronom verbal.

5. forme assyrienne : Bab-sukal + sa + ikbu + ul + ini, sujet + pronom relatif + verbe + négation + verbe.
   forme sumérienne : An-nin-sah + ka + na + pal, sujet (pr. rel. supprimé) + verbe + négation + verbe.

6. forme assyrienne : Mardouk + balatsu + ikbi, sujet + complément avec suffixe + verbe.
   forme sumérienne : An-zu-ab + ti-la-ne + en-ka, sujet + complément avec suffixe + verbe.

Dans tous ces exemples qui peuvent être considérés comme les types des noms propres assyro-babyloniens, la construction est identique dans les deux formes. La seule différence qui s'y révèle consiste dans ce fait que la rédaction hiératique supprime souvent les mots de liaison comme le pronom relatif « qui » ou les prépositions, mots que, grâce à la facilité d'être suppléés, sont aussi quelquefois omis dans la langue parlée. La concision va parfois même à supprimer la préposition marquant le régime indirect, comme par exemple dans les formules initiales des inscriptions archaïques,

---

[1] La forme *sal-ti-ne-es* est des plus intéressantes. Elle se compose du déterminatif du genre féminin *sal*, du radical *ti-ne* = *gine* (r. כון) « fermeté » et de la désinence adverbiale *es* = *us, is*. Le déterminatif féminin indique que dans cet endroit le signe *zi* équivaut à *kittu* (pour *kintu*), forme féminine de *kinu* (Guyard).

où la divinité à laquelle le monument est dédié n'est accompagnée d'aucune marque de relation. On lit ainsi par exemple : *an-nin-zi-da* « à la dame de Bit-kitti » et *an-ri nin kur-kur-ra* « à la déesse, dame des pays ». En style démotique l'emploi de la préposition *ana* « à, vers » serait de rigueur. Il en est de même dans la rédaction hiératique toutes les fois qu'on veut donner une plus grande clarté à la phrase ; seulement un petit nombre des signes qui représentent les prépositions démotiques sont placés après les idéogrammes qu'ils déterminent et ont par conséquent l'air de postpositions. J'ai expliqué plus haut cette apparente irrégularité. Pour tout le reste je crois avoir suffisamment démontré que dans les textes entiers non plus la syntaxe du pseudo-sumérien ne diffère de la syntaxe assyrienne que sur des points de second ordre et peu nombreux.

Chose curieuse, les assyriologues qui soutiennent la réalité de la langue sumérienne sur l'autorité de quelques déviations syntactiques rares et toujours explicables, ont entièrement perdu de vue les innombrables coïncidences qui rattachent la grammaire de cet idiome problématique à celle de l'assyrien sémitique. Au lieu de comparer tout d'abord cette grammaire assyrienne qu'en fin de compte ils connaissaient assez pour pouvoir en parler avec compétence, ils ont étudié le sumérien d'une manière indépendante comme si l'assyrien n'existait pas. J'ai eu beau leur signaler de nombreuses analogies entre l'idiome sémitique et le soi-disant idiome allophyle, les assyriologues, à l'exception de M. Stanislas Guyard qui s'est rendu à l'évidence, ont fait la sourde oreille. Sous prétexte que quelques-unes de ces analogies s'observent aussi dans d'autres familles linguistiques, la plupart d'entre eux s'obstinent encore à faire abstraction des similitudes et à n'insister que sur les différences. Heureusement, les études cunéiformes sont assez avancées pour que l'on puisse faire la part précise des analogies et des différences comparatives en ce qui concerne la grammaire. Je ne saurais mieux faire que de donner ci-après un résumé très succinct de ces divers points de comparaison.

NOM.

Assyrien. Mécanisme de l'état construit ; le déterminé précède le déterminant : *arad sarri* « serviteur du roi ». — État construit paraphrastique : *ardu sa sarri* et *sa sarri ardusu*.

Sumérien. Mécanisme de l'état construit ; le déterminé précède le déterminant : *luh lugal*. — État construit paraphrastique : *luh lugal kit* et *lugal luh* avec l'omission du relatif.

ADJECTIF.

Assyrien. L'adjectif suit d'ordinaire le nom qu'il détermine, cependant l'ordre inverse est aussi possible : *sarru tâbu* « roi bon », plus rarement *tâbu sarru*.

Sumérien. Même ordonnance : *lugal hi*, plus rarement *hi lugal*.

PRONOM.

1. Suffixes possessifs ; assyrien *abûa* « mon père », *abuka* « ton père », etc., sumérien *adda-mu, adda-zu*, etc.
2. Les suffixes pluriels assyriens: *kunu* « votre » et *sunu* « leur » sont formés des singuliers *ka* « tien » et *su* « son » ; même phénomène en sumérien : *zunene* « votre » et *nene* « leur » viennent respectivement des singuliers *zu* « toi » et *ne* « lui ».
3. Le pronom relatif *sa* « celui qui », est aussi l'indice du génitif : *sa igabbi* « celui qui dit » ; *sa biti* « de la maison ». Ce double sens réside également dans le sumérien *kit* : *mun-ka-ga kit* « celui qui dit », *e kit* « de la maison ».
4. Le pronom interrogatif *ânu* « où » passe en assyrien au sens de la négation « il n'y a pas », comp. l'hébreu אין. Le sumérien *mea* possède aussi le double sens de « où » et de « il n'y a pas ».

VERBE.

Le verbe sumérien s'accorde avec le verbe assyrien dans les traits les plus caractéristiques. Comme lui il possède :

1° Deux aoristes formés par des préfixes personnels ; le premier est employé dans un sens passé ; le second, qui ajoute une voyelle de plus à la racine, s'emploie pour le présent et le futur : premier aor. as. *isqul,* sum. *in-lal* « il a pesé » ; deuxième aor. as. *isaqal*, sum. *in-lal-e* « il pèse, pèsera ». Quand le verbe régit un pronom personnel, on dit en assyrien *isqul-su* « il pèse lui ou le », en sumérien, *in-nan-lal* « il lui ou le pèse ». Cette déviation n'est qu'apparente, c'est au contraire la construction régulière assyrienne, savoir : sujet, régime, verbe. Dans cette langue on pourrait dire aussi bien analytiquement *su suata isqul.*

2° L'assyrien possède une forme spéciale qui consiste à ajouter au nom ou au participe les suffixes personnels ; le sumérien de même : as. *beliku*, sum. *en mu* « je suis seigneur », *sablaku*, sum. *dibba-mu* « j'ai pris, je prends ».

3° En sumérien comme en assyrien le précatif consiste en une préformante qui se soude au préfixe verbal : as. *l'isqul*, ac. *hi-in-lal* « qu'il pèse ».

Ajoutons que les préfixes accadiens qui atteignent le chiffre de trente et deux ne distinguent point les personnes. Ainsi *in-lal, ni-lal, mu-un-lal*, etc., signifient indifféremment : « j'ai pesé, tu as pesé, il a pesé, etc. » ; *in-na-an-lal, mi-ni-in-lal, mu-un-na-an-lal*, etc., signifient à la fois : « je t'ai pesé, je l'ai pesé, tu m'as pesé, tu l'as pesé, il m'a pesé, il t'a pesé, il l'a pesé, etc. » ; ce sont des équivoques impossibles dans une langue réelle.

PRÉPOSITIONS.

L'accadien possède six prépositions et trois postpositions. Les premières signifient la même chose qu'en assyrien ; ainsi

as. *muh* « sur »,	au propre,	« hauteur », ac. *muh* « hauteur ».
as. *itti* « avec »,	—	« endroit », ac. *ki* « endroit ».
as. *arki* « après »,	—	« derrière », ac. *égir* « derrière ».
as. *zikri* « concernant »,	—	« nom, mémoire », ac. *mu* « nom, mémoire ».
as. *lib* « au milieu »,	—	« cœur », ac. *lib* (=*sa*) « cœur ».
as. *dih* « près »,	—	« proximité », ac. *te, dih* « proximité ».
as. *adi* « jusque »,	—	? , ac. « *en, enna* » ?

Les trois postpositions sont : 1° *su, se, es* et leurs équivalents *na, ne ; bi ; ra, ru, ir* qui rendent l'assyrien *ana* « à, vers » ; 2° *ta* qui rend le double sens de l'assyrien « *ina* » « dans » et « de » ; 3° *dim* ou *dam* qui répond à l'assyrien *kima* « comme ». Le déplacement de ces particules par rapport à l'assyrien a été déterminé par le besoin de les distinguer des noms, ainsi, par exemple, *anna-ku* « au ciel », *ku-anna* « demeure du ciel », *anna-dam* « comme le ciel », *dam anna* « maître du ciel »[1].

ADVERBE.

L'assyrien forme les adverbes en ajoutant au nom la désinence de la troisième personne du singulier *is*(*u*) ainsi *tâbu* « bon », *tâbis* « bonnement », au propre « bon lui » ; l'accadien se sert

---

[1] Voyez l'énumération des particules à la page 362.

également de la désinence *es* ou lui substitue *bi* qui est aussi le pronom de la troisième personne du singulier : *higa* « bon » *higes* ou *higabi* « bonnement »[1].

Ces faits n'ont pas besoin de commentaire : les similitudes sont fondamentales et en quantité écrasantes, les divergences sont minimes et parfaitement justifiées. Après cela, n'est-on pas en droit de s'étonner qu'en laissant de côté tant de faits importants on persiste toujours à invoquer les quelques postpositions de l'accadien pour affirmer que c'est une langue non sémitique ? S'appuyer sur une exception et fermer les yeux sur le reste ne me semble pas une méthode vraiment scientifique ; la vérité ne peut résulter que de l'examen de l'ensemble. Le vice fondamental d'un pareil argument consiste d'ailleurs en ce fait qu'il ne tient pas compte de l'essence même de l'hiéroglyphisme. Un système hiéroglyphique, loin de calquer purement et simplement l'ordre et la disposition des mots de la langue réelle, est obligé de satisfaire à certaines exigences matérielles ou conventionnelles qui lui donnent une physionomie à part. Prenons par exemple les chiffres arabes et romains, qui constituent bel et bien deux systèmes hiéroglyphiques différents pour exprimer les noms de nombre. Eh bien, dans aucun d'eux l'ordre des mots ne manque d'être souvent interverti : ainsi nous prononçons treize, quatorze, quinze, seize, soixante-dix, soixante et onze, mille, ce que nous figurons en chiffres arabes *dix-trois* (13), *dix-quatre* (14), *dix-cinq* (15), *dix-six* (16), *sept-dix-un* (71), *dix-cents* (1000). La cause de ces interversions réside dans la nécessité du système. De même, c'est partie par nécessité, partie par convention que les chiffres romains représentent le nombre quatre par v précédé de l'unité, iv ; le nombre quarante par L précédé de x, xL, et au contraire le nombre six par v suivi de l'unité, vi, et le nombre soixante par L suivi de x, Lx. Est-ce à dire que les Romains prononçaient « un-cinq » pour « quatre », « dix-cinquante » pour « quarante » et dans l'autre cas « cinq-un » pour « six » et « quarante-dix » pour « cinquante » ? ou bien en conclura-t-on que ces chiffres n'ont pas été inventés par les Romains, mais par un peuple exotique dans la langue duquel les noms de nombre coïncidaient avec cette disposition ? Personne ne songe à soutenir une pareille absurdité, et tout le monde est d'accord pour y voir le résultat de règles de position conventionnelles nécessitées par le système. C'est la même nécessité qui produit dans le système hiératique assyrien certaines interversions de signes contrairement à

---

[1] Voyez nos observations à la page 345, note 1.

l'ordre des mots dans la langue réelle. Ce fait est tout naturel et le contraire aurait plutôt pu étonner. Les inversions dont il s'agit sont du reste particulières au style archaïque et religieux, tandis que les textes astrologiques et auguraux, écrits quasi populaires et rédigés en style mixte, suivent rigoureusement l'ordre des mots de la phrase démotique et ne se permettent aucune déviation [1]. La même règle s'observe d'ordinaire dans les groupes hiératiques insérés dans les textes écrits phonétiquement. Ceci prouve de nouveau qu'il ne peut pas être question d'une langue mais d'un système de rédaction plus ou moins adapté à l'idiome vivant.

Après la syntaxe et la grammaire, nous ne dirons que quelques mots sur le vocabulaire, car sur ce point la lumière est déjà faite dans une partie considérable. Le mémoire que j'ai eu l'honneur de lire à l'Académie en 1875 a déjà signalé dans l'accadien des centaines de mots assyriens de toute sorte tantôt intacts tantôt plus ou moins déformés. On en trouve un grand nombre d'autres dans mon étude sur les *Documents philologiques* [2] et dans mes *Documents religieux*. Les assyriologues prétendent que ces vocables ont été empruntés par les Assyriens à leurs voisins non sémitiques, mais l'origine assyrienne en est prouvée d'une façon absolue :

1° Par leur forme plus complète : *adamatu*, ac. *adama*; *istaritu*, ac. *istar*; *lamassu*, ac. *lama*; *asurakku*, ac. *asura*; *parakku*, ac. *bara*.; *murubu*, ac. *muru*; *udu*, ac. *u*, etc.

2° Par leur caractère de première nécessité : *saqu* « tête », ac. *sak*; *inu* « œil », ac. *ine*; *içu* « bois », ac. *iz*; *idu* « main », ac. *id*; *qalu* « bras », ac. *qat, gad*; *libbu* « cœur », ac. *lib*; *kibil* « feu », ac. *gibil*; *issu* « feu », ac. *is*; *ablu* « fils », ac. *ibil*; *qaqqaru* « terre, sol », ac. *gagar*; *karru* « mur », ac. *kar*; *duppu* « tablette », ac. *dup*.

3° Par ce fait qu'ils donnent lieu à de nombreuses formes dérivées : *alalu, alilu, ullil, lelillu*, etc., de *ellu* « pur », ac. *el*; *saqutu, usaqqi* de *saqu* « tête, sommet », ac. *sak*; *kingu, kaniku, kungu, kunukku* de *kanakku* ou *kanaggu* « terre, sol », ac. *kengi*; *luluntu, lulmu* de *lulimmu* « bélier », ac. *lulim*.

4° Par leur caractère sémitique commun : *inu* (ac. *in*) « œil »,

---

[1] Voir W. A. I, III, p. 52 et suiv.
[2] Voyez plus haut p. 241-364.

sémitique עִיִן; *idu* (ac. *id*) « main », sém. יד; *gallu* (ac. *gal*) « grand », ar. *galil;* *hullu* (ac. *hul*) « mauvais », héb. חל « impur, profane » ; *ilu* (ac. *élim*) « dieu », sém. אֵל ; *matu* (ac. *mad*) « pays », aram. מְתָא « endroit, ville, village », etc.

5° Par la tournure assyrienne de l'idée fondamentale, même dans les mots dont le type démotique est encore inconnu : *kabattu* « colère », au propre « foie », ac. *mas* « foie » et « colère » ; *ramanu* « soi-même », au propre « hauteur », ac. *im* « hauteur » et « soi-même », etc.

6° Par le caractère accessoire de la voyelle motrice : *mah, muh* « grand, haut » ; *gal, gul* « grand » ; *dam, dum* « fils », *dan, din, dun* « force » ; *gig, gug* « douleur » ; *nim, num* « haut, élevé ».

D'un autre côté, il est également impossible de soutenir au contraire que c'étaient les Accadiens qui ont emprunté tous ces mots aux Assyriens, car dans ce cas la langue des premiers aurait été dépourvue de mots de première nécessité que possèdent les idiomes les plus barbares. De plus, une peuplade aussi sauvage aurait été incapable d'inventer l'écriture cunéiforme et de créer cette civilisation chaldéenne dont les découvertes récentes nous ont révélé tant de chefs-d'œuvre. Enfin, quand même on accepterait toutes ces invraisemblances, l'origine sémitique de l'écriture cunéiforme et des phonèmes qui lui servent de base, résulte, en dehors des preuves diverses fournies antérieurement, de cette considération incontestable que ç'aurait été une impossibilité matérielle pour les Assyriens sémitiques, s'ils n'étaient pas les inventeurs du système, de connaître l'exacte prononciation des mots accadiens, laquelle diffère très souvent de la façon dont les mots sont écrits. Ainsi, par exemple, les Assyriens n'auraient pu deviner que les mots écrits *tak*, *a-an*, *id-pa*, *mal-an*, *ka-mas* doivent se lire *za* ou *na*, *am*, *asak*, *agarin*, *za-bar*.

En même temps que le caractère sémitique, le lexique accadien montre les traits les plus évidents d'une composition factice :

1° Par la coupe artificielle de mots assyriens bien authentiques : *ab-zu* « océan », au propre « maison de science », as. *apsu* « océan, mer », r. *aps* « être vide » ; *dup-sar* « écrivain, scribe », au propre « tablette d'écriture », as. *tupsaru* « scribe », r. *psr* « expliquer »; *dam-gar* « laboureur », au propre « maître de champ », as. *tamkaru* ou *tamgaru* « laboureur », r. *mkr, mgr* « labourer, cultiver ».

2° Par la divergence extraordinaire des sens, inimaginable dans des mots réels : *mu* « nom, mâle, année, moi » ; *uh* « ver, abeille, pou, teigne » ; *im* « ciel, terre, rivage, pluie, argile, tempête, tablette » ; *gu* (*tik*) « dieu, pays, face, œil, oreille, statue, devant, pied, lumière, voir », etc.

3° Par la position inverse des signes par rapport à l'ordre de la lecture. Ainsi les mots écrits *bil-gi, gal-lu, zu-ap* se lisent *gi-bil, lu-gal* et *ap-zu*. Ces lectures sont fournies par des gloses.

4° Par l'habitude très fréquente d'écrire d'une manière et de prononcer d'une autre. Ainsi *a-ri-a* se prononce *e-ga* ; *kame* se prononce *e-me* ; *mal-an* se prononce *da-gal* ; *su-sa-tur-lal* se prononce *tu-kun-di*[1], etc., etc.

Les preuves qui précèdent me semblent plus que suffisantes pour démontrer que les apparences extérieures sur lesquelles se fondent les assyriologues pour établir dans les textes babyloniens un dualisme linguistique ne sont qu'un trompe-l'œil, qu'une illusion qui disparaît au moindre examen. Il demeure acquis que les textes soi-disant sumériens ou accadiens ne diffèrent des autres textes assyriens sémitiques que par un procédé particulier de rédaction dans lequel l'hiéroglyphisme se combine largement avec le rébus et les jeux de mots si recherchés par l'esprit populaire. Dans un mémoire que j'ai eu l'honneur de lire à l'Académie en 1878 sur les syllabaires assyriens, j'ai signalé des faits analogues chez d'autres peuples, surtout chez les gnostiques syriens. J'ai aussi rappelé la composition factice des noms *Sesak* et *Lebqamaï* pour Babel et *Kasdim* (Chaldée) dans le livre de Jérémie (LI, 41, 1) et j'ai remarqué à ce propos que les docteurs talmudiques faisaient également usage d'un langage artificiel qu'ils appelaient *lesôn hokmâ* « langue de sagesse [2] ». Ce dernier point est beaucoup plus important que je ne le croyais alors, car après un examen réitéré des exemples rapportés dans le Talmud, j'y ai trouvé le même système que celui qui sert de base à l'hiératique assyrien et, de plus, ce témoignage, précieux entre tous, que les désinences et les particules grammaticales étaient déguisées par le même procédé que les autres mots de la langue. Ceci confirme tout d'un coup les principes à l'aide desquels je suis parvenu à tenter l'ex-

---

[1] Les faits qui caractérisent le système soi-disant accadien ou sumérien ont été exposés tout au long dans le n° XVI de ce volume. Pour d'autres observations de ce genre voyez *Origine de la civilisation babylonienne*, p. 85-117.

[2] Voyez plus haut p. 248-249.

plication des particules accadiennes et me montre que je suis dans la voie qui conduit à la solution finale du problème. Mais avant de revenir sur les passages talmudiques en question, je demande la permission de produire un nouvel exemple d'un jeu de mots très intéressant que j'ai découvert naguère dans II Rois, XVIII, 30, exemple qui est d'autant plus instructif qu'il s'agit d'une déesse babylonienne et que, de plus, ce n'est pas une simple allographie comme les deux précédents, mais un calembour compliqué construit exprès pour déguiser le nom vrai. Le passage auquel je fais allusion rapporte que les peuples transportés en Samarie y établirent le culte de leurs divinités nationales; la divinité dont la statue fut l'objet de l'adoration des Babyloniens est appelée סֻכּוֹת בְּנוֹת *Succot-Benôt*, composé qui signifie « cabanes des filles ». Cette désignation ironique déguise sans aucun doute le nom de la déesse tutélaire de Babylone, *Çarpanit* « l'argentée, la pure »[1] (r. צרף), épouse de Marduk. L'auteur décompose ce nom en *çariph* « cabane »[2] dont le synonyme est *succôt* et en *banit* qu'il remplace par l'hébreu *bânot* « filles ». Notons que les trois exemples bibliques de déguisement de vocables se rapportent tous à la Babylonie et donnent à penser que leurs auteurs n'ont fait que suivre le procédé des scribes babyloniens à cet égard.

Revenons maintenant au parler factice des docteurs talmudiques. La « langue de sagesse » n'était souvent qu'un simple argot de collégiens, consistant dans l'emploi de périphrases et d'images parfois piquantes. Un docteur voulant commander qu'on lui prépare le plus tôt possible deux coqs rôtis, s'exprime ainsi : arrangez (= allumez) le charbon, plaquez les dorés (= étendez bien les braises) et faites-moi deux annonciateurs dans les ténèbres (deux coqs)[3]. Mais d'autres fois, pour mieux cacher son intention ou plutôt pour faire de l'esprit, on faisait largement usage du calembour et tout spécialement du calembour par synonymes qui forme une espèce de devinette dont l'explication exige un effort de réflexion. Ce procédé est représenté par les deux exemples suivants : Un docteur voulant demander des nouvelles à son maître d'hôtel, dit : *homme-bouche-ce-cru* (*Gebar-pum-den-hai*) quoi

---

[1] J'ai à peine besoin de dire que l'orthographe *zir-banit* « créatrice de semence ou postérité » n'est qu'un rébus sans valeur philologique.

[2] Le mot צָרִיף revient très souvent dans la littérature talmudique et c'est seulement par hasard qu'il ne se rencontre pas dans la Bible.

[3] Talmud de Babylone, *Erubin*, fol. 53 *b* אתריגו לפחמין ארקיעו לזהבין ועשו לי שני מגירי בעלטה.

de bon ? Le mot de l'énigme est ceci : l'expression *uspizenâ* « notre maître d'hôtel » est décomposée en monosyllabes *us-pi-ze-na*, puis chacune de ces syllabes est rapprochée d'un mot analogue de la langue hébraïque, ce qui donne אִישׁ-פֶּה-זֶה-נָא *is-pe-zé-nâ*, ensemble de mots qui signifient « homme-bouche-ce-cru [1] ». Une autre fois le même docteur ayant voulu commander de l'oseille à la moutarde, déguisa sa pensée dans cette phrase : faites-moi « un bœuf de jugement avec la montagne du pauvre » (*sôr-mispat betûr miskên*); c'est que le mot pour l'oseille, תרדין *tardin*, se décompose en deux syllabes, *tar* (= *tôr*) et *din*, qui signifient respectivement « bœuf » (*sôr*) et « jugement » (*mispât*); de même, le mot *'hardal* « moutarde », décomposé en deux syllabes se rapproche de l'hébreu הַר דַּל *har dal* « montagne du pauvre » (*tûr miskên*) [2]. On remarquera que ces jeux de mots se contentent de l'analogie superficielle et ne visent pas à une identité absolue ni dans les voyelles ni dans les consonnes. Ainsi *tar* est confondu avec *tôr*, et *har* avec *het* est rapproché de *har* avec *hé*.

Le procédé que les graves prophètes d'Israël et les docteurs rabbiniques leurs successeurs employaient de temps en temps pour railler leurs adversaires ou pour faire de l'esprit, l'allophonie, le rébus et le calembour, les scribes assyro-babyloniens l'avaient déjà employé de toute antiquité dans un but autrement utile, celui d'exprimer aussi bien pour les yeux que pour les oreilles les mots de leur idiome maternel. Ce système scriptuaire, hiératique par excellence, puisque le dieu Nabou est censé en être l'auteur, découle de la nature même de l'écriture cunéiforme. Une longue méditation sur la matière m'a conduit à penser que l'invention des cunéiformes procède vraisemblablement des marques sigillographiques usitées de tout temps en Babylonie. Instinctivement, les propriétaires des sceaux tendent à préférer les images qui sont en un rapport plus ou moins étroit avec leur nom. Voilà la naissance toute spontanée des idéogrammes, signes qui, en dehors de l'objet visible qu'ils dessinent, représentent encore une foule d'objets et de conceptions que celui-ci rappelle à l'esprit : de là le phénomène de la polysémie. Ces idéogrammes, une fois fixés par l'usage, ne tardèrent pas à exprimer pour l'oreille les noms des objets qu'ils désignaient, c'est-à-dire à devenir en même temps des signes phoniques indifférents, notamment des signes polyphones. Quant à la

---

[1] Talmud de Babylone, *Erubin*, fol. 53 *b* כד הוה שאיל באושפיזא אמר הכי גבר פום דין חי מה טובה יש. Le sens exact est donné par les *Tosaphot* au nom de *Rabbênou Tam*. אושפיזא est le latin *hospes*.

[2] *Ibidem* : עשו לי שור משפט בטור מסכן.

nature de ces phonèmes, ils coïncidèrent au début avec les mots complets; à la longue on s'est habitué à les employer aussi pour exprimer les premières syllabes ou seulement la première syllabe du nom : c'est l'abréviation acrologique. Grâce au caractère de la langue assyrienne, qui ne souffre point la réunion de deux consonnes sans voyelle intermédiaire, l'écriture cunéiforme a dû s'arrêter au syllabisme et n'a jamais pu arriver à dégager les consonnes des voyelles et à créer par suite l'alphabétisme pur, comme c'est le cas de l'écriture égyptienne. Il y a encore une autre différence entre ces deux systèmes graphiques, si analogues à d'autres points de vue, c'est que les syllabes cunéiformes, malgré leur caractère de phonèmes indifférents, conservent toujours leur puissance idéographique primitive, et ce fait explique d'une manière toute naturelle la persistance du système hiératique et équivoque à côté du système phonétique et transparent. Soit par routine, soit par superstition, soit enfin par vanité, le scribe assyrien, non seulement accueille les calembours anciens, mais il en fabrique des nouveaux à tout propos, à tel point qu'un mot se trouve exprimé hiératiquement de quatre ou cinq, parfois même de dix ou quinze manières différentes, pendant que, d'un autre côté, un seul phonème hiératique peut désigner jusqu'à vingt ou trente mots sans que rien n'indique le choix à faire. L'accroissement extraordinaire de ces formes factices nécessita à la fois la rédaction de tablettes lexicographiques et celle de textes digraphiques, dans lesquels les mots et les phrases hiératiques sont transcrits dans le système populaire. Mais ce correctif est malheureusement trop souvent insuffisant par suite de l'habitude d'écrire certains mots et spécialement certains noms propres dans le système sacerdotal, de sorte que nous en ignorons souvent la lecture. Je ne parle ici que de la difficulté du sens, quant à celle de la prononciation, on peut dire que, malgré le secours des compléments phonétiques et des nombreuses gloses, la lecture des termes hiératiques nous est en grande partie inconnue.

L'exposé qui précède suffit pour donner une idée de la marche naturelle, bien que de plus en plus compliquée, du système hiératique assyrien. Certes, la convention et l'esprit individuel des scribes y sont pour beaucoup, mais il faut néanmoins reconnaître que la persistance de l'hiéroglyphisme étant donnée, l'écriture cunéiforme ne pouvait se développer autrement. Issue du génie sacerdotal, cette écriture n'a pas cessé d'être cultivée avec amour par le sacerdoce qui, sous la forme badine du calembour, a souvent déposé ses idées religieuses et sociales. Rien n'est plus caractéristique pour l'esprit des Assyriens du cinquième ou du sixième millenaire avant l'ère vulgaire que des composés tels que « juge-puissant » pour « dieu », « lieu de pureté » pour « femme », « maison divine » pour « mère », « maison de la sagesse » pour « océan », etc., composés où les pertes de la linguistique sont largement dédommagées par les bénéfices que les études psychologiques et mythologiques sont appelées à en tirer le jour où le système hiératique assyrien sera compris dans toutes ses parties.

XIX

OBSERVATIONS SUR LES NOMS DE NOMBRE SUMÉRIENS

La lecture suméro-accadienne des chiffres cunéiformes a toujours constitué une des énigmes les plus curieuses de l'assyriologie. Pendant longtemps on était obligé de supposer la valeur d'un petit nombre de chiffres sur la base de quelques indices qui laissaient place au doute. En 1875, M. Fr. Lenormant publia pour la première fois un fragment de tablettes renfermant sous forme de gloses la nomenclature prétendue accadienne des nombres de 1 à 5 et ainsi conçu [1] :

$$
\begin{array}{l}
(id) \mid \\
(\mathit{kas}) \parallel \\
(is) \parallel\mid \\
(sa\text{-}an)\ {}^{\mid\mid\mid}_{\mid} \\
(bar)\ {}^{\mid\mid\mid}_{\mid\mid}
\end{array}
$$

Cette donnée formelle confirmait d'une façon éclatante la plupart des valeurs supposées par les assyriologues. Ceux-ci en usèrent naturellement comme d'un moyen infaillible pour imposer silence à la critique qui nie l'existence de la langue d'Accad. Ils en abusèrent même dans le but de justifier leur hypothèse relative à la parenté de l'accadien avec les idiomes touraniens ; je n'y insiste pas, étant donné qu'aujourd'hui l'altaïsme du pseudo-accadien n'a plus un seul défenseur en Europe [2]. Mais le fait de l'exis-

---

[1] *La langue primitive de la Chaldée et les idiomes touraniens*, p. 154.
[2] Voir O. Donner, *Ueber die Verwandschaft des sumerisch-akkadischen mit den ural-altaischen Sprachen* dans l'appendice au mémoire de M. P. Haupt intitulé *Die akka-*

tence dans les textes cunéiformes de noms de nombre irréductibles à des mots assyriens est devenu incontestable et m'a imposé par cela même la tâche de les expliquer à mon point de vue qui envisage l'accadien comme un système allographique. Les quelques tentatives que j'ai faites peu de temps après pour en chercher une solution[1] ne m'ont jamais satisfait et de la sorte le problème est resté presque aussi obscur qu'auparavant.

Trois ans après, à l'occasion de mon mémoire sur les textes philologiques assyriens, j'ai communiqué à l'Académie des Inscriptions et Belles-Lettres la copie due à M. Sayce d'un fragment de tablette renfermant quelques noms de nombre pseudo-accadiens. Cette tablette a paru depuis en entier dans le Ve volume de la collection de M. Rawlinson. La partie qui concerne les nombres se lit comme il suit :

[a]-di	—	adû « fois »
id	|	istin « un »
[ ]-ma	||	sina « deux »
kak (ou tur)-mu-us	|||	salâsti « trois »
[ ]-ta	|	| susi « 60, un sosse »

Ici, on le voit, la valeur de l'unité seule s'accorde avec celle de l'autre syllabaire, tandis que les noms des nombres 2 et 3 en diffèrent du tout au tout.

En dehors de ces deux textes d'une authenticité absolue, il est d'autres valeurs plus ou moins certaines qui résultent des gloses et des textes bilingues (lisez digraphiques). M. Theo. Pinches[2] a démontré naguère que l'unité se lisait en accadien *das, dis* et fort probablement encore *ge*. Une autre valeur généralement admise pour l'unité est *as*. Pour le chiffre 2, George Smith a depuis longtemps constaté qu'il est parfois remplacé par les deux signes *mi-na*. Outre cela on a supposé que 2 se disait aussi *tab* et *tah*. Comme valeur du chiffre 3 on a encore constaté le signe *pis*. Pour 4, la lecture *arba* est la plus anciennement connue. MM. Pinches et Haupt y ajoutent celle de *tab-tab* et *tah-tah*, formée par le redoublement de *tab* ou *tah* « deux ». La valeur du

---

dische Sprache, p. 39 suiv. Chose curieuse, ni M. Donner, ni M. Haupt n'ont cru nécessaire de dire à leurs lecteurs que j'ai démontré cette thèse, depuis huit ans, dans divers travaux et contre l'avis de tous les assyriologues d'alors. (Voir *La nouvelle évolution de l'accadisme*, part. I et II.

[1] *La prétendue langue d'Accad est-elle touranienne*, p. 23 suiv.
[2] Voir *Proceedings of the Society of biblical archæology*, 1882, p. 111 suiv.

chiffre 5 est d'après M. Pinches *a*, au propre *ia* ou *i*. D'après le même assyriologue la lecture de 6 est *âs*, contractée de $a + as = 5 + 1$. M. Lenormant affirme avoir trouvé que la lecture de 7 était *si-es-na*. Parmi les dizaines et les nombres supérieurs, M. Pinches constate que 20 s'exprime par *man* et *sa-na*, 30 par *sepu*, et 40 par *sanabi*. Les autres nombres connus sont : le sosse *sus*, 60 ; le *nêr* 600, le *sár*, 3600 et les nombres fractionnaires *sussana* « un tiers » ; *sanabi* « deux tiers » ; *kin-gu-si-li* et *pa-rab* « cinq sixièmes ». Enfin un petit fragment de syllabaire publié récemment par M. Pinches offre les nombres de dix à quinze de la manière suivante : *u* « dix » ; *nis* « 20 » ; *ês* « trente » ; *nin* « quarante » ; *ninnû* « cinquante ». On sait de plus que les chiffres 100 et 1000 sont figurés, le premier par le signe *me*, le second par le signe *si* ou *lim*. Pour faciliter la vue d'ensemble je crois utile de réunir tous ces nombres dans le tableau ci-après :

1, *id, dis (das), ge, as*.
2, *kas,* [ ]*-ma, tab, tah, mina, bi*.
3, *is (es), kak* (ou *tur*)*-mu-us, pis*.
4, *sân, sana, tab-tab, tah-tah, arba*.
5, *a, ia, i, bar*.
6, *âs*.
7, *si-es-na*.
10, *u, bur, bi*.
20, *man, nis, sana*.
30, *sepu, ês*.
40, *sanabi, nin*.
50, *ninnû*.
60, *sûs*.
100, *me*.
600, *nêr*.
1000, *si* ou *lim*.
3600, *sár*.
1/3, *sussana*.
2/3, *sanabi*.
5/6, *kin-gu-si-li, parab*.

La nomenclature qui précède est remarquable à plus d'un égard. En premier lieu, on est étonné de voir que la plupart des noms de nombre connus sont exprimés chacun par plusieurs mots très différents les uns des autres. En deuxième lieu, il paraît bien singulier que contrairement à l'habitude d'autres langues la majeure partie des unités n'ait rien de commun avec les dizaines. En troisième lieu enfin, et cela est beaucoup plus important, on constate ce fait surprenant de prime abord qu'un certain nombre de ces expressions sont des mots assyriens des mieux caractérisés. Ce dernier fait est pour nous un trait de lumière qui nous conduit à la vraie solution du problème ; c'est donc lui que nous allons étudier avant les autres.

Dès le début de l'assyriologie on s'était aperçu que dans les inscriptions unilingues du plus ancien roi de Babylonie, Ur-Babi, la formule *lu-gal ub-da* = = *ba* « roi des quatre régions » renfermait le mot assyrien *arba'* « quatre ». Cette proposition, fondée sur la présence du complément phonétique *ba* qui accompagne le chiffre 4 figuré par quatre barres horizontales = = n'a jamais été l'objet de la moindre contestation et les assyriologues les plus favorables à l'accadisme y ont reconnu l'influence de la langue assyrienne. En partant de ce fait généralement admis, il ne m'était pas difficile de démontrer que les accadistes se trompent étrangement et se contredisent eux-mêmes quand ils affirment que lesdites inscriptions unilingues sont antérieures à l'arrivée des Sémites en Babylonie. Pour échapper à cette contradiction évidente, quelques-uns des assyriologues se sont vus obligés d'abandonner la partie relative à l'établissement récent des Sémites dans ce pays et n'ont plus admis que la seconde partie de l'affirmation, celle qui est relative à l'emprunt fait par les Accadiens du nom de nombre assyrien pour quatre. M. Fr. Lenormant admet même une sorte de pénétration de l'accadien par l'assyrien et réciproquement. Malheureusement, ce point de vue n'est guère admissible, car, ainsi que je l'ai démontré dans mes travaux successifs, l'énorme majorité des expressions fondamentales du syllabaire cunéiforme se composent de mots assyriens plus ou moins abrégés. Comme il est absolument impossible d'admettre que déjà à l'époque préhistorique de l'invention du syllabaire cunéiforme les Accads aient été réduits à se servir de mots d'origine étrangère, j'ai été ramené à conclure que les inventeurs dudit syllabaire ne sont autres que les Assyriens eux-mêmes. Voyant cela, les assyriologues allemands, et spécialement MM. Haupt et Delitzsch, se sont avisés à nier toute influence sémitique sur l'accadien et à affirmer que tous les mots qui sont communs aux deux langues ont été empruntés par les Sémites à leurs voisins d'Accad. J'ai montré plus haut le caractère aussi gratuit que fantaisiste de cette théorie désespérée [1] ; il est donc superflu d'y revenir à cette occasion. Je remarquerai seulement

---

[1] Voyez, p. 403-404.

que ces assyriologues, trouvant eux-mêmes qu'il serait trop absurde de nier l'origine sémitique du nom de nombre *arba'* « quatre », affirment maintenant que l'expression accadienne $==ba$ doit se prononcer *tab-tab-ba*. L'unique raison qu'ils allèguent ostensiblement est que le signe $=$ (figuré par deux clous superposés) a la valeur syllabique *tab*, mais en réalité ce n'est qu'un subterfuge pour débarrasser les plus anciens textes accadiens d'un mot assyrien évident qui ruine leur système. Malheureusement, ils n'ont pas pensé à tout, et voici un petit fait que je les mets au défi de nier et qui rend absolument inutile l'échappatoire inventée au prix de tant de peine. Sans même contester la possibilité de la lecture *tab-tab*, il y a une preuve péremptoire que « quatre » se disait aussi *arba* en accadien : c'est le nom géographique *Arbaha* qui s'écrit tantôt *ar-ba-ha* ou *ar-rab-ha* [1], tantôt $==ba$-*ha* avec le chiffre $==$. En un mot, MM. Haupt et Delitzsch ont bien pu ajouter un phonème de plus à la nomenclature des noms de nombre accadiens, mais ils ont échoué dans leur tâche principale qui avait pour but d'enlever le mot sémitique très gênant, *arba'*, des plus anciennes inscriptions de Babylonie.

Ce qui vient d'être dit nous autorise à passer aux autres mots assyriens de la nomenclature donnée ci-dessus et dont les dénégations des accadistes ne changeront pas le caractère. Ces mots sont :

1° *id* « un » qui est le thème de l'assyrien *edu* « seul, unique ».

2° *mina* « deux » évidemment en rapport avec *man* « vingt » et en même temps avec le poids de la *mine* en assyrien *minu* ou *mana*, en hébreu מָנָה, racine sémitique מני « compter ».

3° *sepu* « trente », identique avec le mot assyrien usuel pour « pied » (r. שׁפי).

4° *sanabi* « quarante » et « deux tiers ou 40/60 », de l'assyrien *sanabu*, *sinibu*, écrit aussi *sanabu*, *sinbu* (tous deux avec ס

---

[1] Ce fait ruine l'argument produit par M. Schrader contre ma transcription de ce nom, savoir *arba-nun*, expression que je traduis par « quatre Seigneurs » (KAT², p. 611-612). Les deux formes *arba* et *ar-rab* désignent bien le nombre 4 : la seconde est naturellement factice et construite en vue de produire un jeu de mot. Quant au signe *ha*, M. Schrader se trompe encore en affirmant qu'il ne se lit pas *nun* et ne signifie pas « seigneur ». Le contraire est vrai, le titre de Bélit (?), *nin a-ha* (W. A. I. IV, 28, n° 3, 59) $=$ *belit a-nun* $=$ *belit me-rabiti* « dame des eaux grandes », prouve à la fois la lecture du signe et le sens que je lui attribue. J'ajouterai que la lecture *nun* pour *ha* ne résulte pas seulement du complément *na* dans *ha-na ha* $=$ *ana nuni* « au poisson », mais est formellement confirmé par W. A. I. II, 19, 65-66, où *ha* est remplacé par *nun* et correspond à l'assyrien *nuna*.

W.A.I., II, 34, 1, *recto*, 13, 14) « mesure de capacité renfermant les trois quarts de l'unité ».

5° *sus* « sosse, soixante », évidemment une légère variante du numéral assyrien usuel *sissâ* (héb. שִׁשִּׁים) « soixante ».

6° *me* « cent », le sémitique מֵאָה ; la forme assyrienne n'est pas encore constatée.

7° *nêr* « six cents » qui rappelle le terme assyrien *niru* « joug », héb. נִיר.

8° *sâr* « trois mille six cents » qui se rattache visiblement à *sâru*, dérivé de la racine שָׁעַר dans laquelle l'idée de « porte » se joint à celle de « mesure ».

9° *sussana* « un tiers » de l'assyrien *sussanu*, pour *sulsanu* de *salastu (salaltu)* « trois », héb. שְׁלֹשָׁה.

On le voit, ce n'est pas *arba* seul qui est emprunté à l'assyrien, mais aussi neuf autres termes faisant fonction de noms de nombre.

Passons à la seconde observation. Quand on retranche les expressions assyriennes que nous venons d'énumérer, on remarque que les phonèmes qu'expriment les nombres 20, 40, 50, 60 sont formés indépendamment des phonèmes qui indiquent les unités respectives, 2, 4, 5, 6 ; tandis que d'un autre côté le phonème *es* désigne à la fois les nombres 3 et 30. Ces faits ne peuvent pas être attribués au hasard mais doivent avoir leur raison d'être. Et cela d'autant plus que le rapport de dérivation se constate facilement pour plusieurs autres noms. Ainsi, il paraît évident que *as* « six » est composé de *a* « cinq » et de *as* « un », et que *ninnû* « cinquante » a pour éléments constitutifs *nin* « quarante » et *u* « dix ». Il y a plus, le même rapport de dérivation se montre nettement entre *san* ou *sana* « quatre » et *sanabi* « quarante » et, comme l'origine assyrienne de ce dernier vocable n'est susceptible d'aucun doute, il s'ensuit forcément que le premier n'est que l'abréviation du second et par conséquent un phonème factice dépourvu de tout caractère linguistique. En effet, l'idée de former les noms des unités en modifiant les noms des dizaines correspondantes est logiquement impossible et n'existe dans aucune langue humaine.

Ici, les scribes babyloniens sont, pour ainsi dire, surpris en flagrant délit de fabrication d'un nom de nombre imaginaire et cela nous autorise à admettre que non-seulement les nombres dérivés *âs* et *ninnû* analysés tout-à-l'heure mais tous les autres nombres, en apparence simples, ont également une origine hiératique et artificielle. Ainsi s'explique d'une manière toute naturelle le fait qui constitue notre première observation, savoir l'abondance extraordinaire des noms de nombre pseudo-accadiens ; ce fait est simplement une nouvelle preuve du caractère factice de ces noms.

La certitude acquise sur ce point capital nous encourage à aller plus loin et à tenter de pénétrer la formation de ces singuliers noms de nombre. Et quoique nous ne nous flattions nullement de pouvoir tout expliquer, nous croyons néanmoins utile de faire un premier pas dans cette voie afin de faciliter aux autres la solution définitive du plus obscur des problèmes que l'étude des cunéiformes nous ait fait connaître. Un examen rigoureux et soutenu nous a d'ailleurs convaincu que la formation des noms de nombre reposent sur le même principe que tous les autres phonèmes hiératiques expliqués dans les mémoires précédents, à savoir qu'ils représentent les *épellations* des signes dont ils sont composés. L'analyse minutieuse qui suit fera passer, je l'espère, la conviction dans l'esprit des lecteurs. Je leur rappellerai seulement, ce qu'ils savent d'ailleurs, que les chiffres cunéiformes figurent les unités par des barres placées indifféremment dans un sens vertical, ou dans un sens horizontal, tandis que les dizaines sont représentées par autant de crochets que d'unités. En général, on ne juxtapose ensemble que trois barres ou crochets ; l'excédent est mis au-dessous des autres ; ainsi | ou — (1), || ou = (2), ||| ou ≡ ou =— (3), ||| ou = = (4) ||| ou ≡≡ (5), ||| (6), etc. ; ‹ (10), ‹‹ (20), ‹‹‹ (30), ‹‹‹‹ (40), ‹‹‹‹‹ (50). Les sosses sont exprimés par des barres verticales et ne se distinguent pas toujours des unités.

Un.

Les phonèmes *dis, ge* et *as* sont fort transparents : les deux premiers offrent les valeurs phonétiques du clou vertical | ; le troisième exprime la lecture du clou horizontal —.

Deux.

Comme il n'existe pas de signe syllabique qui soit composé de deux clous verticaux, les phonèmes de ce nombre ont été empruntés : en premier lieu à la forme analogue du chiffre 20, ‹‹ *man*, dont l'articulation a été légèrement variée en *min* (*a*)[1] ; en second lieu à la forme horizontale =. Cette forme représente d'abord la

---

[1] Il est possible que le signe ‹‹ ait en même temps les deux valeurs *man* et *min*. (Je vois maintenant que la valeur *min* pour ‹‹ a été démontrée par M. St. Guyard. Voir ses *Mélanges d'assyriologie*, p. 112).

syllabe *tab*, thème de l'assyrien *tabû* « acolyte, ami, suivant » (r. תבע « suivre ») synonyme de *dahû* « proche »; de là les épellations *tab* et *dah* ou *tah*.

En troisième lieu, la forme = présente une frappante analogie avec le signe BI qui a deux valeurs : *bi* et *kas*; ces valeurs passent machinalement au chiffre =.

Reste à chercher l'origine du phonème mutilé [ ]-*ma*.

Trois.

Les trois clous ||| qui figurent ce nombre ne formant pas de signe syllabique, l'épellation en a dû être empruntée au signe analogue des dizaines, ⋘ = 30, qui se lit *is* ou *es*. Les deux autres valeurs, malgré leur apparence bizarre, s'expliquent très bien. Le signe *pis* ou *pes* ou plutôt *bes* est contracté de *bi* « deux » et de *as* « un ». Comme idéogramme le signe *bes* équivaut à *libbu*, mot qui entre autres significations a celle de « fils ». Le même sens se rattache aussi au phonogramme *kak-mu-us* ou *tur-mu-us* qui se lit *da-mu-us* ou *du-mu-us*. Ce complexe se compose de deux synonymes : *da-mu* ou *du-mu* « fils » et *us* « mâle »; le premier élément est le principal et le second ne joue que le rôle de déterminatif nécessité par l'ambiguïté de ces mots.

Quatre.

On a vu ci-dessus que *san* ou *sana* est formé artificiellement par l'abréviation du nom de mesure assyrien *sanabu* « trois quarts » ou 40/60 de l'unité. Les épellations *tab-tab* et *tah-tah* appartiennent à la forme = = qui présente le redoublement du signe = *tab*, dont le signe *dah* ou *tah* est synonyme. Comme ce chiffre s'écrit très souvent ||| et se confond avec le signe syllabique qui se lit *sa, gar* et *nin*, il se peut qu'une glose donne encore à ce chiffre une ou plusieurs de ces valeurs.

Cinq.

La forme verticale ||| est de tout point identique au signe qui se lit *ia* et *a*; couchée, ≡, elle donne le signe ordinaire de la voyelle *i*. Cette valeur est aussi propre au signe *bar*, attendu que dans le complexe allographique *bar-tig-gar* qui figure le nom du Tigre *Idiglat*, l'élément *bar* représente la syllabe initiale *i*. En qualité d'idéogramme *bar* signifie « moitié » et désigne ainsi très convenablement le nombre « cinq » comme étant la moitié de dix.

Six.

On a vu, plus haut, que *âs* vient de $a + as = 5 + 1$; cela répond à la forme matérielle du chiffre quand il prend la position horizontale ≡≡, forme qui se compose en effet de ≡ ≡ *a* « cinq » et de —, *as* « un ».

Sept.

Aucun autre assyriologue outre M. Lenormant n'ayant signalé la forme *si-es-na*, il y a lieu d'attendre jusqu'à ce qu'elle soit mieux constatée.

Dix.

Les valeurs *u* et *bur* sont inhérentes au crochet quand il fonctionne comme signe syllabique ; mais comme ce signe est susceptible d'autres valeurs phonétiques, entre autres de *sa* et *am,* on peut présumer que ces dernières valeurs seront aussi rapportées au chiffre ‹.

La valeur *bi* résulte pour les accadistes de *sanabi* « quarante » qu'ils décomposent en *sana-bi* = 4 × 10. On a vu plus haut combien cette analyse est fantaisiste, étant prouvé que *sanabi* est l'assyrien *sanabu*.

Vingt.

Il est notoire que le signe cunéiforme qui se compose de deux crochets se prononce *man* et *nis* ; ces valeurs sont machinalement affectées au nombre « vingt » figuré également par deux crochets ‹‹ = 10 + 10.

M. Pinches déduit la valeur *sana* pour « vingt » du complexe ||| ‹‹ (60 + 60 + 60 + 10 + 10) = 200 qui se prononce *essana*, complexe dans lequel *es* équivaut à 3 (soixantaines) et *sana* à 20. Nous ignorons encore le type assyrien de *essana*, mais on acquiert du moins la certitude que la représentation par des chiffres est artificielle puisque, d'un côté le mot de la soixantaine est omis, de l'autre il est impossible de croire que le mot *sana* ait signifié en même temps 4 et 20.

Trente.

La nature factice du phonème *es* résulte de cette circonstance qu'il exprime en même temps le nombre 3. L'autre lecture *sebu* est beaucoup plus curieuse. M. Pinches l'a déduite du complexe

||| ⋘ « roi » se lisant *issebu*, c'est-à-dire ||| *is* « trois (soixantaines) » et ⋘ *sebu* « trente » ou $60 + 60 + 60 + 10 + 10 + 10 = 210$. L'absurdité d'un pareil titre pour un roi suffirait à elle seule pour faire voir qu'on est en présence d'un pédantisme savant. Cette induction est confirmée par un fait indéniable, c'est que la forme désagrégée *is-sebu* est purement et simplement un rébus jouant sur le mot assyrien vrai *isippu* « roi comme chef du sacerdoce et du magisme religieux, racine אשף ». On touche ici du doigt le procédé artificiel des scribes.

Mais d'où vient la lecture *sebu* au signe ⋘ ? C'est que ses deux éléments ⟪ et ⟨ donnent, le premier le signe archaïque de la syllabe *sup* ou *sep*, *seb*, le second le signe *ù*, ce qui fait *seb + u = sebu*. Nous retrouvons le même procédé dans la formation du nombre cinquante.

Quarante.

Ce chiffre, s'écrit avec quatre crochets dont l'un est placé au-dessous des autres, ainsi ⋘/⟨. Cette figure porte une grande ressemblance au chiffre ||| « quatre » et par conséquent, au signe syllabique qui exprime à la fois les valeurs *sa*, *gar* et *nin*. C'est cette dernière valeur qui a été transportée sur la forme du chiffre ⋘/⟨ $= 40$.

Cinquante.

La forme de ce chiffre, savoir ⋘/⟪ a un crochet de plus que le chiffre de quarante se lisant *nin*; et, comme le crochet a la valeur de *u*, on aura pour 50 le composé *nin + u*; de là, le nom de lecture *ninnû*.

L'explication des phonèmes *kin-gu-si-li* et *parap* n'est pas non plus un mystère pour nous. Le premier qui se compose de de *kingu* et de *sili* offre les épellations des signes *ù* et *sil* ou *tar*. La valeur *kingu* pour *ù* résulte de ce que, d'une part *ù* équivaut à *bur* et que de l'autre *bur* est rendu par *kingi* dans *bur-bur*, idéogramme de Sumer. En qualité d'idéogramme, *ù-sil* (= *tar*) signifie « dix retranché » sous-entendu « du sosse ou de soixante », c'est-à-dire $60 - 10 = 50$.

Le second, *pa-rap*, est composé d'une façon analogue. Le signe *pa* marque les sixièmes[1] et *rap* signifie probablement « enlever »;

---

[1] Fr. Lenormant, *Langue primitive*, etc., p. 162.

de telle sorte, le complexe entier *pa-rap* offre le sens de « un sixième enlevé (du sosse) » c'est-à-dire : $60 - \frac{60}{6} = 60 - 10 = 50$.

Mille.

Ce chiffre se compose de *ù* « dix » et de *me* « cent » et signifie au propre 10×100. Quant à son épellation, elle est empruntée au signe syllabique de même forme, qui exprime les sons *si* et *lim*.

Les détails que voilà permettent de formuler avec précision les principes qui ont guidé les scribes assyro-babyloniens dans les diverses lectures qu'ils ont assignées aux chiffres cunéiformes :

1° Les chiffres qui dans l'une ou l'autre position usitée ressemblent à des signes du syllabaire, sont assimilés à ces derniers et en empruntent plusieurs valeurs phonétiques. D'après ce principe ont été fixées : les valeurs *dis* (*das*), *ge*, *as* pour « un » ; *kas*, *tab*, *tah*, *min*, *bi* pour « deux » ; *is* ou *es* pour « trois » ; *a* (*ia*), *i*, *bar* pour « cinq » ; *ù*, *bur*, *kingu* pour « dix » ; *man*, *nis* pour « vingt » ; *es* pour « trente » ; *nin* pour « quarante » ; *si* ou *lim* pour « mille ».

2° Les chiffres qui peuvent être décomposés en deux éléments portant similitude à des signes syllabiques se prononcent avec des valeurs empruntées à ces derniers. Exemples, les lectures $bi - as = pes$ pour « trois » ; *tab-tab* et *tah-tah* pour « quatre » ; $sep - u = sepu$ pour « trente » ; $nin - \grave{u} = ninnù$ pour « cinquante ».

3° Les chiffres qui ne portent aucune similitude aux signes syllabiques se lisent avec des valeurs innées aux idéogrammes qui en expliquent le sens, exemples : *kingu-sili* et *pa-rap* pour « cinq sixièmes ».

Ces principes, d'une simplicité si évidente, ont produit toutes les lectures hiératiques connues des chiffres cunéiformes, à l'exception de *id* (1), *arba* (4), *sanabi* (40), d'où *sana* (4), *sùs* (60), *me* (100), *nêr* (600), *sâr* (3600), *sussana* (1/3) qui sont des thèmes de mots assyriens.

CONCLUSION.

Pour terminer il ne nous reste qu'à récapituler les faits qui prouvent la nature artificielle des épellations numérales que nous venons d'examiner. Ainsi qu'on l'a vu plus haut, ces épellations sont déterminées par une ou plusieurs des circonstances suivantes :

1° Par la position des clous constitutifs. Ainsi le nombre « un » se dit *dis* quand le clou est placé debout, et *as* quand il est couché. Pareillement; « deux », figuré par deux clous verticaux, a la valeur de *mina*, tandis qu'il a celle de *tab* quand on l'écrit avec deux clous horizontaux.

2° Par la similitude matérielle des chiffres les uns avec les autres. Ainsi les valeurs *min* « deux » et *is* « trois » doivent leur existence à ce fait purement fortuit que les chiffres des nombres « deux » et « trois » ressemblent quelque peu aux chiffres des dizaines « vingt » et « trente ».

3° Par la similitude des mêmes chiffres aux signes syllabiques de l'écriture cunéiforme. Par exemple les lectures *bur* « dix » *nis* « vingt » *es* « trente » n'existent que grâce à l'analogie de forme que les chiffres en question ont avec les signes syllabiques *bur*, *nis* et *es*, signes qui n'ont en eux-mêmes aucune puissance numérale. Cela est encore plus frappant relativement aux composés tels que *sepu* « trente » et *ninnû* « cinquante » dont l'assimilation aux signes syllabiques *sip*, *u*, *nin* n'est devenue possible que par une analogie de forme, très légère et due au pur hasard.

En un mot, la lecture numérale dépend entièrement de la forme matérielle du chiffre qui le représente. Ici la forme graphique est la source unique et conventionnelle de la plupart des lectures qui s'y rattachent. Quelques autres d'entre elles offrent des mots assyriens plus ou moins abrégés. Mais des articulations qui dépendent en partie du caprice momentané du scribe, en partie de l'analogie extérieure entre leurs formes graphiques et celle d'autres signes également graphiques, et qui, en dernière partie enfin, n'offrent que des fragments de mots assyriens, de telles articulations que peuvent-elles être autre chose sinon des phonèmes artificiels dépourvus de tout caractère linguistique ? Ainsi donc les noms de nombre soi-disant sumériens ou accadiens ne diffèrent en rien par leur facture des autres phonèmes hiératiques que nous avons expliqués dans nos mémoires précédents. Mais avec cela s'évanouit la dernière hallucination que le cauchemar suméro-accadien impose depuis trente ans à la science du xix° siècle.

XX

VARIÉTÉS

I

TYROPÉON ET SILOÉ.

Josèphe (Guerre des Juifs, V, 4, 1) donne à la vallée qui sépare la ville haute d'avec la ville basse de Jérusalem le nom de « vallée des Tyropéens ou des fromagers. » On a émis un grand nombre d'hypothèses sur l'origine de ce nom qui semblait inconnu aussi bien à la Bible qu'à la littérature talmudique. Je pense que cette disparition n'est qu'apparente et que ladite vallée est identique avec celle dont la porte, reconstruite au temps de Néhémie, est mentionnée sous le nom de שַׁעַר הָאַשְׁפּוֹת ou הָאַשְׁפּוֹת, nom que les Septante rendent déjà par « porte des fumiers » (τῶν κοπρίων). L'identité topographique des deux vallées résulte indubitablement de la comparaison du passage de Josèphe et des versets 13-15 du troisième chapitre du livre de Néhémie. Josèphe remarque expressément que la vallée des fromagers s'étendait jusqu'à la fontaine de Siloé (τοῦ Σιλωᾶ). Dans le récit de Néhémie, de même, la partie de la muraille qui renfermait la porte des fumiers était contiguë à celle où fut pratiquée la porte de la source (שַׁעַר הָעַיִן), c'est-à-dire de Siloé. Mais d'où vient la différence des noms et lequel des deux est le plus original ? Je trouve l'origine de cette divergence dans la forme double sous laquelle le nom de cette porte ou, ce qui revient au même, de cette vallée, nous est parvenu dans le texte hébreu de Néhémie. L'appellation adoptée par Josèphe se fonde sur la leçon הֲשָׁפוֹת du verset 13 vocalisée

הַשְּׂפוֹת, forme qui, en faisant abstraction de l'article הַ, donne le mot שְׂפוֹת « fromage (II Samuel, xvii, 29); tandis que la traduction des Septante repose sur la variante הָאֲשְׁפוֹת du verset 14, qui ne peut signifier autre chose que « fumier ». Il est digne de remarquer que la Massore, fidèle à son système de nivellement, a cherché à faire disparaître le dualisme en ponctuant la première forme הָשְׁפוֹת avec kameç sous l'article הַ, afin d'indiquer la chute de l'aleph. Cependant si l'on considère que Josèphe cite d'ordinaire des noms populaires et usités de son temps, on préférera son témoignage à celui des Septante et des rabbins qui étaient dépourvus de connaissances locales. Pour la question de savoir si Josèphe faisait usage du texte hébreu en dehors de la version grecque, le fait qui vient d'être signalé décide cette question dans le sens affirmatif, ce qui explique d'une façon très naturelle les nombreuses différences que présentent plusieurs données de cet auteur comparées au texte des Septante.

L'étymologie du nom de la source de Siloé ou Siloam est très obscure. La forme hébraïque שלח est ponctuée tantôt שִׁלֹחַ (Isaïe, viii, 6), tantôt שֶׁלַח (Néhémie, iii, 15). Cette dernière forme est restée tellement hors d'usage, que les Septante ne se doutaient même pas qu'il fût question de cette source dans le passage de Néhémie. Aussi ont-ils traduit les mots : בְּרֵכַת הַשֶּׁלַח לְגַן הַמֶּלֶךְ « la fontaine de Siloé (qui arrosait) le jardin du roi » par « la fontaine des toisons des tontures du roi », comme s'il y avait לְגֵז הַמֶּלֶךְ. La traduction de שֶׁלַח par « toison » s'appuie en outre sur l'araméen-talmudique שֶׁלַח, שִׁלְחָא qui signifie « toison » (Mischna Makhschirîn, v, 6. Schabbat, 49 a). Au point de vue de l'hébreu pur, le mot שֶׁלַח permet encore deux autres interprétations : celle de « arme » (Chroniques, xxxii, 5) et celle de « terrain d'arrosage » (Cantique, iv, 13), et tout fait supposer que la dernière interprétation est la vraie. Dans ce cas, on doit rappeler que, dans la Mischna, l'expression בית השלחין est constamment opposée à בית הבעל « maison de Ba'al » qui désigne un terrain qui n'est arrosé que par la pluie du ciel. Or, étant donné que chez les Arabes ces deux sortes de terrain portent les dénominations respectives de *bâlî* « de Ba'al » et de *âtharî* « de Astarté » (voir le lexique de Lane [1] sous ces articles), il en résulte que le terme שלח peut bien cacher le nom d'Astarté qui était appliqué à cette localité dès l'époque préisraélitique. Cette conjecture est corroborée par une donnée de la Mischna [2] qui mentionne l'existence d'une

---

[1] Cf. plus haut p. 202.
[2] *Zabim* 1, 5.

Fortuné grecque (גד ירן) dans la proximité de Siloé. Il est probable que ce lieu avait déjà un caractère sacré aux âges précédents.

II

HADAD.

Le dieu Hadad (הֲדַד) occupe une place éminente parmi les divinités adorées en Syrie, comme le prouvent les anciens noms propres בֶּן־הֲדַד « fils de Hadad » et עבד־הדד « serviteur de Hadad ». Le culte de ce dieu en Phénicie est attesté par Philon de Byblos qui lui donne le titre de « roi des dieux » (Ἄδωδος βασιλεὺς θεῶν. Orelli, Sanchuniathon, p. 34). Macrobe (*Saturn.*, I, xxiii) dit que ce nom signifie unus (ejus nominis interpretatio significat Unus). On prend d'ordinaire le mot unus dans le sens d'unité et l'on suppose que l'auteur latin a confondu הדד avec le nom de nombre araméen חד « un ». La chose paraît devoir être expliquée autrement. Je pense que le texte de Macrobe portait primitivement « unus et alter ou unus unus », locution dont le correspondant araméen est en effet הדד [1], surtout dans les formes בהדדי « l'un avec l'autre, ensemble » et להדדי « l'un à l'autre ». L'auteur dont il s'agit trouve dans ce nom l'explication de ce fait que, malgré la puissance suprême qu'on attribue à ce dieu, celui-ci est néanmoins indissolublement lié à Atargatis, son parèdre féminin, avec lequel il partage le gouvernement du monde (hunc ergo ut potentissimum adorant deum, sed subjugunt eidem deam Adargatin omnemque potestatem cunctarum rerum his duobus attribuunt). Pline (*Nat. Hist.* xxxvii, 11) nous apprend que les Syriens adoraient le dieu Adadu (= Hadad) sous la forme de pierres qui frappaient par leur ressemblance avec certaines parties du corps humain, comme les reins, les yeux et les doigts (Adadu nephros... ejusdem oculus et digitus dei, et hic colitur a Syris). On pense tout de suite à la pierre d'Émèse, à la surface de laquelle on distinguait certaines empreintes mystérieuses, ce qui signifie probablement des similitudes frappantes avec certaines parties du corps. Tout nous fait donc croire que la célèbre pierre dont l'empereur Élagabale s'est constitué le prêtre était primitivement le symbole de Hadad, le dieu syrien par excellence.

---

[1] En syriaque régulièrement חדחד.

III

BÉTYLE.

Les bétyles (Βαιτυλία, Βαίτυλος) constituaient une autre espèce de pierres adorées en Syrie : c'étaient des aérolithes, de forme ronde, de couleur blanchâtre et ressemblant au porphyre [1].

Cette description suffit pour montrer combien se trompent ceux qui font de la pierre d'Émèse un bétyle, attendu que cette pierre était noire et de forme conique. La même raison nous défend également de voir des bétyles dans certaines stèles de Carthage sur lesquelles on lit les mots נצב מלכבעל. Dans la mythologie phénicienne Bétylos a trois frères : Ilos-Cronos, Dagon et Atlas, tous enfants de Ouranos et de Gé (Orelli, loc. cit., p. 23-24). Quand on considère qu'aucun dieu sémitique ancien ne porte un nom composé avec אל, on arrive à la conviction que l'identification usuelle de Bétyle avec בֵּית־אֵל « maison de dieu » est tout à fait inadmissible. La constance de la voyelle υ = y dans la forme gréco-latine de ce nom plaide aussi contre cette identification. Au point de vue sémitique, on peut songer tout au plus à בְּתוּל « jeune homme », forme masculine de בְּתוּלָה « jeune fille, vierge » qu'on ne constate jusqu'à présent qu'en assyrien (batuli u batulât), mais l'origine sémitique de ce nom est en elle-même très incertaine [2], vu que Philon de Byblos mêle souvent des noms grecs à des noms sémitiques dans la même énumération. Le bétyle le plus célèbre était celui qu'on adorait dans le temple d'Astarté, à Tyr ; il avait la forme ronde d'un astre et l'on en attribuait la découverte à la grande déesse elle-même (ἡ δὲ Ἀστάρτη.... εὗρεν ἀεροπετῆ ἀστέρα, ὃν καὶ ἀναλομένη ἐν Τύρῳ τῇ ἁγίᾳ νήσῳ ἀφιέρωσε).

Ces pierres tombées du ciel étaient naturellement censées fabriquées par le dieu suprême du ciel, Ouranos, c'est-à-dire בעל שמם, et comme, d'après la croyance générale de l'antiquité, le feu avait son origine dans le ciel, on considérait les aérolithes comme étant doués d'une portion extraordinaire de l'élément igné, ou, ce qui était alors la même chose, d'une grande chaleur vitale, d'une vie réelle. Voilà pourquoi on les appelait : « pierres douées

---

[1] Σφαῖρα μὲν ἀκριβὴς ἐτύγχανεν ὤν, ὑπόλευκος δὲ τὸ χρῶμα... καὶ πορφυροειδὴς ἄλλοτε. Damascius.

[2] *Betylos* rappelle les noms ibériens *Baetica*, *Baetis* et mieux encore *Baetulo*, ville de l'Espagne du nord. D'une autre part *Baetylos-Oetylos* est une ville de Laconie.

de vie » (λίθοι ἔμψυχοι). Nous savons par Pline que les silex qui reproduisaient plus rapidement l'étincelle étaient appelés « pierres vivantes » (lapides vivi) ; de là à faire de silex un dieu, il n'y avait qu'un pas, et ce pas a été franchi par les Romains. On voit maintenant que quand, d'après la légende grecque, Cronos avale un Bétyle à la place de Zeus, le dieu destructeur n'a pas beaucoup perdu par cette substitution, car Bétylos est aussi un grand dieu et en même temps son frère germain. C'est là un cas remarquable, où une légende grecque reçoit son explication naturelle par le rapprochement d'un mythe phénicien.

IV

בעל חמן

J'ai depuis longtemps démontré que l'interprétation usuelle de בעל חמן par « Ba'al solaire » est inadmissible. En effet, בעל comme premier élément de nom de divinité est toujours accompagné d'un nom commun ou d'un nom de lieu, jamais d'un titre ou d'une épithète. On connaît, entre beaucoup d'autres, בעל שמם « Maître du ciel », בעל צר « Maître de Tyr », בעל צדן « Maître de Sidon », בעל לבנן « Maître du Liban », בעל חורן « Maître de Haouran ». Cette circonstance m'a conduit, en rappelant un passage d'Étienne de Byzance, à voir dans חמן le nom propre de la Libye. Mais cela se heurte à trois difficultés considérables : d'abord l'élément חמן apparaît dans le nom d'homme phénicien עבדחמן Ἀεθήμων qui signifie « serviteur de Hamon » tandis que בעל חמן lui-même figure sur une stèle de Phénicie ; puis, la Libye est une région trop vaste pour qu'elle ait été personnifiée de bonne heure par les Phéniciens qui n'étaient maîtres que d'une partie infime le long des côtes ; enfin, la désignation Ἀμωνία pour la Libye se ramène visiblement au nom du dieu égyptien Ἀμών que les Sémites transcrivent אמן avec un א initial conformément à l'orthographe égyptienne *amn*. Ces diverses considérations me donnent à penser que חמן est probablement un nom de montagne, peut-être l'Amanus dont le nom s'écrit en cunéiforme toujours *Hamanu* avec un ח initial. L'Amanus, formant une puissante barrière entre la haute Syrie et la Cilicie, n'a certainement pas manqué d'être divinisée par les peuples syriens, chez lesquels les montagnes beaucoup moins considérables, telles que le Liban, le Hauran, le Hermon et le Cassius ont reçu des honneurs divins. On sait du reste que בעל חמן n'est pas particulier à la Phénicie mais appartient à la Syrie entière, car les simulacres de ce dieu, חמנים, sing. חמנא, חמן dont on ornait les autels, se trouvent en même temps en Palestine et à Palmyre.

V

תנת

A Carthage, תנת était le parèdre féminin de בעל חמן et elle portait le titre « תנת פן בעל תנת » de *Penê-Baal* ou de *Prosopon* », nom d'une localité voisine, où elle paraît avoir eu un temple. La déesse aussi bien que son parèdre masculin est venue de Phénicie, car un natif de Sidon porte dans une inscription d'Athènes le nom de עבד תנת « serviteur de תנת ». תנת ne saurait être un nom de lieu divinisé ; il y aurait dans ce cas בעלת תנת comme בעלת־גבל, la déesse principale de Byblos. Mais que peut signifier le nom commun תנת ? J'incline à y voir le correspondant phénicien du mot hébreu תְּאֵנָה « figuier ». Le nom de la figue est en phénicien תין, orthographe qui revient dans l'arabe תְּאֵן=תין. Comme le phénicien joint la désinence du féminin ת sans voyelle de liaison, la syllabe תינת *tint* se terminant par deux consonnes, abrège naturellement sa voyelle et produit ainsi avec la chute du י la forme תנת. L'adoration des arbres chez les peuples de la Syrie étant un fait avéré, l'existence d'une déesse éponyme du figuier n'aurait rien d'extraordinaire. À côté du figuier c'est encore le sycomore ou le mûrier égyptien qui a été l'objet d'un culte en Syrie aussi bien qu'en Égypte. Le sanctuaire célèbre de *Sycaminon* sur la côte de la Palestine était probablement un lieu de ce culte. Je rappellerai seulement que dans la botanique du Talmud, les mûres égyptiennes sont classées parmi les figues [1]. Un mythe consigné par Étienne de Byzance attribue la production du figuier à l'union de Géa et d'un Titan nommé Sycé. Il est possible que ce mythe, comme en général les légendes ayant rapport aux Titans, soit un mythe phénicien hellénisé.

[1] La mischna *Demaï* 1 nomme les fruits du sycomore בְּנוֹת שִׁקְמָה.

VI

Οἶνος, γίγαρτον

Le mot grec οἶνος « vin » a été toujours considéré comme étant dérivé de l'hébreu יין. Dans les derniers temps on a soulevé une objection qui paraît assez sérieuse, c'est que le terme grec en question avait primitivement un digamma initial, comme le prouve le latin *vinum*. Il faut cependant reconnaître que le terme οἶνος *vinum* ne se retrouve dans aucune branche asiatique des langues aryennes, tandis que l'expression *waïn* désigne en arabe le raisin et en éthiopien la vigne et le vin. L'origine sémitique de ce terme est donc certaine et tout ce qu'on peut concéder c'est que la forme gréco-latine ne vient pas de l'hébreu mais d'une langue qui a conservé le *w* initial. Comme il paraît difficile d'admettre que le vin ait été introduit en Grèce d'Arabie ou d'Éthiopie, il est plus naturel de supposer que la prononciation *waïn* était en usage alors soit sur le littoral de la Syrie soit en Phénicie même. Cette dernière supposition semble se corroborer par le terme grec γίγαρτον, « pépin du raisin », qui rappelle aussitôt la ville phénicienne de Γίγαρτον. Tout semble donc indiquer que le vin est parvenu en Grèce par l'intermédiaire des Phéniciens.

VII

Μασσύας

La ville de Gigarton que nous venons de nommer était située dans le canton de Massyas. « A la plaine de Makras, dit Strabon, succède le canton de Massyas, dont une partie tient déjà à la montagne et où l'on remarque, entre autres points élevés, Chalcis, véritable citadelle ou acropole du pays. C'est à Laodicée, dite *Laodicée du Liban*, que commence ce canton de Massyas. » Les montagnards du Massyas avaient des repaires fortifiés d'où ils envahissaient souvent les territoires de Byblos et de Bérytus afin de les piller. Pompée mit fin à ce brigandage en faisant trancher la tête au tyran du Massyas.

Quelle est la forme sémitique de Massyas? Grâce aux indications des textes assyriens nous pouvons présumer que c'est מנצעה. Les listes géographiques des villes syriennes mentionnent la ville de *Mançualé* deux fois avec *Cimirra* = צְמָר ou Simyra, ville fortifiée au sud d'Arados et une fois après *Hatarikka* = חַדְרָךְ, localité de la Damascène. Bien que ces listes ne suivent pas strictement l'ordre géographique, il serait difficile de placer *Mançualé* ailleurs. Dans l'antiquité, cette ville dût avoir une certaine importance, puisque son gouverneur assyrien Dunanu, était archonte en l'an 680 ; plus tard elle disparut mais non pas avant de laisser son nom au canton dont elle était jadis la capitale.

VIII

Oum-el-'awâmîd.

Ce nom qui signifie « Mère des colonnes » est donné par les Arabes à une ruine d'une ancienne ville située presque à moitié chemin entre *Tyr* et *Akko*. M. Renan y a trouvé trois inscriptions phéniciennes. L'ancien nom de la ville est inconnu, mais les textes assyriens nous permettent de combler cette lacune. L'itinéraire de San-ahi-irib qui procède du nord au sud sur le littoral de la Phénicie mentionne immédiatement avant *Akzibi* (ou *Akziba*), le אכזיב des Hébreux, une ville du nom de *Uschù*. Assurbanipal, qui y étouffa une révolte, nous apprend formellement qu'elle était située au bord de la mer.

> *Asch* tâârtiya *ir* Uschù (115) sa *as* ahi tamtim nadata (var. nâddat) schubatsu aksùd (var. akschud (116) *un-mesch ir* Uschù scha ana *lu-dam-mesch*-schùnu la sânqu (117) *ad* inamdinu mandâttam (118) nadan *mat*-tischun abal (119) *asch* libbi (var. lib) *un-mesch* la kanschûti schipthu aschkun (120) *an-mesch*-schùnu *un-mesch*-schùnu aschlula ana *mat*-asschur-ki (121)[1].

« A mon retour je pris la ville de Ouschou située, sur le bord de la mer. Les habitants d'Ouschou qui ne s'étaient pas soumis à leurs gouverneurs ont donné caution (?) et j'ai reçu leur tribut que j'avais imposé à leur pays. J'ai exercé des représailles contre les habi-

---

[1] W. A. I., V.

tants rebelles et j'ai transporté en Assyrie leurs dieux et leurs personnes. »

Cette ville fut détruite avant l'époque romaine, ce qui explique le silence des géographes classiques. Son ancienne importance me semble avoir laissé un écho dans la curieuse légende d'Ousoos rapportée par Philon de Byblos. Ousoos est frère d'Hypsouranios qui habite Tyr, mais bientôt celui-ci le prend en haine et le combat avec acharnement. La haine d'Hypsouranios a pour motif la jalousie qu'il conçut en voyant qu'Ousoos avait réussi à construire un vaisseau avec du bois apporté de Tyr et à naviguer le premier sur mer. Je suis porté à voir dans *Ousoos* la personnification de la ville d'Ouschou, en phénicien probablement אושא, jadis rivale dangereuse de Tyr et prétendant avoir inventé la navigation. Philon de Byblos parle ensuite de deux cippes qu'Ousoos voua au Feu et au Vent, puis de nombreuses stèles et verges (μέδοι) consacrées à ces frères. Plus tard, ces monuments sont devenus eux-mêmes l'objet d'un culte et d'un pèlerinage annuel. Cette multitude extraordinaire de « stèles et de verges » justifie presque le nom arabe de « Mère des colonnes ».

IX

פמי

Un roi de Citium dont on possède des inscriptions porte le nom de פמיירתן ou פמיתן « Pmaï a donné ». L'analogie des noms théophores tels que בעליתן « Ba'al a donné », צדיתן « Ced a donné » et אשמנתן « Eschmoun a donné » rend certain que פמי est un dieu. J'ai pensé autrefois à l'identifier avec Πυγμαιος, nom d'Adonis chez les Cypriotes, mais l'origine sémitique du mot πύγμη est plus que douteuse. D'un autre côté, si le terme grec avait été emprunté par les Phéniciens, on aurait la forme פגמי, en admettant que la terminaison grecque a été élidée, ce qui n'est cependant nullement l'usage. Ainsi le nom Πτολεμαιος est transcrit en phénicien פתלמיש en conservant la terminaison. Quoi qu'il en soit, la forme פמי a une physionomie non sémitique et à défaut de la Grèce c'est l'Égypte qui doit nous donner le mot de l'énigme. Si je ne me trompe, nous avons dans פמי le représentant fidèle du terme égyptien *p-maï* « le chat ». Le chat était notoirement un animal sacré en Égypte ; le nom de Sabaco signifie également « chat ». Un gouverneur de province du nom de *Pamâ* est aussi mentionné dans les inscriptions d'Assurbanipal.

X

אַתּוּנָא

Le mot araméen אַתּוּנָא « four, fournaise » est isolé dans les langues sémitiques. Son origine me paraît être l'égyptien *atn* qui désigne au propre le disque solaire. L'analogie du four ou brasier avec le disque brûlant du soleil s'offre au premier aspect dans les pays chauds. Cette étymologie exclut l'identification tentée récemment par des égyptologues de *atn* avec l'hébreu אָדָן « seigneur ». Il est vrai que *atn* possède le sens verbal de « gouverner, diriger » mais ce sens est dû à ce que le soleil est envisagé comme gouvernant les autres corps célestes et dirigeant leurs courses périodiques. Quant à אָדָן, terme commun à l'hébreu et au phénicien, il n'y a pas de raison pour le séparer de אֶרֶן « massif ou base qui soutient les colonnes sur lesquelles repose l'édifice ». Le אָדָן est donc primitivement synonyme de מִשְׁעָן « appui ».

XI

זדה

L'inscription hébraïque récemment découverte dans le tunnel de Siloé à Jérusalem rapporte que les deux ouvriers qui ont creusé le tunnel chacun d'un côté opposé ont pu se faire entendre l'un de l'autre pendant qu'ils avaient encore à percer trois coudées du rocher. Le phénomène est expliqué par cette circonstance qu'il y avait un creux ou une fissure dans le rocher, כי הית זדה בצר. L'interprétation de זדה par « fissure » résulte avec certitude du contexte, mais quelle est l'origine du terme זדה? Doit-on le classer dans la série des ἅπαξ λεγόμενα? Je ne le pense pas. Si la forme זדה est insolite, elle nous rappelle la racine analogue צדה « être vide » dont on a dans la Bible le niphal נִצְדוּ (Sophonias, VI, 3) « sont devenus vides ». C'est de cette racine que sont également formés l'araméen צדיא « vide » et l'arabe צדא (r. צדר) « voix, surtout celle qui vient du vide, l'écho ». La différence entre les racines זדה et צדה n'est pas plus grande que celle entre זער et צער qui toutes deux signifient « être petit ». Quant à la forme, elle suit l'analogie de שָׁנָה, מָנָה et de tant d'autres. Il se peut même que la transition de צ en ז a été déterminée dans ce cas particulier par le voisinage du ת de הָיָת, qui étant une consonne sourde a pu changer l'aspirée immédiate צ en la ténue correspondante ז. Mais quelle que soit la cause de cette transition, l'étymologie que nous proposons nous semble très vraisemblable.

XII

מחוי יאיר

C'est une petite inscription gravée sur l'un des nombreux ossuaires juifs rapportés de Jérusalem par M. Clermont Ganneau. Elle est rédigée en caractère hébreu carré d'un aspect assez ancien. Les lettres sont très distinctes, de sorte que la lecture מחפי proposée par quelques-uns pour le premier mot qu'on a voulu traduire par *theca*, doit être définitivement abandonnée. Il faut y voir plutôt le terme talmudique מָחוּי « chose pilée ou broyée ». Ici, il désigne les menus restes d'ossements du mort nommé יָאִיר qu'on a recueillis dans l'ossuaire, par suite de la cérémonie funèbre appelée לקוט עצמות « collecte d'ossement » dans le Talmud. On recueillait d'habitude les restes de ceux qui étaient morts hors de chez eux afin de les ensevelir dans la sépulture de leur famillle. Ces restes, lavés avec du vin et de l'huile aromatique étaient séchés dans un linge (אפיקריסן) et mis dans l'ossuaire (ארנא?)[1]. Le même rite existait chez les Grecs et les Romains sous le nom de Ὀστολόγια et *ossilegium*. Les parents et amis du défunt, dont le corps avait été brûlé sur un bûcher, ramassaient les cendres après s'être au préalable purifiés les mains et revêtus d'une tunique longue et noire. Ils devaient laver les cendres du défunt

---

[1] *Traité Semahot*, chap. 12. Le mot ארזין qui désigne les ossuaires doit probablement être corrigé en ארנין. Le linge sur lequel on mettait à sécher les restes lavés est désigné par le terme אפיקרסין qui est le nom du vêtement qui touche immédiatement le corps, le gilet ou la chemise. Cela donne à penser que primitivement les parents du défunt portaient pendant quelque temps ses restes *dans leur sein*. Chez les Romains cette cérémonie était de rigueur pour la mère et les parentes. Suétone (*In vitâ Augusti*, cap. C.) rapporte que les cendres d'Auguste furent portées *dans leur sein* par les principaux citoyens de l'ordre équestre.

dans du lait et dans du vin, puis les égoutter et les mettre à sécher dans un linge blanc après y avoir mêlé des parfums et des aromates ainsi que leurs larmes.

XIII

תחם גזר — ΑΛΚΙΟ(Υ).

On doit également à M. Ganneau la découverte de deux exemplaires de cette inscription judéo-grecque sur deux élévations voisines de la ruine nommée *Tell-Djezr*, l'ancien גזר, la *Gazara* des Grecs au sud-ouest de Jérusalem. On considère ordinairement l'expression תחם = תְּחוּם « limite » comme désignant la limite de 2000 coudées qu'il était permis aux Juifs de parcourir en toute direction le jour de Sabbat, limite qu'on appelait à cause de cela תחום שבת, ou ὁδὸς Σαββάτου. Deux difficultés assez sérieuses s'opposent à cette interprétation. D'abord la limite sabbatique est par sa nature même très variable puisqu'elle commence à partir de l'endroit où se trouve l'individu à l'entrée du samedi. Puis, la nécessité de délimiter le parcours de samedi, si elle existait, aurait dû déterminer la création de cippes pareils autour de toutes les villes judéennes et non pas à Gezer seul. En troisième lieu enfin, si, comme on l'admet généralement, le nom Ἄλκιος constitue la signature du magistrat qui a exécuté la délimitation, l'objet de cette délimitation doit être une opération beaucoup plus importante que la simple mensuration de deux mille coudées. J'incline à croire qu'il s'agit de limites destinées à marquer la périphérie de Gezer comme un territoire impur que devaient éviter les prêtres et leurs familiers qui se nourrissaient d'oblation (אוכלי תרומה). Comme Tibérias, la ville de *Gazara* était longtemps habitée par des païens qui enterraient leurs morts partout où il leur convenait. Il est donc naturel que l'autorité religieuse ait trouvé nécessaire de bien délimiter le territoire contaminé et d'en avertir les voyageurs. D'après le Talmud, ces sortes d'indications devaient être placées sur des pierres inamovibles [1] et cela convient très bien aux bornes de Gezer. Quant à la légende grecque Ἀλκίου ou Ἀλκιο elle est bien obscure. On y voit d'habitude le nom du magistrat, et en effet le nom Ἄλκιος figure sur une inscription que M. Clermont Ganneau a

---

[1] Talmud de Jérusalem, *Traité Scheqâlîm*, 1, 3.

découverte dans le voisinage de Gezer. Néanmoins l'idée que le chef religieux ait signé en grec est difficile à admettre. Peut-être y a-t-il une interversion intentionnelle de la forme λαϊκου et λαϊκο(ν) « profane » et destinée à prévenir les prêtres venant de pays à langue grecque. Elle avait l'avantage de rester inintelligible aux païens.

XIV

האדן

L'inscription suivante a été trouvée par M. Renan gravée sur une colonne dans la ruine d'une synagogue, au nord du village d'*El-Djisch*, l'ancienne *Gischala*, dans le canton de *Safed* en Galilée :

יוסה בר נחום
עבד האדן
האת להו
ברכתה

Le seul mot douteux de cette inscription est האדן. M. Renan avait proposé de lire הארן avec un ר au lieu de ד et a vu dans ארן, le terme אָרוֹן qui désigne l'arche sainte dans laquelle sont placés les rouleaux de la Loi destinés à l'usage de la Synagogue [1]. M. Chwolson, qui s'est récemment occupé de ce texte, fait remarquer avec raison que la troisième lettre du mot en question paraît être plutôt un ד qu'un ר et il propose de lire הָאֶדֶן « le socle », en ajoutant que le mot אֶדֶן n'indiquait peut-être pas la base seule, mais la colonne tout entière [2]. Ces interprétations se heurtent toutes deux à une difficulté qui me paraît assez grave bien qu'elle ne soit pas décisive, c'est que, dans l'un et dans l'autre cas, il y aurait une forme hébraïque au milieu d'un texte rédigé en araméen. Il est vrai que le mélange d'hébreu et d'araméen est très ordinaire dans la littérature rabbinique ; en épigraphie, quand on fait abstraction de formules pour ainsi dire stéréotypes, ces sortes de mélanges semblent être beaucoup plus rares, ou du moins on ne doit les admettre que par suite d'une nécessité évidente. Je pense donc qu'il est plus vraisemblable de prendre האדן

---

[1] Renan, *Mission en Phénicie*, p. 779.
[2] D. Chwolson, *Corpus inscriptionum hebraicarum*, p. 94.

pour le démonstratif araméen écrit habituellement הֲדֵן « ceci ». L'orthographe avec א fournie par notre texte est correcte et primitive. Le sens de l'ensemble est comme il suit :

« José, fils de Nahoum, a fait ceci ; que la bénédiction vienne à lui ! »

XV

ליבונאה

Le Talmud [1] identifie le caractère de l'hébreu ancien, כתב עברי, avec le כתב ליבונאה. On a émis bien des conjectures sur le sens et l'origine du mot ליבונאה, mais aucune d'elles ne présente un degré de vraisemblance tant soit peu satisfaisante. J'incline à penser que la forme ליבונאה est le résultat soit d'une faute graphique soit d'une prononciation vulgaire au lieu de ניבולאה. Cette dernière forme est de son côté une légère variante de ניפולאה « de Néapolis (ניפוליס) ». Il s'agit naturellement de *Néapolis-Sichem*, capitale religieuse de la Samarie, et l'écriture néapolitaine n'est autre chose que ce que nous appelons communément « l'écriture samaritaine ».

XVI

אַדְרַזְדָּא

Le mot isolé אַדְרַזְדָּא (Esdras, vii, 23) est traduit habituellement par *sedulo, diligenter*. Les premiers traducteurs ont probablement pensé à l'araméen זרז « rendre diligent, pousser, exciter au travail », d'où l'adjectif זָרִיז « diligent ». Le mot est généralement reconnu comme étant d'origine perse et moi-même je l'ai rapproché du pehlevi *durust* « droit, direct [2] ». La lecture d'un savant article que M. J. Darmesteter a consacré au mot sanscrit

---

[1] Talmud de Babylone, *Sanhedrin*, fol. 21 *b*, מאי כתב עברית א"ר חסדא כתב ליבונאה.

[2] Voir plus haut, p. 106, note 3.

çraddhâ-credo[1] m'a fait penser que le אדרזדא biblique pouvait bien représenter la forme perse du mot sanscrit. Le sanscrit çrad-dhâ (indo-européen kard-dhâ) « avoir confiance, croire » mot à mot « mettre le cœur » a pour équivalent le zend zarazdâ « foi, confiance, conscience » auquel devait répondre une forme perse drazdâ. Celle-ci, en passant dans l'araméen, s'est naturellement augmentée d'un א prosthétique afin de soulager la prononciation des deux consonnes initiales. Si cela est exact, אדרזדא signifie au propre « fidèlement, consciencieusement ». Le contexte est très favorable à cette interprétation : il s'y agit en effet d'ordres donnés au nom du Dieu du ciel (מן טעם אלה שמיא) qui doivent être exécutés de bonne foi et avec une conscience parfaite. Je suis même porté à croire que le mot araméen זדו est aussi emprunté à l'Iran, mais cette fois à la forme postérieure et zende zaraz(dâ). Le manque du qal pour זדו milite en faveur de l'origine étrangère de ce terme.

XVII

אַפֶּדֶן

L'hébreu אַפֶּדֶן (= aram. אַפַּדְנָא) « palais » vient du perse apadâna; cela est certain, mais quel en est le sens propre ? Au point de vue du perse, apa-dâna ne peut signifier autre chose que « édifice élevé »; nous osons toutefois nous demander, s'il n'est pas possible de remplacer l'explication étymologique par une explication historique. Dans l'inscription de Suse, Artaxerxès II s'exprime comme il suit : « cet (édifice) nommé apadâna mon trisaïeul Darius l'avait construit sur la montagne ; au temps d'Artaxerxès, mon aïeul, le feu l'a détruit. Par la protection d'Ahouramazdâ, d'Anahita et de Mithra, j'ai reconstruit cet (édifice) nommé Apadâna ». Comme on voit, le roi rappelle deux fois que l'édifice se nommait apadâna; cette insistance ne montre-t-elle pas que ce nom avait une importance toute particulière et que par suite ce n'était pas un nom commun pouvant désigner n'importe quel palais construit sur une hauteur ? En d'autres termes, l'apadâna ne serait-il pas plutôt un palais d'une architecture particulière qui méritait d'être distingué des autres ? S'il en est ainsi, on est porté

---

[1] Études iraniennes, II, p. 119-122.

à rapprocher un fait analogue que l'on rencontre dans les Annales ninivites. Les rois assyriens racontent souvent qu'ils ont fait construire des palais dans le style des palais syriens (*mat-Hatti*) nommés dans leur pays *bit hilâni* et en assyrien *bit apâti*, expressions qui signifient quelque chose comme « maison à fenêtres ». Il se pourrait donc que le palais construit par Darius était un *bit-apâti* assyrien et dans ce cas l'élément *apa* de *apadâna* serait l'assyrien *apu* ou *aptu* « fenêtre, cavité » et l'élément *dâna*, la traduction de *bitu* « maison ».

Après la chute de la dynastie des Achéménides le sens architectural de *apadâna* a été entièrement oublié, et ce mot, soumis à l'étymologie populaire et contracté en *awzân* (écrit en pehlevi *azân*) ne s'est conservé que dans le composé *marghôzân* (= *marg-awzân*) « dakhma, tour où l'on expose les morts », mot-à-mot : « *apadâna* de la mort [1] ».

XVIII

פַּרְכְּמִישׁ

Les étymologies proposées pour expliquer ce nom sont connues; qu'il nous soit permis d'en proposer une nouvelle. Le Targum de Job traduit עוֹפרת (xix, 24) par פַּרְכְּמִישָׁא. D'autre part la phrase *kima kêmasschi limasschich* « qu'il fonde comme le plomb [2] » montre qu'en assyrien le plomb se disait entre autres *kemasschu*. Ce fait donne à penser que le Targum a attribué au mot פַּרְכְּמִישׁ en bloc une signification qui appartient en propre à l'élément כמש et que par conséquent le mot entier signifie « citadelle de plomb [3] ». Les noms de ville composés de פַּר sont, comme on sait, très fréquents dans les textes cunéiformes.

[1] Voyez J. Darmesteter, *Études iraniennes*, II, p. 132, 133. La forme pehlevie *awzân* explique pourquoi le פ de אֲפַדְנָא est aspiré suivant les grammairiens syriens. Du reste, la forme *awzân* et son dérivé *marghôzan* annoncent une origine zende, car autant que je sache, le persan conserve le suffixe perse *dâna* sous la forme *dân* et ne le change jamais en *zân*.

[2] Halévy, *Documents religieux*, texte p. 19, l. 43.

[3] M. Clermont Ganneau me rappelle à ce propos les dénominations analogues et presque fabuleuses de *Médinet-er-reçáç*, chez les Arabes modernes.

APPENDICE

SUMIR AND ACCAD[1]

I thank you for having sent me a copy of the ACADEMY for May 20, and for having drawn my attention to the article by Dr. Hommel " Sumir and Accad." You ask my opinion upon the facts there brought forward, and you invite me to explain them from my point of view, according to which the texts called Sumerian or Accadian do not represent a real language of non-Semitic origin, but only an artificial mode of writing based upon the Semitic Assyrian. I hasten to satisfy your natural curiosity, and I hope to prove to you that the Assyriologists have gone upon a wrong track in the interpretations they have hazarded of these texts.

But before I enter upon the main subject, allow me to show that the credit of having been the first to distinguish the different modes of writing in the Accadian texts belongs, of right, to my learned friend Prof. Sayce. In several letters which he wrote to me in 1875 Prof. Sayce accurately pointed out these differences, with the object of establishing the linguistic position of Accadian. I then maintained, as I maintain still, that these differences were simply a matter of writing. Prof. Sayce has wisely dropped the subject. But it was taken up about three years later by M. Lenormant, who based upon the slight materials referred to the existence of two Accadian dialects, which correspond to the two ideographs read by him as *eme-ku* and *eme-sal*, and interpreted by him (in agreement with M. Oppert) as « the language of the nobles » and « the language of the women. » I will point out to you pre-

---

[1] Lettre adressée à un de mes amis d'Angleterre. Elle a paru dans l'*Academy* du 24 juin 1882.

sently the many mistakes involved in this theory. Finally, in 1880, Dr. Paul Haupt, after studying and classifying the various differences in question by the light of several unpublished tablets, thought he had discovered that the dialect known first ought to be called Accadian, and the new dialect Sumerian. And now Dr. Hommel comes forward to say that the former, the *eme-ku*, is the Sumerian, and the latter, the *eme-sal*, is the Accadian. Such is the part of each of the above-mentioned Assyriologists in this famous discovery, a discovery correct in itself, but which could not have been worse mis-interpreted. That I am not exaggerating you shall read and judge for yourself.

The fundamental error consists of the assumption, admitted as an axiom by all these scholars, that the words « Sumir and Accad » designate two languages or dialects, whereas in fact they are a collective expression for the whole of Babylonia, a geographical and not a linguistic term. Sumir and Accad are simply two ancient cities which were the capitals of the earliest Babylonian dynasty; later, the names were applied to comprehend the entire country. The kings of Babylonia styled themselves « Kings of Sumir and Accad, » just as the kings of Susiana styled themselves « of Ashan and Shushan, » and the kings of Saba « of Saba and Raïdan. » In Hebrew, likewise, the name of Babylonia is Shinar, meaning « two cities » (*shené-ir*). To assign to « Sumir and Accad » the meaning of certain languages is like taking the Peraeus for a man. Besides, if these words did mean two nations and their two dialects of non-Semitic origin, what, then, was the name of the nation and its Semitic language which, even in the view of the Assyriologists, finally became supreme in Babylonia after the sixteenth century B. C.? I am surprised that these scholars have not met this difficulty before plunging into wild speculations.

The identification of the words *eme-ku* and *eme-sal* with Sumir and Accad equally involves numerous errors, of which I will mention the chief :—

1. *Eme-ku* and *eme-sal* have nothing watever to do with Accad. They are both of them equivalents for Sumir, so that the theory of the Assyriologists results in this absurdity— that the Sumerian language is sometimes rendered « the language of the nobles, » and sometimes « the language of the women and of the slaves. »

2. The two words in question ought to be transliterated *ka-me-ku* and *ka-me-sal*, and not *eme-ku* and *eme-sal*. It is thus that they are always written in the cuneiform texts. The element

kame is phonetic, as proved by the variant *kami* (*W. A. I.* iv. 38, 35 b). Here the element *ku* is read *tu*, so that the complete word would read *kamitu*, which is simply an Assyrian synonym for Sumir (*W. A. I*, ii. 25, 51 e). The form *kame-sal* may similarly be resolved into *kame* + the feminine suffix = *tu*; so here again we have *kamitu* [1]. Therefore, to translate these words as « language of the nobles » and « language of the women » is a blunder from first to last.

You will now at once understand how idle it is to enquire whether Accad means the north of Babylonia and Sumir the south, or the reverse, the truth being that both Accad and Sumir are alike applicable to the whole of Babylonia. Indeed, Accad is often found by itself meaning Babylonia. A province called Sumir never existed, still less a Sumerian language. As I have said above, the hieratic mode of writing used by the Assyro-Babylonians, who were a Semitic people—and we know no other inhabitants of Babylonia—was able to express the same word in more than one way. For example, the city of Babylon is itself figured in various ways — as *tin-tir*, « life of the orchard; » *ka-dingir*, « gate of god; » *shu-an-na*, « divine region; » *e-ki*, « place of the canal » — all these groups being so many metaphors to express the true Semitic name *Babilu*.

The explanation of these variants is simple. Take the Assyrian word *nirgal*, « strong, powerful, » corresponding to the Arabian *ragol* and the Hebrew *geber*. It may be written hieratically either as *ner-gal*, « great lord, » « or as *ner-ik* (=*gal*), » power possessing, » or as *sher-gal*, « great king, » or, finally, as *sher-ma* (=*ga*)-*al*, likewise « great king. » It is not a question of the pronunciation of different dialects, but merely of employment of different signs (of similar sound or similar sense) to represent one and the same word. And this is proved by the fact that the change of *m* into *g*, and of *n* into *sh*, proper to sumerian texts is not possible in any language. We find also *ba* as a variant for *da* or *ga*, *ga* for *da*, and *ta* for *na*. To admit that *b* could be changed now into *d* and now into *g* is absurd; and equally absurd to admit that the sounds *g* and *t* could become *d* and *n* [2]. In fine, the question is one of a play upon

---

[1] Cela annule l'explication que j'ai donnée de *Ka-me-sal* à la page 306 et *ibid.*, note 2. Je persiste néanmoins à croire que l'orthographe des textes soi-disant sumériens consiste en formes vicieuses, inexactes, qui remplacent les idéogrammes réguliers soit par des phonogrammes soit par des idéogrammes ou d'autres équivalents d'un emploi plus rare.

[2] Sur tous ces changements prétendus des soi-disant dialectes sumérien et accadien, voyez Haupt, *Keilschrifttexte*, iv, p. 134.

words, and has nothing to do with the diversity of pronunciation in dialects.

Such, then, is the interpretation of what the Assyriologists have strangely confused through failing to recognise the true character of their so-called Accadian or Sumerian system. That one blunder leads to another is especially true in the case of « Accadism » which is sinking deeper and deeper into speculations that have passed all reason. The mischief is that these lucubrations discredit Assyriology in the minds of eminent Semitic scholars, such as MM. de Goeje, Noeldeke, J. Euting, and several others who, without any special acquaintance with Assyrian, possess a critical knowledge of the kindred languages. I do not undertake to open the eyes of those who won't see. I content myself with protesting against an unscientific method which prevails in one of the most interesting departments of Semitic epigraphy. All I can hope to do is to recommend caution to those liable to be misled by the consensus of Assyriologists. That consensus, fortunately, is no longer complete. For my part, I shall not cease to cry out *caveant consules!*

FIN.

ADDITIONS ET CORRECTIONS

Page 6, ligne 23 ; lisez *Gadatas* au lieu de *Gatatas*.

P. 18. L'affirmation de M. Welthausen que Nabonide fit transférer à Babylone les divinités des autres villes dans le but de les sauver de l'armée de Cyrus, méconnaît le caractère de l'antiquité, où la présence des statues des dieux dans leur temple était considérée comme le plus puissant moyen de salut pour la ville menacée.

P. 62, l. 12 ; lisez « déterminé » au lieu de « terminé ».

Ibid., l. 36 ; lisez « Hânôk » au lieu de « d'Hânôk ».

P. 101, l. 34 ; lisez בישראל au lieu de בישארל.

P. 110, note 4, l. 2 ; lisez *schoté* au lieu de *sohoté*.

P. 255, l. 35 ; lisez « assyrienne » au lieu de « accadienne ».

Ibid., l. 36 ; lisez « l'autre » au lieu de « cette ». L'argument du n° 6 est aujourd'hui annulé par suite de cette circonstance que la tablette en question est mutilée des deux côtés.

P. 262, l. 33 ; lisez « d'*é* » au lieu *d'e*.

P. 265, l. 21 ; ajoutez II après W. A. I.

P. 269, l. 14 ; effacez PVP.

P. 273, l. 24 ; lisez *kiku* au lieu de *kitu*.

Ibid., l. 25 ; lisez גלה au lieu de נלה.

P. 274, l. 15 ; lisez *eru* au lieu de *alu*.

P. 278, l. 12 ; lisez « trompe » au lieu de « trompette ».

P. 280, l. 11 ; lisez *phonétique* au lieu de *morphologie*.

P. 283, l. 5 ; lisez LIL au lieu de LIT.

Ibid., l. 7 ; lisez KIT au lieu de KITIT.

Ibid., l. 23 ; lisez *GA* au lieu de *QA*.

P. 287, l. 22 ; lisez « de » au lieu de « d'en ».

P. 303, l. 31, lisez « servante, dévote » au lieu de « servantes devotes ».

P. 373. L'assertion de M. Derenbourg que « le Talmud ne porte nulle trace d'une ouverture allant vers l'abîme dont cette pierre aurait été le couvercle (lisez: le sommet du couvercle) », est une simple inadvertance, voyez ce qui est dit dans le *traité Succa* fol. 19 au sujet des שיתין. La double interprétation du mot שתיה est indépendante de la croyance qui considère l'aire du temple comme couvercle de l'abîme. J'ajouterai à ce propos que les mots שממנו הושתת העולם ne signifient pas que le monde est fondé « sur ce rocher », ce qui serait absurde, mais que le monde (le globe terrestre) s'est formé autour de cette pierre fondamentale par la juxtaposition successive de la matière cosmique.

Nota. — A défaut de lettres pointées j'ai été obligé de conserver les anciennes transcriptions, incomplètes et souvent défectueuses, des lettres sémitiques. On a ainsi *ch*, *sch* et *s* pour *schin*; *c* et *s* pour *çadé*; *th* et *t* pour *thet*. Les sémitisants et les assyriologues n'éprouveront aucune difficulté pour rétablir la forme exacte des termes transcrits.

TABLE DES MATIÈRES

I. Cyrus et le retour de la captivité. Études sur deux inscriptions cunéiformes relatives au règne de Nabonide et à la prise de Babylone par Cyrus (1880).................... Page 1-23
    Cachet de Cyrus.................................. p. 1
    Tablette relative à Cyrus, résumée par M. Théo. Pinches. *ibidem.*
    Cylindre de Cyrus, traduite par M. Rawlinson........ *ibidem.*
    Daniel n'est pas considéré comme prophète par la Synagogue.. *ibid.*, n. 2
    Résumé de la tablette............................. p. 2
    Traduction du cylindre............................ p. 3-5
    L'expression « Soumer et Accad » désigne la Babylonie en général....................................... p. 2, n. 2
    Nom démotique de la ville d'Érek.................. *ibid.*, n. 1
    Origine du nom du mois hébreu מַרְחֶשְׁוָן............. *ibid.*, n. 4
    Samri, ville jumelle d'Accad....................... *ibid.*, n. 5
    Diverses formes hiératiques du nom de Babylone..... p. 4, n. 2
    Règne de Nabonide. — Balthasar. — Conquête paisible de Cyrus. — Gobryas............................ p. 6
    Origine de Cyrus. — Siège de son gouvernement..... *ibidem.*
    An-za-an, un pays susien.......................... p. 7
    L'élévation du petit peuple perse expliquée......... *ibidem.*
    La dynastie mède de Bérose est susienne............ *ibid.*, n. 1
    Le roi susien Codorlagomor....................... p. 8
    Origine mixte des premiers Achéménides........... *ibidem.*
    Prétentions suspectes de Darius.................... *ibidem.*
    Les prétendants Nadintabel, Araha et Véisdate....... *ibidem.*
    Cyrus invoque les dieux babyloniens au lieu d'Ahuramazdâ.. *ibidem.*
    Rôle effacé de la religion et de la langue perses en Asie occidentale..................................... p. 10

Répugnance des Susiens pour le nom d'Ahuramazdâ..	Page 10
Origine babylonienne du dogme de la résurrection....	p. 11
Politique de Cyrus.................................	ibidem.
Les prophéties concernant Cyrus...................	p. 12
Origine relativement récente du zoroastrisme.........	ibidem.
Isaïe III...	p. 13
Isaïe II..	ibidem.
Mort probablement violente de Nabonide............	ibid., n. 1
Psaume CXXXVII...................................	p. 14
Psaumes XLII-XLIII et XLIV........................	p. 15
Séquestration des divinités des peuples soumis.......	p. 16
Souffrances des Israélites dans la captivité de Babylone..	p. 17
Légende du martyre d'Ananias, Misaël et Azarias.....	p. 18
L'image du serviteur de Dieu décrite par Isaïe II......	ibidem.
Jérémie II...	p. 20
Les pays de Merâtaïm et de Peqôd..................	p. 21
Antiquité du monothéisme.........................	p. 22
Hostilité d'Esdras et de Néhémie pour les prophètes...	p. 23

II. MANASSÉ, ROI DE JUDA, ET SES CONTEMPORAINS. Commentaire sur deux listes cunéiformes de rois syriens et chypriotes tributaires de l'Assyrie (1881).................... p. 24-37

Liste du cylindre d'Assurahiddin...................	p. 25
Liste du cylindre d'Assurbanipal...................	ibidem.
Indépendance réciproque de ces listes..............	p. 26
Désordre apparent de l'énumération des pays tributaires...	ibidem.
Disparition de la plupart des anciens royaumes de la Syrie. — Ruine de Sidon........................	p. 27
Sens primitif des idéogrammes AM-SI..............	ibid., n. 2
État de Kition, en Chypre, pendant la domination assyrienne..	p. 28
Le nom de la Syrie, Hatti. — Aram................	p. 29
Les Hittites dans les inscriptions égyptiennes et chez les Hébreux.....................................	p. 30
Explication du nom de *Brathu*.....................	ibid., n. 1
Tribus araméennes dans la région cis-euphratique....	p. 31
Mention dans la Bible de *Qadesch*, capitale méridionale des Hittites......................................	p. 32
Conjecture sur le nom des Céphènes................	ibidem.
Les noms hébreux et phéniciens....................	p. 33
Arâm-Naharaïm ne désigne pas la Mésopotamie......	ibid., n. 3
Incertitude de la prononciation de l'hébreu..........	p. 34
Les villes syro-phéniciennes. — *Samsimuruna*........	p. 35
Ahabu, roi de Su'ali, n'est pas Achab, roi d'Israël....	ibidem.
Le nom de l'île de Chypre. — *Yamna*. — *Yatnana*.....	ibidem.

Les villes de Chypre...............................	Page 36
Le roi Manassé.....................................	*ibidem*.
La transportation passagère de Manassé à Babylone...	p. 37

III. DIE SUMERISCHEN FAMILIENGESETZE, etc., par M. P. Haupt. — p. 38-46

Vues larges et fécondes de l'auteur sur la phonétique assyrienne (1880)......................................	p. 38
Ses préventions en faveur de l'accadisme ou sumérisme...	p. 39
Ces lois sont assyriennes...........................	*ibidem*.
Fausse transcription de 'h par gh. — Rejet non justifié dans la phonétique pseudo-sumérienne des sons sémitiques thêt, çadé, qoph. — Attribution au sumérien de mots évidemment sémitiques...................	*ibidem*.
Manque de diphthongues en sumérien. — Terminaisons adverbiales *es* et *bi*. — L'équivalence de « nom » à « existence » est sémitique.......................	p. 40
Les nouvelles valeurs sumériennes trouvées par M. H..	p. 41
La forme sumérienne *Kush-u* (non *Kush-sha*) est l'assyrien *Kushu*..	*ibidem*.
Le *h* assyrien est le '*h* doux des Arabes et non pas le *kh* dur...	*ibidem*.
Caractère à la fois prématuré et insuffisant de sa notation des consonnes assyriennes....................	p. 42
Fluctuations orthographiques des inscriptions assyriennes...	*ibidem*.
L'écriture arabe est impropre à exprimer l'assyrien....	p. 43
Observations de détail.............................	*ibid*. ; p. 46
Le terme *muttu* ne désigne pas les cheveux..........	p. 44, n. 1
Singulière tentative de sumériser le terme sémitique *gamal* « chameau »................................	p. 45
M. Stanislas Guyard se rallie à l'hiératisme...........	*ibid*., n. 1

IV. LES ORIGINES DE L'HISTOIRE, etc., par M. François Lenormant... p. 47-73

Revirement trop rapide des assyriologues au sujet de la mythologie assyro-accadienne...................	p. 47
Les nombreux ouvrages de M. L. sur cette matière...	*ibidem*.
Refonte rapide des mêmes ouvrages sous divers titres..	p. 48
Omission bien étonnante de la mythologie touranienne que l'auteur avait tant prônée auparavant.........	p. 49
Omission inexplicable de la tradition juive...........	*ibidem*.
M. L. se rallie à l'école critique allemande au sujet de la composition du Pentateuque....................	p. 50
Théories sur la composition du Pentateuque.........	p. 51
Quelques observations sur la théorie « documentaire ».	*ibid*., n. 1
Thèses de M. Lenormant..........................	p. 52

Omission des Accads. — Emprunt mutuel de légendes.	Page 53
Fragilité de la thèse de la « tradition primordiale », soutenue par M. Lenormant......................	p. 54
Jeu de mot dans la Genèse, XI, 4..................	*ibidem.*
Chapitre Ier. *La création*...........................	*ibidem.*
La légende parsie de *Mashia* et *Mashiané*.............	*ibidem.*
L'idée de l'*androgynisme* primitif de l'homme..........	p. 55
Chapitre II. *Le premier péché*......................	p. 56
Chapitre III. *Les Keroubîm*........................	p. 57
L'expression hébraïque *lahath* ne désigne pas le *tschakra*..	p. 58
Signification de l'assyrien *littu*......................	p. 59
Chapitre IV. *Le fratricide*..........................	*ibidem.*
Coïncidence supposée entre le premier fratricide et la construction de la première ville.................	p. 60
Résultats négatifs.................................	p. 61
Chapitre V. *Les généalogies des Qaïnites et des Schétites.*	p. 62
Parallélisme des lignées de Qaïn et de Schêt.........	p. 63
Chapitre VI. *Les patriarches antédiluviens*.............	p. 64
Chapitre VII. *Les fils de Dieu et les filles de l'homme*.....	p. 65
Le biblique *Yaphet* n'a rien de commun avec le titan Japétos...	p. 66
Le délai de 120 ans...............................	p. 67
Chapitre VIII. Le *déluge*	p. 68
L'auteur se contredit lui-même	*ibidem.*
Caractère étranger de la tradition du déluge chez les Indiens...	p. 69
La tradition du déluge fait défaut chez les Iraniens...	p. 70
Elle apparaît tardivement en Phrygie et en Arménie et elle est inconnue aux peuples celtiques, scandinaves et lithuaniens...................................	*ibidem.*
Les légendes grecques du déluge ne sont pas primitives	p. 71
Le déluge chez les Sémites du nord	*ibidem.*
Si la littérature assyrienne vient des Accads, la légende du déluge appartient à ces derniers et n'est plus une tradition sémitique, encore moins une tradition générale de l'humanité	*ibidem.*
Observations sur les appendices.....................	p. 72
Le mythe de Tammouz.............................	p. 73
V. LES ANCIENNES POPULATIONS DE L'ARABIE (1871)............	p. 74-93
Sources bibliques et classiques	*ibidem.*
Tradition hébraïque	p. 75
Schaba et *Saba*. — *Hawila*. — *Sabta*.................	p. 76
Reghma. — *Dedân*. — *Ophir*	p. 77
Opinion de Lassen sur Hawila et Ophir...............	p. 78
Voyage de la flotte de Salomon au pays d'Ophir	p. 79

TABLE DES MATIÈRES

Le nom de l'île de Socotora............................	P. 79, n. 1
Richesse de l'Arabie méridionale en or et en carnéol...	p. 80
Existence de singes en Arabie	p. 81
Expressions sanscrites *yavana* et *abhira*.............	*ibidem.*
Nom de l'Inde chez les Sémites	*ibidem.*
Rapprochement de *Hawila* et de Kaboul..............	p. 82
Le récit du paradis ne renferme pas de réminiscence préhistorique	p. 82
Gihon est la mer Erythrée...........................	*ibidem.*
Phison est un fleuve d'Arabie.......................	*ibidem.*
Rattachement du Phison à l'Euphrate par un cours souterrain	p. 84
Schatt-el-Arab — *Hanok* — *Ereç qedem* — *Hadramaout*...	p. 85
'Obal — *Schaleph* — *Abîmâêl* — *Almôdâd* — *Yera'h*....	p. 86
Tradition arabe	p. 87
Arabes primitifs — Arabes secondaires — Arabes tertiaires...	p. 88
Ad — *Thamoud* — *Wabâr* — *Qàhthan* — *Gerrhéens*	p. 89
Le mont *Goûdi*	*ib.*, n. 1.
Les *Autei* de Gerrhon et de Bérénice	p. 90
Les inscriptions du Safa ne sont pas himyarites	*ibidem.*
Haran — *Eden* Saba — Massa	p. 91
Lemoûêl, roi de Massa — Agour fils de Yaqé, poète massaïte	p. 92
Kouschites, Joqtanides et Abrahamides en Arabie.....	p. 93
VI. ESDRAS ET LE CODE SACERDOTAL (1881).................	p. 94
Les pharisiens considèrent Esdras comme un second Moïse..	*ibidem.*
Opinion de saint Jérôme sur le rôle d'Esdras.........	p. 95
L'école critique moderne attribue à Esdras la paternité du code sacerdotal..................................	*ibidem.*
Firman donné par Artaxerxès Longuemain à Esdras...	p. 96
Arrivée d'Esdras à Jérusalem	p. 97
Esdras demeure pendant treize ans dans une inactivité absolue	p. 98
A l'arrivée de Néhémie, il fait une lecture publique de la Loi....	*ibidem.*
Il prend des mesures pour la célébration de la fête des Tabernacles	p. 99
Elaboration d'un acte relatif aux mariages avec les païens	*ibidem.*
Retour de Néhémie..................................	*ibidem.*
But qu'Esdras s'était proposé d'atteindre en allant à Jérusalem...	p. 100-101
Le psaume LI.......................................	*ibidem.*

La part d'Esdras dans la réforme des mariages mixtes est purement passive .... Page 102
L'apostrophe vigoureuse de Malachias .... *ibidem.*
Esdras ne montre pas de tendances réformatrices..... p. 103
Rôle actif de Néhémie............................... *ibidem.*
Esdras n'agit que par l'ordre des chefs et de Néhémie.. p. 104
La lecture qu'il fait au peuple est empruntée aux parties anciennes du Pentateuque et non pas au code sacerdotal.. *ibidem.*
Comparaison du récit relatif à la découverte du Deutéronome... *ibidem.*
Esdras néglige les prescriptions propres au code sacerdotal... *ibidem.*
La fête des Tabernacles célébrée sous Zorobabel...... p. 105
Esdras n'est porteur d'aucun code inconnu........... *ibidem.*
Argumentation de M. Wellhausen.................... p. 106
Le nom d'Esdras demeure inconnu jusque en pleine époque pharisienne................................. p. 107
Allusions dans Ezéchiel XX et dans le Psaume LI au code sacerdotal.................................... p. 107-108
Comparaison des passages Néhémie VIII, 15 et Lévitique XXIII, 40..................................... p. 108
Différences entre ces passages. — Tentative d'harmonisation faite par les Talmudistes................. p. 109
Incertitude dans l'explication des quatre espèces...... p. 110
Solution tentée par les Septante..................... p. 111
Variante probable dans le passage du Lévitique....... *ibidem.*
Le passage de Néhémie commente celui du Lévitique. p. 112
Conclusions .... p. 112-113

VII. CONJECTURES SUR L'HISTOIRE DE CYRUS, par M. Babelon (1880)... p. 114-115
Questions à éclaircir................................ p. 114
Affirmations de Darius. — Caractère moral de ce prince. p. 115
Cyrus est un roi de Susiane......................... p. 116
La langue de la seconde espèce des inscriptions achéménides est un dialecte susien.................... *ibidem.*
Objections contre l'identification de *an-za-an* avec la Susiane.. p. 117
Cyrus était certainement maître de Suse............. p. 118
Les formes *an-du-an* et *an-za-an*................... *ibidem.*
La forme *an-cha-an*................................ p. 119
La mort de Nabonid à Babylone..................... *ibidem.*
Objection de M. Babelon. — Réponse................ p. 120
Conjecture de M. B. sur Balthasar................... *ibidem.*
Son interprétation de la phrase « il mourût »......... p. 121
Mention de la mort de Nabonid dans Isaïe........... p. 122

TABLE DES MATIÈRES

Nouvelle discussion de M. B............................ Page 122
Devoir suprême en épigraphie......................... p. 123
Première question.—*Arsamès et Ariaramnès ont-ils régné?* p. 124
Les Achéménides seuls avaient droit à la royauté..... p. 125
Il n'existe pas de rois perses contemporains de l'empire
    mède... *ibidem.*
Le pays de Parsua n'est pas la Perse................. p. 126
Deuxième question. — *Cyrus et ses ancêtres où ont-ils
    régné?*... *ibidem.*
Attachement des Achéménides pour Suse............... p. 127
Objection de M. B................................... *ibidem.*
Réponse... p. 128
Les expressions *an-za-an* et *an-cha-an* désignent la Su-
    siane.. p. 129
Troisième question. — *Qui est Balthasar?*........... p. 130
Nabonid est détrôné par Cyrus....................... p. 131
Darius le Mède...................................... p. 132
Gobryas n'est pas d'origine mède.................... *ibidem.*
Gobryas n'est pas nommé gouverneur de Babylone...... p. 133
Il quitte Babylone huit jours après l'entrée de Cyrus.. p. 134
Résumé.. p. 135

VIII. CORPUS INSCRIPTIONUM SEMITICARUM (1880)............ p. 136-148

IX. WO LAG DAS PARADIES? par F. Delitzsch (1881).......... p. 149-164
    Importance de l'ouvrage............................. p. 149
    Topographie du Paradis. — Les quatre fleuves........ p. 150
    Le Gihon expliqué par le sumérien................... *ibidem.*
    Les Couchites de Babylonie.......................... p. 151
    Les pays de Makan et de Melouhha.................... p. 152
    Le pays de Kardunias................................ p. 153
    Nouvelle étymologie de Yahwé........................ *ibidem.*
    Le Gihon est-il le Pallacopas?...................... p. 154
    Observations de détail.............................. p. 155-164

X. LES INSCRIPTIONS PEINTES DE CITIUM (1881).............. p. 165-196
    Le mot phénicien signifiant « dépense »............. p. 168
    Deux nouveaux noms de mois phéniciens............... p. 170-176
    Les dieux de la néoménie............................ p. 170-179
    Les maîtres des jours............................... p. 180-182
    Les âmes de la maison............................... p. 182-186
    Personnes rémunérées................................ p. 186-194
    Texte restitué...................................... p. 195
    Traduction.. p. 196

XI. UEBER DIE SEMITISCHEN NAMEN DES FEIGENBAUMES, etc.,
    par Paul de Lagarde (1881).......................... p. 197-203

XII. NOTE SUPPLÉMENTAIRE SUR L'INSCRIPTION DE BYBLOS (1876).. P. 204-227

XIII. OBSERVATIONS SUR UN VASE JUDÉO-BABYLONIEN (1881)... p. 228-233

XIV. SENS ET ORIGINE DE LA PARABOLE ÉVANGÉLIQUE DITE DU BON SAMARITAIN (1882)................................ p. 234-240

XV. ÉTUDE SUR LES DOCUMENTS PHILOLOGIQUES ASSYRIENS (1878).. p. 241-364
    Introduction.. p. 241-256
    Les syllabaires cunéiformes......................... p. 256-281
    Les documents grammaticaux et lexicographiques.... p. 281-364

XVI. LA CROYANCE A L'IMMORTALITÉ DE L'AME CHEZ LES PEUPLES SÉMITIQUES (1882)............................ p. 365-380

XVII. LES PRINCIPES COSMOGONIQUES PHÉNICIENS (1882)...... p. 381-388

XVIII. LES NOUVELLES INSCRIPTIONS CHALDÉENNES ET LA QUESTION DE SUMER ET D'ACCAD (1882)................... p. 389-409

XIX. OBSERVATIONS SUR LES NOMS DE NOMBRE SUMÉRIENS (1883). p. 410-421

XX. VARIÉTÉS... p. 422-437

XXI. APPENDICE... p. 438-441

XXII. ADDITIONS ET CORRECTIONS......................... p. 443-444

FIN DE LA TABLE DES MATIÈRES

OUVRAGES POUR L'ÉTUDE DE L'ASSYRIOLOGIE

EN VENTE CHEZ MAISONNEUVE ET CIE

BOTTA. **Mémoire sur l'écriture cunéiforme assyrienne.** *Paris*, 1848, in-8, br., 197 pp. 5 fr.

CHOSSAT (Ed. de). **Répertoire assyrien** (traduction et lecture). *Lyon et Paris*, 1879, gr. in-4, br., 388 pages. 25 fr.

— **Répertoire sumérien** (accadien). *Lyon*, 1882, in-8, br., 217 pages. 10 fr.

COOPER (W. R.). **An Archaic Dictionary :** biographical, historical and mythological : from the Assyrian, Egyptian, and Etruscan monuments and papyri. *London*, 1876, in-8, cart., XVI et 668 pp. 20 fr.

GUYARD (St.). **Mélanges d'assyriologie.** Notes de lexicographie assyrienne, suivies d'une étude sur les inscriptions de Van. *Paris*, 1883, in-8, br., 144 pages. 5 fr.

HALÉVY (J.). **Recherches critiques sur l'origine de la civilisation babylonienne.** *Paris*, 1876, in-8, br., 268 pages. 18 fr.

— **Mélanges de critique et d'histoire relatifs aux peuples sémitiques.** *Paris*, 1883, gr. in-8, br. 20 fr.

— **Documents religieux de l'Assyrie et de la Babylonie.** Texte assyrien (en caractères hébreux), traduction et commentaire. Première partie, contenant le texte complet et une partie de la traduction et du commentaire. *Paris*, 1882, in-8, br., 144 et 200 pp. 12 fr.

HYMNES **sanscrits, persans, égyptiens, assyriens et chinois.** — LE CHI-KING, ou Livre des vers, traduit pour la première fois en français par G. PAUTHIER. *Paris*, 1872, gr. in-8, br., 425 pp. 15 fr.

KOSSOWICZ. **Inscriptiones Palæo-Persicæ Achæmenidarum,** quot hucusque repertæ sunt apographa viatorum criticasque Ch. Lassenii, Th. Benfayi, J. Oppertii necnon Fr. Spiegelii, editiones archetyporum typis, primus ed. et explicavit, comment. criticos adjecit glossariumque comparativum Palæo-Persicum subjunxit Dr CAJET. KOSSOWICZ. *Saint-Pétersbourg*, 1878, gr. in-8 br. (70 fr.). 40 fr.

LENORMANT (François), membre de l'Institut. **Études sur quelques parties des syllabaires cunéiformes.** Essai de philologie accadienne et assyrienne. *Paris*, 1876, in-8, br. 18 fr.

LENORMANT (François). **Les Syllabaires cunéiformes.** Édition critique classée pour la première fois méthodiquement et précédée d'une introduction sur la nature de ces documents. *Paris*, 1877, in-8, br. 18 fr.

— **Sur le nom de Tammouz.** *Paris*, 1876, in-8, br. 1 fr.

— **Lettres assyriologiques.** *Première série.* Tome II: Lettre quatrième à M. Halévy, sur l'inscription dédicatoire himyaritique du temple du dieu Yat'â à Abiân, près Aden. — Lettre cinquième à M. de Longpérier, sur le culte païen de la Kâabah avant Mahomet. *Paris*, 1872, in-4, br. 20 fr.

— **Lettres assyriologiques.** *Deuxième série :* Études accadiennes. *Paris*, 1873-80. T. I; II, partie I (et unique); T. III, parties 1 et 2; ensemble 6 vol. in-4, br. 57 fr. 50

— **Choix de textes cunéiformes** inédits ou incomplètement publiés jusqu'à ce jour. *Paris*, 1873-75, 3 fasc., in-4, br. 15 fr.

— **La Langue primitive de la Chaldée et les idiomes touraniens.** Étude de philologie et d'histoire, suivie d'un glossaire accadien. *Paris*, 1875, gr. in-8, br., de vii-455 pp., et 2 pl. 25 fr.

— **Les sciences occultes en Asie.** — I. La Magie chez les Chaldéens et les origines accadiennes. *Paris*, 1874, in-8, br., de x et 363 pages. 6 fr. 50

— **Les sciences occultes en Asie.** — II. La Divination et la Science des présages chez les Chaldéens. *Paris*, 1875, in-8, br., 236 pages. 5 fr.

— **Les Principes de comparaison de l'accadien et des langues touraniennes.** *Paris*, 1875, in-8, br. 1 fr. 50

— **Les premières civilisations.** Etudes d'histoire et d'archéologie. Deuxième édition. *Paris*, 1874, 2 vol. in-12, br. 7 fr.

— **Tre monumenti Caldei ed Assiri di collezioni romane.** *Roma*, 1879, in-8, br., 19 pages et 1 planche. 2 fr.

— **Il mito di Adone-Tammuz nei documenti cuneiformi.** *Firenze*, 1879, in-8, br., 33 pages. 1 fr.

— **Études cunéiformes.** *Paris et Londres*, 1878-80, 5 fasc. in-8, br. 15 fr.

MENANT (Joachim). **Exposé des éléments de la grammaire assyrienne.** *Paris, Imp. imp.*, 1868, gr. in-8, br., 392 pp. (*Épuisé.*) 15 fr.

— **Manuel de la langue assyrienne** (1. Le Syllabaire. II. La Grammaire. — III. Choix de lectures). *Paris*, 1880, in-8, br., de 383 pages, avec tableaux. 18 fr.

— **Les écritures cunéiformes.** Exposé des travaux qui ont préparé la lecture et l'interprétation des inscriptions de la Perse et de l'Assyrie. Deuxième édition. *Paris*, 1864, in-8, br., fig. (*Épuisé*.) 30 fr.

MENANT (J.). **Inscriptions de Hammourabi, roi de Babylone** (XVIe siècle avant J.-C.), traduites et publiées avec un commentaire à l'appui. *Paris*, 1863, in-8, br., 12 pl. et 80 pp. 10 fr.

— **Les noms propres assyriens.** Recherches sur la formation des expressions idéographiques. *Paris*, 1861, in-8 br., 64 pp. 5 fr.

— **Inscriptions des revers des plaques du palais de Khorsabad**, traduites sur le texte assyrien. *Paris, Imp. imp.*, 1865, in-fol., br. (Texte, transcription et traduction), 23 pp. 10 fr.

— **Leçons d'épigraphie assyrienne**, professées aux cours libres de la Sorbonne pendant l'année 1869. *Paris*, 1873, gr. in-8, br. 6 fr.

— **Les Cylindres assyriens.** Gr. in-8, nombreuses illustrations et figures hors texte. (*Très belle publication, sous presse.*)

— **Annales des rois d'Assyrie**, traduites et mises en ordre sur le texte assyrien. *Paris*, 1874, un beau vol. gr. in-8, br., orné de 7 cartes ou pl. 15 fr.

— **Babylone et la Chaldée.** *Paris*, 1875, un beau vol. gr. in-8, br., orné de 8 cartes. 15 fr.

— **Notices sur quelques cylindres orientaux** (assyriens). *Paris*, 1878, in-8, br., planches. 2 fr. 50

— **Empreintes de cylindres assyro-chaldéens** relevées sur les contrats d'intérêt privé du Musée Britannique. *Paris*, 1880, in-8, br., 54 pages, fig. 3 fr. 50

— **Les Cylindres orientaux** (assyriens et égyptiens) du cabinet royal des médailles à La Haye. *Paris*, 1879, in-8, br., 74 p. 4 fr.

— **Empreintes de cachets assyro-chaldéens**, relevées au Musée britannique sur des contrats d'intérêt privé. *Paris*, 1882, in-8, broché, 47 pages, fig. 3 fr. 50

— **Notice sur quelques empreintes de cylindres** du dernier empire de Chaldée. *Paris*, 1879, in-8, br., 24 pages et 5 planches. 3 fr. 50

— **Une nouvelle inscription de Hammourabi, roi de Babylone** (XVIe siècle avant J.-C.). *Paris*, 1880, in-4, br., 12 pages et 2 planches. 3 fr.

OPPERT et MENANT. **Documents juridiques de l'Assyrie et de la Chaldée.** *Paris*, 1877, un beau vol. in-8 jésus, de 375 pages. 20 fr.

OPPERT (J.), membre de l'Institut. **Expédition scientifique en Mésopotamie.** *Paris*, 1862, in-4, br., et atlas de 21 pl. ou cartes, in-fol. (*Épuisé*) 120 fr.

OPPERT (Jules). **L'Immortalité de l'âme chez les Chaldéens.** Traduction de la descente de la déesse Istar (Astarté) aux enfers. *Paris*, 1875, in-8, br. 1 fr. 50

— **L'Étalon des mesures assyriennes**, fixé par des textes cunéiformes. *Paris*, 1875, in-8, br. 3 fr. 50

— **Salomon et ses successeurs.** Solution d'un problème chronologique. *Paris*, 1877, in-8, br. 2 fr. 50

— **Les inscriptions de Dour-Sarkayan (Khorsabad)**, provenant des fouilles de M. V. Place, déchiffrées et interprétées. *Paris*, 1870, in-fol. br., 39 pages. 30 fr.

— **Études sumériennes.** *Paris*, 1876, in-8, br., 111 pages. 5 fr.

— **Le peuple et la langue des Mèdes.** *Paris*, 1879, in-8, br., 300 pp. 10 fr.

PARAVEY. **Symboles antiques employés en Assyrie**, et conservés dans les livres chinois exprimant le nom du dieu suprême, dieu du ciel ; suivis d'un mémoire sur la trinité assyrienne et sur la trinité chinoise, ou explication d'un cylindre persépolitain. *Paris*, 1853, in-8, br., pl. 2 fr.

— **Ninive et Babylone expliquées dans leurs écritures et leurs monuments.** *Lyon*, 1863, in-8, br. 1 fr. 50

ROSNY (Léon de). **Les Écritures figuratives et hiéroglyphiques des différents peuples anciens et modernes.** Deuxième édition. *Paris*, 1870, in-4 br., 12 pl. noires et coloriées. 2 tableaux. 8 fr.

SAYCE (Rev. A. H.). **An elementary Grammar;** with full syllabary and progressive reading book, of the Assyrian Language, in the cuneiform type. *London and Paris*, 1875, in-4, cart. doré. 15 fr.

— **Lectures upon the Assyrian Language and Syllabary.** *London*, 1877, gr. in-8, cart. 15 fr.

www.ingramcontent.com/pod-product-compliance
Lightning Source LLC
Chambersburg PA
CBHW070205240426
43671CB00007B/552